에듀윌과 함께 시작하면,
당신도 합격할 수 있습니다!

자소서와 면접, NCS와 직무적성검사의 차이점이 궁금한
취준을 처음 접하는 취린이

대학 졸업을 앞두고 취업을 위해 바쁜 시간을 쪼개며
채용시험을 준비하는 취준생

내가 하고 싶은 일을 다시 찾기 위해
회사생활과 병행하며 재취업을 준비하는 이직러

누구나 합격할 수 있습니다.
이루겠다는 '목표' 하나면 충분합니다.

마지막 페이지를 덮으면,

**에듀윌과 함께
취업 합격이 시작됩니다.**

누적 판매량 217만 부 돌파
베스트셀러 1위 2,420회 달성

공기업 NCS | 100% 찐기출 수록!

NCS 통합 기본서/실전모의고사
피듈형 | 행과연형 | 휴노형 봉투모의고사
PSAT형 NCS 수문끝

매1N
매1N Ver.2

한국철도공사 | 부산교통공사
서울교통공사 | 국민건강보험공단
한국전력공사 | 한국가스공사

한국수력원자력+5대 발전회사
한국수자원공사 | 한국수력원자력
한국토지주택공사 | 한국도로공사

NCS 6대 출제사 찐기출문제집
NCS 10개 영역 기출 600제

대기업 인적성 | 온라인 시험도 완벽 대비!

20대기업 인적성 통합 기본서

GSAT 삼성직무적성검사
통합 기본서 | 실전모의고사 | 봉투모의고사

LG그룹 온라인 인적성검사

SKCT SK그룹 종합역량검사
포스코 | 현대자동차/기아

농협은행
지역농협

영역별 & 전공

이해황 독해력 강화의 기술
석치수/박준범/이나우 기본서

공기업 사무직 통합전공 800제
전기끝장 시리즈 ❶, ❷

취업상식 1위!

다통하는 일반상식

공기업기출 일반상식

기출 금융경제 상식

더 많은
에듀윌 취업 교재

취업 대세 에듀윌!
Why 에듀윌 취업 교재

기출맛집 에듀윌!
100% 찐기출복원 수록

주요 공·대기업 기출복원 문제 수록
과목별 최신 기출부터 기출변형 문제 연습으로 단기 취업 성공!

공·대기업 온라인모의고사
+ 성적분석 서비스

실제 온라인 시험과 동일한 환경 구성
대기업 교재 기준 전 회차 온라인 시험 제공으로 실전 완벽 대비

합격을 위한
부가 자료

교재 연계 무료 특강
+ 교재 맞춤형 부가학습자료 특별 제공!

eduwill

취업 교육 1위
에듀윌 취업 무료 혜택

교재 연계 강의

[공기업 NCS 10개 영역 기출 600제 무료특강]
• 공기업 NCS 10개 영역 기출 600제 수문자 대표유형
  문제풀이 무료특강 2강

※ 2024년 7월 19일에 오픈될 예정이며, 강의
  명과 강의 오픈 일자는 변경될 수 있습니다.
※ 무료 특강 이벤트는 예고 없이 변동 또는
  종료될 수 있습니다.

교재 연계
강의
바로가기

교재 연계 부가학습자료

다운로드 방법

STEP 1
에듀윌 도서몰
(book.eduwill.
net) 로그인
▶
STEP 2
도서자료실 →
부가학습자료
클릭
▶
STEP 3
[공기업 NCS
10개 영역
기출 600제]
검색

• 2021년 한국산업인력공단 NCS 예제 100선(PDF)
• 2021 개정 Ver. 모듈이론 핵심노트(PDF)

온라인모의고사
& 성적분석 서비스

응시 방법

QR 코드 링크
접속 후 로그인
▶
해당
온라인모의고사
[신청하기]
클릭
▶
대상 교재 내
응시코드
입력 후
[응시하기]
클릭

※ '온라인모의고사&성적분석' 서비스는 교재
  마다 제공 여부가 다를 수 있으니, 교재 뒷면
  구매자 특별혜택을 확인해 주시기 바랍니다.

온라인
모의고사
신청

모바일 OMR
자동채점 & 성적분석 서비스

실시간 성적분석 방법

STEP 1
QR 코드 스캔
▶
STEP 2
모바일 OMR
입력
▶
STEP 3
자동채점 &
성적분석표
확인

※ 혜택 대상 교재는 본문 내 QR 코드를 제공하고 있으며, 교재별 서비스 유무
  는 다를 수 있습니다.
※ 응시내역 통합조회
  에듀윌 문풀훈련소 → 상단 '교재풀이' 클릭 → 메뉴에서 응시확인

시작하라.

그 자체가 천재성이고,
힘이며, 마력이다.

– 요한 볼프강 폰 괴테(Johann Wolfgang von Goethe)

최신판

에듀윌 공기업 NCS 10개 영역 기출 600제

NCS 10개 영역 한 권으로 정복!

합격을 위한! 알짜! 정보만 모았다

NCS 기반 채용 필기전형의 평가요소/출제경향/합격전략은 어떻게 되나요?

NCS 필기전형 가이드
🌑 P. 5

NCS 직업기초능력평가는 크게 10개 영역으로 구분되며, 영역을 구성하는 하위능력을 알아야 출제될 수 있는 문제 유형을 대략적으로 파악할 수 있습니다.
특히 최신 NCS 영역별 출제경향 파악이 중요하며, 필기시험 대비 합격 전략과 함께 정리하였습니다.

NCS 필기유형인 모듈형, PSAT형, 피듈형은 어떤 차이점이 있나요?

NCS 필기유형 가이드
🌑 P. 13

NCS 직업기초능력평가는 기업별 출제 유형에 따라 PSAT형, 모듈형, 피듈형 등의 용어가 통용되고 있습니다. 각 유형의 개념과 특징을 파악하면 해당 유형의 시험을 준비하는 데 큰 도움이 됩니다.

지원하려는 기업의 필기시험 정보를 한 눈에 볼 수 없나요?

주요 공기업별 필기시험 개요
🌑 P. 14

지원하고자 하는 기업의 필기시험 개요(출제되는 영역, 출제 문항 수와 시험 시간, 전공 문제 출제 여부 등)를 꼼꼼히 확인하여 본인에게 맞는 학습 전략을 세워야 합니다.
한국철도공사, 서울교통공사, 한국전력공사, 국민건강보험공단, 부산교통공사, 한국수자원공사의 필기시험 개요를 한 눈에 볼 수 있게 정리하였습니다.

NCS 필기전형 가이드

01 NCS란?

국가직무능력표준(NCS; National Competency Standards)은 산업 현장의 직무를 수행하기 위해 필요한 지식·기술·소양 등의 능력을 국가가 산업부문별·수준별로 표준화한 것이다.

국가직무능력표준을 통해 직업기초능력과 직무수행능력을 평가할 수 있으며, 직업기초능력은 '직업인으로서 기본적으로 갖추어야 할 공통 능력'을, 직무수행능력은 '해당 직무를 수행하는 데 필요한 역량(지식, 기술, 태도)'을 의미한다.

02 국가직무능력표준(NCS)의 특성

- 한 사람의 근로자가 해당 직업 내에서 소관업무를 성공적으로 수행하기 위하여 요구되는 실제적인 수행 능력을 의미한다.
- 해당 직무를 수행하기 위한 모든 종류의 수행 능력을 포괄하여 제시한다.
  - 작업능력: 특정업무를 수행하기 위해 요구되는 능력
  - 작업관리능력: 다양한 다른 작업을 계획하고 조직화하는 능력
  - 돌발상황 대처능력: 일상적인 업무가 마비되거나 예상치 못한 일이 발생했을 때 대처하는 능력
  - 미래지향적 능력: 해당 산업 관련 기술적 및 환경적 변화를 예측하여 상황에 대처하는 능력
- 모듈(Module) 형태로 구성된다.
  - 한 직업 내에서 근로자가 수행하는 개별 역할인 직무능력을 능력단위(unit)화하여 개발
  - 국가직무능력표준은 여러 개의 능력단위 집합으로 구성
- 산업계 단체가 주도적으로 참여하여 개발한다.
  - 해당 분야 산업별 인적자원개발위원회(ISC), 관련 단체 등이 참여하여 국가직무능력표준 개발
  - 산업현장에서 우수한 성과를 내고 있는 근로자 또는 전문가가 국가직무능력표준 개발 단계마다 참여

03 NCS 10개 영역과 하위능력

영역	하위능력	내용
의사소통 능력	문서이해능력	직업생활에서 접하는 많은 문서 중 필요한 문서를 선별하여 확인하고, 복잡하고 다양한 내용을 이해하여 업무 수행에 필요한 요점을 파악하는 능력
	문서작성능력	직업생활에서 목적과 상황에 적합한 아이디어와 정보를 명확하게 전달할 수 있도록 상황과 목적에 맞는 문서를 작성하는 능력
	경청능력	직업인들이 개인이나 조직 간에 원만한 관계를 유지하고 업무 성과를 높이기 위해 다른 사람의 말을 주의 깊게 듣고 공감하는 능력
	의사표현능력	말하는 사람이 본인의 생각과 감정을 듣는 사람에게 음성 언어나 신체 언어를 통해 효과적으로 표현하는 능력
	기초외국어능력	직업생활에서 외국어로 된 자료를 이해하거나 상황에 따라 다양한 국적의 직원·고객과 외국어로 적절한 의사소통을 하는 능력
수리 능력	기초연산능력	업무 상황에서 필요한 기본적인 사칙연산과 계산 방법을 이해하고 상황에 맞게 적절한 식을 세워 활용하는 능력
	기초통계능력	업무 상황에서 평균, 합계, 빈도와 같은 기초적인 통계 기법을 활용하여 자료의 특성과 경향성을 파악하는 능력
	도표분석능력	업무 상황에서 그림, 표, 그래프 등 도표의 의미를 파악하고 업무에 필요한 정보를 분석·종합하여 해석하는 능력
	도표작성능력	업무 상황에서 다양한 종류의 자료를 종합하여 업무 결과를 그림, 표, 그래프 등의 도표로 시각화하여 효과적으로 제시하는 능력
문제해결 능력	사고력	일상생활뿐만 아니라 공동체 생활의 문제를 해결하기 위해 필요한 기본 요소로서, 창의적·논리적·비판적으로 생각하는 능력
	문제처리능력	다양한 상황에서 발생한 문제의 원인과 특성을 파악한 뒤, 적절한 해결안을 선택·적용하고 그 결과를 평가하여 피드백하는 능력
자원관리 능력	시간관리능력	직업생활에서 필요한 시간자원을 확인하고 사용할 수 있는 시간자원을 최대한 확보하여 시간 활용 계획을 수립하고 실제 업무 수행에 이를 할당하는 능력
	예산관리능력	직업생활에서 필요한 예산을 확인하고 사용할 수 있는 예산을 최대한 확보하여 예산 활용 계획을 수립하고, 이에 따라 예산을 효율적으로 집행·관리하는 능력
	물적자원관리능력	직업생활에서 필요한 물적자원을 확인하고 사용할 수 있는 물적자원을 최대한 확보하여 물적자원 활용 계획을 수립하고, 이에 따라 물적자원을 효율적으로 활용·관리하는 능력
	인적자원관리능력	직업생활에서 필요한 근로자의 기술, 능력, 업무 등을 포괄하는 인적자원을 파악하고 동원할 수 있는 인적자원을 최대한 확보하여 인적자원 배치 계획을 수립하고, 이에 따라 인적자원을 효율적으로 배치·관리하는 능력

영역	하위능력	내용
자기개발 능력	자아인식능력	직업생활에서 개인과 팀의 성과를 높이기 위해 본인의 흥미, 적성, 특성 등을 이해하여 자기정체감을 확고하게 정립하는 능력
	자기관리능력	직업생활에서 직업인으로서 본인의 역할과 목표를 정립하고 행동 및 업무 수행을 통제·관리하며 합리적이고 균형적으로 조정하는 능력
	경력개발능력	직업인으로서 본인의 진로에 대해 단계적 목표를 설정하고 목표 성취에 요구되는 역량을 개발해 나가는 능력
대인관계 능력	팀워크능력	직업생활에서 다른 구성원과 조직목표를 공유하고 원만한 관계를 유지하며 본인의 역할을 이해하고 책임감 있게 업무를 수행하는 능력
	리더십능력	직업생활에서 리더로서 조직 구성원들의 업무 향상에 도움을 주고 동기를 부여하며, 조직의 목표 및 비전을 제시하는 능력
	갈등관리능력	직업생활에서 조직 구성원 사이에 갈등이 발생하였을 때 갈등의 원인을 파악하고 능동적으로 해결하며 갈등을 원만하게 조절하는 능력
	협상능력	직업생활에서 협상 가능한 목표를 수립하고 상황에 맞는 협상전략을 선택하여 다른 사람 또는 다른 조직과 협상하는 능력
	고객서비스능력	직업생활에서 고객서비스에 대한 이해를 바탕으로 다양한 고객의 요구를 파악하고 적절하게 대응하여 양질의 서비스를 제공함으로써 고객 만족을 이끌어 내는 능력
정보 능력	컴퓨터활용능력	컴퓨터 관련 이론을 이해하고 직업생활에서 업무 수행에 필요한 정보를 수집, 분석, 조직, 관리, 활용하기 위해 컴퓨터를 활용하는 능력
	정보처리능력	직업생활에서 필요한 정보를 수집·분석하여 의미 있는 정보를 찾아내고, 찾아낸 정보를 업무 수행에 적절하게 조직·관리하고 활용하는 능력
기술 능력	기술이해능력	직업생활에서 기본적인 업무 수행에 필요한 기술의 원리 및 절차를 이해하는 능력
	기술선택능력	직업생활에서 기본적인 업무 수행에 필요한 기술을 선택하는 능력
	기술적용능력	직업생활에서 기본적인 업무 수행에 필요한 기술을 실제로 적용하고 그 결과를 확인하는 능력
조직이해 능력	경영이해능력	업무 상황에서 본인이 속한 조직의 경영목표와 경영방법, 의사결정과정 등을 이해하고, 조직 구성원으로서 본인이 속한 조직의 경영전략이 다른 조직의 경영전략과 어떻게 다른지 구분하여 경영상의 문제점을 개선할 수 있는 역량을 개발하는 능력
	체제이해능력	직업생활에서 조직의 요구에 효과적으로 부응하기 위해 본인이 속한 조직의 목표와 구조, 집단 특성 등을 이해하고 설명할 수 있는 능력
	업무이해능력	업무 상황에서 본인에게 주어진 업무의 성격과 내용을 파악하고 그에 필요한 지식과 기술, 행동을 확인하여 업무 처리 절차에 따라 효과적으로 업무를 수행하는 능력
	국제감각	업무 상황에서 글로벌 시대에 필요한 역량 및 자질을 개발하여 다른 나라의 문화를 이해하고 국제 동향을 파악하는 능력
직업 윤리	근로윤리	원만한 직업생활을 목적으로 직업윤리를 실천하기 위해 일에 대한 존중을 토대로 근면하고 성실하고 정직하게 업무에 임하는 자세
	공동체윤리	원만한 직업생활을 목적으로 직업윤리를 실천하기 위해 인간 존중을 바탕으로 봉사하고 책임감 있게 규칙을 준수하며, 예의 바른 태도로 업무에 임하는 자세

04 최신 NCS 영역별 출제경향

1 의사소통능력

[2024년 상반기]

독해 능력을 파악하기 위한 유형이 많이 출제되었으며, 지문의 길이는 2023년과 대체로 비슷하였으나 기존보다 짧아진 경우도 있었다. 일부 기업에서 지문의 주제가 해당 기업의 사업 내용뿐만 아니라 비문학과 문학 등으로 광범위하게 출제되었다. 특히 한국철도공사의 경우 고전문학과 사자성어, 맞춤법과 발음 기호 관련 문제가 출제되었다. 또한, 많은 기업에서 한 지문에 2~3개의 문항을 연계하여 출제하였고, 국민건강보험공단은 대부분의 지문이 공단 사업 내용이었다.

기출 키워드 보건복지, 맞춤법, 유한라산기, 촉규화, 사자성어, 성염색체, 적녹색약, 종합관리대책, 건강보험 빅데이터, 다제약물관리사업, 재가급여와 시설급여, 언어장애의 종류, 장애인 주치의, 금연광고, 선로 유실물, 스마트 시티, 전기차, 안면홍조, 고객문의 응대, 보고서 피드백 및 수정, 반의어, 반도체, 디스플레이, 자동차, 생명과학

[2023년]

지문의 내용을 이해하는 독해 능력 위주의 문항이 출제되었다. 2022년처럼 지문의 길이가 문제지의 한 면 이상을 차지할 정도로 긴 수준을 유지하였다. 일치/불일치, 주제/제목 찾기, 문단배열, 접속어, 서술 방식 등 여러 독해 유형이 골고루 출제되었으며, 서울교통공사의 경우 어휘력 문항이 단일 문항으로 출제되기도 했다. 한국철도공사는 2023년에 모든 문항이 연계문항으로 출제되었으며, 서울교통공사 외 다른 기업 역시 연계문항의 비중이 매우 높았다. 해당 기업과 관련된 보도자료, 기사를 활용한 지문이 많이 출제되므로 해당 소재에 익숙해지는 것이 필요하다.

[2022년]

지문이 길고 소재가 난해한 문항이 출제되어 시간 관리가 어려운 경우도 있었다. 지문의 길이가 한 페이지를 차지하는 독해 및 추론 문제가 다수 출제되었고 반대로 어휘, 문법과 같은 유형의 문제는 적게 출제되어 시간 단축의 기회가 줄어들었다. 따라서 평소에 꾸준한 독해 연습이 필요하며 긴 지문 속에서 필요한 정보를 빠르게 얻어내는 발췌독이 중요하다. 또한 선택지의 해석도 쉽지 않은 수준으로 출제되어 지문의 문단별 핵심을 정리하는 것도 중요하다.

2 수리능력

[2024년 상반기]

대체로 응용수리, 자료해석 등의 유형으로 출제되었다. 응용수리 유형의 경우, 일반적인 수연산과 방정식 활용뿐만 아니라 중학 교육과정의 경우의 수 개념을 알아야 풀 수 있는 문제도 출제되었다. 자료해석 유형은 자료이해, 자료계산, 도표변환 등이 고르게 출제되었고, 수치와 증감률을 보고 그래프를 도출해야 하는 다소 까다로운 문항도 출제되었다. 또한 한국철도공사에서는 논리적인 수추리가 요구되는 수열 문항과 세 자리 자연수의 곱과 합을 계산해야 하는 문항도 출제되었다.

기출 키워드 계차수열, 드모르간의 법칙, 배터리 효율, 일의 양, 소금물, 원가 할인, 속도, 방정식과 부등식, 경우의 수, 증감률, 원금, 고용률 및 실업률, 터널 통과 시간, 연료비, 항공 운임, 용적률, %p, 생산가능 인구, 매출액 및 영업이익, 주식

[2023년]

자료이해, 자료계산, 도표변환 등 여러 자료해석 유형이 고르게 출제되었다. 자료해석 유형 중심으로 출제되어 자료를 빠르게 파악하고 문제에 적용하는 연습이 필요하다. 비교적 난도가 높은 PSAT 기출문제로 연습하여 문제풀이 시간을 단축하는 것이 좋다. 응용수리 및 수열, 명제 유형도 일부 출제되었으나 그 비중이 낮았다. 2문항이 연계된 세트 문항과 3문항이 연계된 세트 문항 등 다양한 구성의 세트 문항이 다수 등장했다.

[2022년]

대부분 도표분석 문항 위주로 출제되었다. 도표분석능력의 경우 두 개 이상의 도표가 제시되거나 복합적인 도표에 2개의 문제가 출제되어 문제풀이가 까다로웠다. 어림셈을 이용한 대소비교부터 자료변환, 계산이 필요한 옳고 그름을 판단하는 문제 등 다양한 유형의 도표분석능력 문제가 출제되었다. 응용수리의 경우 도표분석에 비해 많은 비중을 차지하지는 않

았다. 관련 공식을 숙지하고 있다면 수월하게 풀 수 있는 수준으로 출제되었으나, 지문의 길이가 길어 문제 파악이 어려운 경우도 있었다. 특히 한국전력공사는 2022년 상반기에 그동안 출제하지 않던 응용수리 문제를 출제하여 평소 응용수리에 사용되는 공식들을 충분히 암기하고 있는 것이 좋다.

3 문제해결능력

[2024년 상반기]
모듈, 피듈, 피셋형 문항이 골고루 출제되었다. 기업과 관련된 사업 내용이 지문으로 나오는 경우가 많았으며, 제시문과 표가 합쳐진 복합자료 형태로 2~3개의 문항이 연계되어 출제되는 경우도 많았다. 특히 언어, 논리추리와 같은 유형의 출제 빈도가 높았으며, 표 또는 이미지(배치도 등)와 조건을 해석하여 풀어내야 하는 유형의 비중도 높았다. 특히 일부 기업은 SWOT 분석 결과를 소재로 문항을 출제하였다. 여러 문항을 풀면서 다양한 소재 및 유형에 익숙해져야 한다.

기출 키워드 신청대상과 방법, 참/거짓 판별, 가정 추론, 테이블 자리 배치, 순위, 시차, iso27001, 지원금, 추가 활동비, 보수 외 소득월액, 대관업체 대관료 정보, 의사결정, 발생형/탐색형/설정형 문제, 부서 위치, 논리적 오류, 전제와 결론 등 명제, SWOT 분석, 퍼실리테이션(모듈)

[2023년]
하나의 자료에 2~3문항이 연계된 형태의 문제가 많이 출제되었다. 법조문, 보도자료, 공고문 등 다양한 자료가 제시되었고, 자료의 내용을 파악하고 푸는 PSAT형 문항과 모듈형 문항도 출제되었다. 한국철도공사의 경우 조건추리 유형은 출제되지 않았고 문제처리 유형으로만 출제되었는데, 표/그래프 또는 그림과 지문이 합쳐진 형태인 복합자료형으로만 출제되었다. 문제해결능력의 경우 복합자료형과 지문형 모두를 대비하는 것을 추천하며, 다양한 형태의 문제를 접해보며 복합자료/지문의 내용을 빠르게 이해하고 문제에 적용하는 연습을 하는 것이 좋다.

[2022년]
회사의 공문, 법률, 최근 시사상식 등 다양한 소재로 의사소통능력만큼이나 긴 지문과 표/그래프/그림을 사용하는 고난도 문제가 다수 출제되었다. 따라서 의사소통능력에서 필요로 하는 독해, 발췌능력과 수리능력에서 사용되는 공식을 고루 갖추고 있어야 대비가 가능하다. 이러한 유형에 대비하기 위해 기출문제를 통한 반복학습으로 해당 유형의 풀이방식에 익숙해져야 하고 지문에서 언급하는 정보를 표/그래프/그림에 빠르게 매칭할 수 있어야 한다. 또한 자료로부터 필요한 정보를 추론/계산하여 풀이시간을 단축하려는 노력이 필요하다.

4 자원관리능력

[2024년 상반기]
대체로 시간/예산/물적·인적 자원과 관련된 유형이 고르게 출제되었다. 특히 제시문과 표가 함께 복합자료 형태로 출제되는 경우가 많았다.

기출 키워드 서울과 모스크바 시차, 연봉 계산, 출장비 지급 규정, 회전대응, 유사성의 원칙, 출장비 계산, 기업경영의 4가지 구성요소(목적, 인적자원, 자금, 전략), 출장지, 부스 스케줄, 효과적인 자원관리, 인맥

[2023년]
물적·인적 자원관리, 예산관리 문항이 골고루 출제되었으며 주어진 자료를 보고 답을 구하는 문항 이외에도 모듈형 이론을 숙지해야만 풀 수 있는 문항이 출제되었다. 한국전력공사의 경우 계산을 필요로 하는 문제가 많은 편이었다. 서울교통공사의 경우 23년 상반기에 모두 연계 문항으로 출제되었다.

[2022년]
대부분 시간/예산/물적·인적자원을 소재로 한 전형적인 자원관리능력 유형이 출제되었다. 문제해결능력과 유사한 문제 유형과 복잡한 자료가 제시되는 편이지만, 풀이방법이 다소 정형화되어 있어 문제 해석에 익숙해진다면 충분히 대비가 가능하다.

5 자기개발능력

[2024년 상반기]

서울교통공사의 경우 24년 1월에 모듈형 기본 개념에서 많이 출제되었고, 모두 연계 문항이었다. 일부 기업에서는 제시문과 자료를 해석하여 풀이하는 유형이 출제되었다.

기출 키워드 심리적 자아, 자기 관리의 절차, 자기개발 조언, 자기개발 방해요인(자신에 대한 무지), 인성유형검사(MBTI)

[2023년]

모듈형 이론을 숙지해야만 풀 수 있는 문항과 주어진 지문 및 자료의 내용을 파악하여 답을 찾는 문항이 출제되었다.

[2022년]

모듈형 이론을 기반으로 문제가 출제되며 이론에는 없는 관련 개념에 대한 문제도 출제되는 경향이 있어 폭넓은 학습이 필요하다.

6 대인관계능력

[2024년 상반기]

모듈형 이론과 응용모듈 유형이 출제되었으며, 도형이나 이미지 등으로 시각화된 제시문이 포함된 문항도 출제되었다.

기출 키워드 서번트 리더십, 팀워크 구성 요소, 관계 갈등과 과업 갈등, 협상전략, 호혜관계형성전략, see-feel-change 전략, 효과적인 팀의 특성, 리더십 유형, 민주주의, 독재자, 협상 실수

[2023년]

모듈형 이론과 연계된 응용모듈 문항이 출제되었다. 단순히 텍스트로 구성된 지문 외에도 도식화된 자료를 포함한 문항이 출제되었다.

[2022년]

모듈형 이론을 기반으로 한 기본적인 문제들이 출제되었다. 모듈형 이론에 제시된 사례 이외에 실제 사례를 제시하여 분석하는 문제가 출제되기도 하여 이론을 잘 숙지하고 있어야 한다.

7 정보능력

[2024년 상반기]

실무에 필요한 엑셀 함수, 팩토리얼 함수, 윈도우 관련 문항이 출제되었다. 특히 서울교통공사의 경우 2023년과 동일하게 주어진 자료를 통해 답을 도출하는 함수 문항과 순서도 문항이 출제되었다.

기출 키워드 엑셀, 팩토리얼 함수, 순서도, 코딩, ICT, 윈도우, 단축키, 프로시저, 제품 세부 분류 코드, ISBN 코드, ISO

[2023년]

서울교통공사의 경우 주어진 자료를 통해 답을 도출하는 함수 문항과 순서도 문항이 출제되었다. 이론상의 지식을 문제화하기보다는 실제 업무에서 활용 가능한 문제로 변형되어 출제되는 경향이 강하므로 이에 맞춰 학습할 필요가 있다.

[2022년]

한국전력공사의 경우 한국전력공사 또는 정보와 관련된 소재가 의사소통과 비슷한 수준의 길이의 지문으로 다수 출제되었다. 일치/불일치 유형으로 출제되어 난이도는 높지 않았으나 읽을거리가 늘어나 시간상의 부담감이 늘었다. 이외에는 IT 관련 상식과 엑셀 함수 등이 출제되었다. 서울교통공사의 경우에도 IT 상식과 엑셀에 관한 문항들이 출제되었다.

8 기술능력

[2024년 상반기]

모듈형 이론 및 장비 매뉴얼 등과 연계된 응용모듈 문항이 출제되었다. 특히 제품 매뉴얼 및 사용설명서가 기술 소재로 구성된 그림 등의 복합 자료로 출제되는 경우가 많았다. 서울교통공사의 경우 24년 1월에 모두 연계 문항으로 출제되었다.

기출 키워드 디지털 트랜스포메이션(DX, DT), 벤치마킹, 점검표, 안전표지, 산업재해, 가전제품 사용설명서

[2023년]

모듈형 이론을 숙지해야만 풀 수 있는 문항과 주어진 지문 및 자료의 내용을 파악하여 답을 찾는 문항이 출제되었다. 이론보다는 장비 설명서 및 매뉴얼 확인과 관련된 문제가 다수 출제되므로 이에 맞춰 학습할 필요가 있다.

[2022년]

제품의 매뉴얼 및 사용설명서, 기술 소재의 그림과 설명이 연계된 자료의 내용을 이해하여 해결할 수 있는 문제해결능력 형태로 주로 출제되었다. 난이도는 높지 않았으나 제시된 복합 자료의 길이가 길어 문제를 해결하는 데 많은 시간이 소요되었다. 산업재해, 기술 적용 관련 요인 등 모듈형 이론과 연계된 지문을 분석하여 해결하는 형태가 출제되기도 했다.

9 조직이해능력

[2024년 상반기]

모듈형 이론과 경영학 이론의 개념이 출제되었다. 기업의 조직도, 결재 등 실제 업무와 관련된 응용모듈 문항도 출제되었다. 서울교통공사의 경우 24년 1월에 모두 연계 문항으로 출제되었다.

기출 키워드 ESG 경영구조, 조직과 조직구조, 매트릭스 조직 구조, 민츠버그의 조직유형, 인력배치, 적재적소주의, 능력주의, 조직이해가 필요한 이유, 조직문화, SWOT 전략, STEEP 분석, 업무수행시트, 공식/비공식 조직, 업무 방해요인, 경영자의 역할, 5 force, 국제 매너, 악수

[2023년]

주어진 자료를 통해 문제를 풀이하는 응용모듈 문항이 출제되었다. 모듈형 이론도 알고 있어야 하지만, 지문의 내용을 파악해서 답을 구해야 하는 문항이 출제되었으므로 이에 맞춰 학습할 필요가 있다.

[2022년]

주로 경영학과 관련된 개념들이 출제되었다. 난이도가 높지 않으며 경영학적 개념들이 모듈형 이론에 제시된 개념과 더불어 출제되었다. 따라서 모듈형 이론과 관련된 개념을 추가적으로 학습할 필요가 있다. 한편 서울교통공사는 서울교통공사의 CI의 의미를 묻는 문제를 출제한 적이 있으므로 지원 기업에 대한 충분한 이해가 필요하다.

10 직업윤리

[2024년 상반기]

모듈형 이론의 개념이 출제되었다. 특히 직장 내 사례, 직업의식 관련 제시문과 보도자료 등의 내용을 해석하여 풀이 하는 응용모듈 유형도 출제되었다. 서울교통공사의 경우 모듈형 기본 개념과 직장 내 성희롱 성립 요건 등을 묻는 문항이 출제되었다.

기출 키워드 중대재해처벌법, 산업안전보건법, 직업의식, 준법성, 성실성, 성희롱 유형, 성희롱의 성립요건, 직업윤리로 옳지 않은 것, 가해자/피해자, 무관심

[2023년]

모듈형 이론과 연계된 지문을 활용한 문항이 출제되었다. 모든 직군에서 필요한 직업기초능력이지만 실제 시험에서는 금융과 관련된 서비스 직군에서 출제되는 경향이 강한 편이다. 주관적인 판단을 배제하고 직무 특성을 고려한 행동을 찾는 문제가 많은 점에 유의하여 풀이하는 것이 좋다.

[2022년]

직업의식, 윤리와 관련된 사례, 명언 등의 자료를 제시하는 형태로 계속 출제되고 있다. 그러나 단순한 모듈형 이론 암기 확인 문제가 아니라 제시된 지문을 분석하는 유형으로 출제되었다. 서울교통공사의 경우 의사소통능력 수준의 긴 지문을 읽고 윤리 태도를 고르는 문제를 출제하여 추론과 독해, 논리력이 동시에 필요한 고난도 문제를 출제하기도 하였다.

05 NCS 필기시험 대비 합격 전략

NCS 필기시험은 모듈형 비중이 점차 감소하고 있으며, 완벽한 PSAT형, 완벽한 모듈형이 아닌 피듈형으로 출제되는 경우가 계속 증가하고 있다. 따라서 NCS 학습모듈을 기반으로 하는 이론 학습과 PSAT과 유사한 적성 검사형 문항 학습이 동시에 이루어져야 한다.

시험에 출제되는 소재는 출제 당시의 사회를 반영한 내용/자료가 주로 활용된다. 또한 기업의 사업 관련 주제, 과학, 인문, 사회 등 다양한 주제의 지문이 출제되어 지원하는 기업과 관련된 정보를 숙지하고 있어야 한다. 이러한 점을 고려할 때, 평소에 시사상식을 학습해 놓으면 면접에 도움이 될 뿐만 아니라 필기시험에서 배경지식으로 작용하여 문제 풀이 시간을 단축하는 효과를 얻을 수 있다.

또한 최근 영역별 출제경향을 확인해 보면, 매년 꾸준히 출제되는 포인트가 있음을 알 수 있다. 여기서 기출문제의 중요성을 다시 한 번 확인할 수 있다. 출제사가 모든 시험을 항상 새로운 유형의 문제들로만 구성할 수 있는 것이 아니기 때문에 여러 소재로 구성된 기출문제를 응용·변형하여 문제를 출제하는 경우가 많다.

따라서 본 교재를 통해 취약 영역을 확인하고, 기출문제를 풀어 보며 최신 출제경향과 유형, 특징 등을 파악하고, 정답뿐만 아니라 오답 포인트까지 철저하게 학습하여 시험을 대비해야 한다. 그리고 기출문제가 어떻게 변형되어 출제될 수 있는지 파악하고, 문제를 제한 시간 내에 푸는 연습을 반복함으로써 실전 감각을 향상시킨다면 합격에 더욱 가까워질 수 있다.

NCS 필기유형 가이드

모듈형

- 국가직무능력표준 홈페이지에서 제공하는 NCS 직업기초능력평가 10개 영역 교수자용 매뉴얼에 제시된 학습 모듈 이론과 관련된 문항으로 출제되는 시험을 일컫는다.
- 매뉴얼에 언급되지 않은 이론이 문제로 제시되면 답을 찾기 어렵다. 상식으로 접근하기에는 무리가 있으므로 평소에 기출문제를 풀어 보며 기출문제의 출제 포인트를 학습해야 한다. 한 번 출제된 이론은 다시 출제될 가능성이 높기 때문이다.
- 상대적으로 문제의 형태가 단순하지만, 이론에 대한 이해가 없다면 높은 점수를 받기 어렵다.
- 지원하는 기업과 관련된 소재의 문제가 출제되는 경향이 있으므로 기출문제를 토대로 기업과 관련된 문제의 비중 등을 미리 파악해 놓으면 도움이 된다.

PSAT형

- NCS 학습모듈을 기반으로 하는 단순 이론 암기형 문제가 아닌, 문서의 작성과 처리, 수치 및 자료에 대한 분석 능력 등을 측정하는 적성 검사형 문항으로 출제되는 시험을 일컫는다.
- 제시된 지문, [표], [그래프], [조건] 등을 분석하여 문제를 풀이해야 한다는 점에서 PSAT과 문제 접근 방식이 유사하여 수험생들 사이에서 PSAT형이라고 불리게 되었다.
- PSAT형으로 출제될 경우 출제 과목이 의사소통능력, 수리능력, 문제해결능력 주요 3개 영역으로 한정되는 경향이 있으며, 자원관리능력 정도가 추가될 수 있다. 그 외의 영역은 PSAT형으로 출제되기 어렵다.
- PSAT형 시험은 제시되는 자료의 길이가 길거나 양이 방대하여 문제 풀이에 필요한 부분만 빠르게 발췌하여 답을 도출하는 능력이 필요하다. 따라서 고득점을 얻기 위해서는 철저하게 시간 관리를 해야 한다.
- 평소 학습 시에도 시간이 많이 요구되는 유형과 빠르게 답을 도출할 수 있는 유형을 우선 파악하고 전략적으로 풀이 순서를 결정하여 주어진 시간 내에 최대한 많은 문제를 정확하게 풀어야 한다.

피듈형

- 응용모듈형이라고도 불리는 유형으로, 명칭에서 예상할 수 있듯이 PSAT형 문항처럼 보이지만 실제 업무 능력을 측정하기 위해 모듈형 내용을 결합한 문항으로 출제되는 시험을 일컫는다.
- NCS 필기시험에서 출제되는 비중이 점차 높아지고 있는 추세이며, 실제 업무 능력을 측정하기 위한 문항으로 구성되는 만큼, 현업에서 볼 수 있는 자료나 사례가 주로 제시된다.
- 제시되는 자료의 양이 PSAT형처럼 길고 방대한 편에 속하기는 하지만, 제시되는 자료를 분석하여 답을 충분히 찾아 나갈 수 있는 형태의 문제들이 더 많이 출제되고 있다.

주요 공기업별 필기시험 개요

01 한국철도공사

• NCS(직업기초능력평가) 25문항

채용직렬	출제영역									
	의사소통	수리	문제해결	자기개발	자원관리	대인관계	정보	기술	조직이해	직업윤리
공통	○	○	○							

• 전공(직무수행능력평가) 25문항

채용직렬	채용직무	전공과목	출제범위
사무영업	일반, 수송	경영학	경영학원론, 인사관리, 생산관리, 마케팅관리(재무관리, 회계학 미포함)
	관제	철도관계법령	철도안전법·시행령, 철도관제운영규정, 철도차량운전규칙, 도시철도운전규칙
운전(과목 중 택1) 및 차량		기계일반 (차량기계)	열역학, 유체역학, 재료역학, 기계재료, 기계설계
		전기일반 (차량전기)	전기자기학, 회로이론, 제어공학, 전력공학, 전기기기
토목		토목일반	측량학, 토질역학, 응용역학, 토목시공학, 철근콘크리트
건축	건축일반	건축일반	건축계획, 건축구조, 건축시공, 건축법규
	건축설비	건축설비	건축설비, 건축법규
전기통신		전기이론	전기자기학, 회로이론, 통신이론, 전기공학

※ 1) 50문항(NCS 25문항+전공 25문항) / 60분
　 2) 2024년 상반기 기준이며, 채용 시기에 따라 변동 가능성 있음
　 3) 2024년 하반기의 경우 70문항(NCS 30문항+전공 30문항+철도관련법령 10문항) / 70분으로 변경 예고함

02 서울교통공사

• NCS(직업기초능력평가) 40문항

채용직렬	출제영역									
	의사소통	수리	문제해결	자기개발	자원관리	대인관계	정보	기술	조직이해	직업윤리
공통	○	○	○	○	○	○	○	○	○	○

• 전공(직무수행능력평가) 40문항

채용직렬	출제범위		
사무	행정학, 경영학, 법학, 경제학 택1		
승무/차량	기계일반, 전기일반, 전자일반 택1		
기계	기계일반, 전기일반 택1		
승강장안전문	전기일반, 전자일반, 통신일반 택1		
자동차운전	사회, 자동차구조원리 및 도로교통법규		
전기	전기일반	정보통신	통신일반
건축	건축일반	신호	신호일반
보건관리	산업안전보건법		
영양사	위생법규 일반		

※ 1) 80문항(NCS 40문항+전공 40문항) / 100분
2) 2023년 하반기 기준이며, 채용 시기에 따라 변동 가능성 있음
3) 자동차운전직 NCS직업기초능력평가 미실시(사회 40문항, 자동차구조원리 및 도로교통법규 40문항 2개 과목 실시)

03 한국전력공사

• NCS(직업기초능력평가) 사무 50문항 / 기술(배전, ICT 등) 55문항

채용 직렬	출제영역									
	의사소통	수리	문제해결	자기개발	자원관리	대인관계	정보	기술	조직이해	직업윤리
사무	○	○	○		○		○			
배전 송변전	○	○	○		○			○ (전공)		
ICT 토목 건축	○	○	○				○	○ (전공)		

※ 1) 사무: 50문항(NCS 50문항) / 70분
   기술: 55문항(NCS 40문항+전공 15문항) / 70분
2) 기술 분야의 기술능력(전공 문항)은 기사시험의 필기 및 실기 수준으로 출제됨
3) 2024년 상반기 기준이며, 채용 시기에 따라 변동 가능성 있음

04 국민건강보험공단

• NCS(직업기초능력평가) 60문항

채용 직렬	출제영역									
	의사소통	수리	문제해결	자기개발	자원관리	대인관계	정보	기술	조직이해	직업윤리
공통	○	○	○							

• 법률(직무시험) 20문항

채용직렬	출제범위
행정직	「국민건강보험법」(시행령 및 시행규칙 제외) ※ 법률 제20324호, 2024. 2. 20. 이전 공포 기준
전산직	
요양직	「노인장기요양보험법」(시행령 및 시행규칙 제외) ※ 법률 제20213호, 2024. 2. 6. 이전 공포 기준

※ 1) 행정직, 요양직: 80문항(NCS 60문항+법률 20문항) / 총 80분(각각 60분, 20분)
　　 전산직: 70문항(NCS 15문항+전산개발 기초능력 35문항+법률 20문항) / 총 80분(각각 60분, 20분)
　 2) 2024년 상반기 기준이며, 채용 시기에 따라 변동 가능성 있음

05 부산교통공사

• NCS(직업기초능력평가) 50문항

채용 직렬	출제영역									
	의사소통	수리	문제해결	자기개발	자원관리	대인관계	정보	기술	조직이해	직업윤리
공통	○	○	○		○		○			

• 전공(직무수행능력평가) 50문항

채용직렬	출제범위		
운영직	행정학, 경영학, 경제학, 법학, 회계학 택1		
신호직	전기일반, 통신일반 택1		
토목직	토목일반	기계직	기계일반
건축직	건축일반	전기직	전기일반
통신직	통신일반	운전직	기계·전기일반

※ 1) 100문항(NCS 50문항+전공 50문항) / 100분
　 2) 2024년 상반기 기준이며, 채용 시기에 따라 변동 가능성 있음

06 한국수자원공사

• NCS(직업기초능력평가) 40문항

채용 직렬	출제영역									
	의사소통	수리	문제해결	자기개발	자원관리	대인관계	정보	기술	조직이해	직업윤리
공통	○	○	○		○					

• 전공(직무수행능력평가) 40문항

채용직렬	응시과목	전공분야 (75%, 30문항)	K-water 수행사업 (25%, 10문항)
행정 (4개 과목 중 택1)	경영	재무관리, 회계, 경영전략, 인사·조직	K-water 홈페이지의 'K-water 수행사업 참고자료 1권, 2권 PDF' 모두에서 출제
	경제	미시경제, 거시경제	
	행정	정책학, 재무행정, 조직행정, 인사행정	
	법학	민법, 행정법	
토목		수리수문학, 토목시공학, 상하수도공학	
전기		전력공학, 전기기기, 제어공학. 신재생에너지	
기계		기계설계, 유체역학, 열역학, 유체기계	
전자통신		정보통신, 전자회로 및 계측제어시스템	
환경		수질오염개론, 수처리공정, 수질분석 및 관리, 수질환경 관계 법규	
건축		건축계획, 건축시공, 건축구조, 건축설비, 건축 관계 법규	
전산		전자계산기 프로그래밍, 자료구조 및 데이터통신, 전자계산기구조, 운영체제, 마이크로 전자계산기	
조경		조경사, 조경계획, 조경설계, 조경식재, 조경시공구조학, 조경 관리론	
지질		암석학 및 광물학, 구조 지지학, 지질공학, 지하수학	

※ 1) 80문항(NCS 40문항+전공 40문항) / 총 80분(각각 40분)
　 2) 2024년 상반기 기준이며, 채용 시기에 따라 변동 가능성 있음

✅ PART Ⅰ

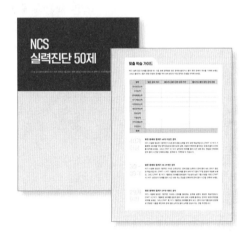

NCS 실력진단 50제

주요 공기업에서 출제된 10개 영역의 기출복원 및 기출변형 문제를 다양한 난이도와 유형으로 구성하였습니다.

본격적인 학습 전 현재 본인의 실력을 파악하고, 약점 영역과 유형을 확인하여 맞춤 학습 전략을 세워 보시길 바랍니다.

✅ PART Ⅱ & PART Ⅲ

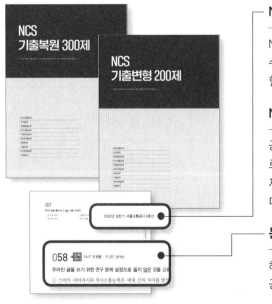

NCS 기출복원 300제

NCS 10개 영역의 실제 기출복원 문항을 영역별로 수록하였습니다. 출제 시기와 기업을 한 눈에 확인할 수 있습니다.

NCS 기출변형 200제

공기업에서 실제 기출된 문항을 변형하여 영역별로 수록하였습니다. 기출변형 문항을 학습하며 출제 가능성이 높은 기출 유형을 습득할 수 있습니다.

문제 더보기

해당 문항의 변형 문항 또는 유사 문항 정보를 제공하여 관련 유형을 완벽하게 파악할 수 있습니다.

✅ PART IV

NCS 실전모의 50제

기출문제 중 유형, 영역 융합, 난이도 등 변형 가능한 문제를 선별하여 재구성한 문제들로 이루어진 피듈형 NCS 실전모의고사를 수록하였습니다.

본책 학습을 마무리하며 제한 시간 안에 풀이하는 것을 추천드립니다. NCS 고득점에 한 걸음 더 가까워질 것입니다.

연번으로 이어지는 문항

001번부터 600번까지 600제의 문항 번호를 연번으로 이어, 관련 문항을 찾기 쉽게 하였습니다.

✅ 정답과 해설

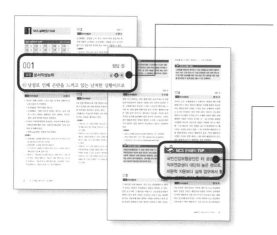

문항 유형 및 난이도 확인

제시된 문항의 유형과 난이도를 확인하여, 그에 따른 강점 및 취약점을 확인할 수 있습니다.

NCS 문제풀이 TIP

해당 문항과 관련한 NCS 이론 및 추가 설명을 통하여 학습자가 관련 내용을 더욱 풍부하게 이해하도록 제시합니다.

NCS
실력진단 50제

※ 주요 공기업에서 출제된 NCS 10개 영역의 기출 복원 · 변형 문항을 다양한 난이도와 유형으로 구성하였습니다.

NCS 실력진단 50제 50문항 / 60분

001

다음 [보기]에서 어법에 어긋난 표현이 사용되었거나 어휘 사용이 적절하지 <u>않은</u> 문장을 모두 고르면?

| 보기 |

- ㉠ 직원들은 결재를 올리고 기다려야 하는 낡은 관행을 버리기로 뜻을 모았다.
- ㉡ 정부의 그 계획은 가능한 한 빨리 실행되어야 한다.
- ㉢ 무의식적 행동으로 인해 근거 없는 낭설에 휘말려 곤욕스럽다.
- ㉣ 미세 먼지에 정확한 이유를 모르니 마음이 더 심란하다.

① ㉠, ㉡   ② ㉠, ㉢   ③ ㉠, ㉣
④ ㉡, ㉢   ⑤ ㉢, ㉣

002

다음 글을 읽고 [보기]의 상황에 대해 추론할 수 있는 내용으로 적절하지 <u>않은</u> 것을 고르면?

공공 저작물(이하 '저작물'이라 함.)에는 '공공 누리' 표시 기준이 있어, 누구나 저작물의 이용 조건을 쉽게 확인할 수 있다. 'OPEN'이라는 공공 누리 마크가 표시되어 있는 저작물은 일정 조건하에서 자유롭게 저작물을 이용할 수 있고, '출처 표시'라는 마크가 표시되어 있는 저작물은 이용하는 저작물의 출처를 표기한 후 이용이 가능하다. 한편 '상업용 금지' 표시의 저작물은 비상업적인 목적으로만 이용할 수 있고, '변경 금지' 표시의 저작물은 번역이나 편곡, 변형, 각색 등의 변경 행위가 금지되므로 이 마크가 없는 경우에만 내용이나 형식을 변경할 수 있다.

| 보기 |

홍보팀 백 과장은 의료 기기 신제품 판매 및 홍보를 위한 기업 홍보 자료를 만들기 위하여 국민건강보험공단에서 발행한 관련 문건(문건A, 문건B)을 입수하였다. 문건A에는 'OPEN', '변경 금지', '출처 표시', 문건B에는 'OPEN', '상업용 금지', '출처 표시'라는 공공 누리 표시 기준이 붙어 있어, 기준을 검토하여 적절한 방법으로 문건을 이용하려고 한다.

① 백 과장은 두 문건 모두 기업 홍보 자료에 이용할 수 없다.
② 백 과장이 다른 곳에서 발췌한 사진을 첨부하여 홍보 자료로 함께 이용할 수 있는 문건은 없다.
③ 문건A는 문건의 출처를 반드시 밝히고 이용해야 한다.
④ 문건B는 출처를 밝히고 외국어로 번역하여 비상업적인 목적의 자료로 이용할 수 있다.

다음 글을 읽고 [가]~[마]의 내용을 요약한 것으로 적절하지 <u>않은</u> 것을 고르면?

[가] 오늘날 벌어지고 있는 혁명은 3차 산업 혁명의 단순한 연장이 아니라 그것과 구별되는 4차 산업 혁명의 도래라고 보아야 한다. 여기에는 세 가지 이유가 있는데 바로 그 속도와 범위, 그리고 시스템에 미치는 충격이다. 현재와 같은 비약적인 발전 속도는 전례가 없다. 이전의 산업 혁명들과 비교하면, 4차 산업 혁명은 기하급수적으로 전개되고 있다. 게다가 모든 나라에서, 거의 모든 산업을 충격에 빠뜨리고 있다. 혁명에 따른 변화의 폭과 깊이는 생산, 관리, 통제 전반에 걸쳐 시스템의 변화를 예고하고 있다.

[나] 이전의 산업 혁명들과 마찬가지로 4차 산업 혁명도 지구촌 사람들의 소득 수준을 높이고, 삶의 질을 향상시킬 잠재력이 있다. 지금까지 산업 혁명에서 가장 큰 이득을 본 사람들은 디지털 세계에 접근할 수 있고, 디지털 세계를 감당할 능력이 있는 소비자들이었다. 기술은 새롭고 멋진 상품과 서비스를 제공하여 개인 생활의 효율성과 즐거움을 배가시켰다. 택시를 부르고, 비행기를 예약하고, 물건을 사고, 물건값을 치르고, 음악을 듣고, 영화를 보고, 게임을 하는 이 모든 일을 이제 원격으로 할 수 있다.

[다] 효율성과 생산성이 장기간에 걸쳐 향상되면서 미래에는 공급 측면에서도 기술 혁신이 기적을 불러올 것이다. 수송 비용과 통신 요금이 절감되고, 물류와 세계적인 공급망이 더 효율적으로 운영되며, 거래 비용도 줄어든다. 이 모든 일로 새로운 시장이 열리고 경제 성장이 촉발된다.

[라] 이와 같은 전망의 다른 한편으로, 혁명이 더욱 심각한 사회 불균형을 초래할 수 있다는 사실을 지적한다. 특히 노동 시장을 붕괴시킬 가능성이 있다. 경제 전반에서 노동이 자동화되면 최종적으로 기계가 노동자를 대체하여 자본과 노동 사이의 수익 차이를 심화할 수 있다.

[마] 4차 산업 혁명은 우리가 하는 일뿐만 아니라 우리가 누구인지도 바꾸게 된다. 사생활에 대한 인식, 소유권의 관념, 소비 유형, 일과 여가에 사용하는 시간, 경력을 개발하고 기술을 연마하며 사람들을 만나는 방식 등 우리의 정체성 및 이와 관련된 모든 문제에 영향을 줄 것이다. 이 혁명은 이미 우리의 건강 상태를 변화시키고 인간을 수치화하고 있다. 여기에서 더 나아가 예상했던 것보다 더 빠른 속도로 증강 인간을 만들어 낼지도 모른다. 변화의 목록은 상상하는 만큼이나 끝이 없다.

① [가]: 3차 산업 혁명과 4차 산업 혁명의 특징과 차이점
② [나]: 4차 산업 혁명이 가져올 변화와 그 변화의 구체적인 예
③ [다]: 4차 산업 혁명이 가져올 변화의 긍정적인 측면
④ [라]: 4차 산업 혁명이 초래할 수 있는 부정적 측면의 변화
⑤ [마]: 4차 산업 혁명이 인간의 정체성 및 삶의 방식에 끼칠 영향

[004~005] 다음은 건강보험심사평가원의 입찰 공고서이다. 이를 바탕으로 이어지는 질문에 답하시오.

입찰 공고서

건강보험심사평가원의 "상급 종합병원 의료 이용 현황 분석 및 역할 정상화를 위한 개선 방안 연구 용역" 사업자 선정에 따른 제안서 제출 안내 사항을 아래와 같이 공고합니다.

○ 입찰에 부치는 사항
  ■ 입찰자가 숙지할 사항
  • 본 입찰에 참가하고자 하는 자는 반드시 다음의 내용을 열람하고 숙지하여야 하며, 숙지하지 못한 책임은 입찰자에게 있습니다.
  • 본 입찰 공고서와 제안 요청서(과업 지시서, 규격서 등)의 내용이 상이할 경우, 본 입찰 공고서를 우선하여 적용합니다.
  • 본 건 관련 각종 규정은 개정될 수 있으며, 개정될 경우에는 개정 규정 부칙의 시행일(또는 적용례)에 따라 개정 규정의 적용 여부가 결정될 수 있습니다.

용역명	세부 내역	입찰 등록 마감 일시 및 장소
상급 종합병원 의료 이용 현황 분석 및 역할 정상화를 위한 개선 방안 연구 용역	붙임 '제안 요청서' 참조	• 일시: 20○○년 ○월 ○○일(화) 14:00 • 장소: 건강보험심사평가원 17층 ○○팀 　(상세 주소: 강원도 원주시 ○○로 60)

  • 계약 기간: 계약 체결일로부터 6개월
  • 사업 예산: 80,000,000원(부가 가치세 포함)

○ 참가 자격(아래의 조건을 동시에 충족하여야 함.)
  • 「국가를 당사자로 하는 계약에 관한 법률 시행령」 제12조 및 동법 시행 규칙 제14조에 따른 유자격자로서, 관련 분야에 대한 전문성을 갖춘 기관(단체)으로 입찰 등록 마감일까지 필요 서류를 갖추어 입찰에 등록한 기관
  • 「중소기업 기본법」 제2조에 따른 소기업자 및 「소상공인 보호 및 지원에 관한 법률」 제2조에 따른 소상공인으로서 「중소기업 범위 및 확인에 관한 규정」에 따라 발급된 소기업·소상공인 확인서를 소지한 자
    − 단, 「중소기업 제품 구매 촉진 및 판로 지원에 관한 법률 시행령」 제2조의3 제2호에 따른 비영리 법인은 소기업·소상공인 확인서 없이 입찰 참여 가능
  • 입찰 공고일 기준 「국가를 당사자로 하는 계약에 관한 법률 시행령」 제76조에 의해 입찰 참가 자격을 제한받지 않은 자
  • 공동 수급(공동 이행 방식) 허용

004

주어진 입찰 공고서를 이해한 내용으로 적절하지 <u>않은</u> 것을 고르면?

① 필요시 공동 이행 방식이 가능하다.
② 사업 계약 기간은 계약 체결일로부터 6개월이다.
③ 부가 가치세를 포함한 사업 예산은 1억 원보다 적다.
④ 소기업·소상공인 확인서가 없으면 입찰 참여가 불가능하다.

005

다음 [그래프]를 참고할 때, 건강보험심사평가원에서 용역 사업을 실시하고자 하는 이유로 적절한 것을 [보기]에서 모두 고르면?

[그래프] 상급 종합병원 진료비 증가율 　　　　　　　　　　　　　　　　　　　　(단위: %)

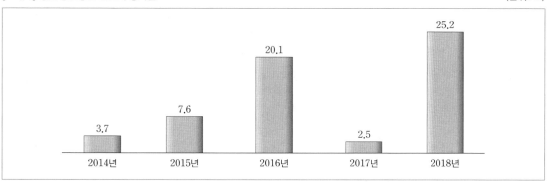

┌─ 보기 ├─
ⓐ ㉠ 상급 종합병원으로 의료 이용이 집중되는 현상의 원인을 파악하고자 한다.
ⓑ ㉡ 상급 종합병원의 역할을 정상화할 수 있는 정책 방안을 마련하고자 한다.
ⓒ ㉢ 의료 전달 체계를 상급 종합병원을 중심으로 개선하고자 한다.
ⓓ ㉣ 건강보험 보장성 강화 정책의 실패 이유를 분석하고자 한다.

① ㉠, ㉡ 　　　　　　　　　　　　　　　② ㉠, ㉢
③ ㉡, ㉢ 　　　　　　　　　　　　　　　④ ㉡, ㉣

[006~007] 다음 글을 읽고 이어지는 질문에 답하시오.

[가] 2007년까지는 결정질 실리콘 태양전지가 90% 이상의 시장 점유율을 나타내었으나 그 후 폴리실리콘 가격의 상승에 의한 박막 태양전지의 보급 확대로 인하여 결정질 실리콘 태양전지의 점유율은 80%대로 감소한 바 있다. 하지만 2011년 들어 폴리실리콘 가격의 하락 및 수급 불균형에 따라 결정질 실리콘 태양전지/모듈의 가격이 급락하면서 박막 태양전지 시장 규모가 다시 축소되고 있는 상황이다. 그러나 이러한 현상은 2013년 하반기부터 시작된 폴리실리콘 가격의 안정화와 모듈 수급 불균형의 해소에 힘입어 안정되는 모습을 보이고 있고, 결정질 실리콘 태양전지를 중심으로 시장이 점차 안정적으로 성장하는 모습을 보이고 있다. 박막 태양전지가 결정질 실리콘 태양전지에 대한 경쟁력을 확보하기 위해서는 저가 및 고기능성, 틈새시장으로의 신규 진출이 필요하므로 박막 태양전지 시장은 2016년 이후부터 서서히 성장할 것으로 예측된다.

[나] 2011년을 기점으로 한 시장 성장률 감소의 원인은 태양광 시장의 수요－공급 불일치에 따른 구조조정과 최근 발생한 유럽발 경제 위기이다. 공급량이 점진적으로 증가하는 가운데 2011년부터 수요량이 감소되었음을 알 수 있다. 이는 유럽발 재정위기에 기인하고 있다. 결국 수요와 공급의 불일치가 심화되면서 태양광 모듈의 가격이 급격히 하락하기 시작하였고, 태양광 기업들의 채산성 악화를 초래한 것이다. 그러나 이러한 수요－공급 불일치 현상은 2014년 들어 해소되는 조짐을 보이고 있다. 이는 모듈 가격 하락에 따른 그리드 패리티 조기 달성에 의한 보급량 증대와 원전사고 이후 조성된 재생에너지 보급 확대 정책에 기인한다고 볼 수 있다.

[다] 태양광 시장은 최근 폭발적인 연간 성장률(85% 이상)을 나타내며 급성장하여 왔고 2013년 들어 약 40GW의 시장규모에 이르렀다. 2012년의 일시적인 설치량 감소를 제외하고는 2006년부터 시작된 태양광발전 시스템의 설치량 증가 추세는 여전히 지속되고 있다. 특히 2011년 후쿠시마 원전사고 이후 일본 및 유럽 등에서 원전 설치계획을 축소 또는 폐지하였고, 일본, 미국, 중국, 인도 및 신흥 시장(동남아시아, 아프리카, 남미 등)에서 태양광 설치량을 확대하면서 향후 세계 태양광 시장은 꾸준히 증가할 것으로 예측된다.

[라] 2014년 이후 CIGS 박막 태양전지를 중심으로 박막의 점유율이 높아질 것으로 보인다. 박막 태양전지는 비정질 실리콘계, CIGS계, CdTe, DSSC, OPV 등으로 구분된다. CIGS 박막 태양전지의 경우, 효율이 높고 저가 생산이 가능하여 향후 박막 태양전지 시장을 주도할 것으로 예측되지만, 획기적인 성장을 위해서는 대량생산 체계 구축에 있어서의 문제점을 기술적으로 극복해야 하는 과제를 안고 있다. DSSC와 OPV 등은 아직 상용화 전 단계인 파일럿 연구개발 단계에 머물러 있고, 낮은 효율과 안정성 문제가 해결되지 않고 있어 이러한 문제점들을 극복해야 시장 점유율을 크게 높일 수 있을 것으로 전망된다.

[마] 기존의 발전용 태양광 시장뿐만 아니라 지역 및 환경 맞춤형 태양광발전 시스템(BIPV, 수상태양광 등), 틈새시장(개인용 휴대기기 등) 등이 점진적으로 확대되고 있어 신규시장의 창출도 확대될 것으로 예측되고 있다. 이는 세계 여러 국가가 신·재생에너지원의 확대를 정부정책의 중요한 기조로 삼고 있기 때문이며, 신·재생에너지원 중 특히 태양광이 친환경적이면서도 산업유발 효과가 큰 에너지원이라는 점이 부각되고 있기 때문이다.

006

다음 중 [가]~[마] 문단을 순서대로 바르게 배열한 것을 고르면?

① [나]-[다]-[마]-[라]-[가]
② [나]-[다]-[라]-[마]-[가]
③ [다]-[마]-[나]-[가]-[라]
④ [다]-[가]-[마]-[나]-[라]
⑤ [라]-[나]-[다]-[마]-[가]

007

주어진 글의 내용과 일치하지 <u>않는</u> 것을 고르면?

① 태양전지 모듈의 수급에서 수요-공급 불일치로 인해 시장 성장률이 감소하였다.
② 결정질 실리콘 태양전지가 전체 태양전지 시장을 주도하고 있다.
③ 박막 태양전지는 비정질 실리콘계, CIGS계, CdTe, DSSC, OPV 등으로 구분된다.
④ 태양광발전 시스템은 2012년을 제외하고 2006년부터 설치량 증가 추세가 지속되어 최근 태양광 시장은 85% 이상의 연간 성장률을 달성했다.
⑤ 폴리실리콘 가격의 하락과 수급 불균형이 나타나면서 상대적으로 박막 태양전지 시장 규모가 확대되었다.

008

다음과 같이 8개로 구분된 구역에 색을 칠하고자 한다. 구역을 구분하는 선이 잘 보일 수 있도록 인접하는 구역은 서로 같은 색으로 칠할 수 없다고 가정할 때, 모든 구역을 색칠하는 데 필요한 색은 최소 몇 가지인지 고르면?

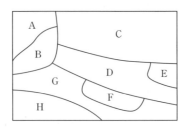

① 2가지   ② 3가지   ③ 4가지   ④ 5가지

009

다음 [조건]과 같이 소금물을 만들었을 때, 네 번째 소금물의 농도를 고르면?

┤ 조건 ├

- 첫 번째 소금물의 양은 300g이며 농도는 25%이다.
- 두 번째 소금물은 첫 번째 소금물에서 50g을 증발시킨 것이다.
- 세 번째 소금물은 두 번째 소금물에 농도가 30%인 소금물 150g을 첨가한 것이다.
- 네 번째 소금물은 세 번째 소금물에 물 100g을 첨가한 것이다.

① 20%   ② 24%   ③ 28%
④ 32%   ⑤ 36%

010

다음 [표]는 만성 B형 간염의 자연 경과에 관한 자료이다. 1,000명의 만성 B형 간염 환자 중에서 5년 경과 후에 간경변증이나 간암이 발병하지 않았지만, 그 후 다시 5년 경과 후에 간암이 발생한 사람은 확률적으로 몇 명인지 고르면?(단, 5년 경과 후 간경변증이나 간암이 발생한 사람은 10년 경과 후 간경변증이나 간암이 발생한 사람에 포함되며, 한 번 발병하면 증상이 호전되지 않는다고 가정한다.)

[표] 만성 B형 간염의 자연 경과   (단위: %)

만성 B형 간염 진단 후 간경변증과 간암 발생률			간경변증 진단 후 간암 발생률	
만성 B형 간염 기간	간경변증 발생률	간암 발생률	간경변증 기간	간암 발생률
5년 경과 후	10	3	5년 경과 후	13
10년 경과 후	23	11	10년 경과 후	27

① 13명   ② 67명   ③ 97명   ④ 117명

011

다음 [그래프]와 [표]는 연령별 LDL 콜레스테롤 수치와 전국 LDL 콜레스테롤 수치 기준에 관한 자료이다. 이에 대한 설명으로 옳은 것을 고르면?

[그래프] 연령별 LDL 콜레스테롤 수치   (단위: 명)

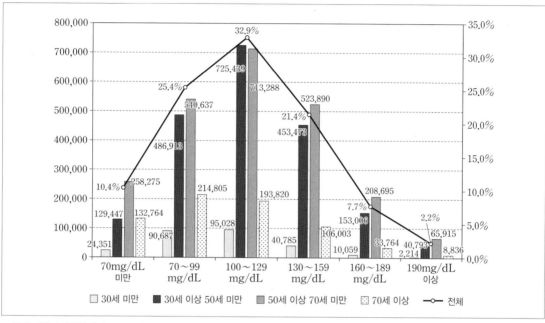

※ 전체: 전체 수검인원 대비 LDL 콜레스테롤 수치별 비율

[표] 전국 LDL 콜레스테롤 수치 기준

구분	정상	경계	위험
기준 수치	130mg/dL 미만	130~159mg/dL	160mg/dL 이상

① 전체 수검인원 중 LDL 콜레스테롤 수치가 정상인 비율은 90.1%이다.
② LDL 콜레스테롤 수치가 정상인 50세 미만 수검인은 1,341,799명이다.
③ LDL 콜레스테롤 수치가 경계인 50세 이상 수검인은 523,890명이다.
④ LDL 콜레스테롤 수치가 경계인 30세 미만 수검인은 30세 미만 전체 수검인의 약 15.5%이다.
⑤ LDL 콜레스테롤 수치가 위험인 수검인은 전체 수검인의 10% 이상이다.

[012~013] 다음 [표]는 특정 시점의 지역별 월별 평균 기온 및 강수량에 관한 자료이다. 이를 바탕으로 이어지는 질문에 답하시오.

[표1] 특정 시점 주요 지역별 월별 평균 기온　　　(단위: ℃)

구분	서울	대구	광주	제주
1월	-3.3	0.3	-0.3	5.7
2월	0.7	3.4	3.2	7.4
3월	6.8	8.8	8.5	10.8
4월	13.0	14.4	13.7	14.5
5월	17.0	19.1	18.3	18.9
6월	23.4	24.0	23.8	22.9
7월	26.1	26.1	26.2	26.1
8월	26.8	26.0	26.7	26.5
9월	20.2	21.4	21.4	23.2
10월	13.4	14.9	15.8	18.5
11월	8.8	10.5	11.5	14.9
12월	1.8	3.6	4.8	9.7

[표2] 특정 시점 주요 지역별 월별 평균 강수량　　　(단위: mm)

구분	서울	대구	광주	제주
1월	27.2	12.5	28.0	32.2
2월	39.6	12.3	43.6	22.5
3월	25.3	25.0	68.3	84.1
4월	56.1	50.1	82.1	211.2
5월	291.3	97.2	101.6	99.7
6월	110.0	195.4	177.2	107.7
7월	250.3	267.8	280.2	141.6
8월	117.2	222.9	381.9	205.7
9월	76.9	17.0	22.8	39.0
10월	58.2	8.3	29.0	8.2
11월	93.8	136.3	136.4	219.7
12월	38.1	40.4	73.7	101.2

012

주어진 네 개 지역의 월별 평균 강수량의 평균이 가장 많은 달과 가장 적은 달의 각각의 평균을 더한 값을 고르면? (단, 소수점 둘째 자리에서 반올림한다.)

① 259.2mm
② 259.5mm
③ 259.8mm
④ 260.0mm

013

주어진 네 개 지역을 1년 평균 기온이 낮은 순으로 바르게 나열한 것을 고르면?(단, 소수점 둘째 자리에서 반올림한다.)

① 서울 - 대구 - 광주 - 제주
② 서울 - 광주 - 대구 - 제주
③ 대구 - 서울 - 광주 - 제주
④ 광주 - 대구 - 서울 - 제주

014

다음 A~E 5명 중 1명은 거짓을, 나머지는 모두 참을 말하고 있다. 거짓을 말한 1명이 범인일 때, 이들의 진술을 바탕으로 범인이 누구인지 고르면?

- A: C가 범인입니다.
- B: 저는 범인이 아닙니다.
- C: B는 참을 말하고 있습니다.
- D: A는 거짓을 말하고 있습니다.
- E: A가 범인입니다.

① A   ② B   ③ C
④ D   ⑤ E

015

2개의 원형 테이블에 6개의 의자가 일정한 간격으로 배치되어 있다. 8명의 직원 A~H가 1번 테이블과 2번 테이블에 각각 4명씩 나누어 앉았을 때, 다음 [조건]을 바탕으로 G의 바로 왼쪽 자리에 앉은 사람을 고르면?

| 조건 |

- A와 C는 서로 다른 테이블에 앉는다.
- B는 E의 바로 왼쪽 자리에 앉고, A의 맞은편에 앉는다.
- D의 맞은편은 빈자리이고, F의 양옆도 빈자리이다.
- E의 맞은편에 G가 앉는다.
- C의 바로 오른쪽 자리에 H가 앉는다.
- 1번 테이블은 빈자리끼리 서로 마주보고 있다.

① A   ② C   ③ D
④ H   ⑤ 빈자리

공급약관 및 시행세칙 개정

■ 전력량요금 9.8원/kWh 인상

- 기준연료비 산정기간 변경에 따른 원가 증가분 9.8원/kWh을 그대로 전력량요금에 반영하는 것을 목표로 함
- 일시에 반영할 경우 급격하게 국민부담이 증가하는 점을 감안하여, 2022년 4월 1일, 10월 1일 2회에 걸쳐 단계적 조정
- 2022년 4월 1일에는 목표 증가분의 절반만 인상, 2022년 10월 1일에는 목표 증가분까지 모두 인상
- 모든 종별의 전력량요금에 동일하게 반영하며, 기본요금은 변동 없음

[표] 2022년 4월 1일 기준 주택용 전력(저압) 전기요금표

하계(7~8월)			기타 계절(1~6월, 9~12월)		
구간	기본요금 (원/호)	전력량요금 (원/kWh)	구간	기본요금 (원/호)	전력량요금 (원/kWh)
300kWh 이하	910	93.2	200kWh 이하	910	93.2
300kWh 초과 450kWh 이하	1,600	187.8	200kWh 초과 400kWh 이하	1,600	187.8
450kWh 초과	7,300	280.5	400kWh 초과	7,300	280.5

※ 전기요금은 구간별 누진제를 적용함

■ 기후환경요금 2원/kWh 인상

- 2022년 4월 1일부터 적용
- 신재생에너지 의무공급 비율 증가(7% → 9%), 온실가스배출권 유상할당 비율 증가(3% → 10%) 등으로 전년 대비 기후환경 비용 1.2조 원 증가(현행 5.3원/kWh에서 7.3원/kWh으로 2원/kWh 증가)
- 깨끗하고 안전한 에너지 사용을 위해 소요되는 비용으로 투명하게 정보를 제공하기 위해 2021년 1월부터 전력량요금에서 분리 고지 중
- 추후 논의를 거쳐 연료비 연동제 도입 예정
  ※ 연료비 연동제: 연료비 변동분(실적−기준연료비 차이)을 분기별로 요금에 반영하는 제도(단, 기준연료비는 전력량요금에 반영되어 있는 최근 1년간 평균연료비이며, 실적연료비는 직전 3개월간 평균연료비로 산정함)

016

주어진 자료에 대한 설명으로 옳지 <u>않은</u> 것을 고르면?

① 기본요금은 이전과 동일하다.
② 연료비 연동제가 도입되면 분기별로 요금이 달라질 수 있다.
③ 전력량요금과 기후환경요금의 인상은 비용 증가에 따른 조치이다.
④ 2022년 4월부터는 전력량요금과 기후환경요금을 합쳐 kWh당 11.8원이 인상될 예정이다.
⑤ 2022년 3월까지는 주택용 전력(저압)의 200kWh 이하 구간 전력량요금이 88.3원/kWh이다.

017

주어진 자료를 바탕으로 2022년 11월에 250kWh를 사용한 주택용 전력(저압)의 기본요금과 전력량요금의 합계를 고르면?(단, 1원 단위 이하는 절사한다.)

① 24,210원 ② 25,430원 ③ 29,250원
④ 29,630원 ⑤ 30,850원

[018~019] 다음은 건폐율과 용적률에 관한 자료이다. 이를 바탕으로 이어지는 질문에 답하시오.

건폐율은 대지면적에 대한 건축 바닥면적(대지에 둘 이상의 건축물이 있는 경우에는 이들 건축면적의 합계)의 비율을 의미한다. 즉, 수평적 건축 밀도를 말한다. 건폐율을 규정하는 목적은 용도지역별로 그 밀도를 달리 정하여 쾌적한 도시환경을 유지하기 위한 것이다. 즉, 건축물의 밀집 방지, 일조, 채광, 통풍, 방화, 피난 등에 필요한 공지를 확보하기 위하여 적용하는 것이다. 건폐율은 건물 1층의 바닥면적을 대지면적으로 나누어 %로 표시하며, 건물의 1층 바닥면적을 건평이라고 한다.

용적률은 대지면적에 대한 건축물의 연면적(1개의 대지에 둘 이상의 건축물이 있는 경우에는 이들 연면적의 합계)의 비율을 말한다. 즉, 입체적인 건축면적과 밀도를 말한다. 이때 연면적은 지하부분을 제외한 지상부분 건축물의 바닥면적을 기준으로 계산된다. 도시계획구역 내의 각 용도지역에 따라 확보하여야 할 최소한의 도시 공간을 규정하는 것으로 일조, 채광, 통풍이나 방화상 유효한 공간을 확보함과 동시에 대지, 즉 토지이용의 고도화를 기하자는 데 있다. 즉, 도시의 수직적 밀도관리를 위한 것으로 건축물의 형태를 평면적인 것에서 입체적인 것까지 고려하여 대지 내에 많은 공지 공간을 확보토록 하되, 용도지역에 따라 일정한 비율로 제한하여 토지를 효율적으로 이용하고 쾌적한 도시환경으로 정비하여 균형 있는 도시발전을 기하기 위한 규정이다.

국토계획법에서는 각 토지의 용도별로 건폐율과 용적률에 대하여 다음과 같은 제한을 두고 있다.

용도지역 구분			건폐율	용적률
도시지역	주거지역	전용 주거지역	제1종 전용주거지역	50% 이하	50~100%
			제2종 전용주거지역		100~150%
		일반 주거지역	제1종 일반주거지역	60% 이하	100~200%
			제2종 일반주거지역		150~250%
			제3종 일반주거지역	50% 이하	200~300%
		준주거지역		70% 이하	200~500%
	상업지역	중심상업지역		90% 이하	400~1,500%
		일반상업지역		80% 이하	300~1,300%
		근린상업지역		70% 이하	200~900%
		유통상업지역		80% 이하	200~1,100%

018

A씨는 자신이 보유한 토지에 다음과 같은 건물을 보유하고 있다. 해당 건물의 건폐율과 용적률이 바르게 짝지어진 것을 고르면?

- 대지 크기: 가로 30m, 세로 40m
- 건물 바닥면적: 가로 25m, 세로 30m
- 층수: 지하 2층, 지상 4층

※ 모든 층의 면적은 1층 바닥면적과 동일하다고 가정한다.

	건폐율	용적률
①	62.5%	375%
②	58.5%	375%
③	62.5%	250%
④	58.5%	250%
⑤	62.5%	185%

019

국토계획법상의 일반상업지역에 지을 수 없는 규모의 대지와 건물 크기를 고르면?(단, 모든 층의 면적은 1층 바닥면적과 동일하다고 가정한다.)

	대지의 크기(m)	건물 1층 바닥면적(m)	지상층수(층)
①	50×50	30×40	8
②	70×65	50×50	10
③	40×30	35×20	6
④	25×20	15×15	11
⑤	20×20	15×10	6

020

다음 중 자기개발에 대해 적절하게 설명한 사람의 수를 고르면?

유리	자기개발은 일과 관련하여 이루어지는 활동이다.
철수	자기개발은 개별적인 과정으로서 사람마다 자기개발을 통해 지향하는 바가 다르다.
훈이	자기개발은 쉬운 것이 아니므로 모든 사람이 해야 할 필요는 없다.
맹구	자기개발을 위해서는 반드시 특정 직업훈련기관의 교육프로그램을 이수해야 한다.

① 0명   ② 1명   ③ 2명
④ 3명   ⑤ 4명

021

다음 사례를 통해 알 수 있는 A의 경력개발 단계를 고르면?

올해 회사에 입사한 신입사원 A는 조직의 규칙과 규범에 관한 입사 교육을 받고 팀에 배정되었다. 팀에 배정된 뒤에는 직장 사수에게 앞으로 본인이 맡게 될 업무에 대하여 인수인계를 받았다. 입사한 지 얼마 되지 않아 아직은 팀 분위기에 적응하는 것이 어렵지만 퇴근을 하면서도 적극적으로 자신이 담당하게 될 업무의 내용을 파악하고, 앞으로 승진을 하기 위해서는 어떻게 해야 할지 고민하기도 했다.

① 직업선택   ② 조직입사   ③ 경력초기
④ 경력중기   ⑤ 경력말기

022

다음은 '착한 아이 콤플렉스'에 대한 설명이다. 이를 참고할 때, '착한 아이'를 극복하기 위한 거절의 의사결정 방법으로 가장 적절한 것을 고르면?

착한 아이 콤플렉스(Good boy Syndrome)는 가토 다이조의 자녀교육서 『착한 아이의 비극』에서 제안한 신조어로, 타인에게 착한 아이로 보이기 위해 내면의 욕구나 소망을 억압하는 말과 행동을 반복하는 심리적 콤플렉스를 뜻한다. 이러한 형태는 유기공포(Fear of abandonment)를 자극하는 환경에 적응하기 위해 어린이의 기본적 욕구인 유아적 의존 욕구를 거부하고 억압하는 방어기제로 탄생한다. 바르게 해결되지 않아 그대로 성장하게 된 어른에게는 '착한 아이' 대신 '착한 여자, 착한 남자, 좋은 사람' 등으로 바꿔 부르기도 한다. 서양에는 착한 아이 콤플렉스에 직접적으로 대응되는 개념은 없으나 둘째 아이 신드롬이라는 유사한 개념이 있으며, 해당 증상은 정신병으로 분류되지 않는다. 착한 아이 콤플렉스에 해당된다면 겉으로는 좋은 사람으로 보이지만, 속에서는 우울증이나 자기 비하, 무기력증에 빠지게 될 확률이 높다.

① 자신의 생각과 감정을 가급적 드러내지 않는다.
② 연습을 통해 상대방에 대한 예의를 갖춰 신중하게 고민한 후 답변한다.
③ 최대한 자신이 희생하고 타인을 배려할 수 있는 방법을 찾는다.
④ 자신에게 양보는 최대의 미덕이라는 점을 상기한다.
⑤ 거절보다 최대한 공통점을 찾아 어떻게든 해결점을 찾아본다.

023

다음 사례에 해당하는 자기개발 계획 수립의 장애요인으로 가장 적절한 것을 고르면?

저녁형 인간인 A씨는 아침에 일찍 일어나는 것을 어려워하지만, 자기개발을 위해 아침 일찍 일어나 출근 전 영어회화 학원에 다니기로 계획하였다. 처음 며칠간은 영어회화 학원에 나갈 수 있었으나 이내 자신의 생활 리듬과 전혀 맞지 않는 계획임을 깨닫게 되었다.

① 외부 작업정보 부족   ② 일상생활의 요구사항   ③ 내부 작업정보 부족
④ 주변 상황의 제약   ⑤ 자기정보의 부족

024

홍보팀에서는 종이 재질에 관계없이 4도 인쇄, 20장 분량의 홍보책자 600부를 제작하고자 한다. 다음과 같이 3개 업체로부터 견적을 받았을 경우, 가장 저렴하게 홍보책자를 제작할 수 있는 업체와 견적 가격이 바르게 짝지어진 것을 고르면?

구분	종이 재질	인쇄 도수	할인사항
A사	2급지(500원/장)	기본 2도 추가 1도당 150원/장 추가	총구매가 900만 원 이상 시 10% 할인
B사	1급지(600원/장)	기본 3도 추가 1도당 100원/장 추가	총구매가 800만 원 이상 시 2% 할인
C사	1급지(600원/장)	기본 3도 추가 1도당 120원/장 추가	총구매가 820만 원 이상 시 5% 할인

① A사, 8,205,000원
② B사, 8,203,000원
③ B사, 8,232,000원
④ C사, 8,208,000원
⑤ C사, 8,400,000원

025

P사에서는 다음 규칙에 따라 자재를 보관한다. 입고된 자재와 규칙을 바탕으로 자재를 보관하기 위해 필요한 상자의 개수를 고르면?

[자재 보관 규칙]
• 자재 B의 부피는 자재 A 부피의 2배이고, 자재 C의 부피는 자재 B 부피의 1.5배이다.
• 한 박스에 자재 A, B, C를 함께 담을 수 있으나 한 박스의 부피 이상으로 담을 수 없다.
• 자재 A는 한 박스에 20개씩 담을 수 있으며, 이때 빈 공간은 없다.
• 자재는 입고된 순서대로 박스에 담아 보관한다.
• 함께 입고된 자재는 같은 박스에 담아 보관한다.
• 한 박스가 가득 차지 않아도 다음으로 입고된 자재를 담을 수 없다면 그 박스에는 더 이상 자재를 담지 않는다.

[자재 입고 현황]

입고 순서	입고 자재	개수(개)
1	A	4
2	A	6
3	B	5
4	C	2
5	C	6
6	A	2
7	B	4
8	B	5
9	A	4
10	B	7
11	C	5
12	A	4
13	B	6
14	B	4
15	A	7
16	B	5
17	C	3

① 6개   ② 7개   ③ 8개
④ 9개   ⑤ 10개

[026~028] 다음 [그림]은 직원 P씨가 근무하는 회사의 본사와 물류창고, 지점별 구역 및 이동시간을 나타낸 지도이다. 이를 바탕으로 이어지는 질문에 답하시오.

[그림] 본사와 물류창고, 지점별 구역 및 이동시간에 따른 지도

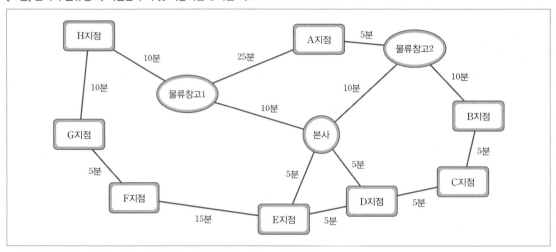

※ 단, 이동시간은 편도 시간이며, 지도에 나타나는 도로 외에 다른 도로는 고려하지 않음

026

직원 P씨가 본사에서 출발하여 물류창고1과 물류창고2를 모두 방문한 후 본사로 다시 돌아올 때, 걸리는 최소 이동 시간을 고르면?

① 20분   ② 30분   ③ 40분
④ 50분   ⑤ 1시간

027

각 지점과 더 가까운 물류창고를 지점별 물류창고로 지정하여 사용하고자 한다. 물류창고1, 2를 사용하는 지점의 개수를 적절하게 짝지은 것을 고르면?(단, 물류창고1, 2와 거리가 동일한 지점은 물류창고1로 지정한다.)

	물류창고1	물류창고2
①	3곳	5곳
②	4곳	4곳
③	5곳	3곳
④	6곳	2곳
⑤	7곳	1곳

028

직원 P씨가 두 개의 물류창고와 모든 지점을 순환하여 이동하고자 한다. 소요되는 이동시간이 최소가 되도록 본사에서 9시에 출발하여 모든 곳을 방문한 뒤 다시 본사로 되돌아왔을 때, P씨가 본사에 도착하는 시각을 고르면?
(단, 물류창고와 지점을 방문하는 중에는 본사에 방문할 수 없고, 이동하였던 도로에는 다시 지나갈 수 있다.)

① 10시 35분   ② 10시 40분   ③ 11시 15분
④ 11시 30분   ⑤ 11시 45분

[029~030] 다음은 P회사의 직원근무평정 규정이다. 이를 바탕으로 이어지는 질문에 답하시오.

- 직원근무평정은 근태, 직무수행능력, 근무실적으로 나누어 평정한다.
- 평정요소와 평정요소별 배점 만점은 다음과 같다.

평정 요소	근태		직무수행능력				근무실적		
	성실성	협조성	전문지식	기획력	창의력	판단력	직무의 질	직무의 양	실적
만점	10점	5점	5점	20점	10점	10점	10점	5점	15점

- 평정요소별로 A, B, C, D, E등급으로 평가한다. A등급은 각 요소의 만점, E등급은 각 요소의 만점에 5분의 1을 곱한 값을 부여하고, 등급 간의 배점 차이는 동일하도록 점수를 부여한다.
- 직원 가~아의 근무평정 결과 및 기본급, 승진 대상자 여부는 다음과 같다.

직원	근태		직무수행능력				근무실적			기본급 (만 원)	승진 대상자 여부
	성실성	협조성	전문지식	기획력	창의력	판단력	직무의 질	직무의 양	실적		
가	A	B	C	B	D	B	A	B	C	380	○
나	A	A	B	D	C	A	A	B	C	420	
다	A	C	D	B	C	A	B	B	A	360	○
라	B	C	B	B	A	B	B	D	B	380	
마	C	B	B	C	A	A	C	A	B	400	○
바	C	A	E	B	B	A	D	B	C	410	
사	D	B	A	A	B	C	B	B	B	370	
아	A	B	B	B	A	C	B	C	A	350	○

029

P회사에서는 승진 대상자 중 총점이 75점 이상인 사람을 승진시킨다고 한다. 이때 승진을 한 사람의 수를 고르면?

① 없음　　　　　　　　② 1명　　　　　　　　③ 2명
④ 3명　　　　　　　　⑤ 4명

030

P회사에서는 근무평정점수의 순위가 1위인 직원에게 기본급의 3배, 2위와 3위인 직원에게 기본급의 2배, 4위와 5위인 직원에게 기본급의 1.5배, 6위 이하인 직원에게 기본급만큼의 성과급을 지급하려고 한다. 승진대상자가 아닌 직원들의 성과급의 합을 고르면?(단, 총점이 동일한 경우 근무실적, 직무수행능력, 근태 순으로 점수가 높은 직원의 순위가 더 높다.)

① 1,950만 원　　　　　② 1,955만 원　　　　　③ 2,140만 원
④ 2,325만 원　　　　　⑤ 2,330만 원

031

다음 중 팀워크 촉진 측면에서 적절하지 <u>않게</u> 행동한 팀장을 모두 고르면?

팀장 K: 상반기 프로젝트 기획을 위한 기획팀 회의에서 팀원들의 아이디어를 모두 기록하고, 적극적으로 팀원들의 말에 흥미를 가지고 경청하였다. 회의 중간에 팀원 M이 제시한 아이디어는 상식에서 벗어나기도 했지만 비판하지 않았으며, 침묵을 지키는 팀원 J 또한 존중하였다.

팀장 L: 소셜네트워크 마케팅을 진행하기로 결정한 뒤, 팀원들의 행동을 주의 깊게 관찰하였더니 팀원 S와 N은 곧바로 소셜네트워크 채널을 선택하기 위해 채널별 장단점을 조사해 보고서를 작성하는 것을 확인하였다. 그들이 업무를 진행하는 것을 주기적으로 살펴보면서, 업무 과제를 기대 이상으로 잘 하고 있는 것에 대해 즉각적으로 칭찬을 아끼지 않았다.

팀장 P: 팀원 A의 업무 역량의 부족으로 인해 팀원 B가 본인의 업무가 과중되고 있다는 불평을 하자 팀원 A 또한 그것은 사실이 아니라며 반박하여 갈등이 발생하였다. 팀원 간의 갈등은 충분히 시간을 두어 감정이 가라앉은 뒤 접근하는 것이 갈등 해결에 도움이 된다고 생각하여 바로 팀원 간의 갈등에 개입하지 않고 팀원들을 지켜보았다. 이후에 팀원 A와 팀원 B를 불러 셋이 함께 면담을 진행하며 의견을 교환한 뒤, 갈등 해결에 도움을 주었다.

① 팀장 K
② 팀장 P
③ 팀장 K, 팀장 P
④ 팀장 L, 팀장 P
⑤ 팀장 K, 팀장 L, 팀장 P

032

다음은 고객 불만 처리 프로세스를 나타낸 것이다. 이를 바탕으로 빈칸에 해당하는 단계에 들어갈 적절한 행동을 고르면?

① 3단계: 고객에 대한 정보를 파악한다.
② 3단계: 고객의 이야기를 듣고 문제점에 대한 인정과 잘못된 부분에 대해 사과한다.
③ 5단계: 고객의 항의에 공감을 표시한다.
④ 5단계: 선입관을 버리고 문제를 파악한다.
⑤ 7단계: 고객 불만 사례를 회사 및 전 직원에게 알려 다시는 동일한 문제가 발생하지 않도록 한다.

033

다음 [보기]에서 임파워먼트의 장애 요인 중 대인 차원에서의 장애 요인으로 가장 적절한 것을 고르면?

┤ 보기 ├

㉠ 신입사원인 A씨는 업무 보고서를 작성하라는 지시를 받았으나 업무 보고서 작성을 해본 적이 없어 지시를 이행하지 못하였다.
㉡ 업무에 대한 가시적인 성과물이 보이지 않자 통제적 리더십으로 리더십의 구도를 변화시켰다.
㉢ B사원과 C사원은 서로의 업무 처리 방식으로 갈등을 빚고 있으나, D팀장은 두 사람의 갈등을 해결하지 못하고 있다.
㉣ E사는 공감대의 형성이 없는 구조와 시스템으로 직원들의 불만을 사고 있다.
㉤ F씨는 스스로 새로운 업무에 도전하거나 성장하려 하지 않고 상사에게 의존하고 있다.

① ㉠
② ㉡
③ ㉢
④ ㉣
⑤ ㉤

034

다음 [가]~[다]에 나타나는 협상전략의 형태를 바르게 짝지은 것을 고르면?

[가]	P사는 제품을 납품하는 거래처 B사에 내년부터 제품의 개당 단가를 지금보다 1,000원 인상해줄 것을 요구하였다. 이에 B사는 개당 단가를 한번에 1,000원 인상하는 것은 무리이므로 개당 단가를 500원 인상하는 대신 P사가 구매할 예정이던 고가의 연구 장비를 지원해주는 방안을 제안하였고, P사는 B사의 제안을 받아들였다.
[나]	B사는 제품 생산에 필요한 핵심 부품을 P사로부터 개당 5,000원에 구매해 오는데, P사가 핵심 부품의 가격을 개당 6,000원으로 올려줄 것을 요청하였다. 핵심 부품의 원재료 가격이 상승했다는 것이다. B사는 단기적으로는 손해지만, P사와 좋은 관계를 유지하는 게 장기적으로 이익이라고 판단하여 P사의 제안을 수용하였다.
[다]	P사는 기존에 거래처 B사에 납품하였던 제품보다 성능이 훨씬 향상된 신제품을 개발하여 B사와 신제품에 대해 가격 협상을 진행하였다. 그러나 B사는 기존 제품으로 충분하다며 신제품에 관심을 보이지 않았고, P사는 시간과 노력을 들여 B사와 신제품에 대한 협상을 할 가치가 낮다고 판단하여 협상을 포기하였다.

	[가]	[나]	[다]
①	협력전략	유화전략	회피전략
②	협력전략	회피전략	강압전략
③	유화전략	회피전략	강압전략
④	유화전략	협력전략	회피전략
⑤	회피전략	유화전략	강압전략

[035~036] 다음은 비밀번호를 잊어버렸을 때, 이를 확인하는 절차에 관한 내용이다. 이를 바탕으로 이어지는 질문에 답하시오.

[비밀번호 규칙]
- 비밀번호는 아라비아 숫자와 알파벳 대·소문자를 사용한다.
- 아라비아 숫자 중 0은 사용하지 않고, 1~9만 사용한다.
- 알파벳은 대·소문자를 구분하지 않는다.
- 알파벳 중 l과 i는 소문자만 사용한다.
- 비밀번호에 동일한 아라비아 숫자나 알파벳은 사용할 수 없으며, 모두 다른 문자로 구성하여야 한다.

[비밀번호 확인 방법]
- 비밀번호를 잊어버린 경우, 비밀번호로 추정되는 문자 조합을 입력하면 실제 비밀번호와의 일치 여부를 확인할 수 있다.
- 비밀번호로 추정되는 문자 조합을 입력하였을 때, 문자와 위치가 모두 일치하면 ○, 문자 또는 위치만 일치하거나 모두 일치하지 않으면 ●가 출력된다.
- 비밀번호를 확인하는 시도는 3회까지만 가능하다.

[예시]
- 실제 비밀번호: u81t
- 비밀번호 확인 문자 입력(1회차): r13t → 출력 결과: ●●●○
- 비밀번호 확인 문자 입력(2회차): 1r8t → 출력 결과: ●●●○
- 비밀번호 확인 문자 입력(3회차): 18rt → 출력 결과: ●○●○
- → 3회 확인 결과 ○ 4회, ● 8회 출력됨

035

다음 [보기]의 상황에서 ○가 출력되는 횟수를 고르면?

┤ 보기 ├
- 실제 비밀번호: H71ny3
- 비밀번호 확인 문자 입력(1회차): bn23H1
- 비밀번호 확인 문자 입력(2회차): Hz3Ng9
- 비밀번호 확인 문자 입력(3회차): oW731p

① 1회   ② 2회   ③ 3회
④ 4회   ⑤ 5회

036

다음 [보기]의 상황에서 실제 비밀번호로 알맞은 것을 고르면?

┤ 보기 ├
- 비밀번호 확인 문자 입력(1회차): 6ka → 출력 결과: ○●●
- 비밀번호 확인 문자 입력(2회차): xU8 → 출력 결과: ●○●
- 비밀번호 확인 문자 입력(3회차): 237 → 출력 결과: ●●○

① 3ka   ② 3U7   ③ 6Ua
④ 6ux   ⑤ 6u7

[037~039] 다음은 열차번호 생성규칙에 관한 자료이다. 이를 바탕으로 이어지는 질문에 답하시오.

> 기차표에서 볼 수 있는 열차번호는 차종과 노선, 상·하행에 따라 일정한 규칙으로 부여된 것이다. 열차번호는 첫 자리 알파벳과 이어지는 3~4자리의 숫자로 구성된다. 고속열차는 3자리, 일반열차는 4자리의 번호가 부여된다. 다음은 열차의 차종에 따라 부여되는 첫 자리 알파벳이다.
>
> | H | 영업을 위해 기지에서 나오는 출고 열차(여객) | L | 영업을 위해 기지에서 나오는 출고 열차(화물) |
> |---|---|---|---|
> | D | 영업을 마치고 기지로 들어가는 입고 열차(여객) | M | 영업을 마치고 기지로 들어가는 입고 열차(화물) |
>
> KTX는 101~899번, ITX-새마을호는 1001~1100번, 무궁화호는 1101~1199번, 누리로는 1201~1999번, ITX-청춘호는 2001~2500번, 그리고 통근열차는 2701~2800번이 부여된다. 또한 서울을 기준으로 지방으로 가는 하행선 열차는 홀수 번호, 상행선은 짝수 번호를 끝 번호로 사용한다.
>
> 시기나 노선에 따라 부여되는 번호가 달라지기도 한다. KTX를 예로 들면, 서울~부산을 오가는 경부선 고속열차는 101~174번을 사용하되, 주말에 운행되는 경부선 KTX에는 201~222번이 별도로 부여된다.

037

주어진 자료를 바탕으로 열차번호 생성규칙에 대한 설명으로 옳은 것을 고르면?

① 모든 열차에는 고유번호 하나만 부여된다.
② 영업을 위해 기지에서 출고되는 모든 열차의 열차번호는 H로 시작된다.
③ 열차번호의 뒤 4자리 숫자가 2304인 것은 상행선, 2305인 것은 하행선 열차이다.
④ 열차번호만 보면 종착역을 알 수 있다.
⑤ 열차번호만으로 열차의 차종을 구분할 수는 없다.

038

다음은 인터넷으로 조회한 열차 구매 정보이다. 열차번호가 올바른 것을 고르면?

| 이전날 | 2019년 10월 18일 (토) | | 다음날 |

| 전체 ▼ | 일반석 ▼ | 직통 ▼ |

열차	출발	도착	일반실	특실
KTX 153	05:15 서울	07:51 부산	59,800원 Ⓜ10%적립	83,700원 Ⓜ10%적립
KTX 221	05:30 부산	08:17 서울	59,800원 Ⓜ10%적립	83,700원 Ⓜ10%적립
무궁화호 1132	05:56 서울	11:29 부산	28,600원	–
KTX 204	06:00 부산	08:37 서울	59,800원 Ⓜ10%적립	83,700원 Ⓜ10%적립
ITX-새마을 1036	06:16 서울	10:58 부산	42,600원	–

① KTX 153   ② KTX 221   ③ 무궁화호 1132
④ KTX 204   ⑤ ITX-새마을 1036

039

다음 중 알파벳을 제외한 열차번호와 운행 지역의 연결이 올바른 것을 고르면?

① 152~162: 호남선 새마을호
② 1201~1300: 경부선 KTX
③ 1121~1130: 전라선 새마을호
④ 1450~1550: 경전선 통근열차
⑤ 2100~2150: 동해선 ITX-청춘호

[040~041] 다음은 전국의 도시 철도 유실물에 관한 정보를 정리한 자료의 일부이다. 이를 바탕으로 이어지는 질문에 답하시오.

	A	B	C	D	E	F	G	H
1	일련번호	이름	나이	지역	분실물		이름	지역
2	1	엄진호	16	부산	가방		민윤기	
3	2	조호윤	43	대구	운동용품			
4	3	백훈식	22	서울	가방			
5	4	고영수	29	서울	우산			
6	5	최성태	55	인천	모자			
7	6	이영원	19	부산	의약품			
8	7	장자영	42	광주	장갑			
9	8	박춘태	51	대구	가방			
10	9	양윤호	38	광주	의류			
11	10	신종대	30	서울	의류			

040

유실물 센터에서는 유실물을 찾으러 온 민윤기 씨와 권상규 씨의 정보를 확인하고자 한다. 그러나 MS Excel을 이용하여 작성한 방대한 양의 유실물 정보에서 이름이 가나다 순으로 기재되어 있지 않아 VLOOKUP 함수를 이용하여 두 사람의 정보를 찾아야 한다. 민윤기 씨의 '지역'을 찾아 드래그하여 권상규 씨의 '지역'도 찾고자 할 때, H2 셀에 입력해야 할 수식으로 옳은 것을 고르면?(단, 총 일련번호는 500번인 것으로 가정한다.)

① =VLOOKUP(B,$B$1:$E$501,3)
② =VLOOKUP(G2,B1:E501,4)
③ =VLOOKUP(G2,$B$1:$E$500,4)
④ =VLOOKUP(G2,$B$1:$E$501,3)
⑤ =VLOOKUP(G2,$B$1:$E$501,4)

041

주어진 자료에서 확인할 수 있는 10명의 정보를 나이가 적은 순으로 정렬하기 위해 F열에 순위 항목을 추가하였다. 다음 중 엄진호 씨의 순위란인 F2 셀에 입력해야 할 수식으로 옳은 것을 고르면?

① =RANK(B2,C2:C11,0)
② =RANK(B2,C2:C11,1)
③ =RANK(C2,C2:C11,0)
④ =RANK(C2,C2:C11,1)
⑤ =RANK(C2,C2:C11,0,1)

042

다음 기사문을 바탕으로 S교통공사가 A통신사와 함께 빅 데이터 기술을 활용할 때 가능하지 <u>않은</u> 것을 고르면?

A통신사는 지난 11일 S교통공사와 빅 데이터·5세대 이동 통신(5G) 등 첨단 정보 통신 기술(ICT) 기반의 '대중교통 안전 및 혼잡도 해결을 위한 연구 협력'을 체결했다고 13일 밝혔다. S교통공사가 운영하는 서울지하철은 1~9호선으로, 총 290개 역에서 하루 평균 약 700만 명이 이용하고 있다. S교통공사는 고객들의 교통 카드 데이터, 객차에 부착된 무게 감지 사물 인터넷(IoT) 센서, 열차 운행·편성 정보 등을 활용해 지하철 혼잡 문제 해결을 위해 노력해 왔다.

하지만 객차 내 정확한 인원 산출 및 객차 외에 플랫폼, 지하 환승 통로 등의 혼잡도 분석에는 어려움을 겪고 있었다는 설명이다. 양사는 이를 보완하기 위해 A통신사가 보유한 다양한 통신 데이터와 S교통공사의 교통 카드 이용 데이터, 전동차의 하중 센서 데이터 등을 활용해 특정 시간대 및 장소별, 객차별 혼잡도 산출 연구에 나설 계획이다.

양사는 빅 데이터 분석 결과를 A통신사의 애플리케이션(앱)과 S교통공사의 '또타지하철' 앱에 적용해 고객에게 혼잡을 피하기 위한 최적 경로를 제공할 수 있을 것으로 기대하고 있다. 더불어 열차 운행 관리의 효율성을 높이고 승객들의 안전도 확보할 계획이다.

① 객차 내의 정확한 인원을 산출할 수 있다.
② 플랫폼, 지하 환승 통로 등의 인원 파악으로 혼잡도를 분석할 수 있다.
③ 지하철에서 사고가 발생할 경우 사고 지역 인근 고객에게 즉시 알림 문자를 발송할 수 있다.
④ 지하철 이용 시 플랫폼 출입 절차를 간소화하는 방안을 모색할 수 있다.
⑤ 열차의 제동 장치를 개선하고 궤도 이탈을 방지할 수 있다.

[043~044] 다음은 '조직 목표'에 관한 글이다. 이를 바탕으로 이어지는 질문에 답하시오.

조직 목표는 조직 행동을 통하여 실현하려는 도달 상태를 의미한다. 이는 조직이 지향하는 미래의 바람직한 결과를 말한다. 조직 목표는 구성원들과 이해자 집단의 이익의 최대공약수인 모두의 이익을 대변해야 한다. 그리고 목표 기간은 단기 목표와 장기 목표 달성에 도움이 되는 방향으로 설정되어야 한다.

조직 목표는 공식 목표와 운영 목표로 나뉜다. 공식 목표는 조직 이념이며, 그 중심적인 경영주체인 경영자가 품고 있는 신념, 신조, 이상 등의 가치적인 측면을 말한다. 그러므로 공식 목표는 조직의 활동 영역, 조직이 추구하는 바와 조직의 존재 이유, 그리고 조직의 존재 가치를 표현한 것이다. 따라서 측정 가능한 목표라기보다는 추상적이고 모호한 표현으로 대변되는 경우가 많다.

반면 운영 목표는 구체적인 도달 상태를 말한다. 조직 목표를 바람직한 도달 상태로 표현할 경우 거기에는 바람직하다는 가치 판단 측면과 도달 상태라는 양 측면이 있게 되며, 그중 도달 상태라는 사실의 측면이 운영 목표에 해당한다. 이는 조직 운영상에 나타나는 목표로서 공식 목표를 성취하기 위한 수단으로 쓰인다. 그러므로 운영 목표는 단기적이고 구체적인 목표라고 할 수 있다.

043

주어진 글을 읽고 조직 목표에 대한 설명으로 옳지 <u>않은</u> 것을 고르면?

① 기업 경영의 구체적인 업무 활동은 운영 목표에 반영된다.
② 공식 목표는 운영 목표에 의해 수정되기도 한다.
③ 조직 목표는 조직의 바람직한 미래 상태에 대한 조직 운영과 활동을 위한 방향과 지침을 제공한다.
④ 조직 목표는 경영자와 직원들 모두에게 이익이 될 수 있는 것이어야 한다.
⑤ 조직의 비전은 공식 목표에 담겨 있다.

044

주어진 글을 바탕으로 다음 A∼F의 [업무 활동]과 그에 해당하는 1)∼6)의 [운영 목표]를 바르게 짝지은 것을 고르면?

[업무 활동]

A. 산업 재해 발생률을 지속 감소하고자 관련 규정을 보다 철저히 마련한다.

B. 비용 절감을 위해 불필요한 출장을 자제하며, 접대비를 삭감한다.

C. 문화 활동에 할애할 지하철 역사 공간을 더 확충한다.

D. 직원 간 원활한 의사소통과 즐거운 업무 분위기 조성을 위해 파티션을 없앤다.

E. 4차 산업 혁명 시대가 도래함에 따라 페이퍼리스(paperless) 업무 회의를 적극 유도한다.

F. 지역 주민이 직접 판매원으로 참여하는 행사를 통해 고용 창출에 이바지한다.

[운영 목표]

1) 미래 사회에 대한 적극적인 대비

2) 활기찬 조직 문화 창출

3) 지역사회 공헌

4) 시민의 편의와 복지 제공

5) 수익구조 개선으로 이윤 창출

6) 안전한 철도 운행

	A	B	C	D	E	F
①	6)	4)	2)	3)	1)	5)
②	6)	2)	3)	1)	5)	4)
③	6)	5)	4)	2)	1)	3)
④	5)	1)	4)	3)	2)	6)
⑤	4)	6)	5)	2)	1)	3)

045

조직문화란 한 조직 내의 구성원들 대다수가 공통적으로 가지고 있는 신념·가치관·인지(認知)·행위규범·행동양식 등을 통틀어 말한다. 다음 중 조직문화의 순기능으로 옳지 <u>않은</u> 것을 고르면?

① 구성원들에게 일체감과 정체성을 부여한다.
② 구성원들의 단합을 촉진시킨다.
③ 구성원들의 조직몰입을 높여 준다.
④ 구성원들의 행동지침으로 작용한다.
⑤ 구성원들의 다양한 창의성을 증진한다.

046

다음 글에서 설명하는 공유가치창출의 사례로 옳지 <u>않은</u> 것을 고르면?

> 공유가치창출(CSV, Creating Shared Value)은 마이클 포터 하버드대 교수가 2011년 「하버드 비즈니스 리뷰」를 통해 처음으로 제시한 개념이다. 기업이 수행하는 일반적인 경영 활동 자체가 해당 기업의 문제뿐 아니라 사회적 문제 해결을 통해 전체적인 가치를 창출한다는 의미를 담고 있다. 기업의 사회적 책임(CSR, Corporate Social Responsibility)은 지역사회나 소비자의 이익을 추구하는 기업의 의사결정과 활동이지만, CSV는 기업 이윤 극대화를 위한 전략 내에서 사회적·환경적 가치를 통합한다는 점에서 차이가 있다.

① 커피 음료를 판매하는 N사는 커피 재배 지역의 빈곤층에게 농업 기술 발전과 생활고 해결을 위한 전폭적인 지원을 실시하였다.
② K은행은 예비·중견 기업 200여 곳을 선정해 특별자금을 지원하고, 컨설팅 등 체계적인 경영 지원을 통해 세계적 기업이 될 수 있도록 돕는 프로그램을 도입하였다.
③ 신발을 생산하는 B사는 아프리카 난민들이 모여 사는 지역에 자사의 재고 상품을 무상 공급하였다.
④ 가전제품을 판매하는 S사는 겨울철 혹한기를 맞아 소외계층을 상대로 대대적인 연탄 공급 행사를 펼쳤다.
⑤ 의류 생산 업체인 R사는 히말라야 등정에 동반하는 셰르파(Sherpa)들에게 생활 지원 차원에서 자사의 고급 패딩 점퍼를 공급하였다.

047

다음 기사를 통해 알 수 있는 밑줄 친 근로윤리(ㄱ)에 관한 설명으로 잘못된 것을 고르면?

프랜차이즈 레스토랑 기업 T사가 지난해 국내 업계 최초로 매출 1조 원을 돌파했다. 경쟁 업체들과도 큰 격차를 보이고 있다. T사 장□□ 회장은 앞선 인터뷰에서 이 같은 성장의 비결로 '사람'을 꼽았다. 장 회장은 그러면서 "성과를 낸 사람에게는 확실히 보장해 준다."라고 언급하기도 하였다. 이에 △△일보는 T사 내에서도 뛰어난 실적을 낸 우수사원 2인을 만나 그들만의 영업 노하우를 들어봤다. 다음은 '우수한 실적을 거두게 된 노하우'에 대한 2인의 답변이다.

- A대리: 사실 다른 사람들보다 일에 대한 애정이나 열정이 뛰어난 편은 아니다. 다만 개인의 경제적 문제로 인해 일을 열심히 할 수밖에 없었고, 일을 하는 동안은 '내가 하기로 한 나의 일'이기 때문에 책임을 가지고 열심히 일했다.
- B사원: 어렸을 때부터 요식업계에서 일하는 게 꿈이어서 그런지 내가 선택한 일에 대한 열정이 가득한 편이다. 그래서 신메뉴 개발 기간에는 누가 시키지 않아도 자발적으로 새벽 5시에 출근하기도 하고, 늦게까지 남아 일에 몰두하기도 한다. 늘 경쟁 업체보다 앞서갈 수 있는 방법이 없을지 고민한다.

△△일보는 인터뷰를 통해 두 사람이 동일한 근로윤리(ㄱ)를 강조하고 있음을 알 수 있었다.

① (ㄱ)은 고난을 극복하기 위해 금전과 시간, 에너지를 사용할 수 있도록 준비하는 것이다.
② (ㄱ)은 한국인의 대표 이미지로 여겨지며 한국 사회의 긍정적인 측면을 강조한다.
③ (ㄱ)은 개인의 성장과 자아의 확립, 행복하고 자유로운 삶을 살기 위한 것으로 구현될 필요가 있다.
④ 답변한 두 사람에게 나타난 (ㄱ)의 종류는 다르다.
⑤ (ㄱ)은 현실에 안주하지 않고 새로운 목표를 설정하면서 길러진다.

048

다음 사례에서 고객을 응대한 B사원에게 부족했던 직업윤리의 원칙을 고르면?

문서 세단기를 생산하는 K사의 A팀장은 B사원에게 직업윤리에 대해 설명해주었다. 팀장의 설명을 듣고, 고객 응대를 하던 B사원에게 제품에 대한 문의 전화가 걸려왔다. 전화를 한 고객은 K사의 제품뿐만 아니라 문서 세단기 자체를 처음 사용했던 터라 다소 답답한 문의를 하게 되었고, B사원은 반복된 설명에도 동일한 질문을 계속하는 고객에게 짜증이 나게 되었다. 결국 B사원은 고객을 무시하는 발언을 하게 되었고, 설명을 다시 듣고 제품 사용에 참고하고자 통화 내용을 녹음하던 고객의 지인으로부터 정식 항의를 받게 되었다.

① 객관성의 원칙
② 고객 중심의 원칙
③ 공정경쟁의 원칙
④ 정직과 신용의 원칙

049

봉사를 의미하는 '서비스(Service)'는 다음과 같은 개념으로 정리할 수 있다. 이를 참고할 때, 봉사에 대한 설명으로 옳지 <u>않은</u> 것을 고르면?

- S(Smile&Speed): 서비스는 미소와 함께 신속하게 하는 것
- E(Emotion): 서비스는 감동을 주는 것
- R(Respect): 서비스는 고객을 존중하는 것
- V(Value): 서비스는 고객에게 가치를 제공하는 것
- I(Image): 서비스는 고객에게 좋은 이미지를 심어주는 것
- C(Courtesy): 서비스는 예의를 갖추고 정중하게 하는 것
- E(Excellence): 서비스는 고객에게 탁월하게 제공되어야 하는 것

① 봉사의 사전적 의미는 자신보다는 남을 위하여 일하는 것이다.
② 현대 사회의 직업인에게 봉사는 고객의 가치를 최우선으로 하는 서비스의 개념이다.
③ 고객의 소리를 경청하는 것은 좋은 서비스를 제공하기 위한 시발점이 된다.
④ 생산 기술이 발전하고 물질이 풍부해진 최근의 고객만족 성패는 상품과 함께 제공되는 서비스에 의해서 결정된다.
⑤ 봉사는, 모든 결과는 나의 선택으로 말미암아 일어난 것임을 인식하는 태도를 말한다.

050

다음은 직장 내 괴롭힘 금지법에 대한 내용이다. 이를 바탕으로 징계 대상인 직장 내 괴롭힘에 해당하는 사례를 [보기]에서 모두 고르면?

「직장 내 괴롭힘 금지법」은 직장 내 괴롭힘을 금지하는 근로기준법으로 2019년 7월 16일부터 시행되었다. 직장 내 괴롭힘이란 사용자 또는 근로자가 직장에서 지위나 관계 등의 우위를 이용하여 업무상 적정 범위를 넘어 다른 근로자에게 신체적·정신적 고통을 주거나 근무 환경을 악화시키는 행위를 말한다. 정당한 이유 없이 성과를 인정하지 않거나 의사 결정 과정에서 배제시키는 등의 집단 따돌림, 개인사에 대한 뒷담화나 회식 강요 등도 괴롭힘에 해당한다. 근로자 5인 이상의 기업들에게 적용되며 직장 내 괴롭힘(신체적·정신적 고통 유발 행위)이 확인되면 사업주는 가해자를 즉시 징계해야 한다. 신고자나 피해자에게 불이익을 주면 '3년 이하의 징역 또는 3,000만 원 이하의 벌금형'에 처해진다.

┤ 보기 ├

㉠ 같은 부서에서 고의로 한 사람만 뺀 업무 단체 대화방을 만들어 운영하는 사례
㉡ 직장에서 승승장구하는 후배가 특정 상사의 지시만 무시하고 반발하는 사례
㉢ 상습적으로 지각하는 후배의 한 달 치 출근 시간을 따로 기록해 지적하는 사례
㉣ 보완이 필요한 부분 등 명확한 지시 없이 반복적으로 '다시 해 오라'고 지시하는 사례
㉤ 팀장이 단체 대화방에서 특정인에게 '똑바로 하라'면서 업무 실수를 지적한 사례

① ㉠
② ㉡
③ ㉠, ㉡
④ ㉡, ㉣
⑤ ㉢, ㉤

맞춤 학습 가이드

NCS 실력 진단 50제를 풀이한 후, 다음 표에 영역별로 맞은 문제와 틀리거나 풀지 못한 문제의 개수를 기재해 보세요. 그리고 틀리거나 풀지 못한 유형의 문제를 적어 보며 본인의 약점 영역과 유형을 파악해 보세요.

영역	맞은 문제 개수	틀리거나 풀지 못한 문제 개수	틀리거나 풀지 못한 문제 유형
의사소통능력			
수리능력			
문제해결능력			
자기개발능력			
자원관리능력			
대인관계능력			
정보능력			
기술능력			
조직이해능력			
직업윤리			
합계			

40개 이상

맞은 문제의 합계가 40개 이상인 경우

NCS 시험에 필요한 기본적인 지식과 문제 응용 능력을 모두 갖춘 학습자입니다. [PART II] NCS 기출복원 300제를 약점 영역 중심으로 풀어 보며 실제 시험에 반복하여 출제되는 유형과 출제 포인트를 파악해 보세요. 그리고 [PART IV] NCS 실전모의 50제를 풀이 시간 내에 푸는 연습을 반복하여 문제 풀이 시간을 단축해 보세요. 합격에 더 가까워질 수 있습니다.

30~39개

맞은 문제의 합계가 30~39개인 경우

NCS 시험에 필요한 기본적인 지식은 갖추었지만, 문제 응용 능력이나 문제 풀이 속도 관리가 필요한 학습자입니다. [PART II] NCS 기출복원 300제를 풀어 보며 NCS 풀이 TIP을 꼼꼼히 학습해 보세요. 그리고 [PART III] NCS 기출변형 200제를 통해 출제 가능성이 높은 기출 유형을 익히고 [PART IV] NCS 실전모의 50제를 풀이 시간 내에 푸는 연습을 반복하여 문제 풀이 시간을 단축해 보세요.

29개 이하

맞은 문제의 합계가 29개 이하인 경우

NCS 시험에 필요한 기본적인 지식이나 문제를 풀이하는 능력에 보완이 필요한 학습자입니다. [PART II] NCS 기출복원 300제를 꼼꼼히 풀어 보며 실제 시험에 출제되는 문제의 유형과 특징을 파악해 보세요. 그리고 [PART III] NCS 기출변형 200제를 풀어 보고, [문제 더보기]를 통해 문항별로 변형한 기출을 확인하여 문제 응용 능력 및 풀이 능력을 향상시키는 것을 추천합니다.

NCS
기출복원 300제

※ 주요 공기업 기출 문항 중 최신 출제 경향을 반영한 필수 문항을 엄선하였습니다.

PART

II

051 문제 더보기 | PART III 변형 | P.352 388번

다음 중 밑줄 친 ㉠의 개수가 가장 많은 문장을 고르면?

형태소는 일정한 뜻을 가진 가장 작은 말의 단위로서, 더 나누면 뜻을 잃어버리게 된다. 형태소는 자립성의 유무에 따라 자립 형태소와 의존 형태소로 구분된다. 또한, 구체적인 대상이나 동작, 상태를 나타내는 실질적인 의미의 유무에 따라 실질 형태소와 형식 형태소로 구분된다. 자립 형태소는 혼자 쓰일 수 있지만, 의존 형태소는 반드시 다른 말에 기대어 쓰인다. 실질 형태소는 구체적인 대상이나 동작, 상태를 나타내는 실질적 의미를 가진 형태소이며, ㉠형식 형태소는 접사, 조사, 어미와 같이 형식적인 의미, 즉 문법적인 의미를 나타내는 형태소를 말한다.

① 오늘은 날씨가 무척 덥다.
② 숲 속에 소나무가 울창하다.
③ 엄마가 나에게 선물을 사 주셨다.
④ 동생이 나 몰래 막대 사탕을 먹었다.
⑤ 어제는 하루 종일 가랑비가 내렸다.

052

다음 글의 ㉠~㉤ 중 맞춤법이 옳은 것을 고르면?

좋은 콜레스테롤을 보충하면 ㉠폐혈증 치료에 좋은 효과를 낼 수 있다. 미국 질병통제예방센터(CDC)에 따르면 매년 약 27만 명의 미국인이 이 병으로 숨진다. 이는 미생물 감염이 원인이며 ㉡금세 온몸에 연쇄 반응을 일으킨다. ㉢몇 일 안에 발열(체온 38도 이상) 또는 저체온증(체온 36도 이하), 빠른 맥박(분당 90회 이상), 호흡수 증가(분당 24회 이상) 등의 증상이 발생하며 눈에 ㉣띠게 백혈구 수가 증가 또는 감소하기도 한다. 만일 이를 제때 ㉤일일히 치료하지 않으면 조직 손상, 장기 부전 및 사망으로 이어질 수 있다.

① ㉠   ② ㉡   ③ ㉢   ④ ㉣   ⑤ ㉤

다음 글을 읽고 추론할 수 있는 내용으로 적절한 것을 고르면?

스트레스는 '팽팽히 조인다'는 의미의 라틴어 스트링게르(Stringer)에서 유래하였다. 이 표현이 처음으로 사용된 것은 물리학 분야였고, 의학적 용어로 사용된 것은 20세기에 들어서 캐나다의 학자 한스 셀리에에 의해서였다. 그는 스트레스를 '정신적 육체적 균형과 안정을 깨뜨리려고 하는 자극에 대해 자신이 있던 안정 상태를 유지하기 위해 변화에 저항하는 반응'이라고 정의하였다. 다시 말해 우리 몸과 마음은 늘 일정한 상태에 있으려는 습성인 항상성(恒常性)이 있는데, 이 항상성을 깨는 모든 자극을 스트레스라고 보는 것이다. 신체적 변화는 물론 감정의 변화도 스트레스로 작용한다. 만약 몸도 마음도 자극이 없는 무자극 상태를 유지할 수 있다면 스트레스는 발생하지 않을 것이다. 하지만 당연하게도 이런 삶을 사는 것은 불가능하다. 결국 죽을 때까지 스트레스를 피할 수 없다는 얘기다. 그렇다면 남은 것은 스트레스를 어떻게 받아들일 것인가이다.

기본적으로 사람들은 자신의 스트레스가 객관적 기준이나 실제적 영향보다 더 많이 더 쉽게 자신을 괴롭힌다고 생각한다. 그뿐만 아니라 대부분 스트레스는 나쁘기 때문에 스트레스를 받지 않도록 해야 한다고 믿고 피하기 바쁘다. 이쯤에서 한 가지 생각해 볼 것은 스트레스의 유해함이다. 누구도 스트레스가 왜 나쁜 것인지, 스트레스를 받을 때 가장 효과적인 대응법은 무엇인지 제대로 알아본 적이 없는데 우리는 오랫동안 그렇게 믿어왔으며, 의심도 하지 않았다. 그래서 여기 스트레스에 대한 오해를 풀어줄 보고들을 찾았다. 스트레스가 해롭지 않은 것에서 나아가 오히려 건강에 도움을 주기도 한다는 긍정적 영향에 대한 연구 보고이다.

미국의 시사매거진 〈TIME〉에 따르면 스트레스는 두뇌의 힘을 증가시키는 데 도움을 준다. 낮은 수준의 스트레스 요인은 신경트로핀이라 불리는 뇌 화학물질의 생성을 자극하고, 뇌의 뉴런 사이의 연결을 강화한다. 사실 이것은 운동이 생산성과 집중력을 높이는 데 도움이 되는 주요한 메커니즘과 유사하다고 한다. 또 적당한 스트레스는 면역력을 증대하는 효과도 있다. 스트레스를 느낀 신체는 부상이나 감염의 위협을 느끼고 이를 대비하는 여분의 인터루킨(Interleukin)을 분비하는데 이 분비물이 일시적으로 면역력을 강화한다. 낮은 수준의 스트레스에 반복적으로 노출됨으로써 더 큰 스트레스 상황에 대처할 수 있는 능력이 배양된다는 주장은 상식적으로도 충분히 이해할 만하다.

그리고 또 한 가지 스트레스의 긍정적 영향을 볼 수 있는 재미있는 실험 결과가 있다. 하버드대학 연구팀은 실험 시작 전 일부 참가자들에게 스트레스가 유익하다고 생각하도록 가르쳤다. 긴장으로 쿵쾅거리는 심장과 가빠진 호흡은 문제가 아니라 뇌에 산소를 더 공급하는 것일 뿐이라고 안심시켰다. 이후 스트레스 상황을 만들어 참가자들의 신체 반응을 살핀 결과, 스트레스에 대해 긍정적 인식을 심어준 참가들의 심박수가 올라가고 혈관이 이완되는 것을 볼 수 있었다. 심박수가 올라가고 혈관이 수축되는 일반적인 스트레스 반응과는 달랐다. 스트레스를 긍정적으로 생각하고 받아들이는 이들에게는 심혈관 질환을 부를 수도 있는 혈관 수축 반응이 나타나지 않은 것이다.

이처럼 스트레스는 같은 내용이라도 수용하는 자세에 따라 다른 결과를 부른다. 혹여 스트레스를 피하려고 노력하면 오히려 삶의 만족감, 행복감이 크게 줄어든다고 심리학자들은 말한다. 스트레스를 피하는 사람들은 향후 10년 동안 우울감을 보이는 경향이 더 컸고 자신이 처한 상황을 더 악화시킨다는 견해도 있다. 심리학자들은 이것을 '스트레스 유발'이라고 한다. 한마디로 스트레스를 피하기 위해 노력하다가 스트레스 원천을 더 많이 만들어 낸다는 것이다.

① 스트레스는 부정적 영향만 주므로 스트레스 상황을 최대한 피해야 한다.
② 스트레스는 뉴런 생성을 유도하여 기억력을 향상시키는 데 도움이 된다.
③ 적당한 스트레스는 인터루킨을 분비하여 지속적으로 면역력을 증대시킨다.
④ 스트레스는 사람들이 수용하는 태도에 따라 신체에 미치는 영향이 상이하다.
⑤ 높은 수준의 스트레스에 반복적으로 노출될 경우 상황 대처 능력이 향상된다.

다음 [가]~[마] 문단을 순서대로 바르게 배열한 것을 고르면?

[가] 우리가 매일 먹는 음식이나 다양한 라이프 스타일은 우리 몸의 유전자 스위치를 끄거나 켤 수도 있다. 영양 후성유전학(Nutriepigenetics)에서는 식생활과 음식에 의하여 DNA 염기서열을 바꾸지 않으면서, 장기적으로 유전자의 발현과 다음 세대에게 유전되는 현상을 다룬다. 음식이 DNA에 영향을 미친다는 증거는 다양하다. 듀크대학의 랜디 저틀 박사의 연구에서 뚱뚱하고 질병감수성이 높은 아구티 생쥐를 임신하게 한 후 메틸기가 풍부한 엽산, 콜린, 비타민B12, 비테인 등을 사료에 넣어 먹였을 때 건강하고 날씬한 새끼 쥐를 낳을 수 있었다. 유전자를 발현시키는 프로모터에 메틸기를 전달하여 뚱뚱하고 질병 발생에 관여하는 유전자를 꺼준 것이다. 이는 유전자 조작이 아닌 영양성분이 유전자를 변형시킬 수 있으며, 다음 세대까지 전달되어짐을 증명한 것이다.

[나] 성장기와 성인기의 식이습관 역시 후성유전학적 변화를 유발하는 주요 원인으로 작용한다. 스웨덴에서 1800년대 발생한 흉년기 역학연구에 의하면, 성장기에 극심한 기아와 과식을 경험했던 세대의 손자들은 이를 경험하지 않았던 세대의 손자들에 비해 심혈관계 질환 및 대사성 질환이 통계적으로 많이 발생하였다. 할아버지가 경험한 기아와 과식에 대한 경험이 3세대까지 영향을 주고 있는 것이다. 또한, 젖을 뗀 이후부터 20주까지 고지방식을 섭취하였던 쥐는 뇌의 포만감을 느끼게 하는 도파민 전달 유전자에서 과메틸화가 진행되어 이 단백질 생산을 감소시켰다. 이 경우, 같은 수준의 보상을 얻기 위해서는 더 많은 음식을 필요로 하는 악순환이 반복되어 비만을 유도하게 된다.

[다] 그렇다면 무엇을 먹을 것인가? 후성적으로 유전자의 기능에 영향을 미치는 식품은 아주 많다. 대표적으로 콩은 DNA메틸화조절자로서 환경호르몬에 의해 과도하게 메틸화되어 암을 유발시키는 유전자를 정상상태로 되돌려놓을 뿐만 아니라 히스톤의 구조에도 영향을 미칠 수 있다. 최근 대파, 부추, 미나리, 도토리와 그 성분이 히스톤의 아세틸화와 표적유전자의 발현에 영향을 줄 수 있음이 밝혀진 바 있으며, 포도, 마늘, 양파, 생강, 브로콜리의 주요 성분에 의한 히스톤 변형과 메틸화 능력이 다양하게 보고되어 있다. 그러나 식이에 대한 유전자의 적응은 꽤 긴 세월이 걸리는 편이다. 건강을 결정하는 라이프 스타일－환경－유전정보 간의 연결고리는 건강요소의 90%를 차지하므로 라이프 스타일에 따라 변하는 후성유전학 데이터를 통해 미래에 예측되는 건강지표에 맞는 개인 맞춤형 영양소와 맞춤식단이 필요할 것이다.

[라] 2003년 인간유전체해독사업(Human Genome Project)의 완성으로 사람의 유전체 염기서열구조가 밝혀졌으며, 여러 동물, 식물, 미생물의 염기서열구조가 속속들이 밝혀지고 있다. 인간유전체지도가 확보되면서 식품과 영양연구 분야에서는 유전체와 건강정보를 기반으로 하는 영양유전체 연구가 활발하다. 영양유전체학(Nutrigenomics)의 연구방향은 2가지 방향으로 전개되고 있다. 첫 번째로는 영양소와 유전체의 관계, 즉 우리가 먹는 음식이 유전정보의 발현에 어떻게 영향을 주는지를 연구하여 유전체－영양소 상호작용에 대하여 밝혀가고 있다. 두 번째로 유전자의 다형성에 따라 영양소와 식품성분이 어떻게 반응하고 대사되는지를 연구하여 개인에게 맞는 음식으로 건강을 보완하고자 하는 영양유전학(Nutrigenetics) 분야가 있다.

[마] 우리는 고령화시대에 살고 있다. 생활수준 향상, 헬스케어기술의 발전으로 평균 수명이 늘어나고 있으며 전 연령층에 걸쳐 건강에 대한 관심이 확대되고 있다. 초기 보건정책을 제안한 라프랑부아즈(Laframboise) 박사는 인간의 건강에 미치는 요소로서 인간의 유전정보(30%), 라이프 스타일과 생활환경(60%), 보건관리(10%)를 들고 있다. 그중 개인의 라이프 스타일과 환경요소는 건강을 결정하는 많은 부분을 차지하는 중요한 요소이다. 일상에서의 식사, 운동, 생활습관, 수면과 같은 개인의 선택에 따른 라이프 스타일은 건강과 우리의 유전자에 영향을 미치고, 개인의 유전자는 각기 다른 반응을 보이기도 한다. 노출된 환경인자는 우리 몸의 유전자에 생화학신호를 전달하여 의사소통을 하며 유전자 스위치를 끄거나 켤 수 있다. 심지어는 우리 몸에 존재하는 마이크로바이옴과도 소통하게 된다. 즉, 개인의 선택에 따른 라이프 스타일－환경－유전정보 간의 결합이 건강을 결정하는 주요 인자인 것이다.

① [나] − [가] − [마] − [라] − [다]
② [나] − [다] − [마] − [가] − [라]
③ [마] − [나] − [라] − [가] − [다]
④ [마] − [라] − [가] − [나] − [다]
⑤ [마] − [라] − [다] − [가] − [나]

다음 글의 빈칸에 들어갈 [보기]의 내용을 순서대로 바르게 배열한 것을 고르면?

'역사란 무엇인가?'라는 대단히 어려운 물음에 아주 쉽게 답한다면, 그것은 인간 사회의 지난날에 일어난 사실들 자체를 가리키기도 하고, 또 그 사실들에 관해 적어 놓은 기록들을 가리키기도 한다고 흔히 말할 수 있다. 그러나 (   ) 쉬운 예를 들면, 김 총각과 박 처녀가 결혼한 사실은 역사가 될 수 없고, 한글 창제의 사실, 임진왜란이 일어난 사실 등은 역사가 되는 것이다.

이렇게 보면 사소한 일, 일상적으로 반복되는 일은 역사가 될 수 없고, 거대한 사실, 한 번만 일어나는 사실만이 역사가 될 것 같지만 반드시 그런 것도 아니다. 고려시대의 경우를 보면, 주기적으로 일어나는 자연 현상인 일식과 월식은 하늘이 인간 세계의 부조리를 경고하는 것이라 생각했기 때문에 역사가 되었으면서도 세계에서 가장 먼저 발명된 금속 활자는 목판본이나 목활자 인쇄술이 금속 활자로 넘어가는 중요성이 인식되지 않았기 때문에 그것은 역사가 될 수 없었다. 따라서 (   )

이를 생각해 보면, 여기에 몇 가지 되씹어 봐야 할 문제가 있다. 첫째는 '기록해 둘 만한 중요한 사실이란 무엇을 말하는 것인가' 하는 문제이고, 둘째는 '과거에 일어난 일들 중에서 기록해 둘 만한 중요한 사실을 가려내는 사람의 생각과 처지'의 문제이다. 여기서 '무엇이 기록해 둘 만한 중요한 문제인가, 기록해 둘 만하다는 기준이 무엇인가'에 대해서는 후세 사람들에게 어떤 참고가 될 만한 일이고, '참고가 될 만한 일과 될 만하지 않은 일을 가려내는 일'은 (   )

그러면 역사의 의미는 달라지는가? 앞에서 역사로 남는 것은 후세에까지 중요하고 참고될 만한 것으로 남을 사실, 뜻이 점점 높아지고 확대되는 사실이 역사로 기록되는 것이라 했지만, 또 경우에 따라서는 (   ) 일제 식민지 시기까지 계속 동학란으로 불리다가 해방 이후 동학 혁명으로 불린 1894년 전봉준 등의 행동이 그 단적인 예이다. 상감청자의 경우도 마찬가지이다. 상감청자의 제작법을 누가 언제 처음으로 만들었는지도 잘 모르고 있다가, 근대 사회로 넘어온 후에는 우수성과 독창성이 세계적으로 알려지면서 고려시대에 상감청자가 만들어졌다는 사실은 이제 가장 중요한 역사적인 사실 가운데 하나로 남게 되었다.

그런 점에서 (   ) 그렇다면 이 '역사가 변해 가는 방향이 어느 쪽인가?', '인간의 역사는 결국 어느 곳으로 향해 가고 있는가?' 하는 문제에 대한 이해 없이 역사 자체를 올바르게 보기는 어렵다. 이 물음에 대해 수천 년에 걸친 인간의 역사를 분석해 온 역사학은 역사의 변화에 일정한 방향이 있다고 말하고 있다. 그 방향은 크게 말해서 인간이 정치적인 속박을 벗어나는 길, 경제적인 불평등을 극복하는 길, 사회적인 불평들을 해소하는 길, 사상의 자유를 넓혀가는 길이라 말하고 있다. 역사를 어떻게 볼 것인가. 우리들 자신이 하고 있는 일, 주변에서 일어나고 있는 일들이 이러한 방향으로 나아가는 데 궁극적으로 합치되고 있는가 그렇지 못한가를 분간할 수 있어야 한다. 그것이 역사를 보는 직접적인, 그러면서도 쉬운 방법의 하나라 할 수 있다.

─┤ 보기 ├─

㉠ '역사는 변한다'는 말은 누구도 부인할 수 없는 진리라고 생각되고 있다.

㉡ 지난날 인간 사회에서 일어난 사실이 모두 역사가 되는 것은 아니다.

㉢ 뜻이 높아지고 확대될 뿐만 아니라 전혀 다른 뜻으로 해석되는 역사도 많다.

㉣ 역사라는 것은 지난날의 인간 사회에서 일어난 사실 중에서 누군가에 의해 중요한 일이라고 여겨 뽑힌 것이라 할 수 있다.

㉤ 사람에 따라 다를 수 있으며 또 시대에 따라 다를 수 있다고 말할 수 있겠다.

① ㉠ - ㉡ - ㉢ - ㉣ - ㉤

② ㉡ - ㉢ - ㉠ - ㉤ - ㉣

③ ㉡ - ㉣ - ㉤ - ㉢ - ㉠

④ ㉢ - ㉠ - ㉡ - ㉣ - ㉤

⑤ ㉣ - ㉢ - ㉤ - ㉡ - ㉠

PART Ⅱ

의사소통능력

다음 글의 밑줄 친 ㉠~㉤ 중 맥락상 쓰임이 적절하지 <u>않은</u> 것을 고르면?

○○철도는 11일 오전 서울사옥에서 중국국가철로집단유한공사(이하 '중국철도단')와 교류협력을 위한 업무협약을 체결했다고 밝혔다. 이번 업무협약은 ○○철도가 중국 철도기관과 맺는 첫 번째 협정으로 두 기관은 △유라시아 철도화물운송 협력과 경쟁력 강화 △철도발전을 위한 인적·㉠기술적(技術的) 교류와 공동 연구 △제3국 철도시장 개척에 힘을 모으기로 약속했다. 또한 ○○철도는 중국철도와 교류 ㉡정례화(定例化), 국제기구 활동협력, 교육과정 운영 등 ㉢피상적(皮相的)인 교류방안에도 뜻을 모았다. 지난 10일 방한한 중국철도단은 부산역 항만물류시설과 서울역 도심공항터미널을 방문하고 KTX를 시승하는 등 철도물류환적시설과 고속철도운영시스템을 시찰하며 상호 협력을 논의했다. 중국철도단은 국무원 산하 국유기업으로 18개의 철도 운영 및 유지보수 회사와 17개 자회사 업무를 총괄하고 있다.(직원 204만여 명, 2017년 기준) 중국철도의 고속선 길이는 29,000여km로 세계 고속철도의 60%에 이르며, 연간 전체 철도 수송인원은 31억여 명이다. 루동푸(陸東福) 중국철도단 회장은 "에너지 효율이 높고 ㉣친환경적(親環境的)인 철도는 중국과 한국의 미래 경제성장을 견인할 동력이다."라며 "㉤중장기적(中長期的)인 철도건설계획에 함께 참여하고 지속적으로 관계를 이어가자."라고 말했다. ○○철도 사장은 "세계 최대의 중국 고속철도 인프라가 한국과 세계철도 발전에 이바지할 수 있기를 기대한다."라며 "중국의 규모와 한국의 운영기술이 협력해 제3국 철도시장 진출에도 앞장서자."라고 밝혔다.

① ㉠: 기술적(技術的)
② ㉡: 정례화(定例化)
③ ㉢: 피상적(皮相的)
④ ㉣: 친환경적(親環境的)
⑤ ㉤: 중장기적(中長期的)

[057~059] 다음 글을 읽고 이어지는 질문에 답하시오.

　스마트 리터러시에 대한 역량 강화는 디지털 리터러시에 취약한 중장년층 근로자에게 보다 시급한 과제이다. 젊은 세대에 비해 스마트 리터러시 능력이 상대적으로 낮은 중장년층 근로자의 경우, 실생활에서 정보 습득이나 업무 수행뿐만 아니라, 스마트 미디어를 이용하여 언제 어디서든 소통하며 확장된 현실 속에서 일과 업무를 처리할 수 있는 호모 모빌리스들과 함께 업무를 수행하고 학습하고 의사소통해야 하기 때문이다.

　지능형 업무 수행의 지원 도구로 평가되는 스마트 단말기들은 인지적, 정서적, 신체적 변화와 생활 및 업무 기능의 저하를 경험하는 중장년층 직장인들의 활동 반경을 ㉠늘려주고 삶을 풍요롭게 하는 데 기여할 것이다. 이 연구는 스마트 리터러시의 증진에 대한 후속 연구에 근간이 될 수 있는 개인의 심리, 정서적 적응에 대해 관심을 두었다. 특히 의사소통능력과 연계하여 대인 간 정보 소통뿐만이 아닌 정보를 구축하고, 창조하며, 평가하는 역량으로서의 리터러시를 중장년층이 어떻게 체득하는지를 시간의 경과에 따라 살피고자 하였다. 의사소통능력이 스마트 리터러시를 개선㉡시키는지, 아니면 스마트 리터러시가 의사소통능력을 개선시키는 선행 요인인지에 대한 분석을 통해 중장년층의 스마트 리터러시가 개인에게 어떤 의미나 용도로 활용될 수 ㉢있는지에 대한 후속 연구들의 기틀이 될 것으로 기대한다.

　현재까지 스마트 러닝과 관련한 디지털 리터러시 연구들은 학교 교육이나 기업에서의 연령차를 고려하지 않은 채 불특정 사용자들을 대상으로 수행되어 왔다. ㉢특히, HRD 분야에서 중장년층 근로자 대상의 스마트 리터러시나 의사소통능력에 관한 관심과 연구는 더욱 미미한 편이다. 이 연구는 다음의 몇 가지 관심사에서 출발했다. 첫째, 기업에서의 직무능력 향상을 위해 설계 및 활용 가능한 스마트 환경은 잠재적으로 스마트 리터러시에 영향을 주어 비형식 혹은 무형식으로 의사소통능력 체득에 영향을 미칠 것인지를 살피는 것이다. 둘째, 신세대와의 원활한 접촉을 꾀해야 할 중장년층에게 의사소통능력의 부족을 개선할 수단으로 스마트 러닝을 활용하는 것에 대한 당위성을 살피고자 하였다. 이는 스마트 러닝이 스마트 리터러시의 일차적 성과일 수 있다는 연구 결과에 근거한다. 셋째, 의사소통능력이 높은 중장년층일수록 스마트 리터러시의 향상이 두드러지는가에 대한 인과관계를 살피는 것이다.

　정리하면, 이 연구의 목적은 20~30대 근로자에 비해 상대적으로 첨단 테크놀로지 활용 능력이 취약한 중장년층 사무직 종사자들의 스마트 리터러시와 의사소통능력 사이의 종단적 상호 관계를 규명하는 것이다. 이를 위해서는 스마트 리터러시 능력과 의사소통능력의 인과적 선행성을 밝힐 수 있는 시계열적 접근이 필요하다. 서로 밀접한 관계를 지닌 요인들 간의 인과적 선행성을 밝히기 위해서는 하나의 요인을 조작한 후 다른 요인의 변화를 관찰하는 실험 연구 또는 다년에 걸쳐 수집된 종단 자료의 분석이 필수적이기 때문이다.

　이 연구는 스마트 시대의 도래와 적응이라는 기본 명제를 전제로 기업의 성과와 연계를 짓는 접점으로 스마트 리터러시를 설정했으며, 이의 산물 또는 선행 요건으로 의사소통능력을 들었다. 특히, 디지털 리터러시와 의사소통능력이 취약하다고 간주되는 중장년층을 연구 대상으로 의도적 선정하여, 두 ㉣변인 간의 인과적 관계를 살피고자 하였다. 특히 종단 연구가 주는 장점을 활용하여 보다 구조적인 고찰이 가능하다고 보았을 때, 기업 내 HRD에 혁신적인 교육 환경을 도입하는 경우 지침이 ㉤될 수있는 개인차에 대한 시사점을 제언하고자 하였다.

057

주어진 글을 통해 알 수 없는 것을 고르면?

① 연구의 의의　　　　② 선행 연구의 한계　　　　③ 연구의 장애 요인
④ 연구의 목적　　　　⑤ 연구 방법

058 〔문제 더보기〕 PART III 변형 ┃ P.337 371번

주어진 글을 쓰기 위한 연구 문제 설정으로 옳지 않은 것을 고르면?

① 스마트 리터러시와 의사소통능력은 세대 간의 차이를 발생시키는가?
② 의사소통능력이 스마트 리터러시에 미치는 영향은 어떠한가?
③ 스마트 리터러시가 의사소통능력에 미치는 영향은 어떠한가?
④ 20~30대 근로자의 개인차가 스마트 리터러시에 미치는 영향은 무엇인가?
⑤ 스마트 리터러시와 의사소통능력의 두 변인은 서로의 영향력에 대한 차이가 있는가?

059 〔문제 더보기〕 PART III 변형 ┃ P.337 372번

다음 중 ㉠~㉤을 고쳐 쓴 내용으로 옳은 것을 고르면?

① ㉠은 '길이'와 관련 있으므로 '늘여주고'로 고쳐 쓴다.
② ㉡은 띄어쓰기가 옳지 않으므로 '시키는 지', '있는 지'로 고쳐 쓴다.
③ ㉢은 문맥적 의미에 따라 '반면'으로 고쳐 쓴다.
④ ㉣은 어휘가 잘못 사용되었으므로 '변인'을 '변이'로 고쳐 쓴다.
⑤ ㉤은 띄어쓰기 원칙에 따라 '될 수 있는'으로 써야 한다.

다음 글을 통해 추론할 수 있는 내용으로 가장 적절하지 <u>않은</u> 것을 고르면?

신종 감염병의 약 75%는 동물과 사람 간에 전파되는 병원체에 의한 인수공통감염병일뿐만 아니라 야생동물로부터 건너오는 신종 바이러스가 늘어나고 있다. 특히 바이러스의 저수지 구실을 하는 박쥐에서 비롯된 감염병이 늘어날 것이란 전망이 많다. 200종 이상의 바이러스를 보유하고 있는 박쥐와 관련된 인수공통감염병 바이러스는 사스 외에도 헨드라, 니파 바이러스가 확인되었고, 메르스와 에볼라 바이러스 등 세계적으로 파문을 일으킨 감염병의 기원으로 유력하다. 박쥐는 왜 이렇게 다양한 감염병 바이러스를 보유하게 됐을까? 또한 수많은 바이러스를 보유하고 있으면서도 박쥐 개체들끼리는 왜 병에 걸리지 않는 것일까? 이 질문에 대한 답을 알기 위해서는 박쥐가 어떤 동물인지부터 알아야 한다.

날개를 퍼덕이며 나는 유일한 포유류인 박쥐는 포유류 가운데 진화 역사가 가장 오래된 동물이다. 박쥐는 지난 1억 년 동안 극지방을 제외한 세계 곳곳에 퍼져 1,200여 종으로 진화하였고, 포유류 종의 약 20%를 차지할 만큼 다양하다. 박쥐는 몸집에 견줘 장수하는 편에 속하므로 바이러스가 오래 머물 수 있으며, 종종 거대한 무리를 이뤄 한 개체에 감염된 바이러스가 다른 개체로 쉽게 옮겨간다. 일례로 멕시코꼬리박쥐는 서식지 한 곳에 100만 마리의 큰 무리를 이루곤 하는데, 밀도가 $1m^2$당 300마리에 이른다.

도시의 건물과 시설물에 깃들고 멀리 날 수 있는 박쥐의 능력도 인수공통감염병을 퍼뜨리기 용이한 특징에 해당한다. 특히 비행 능력은 박쥐가 세계 구석구석까지 퍼져나가 다양하게 분화한 원동력이지만 동시에 수많은 바이러스를 몸속에 지니면서도 거의 병에 걸리지 않는 비결과 관련이 있다고 과학자들은 분석한다. 미국 지질조사국의 생물학자 토마스 시어는 2014년 과학저널 「신종 감염병」에 게재한 논문을 통해, 날아가는 박쥐의 높은 체온은 다른 포유류가 감염 시 보이는 발열 반응과 유사하기 때문에 박쥐가 병에 걸리지 않고 다수의 바이러스를 보유할 수 있다고 설명하였다. 나아가 박쥐에서 다른 포유류로 이동한 바이러스가 강한 병원성을 나타내는 것도 박쥐의 고온 조건에서 생존하는 능력이 있기 때문이라고 보았다.

하지만 최근 과학자들은 단지 체온에 국한하지 않고 박쥐의 면역체계 자체가 독특하다는 사실에 주목하고 있다. 비행을 하기 위해서는 많은 에너지를 필요로 하며, 비행 시 몸의 신진대사가 빨라져 유해 산소도 많이 발생한다. 이로 인해 비행 스트레스가 쌓이면 세포 안에 손상된 DNA 조각이 생기는데, 일반적인 포유류라면 이를 외부에서 침입한 병원체로 간주하여 염증이 생기는 등의 면역 반응을 일으킨다. 그러나 박쥐는 달랐다.

중국 우한 바이러스학 연구소 미생물학자 저우 펑은 박쥐가 바이러스에 대항하는 면역력을 병에 걸리지 않을 정도로 약화하여 지나치게 강한 면역 반응을 피한다고 밝혔다. 지나친 면역 반응은 때때로 병으로 이어지는데, 박쥐는 면역체계의 과잉 반응과 바이러스의 악영향을 동시에 누르는 균형을 절묘하게 잡는다는 것이다. 또한, 안 마태 등 싱가포르 듀크─NUS의대 연구자들은 지난해 「네이처 미생물학」에 실린 논문에서 박쥐의 면역 억제가 노화를 늦추는 구실을 한다고 발표하였다. 다시 말해 박쥐는 비행에 따른 감염을 억제하는 쪽으로 진화하였고, 그 과정에서 노화를 막는 효과를 부수적으로 얻었다는 설명이다.

이처럼 신종 인수공통감염병의 원천으로서 인류의 생존을 위협하는 박쥐는 아이러니하게도 인류에게 꼭 필요한 생태적 기능도 한다. 박쥐는 우리가 즐겨 먹는 바나나, 아보카도, 망고 등의 꽃가루받이 역할을 하며 다양한 열대 식물의 씨앗을 퍼뜨린다. 또한, 훼손된 열대림 복원에 큰 구실을 하며, 많은 양의 농업 해충을 잡아먹기도 한다는 점에서 중요성을 갖는다. 유엔식량농업기구(FAO)는 2011년 발간한 「박쥐와 신종 인수공통감염병 관련 편람」에서 박쥐의 생태와 보전, 공중 보건의 이해 사이에 균형을 잡아야 한다고 강조하였다.

① 보편적으로 포유류는 세포 안에 손상된 DNA 조각이 생기면 면역 반응이 일어난다.
② 신종 감염병의 약 75%는 박쥐로부터 전파된 인수공통감염병에 해당하는 것으로 알려졌다.
③ 날아가는 박쥐의 높은 체온은 여타 포유류가 감염 시 보이는 발열 반응과 흡사하다.
④ 멕시코꼬리박쥐는 $1m^2$당 300마리에 이르는 밀도로 무리를 이루어 서식하기도 한다.
⑤ 박쥐는 면역체계의 과잉 반응과 바이러스의 악영향을 동시에 억제할 수 있다.

다음 글은 도시로서의 서울의 변화를 시대별로 정리한 내용이다. 시대별로 주어진 내용을 각각 요약했을 때, 빈칸 A∼E에 들어갈 말로 적절하지 않은 것을 고르면?

1950년대 이전 서울: 일제 시대, 한국 전쟁의 파괴와 복구

1944년 서울의 인구는 83만 명이었으나, 해방 직후인 1946년 126만 명으로 증가하였다. 난민과 지방 인구의 지속적인 유입으로 10년간 연평균 4만 명씩 증가하여 1959년 200만 명에 이르렀다. 이 시기에 서울은 전쟁과 사회적 격동기를 거치면서 절대적인 빈곤기를 경험하였으며, 월남민과 전재민의 집중으로 일자리가 부족하고 실업자가 증가하였다. 1950년 한국 전쟁으로 인해 도심에 광화문, 덕수궁, 보신각 등과 같은 많은 문화재들이 파괴되었다. 전쟁으로 인해 주택 19만 호 중 30%, 금융 기관 83개, 병원 294개, 기업체 1,289개 등 시가지 건물의 1/4이 피해를 입었다. 전쟁 피해를 입지 않은 건물 또한 노후도가 심각하여 주거 환경이 악화되었고, 서울로 모여든 난민들로 서울의 주택난은 심각해졌다.

1960년대 서울: [A   ]

1960년 서울의 인구는 245만 명이었으나, 5년 만인 1965년에 347만 명으로 증가하는 등 급격한 인구 증가를 경험하였다. 경제가 성장함에 따라 농촌 인구가 대량 유입하면서 서울의 인구 집중은 더욱 심화되었고, 의류·봉제·가발 등 노동 집약적 수출 산업으로 인해 제조업의 취업자 비중이 증가하였다. 서울의 인구가 팽창하는 속도에 비해 기반 시설 확충이 미흡하여 생활의 불편함과 위생 문제 등 사회적 문제가 발생하였다. 구릉지와 하천 변 등 기성 시가지 주변에 무허가 정착촌, 빈민가가 발생하기 시작하여, 도심지 교외 지역으로 분산·집단화 유도 정책을 실시하였다.

1970년대 서울: [B   ]

1970년대 서울의 인구는 554만 명으로 지속적으로 팽창하였다. 이에 따라 도심 내 인구 집중 유발 시설의 입지를 금지하고, 공장, 정부 기관, 민간 시설 등을 수도권과 외곽 지역으로 이전시키는 등 도심 집중 억제 정책을 실시하였다. 1970년대 이후부터 강남 개발 등을 통해 강북 지역에 집중된 인구를 분산하기 위한 정책을 실시하는 한편, 도심 재개발 사업을 통해 노후한 도심부를 현대적인 건물로 개조하였다.

1980년대 서울: 신시가지 개발, 국제화 시대 개막

서울의 인구는 1970년 이후 10년간 약 283만 명이 증가하여 1980년 837만 명에 이르렀다. 택지 개발 사업을 통해 목동과 상계동에 대규모 아파트 단지가 개발되어 신시가지가 조성되었다. 또한, 1986년 아시안 게임과 1988년 올림픽 개최는 서울의 곳곳을 현대적으로 정비하는 계기가 되었으며, 이후 국제화 시대가 개막되었다.

1990년대 서울: [C   ]

1990년 서울 인구는 1,000만 명을 넘기면서 인구 피크를 기록했으나, 수도권 신도시 개발로 인구가 유출되면서 1995년 처음으로 인구 감소세를 보였다. 산업·경제적 측면에서는 탈산업화의 진행 등 산업 구조의 변화가 일어났으며, 1997년에는 외환 위기를 겪었다. 강남 지역의 개발에 대한 시민의 욕구가 지속되어 강남북 역전 시기가 도래하고, 주택 200만 호 공급 정책, 재개발 활성화 등으로 아파트의 비율이 점차적으로 증가하였으며, 주택 보급률은 75%로 상승하였다.

2000년대 서울: [D   ]

2000년대 서울의 인구는 감소 추세를 이어갔으나, 인구 변동률이 점차 줄어들며 하향 안정세로 접어들었다. 한편, 고령 인구는 2005년 기준으로 71만 명을 상회하여 전체 인구의 7%에 다다랐다. 이는 10년 전 대비 약 75%가 증가한 수준으로 서울은 고령화 사회로 급속하게 진입하게 되었다. 서울의 1·2차 산업의 사업체 수는 지속적인 감소세를 보이는 데 반해, 3차 산업의 경우 20년 전과 비교해 두 배로 증가하는 등 급속한 산업 구조

의 변화가 진행되었다. 주거지 정비 부문에서는 지역 균형 발전 차원에서 기성 시가지의 정비를 생활권 단위로 체계적이고 효율적으로 추진하고자, 2002년부터 재정비 촉진 지구를 지정하여 시행하였다. 그 결과 많은 불량·노후 주거지의 물리적 환경은 정비되었으나 다양한 문제를 초래하게 되었다. 한편, 고도 성장 시대의 반성으로 서울 광장(2004), 청계천 복원(2005), 숭례문 광장(2006), 광화문 광장(2009) 등 공공 공간의 재편을 통해 시민의 품으로 되돌리려는 노력이 이루어졌다.

2010년대 서울: [E   ]

  2010년대 서울의 인구는 수도권 지역으로 유출되면서 감소세를 보이고 있으나, 고령 인구는 2014년 기준 125만 명에 이르는 등 급격한 증가 추세를 보이고 있다. 한편, 2000년대 본격 추진되기 시작한 재정비 촉진 사업 및 주택 재개발 사업이 부동산 가격의 급등으로 인해 지연됨에 따라 이에 대한 대응 전략이 마련되었다. 그간 소유주와 사업성 중심의 대규모 전면 철거형 주택 개발 방식에서 벗어나, 거주자와 주거 복지 중심의 소규모 정비, 마을 만들기를 통한 주거 재생으로 변화하고 있다. 더불어 시민의 삶의 질과 행복을 중심 가치로 두고, 다양한 마을 공동체의 육성으로 주민 주도 주거지 재생 실현을 위한 다각적인 노력을 기울이고 있다.

① A: 인구 집중으로 인한 급속한 도시의 확장, 산업화
② B: 도심 집중 억제, 강남 개발 촉진
③ C: 1,000만 서울 붕괴, 주택 보급률 상승
④ D: 균형 발전, 치유와 회복의 시대
⑤ E: 사람·공동체 중심으로 패러다임 전환

다음 글의 내용과 일치하는 것을 고르면?

수소는 지역적 편중 없이 어디서나 구할 수 있는 보편적 자원이다. 이산화탄소 배출이 전혀 없고 부산물이 물 뿐인 데다 액체나 고압 기체로 저장이 가능하고 쉽게 운송할 수 있다는 이점도 있다. 자연환경 조건에 따라 전 기 생산량이 달라져 에너지 공급 측면에서 불안정한 태양광·풍력 등 신재생 에너지의 단점을 보완해 준다는 점 도 수소의 장점이다. 수소는 그동안 석유 화학·정유·반도체·식품 등 산업 현장에서 수십 년간 사용해 온 가스 로서 안전 관리에 대한 기술력도 축적됐다.

현재 수소 에너지로서 활용될 핵심 기술로 꼽고 있는 연료 전지는 전자, 자동차 등 다양한 산업에 혁신적 변 화를 초래할 수 있는 기술이다. 연료 전지는 석유 중심의 에너지 체제를 수소 에너지 중심으로, 중앙 집중적 전 력 생산 구조를 누구나 전력을 생산하는 분산형 구조로 탈바꿈할 수 있는 획기적인 통합 기술로 평가되고 있다. 연료 전지는 수소와 공기 중의 산소를 결합해 전기를 생산하는 전지로, 물의 전기 분해 역반응으로 연료를 계속 해서 공급해 주면 무한 발전이 가능하다는 점에서 일종의 발전기로도 볼 수 있다. 연료로 사용되는 수소는 가스 등을 개질(改質)하여 얻거나 물의 전기 분해를 통해 얻는다. 연료 전지는 기계 장치를 사용하지 않고 발전하기 때문에 거의 소음이 없으며, 수소와 산소가 반응해 전기를 생성하기 때문에 공해 물질을 거의 배출하지 않는다. 연료 전지는 효율이 높아 에너지 절감 효과도 크다. 연료 전지의 발전 효율은 현재 30~50%로 내연 기관보다 우수하며, 온수로 회수되는 열량까지 고려하면 효율은 80%까지 높아질 수 있다. 또 연료 전지는 다양한 용도 와 분야에 응용되는 융합 통합적인 시스템이다. 이 때문에 많은 나라들이 수소 에너지와 이를 활용한 연료 전지 에 주목하고 있다.

우리나라는 수소 연료 전지차, 연료 전지 발전 등과 같이 수소 활용 부문에서 경쟁력을 확보했지만, 수소 생 산, 저장, 운송 분야에서 충전소와 같은 인프라는 주요국 대비 부족하다. 수소가 에너지원으로 보급 활성화되기 위해서는 수소 활용 영역과 인프라 확보의 불균형을 해소하여 모든 산업과 시장이 수소 생산-저장·운송-활 용의 밸류 체인으로 이루어 나아갈 때 비로소 새로운 에너지 패러다임으로 접어들 수 있을 것이다.

① 연료 전지는 내연 기관에 비해 에너지 효율이 낮아 경제적이지 못하다.
② 우리나라는 수소 운반 및 저장 부문에서 이미 세계적인 인프라를 확보하고 있다.
③ 세계적으로 환경 및 에너지 문제 해결을 위한 방법으로 수소 연료 전지에 주목하고 있다.
④ 수소는 최소 발화 에너지가 낮아 누출 후 폭발이나 화재로 이어지기 쉽다는 우려가 있다.
⑤ 연료 전지는 중앙 집중적 전력 생산의 효율성을 획기적으로 높일 수 있는 기술로 평가된다.

다음 글을 읽고 추론한 내용으로 적절하지 <u>않은</u> 것을 고르면?

달걀은 하나의 세포로, 크게 노른자위(난황), 흰자위(난백), 껍데기(난각)로 구성되어 있다. 달걀의 대부분을 차지하는 흰자위는 약 90%가 물이고, 나머지 약 10%가 단백질이다. 단백질은 많은 종류의 아미노산이 결합된 거대 분자이며, 물을 싫어하는 소수성 사슬과 물을 좋아하는 친수성 사슬이 혼합되어 있다. 그런데 흰자위는 소량의 단백질이 많은 물에 녹아 있는 액체이다. 그러므로 흰자위 단백질의 대부분은 구에 가까운 구조(globular protein)를 하고 있다. 이것은 극성을 띤 물에서 안정하게 녹아 있으려면 단백질의 외부는 친수성 사슬로, 내부는 소수성 사슬로 된 형태가 되어야 하고, 표면적을 최소화시켜 소수성 부분의 노출을 최대로 줄이는 구의 형태가 유리하기 때문일 것이다.

흰자위 단백질에서 가장 높은 비중을 차지하는 것은 오발부민(ovalbumin)으로, 비중은 약 60%다. 오발부민은 모두 385개의 아미노산으로 구성된 단백질로 알려져 있다. 다른 단백질과 마찬가지로 오발부민도 온도, pH 변화에 따라 변성이 된다. 삶을 때 단백질은 열에 의해 변성이 진행된다. 가열되면 구 모양의 단백질 내부로 많은 물 분자들이 강제로 침투하여 더 이상 소수성 사슬끼리 뭉쳐진 구 모양을 유지하기 힘들다. 열 혹은 물의 작용으로 구 단백질은 길게 펴지고, 그것은 근처에 위치한 또 다른 펴진 단백질과 상호작용이 활발해진다. 소수성 사슬들이 물과의 상호작용을 피해서 자기들끼리 서로 결속하기 때문에 단백질은 더욱 잘 뭉쳐져 젤 형태로 변한다. 열이 더 가해지면 젤 상태의 단백질 내부에 물리적으로 갇혀 있던 물 분자마저 빠져 나오면서 더욱 단단한 고체로 변한다. 젤 형태의 반고체만 되어도 반사되는 빛이 많아져 불투명한 상태가 된다.

노른자위는 루테인(lutein)과 제아잔틴(Zeaxanthin) 같은 화학물질 때문에 색이 노랗다. 항산화작용 능력을 갖춘 이 화학물질은 눈의 망막과 황반(macula lutea)에 축적되어 눈을 보호해 준다. 짧은 파장의 가시광선 혹은 자외선 때문에 생성된, 눈 건강을 해치는 활성 산소(혹은 자유 라디칼)를 없애주는 고마운 물질이다. 노른자위의 단백질은 흰자위보다 조금 적지만, 지용성 비타민(A, D, E)은 훨씬 더 많이 녹아 있다. 거의 물로 이루어진 흰자위에는 지용성 물질이 녹아 있기 힘들기 때문이다.

껍데기를 벗긴 삶은 달걀의 외형은 날달걀과 같은 타원형이 아니다. 대신 비교적 평평한 면이 보인다. 그것은 달걀 내부에 있던 공기가 삶을 때 빠져나가지 못하고 흰자가 굳어지며 형성된 모양이다. 달걀을 삶을 때 온도를 급격히 올리면 달걀 내의 공기가 팽창하면서 껍데기가 깨진다. 그러나 서서히 가열하면 껍데기가 깨지는 것을 예방할 수 있다. 그 이유는 서서히 온도를 올리면 달걀 껍데기의 미세한 구멍으로 내부의 공기가 빠져나갈 수 있는 시간이 충분하기 때문이다. 그렇지만 달걀 껍데기(주성분이 탄산칼슘($CaCO_3$))의 두께가 균일하지 못한 경우에는 온도 증가에 따라 팽창 정도가 달라지므로 껍데기가 깨질 수 있다. 냉장고에서 꺼낸 달걀을 바로 삶지 말고 조금 두었다 삶으라고 하는 것도 위와 같은 이유 때문이다.

① 단백질에 열이 가해져서 흰색으로 보이는 것은 고체화 현상과 관련 있다.
② 달걀을 삶을 때 껍데기가 깨지는 이유 중 하나는 껍데기의 두께가 균일하지 않아서이다.
③ 달걀 흰자위에 비타민 A가 들어있지 않은 이유는 지용성 비타민이기 때문이다.
④ 단백질의 소수성 사슬과 친수성 사슬은 서로 결합하려는 성질을 띠고 있다.
⑤ 달걀 노른자위의 단백질 역시 온도, pH 변화에 따라 변성이 생긴다.

064

다음 글을 읽고 공유자원에 대한 시장실패를 막을 수 있는 예방책으로 적절하지 않은 것을 고르면?

공공재는 배제성과 경합성이 없는 재화를 말한다. 배제성이란 사람들이 재화를 소비하는 것을 막을 수 있는 가능성을 말하고, 경합성이란 한 사람이 재화를 소비하면 다른 사람이 소비에 제한을 받는 속성을 말한다. 공공재가 배제성이 없다는 것은 재화를 생산하더라도 그것을 소비하는 데 드는 비용을 지불할 사람이 없다는 것이므로 누구도 공공재를 공급하려 하지 않는다. 따라서 정부가 사회적 비용과 편익을 따져 공공재를 공급함으로써 시장실패를 예방할 수 있다.

공유자원은 공공재와 같이 배제성이 없어 누구나 공짜로 사용할 수 있지만 경합성이 있는 재화이다. 이에 따라 '공유자원의 비극'이라는 심각한 문제를 야기한다. 누구든지 자유롭게 사용할 수 있는 목초지가 있다고 하자. 소 주인들은 공짜로 풀을 먹일 수 있기 때문에 가급적 많은 소를 몰고 와서 먹이려고 할 것이다. 자기 소를 한 마리 더 들여와 목초지가 점점 훼손된다 하더라도, 그에 따른 불이익은 목초지를 이용하는 모든 소 주인들이 함께 나누기 때문이다. 그러나 목초지의 풀은 제한되어 있어 어느 수준 이상의 소가 들어오면 목초지는 그 기능을 상실하게 된다.

공공재에 의한 시장실패는 정부가 공공재의 공급 비용을 부담함으로써 쉽게 예방할 수 있다. 하지만 공유자원에 의한 시장실패는 위의 예와 같이 개인들이 더 많은 자원을 사용하려고 경합하는 데서 발생하기 때문에 재화의 경합성을 적절하게 조정하는 예방책이 필요하다. 그 구체적인 예방책으로는 정부가 공유자원의 사용을 직접 통제하거나 공유자원에 사유 재산권을 부여하는 방법이 있다. 정부의 직접 통제는 정부가 특정 장비 사용의 제한, 사용 시간이나 장소의 할당, 이용 단위나 비용의 설정 등을 통해 수요를 억제하는 방법이다. 사유 재산권 부여는 자신의 재산을 잘 관리하려는 사람들의 성향을 이용하여 공유자원을 관리하게 함으로써 공유자원이 황폐화되는 것을 막기 위한 방법이다. 이 두 방법은 정부의 시장 개입이 수반된다는 점에서 통제 방식이나 절차, 사유 재산권 배분 기준에 대한 사회적 합의가 전제되어야 한다. 또한 공유자원을 사용하는 사람들에 대한 정부의 통제 능력과 개인의 사유재산 관리 능력을 확보하는 것이 성패의 관건이 된다.

공공재와 공유자원에 의한 시장실패는 자원의 왜곡된 배분을 가져와 사회 전체의 효용을 감소시킨다. 또한 재화의 관리가 효율적으로 이루어지지 않으면 재화를 공급하여 얻는 편익이 감소될 가능성이 크다. 따라서 시장실패가 초래하는 비극을 예방할 수 있는 효율적인 방안을 강구해 구성원의 경제적 후생을 향상시키는 것이 정부의 중요한 경제 정책이 되어야 한다.

① 야생동물을 보호하기 위해 야생동물 수렵지역을 한정한다.
② 도심의 혼잡한 교통 상황을 원활하게 하기 위해 통행료를 징수한다.
③ 기업에게 온실가스 배출 허용량을 동일하게 부과하고, 온실가스 배출권을 판매할 수 있도록 한다.
④ 치안 불안을 해소하기 위해 우범 지역에 CCTV를 설치한다.
⑤ 바다의 바닥을 긁어 물고기를 잡는 것을 막기 위해 저인망그물 사용을 제한한다.

065

2021년 하반기 코레일

다음 글의 밑줄 친 ㉠에 대한 설명으로 가장 적절하지 않은 것을 고르면?

사진이 매우 강력한 힘을 발휘할 때가 있다. 바로 사람의 눈으로는 도저히 볼 수 없는 세계를 펼쳐 보일 때다. 강원도 영월에서 열린 동강국제사진제에서도 이런 사진을 보았다. 독일 예술 대학에 최초로 사진학과를 창설한 쿤스트아카데미 뒤셀도르프 출신 작가들의 사진이 전시된 국제 주제전에 걸린 클라우디아 페렌켐퍼의 사진에 나는 압도당했다. 그 사진은 소형 곤충 사진으로, 눈으로는 관측할 수 없는 영역이 거대하게 확대되어 포착되어 있었다. 이런 사진을 '포토 매크로그래피'라 부르는데, 최근 유행하는 예술적인 과학 사진의 가장 흔한 형태 중 하나다. 쉽게 현미경 사진이라고 생각하면 된다. 요즘은 수백만 배를 확대하여 원자까지도 관측이 가능하다.

인류는 수많은 사진을 찍었지만 세상을 바꾼 사진의 목록에는 과학 사진이 다수를 차지한다. 1915년 알베르트 아인슈타인은 일반상대성이론을 발표하여 중력이 공간을 휘게 한다고 주장했다. 아인슈타인은 수성의 근일점에 매우 미세한 차이가 있고 이로 인해 중력이 빛을 휘어지게 하기 때문이라고 설명하였다. 이 주장은 주장이 제기되던 당시까지만 하더라도 가설로 여겨졌었으나, 영국 왕립천문학회 소속 천문학자 아서 스탠리 에딩턴이 검증에 나섰다. 그는 1919년 대형 카메라와 탐사대를 이끌고 아프리카의 오지 섬 프린시페로 배를 타고 가서 한 달간 촬영 준비를 한 끝에 6분간 일식 사진을 찍었다. 이 사진을 통해 별빛이 태양의 영향으로 휜다는 것을 포착했다. '과학 사진이 바로 이런 것이다'라고 증명한 쾌거였다. 에딩턴이 촬영한 사진 덕분에 아인슈타인의 주장은 가설에서 이론이 되었다. 이후로도 인류에 막대한 영향을 끼친 과학 사진은 많았다. 그중에서도 우주배경복사의 불균일성을 발견한 사진이 압권이었다. 우주 생성은 늘 과학자들의 연구 대상이었다. 빅뱅 이론에 따르면 우주는 대폭발로 생겼다. 그렇다면 빅뱅 이론은 어떻게 증명할 것인가? 먼저 러시아 출신의 미국 물리학자 조지 가모는 대폭발 이후 광자의 형태로 방출된 복사(우주배경복사)의 일부가 우주에 남아 있다는 가설을 제시했다. 1964년 미국 벨연구소의 아노 펜지어스와 로버트 윌슨은 4,080MHz 대역에서 들려오는 초단파 잡음이 우주에서 온다는 것을 확인하면서 우주배경복사를 발견했다. 그런데 우리 우주에는 항성과 행성이 있기 때문에 우주배경복사가 균일하지 않아야 한다. 과학자들의 다음 목표는 우주배경복사의 미세한 온도 차이 확인이었다. 이를 위해 1989년 미국 물리학자 조지 스무트의 주도하에 코비 프로젝트가 시작되었다. 미국 항공우주국(NASA)이 쏘아 올린 우주 망원경 코비가 사진을 전송했고, 그 사진에서 10만 분의 1 정도의 온도 차가 발견되었다. 이 사진은 우리가 보는 가시광선이 아니라 '태초의 빛'의 흔적인 마이크로파를 찍은 것이었다. 이런 과학 사진을 비가시광선 사진이라 부른다.

과학 사진은 생경하다. 사람들이 전에는 본 적이 없는 사진이기 때문이다. 그래서 아름답다. 이 또한 전에 느껴보지 못한 아름다움이다. ㉠이런 미학은 재빠르게 기존 예술의 틈으로 파고들어갈 것이다. 이는 사진이 회화에 비해 압도적으로 유리한 자리를 차지할 수 있는 이유이기도 하다.

① 독특한 특성으로 인해 예술의 한 영역으로 구분할 수 있는 여지가 충분하다.
② 인간의 눈으로 볼 수 없는 대상의 아름다움을 사진을 통해 알 수 있다.
③ 코비 프로젝트 진행 시 촬영한 마이크로파 사진에서 발견할 수 있다.
④ 포토 매크로그래피 사진을 통해서도 확인할 수 있는 아름다움이다.
⑤ 과학의 발전을 한눈에 파악할 수 있게 만드는 체계성을 포괄한다.

다음 글의 논지를 강화하는 내용으로 가장 적절하지 <u>않은</u> 것을 고르면?

천재는 선천적으로 타고난 것일까? 후천적으로 만들어지는 것일까? 오랜 시간 동안 많은 사람이 이 질문에 대한 답을 찾고자 하였다. 플라톤은 그의 저서 『이온』에서 스승인 소크라테스의 말을 인용하여 예술가의 영감에 대해 '음유시인 이온의 성공은 기술에 근거한 것이 아니며, 신적인 영감 덕분'이라고 논증하였다. 아리스토텔레스 역시 철학과 예술 방면의 비범한 사람들은 멜랑콜리 기질을 가지고 있으며, 멜랑콜리가 창작의 원동력이라고 주장하였다. 아리스토텔레스는 멜랑콜리 기질이 노력으로 얻을 수 있는 것이 아니므로 천재는 선천적으로 타고나는 것이라고 분석하였다.

이러한 고대 그리스의 소위 '천재론'은 낭만주의 예술까지 이어졌다. 낭만주의 예술에서 멜랑콜리는 천재의 증표로 여겨졌으며, 오직 천재만이 예술가가 될 수 있다고 하였다. 독일의 철학자 임마누엘 칸트는 천재를 자연의 총아이자 예술에 규칙을 부여하는 능력이라고 평하였다. 이는 자연 속에서 규칙을 발견하여 작품화할 수 있는, 자연으로부터 부여받은 '생득적인 산출 능력'이라 할 수 있다. 그러나 칸트에 따르면 천재는 단순히 자연을 '모방'하는 것이 아니라 '독창성'을 가장 큰 특징으로 한다. 칸트는 통제를 넘어선 천재 개념을 거부하였고, 아무리 천재라고 할지라도 독창적인 소재를 표현해내기 위해서는 학습에 의한 기술이 필요하다고 주장하였다.

서구 과학의 역사에서 탁월한 업적을 남긴 뉴턴과 아인슈타인을 예로 들어보자. 혹자는 뉴턴이 사과나무 아래에서 편안하게 쉬다가 운 좋게 만유인력의 법칙을 발견했다고 생각하기도 한다. 그러나 뉴턴 이전에 사과가 떨어지는 것을 본 과학자들은 수없이 많았다. 그런데 뉴턴만 만유인력을 발견한 이유는 무엇일까? 만유인력의 법칙은 오랜 시간 중력의 비밀에 집착했고 수많은 실험을 반복한 뉴턴 눈에만 보이는 진리였다. 뉴턴은 대기만성형의 노력하는 학자였다. 뉴턴의 눈앞에서 사과가 떨어진 것은 뉴턴이 만유인력을 연구하기 시작한 지 20년 만이었다고 한다.

아인슈타인의 과학적 업적 또한 뉴턴과 동일한 맥락에서 해석할 수 있다. 아인슈타인이 과학적 업적을 남기는 데 가장 크게 공헌한 것은 끊임없는 실험과 집착이었다. 아인슈타인이 상대성 원리를 발견할 수 있었던 것은 뛰어난 머리가 아닌 노력에 있었다. 아인슈타인은 무서울 정도로 실험에 집착하였다. 다른 이론물리학자들이 이미 나와 있는 실험 결과를 바탕으로 연구를 할 때, 아인슈타인은 연구실에 틀어박혀 하나하나 다시 실험하였다. 빛 속도, 자기장, 에테르 진동, 금속의 운동역학 등 아인슈타인이 결론을 도출하기 위해 사용한 모든 초기 요인들은 철저한 실험에 의한 것이었다.

사전적 의미상 천재는 선천적으로 타고난, 타인보다 훨씬 뛰어난 재주나 재능을 가진 사람을 일컫는다. 그러나 역사 속 천재들이 성공할 수 있었던 가장 핵심적인 이유는 선천적인 능력이 아닌 후천적인 노력에 있다. 어렸을 때부터 특정 분야의 재능이 두드러지는 신동들도 후천적으로 노력하지 않으면 능력의 성장이 멈춰버린다. 반면 보통의 능력을 갖고 태어난 범인이 막대한 노력을 기울여 성공한 사례는 매우 흔하게 접할 수 있다. 다시 말해 천재는 본인의 재능을 찾고 그에 걸맞은 노력을 하는 사람이라고 볼 수 있다.

① 아무리 뛰어난 재능을 가지고 태어난 사람이라도 노력하지 않으면 재능 개발에 매진하는 범인에게 뒤쳐질 수 있다.

② 교육심리학자 벤자민 블룸은 한 분야에서 최고가 되기 위해서는 최소한 10년간 엄청난 노력을 해야 한다고 설명하였다.

③ 천재로 여겨지는 작곡가 차이콥스키는 17세에 음악에 흥미를 느끼고 꾸준한 학습을 통해 25세에 첫 작품을 작곡하였다.

④ 일반적으로 역사상 훌륭한 업적을 남긴 천재는 보통 사람보다 다섯 배 정도의 많은 시간과 노력을 투자한 것으로 밝혀졌다.

⑤ 유전학자 프랜시스 골턴의 연구에 따르면 지능, 체력, 예술성 등 유전 형질의 근원은 개인의 혈통과 깊게 관련되어 있다.

067

다음 글을 읽고 추론한 내용으로 적절하지 <u>않은</u> 것을 고르면?

문화는 하나의 집단을 이루는 사람들의 독특한 전통을 구성하는 관습적 믿음, 사회적 형태, 물질적 특성으로 나타나는 일종의 실체이다. 문화는 모든 사람들의 일상생활에서의 생존 활동, 즉 의식주와 관련된 활동들로부터 형성된다. 문화는 예술 활동이나 위락과 같은 레저 활동도 포함한다. 각각의 문화 집단은 독특한 방식으로 생리적 욕구와 활동을 규정한다. 문화는 특정 개인이 행하는 반복적 행위인 습관 또는 집단 수준에서 나타나는 반복적 행위인 관습과 구분될 수 있다.

민속 관습은 흔히 확인되지 않은 기원자를 통해서, 잘 알려지지 않은 시기에, 출처가 밝혀지지 않은 미상의 발상지로부터 발생한다. 민속 관습은 고립된 장소로부터 독립적으로 기원하여 여러 개의 발상지를 가질 수 있다. 음악은 민속 관습의 기원에 대한 대표적 예가 된다.

대중문화는 특정 시대에 특정한 기원지에서 시작되며 일반적으로 그 기원자가 알려져 있다. 민속 관습과 달리 대중문화는 대부분이 선진국, 특히 북아메리카, 서부 유럽, 일본의 산물이다. 대중음악과 패스트푸드가 대중문화의 좋은 예이다. 대중음악은 고도로 발전된 기술을 보여 주며, 전자 장비가 있는 스튜디오에서만 연주될 수 있다. 오늘날 우리가 알고 있는 대중음악은 1900년경에 시작되었다. 그 당시 미국과 서부 유럽에서 대중음악에 의한 엔터테인먼트는 영국에서 뮤직홀로 불리고, 미국에서 보드빌이라고 불린 버라이어티쇼였다. 음악 산업은 뮤직홀과 보드빌에 노래를 제공하기 위해 뉴욕의 틴 팬 앨리라고 알려진 구역에서 발달하였다.

많은 스포츠가 고립된 민속 문화로 시작되었으며, 다른 민속 문화처럼 개인이나 소규모 집단의 이동을 통해 확산되었다. 그러나 현대의 조직된 스포츠의 확산은 대중문화의 특징을 보여 준다. 미국에서 오래된 가옥들은 지역 특유의 민속 문화 전통을 보여 준다. 1700년대부터 1800년대까지 사람들이 서부로 이주하면서 농사를 지을 밭을 일구기 위해 숲을 개간하였고, 벌채한 목재를 가옥, 창고, 울타리를 짓는 데 이용하였다. 개척자의 가옥 스타일은 개척자들이 이주해 나간 동부 해안 지대에서 우세했던 가옥 스타일을 반영하였다. 이와는 대조적으로 지난 반세기 동안 미국에서 지어진 가옥들은 대중문화의 영향을 보여 준다.

① 민속 문화는 후진국, 개발도상국에서 발생하여 천천히 소규모로 확산된다.
② 민속 문화는 고립된 지역의 규모가 작은 집단에 의해 전통적으로 공유된다.
③ 가옥은 민속 문화의 전통을 보여 주기도 하고, 대중문화의 영향을 보여 주기도 한다.
④ 보드빌은 음악 산업으로서 판매를 목적으로 만들어진 대중음악의 기원에 해당한다.
⑤ 대중문화는 산업 기술의 진보를 바탕으로 발생할 수 있었다.

[068~069] 다음 글을 읽고 이어지는 질문에 답하시오.

　대사증후군(Metabolic Syndrome)은 복부비만, 고혈압, 공복혈당장애, 고중성지방, 낮은 HDL콜레스테롤이라는 5가지 중 3가지를 동시에 지닌 상태를 말한다. 서구화된 식생활과 외식 및 신체 활동 감소로 인해 우리나라에서도 환자 수가 증가하고 있으며, 대사증후군이 있을 경우 심뇌혈관의 질환 발생 가능성이 높아지고, 다른 만성질환에 이환될 가능성이 높아 위험하다.

　최근에 국민건강보험공단에서 발표한 자료에 따르면 건강검진 수검자 1,478만 5,545명 중 26%가 대사증후군으로 나타났으며, 73.2%는 위험 요인을 1개 이상 보유한 것으로 나타났다. 대사증후군 위험 요인 5개 항목 진단기준별로는 각각 복부비만 23.9%, 고혈압 43.6%, 고혈당 38.3%, 고중성지방 32.2%, 낮은 HDL콜레스테롤 22.1%로 나타났다.

　대사증후군의 원인은 명확히 알려져 있지 않지만, 일반적으로 인슐린 저항성을 그 원인으로 보고 있다. 인슐린 저항성이란 혈당을 낮추는 호르몬인 인슐린에 대한 몸의 반응이 감소하여 근육 및 지방세포가 포도당을 잘 저장하지 못하게 되어 고혈당이 유지되고, 이를 극복하고자 더욱 많은 인슐린이 분비되는 상태를 말한다. 이로 인해 고혈당뿐만 아니라, 이상지질혈증 및 동맥경화와 같은 여러 가지 문제를 일으킬 수 있다. 이 외에도, 스트레스를 받으면 분비되는 코르티솔도 인슐린과 혈당을 증가시켜 대사증후군의 원인이 되기도 한다.

　또한 수면 부족 역시 대사증후군의 높은 유병률과 관련이 있는데, 한 연구에 따르면 수면시간이 8시간 이상인 경우 대사증후군의 환자가 15%인 것에 비해, 6시간 이하인 경우 24.4%로, 발생위험이 1.6배 높게 나타났다. 한 국내 연구에서는 칫솔질을 하루 3번 이상 하는 실험군에 비해 2번 이하로 하는 군에서 대사증후군의 위험이 23% 더 높게 나타나 좋은 생활습관을 지니는 것이 중요하다는 것을 알 수 있다.

　대사증후군은 복부비만 외에 특징적인 불편함이 없어 검사를 하지 않으면 유병 여부를 알 수 없다. 혈압이나 혈당, 그리고 중성지방 및 HDL콜레스테롤은 측정하지 않으면 알기 어렵다. 중요한 것은 대사증후군이 위험인자들의 단순한 합이 아니라는 것이다. 각각의 인자들은 상호작용하며 서로 연관성을 가지고 발생에 영향을 주기 때문에 총체적인 접근이 필요하다.

　다음의 기준 중 세 가지 이상에 해당되면 대사증후군으로 정의할 수 있다.

- 허리둘레 ― 남자 90cm, 여자 85cm 이상
- 중성지방 ― 150mg/dL 이상 혹은 이상지질혈증 약물 복용
- 고밀도지방 ― 남자 40mg/dL 미만, 여자 50mg/dL 미만 혹은 이상지질혈증 약물 복용
- 혈압 ― 130/85mmHg 이상 또는 고혈압약 복용
- 공복혈당 ― 100mg/L 이상 또는 혈당조절약 복용

　보통, 초기에는 복부비만을 시작으로 다른 위험인자들이 나타나기 시작한다. 대사증후군을 적극적으로 치료하지 않고 방치하는 경우에 2형 당뇨병이 발생하기도 하며, 심근경색이나 뇌졸중과 같은 심뇌혈관질환이 발생하는 경우도 있기 때문에 절대 가볍게 봐서는 안 된다.

　대사증후군의 치료 중 가장 우선시되는 것은 체지방, 그중에서도 특히 내장지방을 줄이는 것이다. 내장지방을 감량하기 위해서는 탄수화물을 줄이고 걷기와 같은 바로 실천이 가능한 유산소 운동을 해야 한다. 이를 통해 인슐린 저항성이 개선되어 대사증후군으로 인한 이상 소견들을 호전시킬 수 있다. 일부 고혈압이나 당뇨병, 이상지질혈증을 가지고 있는 대사증후군 환자에서는 꾸준한 약물 치료 및 목표 수준으로의 조절이 필요하지만, 대사증후군만을 위한 약물 치료가 없기 때문에 생활습관 교정이 필수적이다. 또한 각 요소별로 생활습관 교정이 필요할 수 있다. 한국인들은 대체적으로 음식을 짜게 먹는 습관을 가지고 있고, 나트륨을 과도하게 섭취하면 대사증후군 발생 위험이 2배 가까이 높아진다는 연구 결과도 있으므로 혈압이 높은 대사증후군 환자의 경우 이 부분 역시 신경을 써서 식단을 꾸려야 한다.

068

주어진 글을 통해 알 수 <u>없는</u> 내용을 고르면?

① 대사증후군의 주요 원인
② 대사증후군의 판단 기준
③ 연령대별 대사증후군의 비율
④ 대사증후군의 치료 방법

069

주어진 글을 바탕으로 적절하지 <u>않은</u> 내용을 [보기]에서 모두 고르면?

┤ 보기 ├
- ㉠ 허리둘레가 98cm이면서 고혈압약과 혈당조절약을 복용하고 있는 남성은 대사증후군으로 볼 수 있다.
- ㉡ 같은 신체 조건일 경우, 하루 평균 수면시간이 6시간인 사람보다 8시간인 사람에게서 대사증후군이 발생할 위험이 높다.
- ㉢ 대사증후군 위험 요인 중 고혈압에 해당하는 사람이 고중성지방에 해당하는 사람보다 많을 것이다.

① ㉡   ② ㉢   ③ ㉠, ㉡   ④ ㉡, ㉢

○○교통공사 직원 B씨는 인구주택총조사 관련 공지사항을 살펴보고 있다.

20×0년도 인구주택총조사 방문 조사

20×0년 인구주택총조사의 가구 방문 조사가 11월 1일(일)부터 18일(수)까지 18일간 진행된다. 조사 대상은 지난달 말에 종료된 인터넷·모바일·전화 조사에 응답하지 않은 가구이다.

올해 조사부터는 기존의 종이 조사표 대신 조사원의 태블릿PC에 탑재된 조사표를 이용한 전자 조사 방식을 도입했다. 조사원의 신분은 휴대하고 있는 신분증과 태블릿PC의 전자신분증으로 확인이 가능하며, 콜센터를 통해서도 확인할 수 있다.

응답자가 원할 경우 방문 조사 기간에도 PC와 모바일을 이용한 인터넷 조사와 콜센터를 통한 전화 조사가 여전히 가능하다.

올해는 정책 수요와 변화하는 사회상을 반영하여, '반려동물 유무', '혼자 산 기간', '1인 가구 사유' 등을 새로운 조사 항목으로 포함했다.

통계청은 실시기관에 국민이 학력, 혼인 상태 등 다소 민감한 개인정보를 대면 조사로 응답하는 것을 어려워할 경우 비대면 조사를 권유하도록 하고 있다. 조사에서 응답한 모든 내용은 통계법에 의해 엄격하게 보호되며 통계 목적 이외에는 사용되지 않는다.

[참고] 20×0년 인구주택총조사 개요
○ 연혁: 인구총조사는 1925년, 주택총조사는 1960년 이후 매 5년마다 실시
○ 법적 근거: 통계법 제5조의 3, 지정통계(동법 제17조 제1항)
○ 조사 대상: 대한민국 영토 내에 상주하는 모든 내·외국인과 이들이 살고 있는 거처
○ 조사 기간: 인터넷 조사 20×0. 10. 15.~10. 31. / 방문 조사 11. 1.~11. 18.
○ 조사 방법: 전수 조사는 등록센서스*, 표본 조사(국민 20%)는 현장 조사 실시
○ 조사 항목: 전수 16개, 표본 55개(현장조사 45개, 행정자료 대체 10개)
○ 실시 체계: 통계청(주관기관), 지방자치단체(실시기관)
○ 결과 공표: 전수(등록센서스) 20×1. 7. / 표본 20×1. 9.~12.

* 전국의 모든 가구를 직접 방문하지 않고, 주민등록부, 건축물대장 등 행정자료를 이용하여 인구·가구·주택에 대한 통계를 생산하는 새로운 방식의 인구주택총조사를 말함

070

주어진 글의 내용을 파악한 것으로 적절하지 <u>않은</u> 것을 고르면?

① 인구주택총조사의 가구 방문 조사는 18일간 진행된다.
② 올해 조사부터 전자 조사 방식이 도입된다.
③ 대한민국 영토 외에 상주하는 내국인은 조사 대상이 아니다.
④ 방문 조사 대상이 조사 기간에 비대면 조사를 신청한 경우 인터넷 조사만 가능하다.
⑤ 조사원의 신분은 신분증 및 전자신분증, 콜센터 등을 통해 확인할 수 있다.

071

다음은 20×0년도 인구주택총조사에서 회수한 조사표이다. ⊙~⑩ 중 적절하지 않은 것을 고르면?

방문조사원: ⊙ 지방자치단체 직원 B

조사일: 20×0년 11월 1일

1 가구 구분

이 가구는 어떻게 구성되어 있습니까?

① 1인 가구

② 가족만으로 이루어진 가구

③ 가족과 남이 함께 사는 가구

④ 남남이 함께 사는 5인 이하의 가구

⑤ 남남이 함께 사는 6인 이상의 가구

2 ⓒ 반려(애완)동물

이 가구에서 현재 반려(애완)동물을 키우고 있습니까?

1 있음   ① 개

　　　　 ② 고양이

　　　　 ③ 기타 ☐☐☐☐

2 없음

3 ⓒ 1인 가구 사유

부모, 배우자, 자녀 등과 떨어져 혼자 살고 있는

주된 이유는 무엇입니까?

① 본인의 직장 때문에(구직 포함)

② 본인의 학업 때문에

③ 본인의 독립 생활을 위하여

④ 본인의 건강 때문에(요양 포함)

⑤ 가족이 학업, 취업, 혼인, 건강 등으로 타지에

　거주하게 되어서

⑥ 가족과 사별

⑦ 기타 ☐☐☐☐

4 소방시설 보유 여부

이 가구 내에 다음의 소방시설이 있습니까?

1 소화기

① 있음　　 ② 없음

2 화재경보기

① 있음　　 ② 없음

5 ② 혼자 산 기간

혼자 산 기간은 얼마나 되었습니까?

☐ 3 년 ☐ 3 개월

조사 결과 공표는 ⑩ 20×1년 7월 예정입니다. 참여해 주셔서 감사합니다.

① ⊙　　　　② ⓒ　　　　③ ⓒ　　　　④ ②　　　　⑤ ⑩

[가] 최근 2030세대의 우울증이 사회적 문제로 대두되고 있다. 건강보험심사평가원 국민관심질병통계에 따르면, 우울증으로 치료받은 20대 환자 수는 2016년 64,497명에서 2020년 146,977명으로 두 배 이상 늘었다. 30대 환자 또한 2016년 75,949명에서 2020년 117,186명으로 50%가량 늘었다. 성별로는 여성이 남성보다 많았다. 젊은 층의 우울증은 사회적 단절과 정서적 고립을 부르기 때문에 가족, 친구, 주변 사람에게 자신의 마음 상태에 대해 적극적으로 도움을 요청하지 못한다. 최악의 경우 극단적인 선택을 부를 수 있어 근본적인 안전망이 필요하다는 목소리가 높다.

[나] 우울증의 정확한 원인은 현재까지 알려진 바가 없다. 하지만 여러 가지 원인이 제시되고 있으며, 생물학적, 심리적, 환경적인 요인들이 다양하게 영향을 미치는 것으로 짐작하고 있다. 대표적으로 언급되는 것은 신체의 호르몬 균형의 변화, 가족력, 어린 시절의 외상(트라우마), 낮은 자존감 또는 자기 비판적인 태도, 정신 질환의 과거력, 경제적인 문제, 스트레스를 발생시키는 사건 등이다. 특히 2030세대의 경우 취업 또는 직장 스트레스, 인간관계, 가정환경, 이성 문제, 미래에 대한 불안 같은 것들이 다른 연령층에서보다 심각한 문제로 받아들여지다 보니 인지적으로 자신이 부족하다고 느끼거나 문제가 발생했을 때 그걸 해결할 능력이 없다는 생각을 하게 되고, 이것이 절망감과 무기력감으로 이어지는 경향이 있는 것으로 분석되기도 한다.

[다] 이처럼 일반적인 우울증과 달리 계절성 우울증은 규칙적으로 비슷한 시기에 나타난다. 하지만 그 시기에 매번 같은 스트레스가 있는 경우에는 해당된다고 보기 어렵다. 예를 들어, 겨울에 일이 없어지는 직업을 가지고 있어 생기는 명백한 정신사회적 스트레스 등은 계절성 우울증으로 보지 않는다. 계절성 우울증 환자는 현저하게 무기력하고 잠이 너무 많아지며, 탄수화물을 자꾸 찾거나 과식을 하게 되고 체중이 증가하는 등의 특징을 보인다. 사람은 24시간의 일주기 리듬에 따라 활동하며, 눈을 통해 들어오는 빛의 양에 따라 낮과 밤을 구분할 수 있다. 빛의 양이 감소하는 밤에는 수면 호르몬인 멜라토닌이 증가하고, 아침 이후에는 감소하여 수면을 돕는 것이다. 일조량이 적은 계절이나 날씨에는 멜라토닌 분비량이 늘어나면서 기분이 가라앉거나 잠이 쏟아질 수 있다. 계절성 우울증에도 빛을 이용한 광치료가 이용될 수 있는데, 이는 일주기 리듬의 변화를 조절하여 우울 증상을 개선시킬 수 있는 치료법이다.

[라] 우울증은 나이가 들어감에 따라 발생하는 노화의 정상적인 부분이 아니며, 결코 가볍게 여겨서도 안 된다. 우울증의 정확한 진단을 위해서는 정신건강의학과 전문의의 종합적인 판단이 가장 중요하며, 환자 본인의 치료의지 또한 뒷받침되어야 한다. 특히 약물치료와 심리치료는 우울증을 앓고 있는 사람 대부분에게 효과적이다. 가벼운 우울증의 경우 인지행동치료나 대인관계치료와 같은 심리치료만 진행하기도 한다. 또 흔히 정신과 약을 먹기 시작하면 의존성과 내성이 생긴다고 생각해 꺼리는 사람이 많다. 하지만 다른 약물에 비해 의존성이 높지 않고, 일부 약물에서 의존성을 보이더라도 전문의의 처방에 따라 복용하고 중단하면 큰 문제가 되지 않는다. 적극적인 우울증 치료는 증상 개선과 삶의 질 향상에 도움이 되므로 꾸준히 잘 받는 것이 매우 중요하며, 증상이 많이 호전되었을 경우라도 재발을 막기 위해 치료 이후 6~9개월간은 유지요법을 시행하는 것이 좋다. 우울증에 가장 중요한 것은 '자기관리'다. 대표적인 자기관리는 자신의 건강상태에 관심을 두고 경고신호를 알아차리는 것이다. 또 자신을 스스로 돌보는 노력이 필요하고, 매일 최소 30분 이상의 야외 활동 혹은 적당한 운동을 하는 것이 좋다.

072

주어진 글의 [가]~[라] 문단 중 글의 흐름상 삭제되어야 할 문단을 고르면?

① [가]　　　　　② [나]　　　　　③ [다]　　　　　④ [라]

073

주어진 글의 내용과 일치하지 않는 것을 고르면?

① 우울증 치료에 사용되는 약물은 다른 약물보다 높은 의존성을 보인다.
② 우울증의 원인은 정확히 밝혀지지 않았으나 다양한 요인에 영향을 받을 것으로 추측된다.
③ 20대와 30대의 우울증 치료 환자 수는 모두 2016년보다 2020년에 증가했다.
④ 우울증은 정상적인 노화의 대표적 증상으로 볼 수 없다.

다음과 같은 직원들의 의견 ㉠~㉣ 중에서 효과적인 경청방법을 모두 고르면?

㉠ "제대로 경청하려면 말하는 사람의 모든 것에 집중해서 적극적으로 들어야 합니다. 그러기 위해서는 말하는 사람의 속도와 말을 이해하는 속도 사이에 발생하는 간격을 메우는 방법을 함께 학습할 필요도 있겠지요."

㉡ "제 경험으로는 말예요, 상대방이 말하는 동안 자신이 답할 내용을 미리 준비해 두어야 대화 매너에 어긋나지 않고 효과적으로 대화를 이어갈 수 있다고 생각해요."

㉢ "저는 종종 상대방이 전달하려는 메시지가 무엇인지 생각해보고 제 삶의 목적, 경험과 관련시켜 보곤 합니다. 자신의 관심사라는 측면에서 메시지를 이해하면 주의를 집중하는 데 도움이 되기도 하더라고요."

㉣ "저는 상대방의 말 중간에 틈이 생기면 들은 내용을 요약·정리하여 상대방에게 확인하기도 하고 질문을 하기도 합니다. 집중력도 높아지고 이해도 쉽게 되는 방법인 것 같거든요."

① ㉠, ㉡
② ㉡, ㉣
③ ㉠, ㉡, ㉢
④ ㉠, ㉢, ㉣

075

다음 중 경청할 때 주의해야 할 점으로 적절하지 않은 것을 고르면?

① 상대방을 인간적으로 존중하는 것은 물론이고 상대방의 말과 행동을 일단 수용한다.
② 상대방으로 하여금 자신이 이해받고 있다는 느낌이 들도록 손짓이나 동작 등을 사용한다.
③ 상대방과의 관계를 고려해서 부정적인 감정에 대해서는 시선을 돌리며 솔직하게 표현한다.
④ 상대방과 상호작용을 한다는 점을 고려해 대화를 독점하거나 상대방의 말을 가로채지 않는다.

다음 사례를 바탕으로 박 대리가 적극적인 경청을 하지 못한 이유로 가장 적절한 것을 고르면?

조 대리는 업무 보고서를 잘못 작성하여 상사에게 크게 꾸지람을 들었다. 짧은 시간에 마무리해야 하는 보고서였기 때문에 나름 최선을 다했다고 생각한 조 대리는 억울하고 분한 기분을 달래기 위해 옆 부서 동료인 박 대리를 찾아가 커피 한 잔을 권하며 잠시 자신의 이야기를 들어달라고 요청하였다. 마침 그날 오전에 진급자 발표가 있었고 과장으로 승진하게 된 박 대리는 하루 종일 기분이 들떠 즐거운 상태였기 때문에 흔쾌히 조 대리의 요청을 수락하고 함께 담소를 나누게 되었다. 박 대리는 크게 낙담하여 마음이 상한 조 대리의 말을 다 듣고 '자네가 이해해라', '뭘 그런 정도에 그리 낙담을 하느냐', '직장생활을 하다보면 즐거운 일도 있고 기분 나쁜 일도 있기 마련이다' 등과 같은 반응을 보이며 조 대리의 기분을 전혀 이해하지 못하였다.

① 조 대리의 말을 미리 짐작하였다.
② 조 대리의 말에 대한 대답을 미리 준비하려 했다.
③ 원치 않는 상대방의 말은 걸러내려 하였다.
④ 대화 도중 다른 생각을 하였다.

077

다음 글의 빈칸에 들어갈 내용으로 가장 적절한 것을 고르면?

유전자가위 기술은 정확한 위치파악 능력을 갖는 생체 유래물질과 변형된 절단효소를 융합하여 질병이나 형질에 관여하는 DNA를 제거, 수정, 삽입함으로써 질병이나 형질의 변화를 일으키는 기술이다. 유전자가위는 이때 사용되는 도구를 일컫는데, 절단효소와 위치파악 능력이 있는 가이드 물질의 융합을 통해 특정 DNA 서열의 변화를 유도한다. 유전자가위는 DNA 이중나선의 절단을 유도하게 되는데, 살아있는 세포는 이중나선의 절단을 심각한 손상으로 인식하고 이를 복구하기 위한 시스템을 가동한다.

유전자가위 기술은 크게 두 가지 방식으로 분류할 수 있다. 첫 번째는 DNA의 단백질을 절단효소와 융합하여 이를 조합하는 기술이다. 각각 절단효소로 어떤 단백질을 활용하느냐에 따라 기술의 명칭은 달라지지만, 기본적인 원리가 유사하고 과학자들의 설계를 통해 이루어졌다는 공통점을 지닌다. 두 번째는 미생물에 존재하는 면역시스템을 유전자가위로 응용한 것이다. 단세포 박테리아와 같은 생물체는 면역계를 통해 외래 병원체의 침입을 막아낸다. 이때 외래 병원체들과 관련된 분자들을 특이적으로 인지하는 기억세포를 형성해 침입에 대해 기억한다. 그리고 동일한 침입이 있을 때 이를 인식하여 방어를 하게 된다.

크리스퍼 유전자가위 기술은 면역시스템을 응용한 방식으로 최근 여러 작물의 품종 개발에 활용되고 있다. 크리스퍼 유전자가위 기술은 DNA의 일부 특징을 제거하거나 교정할 수 있는데, 다음과 같은 과정으로 진행된다. 우선, 어떤 작물의 특징 중에서 제거하려는 DNA가 무엇인지를 찾아 표적 DNA로 설정한다. 그리고 표적 DNA를 정확히 찾아갈 수 있는 가이드 RNA 분자와 절단효소인 Cas9 단백질 분자를 결합하여 복합체를 만들고, 이 복합체를 작물의 세포에 넣어준다. 복합체가 세포에 투입되면 Cas9 단백질 분자는 DNA 이중나선을 절단함으로써 제거하려는 작물의 특징을 제거하게 된다. DNA 이중나선이 절단되면 주변 DNA의 서열과 비슷한 DNA 틀을 절단 부위에 넣어 (   )

① 새로운 유전 정보를 도입할 수 있도록 재조합함으로써 절단된 DNA가 복구된다.
② 새로운 유전 정보가 들어간 DNA를 추가로 포함시킴으로써 작물의 특징을 변환한다.
③ 투입된 DNA 틀에 포함된 유전 정보를 추가시킴으로써 DNA의 본래 기능을 회복시킨다.
④ 새로운 복합체를 구성해서 절단된 DNA의 정보를 새롭게 재조합하여 같은 서열의 DNA를 만든다.

다음 글을 읽고 추론할 수 있는 내용을 [보기]에서 모두 고르면?

그간 미세먼지가 인체에 미치는 유해성에 대해서는 우리나라를 비롯한 해외의 여러 연구에서 입증된 바 있다. 제2차 수도권 대책 미시행 시 초과사망자 2만 명, 호흡기계 질환자 1만 명, 기관지염 환자 80만 명이 발생하여 미세먼지로 인한 사회적 비용을 연간 12조 3,300억 원으로 추정하였고, 초미세먼지로 인한 사망자 발생률은 이보다 더 높을 것으로 분석되었다.

초미세먼지는 미세먼지와 달리 입자의 크기가 매우 작아 폐포까지 직접 침투하여 건강에 심각한 영향을 줄 수 있고, 초미세먼지에 노출되면 호흡기계 및 심혈관계 관련 질환으로 인한 입원이 증가할 뿐만 아니라 사망자 발생률이 유의하게 증가한다는 결과들이 보고되고 있다. 또한 초미세먼지의 장·단기 노출에 의한 사망률, 호흡기계 및 순환기계 질환 환자 발생과의 관계, 생식·발달과의 상관성 등에 대한 해외의 역학연구 결과 초미세먼지가 호흡기계와 순환기계를 중심으로 인체의 건강에 여러 가지 영향을 미친다는 사실이 밝혀지고 있는 것으로 나타났다.

이와 같이 초미세먼지는 폐질환, 심근경색, 순환기계 장애 등을 유발하고 조기사망 위험 증가에 영향을 주는 인자로 작용하는 등 인체에 미치는 영향이 심각하여 2013년 WHO에서 1급 발암물질로 규정하였다.

반면, 우리나라에서는 해외 여러 나라에 비해 초미세먼지와 관련된 건강영향 연구가 많이 미흡한 실정이며, 초미세먼지 대기환경기준 적용 및 예·경보제를 2015년부터 시행하고 있다.

┤ 보기 ├

㉠ 제2차 수도권 대책 미시행 시 초미세먼지로 인한 사망자는 2만 명을 훨씬 웃돌 것이다.
㉡ 초미세먼지는 2013년경부터 인체에 발암물질로 작용하기 시작하였을 것이다.
㉢ 미세먼지는 발암성 물질을 포함하고 있지 않을 것이다.
㉣ 2015년 이후 대기 중의 초미세먼지 농도는 많이 감소하였을 것이다.

① ㉠   ② ㉠, ㉡   ③ ㉡, ㉢   ④ ㉢, ㉣

079

다음 글의 필자가 글쓰기 전에 세운 전략으로 가장 적절하지 <u>않은</u> 것을 고르면?

거식증을 동경하는 '프로아나'의 유행이 젊은 층 사이에서 급속도로 번지고 있다. '프로아나(pro-ana)'는 찬성이라는 뜻의 '프로(pro)'와 거식증을 뜻하는 '아노렉시아(anorexia)'를 조합한 신조어이다. 최근 SNS에는 프로아나를 자처하는 계정이 확산하는 추세다. 이들은 주로 10~20대 초반 여성이다. 이들은 먹고 토하는 법, 급식 버리는 방법, 30시간 굶는 방법 등을 공유한다. 심지어 거식증으로 인한 생리불순, 골다공증 등을 인증하며 자랑하는 경우도 있다. 이러한 프로아나의 다이어트 방법의 끝은 거식증으로 귀결된다.

거식증은 신경성 식욕부진증이라 하며, 살이 찌는 것에 대한 강한 두려움으로 음식에 대한 욕구는 있으나 음식 섭취를 거부하는 것이다. 거식증 환자는 체중이 정상임에도 불구하고 자신이 뚱뚱하단 생각에 지속적으로 체중을 줄이려고 하므로 정신질환에 속한다. 거식증에는 심각한 체중 감소, 무월경이나 발기부전, 비만에 대한 강한 두려움이 동반되며 정신질환 중 사망률이 가장 높다.

거식증 환자가 사망에 이르는 가장 흔한 요인은 심장병이다. 영양결핍으로 심장근육 속 신경섬유에 이상이 생기면 맥박이 불규칙한 부정맥이 생겨 심장마비에 이르거나, 심장근육이 위축되는 심근증이나 심장이 붓고 혈액을 잘 공급하지 못하는 심부전으로 사망할 수 있다. 보통 심장성 사망은 치명적인 원인이나 전조증상 없이 갑작스럽게 의식을 잃고 1시간 이내에 사망하는데 이러한 현상은 마치 화약고가 터지는 것과 유사하다. 화약고가 폭발하려면 화약이 쌓여 있어야 하고 여기에 불을 붙이는 불씨가 있어야 한다. 심장근육 및 혈관의 구조적 결함이 화약이고, 내적 혹은 외적 스트레스가 불씨가 된다고 하면 거식증은 화약과 불씨를 모두 공급하는 꼴이 된다. 아울러 거식증 사망은 자살이 원인인 경우도 있다. 거식증은 우울증 등 다른 정신질환을 동반하는 경우가 많기 때문에 사망 위험은 더욱 커진다.

거식증은 매체에 나오는 마른 몸매의 연예인과 자신을 비교하는 데서 시작되는 경우가 많다. 타인과 자신을 비교하면서 체중이 조금이라도 늘면 불안감, 자괴감 등을 느낀다. 이것이 반복되면 거식증으로 발전할 수 있기 때문에 강박에서 벗어나는 것이 제일 중요하다. 또한 거식증은 조기 치료가 치료율을 높이기 때문에 혼자서 극복하기 어렵다면 최대한 빨리 전문가의 도움을 받는 것이 좋다. 인지행동치료를 받거나, 우울증이 동반됐다면 항우울증 등의 약물치료를 시행하기도 한다.

현대인의 삶에서 다이어트는 건강을 지키기 위한 하나의 방법이다. 그러나 프로아나의 경우처럼 극단의 다이어트는 죽음에까지 이르게 할 수 있으므로 다이어트를 할 때에도 늘 건강을 우선으로 생각해야 한다. 그러기 위해서는 음식을 건강하게 먹는 법을 배우고, 신체가 건강하게 기능할 수 있는 방법을 찾아야 한다. 그래야만 다이어트의 원래 목적을 이룰 수 있다.

① 작문 목적: 거식증의 위험성을 알리기 위함
② 예상 독자: 정신건강학을 전공하는 대학생
③ 작문 주제: 거식증에 대한 위험성과 건강한 다이어트를 위한 제언
④ 전개 방법: '서론, 본론, 결론'의 3단 구성 중 거식증의 위험성을 본론으로 배치함
⑤ 표현 전략: 의학적 질환에 따른 증세를 비유를 통해 이해하기 쉽게 설명함

080

다음 글의 밑줄 친 부분에서 문법상 옳은 것만을 모두 고르면?

컴퓨터 보안은 컴퓨터에 저장되어 있거나 전달 중인 정보를 보호하는 것이다. 우선 허락되지 않은 자가 정보의 내용을 알 수 없도록 하고, 허락되지 않은 자가 정보를 함부로 <u>수정하던지</u> <u>훼손</u>할 수 없도록 해야 한다. 한편, <u>웬지</u> 컴퓨터 보안이라고 하면 무조건 들어오는 것을 막는 것만 해당되는 것 같지만 허락된 자가 정보에 접근하고자 하는 <u>바램</u>이 있을 때, 이것이 방해받지 않도록 하는 것 역시 중요하다. 최근에는 사이버 공격 등을 통해 <u>어떻게든</u> 컴퓨터 보안을 뚫고 정보에 손상을 입히는 행위가 잦아졌다. 그래서 <u>방화벽이라든지</u> 침입탐지 시스템 같은 여러 가지 보안 시스템이 개발되고 있다. 하지만 컴퓨터 보안에 문제가 생기면 이를 복구하기 위해서는 몇 분에서 <u>며칠</u>까지 걸릴 수 있으므로 개개인이 컴퓨터 보안을 철저하게 해야 한다.

① 훼손, 바램, 어떻게든
② 수정하던지, 웬지, 어떻게든
③ 훼손, 방화벽이라든지, 며칠
④ 수정하던지, 훼손, 방화벽이라든지, 며칠
⑤ 웬지, 바램, 어떻게든, 며칠

제8조(금품 등의 수수 금지) ① 공직자 등은 직무 관련 여부 및 기부·후원·증여 등 그 명목에 관계없이 동일인으로부터 1회에 100만 원 또는 매 회계연도에 300만 원을 초과하는 금품 등을 받거나 요구 또는 약속해서는 아니 된다.

② 공직자 등은 직무와 관련하여 대가성 여부를 불문하고 제1항에서 정한 금액 이하의 금품 등을 받거나 요구 또는 약속해서는 아니 된다.

③ 제10조의 외부강의 등에 관한 사례금 또는 다음 각 호의 어느 하나에 해당하는 금품 등의 경우에는 제1항 또는 제2항에서 수수를 금지하는 금품 등에 해당하지 아니한다.

1. 공공 기관이 소속 공직자 등이나 파견 공직자 등에게 지급하거나 상급 공직자 등이 위로·격려·포상 등의 목적으로 하급 공직자 등에게 제공하는 금품 등

2. 원활한 직무수행 또는 사교·의례 또는 부조의 목적으로 제공되는 음식물·경조사비·선물 등으로서 대통령령으로 정하는 가액 범위 안의 금품 등

3. 사적 거래(증여는 제외한다.)로 인한 채무의 이행 등 정당한 권원(權原)에 의하여 제공되는 금품 등

4. 공직자 등의 친족이 제공하는 금품 등

5. 공직자 등과 관련된 직원상조회·동호인회·동창회·향우회·친목회·종교단체·사회단체 등이 정하는 기준에 따라 구성원에게 제공하는 금품 등 및 그 소속 구성원 등 공직자 등과 특별히 장기적·지속적인 친분 관계를 맺고 있는 자가 질병·재난 등으로 어려운 처지에 있는 공직자 등에게 제공하는 금품 등

6. 공직자 등의 직무와 관련된 공식적인 행사에서 주최자가 참석자에게 통상적인 범위에서 일률적으로 제공하는 교통, 숙박, 음식물 등의 금품 등

7. 불특정 다수인에게 배포하기 위한 기념품 또는 홍보용품 등이나 경연·추첨을 통하여 받는 보상 또는 상품 등

8. 그 밖에 다른 법령·기준 또는 사회상규에 따라 허용되는 금품 등

④ 공직자 등의 배우자는 공직자 등의 직무와 관련하여 제1항 또는 제2항에 따라 공직자 등이 받는 것이 금지되는 금품 등(이하 "수수 금지 금품 등"이라 한다.)을 받거나 요구하거나 제공받기로 약속해서는 아니 된다.

⑤ 누구든지 공직자 등에게 또는 그 공직자 등의 배우자에게 수수 금지 금품 등을 제공하거나 그 제공의 약속 또는 의사표시를 해서는 아니 된다.

제10조(외부강의 등의 사례금 수수 제한) ① 공직자 등은 자신의 직무와 관련되거나 그 지위·직책 등에서 유래되는 사실상의 영향력을 통하여 요청받은 교육·홍보·토론회·세미나·공청회 또는 그 밖의 회의 등에서 한 강의·강연·기고 등(이하 "외부강의 등"이라 한다.)의 대가로서 대통령령으로 정하는 금액을 초과하는 사례금을 받아서는 아니 된다.

② 공직자 등은 사례금을 받는 외부강의 등을 할 때에는 대통령령으로 정하는 바에 따라 외부강의 등의 요청 명세 등을 소속기관장에게 그 외부강의 등을 마친 날부터 10일 이내에 서면으로 신고하여야 한다. 다만, 외부강의 등을 요청한 자가 국가나 지방자치단체인 경우에는 그러하지 아니하다.

③ 소속기관장은 제2항에 따라 공직자 등이 신고한 외부강의 등이 공정한 직무수행을 저해할 수 있다고 판단하는 경우에는 그 공직자 등의 외부강의 등을 제한할 수 있다.

④ 공직자 등은 제1항에 따른 금액을 초과하는 사례금을 받은 경우에는 대통령령으로 정하는 바에 따라 소속기관장에게 신고하고, 제공자에게 그 초과금액을 지체 없이 반환하여야 한다.

제11조(공무수행사인의 공무수행과 관련된 행위 제한 등) ① 다음 각 호의 어느 하나에 해당하는 자(이하 "공무수행사인"이라 한다.)의 공무수행에 관하여는 제5조부터 제9조까지를 준용한다.

1. 「행정기관 소속 위원회의 설치·운영에 관한 법률」 또는 다른 법령에 따라 설치된 각종 위원회의 위원 중 공직자가 아닌 위원
2. 법령에 따라 공공 기관의 권한을 위임·위탁받은 법인·단체 또는 그 기관이나 개인
3. 공무를 수행하기 위하여 민간부문에서 공공 기관에 파견 나온 사람
4. 법령에 따라 공무상 심의·평가 등을 하는 개인 또는 법인·단체

081 문제 더보기 PART III 변형 | P.487 548번

2020년 상반기 국민건강보험공단

주어진 자료에 대한 설명으로 옳은 것을 고르면?

① 공직자의 배우자는 공직자의 직무와 관련이 없는 일부 금품의 수수는 가능하다.
② 공직자는 정해진 급여, 포상 등 사내에서 지급되는 금품 외에는 어떠한 금품의 수수도 금지된다.
③ 공직자는 직무 관련성이 있는 경우에는 어떠한 금품도 수수할 수 없다.
④ 공직자가 외부강의로 규정된 사례금을 초과하여 수수한 경우, 통상적인 범위 이내의 초과분은 수수가 가능하다.

082

2020년 상반기 국민건강보험공단

주어진 자료를 토대로 판단할 때 청탁금지법에 위배되는 사례로 가장 적절하지 않은 것을 고르면?

① 공공 기관의 업무 협조를 위해 파견 나온 민간업체 직원이 수행하는 직무와 관련하여 대가성 없이 50만 원의 금품을 수수한 경우
② 입찰 관련 평가에 있어 유리한 결과를 요청하며 민간업체 직원이 공직자의 배우자에게 사후 일정 금액의 금품 제공을 약속한 경우
③ 잦은 외부강의와 기고 등을 통해 공직자가 받은 금품의 총액이 회계연도에 300만 원을 초과하는 경우
④ 공직자에게 금품을 제공하지는 않았으나, 해당 업무의 결과에 따라 일정 금액의 금품을 제공할 의사를 표시한 경우

다음 글과 관련 있는 언어의 특성에 대한 설명으로 옳은 것을 [보기]에서 모두 고르면?

> 그는 아침마다 오랫동안 그림 속에 누워서 이제 의자를 무어라 부르면 좋을까 하고 곰곰이 생각하였다. 그는 의자를 '자명종'이라 부르기로 하였다. 그는 벌떡 일어나서 옷을 입고는 자명종에 앉아서 두 팔을 책상에 괴고 있었다. 그러나 이제 책상을 더 이상 책상이라고 불러서는 안 되었다. 그는 이제 책상을 양탄자라고 불렀다. 그러므로 그 남자는 아침에 그림에서 일어나, 옷을 입고는 양탄자 옆의 자명종에 앉아 무엇을 어떻게 부를까 하고 곰곰이 생각하는 것이다.
>
> — 페터 빅셀, 『책상은 책상이다』 —

┤ 보기 ├

ⓐ 언어를 사용하는 사람들 사이의 약속을 지키지 않고 개인이 임의로 바꾸면 의사소통이 불가능하다.
ⓑ 국어의 문장은 작은 문법 단위들이 일정한 규칙으로 짜여 있다.
ⓒ 언어 기호는 연속적으로 이루어져 있는 세계를 불연속적인 것으로 끊어서 표현한다.
ⓓ 글 속 주인공의 행동은 언어의 사회성을 무시한 행동이라고 볼 수 있다.
ⓔ 상황에 따라 무한하게 새로운 말을 만들어 낼 수 있다.

① ㉠, ㉡, ㉣
② ㉠, ㉡, ㉤
③ ㉠, ㉣
④ ㉡, ㉢
⑤ ㉡, ㉣

084

다음의 외래어 표기법을 바탕으로 ㉠에 해당하는 단어로 적절한 것을 고르면?

---

(4) 표기 세칙

　1) 영어의 표기

　　① 무성 파열음 [p], [t], [k]

　　　• 짧은 모음 다음의 어말 무성 파열음 [p, t, k]는 받침으로 적는다.

　　　• 짧은 모음과 유음 비음 [l, r, m, n] 이외의 자음 사이에 오는 무성 파열음 [p, t, k]는 받침으로 적는다.

　　　• 위 경우 이외의 어말은 자음 앞의 [p, t, k]는 '으'를 붙여 적는다.

　　② 유성 파열음 [b], [d], [g]

　　　• 어말과 모든 자음 앞에 오는 유성 파열음은 '으'를 붙여 적는다.

　　③ 마찰음 [s], [z], [f], [v] …

　　　• 어말 또는 자음 앞에 '으'를 붙여 적는다.

　　　• 어말의 '시', 자음 앞의 '슈', 모음 앞의 '시'는 뒤따르는 모음에 따라 '샤, 섀, 셔, 셰, 쇼, 슈, 시'로 적는다.

　　　• 어말 또는 자음 앞에서 'ㅈ', 모음 앞에서 'ㅊ'으로 적는다.

　　④ 파찰음

　　　• 어말 또는 자음 앞에서 '츠, 즈', '치, 지'로 적는다.

　　　• 모음 앞에서 'ㅊ, ㅈ'으로 적는다.

　　⑤ 비음

　　　• 어말 또는 자음 앞의 비음은 모두 받침으로 적는다.

　　　• 모음과 모음 사이에서 앞 음절의 받침은 'ㅇ'으로 적는다. ⎤ ㉠

---

① 북[book], 액트[act]

② 재즈[jazz], 샤크[shark]

③ 스팀[steam], 잉크[ink]

④ 랜드[land], 키드냅[kidnap]

⑤ 스위치[switch], 버진[virgin]

085

다음 글의 ㉠~㉣에 해당하는 단어로 바르게 짝지어진 것을 고르면?

말소리는 놓이는 음성 환경에 따라 제 소릿값대로 발음되지 않을 때가 있는데, 단어 내부에서 말소리가 바뀌는 현상을 음운 변동이라 한다. 음운 변동은 기준 잡기에 따라 여러 가지로 나눌 수 있는데, 대체로 '교체, 탈락, 첨가, 축약'으로 구분한다.

㉠교체는 하나의 음운이 다른 음운으로 바뀌는 것을 말한다. 현대 국어에서는 음절 말의 자음이 놓이는 자리에 'ㄱ, ㄴ, ㄷ, ㄹ, ㅁ, ㅂ, ㅇ'의 일곱 소리 이외의 자음이 오면 이 일곱 자음 가운데 하나의 소리로 바뀐다. 이를 음절의 끝소리 규칙이라고 한다.

㉡탈락은 원래 있던 한 음운이 없어지는 것을 말한다. 국어에서는 흔히 'ㄹ'과 'ㅎ'이 탈락하는데, 이 중 'ㅎ' 탈락은 용언의 활용에서 나타난다. 즉, 어간 음절 말의 'ㅎ'과 'ㄶ, ㅀ'의 'ㅎ'은 모음으로 시작하는 어미나 접사 앞에서 탈락한다. 'ㅎ'은 후두음으로 분류하긴 하지만, 사실 그 조음 위치가 뚜렷하지 않아서 뒤따르는 모음의 무성음처럼 발음된다. 따라서 모음 사이나 유성 자음과 모음 사이에서는 제 소릿값을 유지하기 어렵다. 울림소리 사이의 'ㅎ'이 탈락하는 것은 이 때문이다.

㉢첨가는 원래 없던 소리가 추가되는 현상을 말한다. 국어의 음운 첨가에는 사잇소리 현상과 'ㄴ' 첨가 현상이 있다. 합성이나 파생의 과정에서 앞말이 모음이나 유성 자음으로 끝날 때 사잇소리가 첨가되는 경우가 있는데, 이때에는 된소리되기나 비음동화 등이 이어진다. 한편, 합성어나 파생어에서 앞말이 자음으로 끝나고 뒷말의 첫 음절이 모음 'ㅣ'나 반모음 'ㅣ'로 시작하는 경우 뒷말의 초성 자리에 'ㄴ'이 첨가되는 경우가 있다.

㉣축약은 두 음운이 하나로 합쳐지는 현상을 말하는데, '거센소리되기'와 '모음 축약' 현상이 여기에 속한다. 거센소리되기란 파열음이나 파찰음의 예사소리가 'ㅎ'과 결합하여 거센소리로 바뀌는 현상이다. 한편, 어간의 끝 모음과 어미의 첫 모음이 만날 때 두 모음이 하나로 축약된다. 이러한 현상을 모음 축약 현상이라 한다.

	㉠	㉡	㉢	㉣
①	잎	쌓이다	한여름	잡히다
②	잎	잡히다	쌓이다	한여름
③	쌓이다	잎	한여름	잡히다
④	쌓이다	한여름	잡히다	잎
⑤	잡히다	한여름	잎	쌓이다

다음 글을 읽고 영화의 배급 전략으로 가장 적절한 것을 고르면?

일반적인 상품에는 '유통'이라는 말을 쓰지만, 영화는 역사 초기부터 독점적인 상영권을 가지고 상영에 대한 허가를 분배해 주는 방식으로 발전해 왔기 때문에 '배급'이라는 용어를 사용한다. 마치 공산 국가에서 식량 배급권을 주듯이 영화도 배급을 한다는 개념인 것이다.

영화 배급은 주 단위로 돌아간다. 일반적으로 토요일이 가장 관객이 많고, 화요일이 가장 적다. 금요일에서 일요일까지를 주말이라고 하고, 보통 목요일~수요일 단위로 1주를 계산한다. 영화는 개봉한 첫 주가 가장 중요한데, 첫 주 개봉 시의 관객을 100이라고 한다면 평균적으로 2주 차에는 30%가 줄고, 3주 차에는 또 그 숫자의 30%가 줄어든다고 볼 수 있다. 그런데 이렇게 줄어드는 것은 경쟁작이 없을 때 이야기이고, 비슷한 성향의 경쟁작이 개봉한다면 평균적으로 15%의 관객이 더 감소한다고 예상할 수 있다. 결국 몇 주 차에 어떤 경쟁 영화와 맞붙는지에 따라 최종 스코어는 크게 달라질 수 있다.

관객을 구분할 때에도, 위험을 감수하는 관객, 모방 관객, 다수결을 존중하는 관객 이렇게 3가지로 나눌 수 있다. 위험을 감수하는 관객으로부터 평가가 어떻게 나오는지에 따라 모방 관객이 영향을 받으며 다수결 존중 관객에까지 이르면 대박 흥행 영화가 나올 수 있다.

영화는 개봉 시즌도 매우 중요한데 가장 성수기는 여름 시즌이다. 이 외에도 겨울 시즌, 명절(설날·추석) 시즌 등이 있다. 관객이 모두 같아 보여도 시즌별로 관객의 특성이 매우 달라서 시즌에 잘 맞도록 영화들을 배치해야 한다.

우리나라는 배급 업체들이 극장도 같이 소유하고 있는 상황이므로 영화 수익을 최대화하는 방향으로 아주 민감하게 배급과 극장 상영을 조절하고 있다. 더구나 1주 차 성적이 최종 스코어에 지대한 영향을 미치기 때문에 스크린 독과점 같은 현상도 점점 심해지고 있는 상황이고, 작은 영화들이 더욱 설 자리를 잃어 가는 상황이다.

① 여름 시즌과 겨울 시즌에는 비슷한 장르의 영화를 배급한다.
② 관객 수가 가장 적은 화요일에 블록버스터를 배급하여 개봉한다.
③ 비슷한 성향의 로맨스물과 로맨틱 코미디물의 배급을 겹치지 않게 한다.
④ 영화를 배급할 때 다수결 존중 관객을 주 타깃층으로 잡아 전략을 세운다.
⑤ 돈을 많이 투자한 영화일수록 대도시에서 먼저 배급하여 개봉하고, 반응이 좋으면 전국적으로 배급하여 개봉한다.

087

다음 글의 전후 맥락으로 보아 가장 적절한 단어로 짝지어진 것을 고르면?

> 문화체육관광부가 공개한 차세대 전자 여권의 디자인 시안을 보고 많은 국민이 "녹색에서 남색으로 바뀌는구나."로 인식했을 듯하다. 하지만 엄밀히 말하면 가능성은 33.3% 정도이다. 문화체육관광부가 이날 낸 보도 자료 비고란에는 '국민 선호도 조사 결과에 따라 색상 변경 가능'이라는 문구가 적혀 있었기 때문이다.
>
> 새 전자 여권 디자인은 2007년 문화체육관광부와 외교부가 공동으로 주관한 '여권 디자인 공모전'을 통해 당선된 작품을 기초로, 전문가 자문 등을 거쳐 수정·보완되었다. 공개 ㉠경선/경쟁을 통해 10년 넘게 수정을 거쳐 지금의 시안으로 완성된 것이다. 그런데 '색상 변경 가능'이라는 문구에도 대부분의 사람이 '남색'으로 바뀌는 걸로 거의 '확신'하고 있는 까닭은 무엇일까?
>
> 문제는 보도 자료에 있다. 자료에는 '㉡현행/현재 일반 여권 표지의 색상이 녹색에서 남색으로 바뀌고 디자인도 ㉢개선/개수된다.'고 적혀 있다. 문구 그대로 해석하면 색상은 이미 '남색'으로 변경된 셈이다. 하지만 붙임 자료에 사진으로 ㉣병기/표기된 설명에는 '여권이 색상을 한 가지로 통일한다면 어떤 색상이 좋다고 생각하십니까?'라고 물으며 '남색', '진회색', '적색' 3가지 색을 후보로 올렸다. 하나의 자료에 혼란을 일으키는 내용이 뒤섞인 것이다.

	㉠	㉡	㉢	㉣
①	경선	현재	개수	병기
②	경쟁	현재	개수	병기
③	경선	현행	개선	표기
④	경쟁	현행	개수	표기
⑤	경쟁	현행	개선	병기

다음은 기안문서 작성법을 설명한 내용이다. 주어진 자료를 바탕으로 옳지 <u>않은</u> 것을 고르면?

기안문서의 작성

1) 제목

그 문서의 내용을 쉽게 알 수 있도록 간단하고 명확하게 기재한다.

2) 첨부물의 표시

문서에 서식·유가 증권·참고 서류, 그 밖의 문서나 물품이 첨부되는 때에는 본문이 끝난 줄 다음에 '붙임'의 표시를 하고 첨부물의 명칭과 수량을 쓰되, 첨부물이 두 가지 이상인 때에는 항목을 구분하여 표시한다.

※ 기안문에 첨부되는 계산서·통계표·도표 등 작성상의 책임을 밝힐 필요가 있다고 인정되는 첨부물에는 그 여백에 작성자를 표시하여야 함.

3) 문서의 '끝' 표시

가) 본문 내용의 마지막 글자에서 한 글자(2타) 띄우고 '끝' 표시를 한다.

나) 첨부물이 있으면 붙임 표시문 다음에 한 글자(2타) 띄우고 '끝' 표시를 한다.

다) 본문 또는 붙임 표시문이 오른쪽 한계선에서 끝났을 경우에는 그 다음 줄의 왼쪽 한계선에서 한 글자(2타) 띄우고 '끝' 표시를 한다.

라) 본문이 표로 끝나는 경우

(1) 표의 마지막 칸까지 작성되는 경우: 표 아래 왼쪽 한계선에서 한 글자(2타) 띄우고 '끝' 표시

(2) 표의 중간에서 기재사항이 끝나는 경우: '끝' 표시를 하지 않고 마지막으로 작성된 칸의 다음 칸에 '이하 빈칸' 표시

① 본문 내용의 마지막 글자에서 문서가 끝나는 경우

→ '…… 주시기 바랍니다. ∨∨끝.'

② 첨부물이 있는 경우

→ '붙임 1. 조사표 목록 1부.

2. 승인서식 2부. ∨∨끝.'

③ 본문이 오른쪽 한계선에서 끝난 경우

→ '(본문 내용) …………………………… 주시기 바랍니다.

∨∨끝.'

④ 본문이 표로 끝나는데, 표의 마지막 칸까지 작성되는 경우

응시번호	성명	생년월일	주소
10	김○○	1980. 3. 8.	서울시 종로구 ○○로 12
21	박○○	1982. 5. 1.	부산시 서구 ○○로 5

∨∨끝.

⑤ 본문이 표로 끝나는데, 표의 중간에서 기재사항이 끝나는 경우

응시번호	성명	생년월일	주소
10	김○○	1980. 3. 8.	서울시 종로구 ○○로 12
∨∨끝.			

[089~090] 다음 글을 읽고 이어지는 질문에 답하시오.

한국철도공사 직원 H는 사내 홈페이지에 게시할 홍보자료를 살펴보고 있다.

특급열차로 떠나는 낭만 설국여행: 스위스 편

[a] 생모리츠에서 출발한 빙하특급(열차)은 유네스코 세계문화유산인 알불라와 베르니나 라인을 지난다. 이곳이 유네스코 세계문화유산으로 등록된 이유는 철도가 자연환경, 사람들과 조화를 이루어 멋진 경관을 만들어냈기 때문이다. 이 루트는 스위스 알프스 쪽에 속하는 알불라 라인과 이탈리아에 가까운 베르니나 라인으로 나뉜다. 알불라 라인은 산악철도 역사에 있어 클래식한 기술을 이용해 만든 철도인 데 비해, 베르니나 라인은 혁신적인 기술을 사용해 철도 역사에 한 획을 그은 철도다.

하이라이트는 계곡에 우뚝 서 있는 석회암 철도 육교 위를 달릴 때다. 육교는 무려 65m 위에 세워진 구름다리로, 바닥이 보이지 않는 다리의 웅장함에 벌어진 입이 다물어지지 않는다. 길이 136m에 5개의 아치와 기둥으로 이루어져 있는데 돌을 이용해 웅장하고도 고풍스럽다.

대자연의 풍광이 마음에 깊이 박히는 데는 기술의 도움도 있었다. 유리창이 아래부터 천장까지 통으로 이어져 파노라믹 뷰를 제대로 감상할 수 있었기 때문이다. 일반 열차와는 개방감이 달랐다. 창밖에 펼쳐진 눈 세상을 바라보던 옆자리 친구는 "내 인생 최고의 기차 여행"이라며 흥분을 감추지 못했다.

[b] 빙하특급은 그라우뷘덴 주의 수도 쿠어를 지나, '스위스의 그랜드 캐니언'이라 불리는 라인 계곡으로 쑥 빠져 들어갔다. 라인 계곡의 깊이는 무려 400m로 압도적인 풍경이 펼쳐졌다. 웅장한 절벽과 울창한 숲을 지난 후에는 2,044m에 이르는 오버알프 패스에 접어들었다.

창밖에는 아무도 밟지 않은 눈이 알프스를 포근하게 덮고 있었다. 믿기지 않는 풍경에 나지막이 감탄사를 내뿜을 따름이었다. 달콤한 치즈케이크에 커피 향을 즐기며 사방이 눈으로 덮인 알프스의 풍광을 바라보자니 '인생은 아름다워'가 절로 흘러나왔다.

열차는 쉽게 접근할 수 있는 빙하로 알려진 론 빙하지역을 지나 브리그로 향했다. 도시로 들어온 열차는 숨을 고른 후 다시 설국으로 진입해 숨 막히는 자연의 속살을 보여줬다.

빙하특급은 단순한 관광열차가 아니었다. 기막힌 풍경만 보여주는 것이 아니라 맛있는 음식도 냈다. 식사를 미리 주문하면 음식을 좌석 전용 칸에서 맛볼 수 있었다. 열차에 요리사가 함께 탑승해 스위스 요리를 직접 만들어 코스로 요리를 제공했다. 샴페인과 아뮈즈 부슈로 시작해 고급스러운 코스 식사를 와인과 함께 즐겼다. 특급호텔 서비스가 부럽지 않을 정도로 서비스도 세심했다. 환상의 겨울왕국을 감상하면서 맛있는 요리를 맛보다보니 세상 부러울 게 없었다.

089

다음 중 직원 H가 주어진 자료를 이해한 내용으로 적절하지 <u>않은</u> 것을 고르면?

① 빙하특급은 그라우뷘덴 주의 수도 쿠어를 지난 직후 오버알프 패스에 접어든다.
② 알불라와 베르니나 라인이 유네스코 세계문화유산으로 등록된 이유는 철도가 자연환경, 사람들과 조화를 이루어 멋진 경관을 만들어냈기 때문이다.
③ 알불라 라인은 스위스 알프스 쪽에 속하며, 산악철도 역사에 있어 클래식한 기술을 이용해 만든 철도이다.
④ 빙하특급은 단순한 관광열차가 아니라, 미리 주문하면 고급스러운 코스 식사를 좌석 전용 칸에서 맛볼 수 있다.
⑤ 빙하특급은 유리창이 아래부터 천장까지 통으로 이어져 파노라믹 뷰를 제대로 감상할 수 있어 일반 열차와는 다른 개방감을 가진다.

090

다음 중 [a], [b]의 전개 방식이 바르게 짝지어진 것을 고르면?

	[a]	[b]
①	비교와 대조	확정
②	비교와 대조	과정
③	비교와 대조	인과
④	유추	과정
⑤	유추	인과

[가] 4차 산업 혁명은 문화라는 관점에서 보면 콘텐츠 혁명이 될 것이다. 디지털 빅 데이터, 인공 지능 기반으로 만들어지는 콘텐츠는 기존의 아날로그 콘텐츠와는 양적·질적으로 차원이 다를 것이며, VR·AR로 만들어지는 콘텐츠는 사용자 경험의 신세계를 맛보게 해 줄 것이다. 4차 산업 혁명 시대는 콘텐츠가 부가 가치의 원천이 되는 콘텐츠노믹스 시대이자, 재미있는 스토리, 독창적인 아이디어, 정교한 알고리즘, 창의적인 소프트웨어 등 문화 콘텐츠가 성장 엔진이 되는 소프트 파워 시대이다. 전통적 인쇄 매체인 신문에 종사하는 사람들은 좋은 신문을 만들기 위해서는 윤전기와 기자, 둘만 있으면 된다고 말한다. 윤전기는 기계나 기술을 가리키고 기자는 기사를 생성하는 주체다. 뭐니 뭐니 해도 저널리즘의 주체는 기자다. 콘텐츠 제작도 마찬가지다. 콘텐츠 기술, 문화 기술 등 테크놀로지가 매우 중요하겠지만 본질적인 것은 콘텐츠 창작자다. 아무리 첨단 기술과 최신 사양의 도구를 갖추고 있어도 결국 콘텐츠의 질을 좌우하는 것은 사람이기 때문이다.

[나] 미래 사회 국가 경쟁력의 핵심은 결국 첨단 과학 기술 개발과 창의적 인재 양성 두 가지이다. 첨단 과학 기술 개발 역시 사람이 하는 일이기에 창의적 인재 양성의 중요성은 아무리 강조해도 지나치지 않다. 콘텐츠 산업을 진흥하고 창의적 콘텐츠를 발굴·개발하는 정책은 시대 변화를 이끌어갈 창의 인력의 전 주기적 양성 시스템의 구축과 함께 추진되어야 한다.

[다] 기술 문명이 고도로 발달하면 사회가 테크놀로지 중심으로 재편되고 인간이 기술에 의존하게 될 가능성이 점점 커진다. 하지만 조금 다른 관점에서 보면 4차 산업 혁명이 가속화되고 기술 문명이 발전할수록 콘텐츠나 문화 예술은 더 많은 기회를 얻게 될 것이다. 왜 그럴까? 우선 문화 예술은 창의성, 감성의 영역이라 4차 산업 혁명으로 인한 자동화의 위험이 상대적으로 적기 때문이다. 콘텐츠는 콘텐츠와 기술, 문화와 기술, 하드웨어와 소프트웨어의 융합으로 이루어지므로 가장 창의적이고 융합적인 영역이라고 할 수 있다. 미래에는 노동 시간은 줄어들고 여가 시간이 점점 늘어날 것이다. 여가 시간의 증가 역시 콘텐츠 수요의 증가를 뜻한다.

[라] 창조 계급은 창의성, 감성, 영감을 기반으로 창의적인 활동을 하는 직업군이다. 지식보다는 지혜, 숙련된 훈련보다는 다양한 경험을 필요로 하므로 창조 계급의 인재들을 양성하는 교육 방식도 당연히 달라져야 할 것이다. 미래 인재는 한 가지 분야의 전문성으로는 부족하기 때문에 자신의 전문성은 기본이고 다른 분야에 대한 폭넓은 관심과 협업·소통·융합 능력을 가져야 한다. 창의적 콘텐츠를 만드는 창조 계급은 기존과 같은 선행 학습이나 반복 학습으로 길러지는 모범생이 아니라 다르게 생각하고 다른 것을 만들어내는 괴짜들이다. 따라서 창조 계급을 길러내기 위해서는 전통적인 교육 시스템의 파괴적 혁신이 필요하다. 잠재력을 발굴하고 비범한 아이디어를 장려하는 방식의 교육으로 변화해야 하며, 사회적으로도 줄 세우기 식의 경쟁이 아니라 협업하고 소통하는 문화를 확산해야 한다. 또한 실패를 용인하고 도전을 장려하는 사회 분위기 조성도 필요하다.

[마] 첨단 기술도 사람이 만드는 것이고 기발한 콘텐츠도 사람이 만든다. 첨단 기술과 다양성의 문화를 바탕으로 창의적인 결과물을 만들어내는 것은 다름 아닌 창의 인재다. 플로리다는 이들을 창조 계급(Creative class)이라 명명하였다. 미래 변화를 주도하는 창조 계급에 속하는 직업은 미래학자들이 기계화·자동화에도 불구하고 유망한 직업군으로 꼽는 직업과 대부분 일치한다. 요컨대 미래에 유망할 일자리는 고도의 전문성, 판단력, 직관력과 감성, 창의성을 필요로 하는 직업들이라고 할 수 있다.

091

주어진 [가]~[마] 문단을 순서대로 바르게 배열한 것을 고르면?

① [가]-[나]-[마]-[다]-[라]
② [가]-[다]-[나]-[마]-[라]
③ [다]-[가]-[마]-[라]-[나]
④ [다]-[나]-[가]-[마]-[라]
⑤ [다]-[나]-[마]-[라]-[가]

092

주어진 [가]~[마] 문단의 핵심 내용을 제시한 것으로 옳지 <u>않은</u> 것을 고르면?

① [가]: 4차 산업 혁명 문화적 콘텐츠의 본질과 중요성
② [나]: 문화적 콘텐츠의 특성과 향후 전망
③ [다]: 4차 산업 혁명에서 높아지는 문화 예술 및 콘텐츠의 성장 가능성
④ [라]: 창의적 인재를 위한 시스템 구축 필요성
⑤ [마]: 콘텐츠 혁명을 이끄는 창조 계급의 탄생

[093~094] 다음은 시간제보육 사업에 관한 자료이다. 이를 바탕으로 이어지는 질문에 답하시오.

가. 이용 및 지원 시간

구분		내용
이용 대상		6~36개월 미만 영아(내/외국인)
지원 대상		부모 급여(현금) 또는 양육 수당 수급 가구
지원 시간		월 80시간
보육료	이용 단가	시간당 4천 원
	정부 지원	시간당 3천 원
	부모 부담	시간당 1천 원

※ 보육료 또는 유아 학비를 지원받는 아동이 시간제보육반을 이용할 경우에는 전액 본인 부담(시간당 4천 원)
※ 부모 급여(현금) 또는 양육 수당 수급자가 15일 이전에 보육료, 유아 학비 등으로 변경 신청을 한 경우에는 변경 신청일 이전까지 이용한 시간제보육 이용 시간에 한해 시간제보육료를 지원하고 16일 이후 변경 신청한 경우에는 당월 말일까지 시간제보육료를 지원(시간제보육 이용일과 자격 책정일이 겹치는 경우 자격 책정 전날까지 바우처 지원 가능)
※ (외국인 아동) 시간제보육 관리 기관에서 아동 등록 후 이용료 전액 자부담(4천 원)으로 이용 가능

나. 정원 및 교사 대 영아 비율
○ (정원 기준) 1개 반 기준 영아(6~36개월 미만) 3명
  ※ 어린이집의 경우 기본 보육 정원 안에 시간제보육을 위한 3명 이상의 정원 확보
○ (교사 대 영아 비율) 1:3
  ※ 시간제보육반은 탄력 편성 불인정

다. 운영 시간
○ (원칙) 월요일~금요일(09:00~18:00), 주말 및 공휴일 제외
  ※ 예약이 없는 시간은 「근로기준법」 제54조에 따른 담임 교사의 휴게 시간으로 활용 가능
  ※ 제공 기관의 임의적인 운영 요일 및 시간 변경 불가
  ※ 근로자의 날(5. 1.)은 사전 보육 수요 조사를 통해 보육에 지장을 주지 않는 범위 내에서 교사 배치를 조정하여 운영하되, 근로자의 날 근무자에 대하여 관련 법에 따라 휴일 근로 수당을 지급해야 함

093

다음 중 시간제보육 사업 이용 대상에 해당하지 <u>않는</u> 경우를 고르면?

① 보육료를 지원받는 아동
② 시간제보육 관리 기관에 등록된 외국인 아동
③ 양육 수당 수급에서 유아 학비로 변경 신청을 한 경우
④ 36개월의 영아를 돌보는 부모의 경우

094

주어진 자료의 내용을 바탕으로 보도자료를 작성할 때, 제목으로 가장 적절한 것을 고르면?

① 시간제보육 사업의 현황과 향후 과제
② 시간제보육 서비스 이용 및 지원 안내
③ 어린이집 정원 외 영아를 위한 시간제보육 서비스 홍보
④ 재정 지원을 받는 부모들을 위한 시간제보육 서비스 안내

[095~096] 다음 자료를 보고 이어지는 질문에 답하시오.

☐ 문서의 성질에 의한 분류

　「행정업무의 효율적 운영에 관한 규정」은 공문서를 그 성질에 따라 법규문서·지시문서·공고문서·비치문서·민원문서 및 일반문서로 구분하고 있다.

가) 법규문서: 주로 법규사항을 규정하는 문서로서 헌법·법률·대통령령·총리령·부령·조례 및 규칙 등에 관한 문서를 말한다.

나) 지시문서: 훈령·지시·예규·일일명령 등 행정기관이 그 하급기관이나 소속 공무원에 대하여 일정한 사항을 지시하는 문서를 말한다.

훈령	상급기관이 하급기관에 대하여 장기간에 걸쳐 그 권한의 행사를 일반적으로 지시하기 위하여 발하는 명령
지시	상급기관이 직권 또는 하급기관의 문의 또는 신청에 의하여 하급기관에 개별적·구체적으로 발하는 명령
예규	행정업무의 통일을 기하기 위하여 반복적인 행정업무의 처리 기준을 제시하는 문서로서 법규문서를 제외한 문서
일일명령	당직·출장·시간 외 근무·휴가 등 일일업무에 관한 명령

다) 공고문서: 고시·공고 등 행정기관이 일정한 사항을 일반에게 알리기 위한 문서를 말한다.

고시	법령이 정하는 바에 따라 일정한 사항을 공식적으로 일반에게 알리는 문서
공고	일정한 사항을 일반에게 알리는 문서

라) 일반문서

회보	행정기관의 장이 소속 공무원이나 하급기관에 업무연락·통보 등 일정한 사항을 알리기 위한 경우에 사용하는 문서
보고서	특정한 사안에 관한 현황 또는 연구·검토 결과 등을 보고하거나 건의하고자 할 때 작성하는 문서

☐ 일련번호 구분
- 누년 일련번호: 연도구분과 관계없이 누년 연속되는 일련번호
- 연도별 일련번호: 연도별로 구분하여 매년 새로 시작되는 일련번호로서 연도표시가 없는 번호
- 연도표시 일련번호: 연도표시와 연도별 일련번호를 붙임표(－)로 이은 번호

☐ 문서의 작성 기준
- 숫자는 아라비아 숫자로 쓴다.
- 날짜는 숫자로 표기하되 연, 월, 일의 글자는 생략하고 그 자리에 마침표를 찍어 표시한다.
- 금액을 표시할 때에는 아라비아 숫자로 쓰되, 숫자 다음에 괄호를 하고 한글로 기재한다.
- 열거된 단위, 용어가 대등하거나 밀접한 경우 '가운뎃점'을 사용한다.(단, 한 단어로 사전에 등재된 말은 가운뎃점을 찍지 않음)
- 한 단어로 쓰이는 말은 '가운뎃점'을 찍지 않는다.
- 단위를 나타내는 명사는 앞말과 띄어 쓴다.

095

주어진 자료를 바탕으로 다음의 문서 번호를 가진 문서를 일련번호 구분에 의해 바르게 분류한 것을 고르면?

문서 종류	문서 번호 사례
법규문서	법률 제1234호
훈령, 예규	훈령 제5호, 예규 제5호
지시	지시 제2008-5호
일일명령	일일명령 제5호
고시, 공고	고시 제2008-5호
회보	회보 제5호
보고서	행정제도혁신과-123

구분	누년 일련번호	연도별 일련번호	연도표시 일련번호
①	법규문서, 훈령, 예규	일일명령, 회보	지시, 고시, 공고
②	법규문서, 훈령, 예규	일일명령, 회보, 보고서	지시, 고시, 공고
③	법규문서, 훈령, 예규	일일명령, 회보	지시, 공고, 보고서
④	법규문서, 훈령	예규, 회보, 보고서	훈령, 지시, 고시, 공고
⑤	법규문서	훈령, 예규, 보고서	지시, 고시, 공고

096

다음 중 공문서 작성 표기법으로 옳은 것을 고르면?

① 금액을 표시할 때에는 한글로만 기재한다.
② 숫자는 특별한 사유가 없으면 아라비아 숫자를 쓴다.
③ 단위를 나타내는 말은 앞말에 붙여 쓴다.
④ 대등한 용어를 나열할 경우 쉼표를 사용한다.
⑤ 날짜는 숫자로 적고 연, 월, 일은 반드시 한글로 적는다.

[097~098] 다음은 과학 기술인 협동조합 사업화 지원 사업 공고문이다. 이를 바탕으로 이어지는 질문에 답하시오.

「과학 기술인 협동조합 사업화 지원 사업」 공고

1. 사업 목적

과학 기술인 협동조합의 제품·서비스의 시장 진출 및 경쟁력 증대를 통한 안정적 운영 및 자생력 제고를 위한 지원 대상, 단계에 따른 맞춤형 사업화 지원

2. 사업 개요

• 지원 유형별 참여 자격 및 규모
  - 3개 유형, 총 19개 내외 사업화 지원
  - 응모 시 참여 자격 및 중점 사항을 고려하여 1개 유형만 선택·지원

[유형별 참여 자격]

구분	일반형	심화형	고경력형
중점 사항	제품·서비스 개발·개선 및 시장 진출(상품화)	생산력·기술력 증진, 연계 제품 개발 등 시장 경쟁력 강화	고경력 과학 기술인 협동조합의 사업 활성화
참여 자격	과학 기술인 협동조합		
참여 자격	해당 제품·서비스가 시장 진출을 준비하고 있는 경우	해당 제품·서비스가 시장에 진출한 경우	조합원의 과반수가 만 50세 이상, 과학 기술 관련 분야 경력 10년 이상의 고경력 과학 기술인인 경우
규모	총 12개 내외	총 3개 내외	총 4개 내외
지원금	조합당 최대 2,000만 원	조합당 최대 3,000만 원	조합당 최대 2,000만 원

• 유형별 지원 항목 및 선정 우대 조건
  - 제품·서비스 개발을 위한 전문 컨설팅, 시제품 제작, 기술·제품 개발/개선 및 고도화, 마케팅 지원 등 사업화 추진에 소요되는 직접 비용
  - 유형별 총사업비, 지원 항목 범위 내에서 「국가 연구 개발 사업의 관리 등에 관한 규정」에 따른 연구비 비목별로 소요 내역을 자유롭게 계획

[유형별 지원 항목 및 우대 조건 상세 내용]

구분	일반형	심화형	고경력형
지원 항목	① 기술 사업화 컨설팅 　- 아이템의 기술적 보완, 사업적 전략 수립 등 전문 법인에 의한 컨설팅 소요 비용 　- 정부 지원금 최대 500만 원 ② 기술·제품 개발 및 개선 　- 사업화 아이템의 개발과 생산을 위하여 직접적으로 소요되는 비용 　- 재료 구매, 연구 개발 서비스 활용, 시제품 개발 등	(①, ②) 일반형 지원 항목 ③ 생산 및 품질 강화 　- 사업화 아이템의 기술 영업 전략 확보를 위한 컨설팅 정부 지원금 최대 500만 원 추가 인정(기술 사업화 컨설팅 포함 최대 1,000만 원) 　- 보유 아이템의 생산 효율화, 시장 매출력 증진을 위한 개발·개선 비용 인정	(①, ②) 일반형 지원 항목

	[공통] • 연구 수당, 위탁 연구 개발비, 과제 추진비(회의비 및 여비(국내외)·시내 교통비 등), 간접비는 지원하지 않음 • 인건비는 현물 자부담으로만 인정함 • 사업자 등록이 되어 있지 않은 개인의 컨설팅, 개인 위탁 개발은 지원하지 않음		
우대 조건	• (인적 구성) 경력 단절 여성 과학 기술인, 미취업 이공계 대학생이 조합원의 과반수 이상이거나 이사장인 경우 • (자부담 비율) 현금 자부담 비율이 높은 경우	• 일반형 우대 조건 • (매출 규모) 최근 2년간 매출액 규모가 큰 경우	• (매출 여부) 최근 2년간 매출이 있는 협동조합 • (과학 기술 유공자) 과학 기술 유공자가 조합원으로 해당 사업에 참여하는 협동조합

097

2019년 하반기 국민건강보험공단

주어진 공고문에 대한 설명으로 적절하지 <u>않은</u> 것을 고르면?

① 조합당 가장 많은 지원금을 받을 수 있는 유형은 심화형이다.
② 유형별 지원 범위 내에서 연구비 소모 내역은 자유롭게 계획 가능하다.
③ 이전에 과학 기술인 협동조합 지원 사업의 수혜 이력이 있는 경우에는 신청이 제한된다.
④ 일반형은 경력 단절 여성 과학 기술인이 이사장일 경우에 유리하다.

098

2019년 하반기 국민건강보험공단

주어진 자료를 바탕으로 심화형에 지원한 조합이 지원받을 수 있는 항목이 <u>아닌</u> 것을 고르면?

① 기술·특허·사업성 분석 컨설팅 비용
② 시제품 제작을 위한 기자재 구매비
③ 영업용 카탈로그 제작비
④ 국내외 전시회 참가에 따른 교통비

[099~101] 다음은 「탄소중립과 모빌리티 전환 대비 철도교통 역할과 발전전략」 연구보고서의 목차이다. 이를 바탕으로 이어지는 질문에 답하시오.

099

다음은 「서론」에 수록된 내용이다. 서론에서 언급한 내용이 <u>아닌</u> 것을 고르면?

> 4차 산업혁명으로 AI, IoT, 빅데이터, 증강현실 등 새로운 디지털화된 기술들이 개발되면서 수송부문에서도 새로운 모빌리티 교통수단이 등장하고 있다. 새로운 모빌리티 교통수단은 전기화와 더불어 디지털 기술 (C−ITS, IoT, ADAS 등)들과 접목하고 있다. 미래에는 전기·수소 자동차, 자율주행 자동차, 도심항공교통 (UAM, Urban Air Mobility), 하이퍼튜브 등 새로운 모빌리티 생태계가 구축될 전망이다. 새로운 모빌리티 교통수단의 등장은 현 교통체계에서 교통의 새로운 패러다임으로 전환될 것이다. 교통의 새로운 패러다임이 변화되는 미래에 대량수송수단인 철도교통이 어떤 방향으로 발전해야 할지 선도적인 계획과 전략이 필요한 시점이다.
>
> 본 연구는 탄소중립과 새로운 모빌리티 환경을 대비하여 철도교통의 역할을 정립하고 철도교통의 발전전략을 제시하는 것을 목표로 한다. 철도교통의 발전을 위해 다음과 같이 세 가지 측면에서 본 연구의 목적을 설정하였다. 첫째, 탄소중립 시대에 국가수송체계 안에서 철도교통의 역할을 규명한다. 둘째, 자율주행차, UAM 등 새로운 모빌리티 교통수단과 대비하여 철도교통의 경쟁력을 진단한다. 셋째, 철도교통의 발전방향에 입각한 발전전략과 중장기적인 추진체계를 제시한다.
>
> 본 연구의 내용적 범위는 화물교통을 제외한 여객교통으로 국한하였다. 본 연구는 메가트렌드 분석과 텍스트마이닝으로 철도교통의 대외적인 여건을 고찰하였다. 탄소중립 시대에 요구되는 철도교통의 역할을 규명하기 위하여 국가 온실가스 배출량을 시뮬레이션으로 추정하고 수송부문 정책효과를 분석하였다. 또한, 모빌리티 교통수단을 대비한 철도교통의 경쟁력과 발전방향 그리고 발전전략을 도출하기 위하여 델파이조사를 수행하였다. 델파이조사는 교통 관련 전문가를 대상으로 순차적으로 설문하며 철도교통의 경쟁력과 발전방향에 대한 합의점을 도출하였다.

① 연구 배경 ② 연구 목적 ③ 연구 방법
④ 연구 필요성 ⑤ 연구 기대효과

다음은 「제6장–제2절 정책제언」에 수록된 내용이다. 연구자가 제안한 내용으로 적절하지 <u>않은</u> 것을 고르면?

[제6장–제2절 정책제언]

　본 연구는 탄소중립 시대에 철도교통의 역할이 중요한 정책 방안임을 증명하고 미래에 철도교통의 기여로 온실가스 감축 효과를 정량적으로 제시하였다. 탄소중립 실현을 위해 해외에서는 철도 이용자, 철도 운영자, 철도 역사, 철도차량 등 실질적으로 철도 산업 환경에 노출된 이용자에게 온실가스 배출량을 직접적으로 제시하고 있다. 개인 이용자에게는 자신의 이동 스케줄상 배출한 온실가스 배출량을 제시하고 철도 운영자는 열차 차량별로 배출한 온실가스 배출량을 관리·감독하여 철도 이용자들에게 탄소중립에 대한 중대함과 동기부여를 유발하였다. 우리나라 역시 탄소중립 실현을 위해 그리고 철도교통 이용자의 자발적인 노력과 철도산업 전반의 노력을 위해 철도 이용자, 운영자 등에게 실시간으로 온실가스 배출량을 제시할 것을 제안한다. 향후 전국민 스스로가 탄소중립에 관심을 갖고 자발적으로 온실가스 배출량을 관리하는 환경이 조성될 것으로 기대한다.

　또한 탄소중립·녹색성장 기본법 제32조에 명시된 대로 철도교통 수송분담률에 따른 중장기적 목표 설정 및 관리가 필요하다. 탄소중립의 중간 목표연도인 2030년, 최종 목표연도인 2050년에 온실가스 배출량 목표치를 달성할 수 있도록 현 단계에서부터 주간별, 월별 혹은 연도별로 온실가스 배출량을 관리하고 수송체계 변화에 따른 온실가스 배출량을 모니터링해야 한다. 탄소중립은 전 세계적으로 참여하는 중요한 국제협약인 만큼 우리나라 국가수송체계 변화에 따른 온실가스 배출 관리 및 감독이 필요할 것으로 사료된다.

　모빌리티 전환 시대에 철도교통의 역할은 고속성과 정시성의 경쟁력을 제고하여 철도교통 중심의 국가수송체계임을 확인하였다. 국가수송체계가 철도교통이 중심이 되는 동시에 자율주행차, UAM 등 모빌리티 교통수단이 철도교통을 보조하는 환경이 필요하다. 이를 위하여 국내에서 모빌리티 통합 서비스 구축 환경이 시급하다. 공유 자율주행차, UAM 등 모빌리티 교통수단이 철도교통과 서로 연계될 것이다. 또한, 철도교통 안에서도 도시철도, 일반철도, 고속철도 등의 승차권 조회, 예약, 결제 등이 한 시스템 안에서 가능한 RaaS(Rail as a Service)가 조성되길 기대한다.

① 탄소중립 실현을 위해 철도 이용자, 운영자 등에게 실시간으로 온실가스 배출량을 제시하여야 한다.
② 주간별, 월별 혹은 연도별로 온실가스 배출량을 관리하고 수송체계 변화에 따른 온실가스 배출량을 모니터링해야 한다.
③ 우리나라도 국가수송체계 변화에 따른 온실가스 배출 관리 및 감독이 필요하다.
④ 우리나라도 전 세계가 참여하는 탄소중립을 위한 국제협약에 가입해야 한다.
⑤ 도시철도, 일반철도, 고속철도 등의 승차권 조회, 예약, 결제 등을 한 시스템에서 해결 가능한 서비스가 조성되어야 한다.

101

다음은 제2장~제5장에 수록된 내용이다. 아래 [가]~[라]를 목차 순서대로 나열한 것을 고르면?

> [가] 본 장에서는 미래 여건의 기술적인 요인으로 새로운 모빌리티 교통수단의 등장이 철도교통의 위상에 어떠한 변화를 미칠 것인지 진단하였다. 앞선 장에서는 미래 여건의 환경적인 요인으로 탄소중립에 철도교통이 기여할 수 있는 영향을 분석하였으며, 본 장에서는 자율주행차, UAM 등 새로운 모빌리티 교통수단의 등장으로 철도교통의 위상에 어떤 변화를 가져올 것인지 진단하였다. 교통 전문가를 대상으로 델파이조사를 수행하여 모빌리티 전환 시대에 철도교통의 경쟁력을 진단하고 미래 변화하는 철도교통의 위상을 통하여 철도교통이 나아갈 역할을 고찰하였다.
>
> [나] 본 장에서는 탄소중립 시대에 친환경수단인 철도교통의 역할을 진단하였다. 우리나라에서 온실가스 감축을 위하여 수송부문 정책방안을 수행하지 않았을 때와 수행한 경우를 가정하여 온실가스 배출량을 분석하였다. 국가수송체계 안에서 수송분담률에 따른 온실가스 배출량을 분석하고 탄소중립 목표치에 맞는 적정한 철도교통 수송분담률을 제시하였다.
>
> [다] 본 연구는 철도교통의 역할과 발전전략을 제시하기 전에 선행적으로 철도교통의 외부적인 여건 변화를 검토하였다. 인구변화, 4차 산업혁명, 기후환경 등 변화되는 미래 사회 여건을 진단하고 철도교통에 미치는 영향을 고찰하였다. 메가트렌드 분석과 텍스트 마이닝 기법으로 미래 사회의 주된 여건은 환경적인 요소와 기술적인 요소로 선별하였다. 이는 철도교통의 역할과 발전전략에서 중요하게 고려될 외부 요소로 판단된다. 철도교통에 영향을 미칠 기술적인 외부 요소는 모빌리티 교통수단의 출현으로 설정하였고, 환경적인 외부 요소는 탄소중립 시대로 설정하였으며 이에 대한 정책적 및 기술적인 동향 조사를 수행하였다.
>
> [라] 탄소중립 시대에 철도교통 역할을 강화하고 모빌리티 전환 시대에 철도교통 중심의 국가수송체계가 조성되기 위하여 본 연구는 우선적으로 미래 보고서를 통하여 미래 철도교통 구상안을 고찰하였다. 그리고 탄소중립과 모빌리티 전환을 고려한 철도교통의 발전방향과 발전전략을 제시하였다. 본 연구는 교통전문가를 대상으로 델파이조사를 수행하여 철도교통의 발전방향과 발전전략에 대한 전문가들의 의견을 취합하였다. 델파이조사 결과, 지역 내 철도교통의 발전방향은 통합화, 급행화, 연계화, 자동화 4가지로 설정되었다. 지역 간 철도교통의 발전방향 역시 교통 전문가들의 의견을 수렴하여 고속화, 선점화, 거점화, 연계화로 정리되었다. 탄소중립과 모빌리티 전환을 고려하여 철도교통의 발전방향을 설정하고 발전방향에 입각한 8대 철도교통 발전전략을 고안하였다.

① [가] ― [나] ― [다] ― [라]
② [가] ― [다] ― [나] ― [라]
③ [나] ― [다] ― [가] ― [라]
④ [다] ― [나] ― [가] ― [라]
⑤ [라] ― [나] ― [다] ― [가]

102

다음 [가]~[라] 문단을 '정의 – 개념 – 탄생배경'의 순서에 맞게 배열한 것을 고르면?

[가] 벤치마킹이 경영기법으로 본격적으로 활용되기 시작한 것은 대체로 1982년 제록스사가 경쟁적 벤치마킹이란 용어를 사용할 무렵으로 추정하고 있다. 당시 제록스사는 전 세계적인 복사기 제조업체로서 1970년대 중반까지만 해도 80%에 달하는 시장 점유율을 유지하고 있었다. 그러나 1970년대 말부터 일본 제품으로 인해 점유율이 급락했고, 그 원인을 규명하기 위해 일본의 복사기 제조업체를 비교, 조사하였다.

[나] 벤치마킹은 20세기의 마지막 10년을 풍미한 개념이다. '누가 최고인가'를 찾아내고 '무엇이 성공의 비결인지'를 밝혀내기 위한 새로운 관리기법으로서 민간 부문에서 촉발되었다. 특히 미국에서 벤치마킹에 관한 관심이 고조되기 시작한 시기는 1987년 말콤 볼드리지 국립품질상(Malcolm Baldrige National Quality Award)이 도입되고, 1989년 제록스사의 로버트 캠프가 벤치마킹에 관한 최초의 저서를 출간한 이후인 것으로 알려져 있다. 그 이후 벤치마킹에 관한 많은 저술이 일종의 경영지침서 형태로 출간되면서 발전하게 되었다.

[다] 벤치마킹이란 말은 2,500년 전 중국의 손자가 지피지기면 백전불패라고 한데서 그 유래를 찾아볼 수 있다. 미국 사람들은 이를 응용해 '다른 사람들의 뛰어난 점을 보고 배워 그를 따라잡는다.'는 이론으로 발전하여 벤치마킹이라는 용어를 창출해 내었다. 이러한 벤치마킹은 긍정적인 측면에서는 '창조적인 모방', 부정적인 측면에서는 '전혀 부끄러움을 느끼지 않고 훔치는 것'이라고 하였다.

[라] 벤치마킹은 '벤치마크'에 '-ing'를 붙여 모범이 되는 경쟁기업이나 동종업계의 우수 기업과 자사의 제품, 서비스 업무 처리 방법 등을 끊임없이 비교, 분석하는 평가 과정이란 뜻으로 복사기 회사인 제록스의 신제품 개발에서 벤치마킹 담당자인 로버트 캠프와 데이비드 컨스 회장의 주도로 처음 시작되었다.

① [나]-[다]-[라]-[가]
② [다]-[나]-[가]-[라]
③ [다]-[라]-[나]-[가]
④ [라]-[다]-[나]-[가]

114 공기업 NCS 10개 영역 기출 600제

103

다음 중 직장에서의 의사소통 기능에 대한 설명으로 옳지 않은 것을 고르면?

① 여러 사람의 노력으로 공통의 목표를 추구해 나가는 집단 내의 기본적인 존재 기반이다.
② 정보의 전달 과정이며, 일정한 정보가 상대방에게 전달되는 일방향적인 과정이다.
③ 조직과 팀의 효율성 및 효과성을 성취할 목적으로 이루어지는 구성원 간의 정보와 지식의 전달 과정이다.
④ 자신의 생각과 느낌을 효과적으로 표현하여 타인의 생각과 느낌, 사고를 이해하는 수단이다.
⑤ 개인들이 집단을 이루어 활동할 때 그 활동을 효과적으로 수행할 수 있게 하는 도구이다.

104

다음 글의 밑줄 친 ㉠~㉤ 중에서 어법에 맞지 않는 문장의 개수를 고르면?

㉠기업 이미지는 소비자가 기업의 특성과 개성에 관하여 그리고 있는 마음속의 그림으로, 소비자, 일반 대중 그리고 관련 기관들이 제품이나 브랜드보다도 이들을 대표하는 기업 자체에 대해서 갖는 이미지이다. ㉡다시 말해, 이것은 대중의 마음속에 투영한 기업의 영상이다. ㉢기업광고는 기업 이미지의 확립을 위한 적극적 방법으로, 오늘날 가장 많이 활용하는 수단이다. ㉣이는 기업광고가 사회적 기대를 충족시키는 데 기업이 할 수 있는 것을 공중에게 더욱 잘 이해시키는 효과적 도구가 되기 때문이다. ㉤기업 이미지의 형성·변화를 목적으로 할 때 기업광고는 기업의 계획대로 통합, 조정할 수 있다는 점에서 상당한 효과가 발생한다.

① 1개   ② 2개   ③ 3개
④ 4개   ⑤ 5개

[105~106] 다음은 철도차량 개조승인 제도 도입에 관하여 개정된 내용이다. 이를 바탕으로 이어지는 질문에 답하시오.

[개정 이유]

철도 안전사고를 예방하기 위하여 철도운영자 등은 철도종사자에 대하여 정기적으로 철도안전에 관한 교육을 실시하도록 하고, 철도운행의 안전강화를 위하여 철도차량을 제작 당시와 다르게 장치 또는 성능 등을 개조하여 운행하려는 경우 국토교통부장관으로부터 개조승인을 받도록 「철도안전법」이 개정됨에 따라 철도안전에 관한 교육 시간 및 내용 등 세부 사항을 정하고, 철도차량의 경미한 개조의 범위를 정하는 등 법률에서 위임된 사항과 그 시행을 위하여 필요한 사항을 정하는 한편, 현행 제도의 운영상 나타난 일부 미비점을 개선·보완하려는 것임

[주요 내용]

가. 철도안전에 관한 교육 시간 및 내용 등

철도운영자 등은 철도종사자에 대하여 매 분기 6시간 이상 강의 및 실습의 방법으로 철도안전법령 및 안전 관련 규정 등 철도안전에 관한 교육을 실시하도록 함

나. 철도차량 개조승인을 신청할 때 제출하여야 하는 서류

철도차량 소유자 등이 철도차량 개조승인을 받으려는 경우 철도차량 개조승인 신청서에 개조 대상 철도차량 및 수량에 관한 문서, 개조의 범위·사유 및 작업 일정에 관한 문서, 개조 전·후 사양대비표 등을 첨부하여 국토교통부장관에게 제출하도록 하며, 개조승인 후에 개조작업을 실시함

다. 철도차량의 경미한 개조의 범위

철도차량의 경미한 개조의 범위를 철도차량의 강도 및 중량 등이 일정한 기준 이하로 변동되는 경우, 계약에 따라 하자 보증 또는 성능 개선 등을 위하여 장치 또는 부품을 변경하는 경우, 개조 이후 철도차량의 고장 또는 운행 장애가 증가하여 개조 전의 장치 또는 부품으로 긴급히 교체하는 경우 등으로 정함

라. 철도차량 개조능력이 있다고 인정되는 자의 범위

철도차량 개조능력이 있다고 인정되는 자는 개조 대상 철도차량, 부품 또는 장치 등을 제작한 경험이 있는 자, 해당 부품을 1년 이상 정비한 실적이 있는 자, 국토교통부장관으로부터 철도차량 정비조직의 인증을 받은 자 등으로 정함

마. 철도차량 개조승인을 위한 검사의 종류

철도차량 개조승인을 위한 개조검사는 개조 적합성 검사, 개조 합치성 검사 및 개조 형식시험 등 세 가지로 구분하여 실시하도록 함

바. 철도차량 운행제한 명령에 관한 처분기준

철도차량이 철도차량기술기준에 적합하지 아니하거나 철도차량 개조에 관한 승인을 받지 아니하고 철도차량을 운행하는 경우 위반 횟수별로 1개월부터 6개월까지 해당 철도차량의 운행제한을 명하도록 함

사. 개조작업 완료 철도차량의 운행에 대한 내용

개조작업이 완료된 철도차량은 개조된 철도차량에 이상이 없는지 최종 검토를 진행한 후에 운행을 실시하도록 함

105

주어진 글을 통해 알 수 없는 것을 고르면?

① 철도종사자에 대한 교육 시간
② 철도차량 개조 자격조건
③ 철도운전자 검사 시행 지정 기관
④ 철도차량 개조승인을 신청할 때 필요한 서류
⑤ 철도차량 개조를 경미하다고 볼 수 있는 경우

106

철도차량의 개조작업 과정을 순서대로 나열한 것을 고르면?

① 개조승인 신청서 제출 → 개조승인 → 개조검사 → 개조작업 → 운행 → 최종 검토
② 개조승인 신청서 제출 → 개조승인 → 개조검사 → 개조작업 → 최종 검토 → 운행
③ 개조승인 신청서 제출 → 개조검사 → 개조승인 → 개조작업 → 최종 검토 → 운행
④ 개조승인 신청서 제출 → 개조검사 → 개조승인 → 개조작업 → 운행 → 최종 검토
⑤ 개조검사 → 개조승인 신청서 제출 → 개조승인 → 개조작업 → 운행 → 최종 검토

다음 글의 내용과 일치하는 것을 고르면?

차의 대표적인 종류인 홍차와 녹차의 차이점을 이야기할 때 많은 이들이 종이 다른 나무에서 생산된 '차'라고 말하지만, 이는 반은 맞고 반은 틀린 말이다. 녹차와 홍차의 차이는 숙성이다. 정확하게 말하자면 산화 과정을 얼마나 거쳤는가에 대한 차이다. 그럼에도 반은 맞는 이야기라는 말은 녹차에 사용하기 좋은 차나무 종과 홍차로 만들기 좋은 차나무 종이 다르기 때문이다. 어느 차나무에서 생산된 찻잎이라 하더라도 녹차, 홍차가 될 수 있지만, 각각의 차를 만들기에 적합한 차나무가 있는 것이다.

불발효차인 녹차는 찻잎을 딴 직후 발효를 막기 위해 크게 두 가지 가공 방법을 쓴다. 첫 번째 방법은 찻잎을 솥에서 살짝 덖어서 만든 덖음차로 강한 구수한 맛이 특징이다. 또 하나는 찻잎을 찌는 방법이다. 찻잎을 수증기로 찌는 증제차(蒸製茶)는 담백하고 깔끔한 맛이 나면서 찻잎의 푸른색이 유지된다. 이 두 가지 방법을 함께 사용한 차도 있다. 증기로 찐 찻잎을 다시 덖어서 만든 옥록차는 구수함과 깔끔함 두 가지 맛을 함께 맛볼 수 있다. 예전 일본 사무라이들이 이도다완과 같은 사발에 마셨던 말차는 말린 찻잎을 아주 미세하게 갈아 만든 가루차이다. 일본의 다도 문화와 관련이 깊으며 다른 차보다 훨씬 더 향이 강하다.

홍차는 한 가지 종류의 찻잎을 그대로 즐기느냐, 아니면 다른 찻잎이나 향신료를 섞어 마시느냐에 따라 다양하게 즐길 수 있다. 전자는 스트레이트 티(straight tea) 또는 클래식 티(classic tea), 후자는 보통 블렌디드 티(blended tea)라고 말한다. 스트레이트 티는 한 지역에서 나는 찻잎 하나로 우려낸 차를 말하고, 블렌디드 티는 두 가지 이상의 찻잎을 섞어 만든 것을 가리킨다. 예를 들면 다르질링, 기문과 같은 홍차는 한 지역에서만 난 하나의 찻잎으로 아무것도 첨가하지 않았다. 이것을 그대로 뜨거운 물에 우려 마시면 스트레이트 티가 된다. 그러나 두 개 종류의 찻잎을 섞으면 블렌디드 티가 된다. 찻잎에 향신료 등으로 향을 첨가하면 플래버리 티(flavery tea)이다. 홍차에 설탕, 과일, 우유 등을 첨가해 먹는 방법은 베리에이션(variation)이라고 한다. 우유를 섞어 먹는 밀크 티가 여기에 해당한다.

① 녹차와 홍차를 구분하는 가장 큰 차이는 나무의 품종이다.
② 녹차는 발효 과정에서 녹색이 더욱 진해진다.
③ 같은 나무에서 생산한 찻잎의 홍차라도 다양한 맛으로 즐길 수 있다.
④ 녹차의 찻잎을 솥에서 살짝 덖으면 찻잎의 푸른색이 유지된다.
⑤ 두 가지 품종의 찻잎을 향신료를 가미하지 않고 그대로 우려 마시는 것을 스트레이트 티(straight tea)라고 말한다.

108

다음 글의 전개 방식으로 옳은 것을 고르면?

가위, 바위, 보! 무엇을 내느냐에 따라 서로의 승패는 확연히 갈리지만 이 게임의 묘미는 영원한 승자도, 영원한 패자도 없다는 데 있다. 이렇게 서로 끝없이 물고 물리는 가위바위보의 관계가 생물 다양성을 설명하기 위한 모델이 될 수 있다는 연구가 있어 눈길을 끈다.

한 연구팀은 동물의 장내에 서식하는 대장균 중 서로 다른 세 집단 간의 증식 경쟁에서 가위바위보의 관계를 관찰했다. '집단 C'는 콜리신이라는 독소를 생산하고, '집단 S'는 다른 집단에 비해 빠른 속도로 증식하지만, 콜리신에 의해 증식이 억제된다. '집단 R'은 '집단 C'보다 빠르고 '집단 S'보다 느린 증식 속도를 가지지만, 콜리신에 저항성을 지닌다. 세 집단 중 두 집단씩을 각각 섞어 배양하면 증식 속도의 차이로 인해 집단 간 증식 경쟁에 따른 승패가 확실하다. 반면 세 집단을 서로 인접시켜 배양하면, 각 두 집단 간의 경계에서는 일방적으로 영역을 침범하는 현상이 나타나지만, 결과적으로 가위바위보의 관계처럼 서로 물고 물리는 삼자 간의 공존 관계가 관찰된다.

다른 연구팀은 생쥐들의 장내에 세 대장균 집단을 투여한 후 각 집단 간의 증식 경쟁을 살폈다. 그 결과 한 시점에는 생쥐 개체별로 어느 한 집단이 우세했지만, 시간이 지나면서 우세한 집단이 일정한 순서로 계속 바뀌는 것을 발견했다. 이는 서로 격리된 여러 공간에서 세 집단이 동시에 우세 집단으로 존재할 수 있음을 의미하기도 한다.

위 사례는 생태계에서 절대 강자가 없을 수도 있음을 보여 주는 좋은 본보기로 거론된다. 생물 간 경쟁을 설명하는 방식 중 승패가 명확한 양자 간의 관계에 비해, 삼자의 병존 가능성을 보여 주는 가위바위보의 관계는 생물 다양성의 설명에 더욱 적합한 모델이 될 수 있다.

① 자문자답의 방법으로 논지를 확대하고 있다.
② 현상의 인과관계를 분석하며 결론을 도출하고 있다.
③ 일반적 통념을 제시하고, 문제를 제기하고 있다.
④ 가설의 설정 및 타당성을 검증하며 결론을 나타내고 있다.
⑤ 어려운 주제에 대해 친근한 대상으로 빗대어 설명하고 있다.

[109~110] 다음 글을 읽고 이어지는 질문에 답하시오.

한국철도공사 직원 K는 사내 홈페이지에 게시할 보도자료를 살펴보고 있다.

한국철도공사가 안경처럼 착용하고 철도시설물 점검을 자동화할 수 있는 '스마트글라스'를 도입한다고 밝혔다. 스마트글라스는 안경 형태의 스마트기기로 모든 동작이 음성인식 기반으로 동작한다. 검사와 판독, 데이터 송수신과 보고서 작성까지 자동으로 이뤄지는 시스템이다. 작업자는 눈앞에 보이는 액정표시에 따라 시설을 점검하며 사진촬영 등을 음성으로 명령하면 기기가 자동으로 동작하고, 해당 정보와 검사결과를 전송해 보고서 형태로 작성한다.

기존 점검은 작업 전 자료조사부터 실사측정, 시스템등록 등의 여러 단계를 작업자가 수기입력하며 직접 진행했지만, 스마트글라스는 이를 한 번에 처리하고 중앙서버가 점검이력까지 종합관리한다.

또한 스마트글라스는 작업자의 안전향상에도 크게 기여한다. 두 손이 자유로워 추락 사고를 예방할 수 있으며 기기 내부 센서가 충격과 기울기를 감지해 작업자에게 이례상황이 발생하면 지정된 컴퓨터로 바로 통보한다.

코레일은 현장검증 등을 거치며 국내 철도환경에 맞게 시스템을 개선했으며 측정데이터를 총괄제어할 수 있는 안전점검 플랫폼망도 함께 마련했다. 이달부터 주요 거점 현장에서 스마트글라스를 보급해 성과분석을 거치고 내년부터 전사적으로 확대 보급할 계획이다.

코레일 토목시설처장은 "인력중심의 시설점검을 간소화해 효율성과 안전성을 향상시킬 것으로 기대한다."라며 "새로운 기술을 쉽게 배울 수 있는 직원 교육프로그램도 진행하겠다."라고 말했다. 코레일 사장은 "철도에 맞춤형 첨단 스마트기술을 적극 도입해 현장 유지보수 작업을 혁신하겠다."라며 "인공지능과 사물인터넷 등을 활용해 철도기술 고도화에 앞장서겠다."라고 밝혔다.

109

다음 중 직원 K가 주어진 자료를 이해한 내용으로 적절하지 않은 것을 고르면?

① 스마트글라스는 검사와 판독, 데이터 송수신과 보고서 작성까지 자동으로 이뤄지는 시스템이다.
② 스마트글라스를 사용하면 두 손이 자유로워 추락 사고를 예방할 수 있으며 기기 내부 센서가 충격과 기울기를 감지해 작업자에게 이례상황이 발생하면 지정된 컴퓨터로 바로 통보한다.
③ 스마트글라스는 수기입력과 음성인식의 두 가지 방법으로 동작한다.
④ 현장검증 등을 거치며 국내 철도환경에 맞춰 스마트글라스의 시스템을 개선했다.
⑤ 코레일은 철도에 맞춤형 첨단 스마트기술을 적극 도입해 현장 유지보수 작업을 혁신하고자 한다.

110

다음 직원들의 대화 내용을 보고, 빈칸에 들어갈 내용으로 가장 적절한 것을 고르면?

> 직원 A: 안경처럼 착용하고 철도시설물 점검을 자동화할 수 있는 '스마트글라스'를 도입하기로 했어요.
> 직원 B: 여러 단계를 수기입력하여 직접 진행했던 기존 점검을 스마트글라스로 한 번에 처리할 수 있겠어요.
> 직원 C: 그러면 스마트글라스가 전사적으로 보급되기 전에 무엇이 진행되나요?
> 직원 A: (   )

① 수기입력이 필요한 실사측정, 시스템등록을 할 예정이에요.
② 새로운 기술을 쉽게 배울 수 있는 직원 교육프로그램을 진행할 예정이에요.
③ 현장 유지보수 작업의 혁신으로 철도기술을 고도화할 예정이에요.
④ 스마트글라스를 주요 거점 현장에 보급하여 성과분석을 할 예정이에요.
⑤ 인력중심의 시설점검을 간소화해 효율성과 안전성을 향상시킬 예정이에요.

111 문제 더보기 PART Ⅲ 변형 | P.364 409번

2022년 상반기 코레일

다음 보고서는 HMR 시장에 관한 [표]를 바탕으로 작성한 것이다. 보고서의 내용 중 옳지 않은 것을 고르면?

[표1] 1인 가구 비율

(단위: %)

연도	2010년	2015년	2020년
1인 가구 비율	23.9	27.2	31.7

[표2] HMR 시장규모

(단위: 억 원)

연도	2008년	2015년	2023년
HMR 시장규모	3,500	17,000	100,000

[표3] 식품별 일반 제품 및 소포장 제품 가격 비교

(단위: 원/kg)

식품	일반 제품	소포장 제품
쌀	2,400	6,000
양파	1,490	2,300
생강	9,000	11,000
당근	2,000	2,900
감자	3,400	4,100
무	1,000	1,500
대파	2,100	2,900
애호박	3,700	4,900

보고서

　HMR 식품이란 'Home Meal Replacement'의 줄임말로 가정간편식이라고도 불린다. HMR은 최근 식생활 및 거주형태의 변화에 따라 주목받고 있는 식품 형태로 별도의 조리과정이 필요하지 않거나 단순한 과정만을 필요로 하는 완전, 반조리 형태의 제품이다. 최근 조사에 따르면 ①1인 가구의 비중은 꾸준히 증가하여 2020년에는 30% 이상을 차지하는 것으로 나타났다. 이에 따라 HMR 시장규모도 급격하게 성장하고 있다. ②HMR 시장규모는 2008년 3,500억 원에서 2023년에는 100조 원에 달할 것으로 예상된다. ③1인 가구 비율이 2010년 대비 2020년에 30% 이상 증가함에 따라 HMR 시장도 2008년 대비 2023년에 2,700% 이상 폭발적으로 성장한 원인에는 경제적인 이유가 존재한다. 대부분의 식품은 일반 제품에 비해 소포장 제품의 kg당 가격이 비싸다. 특히 ④쌀의 경우 소포장 제품 kg당 가격이 일반 제품의 2.5배이고, ⑤오래 보관할 수 없는 신선제품, 특히 애호박의 경우 일반 제품과 소포장 제품의 kg당 가격이 1,000원 이상 차이가 난다. 따라서 일반 제품을 구입하여 모두 소비할 수 없는 가구의 경우 원재료를 구매해 조리하는 비용보다 HMR 식품을 구입하는 것이 저렴하므로 HMR 시장이 폭발적으로 성장한 것이다.

[112~113] 다음 [표]는 외국인 보유 국내 토지 현황에 관한 자료이다. 이를 바탕으로 이어지는 질문에 답하시오.

[표1] 국적별 외국인 토지 보유 현황   (단위: 천 m², 억 원, %)

구분	2019년 하반기		2020년 하반기			
	면적	금액	면적	면적 비중	금액	금액 비중
전체	248,667	307,758	253,346	100	314,962	100
미국	129,807	128,803	133,270	52.6	131,662	41.8
중국	19,303	25,804	19,996	7.9	28,266	9
유럽	18,019	52,014	18,172	7.2	52,267	16.6
일본	18,581	25,493	17,759	7.0	25,503	8.1
기타	62,957	75,644	64,149	25.3	77,264	24.5

[표2] 외국인 토지 보유 주요 지역   (단위: 천 m², 억 원, %)

구분	2019년 하반기		2020년 하반기			
	면적	금액	면적	면적 비중	금액	금액 비중
전체	248,666	307,758	253,347	100	314,962	100
경기	43,904	45,154	45,742	18.1	47,610	15.1
전남	38,634	25,202	38,938	15.4	25,237	8
경북	36,586	17,538	36,141	14.3	17,621	5.6
강원	22,191	2,782	22,900	9.0	2,850	0.9
제주	21,830	5,646	21,806	8.6	5,749	1.8

다음 중 [표1]에 대한 설명으로 옳지 않은 것을 고르면?

① 조사기간 동안 미국인은 항상 가장 넓은 토지 면적을 보유하고 있다.

② 2020년 하반기 일본인이 보유하고 있는 토지 면적은 전년 동기 대비 감소하였다.

③ 전체에서 중국인이 보유한 토지 금액의 비중은 2019년 하반기 대비 2020년 하반기에 증가하였다.

④ 2020년 하반기 일본인이 보유한 토지 면적당 단가보다 유럽 국가 외국인이 보유한 토지 면적당 단가가 더 낮다.

⑤ 2020년 하반기 토지 면적당 단가는 미국인 보유 토지가 가장 저렴하다.

다음 [표3]은 외국인의 취득 용도별 토지 보유 현황에 관한 자료이다. [표2]와 [표3]에 대한 설명으로 옳은 것을 고르면?

[표3] 외국인 취득 용도별 토지 보유 현황
(단위: 천 m², 억 원, %)

구분	2019년 하반기		2020년 하반기			
	면적	금액	면적	면적 비중	금액	금액 비중
합계	248,666	307,760	253,347	100	314,962	100
아파트	2,195	35,305	2,248	0.9	36,430	11.6
단독주택	3,029	16,414	3,256	1.3	17,384	5.5
주거기타	5,076	19,688	5,218	2.1	21,157	6.7
레저용지	11,896	6,194	11,905	4.7	6,193	2.0
상업용지	4,048	79,597	4,093	1.6	80,674	25.6
공장용지	58,773	101,365	58,781	23.2	101,488	32.2
기타용지	163,649	49,197	167,846	66.3	51,636	16.4

① 외국인이 보유한 토지 중 강원의 면적 비중은 2019년 하반기 대비 2020년 상반기에 감소하였다.

② 취득 용도별로 토지 면적과 금액은 각각 2019년 하반기 대비 2020년 하반기에 모두 증가하였다.

③ 2020년 하반기 토지 면적당 단가는 아파트가 가장 높다.

④ 공장용지와 기타용지를 제외하고, 2020년 하반기 외국인이 보유한 토지 중 경기의 레저용지 면적 비중이 가장 높다.

⑤ 2019년 하반기 대비 2020년 하반기에 외국인의 보유 토지 면적이 감소한 지역은 보유 토지 금액이 증가하였다.

[114~115] 다음은 수도권 1호선 지하철 노선에 관한 자료이다. 이를 바탕으로 이어지는 질문에 답하시오.

○ 수도권 1호선 지하철은 일반열차와 급행열차로 구분된다.
○ 급행열차는 인천-구로 구간까지 일부 역에서만 정차하고, 구로역부터는 일반열차와 똑같이 정거장마다 정
  차한다. 급행열차가 정차하는 역은 인천, 동인천, 제물포, 주안, 동암, 부평, 송내, 부천, 역곡, 개봉, 구로역
  이다.
○ 열차는 일반 정거장에서 30초씩 정차하고, 환승역(그림에서 신호등처럼 표시되어 있음)에서는 1분간 정차한다.
○ 일반열차가 한 정거장을 이동할 때 걸리는 시간이 2분이다. 급행열차는 급행 구간에서 한 정거장을 이동할
  때 걸리는 시간은 3분이고, 급행 구간이 아닐 때는 일반열차와 동일한 시간이 소요된다.
○ 일반열차와 급행열차가 인천역에서 오후 1시 이후 출발하는 시각은 다음과 같다.

일반열차	13시 2분에 처음 출발하여 4분마다 출발
급행열차	13시 7분에 처음 출발하여 25분마다 출발

[그림] 수도권 1호선 지하철 노선도 일부

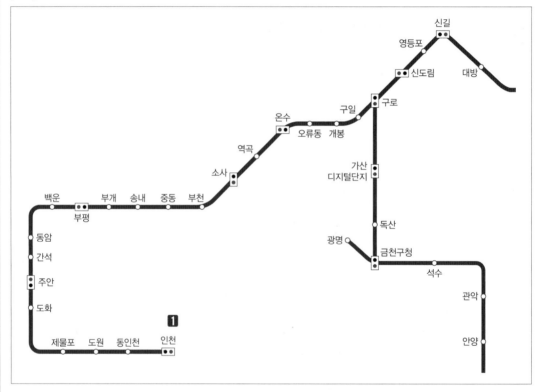

13시 2분에 인천역에서 출발한 일반열차가 소사역에 도착하는 시각을 고르면?(단, 출발역과 도착역의 정차 시간은 고려하지 않는다.)

① 13시 31분 30초   ② 13시 33분   ③ 13시 34분 30초

④ 13시 36분   ⑤ 13시 37분 30초

K씨는 신길역에 오후 3시까지 도착해야 한다. 오후 2시 이후에 주안역에서 출발한다고 할 때, K씨가 타야 하는 열차의 출발 시각을 [보기]에서 모두 고르면?

┌ 보기 ├────────────────────────────────

  ㉠ 일반열차 14시 3분   ㉡ 일반열차 14시 7분   ㉢ 급행열차 14시 8분

  ㉣ 일반열차 14시 11분   ㉤ 급행열차 14시 33분

① ㉠

② ㉠, ㉡

③ ㉠, ㉡, ㉢

④ ㉠, ㉡, ㉢, ㉣

⑤ ㉠, ㉡, ㉢, ㉣, ㉤

[116~117] 다음 [표]는 국내 지식재산 출원 동향에 관한 자료이다. 이를 바탕으로 이어지는 질문에 답하시오.

[표1] 국내 특허 출원 동향
(단위: 건)

구분	2018년	2019년	2020년	2021년
중소벤처기업	46,652	50,493	57,438	62,843
대기업	33,693	37,538	37,536	37,322
대학/공공연	27,218	26,944	27,947	30,020
개인	41,096	43,130	43,544	41,298
외국인	47,809	47,518	46,306	51,735
기타	13,524	13,352	13,988	14,780
합계	209,992	218,975	226,759	237,998

[표2] 국내 상표 출원 동향
(단위: 건)

구분	2018년	2019년	2020년	2021년
중소벤처기업	58,017	66,154	83,548	96,881
대기업	9,244	9,053	9,925	10,516
대학/공공연	1,114	1,118	1,532	1,396
개인	86,415	97,057	116,808	130,005
외국인	29,860	31,352	27,719	30,138
기타	15,691	16,773	18,401	16,885
합계	200,341	221,507	257,933	285,821

[표3] 국내 디자인 출원 동향
(단위: 건)

구분	2018년	2019년	2020년	2021년
중소벤처기업	21,345	22,272	23,621	23,187
대기업	3,502	3,992	4,422	3,663
대학/공공연	1,184	1,003	1,126	1,155
개인	29,713	29,279	30,591	28,784
외국인	4,951	5,091	4,789	4,815
기타	2,985	3,402	3,034	3,183
합계	63,680	65,039	67,583	64,787

다음 중 [표1]과 [표2]에 대한 설명으로 옳은 것을 고르면?

① '기타'를 제외한 5개 항목의 2020년 국내 특허 출원 건수 평균은 43,000건 이상이다.

② 2019~2021년 동안 중소벤처기업은 국내 특허 출원 건수가 전년 대비 가장 많이 증가한 해에 국내 상표 출원 건수도 전년 대비 가장 많이 증가하였다.

③ 2019~2021년 외국인의 국내 상표 출원 건수 평균은 연 30,000건 이상이다.

④ 2019~2021년 동안 개인의 국내 특허 출원 건수와 상표 출원 건수는 매년 증가하였다.

⑤ 2019~2021년 동안 대기업의 국내 특허 출원 건수 증감 추이는 국내 상표 출원 건수 증감 추이와 동일하다.

다음 중 주어진 자료에 대한 설명으로 옳은 것을 고르면?

① 2019년 대기업의 디자인 출원 건수는 전년 대비 10% 이상 증가하였다.

② 2018~2021년 동안 대학/공공연의 국내 상표 출원 건수는 매년 국내 디자인 출원 건수보다 많다.

③ 2018~2021년 전체 국내 디자인 출원 건수의 연간 평균은 65,000건 미만이다.

④ 2021년 전체 국내 디자인 출원 건수 중 개인이 차지하는 비중은 전년 대비 증가하였다.

⑤ 2018~2021년 동안 중소벤처기업의 국내 특허 출원 건수와 디자인 출원 건수의 합은 매년 상표 출원 건수보다 많다.

118

K공사에서 워크숍으로 등산을 다녀왔다. 다음 [조건]을 참고할 때, 가 코스는 몇 km인지 고르면?

┤ 조건 ├

- 산 입구에서 가 코스를 통해 올라갔다가 나 코스를 통해 내려왔다.
- 산 입구에서 가 코스로 정상까지 시속 1.5km로 올라갔다.
- 정상에서 나 코스로 산 입구까지 시속 4km로 내려왔다.
- 휴식시간 30분을 포함하여 총 소요시간은 6시간 30분이다.
- 가 코스와 나 코스를 합한 거리는 14km이다.

① 4km   ② 6km   ③ 7.2km
④ 8km   ⑤ 10km

119

전자제품을 만드는 회사에서 [조건]에 따라 TV를 생산하였다. 이 TV의 가로와 세로의 길이 차이를 고르면?

┤ 조건 ├

- TV의 크기는 80인치이다.
- TV는 직사각형 모양이며, 가로와 세로 비율은 4:3이다.
- TV의 크기는 대각선의 길이를 인치(inch) 단위로 사용하며, 편의상 1인치는 2.5cm로 계산한다.

① 20cm   ② 25cm   ③ 30cm
④ 35cm   ⑤ 40cm

다음 [그래프]는 2010년부터 2018년까지 우리나라 커피전문점 매장의 창업과 폐업에 관한 자료이다. 이에 대한 설명으로 옳지 <u>않은</u> 것을 [보기]에서 모두 고르면?(단, 2009년 커피전문점 매장 수는 총 4.7만 개이다.)

[그래프1] 연도별 커피전문점 창업 및 폐업 매장 수

(단위: 천 개)

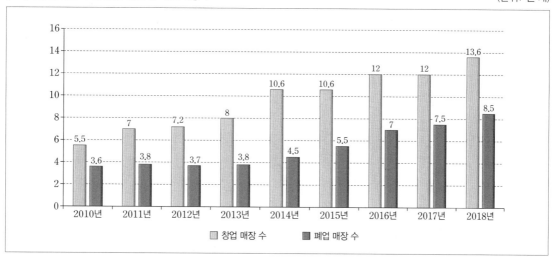

[그래프2] 연도별 커피전문점 창업 및 폐업률

(단위: %)

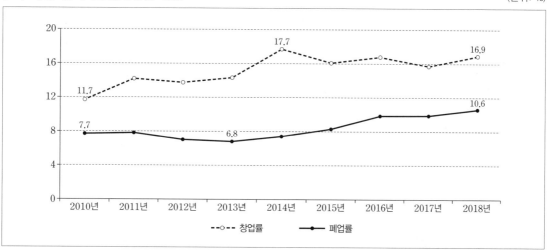

※ (해당 연도 창업(폐업)률)(%) = $\dfrac{(해당\ 연도\ 창업(폐업)\ 매장\ 수)}{(전년도\ 매장\ 수)} \times 100$

┤ 보기 ├

㉠ 커피전문점 매장 수가 처음으로 8만 개를 넘은 해는 2016년이다.
㉡ 2012년 커피전문점 창업률은 14% 미만이다.
㉢ 2018년과 2019년 커피전문점 총매장 수가 동일하다면 2019년에 창업 또는 폐업한 매장은 없다.
㉣ 조사기간 동안 커피전문점 폐업률이 처음으로 10%를 넘는 해는 2018년이다.

① ㉠, ㉢   ② ㉡, ㉢   ③ ㉡, ㉣   ④ ㉠, ㉡, ㉣   ⑤ ㉠, ㉢, ㉣

[121~122] 다음 [표]는 철도 교통 부정승차 현황에 관한 자료이다. 이를 바탕으로 이어지는 질문에 답하시오.

[표1] 철도 교통 부정승차자 적발 현황 (단위: 천 명)

구분	부정승차자		미구입자		부정할인자	
	전체	자기고발 외	전체	자기고발 외	전체	자기고발 외
20×1년	112	82	34	28	78	54
20×2년	114	85	38	29	76	56
20×3년	116	86	37	29	79	57
20×4년	117	91	35	30	82	61
20×5년	121	89	33	29	88	60
20×6년	122	91	31	28	91	63
20×7년	128	98	38	31	90	67
20×8년	131	106	37	32	94	74

※ (부정승차자) = (미구입자) + (부정할인자)
※ 자기고발 외는 전체 인원 중 자진하여 고발하지 아니한 인원을 말함

[표2] 철도별 부정승차자 현황 (단위: 천 명)

구분	KTX	새마을호	무궁화호
20×1년	50	8	54
20×2년	48	9	57
20×3년	54	7	55
20×4년	55	5	57
20×5년	61	2	58
20×6년	60	3	59
20×7년	63	4	61
20×8년	68	5	58

[표3] 철도별 부정승차자별 현황 (단위: 천 명)

구분	KTX		새마을호		무궁화호	
	미구입자	부정할인자	미구입자	부정할인자	미구입자	부정할인자
20×1년	15	35	3.6	4.4	15.4	38.6
20×2년	14.2	33.8	3.8	5.2	20	37
20×3년	18	36	3	4	16	39
20×4년	15.7	39.3	2.8	2.2	16.5	40.5
20×5년	20	41	0.9	1.1	12.1	45.9
20×6년	16.2	43.8	0.8	2.2	14	45
20×7년	19	44	1.4	2.6	17.6	43.4
20×8년	23.2	44.8	1.8	3.2	12	46

121 문제 더보기 PART Ⅲ 변형 | P.377 421번

주어진 자료에 대한 설명으로 옳지 <u>않은</u> 것을 고르면?

① 조사기간 동안 철도 교통 미구입자 수는 연평균 35천 명 이상이다.
② 부정승차자 수와 부정할인자 수는 20×1년 대비 20×8년에 모두 증가하였다.
③ 부정승차자 중 자기고발 외의 비중은 20×8년에 가장 높았다.
④ 8년간 새마을호의 부정승차자 총인원 수는 전체의 5% 이상을 차지하였다.
⑤ 8년 동안 20×7년을 제외하고 무궁화호의 부정할인자 수는 KTX의 부정할인자 수보다 많았다.

122 문제 더보기 PART Ⅲ 변형 | P.377 422번

다음 [그래프]는 20×5년부터 20×8년까지의 철도별 부정승차자 중 미구입자 비중을 나타낸 자료이다. ⊙에 들어갈 가장 적절한 값을 고르면?

[그래프] 철도 교통 부정승차자 중 미구입자 비중 (단위: %)

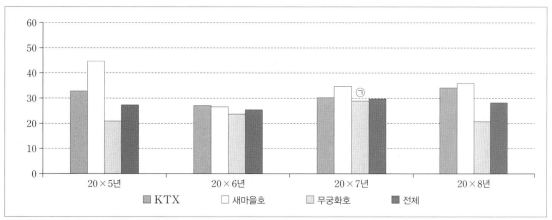

※ (미구입자 비중)(%)= $\dfrac{(미구입자 수)}{(미구입자 수)+(부정할인자 수)} \times 100$

① 27.8   ② 28.1   ③ 28.3
④ 28.6   ⑤ 28.9

[123~124] 다음 [그래프]와 [표]는 2020년 OECD 주요 국가의 여성 국회의원 비율 및 연도별 한국의 여성 국회의원 현황에 관한 자료이다. 이를 바탕으로 이어지는 질문에 답하시오.

[그래프] 2020년 OECD 주요 국가의 여성 국회의원 비율   (단위: %)

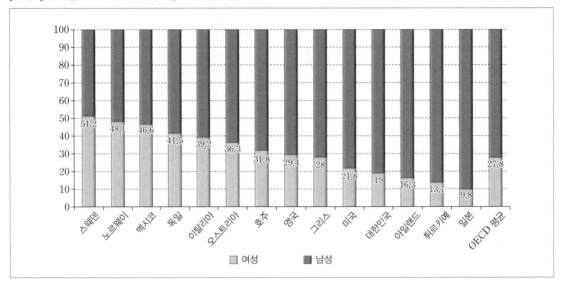

[표] 연도별 한국의 여성 국회의원 현황   (단위: 명)

구분	지역구	비례대표	합계
2004년	10	29	39
2008년	14	27	41
2012년	19	28	47
2016년	26	25	51
2020년	29	28	57

123 문제 더보기 PART III 변형 | P.371 415번

주어진 자료에 대한 설명으로 옳지 <u>않은</u> 것을 [보기]에서 모두 고르면?

┌─ 보기 ├─

㉠ 2020년 OECD 주요 국가 중 OECD 평균보다 여성 국회의원 비율이 높은 국가는 총 10개이다.
㉡ 2020년 한국의 전체 국회의원 수는 300명 이상이다.
㉢ 2020년 OECD 주요 국가 중 여성과 남성 국회의원 비율의 차이가 55%p 이상인 국가는 총 4개이다.
㉣ 한국의 지역구 여성 국회의원 수는 2004년 대비 2020년에 200% 이상 증가하였다.

① ㉠, ㉡
② ㉠, ㉢
③ ㉡, ㉣
④ ㉠, ㉢, ㉣
⑤ ㉡, ㉢, ㉣

124 문제 더보기 PART III 변형 | P.371 416번

연도별 한국의 국회의원 수가 다음 [표]와 같을 때, 2008년 전체 국회의원 중 여성 국회의원의 비율(A)과 2012년 전체 국회의원 중 여성 국회의원의 비율(B)이 바르게 짝지어진 것을 고르면?(단, 소수점 둘째 자리에서 반올림하여 계산한다.)

[표] 연도별 한국의 국회의원 수

(단위: 명)

연도	2004년	2008년	2012년	2016년
국회의원 수	355	353	354	300

	A	B
①	11.0%	13.0%
②	11.0%	13.3%
③	11.6%	13.0%
④	11.6%	13.3%
⑤	11.6%	17.0%

[125~126] 다음 [표]와 [그래프]는 2020년 주요 품목별 수출액 및 전년 대비 증감률과 1~9월 제조업 취업자 수 및 고용률에 관한 자료이다. 이를 바탕으로 이어지는 질문에 답하시오.

[표] 2020년 주요 품목별 수출액 및 전년 대비 증감률 (단위: 억 달러, %)

순위	품목	2020년 수출액	전년 대비 증감률
1	컴퓨터	134	57.2
2	바이오헬스	141	54.4
3	석유제품	572	40.6
4	자동차부품	264	17.3
5	석유화학	496	16.4
6	철강	355	14.5
7	섬유	147	13.3
8	자동차	486	13.1
9	디스플레이	230	12.2
10	일반기계	573	8.9
10대 합계		3,398	19.8
기타 품목		2,763	9.6
전체		6,161	15.0

[그래프] 2020년 1~9월 제조업 취업자 수 및 고용률

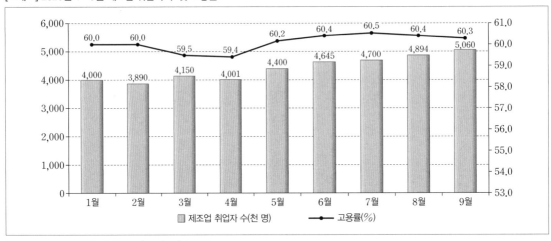

※ 왼쪽은 제조업 취업자 수, 오른쪽은 고용률을 나타냄
※ 고용률은 당해 연도 15세 이상 연앙인구 중에서 전체 취업자가 차지하는 비율을 나타냄

125 문제 더보기 PART Ⅲ 변형 | P.375 419번

주어진 자료에 대한 설명으로 옳은 것을 고르면?

① 3월의 전체 취업자 수는 750만 명 이상이다.

② 2019년 전체 수출액 규모는 2020년 대비 80% 수준이다.

③ 2020년 4~9월의 제조업 취업자 수와 고용률의 전월 대비 증감 추이는 동일하다.

④ 3월의 전체 취업자 수 대비 제조업 취업자 수의 비중은 7월의 전체 취업자 수 대비 제조업 취업자 수의 비중 보다 작다.

⑤ 2019년에 컴퓨터 수출액이 전체 수출액에서 차지하는 비중은 5% 이상이다.

126 문제 더보기 PART Ⅲ 변형 | P.375 420번

다음 [표]는 2019년과 2020년의 제조업 취업자 수에 관한 자료이다. A의 값으로 옳은 것을 고르면?(단, 백 명 단위 에서 반올림하여 계산한다.)

[표] 연도별 1~12월의 제조업 취업자 수

구분	2019년	2020년
1~12월	47,160천 명	53,440천 명
10~12월	1,250만 명	1,370만 명

※ A=(2020년 1~9월 월평균 제조업 취업자 수)−(2019년 1~9월 월평균 제조업 취업자 수)

① 560천 명　　　　　② 565천 명　　　　　③ 570천 명
④ 575천 명　　　　　⑤ 580천 명

[127~129] 다음 [그래프]와 [표]는 65세 이상 노인 인구 및 취업 현황에 관한 자료이다. 이를 바탕으로 이어지는 질문에 답하시오.

[그래프] 연도별 노인 인구 및 취업 현황 (단위: %, 천 명)

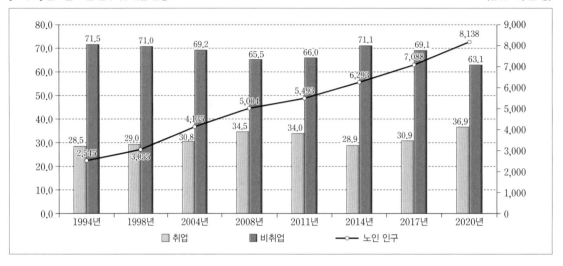

[표] 연도별 취업 노인의 종사 직종 (단위: %)

구분	1994년	1998년	2004년	2008년	2011년	2014년	2017년	2020년
농어축산업 종사자	56.6	60.4	53.9	51.2	52.9	36.4	32.9	13.5
단순노무 종사자	21.1	21.5	27.8	26.2	26.1	36.6	40.1	48.7
서비스/판매 종사자	12.3	8.8	8.8	11.4	11.7	11.8	10.8	16.9
기계, 기계조작 및 조립 종사자	0.7	0.4	2.7	3.1	2.8	4.8	7.5	3.2
기능원 및 관련기능 종사자	2.7	2.7	1.9	2.8	3.2	2.6	3.8	5.6
고위 임직원 및 관리자	—	2.0	1.8	2.7	1.0	3.7	1.8	8.8
전문가	2.9	1.9	1.3	1.7	2.0	2.7	2.2	2.0
기술공 및 준전문가	0.4	1.1	1.1	0.0	0.0	0.0	0.0	0.0
사무 종사자	3.3	1.2	0.7	0.9	0.3	1.5	0.9	1.1

127

2021년 하반기 국민건강보험공단

주어진 자료에 대한 설명으로 옳지 않은 것을 고르면?

① 취업 노인 인구수는 2011년보다 2014년에 더 적다.
② 2020년에 취업하지 않은 노인 인구수는 2017년 대비 증가하였다.
③ 2020년의 취업 노인 인구수는 1994년 대비 4배 이상 증가하였다.
④ 2014~2020년 동안 농어축산업에 종사하는 노인의 비율이 3년 전 대비 가장 큰 폭으로 변한 해는 2014년이다.

128

다음 [보기]의 ㉠~㉢에 해당하는 인구수가 많은 순서대로 나열한 것을 고르면?

┤ 보기 ├

㉠ 1998년 서비스/판매에 종사하는 노인 인구수

㉡ 2011년 기능원 및 관련기능에 종사하는 노인 인구수

㉢ 2017년 기계, 기계조작 및 조립에 종사하는 노인 인구수

① ㉠>㉡>㉢   ② ㉠>㉢>㉡

③ ㉢>㉠>㉡   ④ ㉢>㉡>㉠

129

주어진 자료를 바탕으로 단순노무에 종사하는 노인 인구수에 관한 그래프로 옳은 것을 고르면?

①
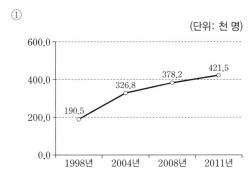

②
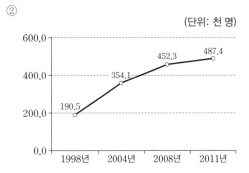

③
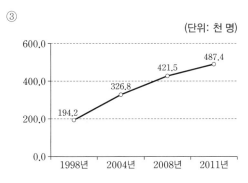

④

다음 설명을 참고할 때, 96개의 정상 제품과 4개의 불량품 중 무작위로 뽑은 1개가 불량인 경우 두 번째 뽑은 제품이 불량품일 확률을 고르면?

> 조건부 확률이란 '조건이 붙은 확률'을 말한다. 이를 수학적 기호로는 'A | B'와 같이 표현한다. 이때 ' | '의 뒤에는 조건을 제시한 것으로 $P(A \mid B)$에서는 B가 조건에 해당되어 $P(A \mid B)$는 사건 B가 일어났을 때 사건 A가 일어날 확률을 뜻한다.
>
> $P(B \mid A)$와 $P(A \cap B)$는 다른 의미이므로 이를 정확히 구분해야 한다.
>
> $P(B \mid A)$: 사건 A가 일어났을 때 사건 B가 일어날 확률
>
> $P(A \cap B)$: 사건 A가 일어나고 사건 B도 일어날 확률
>
> 언뜻 생각하면 두 의미가 동일한 것 같지만, $P(B \mid A)$에서는 사건 A가 이미 일어난 것으로(확률＝1) 취급한다. 즉, 사건 A가 이미 일어난 상황에서 사건 B가 일어날 확률을 계산한 것이다. 반면 $P(A \cap B)$에서는 사건 A가 일어날 확률도 고려해야 한다.
>
> 예를 들어 흰 공 3개, 검은 공 2개가 들어있는 주머니에서 공 2개를 차례로 꺼낼 때 꺼낸 공을 다시 넣지 않는 경우가 이에 해당한다. '처음에 흰 공을 꺼내고 두 번째에 검은 공을 꺼낼 확률을 구하라'고 하면 $\frac{3}{5} \times \frac{2}{4} = \frac{3}{10}$으로 계산한다. 이 과정에서 $\frac{3}{5}$은 '처음에 흰 공을 꺼낼 확률'이다. 두 번째에 검은 공을 꺼낼 확률은 처음에 어떤 색의 공을 꺼냈느냐에 따라 달라진다. 실제로 처음에 검은 공을 꺼냈다면 두 번째에 검은 공을 꺼낼 확률은 $\frac{2}{4}$가 아니라 $\frac{1}{4}$이 된다. 따라서 $\frac{2}{4}$는 '처음에 흰 공을 꺼냈을 때 두 번째에 검은 공을 꺼낼 확률'이라 표현해야 정확하다. 즉, '조건부 확률'인 것이다. 이를 기호로 표현하자면 P(두 번째 검은 공 | 처음 흰 공)과 같다. 이것을 정리해 보면 다음과 같다.
>
> P(처음 흰 공∩두 번째 검은 공)＝$\frac{3}{5} \times \frac{2}{4} = \frac{3}{10}$
>
> P(두 번째 검은 공 | 처음 흰 공)＝$\frac{2}{4} = \frac{1}{2}$
>
> 따라서 둘의 관계는 P(처음 흰 공∩두 번째 검은 공)＝P(처음 흰 공)×P(두 번째 검은 공 | 처음 흰 공)과 같이 표현할 수 있다.

① $\frac{1}{825}$ ② $\frac{1}{96}$ ③ $\frac{1}{33}$ ④ $\frac{1}{3}$

131

다음은 동일한 메뉴를 판매하는 A, B 두 분식집의 메뉴판이다. 각 메뉴를 가격이 더 저렴한 곳에서 1인분씩 구입하면, 각 메뉴를 가격이 더 비싼 곳에서 1인분씩 구입할 때보다 결제 금액이 4,000원 적다고 할 때, 각 분식집에서 떡볶이만 2인분씩 구입할 경우 결제 금액의 차를 고르면?

[A분식집]

메뉴	1인분 기준
떡볶이	5,000원
튀김	3,000원
순대	4,000원
김밥	3,000원
라면	4,500원

[B분식집]

메뉴	1인분 기준
떡볶이	☐원
튀김	4,000원
순대	3,000원
김밥	3,500원
라면	4,000원

① 500원
② 1,000원
③ 1,500원
④ 2,000원

132

어떤 자전거는 페달에 연결된 두 개의 기어 A, B가 있고, A, B의 지름은 각각 8인치, 10인치이다. 또 뒷바퀴에 연결된 두 개의 기어 C, D가 있으며, C, D의 지름은 각각 2인치, 3인치이다. 페달의 회전 수가 일정할 때, A와 D가 연결되어 있는 상태에서 B와 C가 연결되도록 기어를 변속하면 자전거의 속력이 몇 % 증가하는지 고르면?(단, 페달의 회전 수와 A, B의 회전 수는 같고, 뒷바퀴의 회전 수와 C, D의 회전 수는 같다.)

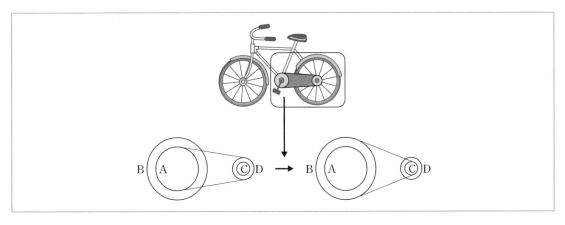

① 87.0%
② 87.5%
③ 88.0%
④ 88.5%

7인승 차량 1대로 부서장과 K씨를 포함한 직원 7명이 함께 오리엔테이션 장소로 이동한다고 한다. 다음 [조건]과 [차량 좌석 배치도]를 참고할 때 K씨가 부서장 옆자리에 앉지 <u>않을</u> 확률을 고르면?

┌ 조건 ┤

- 운전면허 소지자는 K씨를 포함하여 총 3명이다.
- 부서장은 운전면허가 없고, 조수석에 앉지 않는다.

맨 뒤		
중간		
맨 앞	조수석	운전석

[차량 좌석 배치도]

① 0.09　　　　　② 0.16　　　　　③ 0.45
④ 0.84　　　　　⑤ 0.91

아래의 [조건]을 바탕으로 할 때, 다음 중 옳지 <u>않은</u> 것을 고르면?

┌ 조건 ┤

- A부서 직원의 평균 근무만족점수는 80점이다.
- B부서 직원의 평균 근무만족점수는 90점이다.
- C부서 직원의 평균 근무만족점수는 40점이다.
- A부서와 B부서 직원의 평균 근무만족점수는 88점이다.
- B부서와 C부서 직원의 평균 근무만족점수는 70점이다.

① C부서 직원 수는 짝수이다.
② A부서 직원 수가 가장 적다.
③ B부서 직원 수는 12의 배수이다.
④ A부서 직원 수는 C부서 직원 수의 3배보다 많다.
⑤ A, B, C부서의 평균 근무만족점수는 70점을 초과한다.

다음 [표]는 전년 동월 대비 소비자물가 상승률에 관한 자료이다. 주어진 자료를 바탕으로 [조건]에 맞는 달의 소비자물가 상승률을 고르면?

[표] 소비자물가 상승률 (단위: %p)

구분		2020년		2021년			
		11월	12월	1월	2월	3월	4월
소비자물가		0.6	0.5	0.6	1.1	1.5	2.3
	농축수산물	11.1	9.7	10.0	16.2	13.7	13.1
	공업제품	−0.9	−0.9	−0.6	−0.7	0.7	2.3
	집세	0.6	0.7	0.7	0.9	1.0	0.9
	공공서비스	−2.0	−2.0	−2.1	−2.1	−2.0	−2.1
	개인서비스	1.3	1.3	1.5	1.6	1.8	1.6
근원물가		1.0	0.9	0.9	0.8	1.0	1.4
생활물가		−0.1	−0.1	0.3	1.2	1.5	2.8

┌ 조건 ├─
- 근원물가 상승률은 1%p 이하이다.
- 개인서비스 상승률은 1.5%p 이상이다.
- 공업제품과 공공서비스 상승률은 모두 마이너스를 기록했다.
- 집세와 생활물가 상승률은 모두 0.9%p 이상이다.

① 0.5%p
② 0.6%p
③ 1.1%p
④ 1.5%p
⑤ 2.3%p

136

다음 [표]는 1인 가구 비율과 1인 생활 지속 여부에 관한 자료이다. [보기]에서 주어진 자료에 대해 <u>잘못</u> 설명한 사람의 수를 고르면?

[표1] 성별·연령별 1인 가구의 비율 (단위: %)

구분	2019년		2020년	
	남성	여성	남성	여성
20대	8.2	4.2	15.1	15.5
30대	6.3	13.9	18.8	19.4
40대	18.6	29.5	22.1	35.5
50대	24.3	45.1	20.8	44.9

[표2] 연도별 향후 1인 생활 지속기간 유지 여부 예상 비율

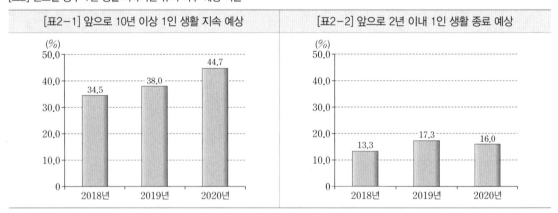

[표2-1] 앞으로 10년 이상 1인 생활 지속 예상	[표2-2] 앞으로 2년 이내 1인 생활 종료 예상

| 보기 |

- A: 2020년에 50대 여성과 20대 여성의 1인 가구 비율의 차이는 50대 남성과 20대 남성의 1인 가구 비율의 차이의 6배 이상이다.
- B: 2019년에 여성의 연령대가 높아질수록 1인 가구의 비율이 높다.
- C: 2020년에 2년 이내에 1인 생활이 종료될 것으로 예상된다고 응답한 사람의 비율은 전년 대비 1.3%p 감소하였다.
- D: 2018~2020년에 1인 생활을 10년 이상 지속할 것이라고 예상하는 사람의 비율은 높아지고 있다.

① 0명
② 1명
③ 2명
④ 3명
⑤ 4명

[137~138] 다음 [그래프]는 2011~2019년의 에너지원별 발전량 추이에 관한 자료이다. 이를 바탕으로 이어지는 질문에 답하시오.

[그래프] 2011~2019년 에너지원별 발전량 추이

(단위: 천 GWh)

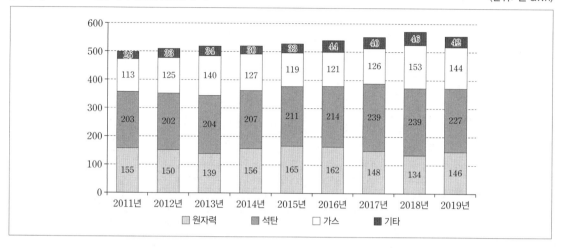

137

문제 더보기 PART III 변형 | P.381 425번

2021년 상반기 한국전력공사

주어진 자료에 대한 설명으로 옳은 것을 [보기]에서 모두 고르면?

┌ 보기 ├─

㉠ 조사기간 동안 매년 발전량이 가장 많은 에너지원은 석탄이다.
㉡ 2012~2019년 동안 전체 발전량이 전년 대비 감소한 해는 2014년과 2019년이다.
㉢ 2011년 대비 2019년에는 에너지원별 발전량이 각각 증가하여 전체 발전량 또한 증가했다.
㉣ 2013년과 2018년에는 원자력 발전량보다 가스 발전량이 더 많았다.

① ㉠   ② ㉢   ③ ㉣   ④ ㉠, ㉡   ⑤ ㉠, ㉣

138

2021년 상반기 한국전력공사

2017년과 2015년의 전체 발전량에서 석탄 발전량이 차지하는 비중의 차이는 몇 %p인지 구하면?(단, 계산 시 소수점 둘째 자리에서 반올림한다.)

① 1.5%p   ② 2.0%p   ③ 2.8%p   ④ 3.2%p   ⑤ 4.2%p

[139~140] 다음 [그래프]와 [표]는 서민 맞춤 대출 공급 실적에 관한 자료이다. 이를 바탕으로 이어지는 질문에 답하시오.

[그래프] 연도별 서민 맞춤 대출 공급액 (단위: 억 원)

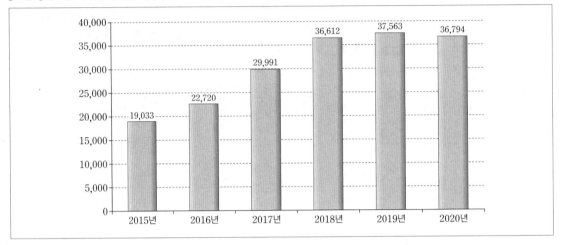

[표] 연도별 서민 맞춤 대출 공급 목표액 및 상반기 공급액 (단위: 억 원)

구분	2015년	2016년	2017년	2018년	2019년	2020년
공급 목표액	19,148	24,440	30,180	33,005	33,010	34,010
상반기 공급액	9,464	11,578	13,900	17,788	19,480	18,897

139

다음 [보기]에서 주어진 자료에 대한 설명으로 옳은 것의 개수를 고르면?

┌─ 보기 ├───

⊙ 공급액이 공급 목표액을 초과한 해에 초과 달성액의 합은 11,000억 원 이상이다.

ⓛ 조사 기간에 서민 맞춤 대출 공급 목표액과 공급액은 모두 매년 꾸준히 증가하고 있다.

ⓒ 2016~2019년 중 공급액이 전년 대비 가장 많이 증가한 해는 2017년이다.

ⓔ 2020년 공급액은 2016년 대비 60% 이상 증가하였다.

───

① 0개　　　　　② 1개　　　　　③ 2개　　　　　④ 3개　　　　　⑤ 4개

140

주어진 자료에서 2015년 서민 맞춤 대출 하반기 공급액은 (⊙)억 원이고, 2020년 하반기 공급액의 공급 목표액 달성률을 소수점 첫째 자리에서 버림하면 (ⓛ)%이다. 이때 빈칸 ⊙, ⓛ에 들어갈 값이 바르게 짝지어진 것을 고르면?

	⊙	ⓛ
①	9,569	51
②	9,684	51
③	9,569	52
④	9,684	52
⑤	9,569	53

[141~143] 다음 [표]는 2019년 연령대별 상위 5개 수술 인원 추이에 관한 자료이다. 이를 바탕으로 이어지는 질문에 답하시오.

[표] 2019년 연령대별 상위 5개 수술 인원 추이 (단위: 명)

구분	계	1위	2위	3위	4위	5위
계	1,665,624	백내장수술	일반척추수술	치핵수술	제왕절개수술	담낭절제술
		459,062	174,868	168,779	152,792	83,940
9세 이하	27,595	편도절제술	서혜 및 대퇴허니아수술	충수절제술	심장수술	내시경하부비동수술
		14,700	6,019	3,295	1,772	768
10대	30,151	충수절제술	편도절제술	내시경하부비동수술	치핵수술	일반척추수술
		12,159	6,575	5,443	5,312	794
20대	103,673	제왕절개수술	치핵수술	충수절제술	내시경하부비동수술	편도절제술
		27,489	24,486	12,816	12,260	8,833
30대	213,906	제왕절개수술	치핵수술	충수절제술	담낭절제술	내시경하부비동수술
		113,320	32,135	13,046	10,425	10,090
40대	183,344	치핵수술	자궁절제술	백내장수술	담낭절제술	일반척추수술
		37,729	19,051	18,040	15,627	13,763
50대	264,158	백내장수술	치핵수술	일반척추수술	담낭절제술	스텐트삽입술
		77,258	37,068	27,109	18,253	13,150
60대	342,296	백내장수술	일반척추수술	슬관절치환술	치핵수술	스텐트삽입술
		139,058	41,717	23,252	22,945	20,098
70대	344,122	백내장수술	일반척추수술	슬관절치환술	스텐트삽입술	담낭절제술
		160,997	48,129	39,329	18,786	12,565
80세 이상	156,379	백내장수술	일반척추수술	슬관절치환술	고관절치환술	내시경 및 경피적 담도수술
		60,230	34,455	10,592	10,393	10,192

141

주어진 자료에 대한 설명으로 옳은 것을 고르면?

① 슬관절치환술 수술을 받은 인원은 73,000명 미만이다.
② 전체 연령대 중에서 수술 인원이 가장 많은 연령대는 60대이다.
③ 70대 이상 백내장수술 인원은 전체 백내장수술 인원의 절반 미만이다.
④ 상위 5개 수술 분포에서 백내장수술은 50대에 처음 등장하고 50대 이상의 연령대에서 계속 1위를 차지한다.

142

2019년 전체 백내장수술 비용이 7,167억 3천2백만 원일 때, 다음 중 2019년 백내장수술 1인당 평균 비용을 고르면?(단, 주어진 자료에서 수술 인원은 수술 건수와 동일하다고 가정하고, 1인당 평균 비용은 천 원 단위에서 반올림한다.)

① 149만 원   ② 151만 원   ③ 153만 원   ④ 156만 원

143

주어진 자료의 내용을 나타낸 그래프로 옳지 <u>않은</u> 것을 고르면?

① 20~50대의 연령대별 전체 수술 인원 비중

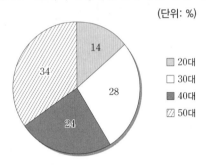

② 40대까지의 연령대별 전체 수술 인원 현황

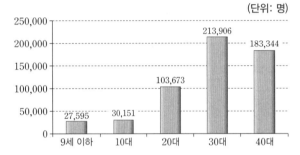

③ 일반척추수술, 치핵수술, 담낭절제술의 10~60대 순위 변화

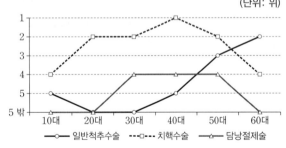

④ 60대 이상 백내장수술, 일반척추수술, 슬관절치환술 수술 인원 현황

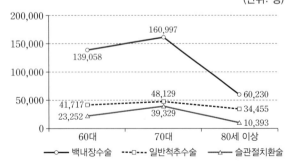

144

다음 A, B, C, D의 네 도시 중 한 곳에 정차역을 신설하려고 한다. 정차역 신설 시 총인구수, 철도 이용 비율, 향후 3년간 철도 이용자의 전년 대비 예상 변동률을 고려하고자 할 때, 주어진 자료에 대한 설명으로 옳은 것을 고르면?
(단, 현재는 2021년이며, 1.05^2=1.1, 1.05^3=1.16, 1.1^2=1.21, 1.1^3=1.33으로 계산한다.)

[표] 지역별 총인구수, 현재 철도 이용 비율 및 예상 변동률 (단위: 명, %)

구분	총인구수	현재 철도 이용 비율	철도 이용자의 전년 대비 예상 변동률		
			2022년	2023년	2024년
A도시	2,128,536	28	5	5	5
B도시	1,985,263	32	5	5	10
C도시	1,625,384	26	5	10	10
D도시	1,859,414	20	10	10	10

① 총인구수가 많은 A−B−C−D도시 순서로 신설해야 한다.
② 현재 철도 이용 비율이 높은 B−C−A−D도시 순서로 신설해야 한다.
③ 현재 철도 이용 인구가 가장 많은 D도시에 신설해야 한다.
④ 3년 후 철도 이용자 증가율이 가장 높은 C도시에 신설해야 한다.
⑤ 3년 후 철도 이용자 증가 인원이 가장 큰 B도시에 신설해야 한다.

다음 [표]는 수민이네 반 학생들의 일대일 톡 대화방 개수를 조사한 자료이다. 주어진 [조건]을 바탕으로 옳은 것을 고르면?

[표] 수민이네 반 일대일 톡 대화방 개수

(단위: 개)

구분	수민	혜리	소리	원준	미연
하영	1	0	0	1	0
상민	0	1	0	1	0
준수	0	0	1	0	1
동혁	1	1	0	1	1
정훈	0	0	1	0	1

| 조건 |
- 서로 다른 두 학생의 일대일 톡 대화방이 있을 경우 '1'로 표시하고, 없을 경우 '0'으로 표시한다.
- 학생 수가 N명일 경우 학생들이 참여할 수 있는 일대일 톡 대화방의 개수는 $\dfrac{N(N-1)}{2}$개이다.
- (일대일 톡 대화방 밀도)$=\dfrac{(\text{학생들이 참여하고 있는 일대일 톡 대화방의 개수})}{(\text{학생들이 참여할 수 있는 일대일 톡 대화방의 개수})}$

① 수민이네 반 학생들 중 미연이가 가장 많은 일대일 톡 대화방에 참여하고 있다.
② 수민이는 준수와 일대일 톡 대화방에 참여하고 있지 않지만, 수민이는 정훈이와, 혜리는 상민이와 일대일 톡 대화방에 참여하고 있다.
③ 수민이네 반 일대일 톡 대화방의 밀도는 0.4 이상이다.
④ 수민이네 반 학생들이 참여하고 있는 일대일 톡 대화방의 개수는 총 16개이다.
⑤ 수민이네 반에 형준이가 전학을 와서 혜리, 소리와 일대일 톡 대화방을 만든다면 수민이네 반 일대일 톡 대화방의 밀도는 현재보다 낮아진다.

146

김 대리는 대전으로, 이 대리는 부산으로 출장을 갔다. 두 사람은 출장 후 업무 미팅 때문에 대전에서 남쪽으로 200km 떨어진 K지점에서 만났다. 다음 내용을 참고하여 이 대리가 자동차를 타고 K지점으로 이동한 평균 속력을 고르면?(단, 대전과 K지점, 부산은 일직선상에 위치한다.)

- 대전과 부산은 500km 떨어져 있다.
- 김 대리와 이 대리는 각각 대전과 부산에서 동시에 출발하였다.
- 김 대리가 탄 자동차의 속력은 평균 80km/h이었다.
- 이 대리는 김 대리보다 K지점에 30분 늦게 도착하였다.

① 80km/h   ② 90km/h   ③ 100km/h
④ 110km/h   ⑤ 120km/h

147 문제 더보기 PART Ⅲ 변형 ㅣ P.359 398번

다음 두 수열의 빈칸에 공통으로 들어갈 알맞은 수를 고르면?

| 수열1: | 2 | 5 | ( ) | −2 | −5 | −3 | 2 |
| 수열2: | 27 | 81 | 9 | 243 | ( ) | 729 | 1 |

① 1   ② 2   ③ 3   ④ 5   ⑤ 9

다음 건강보험료 연체금과 관련한 안내를 참고할 때, 납부할 건강보험료가 155,000원인 길동이가 2020년 3월의 건강보험료 납부고지서의 금액을 전혀 납부하지 않은 채 50일이 경과했을 경우 50일째 되는 날의 체납보험료에 대한 연체금은 모두 얼마인지 고르면?(단, 길동이는 체납 후 진료비 환수금은 없으며, 체납보험료와 최종 연체금의 원 단위 이하는 절사 처리한다.)

■ 연체금(국민건강보험법 제80조 제1항 및 제2항, 노인장기요양보험법 제11조)
  1. 납부기한 경과 후 30일까지 … 매 1일이 경과할 때마다 체납보험료 등의 1/1,500(최대 2%)
  2. 납부기한 경과 후 30일이 지난날부터 … 매 1일이 경과할 때마다 체납보험료 등의 1/6,000을 제1항에 가산(최대 5%)

■ 시행일
2020. 1. 16.(시행일 이후 최초로 납부기한이 도래하는 보험료 등부터 적용)

구분	납부기한 경과 후 30일까지	납부기한 경과 후 31일부터	비고
2020. 1. 16.~	매 1일이 경과할 때마다 1/1,500 (2% 이내)	매 1일이 경과할 때마다 1/6,000	최대 5%
~2020. 1. 15.	매 1일이 경과할 때마다 1/1,000 (3% 이내)	매 1일이 경과할 때마다 1/3,000	최대 9%

■ 적용 대상
건강보험료, 장기요양보험료, 체납 후 진료비 환수금
※ (장기요양보험료)=(건강보험료)×(장기요양보험료율) (10.25%, 2020년 기준)

① 3,980원   ② 4,160원   ③ 5,700원   ④ 6,490원

149

2020년 IBK기업은행

오른쪽 그림과 같이 맨 위에 1이 쓰여 있고 일정한 간격으로 200까지 쓰인 룰렛판이 있다. 이 룰렛판을 처음 12시 방향에 1이 쓰여 있는 상태에서 시계방향으로 62°, 시계 반대 방향으로 180° 회전한 후 다시 시계방향으로 172° 회전하였을 때, 맨 처음 1이 쓰여 있던 곳에 있는 수를 고르면?

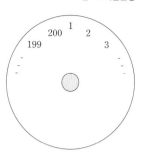

① 171 ② 172
③ 181 ④ 182

150 ◀문제더보기 PART Ⅲ 변형 ㅣ P.360 402번

2020년 부산교통공사

다음은 일정한 규칙에 의해 연산을 한 것이다. 다음 중 빈칸에 들어갈 알맞은 수를 고르면?

25 + 46 ⇨ 11	28 + 55 ⇨ 23	32 + 25 ⇨ 57	41 + 34 ⇨ ( )

① 3 ② 9 ③ 12
④ 15 ⑤ 24

2022년 부산교통공사

시속 144km의 일정한 속력으로 달리는 기차가 있다. 이 기차의 길이가 120m라고 할 때, 길이가 1.2km인 터널을 완전히 통과하는 데 걸리는 시간을 고르면?

① 32초   ② 33초

③ 34초   ④ 35초

2020년 IBK기업은행

제품 A, B, C를 만들어 판매한 금액의 합이 8,600만 원이다. 제품 A, B, C의 전체 원가 대비 각 제품의 원가 비중과 각 제품의 원가/판매가 비율이 다음 [표]와 같을 때, 제품 A, B, C의 전체 원가를 고르면?

[표] 제품 A, B, C의 원가 비중 및 원가/판매가 비율

구분	전체 원가 대비 각 제품의 원가 비중	원가/판매가 비율
제품 A	20%	1/3
제품 B	70%	1/5
제품 C	10%	1/2

① 1,500만 원   ② 2,000만 원

③ 2,500만 원   ④ 3,000만 원

K공사 홍보자료를 만드는 데 윤 사원과 김 사원이 함께하면 4일, 윤 사원과 최 사원이 함께하면 8일, 김 사원과 최 사원이 함께하면 6일이 걸린다고 한다. 이 일을 윤 사원이 혼자서 하는 경우 최소 며칠이 걸리는지 고르면?

① 8일   ② 9일   ③ 10일   ④ 11일

154

예산 15만 원으로 한 종류의 건전지를 구입하여 사용할 때, 사용 시간이 가장 긴 건전지부터 짧아지는 순서대로 배열한 것을 고르면?(단, 건전지를 모두 사용한 뒤 교체하고, 건전지를 교체하는 시간은 고려하지 않는다.)

구분	건전지 A	건전지 B	건전지 C	건전지 D
가격	25,000원	12,500원	10,000원	13,000원
사용 가능 시간	25시간	6시간	4시간	13시간

① A－B－C－D   ② A－C－B－D   ③ A－D－B－C
④ D－A－B－C   ⑤ D－B－A－C

155

어느 기업의 면접 지원자에 대한 정보가 다음 [조건]과 같을 때, 1차 면접에 합격한 지원자 수를 고르면?(단, 1차 면접에 합격한 지원자는 모두 2차 면접을 보았다.)

┤ 조건 ├
- 1차 면접에 합격한 남녀의 성비는 4 : 5이다.
- 2차 면접에 합격한 인원과 불합격한 인원의 비율은 2 : 7이다.
- 2차 면접에 불합격한 남녀의 성비는 3 : 4이다.
- 2차 면접 합격자가 최종 합격자이며, 최종 남성 합격자 수는 30명이다.

① 155명   ② 165명   ③ 180명
④ 270명   ⑤ 360명

156

다음 수들의 배열 규칙에 따라 빈칸에 들어갈 알맞은 수를 고르면?

1	3	6
2	5	14
4	9	39
5	12	( )

① 64   ② 66   ③ 68   ④ 70   ⑤ 72

[157~158] 다음 [표]는 독감 환자 진료인원에 관한 자료이다. 이를 바탕으로 이어지는 질문에 답하시오.

[표1] 2018~2022년 독감 환자 성별 진료인원 (단위: 명)

구분	2018년	2019년	2020년	2021년	2022년
합계	2,723,341	1,774,635	783,505	709,574	873,590
남성	1,246,450	831,032	362,800	304,326	486,607
여성	1,476,891	943,603	420,705	405,248	386,983

[표2] 2022년 독감 환자 연령대별 및 성별 진료인원 (단위: 명)

구분	전체	9세 이하	10대	20대	30대	40대	50대	60대	70대	80세 이상
합계	873,590	225,727	347,017	115,564	81,537	64,571	20,694	11,522	4,821	2,137
남성	486,607	120,687	222,437	62,730	35,848	28,404	9,567	4,258	1,942	734
여성	386,983	105,040	124,580	52,834	45,689	36,167	11,127	7,264	2,879	1,403

157

주어진 자료에 대한 설명으로 옳은 것을 고르면?

① 2022년 전체 독감 진료인원 중 20~40대의 비중은 28% 이상이다.
② 2022년 70대 이상 독감 진료인원 중 남성의 비중은 40% 이상이다.
③ 2022년 10대 독감 진료인원 중 여성의 비중은 37% 이상이다.
④ 조사 기간 동안 남성 독감 진료인원이 두 번째로 적은 해의 전년 대비 여성 독감 진료인원의 감소율은 57% 이상이다.

158

다음 [보기]의 ㉠~㉢의 값을 크기순으로 바르게 나열한 것을 고르면?(단, 계산 시 소수점 둘째 자리에서 반올림한다.)

| 보기 |

조사 기간 동안 독감 환자 전체 진료인원이 네 번째로 적은 해에 대하여
㉠: 전체 진료인원의 전년 대비 감소율
㉡: 남성 진료인원의 전년 대비 감소율
㉢: 여성 진료인원의 전년 대비 감소율

① ㉡<㉠<㉢
② ㉡<㉢<㉠
③ ㉢<㉠<㉡
④ ㉢<㉡<㉠

한국철도공사 직원 U는 철도 역사 및 열차의 공기질에 관한 자료를 살펴보고 있다.

[표1] 철도 역사 공기질

구분	기준치	2020년		2021년		2022년	
		지하	지상	지하	지상	지하	지상
초미세먼지($\mu g/m^3$)	50 이하	㉠ 28	19	19	21	21	17
미세먼지($\mu g/m^3$)	100 이하	26	31	41	39	33	28
이산화탄소(ppm)	1,000 이하	433	466	507	488	507	㉡ 500
폼알데하이드($\mu g/m^3$)	100 이하	5	10	4	10	6	8
일산화탄소(ppm)	10 이하	2	㉢ 5	2	1	2	1

[표2] 철도 열차 공기질

구분			기준치	2020년	2021년	2022년
미세먼지 ($\mu g/m^3$)	도시철도		50 이하	22	21	26
	열차		50 이하	19	19	18
이산화탄소 (ppm)	도시철도	비혼잡 상태	2,000 이하	㉣ 1,150	1,269	1,194
		혼잡 상태	2,500 이하	1,453	1,346	1,647
	열차	비혼잡 상태	2,000 이하	1,080	1,113	1,404
		혼잡 상태	2,500 이하	1,296	㉤ 1,200	1,409

159

2023년 상반기 오후 코레일

다음 중 직원 U가 주어진 자료를 이해한 내용으로 적절하지 <u>않은</u> 것을 고르면?

① 2021년 철도 역사 지하 이산화탄소 농도는 전년 대비 증가했다.
② 2020년과 2021년에 폼알데하이드 농도는 철도 역사 지상이 지하의 2배 이상이다.
③ 2022년 철도 역사 지하에서 기준치 이상인 항목은 없다.
④ 2022년 철도 역사 지하 일산화탄소 농도는 2020년 철도 역사 지하 일산화탄소 농도와 같다.
⑤ 2022년 열차의 비혼잡 상태 이산화탄소 농도는 2020년 대비 20% 증가했다.

160

한국철도공사는 공기질에 따라 다음과 같은 등급표를 기준으로 삼고 있다. 주어진 자료의 ㉠~㉤ 중 등급이 <u>다른</u> 하나를 고르면?

Blue	Green	Yellow	Red
기준치의 25% 이하	기준치의 25% 초과 50% 미만	기준치의 50% 이상 기준치 이하	기준치 초과

① ㉠   ② ㉡   ③ ㉢   ④ ㉣   ⑤ ㉤

161

주어진 자료와 [그래프]를 바탕으로 적절하지 <u>않은</u> 것을 고르면?

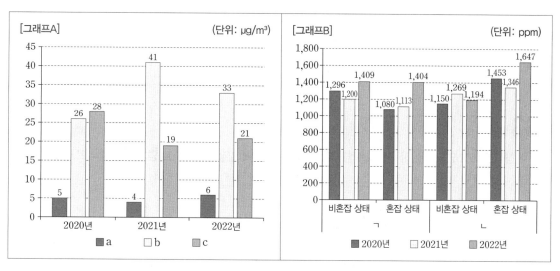

① [그래프A]는 철도 역사 지하의 공기질을 나타낸 그래프이다.

② [그래프A] b 항목의 2021년 지상 농도와 지하 농도 차이는 $2\mu g/m^3$이다.

③ [그래프B] ㄱ 항목의 비혼잡 상태와 혼잡 상태는 뒤바뀌어 있다.

④ [그래프A]의 c 항목은 초미세먼지 농도로, 매년 지상 농도가 지하보다 높다.

⑤ [그래프B]의 ㄴ 항목은 도시철도의 이산화탄소 농도를 나타낸 그래프이다.

162

다음 글을 읽고 10진법의 21을 2진법, 8진법, 16진법으로 나타낸 수를 순서대로 나열한 것을 고르면?

진법이란 사용할 수 있는 숫자의 개수와 위치 값을 정의해 주는 수 체계이다. 사용할 수 있는 숫자의 개수는 해당 진법과 같으며, 사용할 수 있는 숫자는 0에서 시작해서 해당 진법의 수보다 1 적은 수까지 가능하다. 그러므로 10진법에서 사용할 수 있는 숫자는 0, 1, 2, …, 8, 9로 10개가 되고, 2진법에서는 0과 1의 2개 숫자를 사용할 수 있다. 16진법과 같이 10진법보다 큰 진법의 경우에는 0부터 9까지의 수 외에도 다른 수가 더 필요한데 이런 경우에는 A, B, C, D, E, F를 사용한다. 16진법에서 A는 10진법의 10을, B는 10진법의 11을, …, F는 10진법의 15를 나타낸다.

① 10011, 25, 15

② 10101, 25, 15

③ 10101, 26, 16

④ 10111, 25, 15

⑤ 10111, 26, 16

163

회의에 참석한 여섯 명의 직원이 다음 [조건]을 만족하면서 원탁에 일정한 간격으로 앉게 되는 경우의 수를 고르면?

┤ 조건 ├
• 3개 부서에서 각각 2명의 직원이 회의에 참석한다.
• 모든 참석자는 같은 부서의 직원과 이웃하지 않게 앉아야 한다.

① 12가지

② 16가지

③ 32가지

④ 36가지

⑤ 48가지

[164~165] 다음 [표]는 2017년부터 2021년까지 5년 동안의 서울, 부산, 대구, 인천, 대전 지하철 운영기관의 지하철 이용객 수에 관한 자료이다. 이를 바탕으로 이어지는 질문에 답하시오.

[표] 지하철 운영기관별 지하철 이용객 수

(단위: 백만 명)

구분	2017년	2018년	2019년	2020년	2021년
서울교통공사	1,752	1,752	1,769	1,283	1,291
부산교통공사	339	336	343	247	254
대구도시철도공사	163	163	168	110	122
인천교통공사	109	112	116	86	93
대전교통공사	40	40	40	26	27

164

2023년 상반기 서울교통공사

주어진 자료에 대한 설명으로 옳지 <u>않은</u> 것을 고르면?

① 운영기관과 관계없이 지하철 이용객 수가 가장 많이 감소한 시기는 2019년과 2020년 사이이다.
② 운영기관과 관계없이 2020년 대비 2021년에 지하철 이용객 수가 증가했다.
③ 2019년 대비 2020년에 대전교통공사 지하철 이용객 수는 30% 이상 감소했다.
④ 매년 서울교통공사의 지하철 이용객 수는 나머지 4개 운영기관의 지하철 이용객 수의 2배보다 많다.
⑤ 5개 운영기관 모두 5개년 중 3번째로 지하철 이용객 수가 많은 해는 동일하다.

165

2023년 상반기 서울교통공사

5개 운영기관 모두 2022년의 지하철 이용객 수는 2019년과 2021년 지하철 이용객 수의 평균과 같다고 할 때, 부산교통공사와 대전교통공사의 2022년 지하철 이용객 수의 합을 고르면?

① 3억 1,100만 명 ② 3억 2,100만 명 ③ 3억 3,200만 명
④ 4억 1,000만 명 ⑤ 4억 1,200만 명

[166~167] 다음 [표]는 보건소 인력현황에 관한 자료이다. 이를 바탕으로 이어지는 질문에 답하시오.

[표1] 2019~2022년 보건소 인력현황

(단위: 명)

구분	2019년	2020년	2021년	2022년
합계	16,652	18,153	20,218	20,351
서울특별시	3,333	3,420	3,667	3,924
부산광역시	1,024	1,147	1,231	1,249
대구광역시	514	540	613	679
인천광역시	686	833	920	867
광주광역시	309	438	480	477
대전광역시	274	304	319	327
울산광역시	284	302	314	345
세종특별자치시	64	74	71	63
경기도	2,815	3,095	3,691	3,739
강원특별자치도	849	990	1,159	1,072
충청도	1,770	1,952	2,120	2,137
전라도	1,872	1,936	2,187	2,105
경상도	2,669	2,923	3,221	3,146
제주특별자치도	189	199	225	221

[표2] 2022년 보건소 인력현황

(단위: 명)

구분	전체	서울특별시	경기도
합계	20,351	3,924	3,739
의사	595	156	80
치과의사	302	25	35
한의사	247	20	32
약사	120	86	13
간호사	8,503	1,321	1,660
보건교육사	241	13	62
의료기사	3,983	401	742
간호조무사	375	9	33
행정직	1,299	612	150
보건직	1,528	345	291
기능직 등	3,158	936	641

166

주어진 자료에 대한 설명으로 옳지 <u>않은</u> 것을 고르면?

① 2020년에 전년 대비 보건소 인력 증가율은 충청도가 전라도보다 높다.

② 2021년에 전년 대비 보건소 인력이 감소한 지역의 감소율은 5% 미만이다.

③ 2021년에 전체 보건소 인력 중 경상도의 비중은 강원특별자치도 비중의 3배 이상이다.

④ 조사 기간 동안 부산광역시의 보건소 인력이 가장 많은 해에 서울특별시 보건소 인력의 전년 대비 증가율은 5% 이상이다.

167

다음 중 2022년 보건소 인력현황 비중을 나타낸 그래프로 옳지 <u>않은</u> 것을 고르면?(단, 비중은 소수점 둘째 자리에서 반올림한다.)

① 의사

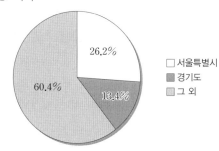

② 약사

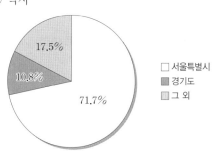

③ 간호사

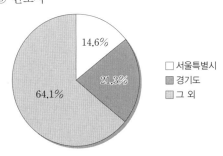

④ 보건직

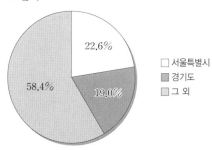

입구부터 출구까지의 총길이가 840m인 터널을 열차가 초속 50m의 속도로 달려 완전히 통과하기까지 걸린 시간이 25초라고 할 때, 동일한 열차가 1,400m의 터널을 완전히 통과하는 데 걸리는 시간을 고르면?

① 33.2초　　　　　　　② 33.8초　　　　　　　③ 34.5초
④ 35.4초　　　　　　　⑤ 36.2초

A사의 행사 지원액에 대한 다음 [조건]에 따라 A사에서 지원받을 수 있는 최대 금액을 고르면?(단, 모든 직원은 식비나 숙박비 중 하나만 지원받을 수 있다.)

┤ 조건 ├
- A사는 지역 행사에 전 직원이 참여할 예정이며, 지역에서 지원되는 지원액 한도는 660,000원이다.
- 직원 1인당 식비는 6,600원, 숙박비는 28,000원이다.
- A사의 전 직원 수는 80명이다.

① 655,200원　　　　　　② 656,400원　　　　　　③ 656,800원
④ 657,200원　　　　　　⑤ 658,600원

다음 내용을 바탕으로 2×22년 남자 직원 수를 고르면?

2×22년 O회사에 입사한 신입사원 수는 310명이다. 2×23년 남자 직원 수는 전년 대비 2% 감소하였고, 여자 직원 수는 전년 대비 10% 증가하여 총 317명이다.

① 196명   ② 200명   ③ 206명
④ 210명   ⑤ 215명

171 문제 더보기 PART III 변형 | P.390 437번

서울교통공사 9호선 이용 여부에 대한 5명의 진술이 모두 참일 때, 9호선을 이용한 사람을 고르면?

- 갑: 을이 데이트하러 9호선을 이용했거나 병이 이용해봤다고 했어.
- 을: 정이 9호선을 이용해봤다고 한 말은 거짓이야.
- 병: 나는 9호선을 이용해보지 않았거나 정이 9호선을 이용해봤어.
- 정: 내가 9호선을 이용해봤거나 무는 9호선을 이용해보지 않았어.
- 무: 갑과 을 중 한 명만 9호선을 이용해봤어.

① 갑   ② 을   ③ 병
④ 정   ⑤ 무

172 문제 더보기 PART III 변형 | P.392 441번

다음 내용을 바탕으로 할 때, 다음 중 진실을 말한 팀을 고르면?

A지역 5개 팀은 B지역 20개의 서로 다른 팀과 1 : 1 경연 방식(IR)을 통해 20번씩 경기를 하였고, 점수가 가장 높은 팀을 우승팀으로 선발하였다. IR 방식에서 이기면 3점, 비기면 1점, 지면 −1점인데, 모든 경연이 끝나고 A지역 5개 팀은 자신들의 점수를 다음과 같이 말했다. 그런데 이 중 진실을 말한 팀은 1팀이다.

- 까마귀 보은 팀: 59점
- 세탁의 민족 팀: 57점
- 핑크 펭귄 팀: 55점
- 나만의 선택 팀: 53점
- 마음 열기 팀: 50점

① 까마귀 보은   ② 세탁의 민족   ③ 핑크 펭귄
④ 나만의 선택   ⑤ 마음 열기

어느 제약회사에서 A, B, C, D, E 5개의 신약을 개발하였다. 이 중 효능이 있는 약을 찾기 위하여 실험 대상자들을 네 개의 그룹으로 나누어 다음과 같이 실험하였다. 다음 [조건]의 내용이 모두 참일 때, 효능이 있는 약을 모두 고르면?

┌─ 조건 ├───

- 각 그룹별로 2개 이상의 약을 투여하였다. 투여한 약 중 하나라도 효능이 있으면 해당 그룹은 약의 효능이 있는 것으로 간주한다.
- 첫 번째 그룹은 A, B, E를 투여하였고, 효능이 없었다.
- 두 번째 그룹은 B, C, D를 투여하였고, 효능이 있었다.
- 세 번째 그룹은 A, C, D를 투여하였고, 효능이 있었다.
- 네 번째 그룹은 A, D를 투여하였고, 효능이 없었다.

└───

① C   ② D   ③ A, B
④ A, C   ⑤ C, D

'갑'사에서는 채용된 신입사원 6명을 다음과 같이 배정하고자 한다. 이에 대한 설명으로 옳은 것을 고르면?

┌───

- 채용된 신입사원 6명은 A, B, C, D, E, F이다.
- 7개 부서 중 4개 부서에만 신입사원이 배정되었다.
- 회계팀과 비서실에 배정된 인원의 합은 2명이다.
- 생산팀과 홍보팀에 배정된 인원의 합은 생산팀과 총무팀에 배정된 인원의 합과 같다.
- 영업팀, 생산팀, 기획팀, 비서실 중 1개 부서에만 인원이 배정되었다.
- 각 부서별 배정된 인원은 0명, 1명, 2명, 3명 중 한 경우이다.

└───

① 비서실에 1명이 배정되었다면, 생산팀에는 아무도 배정되지 않았다.
② 회계팀, 홍보팀, 총무팀 중 신입사원이 배정되지 않은 부서가 1개 이상 있다.
③ 신입사원 6명이 나뉘는 경우의 수는 모두 3가지이다.
④ 회계팀에 1명이 배정되었다면 총무팀에는 1명이 배정되었다.

다음은 일반 건강검진과 의료급여 생애전환기검진 안내문이다. 안내문과 [표]를 바탕으로 현재 건강검진 대상자 5명에 대한 내용으로 반드시 옳지 _않은_ 것을 고르면?(단, [표]는 각 건강검진 대상자의 일부 검진 항목만 제시되었다.)

■ 일반 건강검진
  ○ 대상자: 지역세대주, 직장가입자, 20세 이상 세대원과 피부양자, 20~64세 의료급여수급권자
  ○ 검진주기: 매 2년마다 1회, 비사무직은 매년 실시
  ○ 공통 검사항목
    1. 진찰, 상담, 신장, 체중, 허리둘레, 체질량지수, 시력, 청력, 혈압측정
    2. AST(SGOT), ALT(SGPT), 감마지티피
    3. 공복혈당
    4. 요단백, 혈청 크레아티닌, 혈색소, 신사구체여과율(e-GFR)
    5. 흉부방사선촬영
    6. 구강검진
  ○ 성·연령별 검사항목
    1. 이상지질혈증(총콜레스테롤, HDL콜레스테롤, LDL콜레스테롤, 트리글리세라이드) 검사
      : 남자 24세부터 4년 주기, 여자 40세부터 4년 주기
    2. B형간염검사: 40세(보균자 및 면역자는 제외)
    3. 치면세균막검사: 40세
    4. 골다공증: 54·66세 여성
    5. 정신건강검사(우울증): 20·30·40·50·60·70세, 해당 연령을 시작으로 10년 동안 1회
    6. 생활습관평가: 40·50·60·70세
    7. 노인신체기능검사: 66·70·80세
    8. 인지기능장애검사: 66세 이상, 2년 주기

■ 의료급여 생애전환기검진
  ○ 대상자: 66세 이상의 의료급여수급권자
  ○ 검진주기: 매 2년마다
  ○ 공통 검사항목: 진찰, 상담, 신장, 체중, 허리둘레, 체질량지수, 시력, 청력, 혈압측정
  ○ 성·연령별 검사항목
    1. 골다공증: 66세 여성
    2. 정신건강검사(우울증): 70세
    3. 생활습관평가: 70세
    4. 노인신체기능검사: 66·70·80세
    5. 인지기능장애검사: 66세 이상, 2년 주기

대상자	A	B	C	D	E
나이	60대	40대	20대	60대	50대
검진 항목	노인신체기능검사	B형간염검사	이상지질혈증	골다공증	골다공증
비고				의료급여수급권자	

① A씨의 검진항목에는 인지기능장애검사도 있다.

② B씨는 B형간염 면역자가 아니고, 검진항목으로 치면세균막검사도 있다.

③ C씨는 남성이고, 현재 우울증 검사를 받을 수 있다.

④ D씨의 검진항목에는 생활습관평가도 있다.

⑤ E씨의 검진항목에 이상지질혈증검사는 없다.

골절은 뼈나 골단판 또는 관절면의 연속성이 완전 혹은 불완전하게 소실된 상태를 말한다. 대개의 경우 외부의 힘에 의하여 발생하며, 뼈의 주변에 있는 연부 조직이나 장기들의 손상도 흔히 동반된다. 발생하는 위치에 따라 크게 사지골절, 척추골절 그리고 늑골, 두개골, 안와 등과 같은 기타 골절로 나눌 수 있고, 골절편의 수에 따라 단순골절과 분쇄골절로 나눌 수 있다.

단순골절은 한 개의 골절선에 의해 두 개의 골절편이 생기는 경우이며, 분쇄골절은 두 개 이상의 골절선에 의해 세 개 이상의 골절편이 발생하는 것이다. 분쇄골절 중 분절성 골절은 한 개의 골에 서로 연결되지 않는 두 개의 골절선이 있어 근위 및 원위 골편과 연결이 없으면서 둘레가 완전한 제3의 골 조각이 만들어지는 경우이다.

골절선의 모양에 따라서는 횡골절, 사골절, 나선골절, 종골절로 세분된다. 횡골절은 뼈의 긴 축과 직각 방향으로 부러진 형태를 말한다. 강한 직달성 외력이 충격적으로 가해졌을 때 생긴다. 사골절은 뼈의 긴 축과 사선 방향으로 부러진 형태를 말한다. 나선골절에 비해 골선이 짧다. 나선골절은 뼈의 긴 축에 대해 꼬이면서 부러진 형태를 말하고, 골절선이 길고 골절편의 끝이 예각을 이루며 골절면이 넓다. 종골절은 뼈의 긴 축과 평행한 방향으로 부러진 형태를 말한다.

한편, 힘이 작용하는 방향에 따라 골절의 전위가 다르게 나타난다. 비전위 골절은 위치의 이동이나 변화가 없는 골절 형태이며, 전위 골절은 골절에 의해 골절 조각의 위치가 이동하거나 변화된 형태를 말한다. 전위는 골편의 형태에 따라서 분류될 수 있는데, 외측전위, 각전위, 중복전위, 회선전위가 있다. 외측전위는 골절 시 뼈의 위치가 수평으로 이동한 것이고 각전위는 골절 부분에 각이 형성된 것이다. 중복전위는 한 뼈의 골절부 말단이 서로 겹쳐진 형태로 뼈의 길이가 외형적으로 바뀌고, 회선전위는 골절된 뼈의 원위부 골편의 장축을 중심으로 회선한 것을 말한다.

주어진 자료의 정보를 바탕으로 골절의 종류 및 전위에 관해 추론한 내용으로 옳지 <u>않은</u> 것을 고르면?

① 갑: 골절 위치와 골절편의 수에 따라 골절의 종류를 파악할 수 있겠군.
② 을: 강한 외력이 순간적으로 작용하면 횡골절이 일어나겠군.
③ 병: 골절선의 모양을 보았을 때, 횡골절의 골절면이 나선골절의 골절면보다는 좁겠군.
④ 정: 골절 후 다리의 길이가 짧아졌다면 중복전위가 일어났음을 의심해 볼 수 있겠군.
⑤ 무: 단순골절과 분쇄골절 모두 외부 충격의 횟수가 같다면 골절선과 골절편의 개수는 같겠군.

주어진 자료의 정보를 바탕으로 골절 상태에 따라 아래의 환자를 분류하고자 한다. 다음 중 A~F환자를 적절하게 분류하지 <u>않은</u> 것을 고르면?

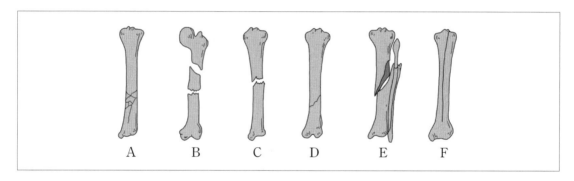

① 골절편이 2개인 환자: C, D, E, F
② 횡골절이 있는 환자: B, C, F
③ 2개 이상의 골절선이 있는 환자: A, B
④ 골절 전위 가능성이 있는 환자: B, C, E
⑤ 단순골절인 환자: C, D, E, F

다음 중 주어진 글의 B가 A의 논지를 약화하기 위해 반박한 말로 가장 적절하지 <u>않은</u> 것을 고르면?

A: 건강을 지키기 위해서는 무조건 운동을 해야 한다. 운동의 효과는 셀 수 없이 많다. 운동은 육체와 정신 기능의 쇠퇴를 보호할 뿐 아니라 에너지를 향상시킨다. 근육을 강하게 단련시키면 젊음과 아름다움을 유지할 수 있어 미용과 자신감의 증진에도 도움을 준다. 체중 유지와 질병에 대처하는 면역력을 높이기 위해서도 적당한 운동은 필수다. 하지만 운동이 좋은 줄 알면서도 갖가지 핑계를 대며 운동을 하지 않는 사람들이 있다. 가장 흔한 핑계는 바쁘다는 것이다. 전문가들은 이런 사람들에게 운동을 이 닦는 것처럼 빼놓을 수 없는 하루 일과로 인식하라고 조언한다. 나이가 들어서 못 하겠다는 말도 흔히 하는 핑계 중 하나이다. 그러나 이것 역시 설득력이 없다. 노년기는 근육량이 감소하고 면역력이 떨어져 어느 때보다 운동이 필요한 시기다. 적절한 운동은 치매나 건망증을 예방할 수도 있다. 자신을 사랑한다면 정기적으로 운동을 하는 것이 필요하다.

B: 운동하는 사람이 운동을 안 하는 사람에게 운동을 안 한다고 비난할 권리는 없다. 운동을 하고 싶지만 못하는 경우도 있기 때문이다. 늘어난 몸무게와 부족한 근육, 관절에 가해지는 압박 때문에 많은 양의 운동을 소화하기 힘든 경우가 많다. 또 반복적인 다이어트 실패로 인한 심리적인 실패감과 학습된 무기력감으로 우울감에 빠진 사람도 있다. 이런 사람에게는 운동이 오히려 독이 될 수 있다. 경구 혈당 강하제나 인슐린을 사용하는 당뇨병 환자의 경우 저혈당의 위험이 있으므로 운동을 함부로 해서는 안 된다. 심혈관 질환자도 평상시에는 증상이 없다가 운동을 시작하면 심장에 무리가 가서 증상이 발생하거나 악화될 수 있으므로 운동을 할 수가 없다. 이런 이유뿐만 아니라 각자 처한 상황, 현실적인 여건, 어쩔 수 없는 상황 등으로 운동하고 싶어도 하지 못하는 사람들이 있다.

① 운동이 오히려 건강을 해치는 경우도 있어요.
② 내 몸에 맞는 운동을 통해 건강을 지킬 수 있어요.
③ 건강을 유지하는 데는 운동보다 식이 요법이 더 효과적일 수도 있어요.
④ 마음을 편히 갖고 잠을 충분히 자는 것만으로도 건강해질 수 있어요.
⑤ 운동의 긍정적인 효과는 알지만 하고 싶어도 못하는 사람이 있어요.

179

다음 중 주어진 글에 제시된 '도덕적 해이'에 대한 사례로 적절한 것을 고르면?

　도덕적 해이는 원래 보험 산업과 중고차 시장에서 나온 말이다. 보험에 가입한 사람들이 보험회사와 보험 계약을 체결하고 나면 보험에 가입한 자산을 전처럼 성실하게 관리하지 않는 현상, 중고 자동차에 대한 정보가 완전하지 않아서 소비자에게 손해를 입히게 되는 것 등을 일컫는 말이다. 이처럼 도덕적 해이는 정보가 불투명하고 비대칭적이어서 상대방의 향후 행동을 예측할 수 없거나 본인이 최선을 다한다 해도 자신에게 돌아오는 혜택이 별로 없을 때 발생한다. 최근에는 그 의미가 더욱 확장되어 법과 제도적 허점을 이용하여 자기 책임을 소홀히 하거나 집단적인 이기주의를 나타내는 행위, 또는 권한과 지위에 상응하는 책임을 제대로 지지 않는 경우에 이르기까지 광범위하게 쓰이고 있다.

　도덕적 해이의 영어 표기는 'Moral Hazard'다. 우리나라에 해당 개념이 들어올 때 'Moral'은 '도덕'으로, 'Hazard'는 '해이'로 각각 번역되었는데, Hazard라는 영어 단어가 '위험'이나 '위해'가 아닌 '해이'라는 표현으로 번역되면서 그 의미는 더 확대되었다. 또한 최근에는 사물 인터넷, 정보 통신 기술 등이 발전함에 따라 지금까지는 인간의 행동을 관찰하는 데 제약이 많았던 산업이 눈에 띄게 변하고 있다. 예를 들면, 과거 회사 사업주는 택시 기사들이 얼마나 열심히 일하는지를 쉽게 판단할 수 없었다. 그런데 이제 블랙박스와 GPS, 모바일 결제 시스템 등을 이용해 다른 업종보다 오히려 자신이 고용한 사람들이 얼마나 성실하게 근무 시간을 보내는지 더 분명하게 알 수 있게 됐다. 따라서 최근 기술 개발에 맞춰 새로운 형태의 도덕적 해이 사례와 이를 예방할 수 있는 대안 연구가 더 필요해졌다.

　따라서 도덕적 해이를 상용할 때는 영문을 함께 표기하거나 '숨겨진 행동'이라는 표현으로 대체하는 것을 고려해야 한다. 그러지 않으면 정보 비대칭하에서 자신의 이익을 최적화하기 위해 선택한 전략적인 행동을 자칫 개인의 윤리 문제로 폄하하게 될 가능성이 크다.

① 화재 보험에 가입한 사람이 보험금을 노리고 집에 불을 질렀다.
② 국가에서 진행하는 건강검진 중 치아 검진 시 충치가 많음을 알게 되어 치아 보험에 관심을 갖게 되었다.
③ 의사가 실제로 치료하지도 않은 환자들에 대한 보험 급여를 신청하였다.
④ 사내 등산 행사 중 사고로 인해 의료비 보조금 수령 후 치료목적이 아닌 곳에 해당 금액을 사용하였다.
⑤ 금융 기관에서 고리의 이자를 받을 수 있지만 부도 위험이 있는 기업에게 대출을 해 주지 않았다.

다음 글과 [그림]을 바탕으로 할 때, [그래프]의 △△도시에 대한 설명으로 가장 적절한 것을 고르면?

도시의 발전 과정은 단계별 고유의 발전 양식을 가진 주기를 갖고 있는데, 도시화 → 교외화 → 탈도시화 → 재도시화 과정을 통해 자연스러운 변화 과정을 겪게 된다. 도시화의 단계에서 인구가 유입되면서 중심지의 인구는 빠르게 증가하며, 도시 성장이 계속되면 주변부의 인구도 증가하여 도시권 전체의 인구도 크게 증가한다. 교외화의 초기 단계에서는 저밀도의 쾌적한 생활이 가능한 교외 주거를 선호하면서 중심지의 인구는 감소하고 주변 지역의 인구는 계속 성장한다. 교외화 후기에는 주변부의 인구가 계속 증가하여 인근 소규모 도시로의 인구 이동을 유발한다. 탈도시화는 중심지의 인구 감소보다 주변부의 인구 감소가 더 많을 때까지 계속되며, 이 단계에서 사람과 직장이 도시권 밖으로 이동하게 되어 도시의 순인구는 감소하게 된다. 주변부의 인구가 지속적으로 감소하다가 중심지는 인구 성장을 하게 되고 이러한 중심부의 성장은 도시 전체 권역의 인구 성장을 가져온다.

[그림] 도시 생애 주기와 단계별 인구변화의 성격

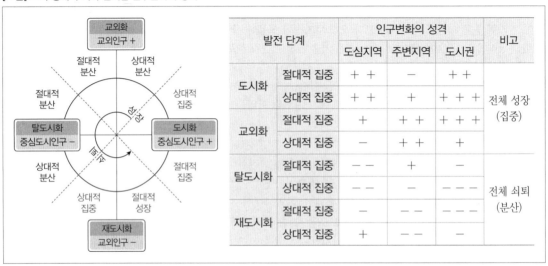

발전 단계		인구변화의 성격			비고
		도심지역	주변지역	도시권	
도시화	절대적 집중	+ +	−	+ +	전체 성장 (집중)
	상대적 집중	+ +	+	+ + +	
교외화	절대적 집중	+	+ +	+ + +	
	상대적 집중	−	+ +	+	
탈도시화	절대적 집중	− −	+	−	전체 쇠퇴 (분산)
	상대적 집중	− −	−	− − −	
재도시화	절대적 집중	−	− −	− − −	
	상대적 집중	+	− −	−	

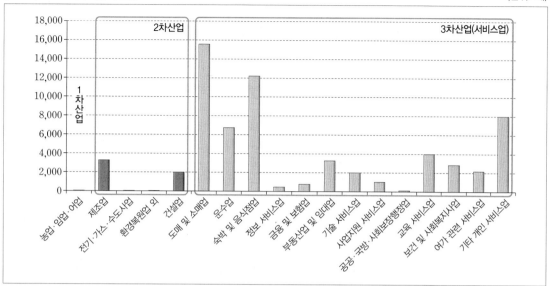

[그래프] △△도시의 사업체 현황   (단위: 개)

① 서비스업 중심으로 경제 활동 전이를 유도하여 탈도시화가 두드러지게 나타나고 있다.
② 도시권을 중심으로 상업의 중심지로 성장하며 도시화가 이루어지고 있다.
③ 서비스업에 대한 비중이 높고 생계형 서비스업이 주종을 이루고 있다.
④ 도시의 침체를 벗어나기 위해 기존 원도심지역의 도시 재생 필요성이 대두되고 있다.
⑤ 탈산업화되어 제조업의 고용 인구가 감소하고 지식 서비스 산업 중심으로 급격히 이동하고 있다.

다음 중 주어진 글에서 화자의 논지를 강화할 수 있는 주장이 <u>아닌</u> 것을 고르면?

수소 경제는 수소를 주요 에너지원으로 사용하는 경제 산업 구조를 말한다. 정부는 수소 경제를 3대 투자 분야 중 하나로 선정하고 수소차와 연료 전지를 두 축으로 세계 최고 수준의 수소 경제 선도 국가로 도약하는 비전과 계획을 담았다.

탄소 위주의 경제 시대에는 원유와 천연가스를 전량 수입했기 때문에 국제 가격 변동에 영향을 많이 받았다. 이와 달리 수소는 어디에서나 구할 수 있는 마르지 않는 자원이다. 수소 경제를 통해 에너지를 일정 부분 자급하게 되면, 안정적인 경제 성장과 함께 에너지 안보도 확보할 수 있다.

아직까지는 수소를 기존 화석 연료에서 추출하는 방식이 일반적이지만 앞으로는 태양, 풍력, 바이오 등 재생 에너지를 사용해 친환경적으로 생산할 수 있다. 특히 수소차는 주행하면서 대기 중의 미세 먼지를 정화하는 효과까지 발휘한다. 수소는 그동안 석유 화학, 정유, 반도체, 식품 등 산업 현장에서 수십 년간 사용해 온 가스로서, 이미 안전 관리 기술력이 축적된 분야이다. 수소차를 둘러싼 오해로 '수소폭탄'이 있는데, 이는 수소폭탄에 사용되는 중수소·삼중수소를 이해하지 못해서 나온 억측이다. 수소차의 연료로 활용되는 수소는 수소폭탄에 사용되는 중수소·삼중수소와 다르며, 자연 상태에서는 수소가 중수소·삼중수소가 될 수 없다. 또한 수소를 폭탄으로 변환하려면 1억 ℃ 이상의 온도가 필요하다.

우리나라는 수소 활용 분야에서 이미 세계적인 기술을 확보하고 있어 이를 전통 주력 산업인 자동차·조선·석유 화학과 연계하면 세계적으로 각국이 관심을 가지고 있는 수소 경제를 선도할 가능성이 높다. 또한 세계 최초로 수소차 양산에 성공했고, 핵심 부품의 99%가 국산화를 이루고 있다. 국내 수소차는 한 번의 충전으로 600km까지 달려, 현재 세계에서 가장 먼 거리를 달린다. 수소 경제의 또 다른 축인 연료 전지도 울산을 비롯한 대규모 석유 화학 단지에서 수소차 확산에 필요한 부생수소를 충분히 생산할 수 있는 능력을 갖추고 있다. 전국적인 천연가스 공급망도 우리나라 수소 경제의 강점이다. 총연장 5천여 km의 천연가스 배급망을 활용하면 천연가스에서 경제적으로 수소를 추출해 각지에 공급할 수도 있다.

① 수소의 종합적인 위험도는 도시가스보다 낮다.
② 현재 우리나라는 에너지의 95%를 수입하고 있다.
③ 지금까지 울산은 우리나라 중화학 산업과 경제 성장을 견인해 왔다.
④ 수소는 이산화탄소 배출이 전혀 없고 부산물이 물뿐인 깨끗한 에너지이다.
⑤ 수소차나 연료 전지 등을 생산하면 경쟁력 있는 미래 유망 업종의 일자리가 창출된다.

다음 자료를 바탕으로 저소득층 자녀 의료지원 사업의 지원대상에 해당하는 경우를 모두 고르면?

2022년 저소득층 자녀 의료지원 사업 확대

1. 사업 개요

    우리 병원에서 가 지역 아동들을 대상으로 의료지원을 해오고 있는 바, 2022년부터 취학 청소년까지 지원 범위를 확대할 예정입니다. 가 지역에 거주하는 저소득층 아동들이 경제적, 접근성 등의 이유로 의료이용의 어려움이 없고, 건강한 삶을 영위할 수 있도록 가 지역 아동 지원센터 및 청소년 상담센터와 연계하여 적절한 보건·의료서비스를 지원하는 사업입니다.

2. 지원 대상
   - 19세 미만 저소득층(1, 2종 수급자 및 차상위계층) 아동 및 청소년
   - 수급자가 아니더라도 청소년 상담센터나 아동 지원센터에서 확인증을 발급받은 경우

3. 지원 내용
   - 신체적·정신적 치료가 필요한 아동 및 취학 청소년의 의료지원

4. 지원 및 횟수
   - 의료지원
   - 1인 최대 2회

5. 사업 기간
   - 2022. 03. 01.~2022. 12. 31.

6. 지원 절차
   - 저소득층: 구비서류를 갖춘 후 주민자치센터 사회복지담당자를 통하여 신청
   - 저소득층이 아닌 경우: 청소년 상담센터 또는 아동 지원센터 사회복지사 상담 → 서류접수 → 병원으로 공문 발송

7. 기타 문의
   - 보건의료실 ☎ 000)123-4567로 문의

저소득층 자녀 의료비 지원 신청자

가. 가 지역에서 나 지역으로 이사한 1종 수급자인 16세 중학생입니다. 장염으로 인해 아픕니다.

나. 가 지역에 거주하는 2종 수급자인 19세 고등학교 3학년 남학생입니다. 청소년 상담센터에 다니지는 않지만 문신을 없애기 위한 지원금을 받을 수 있을까요?

다. 가 지역 아동 지원센터에서 확인증을 발급받은 자해 아동이 있어요. 저소득층은 아니지만 부모에게 방치되어 있는 아이입니다.

라. 저는 14살이고 가 지역에 거주하는 1종 수급자입니다. 엄마가 몸살이 나서 너무 아픈데 의료지원을 받을 수 있나요?

마. 저소득층은 아니지만 가 지역 청소년 상담센터에서 확인증을 받았습니다. 체육시간에 발목을 다쳐서 너무 아파요.

① 가, 라　　　　　② 나, 마　　　　　③ 다, 마
④ 가, 나, 라　　　　⑤ 다, 라, 마

183

다음 글을 바탕으로 온돌 구조에 대한 [그림]을 나타내었을 때, [그림]의 A~E에 대한 내용으로 옳지 <u>않은</u> 것을 고르면?

우리 한옥에서만 발견할 수 있는 구들과 굴뚝이 있다. 아궁이에서 데워진 더운 공기와 불길이 구들에 오래 머물도록 만든 개자리는 세계에서 가장 발달한 소각로로 인정받는 한옥의 구들을 만든 일등공신이다. 난방은 물론 천연 방충제와 천연 방부제의 역할까지 담당했던 한옥의 난방시설은 수천 년 불을 지펴온 우리 민족 지혜의 결정판이다.

한옥의 살림집 난방은 아궁이에 지핀 불길이 고래(구들장 밑으로 낸 고랑)를 타고 구들장을 데우는 일부터 시작된다. 안방의 경우에는 부뚜막이 있다. 가마솥을 건 부뚜막에는 큼직한 아궁이가 있어서 장작을 듬뿍 집어넣고 불을 때도 좋을 만큼 넉넉하다. 아궁이 바닥은 안쪽으로 약간 경사지게 해서 높이고 고래가 시작하는 부분에 '부넘기'라는 턱을 만들어준다. 장작에 불이 붙으면 불과 연기가 이 '부넘기'로 해서 고개를 바짝 쳐들게 되고, 그래서 깊은 고래 위에 얹은 구들장을 핥으며 지나갈 수 있게 된다. 고래로 그냥 통과하면 방이 데워지지 않고 아까운 열량만 소비할 뿐인 것이다. 고래로 통과하는 불길과 더운 공기가 구들장에 달라붙게 마련하는 일이 한옥 난방시설의 요체이다.

고래는 30cm 정도의 높이로 골을 이루듯이 만들어진다. 여러 개의 골이 평행하기도 하고, 아궁이로부터 방사선형으로 고래를 켜기도 한다. 켠다는 말은 고래를 같은 간격으로 이랑을 이루듯이 만들어낸다는 의미이다. 고래 주변에는 고래보다 더 깊은 개자리(방구들 윗목에 깊이 파놓은 고랑)가 생긴다. 개자리는 50cm 이상 깊어서 고래보다 바닥이 차다. 불담에 휩싸여 따라들어오던 그을음과 티끌들이 이 개자리에 떨어진다. 개자리에 머물던 더운 기운이 비로소 굴뚝으로 향하게 되는데, 굴뚝 개자리는 개자리의 역할을 한 번 더 보강해 주는 곳이다. 개자리는 아궁이에서 데워진 더운 공기와 불길이 구들에 오래 머물기를 바라며 만든 것이어서, 더운 공기가 굴뚝으로 직행하려는 동작을 제어하는 에어커튼의 구실을 한다.

한옥의 구들이 세계에서 가장 발달한 소각로가 된 것은 이 개자리가 있기 때문인데, 이는 수천년간 불을 지펴온 사람들의 지혜에서 우러나온 결과이다. 방에 구들을 들인 예가 세계 어느 민족에도 없다는 사실은 신식의 소각로보다 우리 풍부한 경험의 소산인 개자리가 월등한 효능을 지녔음을 말해준다. 개자리에서 머물던 더운 기운은 티끌을 다 떨어버리고 맑은 연기만 배출한다. 땅바닥에 연무로 퍼지는 파란 연기는 한옥의 한 정취이기도 하고 살충제의 구실도 한다.

사랑방은 굴뚝을 방문 앞 마당에 설치하기도 한다. 키작은 앉은뱅이 굴뚝인데 아주 정감어린 구조물이어서 눈에 거슬리지 않는다. 그 앉은뱅이 굴뚝에서 연기가 나온다. 모깃불을 따로 지피지 않아도 그 연기로 모기는 저만큼 달아나 버린다. 그래서 굴뚝 언저리에는 거미줄이 없다. 줄을 치고 벌레를 잡아먹어야 하는데 연기에 쫓겨 벌레들이 다 피해가 버려서 거미로서는 헛수고 할 까닭이 없는 것이다.

이렇듯 굴뚝의 연기는 자연스레 방충 기능을 지니고 있다. 고향 한옥에 사는 이들이 발달된 의료기관이 없던 시절에도 건강하게 살 수 있었던 것은 아궁이와 굴뚝에서 하루에도 몇 번씩 거듭해 살균해 준 덕분이라고 할 수 있다.

[그림] 온돌 구조

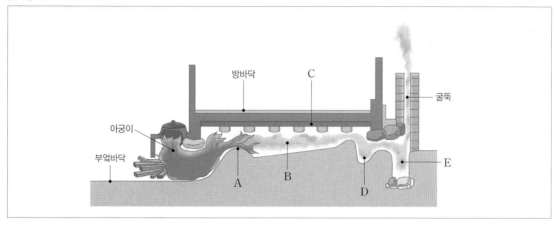

① A는 장작에 붙은 불을 상승시키는 역할을 하는 곳으로 열량 소비를 줄여준다.

② B는 30cm 정도의 높이로 골을 이루듯이 만들어지는데 반드시 평행하게 만들어야 한다.

③ C는 더운 공기로 인해 데워지는 부분이다.

④ D는 불이 지펴지면서 생기는 그을음과 티끌들이 떨어지는 곳이다.

⑤ E는 더운 공기와 불길을 마지막까지 잡아 두는 곳으로 에어커튼의 구실을 한다.

김 대리는 국내 중소기업의 해외 시장 진출에 관한 아래의 [자료]를 활용하여 중소기업 지원 방안에 대한 보고서를 작성하려고 한다. 다음 중 [자료]의 활용 방안으로 가장 적절한 것을 고르면?

[자료] 중소기업의 해외 진출 관련 설문조사(단일 응답)

◆ 해외 진출 희망 국가별 응답률

동남아	미국	중국	인도	남미	일본	유럽	러시아	호주	기타
27.5%	15.3%	13.2%	12.7%	10.2%	9.7%	6.4%	2.3%	1.7%	1.0%

◆ 해외 진출 동기별 응답률

국내 시장 포화로 새로운 판로 개척	24.2%
가격 품질 경쟁력 확보로 해외 시장 진출	20.5%
해외 인지도 상승을 위해서	16.3%
생산비 절감을 위해서	15.8%
대기업과 동반 진출을 위해서	10.2%
해당국의 무역 규제를 피하려고	7.5%
해외 선진 기술 습득을 위해서	3.2%
기타	2.3%

◆ 해외 진출 시 애로 사항 응답률

바이어/파트너	해외 구매선 바이어 발굴 역량 부족(23.6%)
	현지 제휴 합작 투자 파트너 발굴 곤란(11.0%)
해외 시장 정보	해외 시장 정보 획득 어려움(16.3%)
	소비 트렌드 현지 법규 이해 부족(10.1%)
	물류 통관 등 현지 정보 부족(7.0%)
글로벌 역량	해외 현지 상황에 맞는 판매 역량 부족(11.3%)
	수출 제품 등 생산 역량 부족(8.3%)
기타	해외 투자 자금 조달 곤란(8.2%)
	투자 종합 컨설팅 지원 미흡(4.2%)

① 해외 진출 지역으로 가장 선호되는 지역이 동남아인 이유가 해외 구매선과 바이어를 발굴하기 용이하기 때문이라는 점을 집중 분석한다.

② 중소기업이 제품 생산 부분보다 판매와 관련된 부분에서 곤란을 겪고 있으니 해외 시장 전문 인력을 제공해야 한다고 밝힌다.

③ 해외 진출 시 국내 대기업과 동반 진출을 모색하기 때문에 현지에서 제휴하고 합작 투자할 파트너를 발굴하기 곤란하다는 점을 강조한다.

④ 해외 시장에 진출하기 위한 글로벌 역량을 확보하기 어렵다는 점을 중소기업의 가장 큰 애로 사항으로 제시하고 해결 방안을 제시한다.

⑤ 동남아 및 중국 지역을 선호하는 것을 근거로 하여 저렴한 인건비가 중소기업의 해외 진출의 가장 큰 장점임을 밝힌다.

20×1년 1월 1일부터 P사에 재직 중인 A는 퇴직금 산정을 위해 [자료1]을 고려하여 일 평균 임금을 계산하려고 한다. A가 20×1년 6월 30일 퇴사할 예정이라고 할 때, [자료2]를 바탕으로 계산한 A의 퇴사일 기준 일 평균 임금을 고르면?(단, 퇴사일부터 출근하지 않으며, 일 평균 임금은 백 원 단위에서 반올림하여 계산한다.)

[자료1] P사 일 평균 임금 산정 방법

가. 일 평균 임금 산정 방법
  1. 관련 조문
    − 근로기준법 제19조 제1항에 따라 평균 임금은 이를 산정하여야 할 사유가 발생한 날 이전 3개월간에 그 근로자에 대하여 지급된 총임금을 그 기간의 총일수로 나눈 금액을 말한다.
  2. 평균 임금 산정 시 주의사항
    − 기본급 외의 실비, 각종 수당, 상여금을 포함한다.
    − 해당 기간 동안 지급된 임금 총액을 그 기간 동안의 총일수로 나눈 금액이다.
    − 상여금은 발생 시점 이전 12개월 동안 받은 상여금에 한하며, 상여금은 총액의 3/12로 산정한다.
  3. 평균 임금 산정 시 산입 제외 기간
    − 하기 ①~④에 해당하는 경우는 산입 기간에서 제외한다.
      ① 수습 기간
      ② 사용자의 귀책사유로 인한 휴업 기간
      ③ 육아 휴직 기간
      ④ 업무 수행으로 인한 부상 또는 질병의 요양을 위해 휴업한 기간

나. P사에 특유한 사항
  − 식비는 매월 제공되며, 임금에 포함한다.
  − 상여금은 1년에 세 번(1월 15일, 6월 15일, 10월 15일) 지급된다.
  − 육아휴직은 한 달 단위로 사용 가능하다.
  − 직위 해제는 근로자의 귀책사유가 있을 때 시행할 수 있으며, 이 기간에는 임금이 지급되지 않는다.

[자료2] A의 20×1년 1~6월 임금 현황

구분 (월별 일수)	기본급	상여금	실비	가족수당	식비	비고
1월(31일)	200만 원	80만 원	20만 원	20만 원	25만 원	
2월(28일)	200만 원		20만 원	20만 원	25만 원	
3월(31일)	200만 원		20만 원	20만 원	25만 원	
4월(30일)	직위 해제					
5월(31일)	육아 휴직					
6월(30일)	200만 원	80만 원	20만 원	20만 원	25만 원	6/30 퇴사

① 5.4만 원
② 6.0만 원
③ 6.3만 원
④ 7.2만 원
⑤ 8.8만 원

[186~187] 다음은 암환자 의료비 지원사업에 관한 안내문이다. 이를 바탕으로 이어지는 질문에 답하시오.

암환자 의료비 지원사업 안내

1. 사업 목적
- 저소득 소외계층 암환자의 의료비를 지원하여 치료율을 높이고 경제적 부담을 완화하여 삶의 질을 높이고자 함

2. 지원 대상
- 건강보험가입자 중 암환자
- 의료급여수급자
- 폐암환자
- 차상위 계층
   ※ 건강보험증 구분자 코드 C, E에 해당하는 자

3. 의료비 지원 안내

구분	세부 내용

건강보험가입자	• 사업대상자
	   − 대상자 선정기준 건강보험가입자 중 국가 암 조기검진 사업을 통하여 확인된 신규 암환자
	   − 국가 암검진 결과 암으로 진단받지 않았으나, 국가 암검진 1차 검진일로부터 만 2년 이내에 진단을 받은 경우(당해연도 1월 건강보험료 부과 기준에 적합해야 함)
	     ※ 2020년 건강보험료 기준: 직장가입자 100,000원 이하, 지역가입자 97,000원 이하
	     ※ 2021년 건강보험료 기준: 직장가입자 103,000원 이하, 지역가입자 97,000원 이하
	• 지원 암종
	   − 위암(C16), 유방암(C50), 자궁경부암(C53), 간암(C22), 대장암(C18~C20)
	• 의료비 지원 범위 및 지원 한도액
	   − 지원 범위: 의료기관의 건강보험적용 암 진료비 중 보험자 부담금을 제외한 환자 본인부담금(전액 본인부담금 제외)
	   − 지원 한도액: 1인당 연간 200만 원
	• 지급 기간
	   − 연속 최대 3년(매년 1월 건강보험료 부과 기준 적합 시 가능)

의료급여수급자	• 사업대상자
	   − 의료급여수급자(의료급여수급자격 기간 중의 치료비에 한하여 지원)
	   − 차상위 계층
	     ※ 건강보험증 구분자 코드 C, E 해당자
	• 지원 암종
	   − 악성신생물(C00~C97), 기타 신생물(D00~D09), 기타 신생물(D37~D48) 중 원발성 악성신생물인 D45, D46, D47.3, D47.4, D47.5
	• 의료비 지원 범위 및 지원 한도액
	   − 지원 범위: 본인일부부담금, 비급여 본인부담금
	   − 지원 한도액: 1인당 연간 300만 원
	• 지급 기간
	   − 연속 최대 3년

폐암환자	• 사업대상자 　− 국가 암검진 중 폐암 검진 수검 여부 관계없이 2021년 6월까지 폐암을 진단받은 자 　− 의료급여수급자(의료급여수급자격 기간 중의 치료비에 한하여 지원) 　− 차상위 계층(건강보험증 구분자 코드 C,E 해당자) 　− 건강보험가입자는 등록신청일 기준으로 해당연도 1월 건강보험료 부과액이 기준에 적합 　　※ 2021년 건강보험료 기준: 직장가입자 103,000원 이하, 지역가입자 97,000원 이하 　　※ 2022년 건강보험료 기준: 직장가입자 110,100원 이하, 지역가입자 104,500원 이하 • 지원 암종 　−기관지 및 폐의 원발성 악성신생물(상병코드 C34.0~C34.9에 해당) • 지원 한도액 　− 건강보험가입자: 본인일부부담금 연간 200만 원 지원 　− 의료급여수급자: 본인일부부담금 + 비급여 본인부담금 연간 300만 원 지원 • 지급 기간 　− 연속 최대 3년(매년 1월 건강보험료 부과 기준 적합 시 가능)
소아암환자	• 사업대상자 　− 만 18세 미만인 자 　− 의료급여수급자 　− 건강보험가입자는 소아암환자 가구의 소득 및 재산이 본 사업의 기준에 적합한 자를 지원대상자로 선정 　　※ 소아암환자 가구에 해당되는 사람은 소아암환자의 부모 및 만 30세 미만 형제·자매(가족관계등록부로 확인) 및 소아암환자와 세대를 같이하는 (외)조부모(주민등록상의 동일 세대 또는 동일 주소) • 지원 암종 　− 백혈병(C91~C95), 악성신생물(C00~C97), 제자리신생물(D00~D09), 행동 양식 불명 및 미상의 신생물(D37~D48) • 의료비 지원 범위 　− 본인일부부담금, 비급여 본인부담금 • 지원 한도액 　− 백혈병(C91~C95): 1인당 연간 3,000만 원 지원 　− 백혈병 외: 1인당 연간 2,000만 원 지원 　　※ 다만, 백혈병 이외의 암종에서 조혈모세포이식을 받은 경우에는 최대 3,000만 원까지 지원 • 지급 기간 　− 연속 최대 3년(매년 1월 건강보험료 부과 기준 적합 시 가능)

4. 신청 서류

- 암환자 의료비 등록 및 지원신청서
- 최종진단서 1부

　※ 3개월 이내 발급된 것으로 최종진단, 진단일자, 상병코드 기재 필수

- 통장 사본
- 진료비 영수증 원본 또는 재발행본
- 약제비 처방전, 약제비 영수증 원본 또는 재발행본
- 사망진단서 1부(해당자에 한함)
- 소득 및 재산관련 서류(소아암환자에 한함)
- 담당의사 소견서(해당자에 한함)

[붙임1] 2022년 소아암환자 지원 대상자 소득 기준

(단위: 원)

1인가구	2인가구	3인가구	4인가구	5인가구	6인가구	7인가구
2,333,774	3,912,102	5,033,641	6,145,296	7,229,418	8,288,405	9,336,710

※ 소득 기준은 가구의 월평균 소득 기준인 중위소득 120% 이하를 적용한 값임

※ 7인 이상 가구의 경우, 1인 증가 시마다 1,048,306원씩 증가

[붙임2] 2022년 소아암환자 지원 대상자 재산 기준

(단위: 원)

1인가구	2인가구	3인가구	4인가구	5인가구	6인가구	7인가구
217,965,813	255,815,396	282,710,820	309,369,209	335,367,338	360,762,705	385,901,928

※ 일반재산 최고재산액 기준 300% 이하 산출식을 적용한 값임

※ 7인 이상 가구의 경우, 1인 증가 시마다 25,139,223원씩 증가

---

186 〈문제 더보기〉 PART Ⅲ 변형 | P.413 460번

2022년 상반기 국민건강보험공단

주어진 안내문에 대한 내용으로 옳지 <u>않은</u> 것을 고르면?

① 암환자 의료비 지원을 신청하기 위해서는 진단일자와 상병코드가 포함된 최종진단서를 제출해야 한다.

② 건강보험가입자 중 대장암 환자인 경우 의료비 지원이 가능하다.

③ 2022년 소아암환자 지원 대상자로 선정이 되기 위한 8인가구의 소득 기준은 10,385,016원이다.

④ 의료급여수급자 1명에게 연간 최대 200만 원까지 지원이 가능하다.

---

187 〈문제 더보기〉 PART Ⅲ 변형 | P.413 461번

2022년 상반기 국민건강보험공단

다음 [보기]에서 안내문의 내용을 바르게 이해한 사람을 고르면?

┌ 보기 ├─

민아: 위암, 유방암, 자궁경부암, 간암, 대장암은 모두 악성신생물에 포함되네.

주희: 2022년 지역가입자로 건강보험료 109,300원을 부과 받은 사람이라면 폐암환자 의료비 지원이 가능하군.

혁수: 건강보험가입자가 암환자 의료비 지원사업을 신청하려면 통장 사본과 소득 및 재산관련 서류를 모두 제출해야 해.

윤수: 2022년 1인가구 일반재산 최고재산액 기준 100% 금액은 7천만 원 이하겠네.

① 민아   ② 주희   ③ 혁수   ④ 윤수

[문화예술 지원사업 모집 요강]

○ 사업 내용: 다양한 문화예술 교육 프로그램 지원을 통해 문화예술인들의 역량 강화, 문화예술의 사회적 가치 확산과 건전한 여가 문화 조성
○ 접수 기간: 2022. 03. 02. ~ 2022. 03. 31.
○ 주관 기관: 한국문화예술센터 진흥원
○ 사업 대상: 전국 문예센터
○ 접수 내역

구분	내용
민간 문예센터 지원사업	민간기관의 예술 공연 중 우수 공연을 선정해서 대관료의 일부를 지원한다.
공공 문예센터 지원사업	공공기관의 예술 공연 중 우수 공연을 선정해서 대관료의 일부를 지원한다.
문화회관·문예센터 지원사업 (동시 배급&공연)	문화회관·문예센터에서 동시 배급과 공연을 하는 예술 공연 중 우수 공연을 선정해서 공연 경비의 일부를 지원한다.
문화행사 지원사업 (구 지역 한마음 축제)	문예센터에서 지역 문화행사에 참여하는 경우 참여 경비의 일부를 지원한다.

○ 문화예술 예산 지원 부담률

구분		지원율	기관 부담률
민간 문예센터 지원사업	신규	50%	50%
	기존	40%	60%
공공 문예센터 지원사업	신규	80%	20%
	기존	70%	30%
문화회관·문예센터 지원사업 (동시 배급&공연)	신규	60%	40%
	기존	50%	50%
문화행사 지원사업(구 지역 한마음 축제)		40%	60%

○ 추진 절차

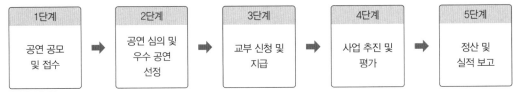

1단계	2단계	3단계	4단계	5단계
공연 공모 및 접수	공연 심의 및 우수 공연 선정	교부 신청 및 지급	사업 추진 및 평가	정산 및 실적 보고

○ 유의 사항
  - 신청서에 허위 또는 부정확한 내용 기재 시 신청 및 지원이 취소될 수 있음
  - 선정이 확정된 공연 및 사업이라도 일부 내용이 적절하지 않다고 판단되는 경우에는 수정을 요구할 수 있으며, 불이행 시 선정 결정이 취소될 수 있음
  - 예산 계획은 지원신청서 내 예산 편성 세부기준을 따라야 하며 과도한 사업비 책정은 심의에서 불이익을 받을 수 있음

188

주어진 자료에 대한 설명으로 옳지 <u>않은</u> 것을 고르면?

① 해당 사업에 선정된 기관도 비용을 부담해야 한다.
② 해당 사업은 전국을 대상으로 진행한다.
③ 한국문화예술센터 진흥원에서 문예센터를 대상으로 시행하는 사업이다.
④ 신규 공연 진행 시에만 지원을 받을 수 있다.
⑤ 우수 공연에 경비를 지원하는 사업은 문화회관·문예센터 지원사업이다.

189

다음 중 사업 지원을 받으면서 기관 부담률이 가장 낮은 경우를 고르면?

① A민간 문예센터에서 대전 문예회관을 대관하여 신규 공연을 진행하였고, 우수 공연에 선정되었다. 공연을 진행하는 데 800만 원의 경비가 들었고, 이 중 대관료는 120만 원이다.
② B공공 문예센터에서 청주 문예회관을 대관하여 신규 공연을 진행하였으나, 우수 공연에 선정되지 않았다. 공연을 진행하는 데 500만 원의 경비가 들었고, 이 중 대관료는 80만 원이다.
③ C공공 문예센터에서 김해 문예회관을 대관하여 전년도에 진행했던 공연을 진행하였고, 우수 공연에 선정되었다. 공연을 진행하는 데 600만 원의 경비가 들었고, 이 중 대관료는 100만 원이다.
④ D민간 문예센터에서 문화회관과 문예센터에서 신규 공연을 동시 배급 및 공연을 진행하였고, 우수 공연에 선정되었다. 공연을 진행하는 데 1,500만 원의 경비가 들었고, 이 중 대관료는 150만 원이다.
⑤ E민간 문예센터에서 전주의 지역 문화행사에 참여하였다. 참여 경비로 500만 원의 비용이 들었다.

다음 글의 A와 B의 의견을 올바르게 분석한 것을 고르면?

> A : "경영 전략은 회사의 이익을 극대화시킬 수 있는 방안이어야만 합니다. 지역 사회 발전도 중요하지만 어떤 일이 회사의 이익을 갉아먹는다는 것을 알면서도 사회에 도움이 된다는 이유로 계속 추진해야 한다는 생각은 받아들일 수 없어요. 따라서 우리는 새로운 업무를 추진함에 있어 회사의 매출과 수익에 얼마나 기여를 하는지를 먼저 꼼꼼히 따져 기업의 영리 추구에 도움이 되는 일 중에서 사회에도 기여할 수 있는 일을 찾아내야만 합니다."
>
> B : "저는 좀 다른 생각입니다. 회사의 이익 추구라는 목적에 반하는 일일지라도 사회적 가치가 크다면 충분히 기업이 선택할 수 있어야 한다고 봅니다. 당장 눈앞에는 자금도, 시간도, 인력도 투입되는 것만 보일 수 있겠지만 사회에 기여함으로 인해 기업의 이미지도 좋아질 수 있으며, 단순한 이미지 제고 차원을 넘어 우수한 인재 영입과 직원들의 사명감 고취, 업무 마인드 개선, 노사 화합, 정부의 지원 등 보이지 않는 변화로 인한 혜택이 훨씬 더 큰 이익을 가져다 줄 수도 있습니다. 더구나 최근의 지구촌 기업 환경의 변화는 모두 상생과 지속가능한 활동에 그 초점이 맞춰져 가고 있음을 고려하면 과감한 사회 공헌 활동이야말로 기업의 핵심 전략으로 자리매김되어야 마땅하다고 생각합니다."

① A는 논리적인 사고를, B는 창의적인 사고를 통해 각자의 의견을 제시하고 있다.
② 문제해결을 위해 A는 회의적인 시각을, B는 긍정적인 시각을 보여주고 있다.
③ A는 회사의 입장만을 대변하고 있으며, B는 사회의 입장만을 대변하고 있다.
④ A는 비판적인 시각에서 분명한 선택을, B는 근거 제시를 통한 논리적인 사고를 하고 있다.

○○대학교 총학생회장은 다음 [조건]에 따라 각 부처의 국장을 선출하려고 한다. 이를 바탕으로 항상 옳지 <u>않은</u> 것을 고르면?

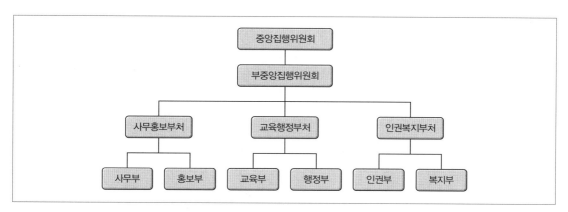

| 조건 |

- 중앙집행위원장, 부중앙집행위원장, 사무부장, 홍보부장, 교육부장, 행정부장, 인권부장, 복지부장을 각 1명씩 총 8명을 선출하며 중앙집행위원장과 부중앙집행위원장은 간부 임원이다.
- 후보는 경영학과 출신 A, 경영학과 출신 B, 경영학과 출신 C, 교육학과 출신 D, 교육학과 출신 E, 사회복지학과 출신 F, 사회복지학과 출신 G, 사회복지학과 출신 H로 총 8명이다.
- 사무홍보부처의 부장은 경영학과 출신, 교육부장은 교육학과 출신, 인권복지부처의 부장은 사회복지학과 출신으로 구성한다.
- B와 D는 같은 부처로 구성된다.
- F와 H는 같은 부처로 구성될 수 없다.

① 경영학과 출신의 사람이 행정부장이 된다.
② F가 복지부장이 되지 않으면 G는 인권부장이 된다.
③ 부중앙집행위원장이 될 수 있는 사람은 4명이다.
④ F가 복지부장이 된다면 H는 간부 임원이 된다.
⑤ 어떤 부처의 국장인지 확실히 알 수 있는 사람은 2명이다.

다음은 풍력발전에 관한 자료이다. 이에 대한 설명으로 옳은 것을 고르면?

　풍력발전은 공기의 운동에너지를 기계적인 에너지로 변환시켜 전기를 얻는 기술이다. 풍력발전기는 여러 가지 기준에 따라 분류할 수 있는데 가장 대표적인 분류 방식은 회전 축 방향에 의한 분류이다. 회전 축 방향에 따라 풍력발전기는 수평 축 풍력발전기와 수직 축 풍력발전기로 분류할 수 있다.

　수평 축 풍력발전기는 축이 수평인 발전기로 구조가 간단하고 설치가 용이하며 에너지 변환효율이 우수하다. 또한 가격이 싸다는 장점이 있다. 그러나 날개 전면을 바람 방향에 맞추기 위해 나셀을 360도 회전시켜 줄 수 있는 요잉 장치가 필요하며 종속기와 발전기 등을 포함하는 나셀이 타워 상부에 설치되어 점검과 정비가 어렵다는 단점이 있다. 수평 축 풍력발전기는 날개가 1개인 것부터 4개인 것까지 다양한 종류가 있으나 현재는 3개의 날개를 가진 프로펠러형을 가장 많이 이용한다. 수평 축 풍력발전기의 종류별 특징은 아래와 같다.

[표1] 수평 축 풍력발전기의 종류별 특징

구분	특징
프로펠러형	날개의 형태가 비행기 날개와 유사하며, 풍력발전용으로 사용
세일윙형	날개의 형태가 삼각형이며 지중해 지방에서 제분 및 배수에 사용
네덜란드형	유럽에서 14세기 초부터 19세기 말까지 제분 및 배수에 사용
퍼들형	단순한 컵형 또는 풍배형 형태이며, 로빈슨 풍속계 이용
다익형	19세기부터 현재까지 미국 농장에서 양수용 풍차로 사용

　수평 축 방식이 일반적으로 사용되지만 최근 도심 설치용 수직 축 풍력발전기가 주목을 받고 있다. 수직 축 풍력발전기는 비교적 바람의 변화와 난류에 덜 민감하여 요잉 장치가 필요 없고, 출력당 중량이 작으며 회전에 의한 시각적인 영향이 적어 도심에 적합하다. 또한 낮은 높이에 설치가 가능하여 유지보수가 쉽다. 그러나 가격이 비싸고 수평 축 발전기에 비해 효율이 떨어지는 단점이 있다. 수직 축 풍력발전기는 다리우스 풍력발전기와 사보니우스 풍력발전기가 대표적이다. 다리우스 풍력발전기는 굴곡 형태의 다수의 블레이드가 장착되고 회전 시 발생된 양력으로 작동한다. 다리우스 풍력발전기는 스스로 회전이 불가능한 유일한 수직 축 풍력터빈으로서 다른 풍력발전기나 전기모터가 필요하다. 사보니우스 풍력발전기는 단면이 2~3개의 S자 모양인 국자 형태로 구성되고 항력을 이용한다. 항력의 차이로 회전이 일어나지만 다른 풍력발전에 비해 효율이 낮다. 수직 축 풍력발전기의 종류별 특징은 아래와 같다.

[표2] 수직 축 풍력발전기의 종류별 특징

구분	특징
다리우스형	원호형 날개 2~3개를 수직 축에 붙임. 일정한 단면형상의 원호형상 날개가 수직 축으로서 특이한 구조
자이로밀형	2~4개의 수직 대칭익형 날개를 붙임. 수직으로 붙여진 대칭형 브레이드가 풍향에 대해 자동적으로 최적의 반각(영각)을 얻는 구조
사보니우스형	핀란드 S.J. 사보니우스에 의해 고안된 풍차로서 반원통의 날개를 마주보게 하여 구동하는 구조
크로스플로우형	다수의 길고 가느다란 곡면판 브레이드가 상하 원판의 구조로서 공동용 형태이며, 저 낙차 소수력 발전의 뱅크 터빈과 유사

　이 밖에도 종속기 유무, 공기업학적방식, 운전속도 등 여러 가지 기준에 따라 풍력발전기를 나눌 수 있다.

① 수평 축 풍력발전기는 종속기와 발전기를 포함하는 요잉 장치가 높은 곳에 설치되어 유지보수가 어렵다.

② 수평 축 풍력발전기는 수직 축 풍력발전기에 비하여 가격이 싸지만 설치가 어려워 도심에 적합하지 않다.

③ 수직 축 풍력발전기에서 가장 많이 이용하는 형태는 프로펠러형이다.

④ 다리우스 풍력발전기는 항력을 이용하여 작동한다.

⑤ 사보니우스 풍력발전기는 스스로 회전이 가능하지만 다른 풍력발전에 비해 효율이 낮다.

어느 회사에서 운행하는 통근버스의 운전자 갑은 거리가 가장 짧은 경로로 출발지에서 회사까지 운행을 하려고 한다. 정류장 A~D는 반드시 한 번씩 들러야 하고, 각 지점들의 연결망은 [그림]과 같다. 갑이 출발 지점에서 오전 7시 30분에 출발하여 거리가 가장 짧은 경로로 갔을 때, 회사 도착 시각을 고르면?(단, 각 정류장마다 5분간 정차하고, 버스의 평균 속도는 60km/h이다.)

[그림] 각 지점 간 연결망 지도

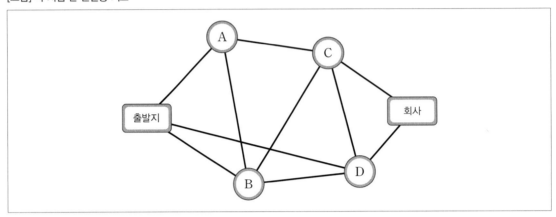

[표] 각 지점 간 거리

구분	A	B	C	D	회사
출발지	16km	14km		30km	
A		20km	10km		
B			22km	12km	
C				14km	10km
D					5km

① 오전 8시 33분　　　　② 오전 8시 38분　　　　③ 오전 8시 48분
④ 오전 8시 53분　　　　⑤ 오전 8시 58분

다음은 ○○연구소의 채용공고문이다. 이를 바탕으로 추론한 내용으로 옳지 <u>않은</u> 것을 고르면?

○○연구소 채용공고문

[모집분야]

구분	모집인원
SW 개발 직무	총 8명(원급(학사급) 4명, 주임급(석사급) 4명)

[자격요건]

- 원급: 학사학위 이상 취득, 전문학사학위 취득 후 2년 이상 경력
- 주임급: 석사학위 이상 취득, 학사학위 취득 후 2년 이상 경력, 전문학사 취득 후 4년 이상 경력

[지원절차]

지원서 접수	⇨	서류심사	⇨	인성면접	⇨	임원면접	⇨	합격자 발표
8월 11일~8월 25일		9월 9일		9월 16일		9월 25일		9월 30일

[제출서류]

- 이력서 1부
- 자기소개서 1부
- 업무와 관련한 포트폴리오 제출(단, 입사 지원 시 labcareer.com에 업로드)
- 최종 학력증명서 1부(졸업예정증명서·수료증명서 불인정)
- 입사지원서에 기재한 경력에 대한 경력증명서(재직증명서 포함) 각 1부
  - 자격요건상의 조건에 충족되는 경력에 한함
  - 경력증명서에는 근무기간 및 직위, 해당업무, 발급담당자 연락처를 반드시 기재
  - 진위여부 확인을 위해 공고일 기준 3개월 이내 발행분에 한해 인정
- 서류심사 합격자는 입사지원서에 기재한 자격증 사본 일체를 인성면접 전 이메일 제출

> ※ 포트폴리오를 제외한 제출서류는 학교명, 재학기간, 사진, 성별, 연령 등 블라인드 처리 후 PDF파일 작업하여 이메일 제출(블라인드 미처리 서류 제출자는 서류전형 탈락)
> ※ 제출서류 원본은 최종 합격자에 한하여 최종 합격 시 제출

※ 기타 궁금하신 사항은 damdang@lab.com으로 문의해 주십시오.

① 최종 합격 시 자격증 등의 제출서류는 원본으로 제출해야 한다.
② 서류심사 시 경력증명서는 원본으로 제출해야 한다.
③ 자기소개서는 이메일로 제출해야 한다.
④ 업무와 관련한 포트폴리오를 제출할 때에는 사이트에 직접 업로드해야 한다.
⑤ 학교명이 기재된 학력증명서를 제출 시 서류전형에서 불이익을 받는다.

[코로나19 대응 매뉴얼]

1. 비상대책본부 구성 및 운영
   - 비상대책본부: 임원 및 사내 보건인력
   - 비상대책위원: 전 팀장 및 코로나19 비상대응팀

2. 의심환자 발생 시 비상대책본부 프로세스
   1) 내사자 중 의심환자 발생 시
      ㄱ. 증상 확인 후 증상이 없을 시: 즉시 퇴근 및 코로나19 검진 후 음성 확인 시 다음 날부터 정상근무 (마스크 착용/사내접촉 최소화)
      ㄴ. 증상 확인 후 증상이 있을 시
         - 관할보건소 신고 및 코로나19 검진, 음성 확인 후 14일 자가격리 및 재택근무
         - 이동동선 및 사내 접촉인원 확인(최근 3일간 2m 이내 근접 접촉자) → 접촉 인원 즉시 귀가 조치 및 재택근무, 14일 자가격리
         - 임시폐쇄구역설정: 해당 사무실
         - 소독/방역: 해당 사무실, 식당, 탈의실, 휴게실, 통근버스, 화장실
   2) 방문객 중 의심환자 발생 시
      ㄱ. 증상 확인 후 증상 없을 시: 사내 접촉자 확인(2m 이내 근접 접촉자) 및 코로나19 자가검진
      ㄴ. 증상 확인 후 증상이 있을 시
         - 이동동선 및 사내 접촉인원 확인(2m 이내 근접 접촉자) → 접촉 인원 즉시 귀가 조치 및 재택근무, 14일 자가격리
         - 소독/방역: 해당 사무실 및 방문지
   3) 내사자 중 확진자 접촉 의심 시: 즉시 퇴근(혹은 출근 금지) 및 14일 자가격리, 재택근무

3. 확진자 발생 시 비상대책본부 프로세스
   1) 내사자 중 확진자 발생 시
      - 관할보건소 신고 및 코로나19 검진
      - 이동동선 및 사내 접촉인원 확인(최근 3일간 2m 이내 근접 접촉자) → 접촉 인원 14일 자가격리
      - 전 직원 즉시 귀가 조치 및 재택근무, 14일 재택근무 후 추가 확진자 발생 여부에 따라 재택근무 연장 여부 결정
      - 임시폐쇄구역설정: 건물 전체
      - 정밀 소독/방역: 건물 전체, 통근버스, 주요 동선
      - 전 사원 방역용품 지급
      - 사적 모임 금지
      ※ 완치 후 최소 14일간 자가격리 및 재택근무
      ※ 규정에 따라 연 최대 60일 병가 사용 가능, 치료기간이 이를 초과하는 경우 공가 처리(이미 병가를 소진하였거나 일부 사용한 경우 합산하여 연 최대 60일 사용 가능)
   2) 방문객 중 확진자 발생 시
      - 이동동선 및 사내 접촉인원 확인(2m 이내 근접 접촉자) → 접촉 인원 즉시 귀가 조치 및 재택근무, 14일 자가격리
      - 확진자 방문 층 근무직원 전 직원 즉시 귀가 조치 및 재택근무
      - 임시폐쇄구역 설정: 해당 층 및 이동동선
      - 정밀 소독/방역: 해당 층 및 이동동선

K회사 영업부에 방문한 방문객 김 씨가 방문 다음 날 확진 판정을 받았다. 김 씨는 5층에 위치한 영업부의 회의실에서 영업부의 이 부장과 회의를 하였고, 2층에 근무하는 기획부 박 대리도 이 회의에 참석하였다. 김 씨, 이 부장, 박 대리는 모두 다른 직원들과는 2m 이내 접촉을 하지 않았다. 김 씨는 5층의 화장실을 방문하였고, 3호기 엘리베이터를 타고 올라온 뒤 2호기 엘리베이터를 타고 내려갔다. 다음 중 규정에 따른 처리 지침으로 옳지 <u>않은</u> 것을 고르면?(단, 재무부는 5층에 위치한다.)

① 영업부의 최 사원은 14일간 자가격리를 하지 않는다.

② 기획부 전 직원을 즉시 귀가시킨다.

③ 재무부 전 직원을 즉시 귀가시킨다.

④ 5층을 임시폐쇄하고, 2층은 임시폐쇄하지 않는다.

⑤ 2호기 엘리베이터와 3호기 엘리베이터를 임시폐쇄하고 정밀 소독/방역을 한다.

196

영업부의 이 부장이 코로나19 검진 5일 후 확진 판정을 받고, 즉시 병원에 입원하였다. 이 부장은 병원에 총 80일간 입원을 하였고, 퇴원 후 14일 자가격리 및 재택근무를 하고, 다시 출근을 하였다. 이 부장이 코로나19 확진 이전에 다른 질병으로 4일간 병가를 사용하였다고 할 때, 이 부장이 사용하는 공가 일수는 총 며칠인지 고르면?

① 20일   ② 24일   ③ 34일

④ 38일   ⑤ 80일

[197~199] 다음은 국민건강보험공단 홈페이지의 민원 서비스 변경 안내 자료이다. 이를 바탕으로 이어지는 질문에 답하시오.

구분	사이버민원센터	국민건강보험공단 통합 홈페이지
자격	자격사항	→ 민원여기요 > 개인민원 > 자격조회 > 자격사항
	자격확인서 발급	→ 민원여기요 > 개인민원 > 증명서 발급/확인 > 자격확인서
	자격득실확인서 발급	→ 민원여기요 > 개인민원 > 증명서 발급/확인 > 자격득실확인서
	건강보험증 재발급	→ 민원여기요 > 개인민원 > 증명서 발급/확인 > 건강보험증 발급 신청
	차상위본인 부담 경감증명서 발급	→ 민원여기요 > 개인민원 > 증명서 발급/확인 > 차상위본인 부담 경감증명서
	급여정지 사항	→ 민원여기요 > 개인민원 > 자격조회 > 급여정지 사항
	지역 자격취득 변동 사항	→ 민원여기요 > 개인민원 > 증명서 발급/확인 > 지역 자격취득 변동 사항
보험료	4대 사회보험료 계산	→ 민원여기요 > 개인민원 > 보험료 조회 > 4대 보험료 계산
	지역보험료 부과내역	→ 민원여기요 > 개인민원 > 보험료 조회 > 지역보험료 조회
	직장보험료 개인별 조회	→ 민원여기요 > 개인민원 > 보험료 조회 > 직장보험료 조회
	인터넷 지로 납부	→ www.giro.or.kr
	보험료 납부확인서	→ 민원여기요 > 개인민원 > 증명서 발급/확인 > 보험료 납부확인서
건강보험 본인 부담금 확인	사업장 자료제공 동의	→ 민원여기요 > 개인민원 > 사업장 의료비 자료제공 동의
	건강보험 본인 부담금 확인서 발급	→ 민원여기요 > 개인민원 > 증명서 발급/확인 > 건강보험 본인 부담금 확인서
보조기기 대여	지사별 잔여 보조기기 현황	→ 정책센터 > 국민건강보험 > 보험급여 > 의료비 신청 > 지사별 잔여 보조기기 현황
보험급여	진료받은 내용 보기	→ 민원여기요 > 개인민원 > 보험급여 > 진료받은 내용 및 신고
	신고회신 내역	
	진료받은 내용 신고 포상금 제도	→ 민원여기요 > 개인민원 > 보험급여 > 진료받은 내용 신고 포상금 제도
	임신/출산 진료비 온라인 신청	→ 민원여기요 > 개인민원 > 임신/출산 진료비
	임신/출산 진료비 온라인 신청 내역 조회	
	임신/출산 진료비 잔액 확인	
	난임시술대상자 잔여급여 횟수 조회	→ 민원여기요 > 개인민원 > 보험급여 > 난임시술대상자 잔여급여 횟수 조회
	기타징수금 납부확인서 발급	→ 민원여기요 > 개인민원 > 증명서 발급/확인 > 기타징수금 납부확인서
	치석제거 진료정보 조회	→ 민원여기요 > 개인민원 > 보험급여 > 치석제거 진료정보 조회
	현금급여 지급내역 조회	→ 민원여기요 > 개인민원 > 보험급여 > 현금급여 지급내역 조회

미지급 환급금 통합조회 및 신청	통합조회 및 신청	→	민원여기요 > 개인민원 > 환급금 조회/신청
	본인 부담금 환급금 신청		
	본인 부담 상한액 초과금 신청		
	보험료 과오납금 환급 신청		
	기타징수금 과오납 환급금 신청		
	보험료체납 급여제한 해제 공단부담금 환급신청		
	약품비 본인 부담차액 신청		
건강 검진	대상조회 및 출력	→	건강iN > 나의건강관리 > 건강 검진정보 > 검진대상 조회
	건강 검진결과 조회	→	건강iN > 나의건강관리 > 건강 검진정보 > 건강 검진결과 조회
외국인 민원센터 예약	외국인 민원센터 예약	→	민원여기요 > 개인민원 > 외국인 민원센터 예약

197

2021년 상반기 국민건강보험공단

주어진 자료에 안내되어 있지 않은 업무를 고르면?

① 사회보험료 대납 업무
② 차상위본인 부담 경감증명서 발급 업무
③ 직장보험료 개인별 조회 업무
④ 임신/출산 진료비 온라인 신청 업무

다음 중 국민건강보험공단 홈페이지의 동일한 화면에서 처리할 수 있는 업무로 바르게 짝지어진 것을 고르면?

① 지역보험료 부과내역, 직장보험료 개인별 조회
② 자격확인서 발급, 급여정지 사항
③ 보험급여 진료받은 내용 보기, 보험급여 신고회신 내역
④ 보험료 인터넷 지로 납부, 보험료 납부확인서

다음 중 국민건강보험공단 홈페이지에서 운영하는 '민원여기요 > 개인민원'의 하위 화면이 아닌 것을 고르면?

① 현금급여 지급내역 조회
② 외국인 민원센터 예약
③ 사업장 의료비 자료제공 동의
④ 건강 검진정보

다음에 제시된 '민원업무 처리규칙'에 대한 설명으로 올바른 것을 고르면?

제17조(민원의 처리원칙) ① 처리사무부서는 접수된 민원서류를 소정기간 내에 처리하고 그 결과를 즉시 민원인 및 문서담당부서에 통보하여야 한다.

② 민원문서를 접수한 처리사무부서는 다른 문서에 우선하여 이를 처리하여야 한다.

③ 민원사항의 실현이 불가능하거나, 민원인의 인가·허가 등의 요구에 대하여 이를 거부한 때에는 그 결과를 통보할 때에 해당사유를 밝혀야 한다.

④ 민원사무처리부서에서는 민원서류의 내용이 부정비리 등에 관한 사항인 경우에는 특별한 사정이 없는 한 해당 민원을 접수한 직후 결재권자의 선람을 득하여야 한다.

제19조(복합민원의 처리) ① 문서담당부서장은 복합민원을 처리할 주관부서를 지정하고 그 부서로 하여금 관계 부서 간의 협조를 통하여 민원을 처리하게 하여야 한다.

② 복합민원과 관련된 모든 민원문서는 제1항에 따라 지정된 주무부서와 미리 합의하여 지정된 기일 내에 모두 제출하여야 한다.

제20조(반복 및 중복 민원의 처리) ① 민원인이 동일한 내용의 민원(법정민원을 제외한다. 이하 이 조에서 같다)을 정당한 사유 없이 3회 이상 반복하여 제출한 경우에는 2회 이상 그 처리결과를 통지하고, 그 후에 접수되는 민원에 대하여는 처리주무부서장의 결재를 받아 내부적으로 종결처리할 수 있다.

② 민원인이 2개 이상의 행정기관에 제출한 동일한 내용의 민원을 다른 행정기관으로부터 이송 받은 경우에도 제1항을 준용하여 처리할 수 있다.

③ 제1항과 제2항에 따른 동일한 내용의 민원인지 여부에 대하여는 해당 민원의 성격, 종전 민원과의 내용적 유사성·관련성 및 종전 민원과 동일한 답변을 할 수밖에 없는 사정 등을 종합적으로 고려하여 결정하여야 한다.

① 접수된 민원문서는 처리사무부서의 다른 문서 업무 처리 후에 즉시 처리되어야 한다.

② 민원처리 불가 사유를 통보하고 민원처리를 거부한 것은 적절한 처리원칙에 의한 행동이다.

③ 동일 기관에 동일 내용을 반복 제출한 경우에만 반복 및 중복 민원에 해당된다.

④ 반복되는 민원에 대하여는 최초 민원 처리결과 통지 후 내부 종결처리가 가능하다.

[201~202] 다음 자료를 보고 이어지는 질문에 답하시오.

한국철도공사 직원 C는 화물 운임에 관한 자료를 살펴보고 있다.

1. 철도 화물 운임
- 철도 화물 운임 방식: 화차 1량 단위로 하중에 따른 거리비례 방식
- 일반 화물 운임 방식: 운송 거리(km)×톤수(t)×임률(45.9원)

2. 컨테이너 화물 운임
- 컨테이너 화물 운임 방식: 운송 거리(km)×규격별 임률(20피트, 40피트, 45피트)
- ※ 운송 거리가 100km 미만일 때 최저운임: 규격별·영공별 100km에 해당하는 운임과 실제 운송 거리에 따른 운임 중 더 높은 운임으로 산정

규격	20피트	40피트	45피트
영컨테이너	400원	800원	900원
공컨테이너	규격별 영컨테이너 임률의 75%		

3. 화물 운송 절차

	운송 신청	화차 적재 및 화물 운송	화물의 하화* 및 인도
화주 →	• 화물운송장 제출 • 운송 내역 신고	• 적재 통지 후 5시간 이내 적재(단, 화약류는 3시간 이내) • 시간 내 적재가 완료되지 않을 경우, 화차유치료 수수 • 화물운송통지서 교부	• 열차 도착 후 5시간 내 하화 후 당일 중으로 반출(단, 화약류는 3시간 내이며, 18시 이후 하화 시에는 다음 날 오전 11시까지 반출) • 인도 완료 후 화물 유치 시, 물류시설 사용료 납부

	운송 가능 여부 결정	수탁검사 및 운송	하화 준비 및 인도 확인
철도 회사 →	• 운송화물 적합성 평가 • 운송 조건 수락 여부(운송 내역 확인 후 운송 가능 시 배치 계획 수립 및 화차 수배 진행)	• 화물운송장 신고 사항과 현품 대조 확인 • 화물 상태·포장·적재방법 등 검사 • 발송기간: 화물 수취시점으로부터 12시간 • 수송기간: 400km마다 24시간 • 인도기간: 도착역에 도착한 시각으로부터 12시간	• 열차 도착 시 화물 하화선 차입 • 운송 중 화물 파손 등 이상 여부 확인 • 하화·인도 후 화물 인도명세서에 수령인 서명 날인

* 하화: 짐(을) 내림

201

2023년 상반기 오후 코레일

다음 중 직원 C가 주어진 자료를 이해한 내용으로 적절하지 <u>않은</u> 것을 고르면?

① 컨테이너 화물의 경우, 규격별로 적용되는 임률이 상이하다.
② 철도회사는 화물 수송시점으로부터 최대 12시간 내에 발송해야 한다.
③ 철도회사는 화물 운송 중 화물 파손 및 이상 여부를 확인해야 한다.
④ 화약류를 운송하려는 경우 적재 통지를 받은 후 3시간 안에 화차에 적재하지 않으면 화차유치료를 납부해야 한다.
⑤ 철도회사는 화주가 화물운송장 제출 및 운송 내역을 신고하여야 운송 가능 여부를 결정할 수 있다.

202

2023년 상반기 오후 코레일

다음 [보기]에 따른 컨테이너 화물 운임으로 옳은 것을 고르면?

| 보기 |

화주	A 음료회사
운송 거리	1,200km
컨테이너 규격	40피트
운송 내역	700상자
영공 구분	영컨테이너

① 72만 원   ② 80만 원   ③ 81만 원
④ 96만 원   ⑤ 108만 원

203

우영, 은범, 해수, 대현이 모여 카드 게임을 하고 있다. 4명이 각자 갖고 있는 7장의 카드와 카드 게임의 [규칙]이 다음과 같을 때, 옳은 것을 고르면?

우영	◆1	♣7	♠Q	◆4	♣8	◆3	♣4
은범	♠J	♠6	♣5	◆9	♠K	♠3	♠2
해수	◆8	♥6	♥5	♣2	◆2	♣K	♥9
대현	♣8	♣5	◆Q	♥4	♥7	♣1	◆J

┤규칙├

• 카드의 문양은 ♥, ♣, ♠, ◆로 네 가지이다.
• 카드는 1~10까지의 수와 J, Q, K로 구성되어 있고 J=11, Q=12, K=13으로 계산한다.
• ♥, ♣, ♠, ◆ 문양에 따라 수 또는 문자에 해당하는 값에 각각 ×1, ×2, ×3, ×4를 하여 점수로 한다.
• 7장의 카드 점수 총합을 최종 점수로 한다.

① 네 사람의 평균 점수는 130점 이상이다.
② 모든 사람이 100점을 넘었다.
③ 우영의 카드 중 점수가 가장 높은 카드와 대현의 카드 중 점수가 가장 낮은 카드의 점수 차이는 32점이다.
④ 대현의 점수보다 은범의 점수가 높다.
⑤ 해수의 카드 중 점수가 가장 낮은 카드는 5점이다.

준하는 책상, 에어컨, 컴퓨터를 구매할 예정이다. 다음 [표]는 준하가 책상은 A, B가게, 에어컨은 C, D가게, 컴퓨터는 E, F가게 중 한 곳씩에서 구매하는 5가지 경우의 가격 총액을 비교한 자료이다. B가게에서만 10% 할인이 적용될 때, 옳은 것을 고르면?

[표] 책상, 에어컨, 컴퓨터를 구매하는 5가지 경우의 가격 총액

구분	경우1	경우2	경우3	경우4	경우5
책상	A가게			A가게	B가게
에어컨	D가게	D가게	C가게	C가게	C가게
컴퓨터	E가게	F가게	E가게	F가게	E가게
총액	106만 원	56만 원	82만 원	152만 원	127만 원

※ 빈칸은 준하가 책상을 구매할 가게를 결정하지 못함을 의미함

① 경우1과 경우2만 고려할 때, A가게에서 책상을 24만 원에 판다면 컴퓨터 가격은 E가게가 F가게보다 26만 원 저렴하다.

② D가게에서 에어컨을 26만 원에 판다면 E가게에서 파는 컴퓨터 가격이 C가게에서 파는 에어컨 가격보다 52만 원 저렴하다.

③ A가게 책상의 가격은 50만 원이다.

④ B가게에서 파는 책상의 할인 전 가격은 50만 원이다.

⑤ 경우1과 경우5만 고려할 때, C가게보다 D가게가 에어컨을 10만 원 더 저렴하게 판다면 A가게와 B가게 책상의 가격 차이는 21만 원이다.

다음 대화에서 알 수 있는 강제연상법에 대한 설명으로 옳은 것을 고르면?

> • 김 과장: 오늘 회의에서는 제품 A의 개선사항에 대해 자유롭게 얘기하고 최대한 단점을 고쳐 나가는 방법을 모색하고자 합니다. 의견 있으신 분 자유롭게 말씀 부탁합니다.
> • 박 사원: 경쟁사의 제품 B에 비해 무게가 무거워 휴대하기가 불편합니다.
> • 정 사원: USB C타입을 지원하고 있지 않기 때문에 항상 변환젠더를 챙겨야 합니다.
> • 오 사원: 동일 제품군 중에서 가장 비싼 제품입니다.

① 대상의 단점을 열거하고, 단점을 제거함으로써 개선 방법을 찾아내는 결점 열거법이다.
② 해결책을 손쉽게 찾아내는 방법이지만 혁신적인 해결책을 찾기는 어려운 희망점 열거법이다.
③ 닮은 점들을 열거하여 힌트를 얻고 새로운 아이디어를 얻는 비교발상법이다.
④ 대상과 비슷한 것을 찾아 그것을 힌트로 새로운 아이디어를 발생해 내는 NM법이다.
⑤ 창의적 사고를 유도하여 제품의 창조를 돕는 발상 도구의 스캠퍼 기법 중 제거하기 방법이다.

다음 ㉠~㉢ 중 문제의 유형에 대한 설명으로 옳은 것을 모두 고르면?

> ㉠ 보이는 문제에는 예측 문제, 발견 문제가 포함된다.
> ㉡ 경쟁사의 기술 수준이 자사보다 높아 경쟁사의 기술에서 정보를 얻을 수 있는 문제는 미래 문제이다.
> ㉢ K사가 개발한 애플리케이션 S에서 출시 후 계속해서 오류가 나오고 있는 문제는 보이는 문제이다.
> ㉣ 설정형 문제는 미래의 전략을 계획해야 하는 문제이기 때문에 창의력이 요구되어 창조적 문제라고도 한다.
> ㉤ 다음 분기 구매율이 얼마나 상승할지를 예측하는 등 앞으로 일어날 가능성이 있는 문제는 찾는 문제이다.

① ㉠, ㉡   ② ㉡, ㉢   ③ ㉢, ㉣
④ ㉡, ㉢, ㉤   ⑤ ㉢, ㉣, ㉤

207 문제 더보기 PART III 변형 | P.387 433번

업무상 발생하는 문제의 종류에는 발생형 문제, 탐색형 문제, 설정형 문제 등이 있다. 다음 중 설정형 문제에 해당하는 것을 [보기]에서 모두 고르면?

┤ 보기 ├─

ⓐ 세계 항공 서비스 평가 1위를 달성하고 10년 연속 최우수 항공사로 선정되었다. 이를 계속해서 유지하고, 단점을 보완해 나가야 한다.
ⓑ 공항 이용객이 급증하여 혼잡도가 증가하고 있다. 따라서 보안 검색 시설을 확충하여 여객 처리 능력을 제고해야 한다.
ⓒ 5년 내에 공항 일대가 공항 복합 도시로 개발되고 제2공항도 들어설 계획이므로 방문객과 환승객이 늘어날 전망이다. 따라서 환승객을 위한 상품을 개발해야 한다.

① ㉠   ② ㉡   ③ ㉢

④ ㉠, ㉢   ⑤ ㉡, ㉢

208

다음 [조건]의 명제가 모두 참일 때, 항상 옳은 것을 [보기]에서 모두 고르면?

┤ 조건 ├─

• 커피가 준비되어 있으면 K가 바쁘지 않다.
• K가 바쁘면 직원들의 아침 업무 준비에 차질이 생긴다.
• 월요일에는 K가 바쁘며, K가 바쁠 때 부사수 H 역시 바쁘다.
• 커피가 준비되어 있지 않은 날은 월요일이다.

┤ 보기 ├─

㉠ 커피가 준비되어 있으면 H가 바쁘지 않다.
㉡ 월요일에는 H가 바쁘다.
㉢ 커피가 준비되어 있으면 월요일이 아니다.

① ㉡   ② ㉠, ㉡   ③ ㉠, ㉢   ④ ㉡, ㉢

209

다음 [보기]의 명제가 모두 참이라고 할 때, 항상 옳은 것을 고르면?

| 보기 |

- 모든 사람이 사과 또는 귤을 먹었다.
- 사과를 먹은 사람은 포도를 먹지 않았다.
- 귤을 먹은 사람은 수박을 먹지 않았다.
- 사과를 먹은 사람은 딸기를 먹지 않았다.
- 귤을 먹은 사람은 사과를 먹지 않았다.

① 포도 또는 딸기를 먹은 사람은 사과를 먹지 않았다.
② 사과를 먹은 사람은 귤도 먹었다.
③ 수박을 먹은 사람은 귤도 먹었다.
④ 딸기를 먹지 않은 사람은 사과를 먹었다.

210

신입사원 9명에게 기획부, 홍보부, 인사부 중 희망하는 부서를 1지망부터 3지망까지 적도록 하였다. 다음 [조건]을 보고 옳지 <u>않은</u> 것을 고르면?(단, 희망하는 부서를 중복하여 적을 수 있다.)

| 조건 |

- 인사부를 3지망으로 희망하는 인원은 없었다.
- 인사부보다 홍보부를 희망하는 인원이 2명 더 많았다.
- 인사부보다 기획부를 희망하는 인원이 1명 더 많았다.
- 기획부를 2지망으로 희망하는 인원은 홍보부를 2지망으로 희망하는 인원보다 2명 더 많았다.
- 홍보부와 기획부를 1지망으로 희망하는 인원은 동일하고, 인사부를 1지망으로 희망하는 인원은 이보다 적다.

① 기획부를 1지망으로 희망하는 인원은 4명이다.
② 홍보부를 2지망으로 희망하는 인원은 1명이다.
③ 인사부를 희망하는 인원은 총 8명이다.
④ 홍보부를 희망하는 인원은 기획부를 희망하는 인원보다 1명이 더 많다.
⑤ 인사부를 1지망으로 희망하는 인원은 1명이다.

다음은 위생 점검 일정에 관한 공지 내용이다. 이에 대한 설명으로 옳지 않은 것을 고르면?

[공지]

우리 마라훠궈에서는 최근 식품의약품안전처의 마라탕 전문점을 대상으로 한 위생 점검 대비와 더불어 늘 안전하고 맛있는 먹거리 제공을 위하여 전 체인점 위생 점검을 실시하기로 하였습니다. 점검은 아래 일정에 따라 이루어질 것이며 기간은 7월 1일 월요일부터 7월 26일 금요일까지입니다.

[점검 일정]
- 7일을 1주기로 조사한다.
- 1주기에 3업체를 조사하며, 월요일, 수요일, 금요일에 조사를 한다.
- 같은 권역의 업체는 연속된 순서로 조사하지 않는다.
- 가장 처음과 마지막에는 서울·경기권역의 업체를 조사한다.
- 첫 번째 주기와 세 번째 주기에는 각각 대전·충청권역을 제외한 모든 권역의 업체를 조사한다.
- 대전·충청권역의 업체는 두 번째 주기에 조사한다.
- 주기가 동일한 경우 대구·부산·경상권역의 업체를 광주·전라권역 업체보다 먼저 조사한다.

[점검 대상]
- 서울·경기권역: 6업체
- 대구·부산·경상권역: 3업체
- 광주·전라권역: 2업체
- 대전·충청권역: 1업체

① 광주·전라권역의 업체는 1주기와 3주기 금요일에 조사한다.
② 7월 15일에는 대구·부산·경상권역의 업체를 조사한다.
③ 대전·충청권역의 업체를 조사하는 주기에 대구·부산·경상권역의 업체를 조사하지 않는다.
④ 4주기에는 서울·경기권역의 업체를 한 군데만 조사한다.
⑤ 2주기 수요일에 대전·충청권역의 업체를 조사한다.

다음 설명과 [상황]을 참고하여 A~E 5명의 직급에 대해 추론한 내용으로 적절한 것을 고르면?

- 바로 하위 직급자로부터 연락을 받으면 바로 상위 직급자 한 명에게 연락할 수 있다.
- 바로 상위 직급자로부터 연락을 받으면 동일 직급자 모두에게 연락해야 한다.
- 동일 직급자로부터 연락을 받으면 바로 하위 직급자 한 명에게 연락할 수 있다.

┤ 상황 ├
- E는 동일 직급자인 A로부터 연락을 받고 B에게만 연락하였고, B는 이를 다시 D에게 연락하였다.
- A는 D로부터 연락을 받고 C에게만 연락하였다.

① E와 동일 직급자는 모두 3명이다.
② A는 D와 동일 직급자이다.
③ C는 A 또는 B와 동일 직급자이다.
④ A는 D의 바로 하위 직급자이다.
⑤ C는 B의 바로 상위 직급자가 아니다.

213

A, B, C, D의 4명은 사내 행사의 참여 여부에 대해 이야기하고 있다. 4명 중 1명만 거짓을 말하고 남은 3명은 모두 진실을 말하였을 때, 다음 [보기]를 보고 행사에 참여하는 사람은 모두 몇 명인지 고르면?(단, 거짓을 말하는 사람의 진술은 모두 거짓이고, 진실을 말하는 사람의 진술은 모두 진실이다.)

―| 보기 |―
- A: C는 참여하고, B는 참여하지 않는다.
- B: A는 참여하고, D도 참여한다.
- C: B는 참여하고, D는 참여하지 않는다.
- D: A는 참여하고, C도 참여한다.

① 1명　　　　　② 2명　　　　　③ 3명　　　　　④ 4명

214

한 회사에서 5명의 신입사원 A~E를 채용하여 한 팀에 한 명씩 배정하였다. 다음 [대화]에서 신입사원 발언 중 하나는 참이고 다른 하나는 거짓일 때, 마케팅팀에 배정된 신입사원을 고르면?

―| 대화 |―
- A: B는 총무팀에 배정되었고, 나는 마케팅팀에 배정되었어.
- B: 나는 기획팀에 배정되었고, D는 영업팀이야.
- C: 나는 영업팀에 배정되었는데 A는 기획팀에 가게 됐어.
- D: 나는 총무팀에 배정되었어. 재무팀에는 E가 있어.
- E: 나는 재무팀 소속이 맞고, C는 기획팀이야.

① A　　　　② B　　　　③ C　　　　④ D　　　　⑤ E

[215~216] 다음은 제약 사업에 진출하고자 하는 D사의 SWOT 분석 결과이다. 이를 바탕으로 이어지는 질문에 답하시오.

(가) 고령화가 급속도로 진행되어 국가 전체의 의료비 지출이 늘어나고 있다.

(나) 타사 대비 더딘 R&D 파이프라인을 보유하고 있으며, 투자에 소극적이다.

(다) 전문의약품, 일반의약품, 원료의약품 등 사업 영역이 다양하다.

(라) 향후 보험 급여 기준이 변화하여 D사가 해외에서 수입하고 있는 신약의 처방 가능성이 높아질 전망이다.

(마) 풍부한 현금을 바탕으로 R&D 투자 확대 및 사업 확장이 가능하다.

(바) 정부에서 약값 인하 정책을 추진하고 있다.

(사) 기존에 판매하고 있는 상품에 대한 매출 의존도가 지나치게 높다.

(아) 경쟁 제약사가 적극적으로 R&D 파이프라인을 확대하고 있다.

215

2019년 하반기 서울교통공사

주어진 SWOT 분석 결과를 바탕으로 D사의 '위협 요인'을 고르면?

① (가), (나) 　　　　② (가), (바) 　　　　③ (나), (아)

④ (라), (마) 　　　　⑤ (바), (아)

216

2019년 하반기 서울교통공사

D사가 펼칠 수 있는 경영 전략으로 적절한 것을 [보기]에서 모두 고르면?

┤ 보기 ├

㉠ R&D 파이프라인 확보를 위한 바이오 벤처 투자 및 대규모 M&A를 진행한다.

㉡ 노인성 질환 관련 치료제 개발에 투자하고 새로운 해외 신약을 적극적으로 수입한다.

㉢ 보험 적용 가능한 신약 수입을 확대하고 판로 확보 및 마케팅에 적극적으로 나선다.

㉣ 고령화와 무관한 청년층의 약값을 인상하여 정부 정책의 부작용을 해소한다.

① ㉠, ㉡ 　　　　② ㉡, ㉢ 　　　　③ ㉢, ㉣

④ ㉠, ㉡, ㉢ 　　　　⑤ ㉡, ㉢, ㉣

217

다음 상황을 참고할 때, '갑'사의 영업본부장이 자신의 주장을 관철시키기 위해 취해야 할 전략으로 적절한 것을 고르면?

S시에서는 세제 개편을 앞두고 세부 방안을 논의하기 위해 관할 지역 내 21개 기업들의 영업본부장들을 불러 의견을 청취하고 있다. 각 기업들은 자신들의 회사에 유리한 방안이 선정될 수 있도록 의견을 개진해야 한다.

한 자리에 모인 기업 중 K사의 영업본부장은 방안A가 선정되어야 한다고 주장하고 있으나, '갑'사의 영업본부장은 시 당국에서 계획하고 있는 '기존 방안'이 선정되어야 한다고 주장한다. 만일 '갑'사의 영업본부장이 '새로운 방안'을 제시하면 다음과 같은 단계에 의해 최종 방안이 결정된다.

1단계: 방안A와 '새로운 방안' 중 21명 영업본부장들의 다수결 투표로 최종 방안을 결정
2단계: 1단계에서 결정된 방안과 '기존 방안'대로 진행하는 안 중 다수결 투표로 최종 방안을 결정

반면, '갑'사의 영업본부장이 '새로운 방안'을 제시하지 않으면 다음과 같이 최종 방안이 결정된다.

방안A와 '기존 방안' 중 다수결 투표로 최종 방안 결정

논의를 위해 모인 21명의 영업본부장들은 아래와 같은 선호를 지니고 있다.(선호도의 숫자가 낮을수록 선호도가 높은 것을 의미함)

구분	선호도1	선호도2	선호도3	선호도4	선호도5	선호도6
7명	기존 방안	방안B	방안C	방안D	방안A	방안E
5명	방안A	방안E	방안D	기존 방안	방안C	방안B
5명	방안B	방안E	방안D	방안A	기존 방안	방안C
4명	방안E	방안A	방안C	방안D	방안B	기존 방안

① 방안B를 '새로운 방안'으로 제시한다.
② 방안C를 '새로운 방안'으로 제시한다.
③ 방안D를 '새로운 방안'으로 제시한다.
④ 방안E를 '새로운 방안'으로 제시한다.
⑤ '새로운 방안'을 제시하지 않는다.

[218~219] 다음은 C택배사의 약관 및 운영 방침의 일부이다. 이를 바탕으로 이어지는 질문에 답하시오.

제8조(운임의 청구와 유치권) ① 운송 사업자(이하 '사업자')는 운송물을 수탁할 때 고객(송화인)에게 운임을 청구할 수 있습니다. 다만, 고객과의 합의에 따라 운송물을 인도할 때 운송물을 받는 자(수화인)에게 청구할 수도 있습니다.

② 제1항 단서의 경우 수화인이 운임을 지급하지 않는 때에는 사업자는 운송물을 유치할 수 있습니다.

③ 운송물이 포장당 50만 원을 초과하거나 운송 과정상의 특별한 주의를 요하는 것일 때에는 사업자는 따로 할증요금을 청구할 수 있습니다.

④ 고객(송화인, 수화인)의 사유로 운송물을 돌려보내거나, 도착지 주소지가 변경되는 경우, 사업자는 따로 추가 요금을 청구할 수 있습니다.

제9조(포장) ① 고객(송화인)이 운송물을 그 성질, 중량, 용적 등에 따라 운송에 적합하도록 포장하여야 합니다.

② 사업자는 운송물의 포장이 운송에 적합하지 아니한 때에는 고객(송화인)에게 필요한 포장을 하도록 청구하거나, 고객(송화인)의 승낙을 얻어 운송 중 발생할 수 있는 충격량을 고려하여 포장을 하여야 합니다. 다만, 이 과정에서 추가적인 포장 비용이 발생할 경우에는 사업자는 고객(송화인)에게 추가 요금을 청구할 수 있습니다.

③ 사업자는 제2항의 규정을 준수하지 아니하여 발생한 파손에 대하여 고객(송화인)에게 손해배상을 하여야 합니다.

④ 사업자가 운송물을 운반하는 도중 운송물의 포장이 훼손되어 재포장을 한 경우에는 지체 없이 고객(송화인)에게 그 사실을 알려야 합니다.

제10조(외부표시) 사업자는 운송물을 수탁한 후 그 포장의 외부에 운송물의 종류·수량, 운송상의 특별한 주의사항, 인도 예정일(시) 등의 필요한 사항을 표시해야 합니다.

제11조(운송물의 확인) ① 사업자는 운송장에 기재된 운송물의 종류와 수량에 관하여 고객(송화인)의 동의를 얻어 그 참여하에 이를 확인할 수 있습니다.

② 사업자가 제1항의 규정에 의하여 운송물을 확인한 경우에 운송물의 종류와 수량이 고객(송화인)이 운송장에 기재한 것과 같은 때에는 사업자가 그로 인하여 발생한 비용 또는 손해를 부담하며, 다른 때에는 고객(송화인)이 이를 부담합니다.

제12조(운송물의 수탁 거절) 사업자는 다음 각 호의 경우에 운송물의 수탁을 거절할 수 있습니다.

1. 고객(송화인)이 운송장에 필요한 사항을 기재하지 아니한 경우
2. 고객(송화인)이 제9조 제2항의 규정에 의한 청구나 승낙을 거절하여 운송에 적합한 포장이 되지 않은 경우
3. 고객(송화인)이 제11조 제1항의 규정에 의한 확인을 거절하거나 운송물의 종류와 수량이 운송장에 기재된 것과 다른 경우
4. 운송물 1포장의 크기가 가로·세로·높이 세변의 합이 220cm를 초과하거나, 최장변이 100cm를 초과하는 경우
5. 운송물 1포장의 무게가 25kg을 초과하는 경우
6. 운송물 1포장의 가액이 300만 원을 초과하는 경우
7. 운송물의 인도 예정일(시)에 따른 운송이 불가능한 경우

제14조(운송물의 인도일) ① 사업자는 다음 각 호의 인도 예정일까지 운송물을 인도합니다.

1. 운송장에 인도 예정일의 기재가 있는 경우에는 그 기재된 날
2. 운송장에 인도 예정일의 기재가 없는 경우에는 운송장에 기재된 운송물의 수탁일로부터 인도 예정 장소에 따라 다음 일수에 해당하는 날
   가. 일반 지역: 수탁일로부터 2일
   나. 도서, 산간벽지: 수탁일로부터 3일

218

주어진 약관 및 운영 방침에 대한 설명으로 옳은 것을 고르면?

① 운송물의 포장이 운송에 적합하지 않은 채로 운송되어 파손이 발생했다면 사업자는 손해배상의 책임이 없다.

② 운반 과정에서 운송물을 재포장하게 된 경우, 운송물에 전혀 파손이 없이 인도 예정 기일에 인도할 수 있다면 송화인에게 재포장 사실을 알리지 않아도 된다.

③ 사업자가 송화인의 동의를 얻지 않고 확인한 운송물이 운송장의 기재 내용과 다를 경우 송화인은 재포장을 위한 비용을 부담해야 한다.

④ 운송물 외부에 운송물의 수량이나 운송상의 주의사항을 기재하는 것은 사업자의 의무사항이다.

⑤ 사업자는 운송장에 인도 예정일의 기재가 없는 운송물을 10월 5일 월요일에 수탁받았다면, 장소와 관계없이 운송물을 수화인에게 반드시 10월 7일까지 인도해야 한다.

219

사업자가 운송물의 수탁을 거절할 수 있는 경우로 적절하지 <u>않은</u> 것을 고르면?

① 포장이 적절치 않아 송화인에게 재포장을 요구하였지만 이에 대해 거절한 경우

② 운송물의 포장을 열어 확인하지 않아도 포장 상태로 보아 운송장 기재 내용과 운송물이 다를 것으로 확실시 되는 경우

③ 운송물 1포장의 크기가 가로, 세로, 높이 모두 80cm로 된 정육면체인 경우

④ 운송물 1포장의 크기가 가로 40cm, 세로 50cm, 높이 50cm이며 무게가 28kg인 경우

⑤ 운송물 1포장의 크기와 무게가 규정을 초과하지 않으며, 운송물의 가액이 350만 원인 경우

[220~221] 다음은 어느 공기업의 채용에 관한 자료이다. 이를 바탕으로 이어지는 질문에 답하시오.

1. 1차 전형 합격자 선정 기준
- 전공 성적, 토익 점수, 필기시험 점수, 자기소개서 점수를 10점 만점으로 환산하여 평가점수를 부여한다. 기본점수 총점은 네 항목의 합산으로 계산한다.
- 자격증은 1개당 1점이 추가되고, 최대 3개까지 인정한다.
- 봉사 시간은 20시간당 1점이 추가되고, 최대 100시간까지 인정한다.
- 자사에서 청년 인턴 활동 경험이 있는 경우 5점이 추가된다.
- 장애인의 경우 3점이 추가된다.
- 청년 인턴 경험이 있으면서 장애인인 경우에는 장애인 가점은 부여하지 않는다.
- 기본점수에 가점을 더한 최종점수가 가장 높은 지원자를 6명 선발한다. 최종점수와 관계없이 기본점수가 가장 낮은 지원자는 채용하지 않는다. 최종점수가 동일한 경우 기본점수가 더 높은 지원자의 순위가 더 높고, 기본점수도 동일한 경우에는 청년 인턴 경험이 있는 지원자의 순위가 더 높다. 모두 청년 인턴 경험이 있거나 없는 경우 장애인인 지원자의 순위가 더 높다.

2. 면접 전형 최종 합격자 선정 기준
- 면접을 통해 리더십, 창의력, 적극성, 직무능력을 평가한 뒤 평가점수의 총합을 기본점수로 한다.
- 장애인인 경우 3점이 추가된다.
- 기본점수에 가점을 더한 최종점수가 가장 높은 지원자 2명이 최종 합격한다.
- 최종점수가 동일한 경우 기본점수가 더 높은 지원자의 순위가 더 높고, 기본점수도 동일한 경우 1차 전형 순위가 더 높은 지원자의 순위가 더 높다.

3. 지원자 현황

구분	1차 전형 평가점수(점)				가점(점)		
	전공 성적	토익	필기시험	자기소개서	자격증	봉사 시간	비고
A	9	10	8	7	1	60시간	장애인
B	9	9	10	7	0	80시간	
C	10	7	10	8	3	50시간	
D	9	8	6	10	2	20시간	청년 인턴, 장애인
E	8	8	7	9	4	30시간	
F	8	10	7	9	3	15시간	
G	10	8	6	7	1	100시간	청년 인턴
H	8	7	9	10	2	90시간	장애인
I	7	9	8	9	3	120시간	
J	8	9	8	9	4	70시간	청년 인턴

220

다음 중 1차 전형 불합격자를 고르면?

① A   ② C   ③ F   ④ I

221

다음은 1차 전형에 합격한 사람들의 면접 전형 점수이다. 최종 합격한 사람들을 알맞게 짝지은 것을 고르면?

1차 전형 순위	리더십	창의력	적극성	직무능력
1위	8	7	9	10
2위	10	9	7	8
3위	8	7	9	7
4위	10	10	7	7
5위	9	9	8	9
6위	9	10	10	8

① A, D   ② C, H   ③ D, F   ④ G, H

222

다음의 명제가 모두 참일 때, 항상 참인 명제를 고르면?

> • D상사의 어떤 직원은 당구를 좋아한다.
> • 야구를 좋아하는 어떤 직원은 당구를 좋아한다.
> • 야구를 좋아하는 모든 직원은 운동을 좋아한다.

① 당구를 좋아하는 모든 직원은 야구를 좋아한다.
② 운동을 좋아하는 모든 직원은 D상사의 직원이다.
③ D상사의 어떤 직원은 야구를 좋아한다.
④ 당구를 좋아하는 어떤 직원은 운동을 좋아한다.

223

다음은 A~D의 등산동호회 가입 여부에 대한 내용이다. (가)~(라) 내용이 참일 때, 항상 옳은 것을 고르면?

> (가) A가 등산동호회 회원이면 D는 등산동호회 회원이다.
> (나) C가 등산동호회 회원이면 D는 등산동호회 회원이 아니다.
> (다) D가 등산동호회 회원이면 B는 등산동호회 회원이고 C는 등산동호회 회원이 아니다.
> (라) D가 등산동호회 회원이 아니면 B는 등산동호회 회원이 아니거나 C는 등산동호회 회원이다.

① A가 등산동호회 회원이면 네 명 중 등산동호회 회원은 2명이다.
② B는 등산동호회 회원이 될 수 없다.
③ C는 등산동호회 회원이 될 수 있다.
④ C가 등산동호회 회원이면 네 명 중 등산동호회 회원은 한 명 또는 두 명이 될 수 있다.
⑤ D가 등산동호회 회원이 아니면 네 명 중 등산동호회 회원은 아무도 없다.

224

H사 직원들은 연수원으로 워크숍을 가게 되었다. 연수원 건물은 총 3층으로 층마다 4개의 방이 있다. 5개 조로 나누어 12개의 방 중 조별 1개씩 5개 방에 투숙할 때, 다음 [조건]을 참고하여 옳은 것을 고르면?(단, 각 층의 방은 1~4호실로 구성되어 있다.)

┤ 조건 ├
- 5개 조는 3개 층에 모두 나뉘어 배정되었다.
- 5개 방은 모두 연이어 있지 않다.
- 짝수 호실 3개, 홀수 호실 2개를 사용한다.
- 1층에서는 101호를 포함하여 2개 방을 사용한다.
- 2층에서는 202호만 사용한다.

① 303호는 사용할 수도 있고 사용하지 않을 수도 있다.
② 적어도 1개 층의 짝수 호실은 2개 모두 사용한다.
③ 304호는 항상 사용한다.
④ 층별 3호실 3개 중 적어도 1개는 사용한다.

225 문제더보기 PART Ⅲ 변형 | P.394 444번

다음 글에서 암시하는 사회적 현상의 숨은 문제점을 알아내기 위하여 로직트리(Logic Tree) 방법을 통해 문제를 분석할 경우, 발생 가능한 하위 문제를 [보기]에서 모두 고르면?

지난 20년은 인류 탄생 이후 그 어느 때보다 눈부신 기술 혁신을 이룬 기간이었다. 기술 혁신은 오랜 지체 없이 사람들의 생활 속에 적용되었다. 대부분 사람들은 기술 혁신이 가져다 준 편리한 생활에 익숙해졌으며, 좀 더 편리하고 스마트한 생활을 영위하기 위하여 지능형 개인 비서를 사용하는 데 기꺼이 수입의 일정 부분을 지불한다. 이러한 기술 혁신은 소수 글로벌 기업들의 주도로 가능했으며, 이들은 사람들의 생활 전반을 수치화한 데이터의 급증과 함께 발전하였다. 특히 지난 20년간 이어진 구글, 애플, 아마존 같은 정보 기술 분야에 기반을 둔 글로벌 기업들의 독주는 끝날 기미가 보이지 않는다. 사람들의 생활과 함께 쌓여 온 막대한 양의 라이프로그 데이터는 즉시 의료, 교통, 물류, 금융, 제조 등의 관련 산업에 실시간 제공·활용되고 있으며, 사회 전체를 움직이는 동력이라 없어서는 안 될 자원으로 자리 잡아 가고 있다.

┤ 보기 ├
㉠ 연쇄적 데이터 사용의 위험
㉡ 무분별한 스마트화에 대한 국가적 규제로 인한 기술 퇴보
㉢ 정보의 중앙 집중식 관리에 따른 보안 문제
㉣ 데이터 불법 이용에 따른 비윤리적 산업 성행

① ㉠, ㉡, ㉢
② ㉠, ㉡, ㉣
③ ㉠, ㉢, ㉣
④ ㉡, ㉢, ㉣
⑤ ㉠, ㉡, ㉢, ㉣

[226~227] 다음은 H사의 수당 지급 기준표이다. 이를 바탕으로 이어지는 질문에 답하시오.

[수당 지급 기준]

구분	지급 대상	지급 기준	비고
연차수당	연차휴가를 사용하지 않은 직원	(월 통상임금) $\times 1 \div 209 \times 8$ $\times$ (미사용 휴가일수)	
가족수당	부양가족이 있는 자	부양가족: 1인당 30,000원/월	사내부부인 경우 1인에게만 지급
초과 근무수당	정규 근무시간 외 또는 휴일에 근무한 직원	(월 통상임금) $\times 1.5 \div 209$ $\times$ (초과 근무시간)	

※ 가족수당 가산: 부양가족 중 셋째 이후 자녀부터는 월 80,000원(다만, 2011년 12월 31일 이전에 출산한 셋째 이후 자녀는 월 30,000원) 을 가산한다.

[급여성 복리후생비 지급 기준]

구분	지급 대상	지급 기준	비고
학자금	고등학교에 취학 중인 자녀가 있는 자	입학금 전액, 수업료와 학교 운영 지원비는 시 국·공립 고등 학교의 평균 지급액 이내 실비	신규 도입으로 팀장급 이상부터 시행

[직무급 지급 기준]

지급 대상	지급 기준
본부장/감사실장	1,100,000~1,300,000원/월
팀장	800,000~1,100,000원/월

226

주어진 수당 지급 기준표를 이해한 내용으로 옳지 않은 것을 고르면?

① 팀장인 경우 연간 9백만 원 이상의 직무급을 지급받는다.
② 잔업이나 휴일 근무는 정규 근무보다 시급이 더 많다.
③ 연차휴가는 매년 8회씩 사용 가능 일수가 부여된다.
④ '가족수당 가산'은 2012년부터 시행되거나 2012년을 기준으로 한 제도이다.
⑤ 고등학생 자녀를 둔 본부장이 받는 학자금 중 학교 운영 지원비는 실제 발생 금액을 전액 지급받지 못할 수도 있다.

227

주어진 수당 지급 기준표를 바탕으로, 다음 [보기]의 A씨와 B씨가 이번 달에 받을 수 있는 수당, 급여성 복리후생비, 직무급 등의 총액은 각각 얼마인지 고르면?(단, 언급되지 않은 수당은 고려하지 않으며, 수당 계산은 절사하여 원 단위로 표시한다.)

┤ 보기 ├

A씨: 월 통상임금 4백만 원이며 부장인 팀원, 배우자와 중학생 자녀 2명의 부양가족, 이번 달 휴일 근무 3시간
B씨: 월 통상임금 5백만 원인 팀장(최저 직무급 적용자), 배우자와 2009년, 2011년(11월)생 아들 2명, 2013년생 딸 1명의 부양가족, 잔여 연차휴가 및 초과 근무 없음.

	A씨	B씨
①	176,124원	960,000원
②	176,124원	970,000원
③	176,124원	980,000원
④	175,250원	970,000원
⑤	175,250원	980,000원

한국철도공사 직원 Q는 열차 이용 고객에게 제공하고 있는 멤버십 유형에 관한 자료를 살펴보고 있다.

- 멤버십 적용 기간: 상반기(1~6월), 하반기(7~12월)
  - 멤버십 등급은 매 반기 익월(7월, 1월)에 선정되고 1년간 적립한 마일리지는 등급 선정일을 기준으로 함
- 등급 유형

구분	VVIP	VIP	비즈니스	패밀리	프렌즈
기준	직전 반기 적립한 마일리지가 8만 원 이상이거나 1년간 적립한 마일리지가 16만 원 이상인 고객	직전 반기 적립한 마일리지가 4만 원 이상이거나 1년간 적립한 마일리지가 8만 원 이상인 고객	1년간 적립한 마일리지가 2만 원 이상인 고객	철도회원으로 가입한 고객 중 최근 1년간 온라인 로그인 기록이 있거나, 회원으로 구매 실적이 있는 고객	철도회원으로 가입한 고객 중 최근 1년간 온라인 로그인 기록이 없거나, 회원으로 구매 실적이 없는 고객
할인	30%, 최대 6매/반기	30%, 최대 3매/반기	15%, 최대 2매/반기	10%, 최대 1매/반기	해당사항 없음
프로모션 참여	○	○	○	○	×
마일리지 적립	결제 금액의 5%	결제 금액의 5%	결제 금액의 5%	결제 금액의 5%	결제 금액의 5%
장애 할인	중증 장애 50%	중증 장애 50%	중증 장애 50%	중증 장애 50%	중증 장애 50%

- 프로모션 참여: 1번이라도 티켓 구매 이력이 있는 경우 중복 할인 가능
- 장애 정도가 심하지 않거나 장애 등급이 낮은 경우 30% 추가 할인
- 국가 유공자 별도 할인 적용 제외
- 중복 할인의 경우 등급 할인된 금액에 추가 적용

228

2023년 상반기 오전 코레일

다음 중 직원 Q가 주어진 자료를 이해한 내용으로 적절하지 않은 것을 고르면?

① 열차를 한 번도 이용하지 않았어도 멤버십이 적용될 수 있다.
② 모든 등급에서 티켓 구매 시 적립되는 마일리지 비율은 동일하다.
③ 구매자 본인이 아니어도 할인 혜택을 받을 수 있다.
④ 프로모션 할인 행사가 있을 때 누구나 혜택을 받을 수 있다.
⑤ VIP 등급의 고객이 중증 장애인인 경우 최대 65%의 할인 혜택을 받는다.

229

다음 중 A씨의 2×23년 상반기 멤버십 등급을 고르면?(단, A씨는 2×22년 1월 1일에 철도회원으로 처음 가입하였고, 7월 티켓 구매 시 최대 할인혜택을 적용했다.)

- 2×22년 1~6월 동안 A씨 마일리지 적립 금액: 42,000원
- 2×22년 7~12월 구매 내역
  - 7월: 43,000원×6매
  - 8월: 20,000원×5매
  - 9월: 35,000원×9매
  - 10월: 30,000원×2매
  - 12월: 40,000원×1매

① VVIP　　　　　　　② VIP　　　　　　　③ 비즈니스
④ 패밀리　　　　　　　⑤ 프렌즈

230

다음 [보기]의 B씨가 부산행 편도 티켓을 구입한다고 할 때, 지불해야 하는 비용을 고르면?

┤ 보기 ├
- B씨의 이번 티켓 구매는 2023년 상반기에 첫 구매이다.
- 작년 7~12월의 마일리지 적립금은 총 85,000원이다.
- 할인 혜택 적용이 가능하다.
- 부산행 티켓은 편도 50,000원이고 B씨는 장애 정도가 심하지 않다.

① 20,500원　　　　　　② 24,500원　　　　　　③ 28,500원
④ 32,000원　　　　　　⑤ 35,000원

자기개발능력 10문항

231 문제 더보기 PART Ⅲ 변형 | P.425 472번

PART Ⅲ 변형 | P.425 472번

2022년 상반기 서울교통공사 9호선

다음 사례에서 알 수 있는 K씨의 자기개발 장애요인으로 가장 적절한 것을 고르면?

K씨는 입사 3년 차이다. 신입사원으로 들어왔을 때는 나름대로 촉망받는 인재였지만 3년 동안 업무에 시달리다 보니 자기개발에 소홀하게 되었고, 새로 들어오는 신입사원보다 새로운 시스템이나 프로그램을 다루는 데 자신의 능력이 뒤떨어진다고 느끼게 되었다. K씨는 자신의 전문성을 신장시키고 다른 사람과의 차별성을 유지할 수 있는 일을 배워보기로 결심했다. 그런데 막상 결심은 하였으나 어떤 것을 시작해야 될지 막막하였다. 결국 K씨는 매일 일과 후 늦은 밤까지 컴퓨터 프로그래밍 학원을 다니게 되었고, 매주 토요일 오후에도 시간을 내어 업무 관련 학습 시간을 갖게 되었다. 하지만 휴식도 없이 공부하던 K씨는 얼마 지나지 않아 육체적·정신적으로 지쳐 계획한 자기개발 계획을 포기하게 되었고, 자기개발을 지속적으로 수행하지 못한 이유가 무엇인지 찾아 개선해 보고자 하였다.

① 자신의 흥미와 적성을 고려하지 않았다.
② 회사에서 필요로 하는 업무 정보를 확인하지 못하였다.
③ 스스로 자신감이 부족하였다.
④ 일상생활의 요구를 소홀히 하였다.
⑤ 재정적인 문제를 해결하지 못하였다.

232 문제 더보기 PART Ⅲ 변형 | P.426 474번

PART Ⅲ 변형 | P.426 474번

2022년 상반기 서울교통공사 9호선

조셉과 해리라는 두 심리학자에 의해 만들어진 '조해리의 창(Johari's Window)'은 자신과 다른 사람의 두 가지 관점을 통해 자신을 네 가지 영역으로 구분한 것이다. 다음 중 이에 대한 설명으로 옳지 않은 것을 고르면?

① 조해리의 창은 자기인식 또는 자기이해 모델이다.
② 2×2 매트릭스를 활용하여 자아인식을 통한 더 나은 의사결정을 가능케 한다.
③ 공개된(Open), 눈먼(Blind), 숨겨진(Hidden), 미지(Unknown)의 영역으로 구성된다.
④ 공개된 자아와 눈먼 자아를 확인하기 위하여 '나의 성격이나 업무수행에 있어서 장단점은 무엇일까?'와 같은 질문을 스스로에게 던져볼 수 있다.
⑤ 다른 사람과의 커뮤니케이션을 통해 눈먼 자아를 확인할 수 있다.

233

다음 글을 참고할 때, 퇴사를 고민하고 있는 구○○씨에게 해줄 수 있는 조언으로 적절하지 <u>않은</u> 것을 고르면?

직장인 10명 가운데 8명 이상이 올해 이직할 의향이 있는 것으로 조사됐다. 17일 취업포털 사람인이 직장인 4,384명을 대상으로 조사한 결과에 따르면, 81.1%가 '올해 이직할 의향이 있다'고 답했다. 이직하려는 이유(복수 응답)로는 '연봉이 만족스럽지 못해서'가 49.1%로 가장 많았다. 이어 '회사의 비전이 없어서(38.5%)', '복리후생이 만족스럽지 못해서(31.3%)', '더 큰 회사로 옮기고 싶어서(29.7%)', '일에 대한 성취감이 낮아서(28.4%)', '잦은 야근 등 근무 환경이 열악해서(24.9%)', '업무 영역을 넓히고 싶어서(22%)' 등의 순이었다.

철도관 아버지를 따라 어릴 때부터 철도관의 꿈을 키워 온 구○○씨도 최근 퇴사를 고민하고 있다. 구○○씨는 치열한 취업 경쟁 속에서 '좋은 일자리'를 위해 노력해온 만큼 임금과 직무에 많은 기대를 걸었지만 실제 상황은 그에 미치지 못해 뒤늦게 본인의 적성이나 진로에 대해 원하는 것이 무엇인지를 고민하게 되었다.

① 스스로 작은 성취부터 얻어내는 것으로 하나씩 이직을 준비하라고 말한다.
② 주위의 경험 있는 지인들에게 조언을 구하도록 한다.
③ 자신을 객관적으로 평가할 수 있는 방법을 찾게 한다.
④ 한 군데 직장에서 수직 상승할 수 있는 기회를 놓치지 말아야 함을 상기시킨다.
⑤ 취업컨설팅을 받거나 구직 사이트를 참고하여 적극적인 구직 활동을 할 수 있도록 한다.

234

다음은 일반적인 경력개발 단계 모형(직업 선택, 조직 입사, 경력 초기, 경력 중기, 경력 말기)에 있어 일부 단계별 수행 방법을 위한 질문 내용을 정리한 것이다. 밑줄 친 ㉠~㉤ 중 적절하지 <u>않은</u> 것을 고르면?

구분	준비 단계	실행 단계	완료 단계
직업 선택	나는 언제, 어떤 직업을 가지려고 하는가?	㉠ 나는 어떤 직업을 수행하고 있는가?	나는 직업 선택에 만족하였는가?
조직 입사	㉡ 내가 조직에 입사하기 위하여 준비할 것은 무엇인가? 언제쯤 입사할 예정인가?	나는 조직을 선택하고 입사할 때 어떠한 과정을 거쳤는가?	㉢ 나는 지금까지 조직에 입사하는 과정에서 어떠한 경험을 하였는가?
경력 초기	㉣ 나에게는 직무와 조직의 규칙과 규범을 배우기 위하여 어떤 노력이 필요한가?	㉤ 나는 직무와 조직에서 안정기에 접어들면서 어떠한 생각으로 무엇을 준비하고 행동하고 있는가?	나는 직무와 조직의 규칙과 규범에 어느 정도 숙달하고 있는가?

① ㉠   ② ㉡   ③ ㉢   ④ ㉣   ⑤ ㉤

235

강사가 자기개발능력에 대한 강연 슬라이드를 준비했다. 수정이 필요한 것을 고르면?

①
자기개발능력이란?
직업인으로서 자신의 능력과 적성, 특성 등을 이해하고 목표 성취를 위해 스스로 관리하며 개발해 나가는 능력

②
자기개발은 왜 하는 것일까?
첫째, 변화하는 환경에 적응하기 위해
둘째, 업무의 성과를 향상시키기 위해
셋째, 긍정적인 인간관계를 형성하기 위해
넷째, 자신이 달성하고자 하는 목표를 성취하기 위해
다섯째, 개인적으로 보람된 삶을 살기 위해

③
방해요인
자기개발 계획을 수립하고 이를 실현하는 데 방해가 되는 요소
• 내재적 요인: 게으름, 소극적 태도 등
• 외재적 요인: 금전적인 이유, 거리가 멀어서, 직장 환경 등

④
자기개발의 세 가지 구성요소

⑤
자기개발 사례에 대한 내용
성공하려면 어떻게 자기개발을 해야 할까?

사례
의류회사 판매부서의 S부장은 회사에서 가장 승진이 빠를 정도로 그 능력을 인정받고 있다. 이는 S부장이 항상 구체적인 계획에 따라 일을 열심히 하며, … (중략) … S부장과 같이 성공하기 위한 자기개발 계획을 수립하여 보자.

236

다음 글의 밑줄 친 '장애요인'을 올바르게 짝지은 것을 고르면?

> 학생이나 직업인 모두 자기개발 계획을 수립하는 전략을 알고 있다고 하더라도 자기개발 계획을 구체적으로 설계하는 일은 어려운 일이다. 이는 자기개발 계획을 수립하는 데 많은 <u>장애요인</u>이 있기 때문이다. 그뿐만 아니라, 자기개발에 대한 계획을 수립한다고 해도 모든 목표를 달성할 수 있는 것은 아니다. 자기개발 목표를 성취하기 위해서는 현재의 인간관계와 직무를 고려하고, 구체적으로 장기 목표와 단기 목표를 계획하며, 자신을 브랜드화하는 방법을 선택할 필요가 있다.

① 자기 정보의 부족, 내부 작업정보 부족
② 내부 작업정보 부족, 자아존중감 부족
③ 외부 작업정보 부족, 자원의 부족
④ 의사결정 시 자신감의 부족, 취약한 대인관계
⑤ 주변 상황의 제약, 정보 습득 방법 미숙

237

◎◎공사의 직원 A~E는 올바른 성찰에 대해 [보기]와 같이 대화를 나누었다. A~E 중에서 적절하지 않은 발언을 한 사람을 고르면?

┤보기├

A: 요즘 신입사원 Y씨가 업무 도중 실수가 잦아요. 회사의 업무 지침대로 일을 해야 하는데 자신이 생각하는 방식대로 하다 실수를 하는 것 같아요.
B: 맞아요. 아직 일을 배운 지 얼마 되지 않아 당연히 실수할 수는 있지만, 문제가 발생하거나 실수했을 때 Y씨가 깊은 성찰 없이 지나치는 것이 문제라고 생각해요.
C: 잘못했을 때만 성찰하는 것이 아니라 잘했던 일과 잘못했던 일, 그리고 개선점을 생각하는 과정을 반복하다 보면 Y씨의 역량이 향상될 수 있을 거예요.
D: 성찰은 지속적인 훈련을 필요로 하지는 않으니 Y씨에게는 성찰의 필요성 정도만 일깨워주면 될 것 같아요.
E: 누군가의 가르침이 개입된다고 하더라도 성찰은 자기 자신이 주체가 되어 스스로 알아가는 과정을 거쳐야만 가능하죠.

① A   ② B   ③ C   ④ D   ⑤ E

다음 자료와 관련된 경력개발의 최신 이슈에 대한 설명으로 적절하지 <u>않은</u> 것을 고르면?

[그래프1] 직장인 중 부업 종사 여부에 대한 응답 비중

[그래프2] 연도별 전체 취업자 중 1인 창업 및 프리랜서 비중

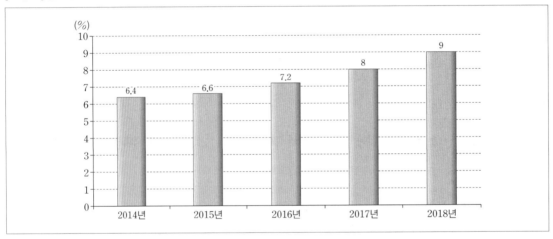

① 일반적으로 독립근로자의 경력개발에 대한 책임은 오직 독립근로자 개인에게 주어진다.
② 긱 경제의 출현으로 개별 근로자가 노동 방식과 노동 시간에 대한 결정권을 갖게 되었다.
③ 과거에는 자아실현을 위한 투잡이 많았으나 최근 경제적 이유로 투잡을 하는 경향이 뚜렷하다.
④ 정보기술의 발달로 말미암은 근무 환경의 유연성 증대도 독립근로자의 증가에 영향을 미쳤다.
⑤ 이른 은퇴를 목표로 하는 파이어족의 등장과 플랫폼의 발달이 투잡 현상을 촉진하고 있다.

239

다음 글의 밑줄 친 ㉠에 대한 설명으로 옳지 <u>않은</u> 것을 고르면?

> B씨는 취업을 위해 컴퓨터와 외국어능력을 키우고자 한다. 이를 위해 교재를 사고 학원에 등록하였다. 그런데 처음 마음과는 달리 현재 하고 있는 아르바이트, 친구들과의 모임, 몰려오는 피로감 등으로 교재는 숙독하지 못하고 학원에 출석도 잘 못하고 있다. 이렇게 ㉠ 자기개발을 하는 데에는 많은 장애요인이 작용한다.

① 격무에 시달려 자기개발에 필요한 시간을 내지 못한다.
② 적당한 자기개발의 방법을 제대로 알지 못한다.
③ 가정, 사회, 직장 등 많은 문화적 장애에 부딪힌다.
④ 자기중심적이고 제한적인 사고를 한다.
⑤ 욕구와 감정이 작용하여 합리적으로 통제되지 못한다.

240

다음 중 경력과 관련한 의사결정을 하는 데 있어 상황적 요인 중 하나인 '맥락조건'에 해당하는 것을 고르면?

① 타인으로부터의 긍정적 피드백
② 본인의 불안한 심리상태
③ 자신의 결정이 자신과 타인에게 미칠 긍정/부정적 영향
④ 영향력 있는 지인의 재정적 지원
⑤ 의사결정을 위해 활용 가능한 시간자원

자원관리능력 **30문항**

241 문제더보기 PART Ⅲ 변형 | P.428 478번

다음은 시간 관리 매트릭스를 나타낸 것이다. [보기] 중 〈나 영역〉에 해당하는 것을 모두 고르면?

구분	긴급한 일	긴급하지 않은 일
중요한 일	〈가 영역〉	〈나 영역〉
중요하지 않은 일	〈다 영역〉	〈라 영역〉

┌ 보기 ┐
ㄱ 위기 상황   ㄴ 전화 호출   ㄷ 새로운 기회 발굴
ㄹ 중장기 계획   ㅁ 지인의 불시 방문   ㅂ 메일 확인
ㅅ 프로젝트 마감   ㅇ 인기 있는 활동

① ㄱ, ㅅ   ② ㄴ, ㅁ   ③ ㄷ, ㄹ
④ ㄷ, ㅂ, ㅇ   ⑤ ㄹ, ㅅ, ㅇ

242 문제더보기 PART Ⅲ 변형 | P.230 242번

다음 설명에 해당하는 용어의 예로 적절한 것을 고르면?

이 비용은 제품을 생산하거나 서비스를 창출하기 위해 소비된 비용이지만, 각각의 물건에 붙일 수는 없으며 정확하게 예측하지 못해 어려움을 겪는 경우가 많다. 이 비용은 과제에 따라 매우 다양하며, 과제가 수행되는 상황에 따라서도 다양하게 나타날 수 있다.

① 인건비   ② 시설비   ③ 재료비
④ 광고비   ⑤ 출장비

243

다음은 K회사의 건강검진 일정에 관한 자료이다. 이에 대한 설명으로 옳은 것을 [보기]에서 모두 고르면?

K회사는 기획팀, 영업팀, 안전팀, 홍보팀, 재무팀, 인사팀으로 구성되어 있으며, 월요일, 화요일 이틀간 전 직원 건강검진을 실시하려고 한다. 건강검진 실시 조건은 다음과 같다.

- 팀별로 건강검진센터 A~D 중 한 곳에서 검진을 받는다.
- 각 건강검진센터는 하루에 1개의 팀만 담당한다. 단, 영업팀은 인원수가 많으므로 절반으로 나누어 두 팀을 만들고, 안전팀은 매일 일정 인원 이상이 근무해야 하므로 절반으로 나누어 두 팀을 만든다.
- 팀별 검진 가능한 시간대는 다음과 같다.

구분	월요일	화요일
기획팀	09:00~12:00	09:00~12:00
영업팀	13:00~18:00	09:00~14:00
안전팀	15:00~18:00	13:00~17:00
홍보팀	09:00~18:00	09:00~12:00
재무팀	13:00~18:00	11:00~18:00
인사팀	11:00~15:00	10:00~17:00

- 건강검진센터별 검진 가능한 시간대는 다음과 같다.

구분	월요일	화요일
A업체	15:00~18:00	15:00~18:00
B업체	09:00~18:00	12:00~15:00
C업체	09:00~14:00	09:00~12:00
D업체	13:00~18:00	12:00~16:00

- 팀별로 가능한 시간대의 업체에서 건강검진을 받되 아래 사항을 모두 만족해야 한다.
  - 건강검진은 최소 3시간이 소요된다.
  - 안전팀은 B업체 또는 D업체에서 건강검진을 받을 수 있다.
  - 기획팀은 B업체에서만 건강검진을 받을 수 있다.

─┤ 보기 ├─
- ㉠ 안전팀은 D업체에서만 건강검진을 받게 된다.
- ㉡ 영업팀은 모두 같은 날 건강검진을 받는다.
- ㉢ 기획팀과 인사팀은 같은 업체에서 건강검진을 받는다.
- ㉣ 홍보팀은 화요일에 건강검진을 받는다.

① ㉠, ㉡　　　　　　　② ㉠, ㉢　　　　　　　③ ㉡, ㉢
④ ㉠, ㉡, ㉣　　　　　⑤ ㉠, ㉢, ㉣

[244~245] 다음은 K아트센터의 공연장 대관 안내문이다. 이를 바탕으로 이어지는 질문에 답하시오.

1. 극장 기본 대관료

(단위: 원/회)

시설명	장르	평일
대극장	클래식, 무용, 연극, 국악 등 순수예술	1,300,000
	뮤지컬, 대중공연	1,430,000
	행사, 기타(방송, 영화 외)	1,600,000
소극장	클래식, 무용, 연극, 국악 등 순수예술	500,000
	뮤지컬, 대중공연, 행사, 기타	780,000

※ 오전, 오후, 저녁, 야간의 각 회당 대관료임
※ 토, 일, 공휴일의 기본 대관료는 평일 기본 대관료에 20%를 할증함
※ 대극장은 1,500석, 소극장은 800석임

2. 준비/연습/철수 대관료

(단위: 원/회)

시설명	장르	평일
대극장	클래식, 무용, 연극, 국악 등 순수예술	650,000
	뮤지컬, 대중공연	715,000
	행사, 기타(방송, 영화 외)	800,000
소극장	클래식, 무용, 연극, 국악 등 순수예술	250,000
	뮤지컬, 대중공연, 행사, 기타	390,000

※ 토, 일, 공휴일의 준비/연습/철수 대관료는 평일 준비/연습/철수 대관료에 20%를 할증함
※ 평일 및 토, 일, 공휴일의 야간 준비/연습/철수 대관료는 평일 및 토, 일, 공휴일의 각 준비/연습/철수 대관료에 50%를 할증함

3. 무대 시설 대관료

(단위: 원)

시설명		단위	대관료
빔 프로젝터	대극장	1일(1개)	200,000
	소극장	1일(1개)	150,000
자막기	대극장	1일(1개)	60,000
	소극장	1일(1개)	50,000
리어 스크린	대극장	1일(1개)	60,000
프론트 스크린	소극장	1일(1개)	20,000
녹음(USB)	대/소극장	1일(1개)	30,000
무선마이크	대/소극장	1일(1대)	20,000
유선마이크	대/소극장	1일(1대)	3,000
현수막	무대 안(대극장)	1일(1개)	30,000
	무대 안(소극장)	1일(1개)	20,000
	극장 외벽(대극장)	1일(1개)	100,000
	극장 외벽(소극장)	1일(1개)	50,000

4. 대관료 적용원칙

(1) 기본 대관료는 장르 및 시간에 따라 구분된다.

오전(09:00~12:00), 오후(13:00~17:00), 저녁(18:00~22:00), 야간(22:00~24:00)이다.

(2) 기본 대관 시간 초과 시 10분당 기본 대관료의 10%를 할증한다. 최대 30분 초과할 수 있다.

(3) 철수 대관이 완료되는 시점은 철수 대상 장비와 세트가 장치 반입구 밖으로 모두 반출되는 시간까지를 말한다.

(4) 준비/연습 대관은 오전, 오후, 저녁 단위로 대관이 가능하며, 철수 대관은 해당 대관료에 대관한 시간 단위 비율로 대관료 정산이 가능하다.

(5) 대관 장소 변경 시 3일 전에 고지해야 하며 이후 대관 장소의 변경은 불가능하다.

(6) 대관 계약을 체결한 사용예정자는 계약 시 7일 내에 기본 대관료의 100분의 30에 해당하는 계약금을 납부하여야 하고, 잔액은 대관 예정일 30일(대극장의 경우 60일) 전까지 납부하여야 한다. 대관 승인일로부터 대관 예정일까지의 기간이 30일(대극장의 경우 60일) 이내일 경우에는 계약 체결 시 대관료 전액을 납부하여야 한다.

244 _{문제
더보기} PART III 변형 | P.432 482번

주어진 자료에 대한 설명으로 옳지 <u>않은</u> 것을 고르면?

① 국악용으로 공휴일 저녁에 소극장을 대관하고 계약금을 납부한 경우, 대관 예정일 30일 전까지 기본 대관료 420,000원을 추가로 납부하여야 한다.

② 평일의 철수 대관료는 평일의 기본 대관의 50%이다.

③ 소극장의 빔 프로젝터 2개와 대극장의 리어 스크린 5개의 요금이 동일하다.

④ 월요일 오전, 오후와 화요일 저녁, 야간에 대중공연용으로 대극장을 대관하는 경우의 대관료가 목요일, 금요일, 토요일, 일요일 오전에 무용공연용으로 대극장을 대관하는 경우보다 비싸다.

⑤ 대극장을 행사용으로 토요일 야간에 준비 대관을 하면 준비 대관료는 1,440,000원이다.

어느 공연단에서 K아트센터를 다음과 같이 대관하려고 한다. 비용을 되도록 적게 지불하려고 할 때, 지불해야 할 총 대관료를 고르면?

구분	내역
공연 장르	대중공연
공연 일시	11월 15일 월요일 09:00~12:00
예상 관람객 수	600명
준비 대관 일시	11월 14일 일요일 18:00~22:00

비고	• 준비 대관 시 프론트 스크린 1개 대여
	• 공연 시 다음과 같이 대여
	  ー 프론트 스크린 1개
	  ー 무대 안 현수막 1개
	  ー 극장 외벽 현수막 1개
	  ー 무선마이크 2대
	  ー 유선마이크 4대

① 124만 원   ② 136만 원   ③ 141만 원

④ 156만 원   ⑤ 161만 원

K과장과 L대리가 함께 코인 세탁소를 오픈하기 위하여 A~F 지역 중 적절한 장소를 물색 중이다. 다음 글과 [대화]에 따라 각 직원이 가장 선호하는 장소를 바르게 연결한 것을 고르면?

K과장과 L대리는 다음과 같이 A~F지역별 입지조건 점수를 매겼다.

구분	A	B	C	D	E	F
주거 밀집도	하	중	상	상	중	중
면적(매장 크기)	상	중	상	중	상	하
층수	1층	2층	2층	1층	1층	1층
경쟁사 유무	없음	없음	없음	있음	없음	없음
비용	상	중	상	상	하	상

※ 주거 밀집도가 '상'일수록 밀집도가 높은 것이고, 면적에서 '상'일수록 면적이 큰 것이고, 비용에서 '상'일수록 비용이 저렴한 것임

┤ 대화 ├

K과장: 모든 조건이 완벽한 입지는 없는 것 같네요. L대리는 어디가 가장 적당하다고 생각하세요?

L대리: 빨랫감을 가지고 다니기가 번거로울 테니 1층이 적절할 것 같아요.

K과장: 저도 그렇게 생각해요. 그리고 이미 코인 세탁소가 있는 지역은 피하는 게 좋을 것 같아요.

L대리: 네. 코인 세탁소가 아직 없는 지역도 많으니 굳이 이미 있는 곳에 오픈할 필요는 없는 것 같아요. 그리고 고객 확보를 위해서 주거 밀집도가 높은 곳으로 선정해야 해요.

K과장: 네. 그리고 매장 크기가 넓으면 세탁이 되는 동안 고객들이 쉴 수 있는 공간을 만들 수 있어서 좋을 것 같아요.

L대리: 제 생각에도 그렇게 인테리어를 하면 고객들을 더 많이 모을 수 있을 것 같긴 한데 예산이 문제네요. 저는 면적보다는 비용이 더 저렴한 곳이 좋을 것 같아요.

① K과장, D
② K과장, F
③ L대리, A
④ L대리, C
⑤ L대리, F

[247~248] 서 대리는 퇴근 후 취미 활동으로 요가, 댄스스포츠, 요리, 캘리그래피, 코딩 중 하나의 수업을 들으려 한다. 주어진 [표]와 [조건]을 바탕으로 이어지는 질문에 답하시오.

[표1] 취미 활동별 정보

구분	가격(한 달 기준)	난이도	수업 만족도	교육효과	소요시간(1주)
요가	100만 원	보통	보통	높음	2시간
댄스스포츠	90만 원	낮음	보통	낮음	2시간
요리	125만 원	보통	매우 높음	보통	2시간 30분
캘리그래피	125만 원	높음	보통	낮음	2시간
코딩	110만 원	매우 높음	높음	높음	3시간

[표2] 순위－점수 환산표

순위	1위	2위	3위	4위	5위
점수	5점	4점	3점	2점	1점

┤ 조건 ├
- 순위－점수 환산표를 토대로 가격, 난이도, 수업 만족도, 교육효과, 소요시간 5가지 평가 항목에 대한 순위를 점수로 환산한 후, 합산 점수가 가장 높은 취미 활동의 수업을 듣는다.
- 가격과 난이도는 낮을수록, 수업 만족도와 교육효과는 높을수록, 소요시간은 짧을수록 순위가 높다.
- 순위가 동일하면 모두 같은 순위로 인정하고, 다음 순위는 그만큼 생략한다. 예를 들어 1위가 3개이면, 다음 순위는 4위이다.
- 합산 점수가 같으면 교육효과 점수가 더 높은 취미 활동의 수업을 듣는다.

주어진 자료를 바탕으로 서 대리가 선택할 수업을 고르면?

① 요가
④ 캘리그래피
② 댄스스포츠
⑤ 코딩
③ 요리

서 대리는 이번 달부터 일부 항목의 정보가 다음 [표]와 같이 변경되었다는 것을 알게 되었다. 이를 바탕으로 서 대리가 선택할 수업을 고르면?

[표] 취미 활동별 변경 정보

구분	요가	댄스스포츠	요리	캘리그래피	코딩
가격(한 달 기준)	110만 원	100만 원	125만 원	135만 원	110만 원
소요시간(1주)	3시간	2시간 30분	2시간	2시간 30분	3시간

① 요가
④ 캘리그래피
② 댄스스포츠
⑤ 코딩
③ 요리

[249~250] 다음은 서울특별시 구별 1일 폐기물 배출량 및 재활용량과 구별 주민수에 관한 자료이다. 이를 바탕으로 이어지는 질문에 답하시오.

서울시에서는 구별로 폐기물 배출량과 재활용률에 따라 등급을 나누었다. 다음은 각 구별 1일 폐기물 배출량 및 재활용량, 주민 수에 관한 자료이다.

[표] 서울특별시 구별 1일당 폐기물 현황
(단위: 톤, 명)

구분	배출량	재활용량	주민 수
[1]	860.1	728	154,318
[2]	1,459.8	1,265.6	131,943
[3]	1,137.4	1,008.5	238,300
[4]	2,168.3	1,436.1	294,140
[5]	1,373.2	1,289.3	353,380
[6]	1,357.9	1,232.6	351,626
[7]	1,580.8	1,459.7	393,149
[8]	1,345.4	1,246.2	441,717
[9]	847.5	770.8	304,257
[10]	802.1	623.2	320,711
[11]	1,575.4	1,364.8	517,038
[12]	2,303.7	2,144.9	477,961
[13]	1,587.9	1,489.6	316,415
[14]	1,956.9	1,748.7	379,525
[15]	1,089.9	922.3	452,255
[16]	2,938.2	2,210.5	581,265
[17]	1,324.8	1,109.2	422,361
[18]	1,931.2	1,796.7	244,887
[19]	2,540.7	2,374.6	401,814
[20]	1,503.7	1,408.7	396,122
[21]	1,658.6	1,530.2	501,572
[22]	3,772.1	3,557.7	420,045
[23]	3,667.2	3,055.1	538,075
[24]	2,324.8	2,035.2	664,996
[25]	4,535.3	4,352.8	467,997

※ [1] 종로구, [2] 중구, [3] 용산구, [4] 성동구, [5] 광진구, [6] 동대문구, [7] 중랑구, [8] 성북구, [9] 강북구, [10] 도봉구, [11] 노원구, [12] 은평구, [13] 서대문구, [14] 마포구, [15] 양천구, [16] 강서구, [17] 구로구, [18] 금천구, [19] 영등포구, [20] 동작구, [21] 관악구, [22] 서초구, [23] 강남구, [24] 송파구, [25] 강동구

※ (재활용률)(%)=$\dfrac{\text{(폐기물 재활용량)}}{\text{(폐기물 배출량)}} \times 100$

※ 각 구별로 폐기물 배출 등급은 1인 1일당 폐기물 배출량이 4kg 미만인 경우 A등급, 4kg 이상 6kg 미만인 경우 B등급, 6kg 이상 8kg 미만인 경우 C등급, 8kg 이상인 경우 D등급임

249 문제 더보기 PART III 변형 | P.441 491번

2021년 하반기 한국전력공사

다음 중 폐기물 배출 등급이 A등급이 <u>아닌</u> 지역을 고르면?

① 노원구   ② 구로구   ③ 동대문구
④ 중랑구   ⑤ 동작구

250 문제 더보기 PART III 변형 | P.441 492번

2021년 하반기 한국전력공사

다음 중 폐기물 배출 등급이 B등급이면서 재활용률이 90% 이상인 지역을 고르면?

① 은평구   ② 송파구   ③ 마포구
④ 영등포구   ⑤ 종로구

[251~252] 다음은 A사의 당직 규정 중 일부이다. 이를 바탕으로 이어지는 질문에 답하시오.

제1조(당직의 구분) ① 당직은 일직과 숙직으로 구분한다.

② 일직은 공휴일에 두며, 그 근무시간은 정상 근무일의 근무시간에 준한다.

③ 숙직의 근무시간은 정상 근무시간 또는 일직 근무시간이 종료된 때로부터 다음 날의 정상 근무 또는 일직 근무가 개시될 때까지로 한다.

제2조(숙직 근무자의 휴무) 숙직 근무자에 대하여는 그 숙직 종료시간이 속하는 날을 휴무일로 하여 휴식을 취하게 한다. 다만, 소속기관의 장은 업무의 형편상 그 휴식시간의 일부를 제한할 수 있다.

제3조(당직 명령 및 변경) ① 당직 명령은 당해 기관의 장이 근무예정일 7일 전까지 행하여야 한다.

② 당직 명령을 받은 자가 출장·휴가 또는 기타 부득이한 사유로 당직 근무를 할 수 없는 경우에는 지체 없이 당직 명령자로부터 당직 근무일의 변경 승인을 받아야 한다.

제4조(당직 신고 및 인계·인수) ① 당직 근무자는 당직 근무개시시간 30분 전에 당직 명령자에게 당직 신고를 하여야 한다. 다만, 공휴일의 당직 근무자는 그 전일에 당직 신고를 하여야 한다.

② 당직 근무자는 제1항의 당직 신고 전에 총무부로부터 당직 근무일지와 기타 필요한 당직용 비품을 인수 확인하고, 당직 근무 종료 시 이를 총무부에 인계하여야 한다. 다만, 공휴일인 경우에는 일직 근무자와 숙직 근무자 간에 인계인수한다.

제5조(취침 금지 등) ① 당직 근무자는 취침하거나 근무구역을 이탈하지 못한다. 다만, 2인 이상 당직을 하는 경우 교대로 취침을 허용한다.

② 당직 근무자는 음주·도박 또는 기타 품위를 손상하거나 당직 근무에 지장이 있는 행위를 하여서는 아니 된다.

③ 당직 근무자는 당직 근무 중 취식을 위하여 근무지를 이탈할 수 없으며, 식사는 지참하거나 당직 근무기관의 구내식당을 이용하여야 한다.

주어진 자료에 대한 설명으로 옳지 <u>않은</u> 것을 고르면?

① 월요일에 새로 전출 온 사원의 경우 해당 주의 토요일 당직이 면제된다.
② 당직 근무자가 2인 이상인 경우에는 교대로 취침이 가능하다.
③ 공휴일 전날의 당직 근무자는 당직 근무개시시간 30분 전에 당직 신고를 하여야 한다.
④ 공휴일 전날의 일직 근무자는 다음 날 오전 당직 근무 종료 시 당직용 비품을 총무부에 반납하면 안 되고, 숙직 근무자에게 인계해야 한다.
⑤ 금요일의 당직 근무자는 당직 신고 전에 토요일 오전에 인계해야 할 당직 근무일지와 열쇠 등을 총무부로부터 인수하여야 한다.

252  PART Ⅲ 변형 | P.447 497번

2021년 하반기 한국전력공사

주어진 자료를 참고할 때, 다음 사례 중 적절하지 <u>않은</u> 것을 고르면?

① 공휴일에 구내식당을 운영하지 않는 A사에 근무하는 김 대리는 공휴일 당직 근무일에는 항상 도시락을 지참한다.
② 이 대리가 화요일에 숙직 근무를 하였다면, 바로 다음날인 수요일은 휴무일이다.
③ 김 부장의 당직 명령을 받은 박 대리는 출장으로 인해 당직 근무를 할 수 없어 김 부장으로부터 당직 근무일의 변경 승인을 받았다.
④ 김 부장의 당직 명령을 받은 정 대리는 김 부장에게 당직 신고 전에 총무부로부터 당직 근무일지와 당직용 비품을 인수하였다.
⑤ 일요일의 일직 근무자는 당직이 종료된 후 당직 근무일지를 총무부에 인계하여야 한다.

[253~255] 다음 [그림]은 지하철 노선도이다. 지하철 노선도와 [조건]을 바탕으로 이어지는 질문에 답하시오.

[그림] 지하철 노선도

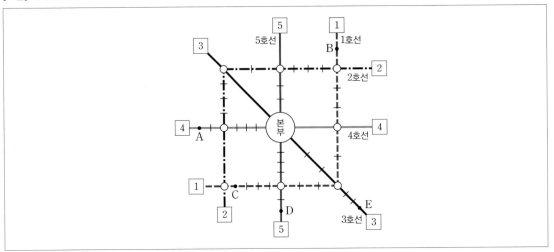

┤ 조건 ├
- 지하철 노선은 1~5호선으로 이루어져 있으며, 각 노선의 끝의 검은색 사각형 안에 노선 번호가 적혀있다.
- 노선 중간에 수직으로 그어진 선과 A~E는 모두 정차역을 의미한다.
- 노선이 교차하는 부분의 원은 환승역을 의미한다.
- 노선 중앙의 본부도 환승역이다.
- 역과 역 사이를 이동할 때 소요되는 시간은 1~2호선이 3분, 3~5호선이 5분이다.
- 지하철 요금은 기본 1,500원이며, 3개 역을 지날 때마다 300원씩 추가된다(마지막 하차역까지 포함).
- 환승역 내에서 이동하는 시간은 고려하지 않는다.

253

다음 중 본부에서 출발하여 A에 도착하는 데 걸리는 최소 시간을 고르면?

① 24분
② 25분
③ 27분
④ 30분
⑤ 35분

254

다음 중 C에서 출발하여 B에 도착하는 데 드는 최소 비용을 고르면?

① 1,800원
② 2,100원
③ 2,400원
④ 2,700원
⑤ 3,000원

255

다음 중 본부에서 출발하여 D, E를 거쳐 다시 본부로 복귀하는 데 걸리는 최소 시간을 고르면?(단, D, E의 방문 순서는 자유롭게 결정할 수 있으며, D, E에서 머무르는 시간은 고려하지 않는다.)

① 75분
② 81분
③ 85분
④ 90분
⑤ 94분

기업 활동을 영위하는 데 필요한 자원은 크게 시간, 예산(돈), 물적자원, 인적자원으로 구분된다. 다음 중 이러한 자원을 낭비하게 되는 원인으로 적절하지 <u>않은</u> 것을 고르면?

① 계획적이지 못한 판단과 행동
② 자원의 효과적인 활용법에 대한 무지
③ 자신이 가진 자원이 무엇인지를 인식하지 못함
④ 타인에 비해 부족한 대인관계

D사 기획팀의 서 팀장은 평소에 업무의 효율성을 위해, 해야 할 일을 메모하는 습관을 들이고 있다. 다음 [메모]를 금주 월요일에 확인한 서 팀장이 가장 우선적으로 처리해야 할 과제를 고르면?

┌─ 메모 ├───┐

• 아내 결혼기념일 선물 챙기기(다음 주 수요일)
• 마케팅 분야 사내 교육 신청하기(다음 주 목요일부터, 선착순, 잊지 말기!)
• 신입사원들을 위한 프레젠테이션 교육 리허설(금주 화요일) 준비
• 영어 학원 수강 신청(금주 화요일~목요일)
• 상부 보고 자료 검토(금주 중으로 완료할 것, 중요!)

└──┘

① 결혼기념일 선물 구매
② 사내 교육 신청
③ 프레젠테이션 교육 리허설 준비
④ 영어 학원 수강 신청
⑤ 상부 보고 자료 검토

258

다음은 효과적인 물적자원관리 과정을 나타낸 자료이다. 물품 보관 방법에 대한 설명으로 가장 적절하지 <u>않은</u> 것을 고르면?

사용 물품과 보관 물품의 구분	① 물품을 정리하여 보관할 때, 해당 물품을 앞으로 계속 사용할 것인지, 장기적인 보관이 필요한지 구분해야 한다. • 가까운 시일 내에 활용할 물품은 창고 등에 보관하지 않는다.
▼	
동일 및 유사 물품으로의 분류	② 같은 품종의 물품은 같은 장소에 보관하고, 유사한 품종의 물품은 인접한 장소에 보관하는 것이 효과적이다.
▼	
물품 특성에 맞는 보관 장소 선정	• 물품을 적절하게 보관할 수 있는 장소를 선정해야 한다. ③ 개별 물품의 특성을 고려하여 보관 장소를 선정해야 하므로 파손되기 쉬운 재질의 물품은 별도로 보관한다. ④ 물품의 관리가 용이하도록 활용 빈도가 높은 물품일수록 출입구에서 가장 먼 안쪽에 보관한다.

다음은 영업팀의 A대리와 비품 관리를 담당하는 총무팀 B대리의 통화 내용이다. B대리의 답변에 대한 지적사항으로 가장 적절한 것을 고르면?

> A대리: B대리님, 안녕하세요. 영업팀 A대리입니다. 이번 달에 진행될 예정인 ◇◇행사에 물통 배너가 필요한데요. 회사에 비치되어 있는 게 있나요?
>
> B대리: 아, 물통 배너요. 안 그래도 종종 문의가 오는 물건이라서 지난달에 비품을 구매할 때 충분한 양을 구매해 두었습니다.
>
> A대리: 잘 되었네요. 저희가 직접 가서 확인하고 찾아오고 싶은데요, 비품관리실 어디쯤에 가면 찾을 수 있을까요?
>
> B대리: 음, 그걸 어디에 두었더라. 회사에서 취급하는 비품 종류가 워낙 다양해서 새로 구매한 물품은 어디에 두었는지 정확한 위치가 기억나지 않네요. 제가 다시 가서 한번 확인해 봐야 할 것 같은데 급한 건이세요?
>
> A대리: 네, 저희 팀 팀장님께서 빨리 확인해 달라고 하셔서요. 행사 물품을 모아놓은 위치나, X배너와 T배너를 보관한 위치라도 대략적으로 알려주시면 제가 직접 가서 확인해 볼게요.
>
> B대리: 아, 저는 비품을 입고일 기준으로 정리해 놓아서 행사 물품을 모아놓은 위치나 X배너, T배너를 보관한 위치를 알아도 못 찾으실 거예요. 제가 지금 비품관리실 가서 확인하고 바로 말씀드리겠습니다.

① 입·출하의 빈도가 높은 물품은 사용하기 쉽도록 출입구와 가까운 곳에 보관해야 한다.
② 비품 관리 담당자로서 관리하는 물품의 위치 정도는 모두 암기하고 있어야 한다.
③ 물품을 보관할 때는 해당 물품을 앞으로 계속 사용할지 아닌지를 먼저 구분해야 한다.
④ 크고 무거운 물품은 하층부에, 작고 가벼운 물품은 상층부에 보관해야 한다.
⑤ 물품을 찾는 시간을 단축할 수 있도록 유사품은 인접 장소에 보관해야 한다.

C사는 신규 프로젝트에 필요한 인원 1명을 채용하고자 한다. 채용 기준과 응시자 정보가 다음과 같을 때, 신규 프로젝트에 채용될 사람을 고르면?

[채용 기준]

채용을 위해 판단할 항목은 필기, 실기, 면접이며, 다음 기준에 따라 항목별 점수의 합계가 가장 높은 응시자를 채용한다.

• 항목별 배점비율(3개 항목 합계 총점 100점으로 함)

필기	실기	면접
40%	40%	20%

• 실기

5.5 미만	5.5~6.4	6.5~7.4	7.5~8.4	8.5~9.4	9.5 이상
75점	80점	85점	90점	95점	100점

• 면접

하	중하	중	중상	상
80점	85점	90점	95점	100점

[표] 응시자 정보

구분	필기	실기	면접
갑	80점	7.6	중하
을	85점	6.9	중
병	80점	7.3	중
정	80점	8.0	중하
무	94점	6.4	하

① 갑   ② 을   ③ 병   ④ 정   ⑤ 무

다음은 N공기업의 신입사원 채용을 위한 평가 기준에 관한 자료이다. N공기업에 지원한 A~G에 대한 평가 결과가 [보기]와 같을 때, 합격자 중 점수가 가장 높은 사람과 가장 낮은 사람의 점수 차를 고르면?

N공기업에서는 다음 기준에 따라 신입사원 3명을 채용하려고 한다.
○ 필기 전형 점수는 다음과 같이 계산한다.
 • NCS, 전공, 적성으로 나누어 필기시험을 본다. 각 시험의 만점은 100점이다.
  필기 전형의 총점은 (NCS) : (전공) : (적성)=3 : 5 : 2의 가중치를 두고 계산한다.
 • 항목별 원점수가 30점 미만인 지원자는 불합격이다.
 • 가중치를 고려한 필기 전형 총점이 50점 미만인 지원자는 불합격이다.
○ 면접 전형에서는 다음과 같이 최종 합격자를 선정한다.
 • 면접을 통해 리더십, 창의력, 적극성, 직무능력을 100점 만점으로 평가한다.
  면접 전형의 총점은 (리더십) : (창의력) : (적극성) : (직무능력)=2 : 1 : 3 : 4의 가중치를 두고 계산한다.
 • 항목별 원점수가 50점 미만인 지원자는 불합격이다.
 • 가중치를 고려한 면접 전형의 총점이 70점 미만인 지원자는 불합격이다.
○ 최종 합격자는 다음과 같이 선발한다.
 • 필기 전형 점수와 면접 전형 점수를 3:7의 가중치를 두고 계산한다.
 • 장애인인 경우 총점에서 1점이 추가된다.
 • 청년 인턴 경력이 있는 경우 총점에서 3점이 추가된다.
 • 가점은 중복으로 부여하지 않으며 가점이 더 높은 것 한 가지만 인정된다.
 • 가점을 합하기 전 최종 점수가 70점 미만인 지원자는 불합격이다.
 • 최종 점수가 높은 지원자 3명이 최종 합격한다.
 • 최종 점수가 동일한 경우 가점을 제외한 점수가 더 높은 지원자의 순위가 더 높고, 이도 동일할 경우 면접 전형 점수가 더 높은 지원자의 순위가 더 높다.

┤ 보기 ├

[평가 결과]

구분	필기 전형(점)			면접 전형(점)				가점
	NCS	전공	적성	리더십	창의력	적극성	직무능력	비고
A	70	90	80	70	70	50	80	
B	80	70	70	90	70	40	70	
C	80	50	60	70	90	80	60	청년 인턴
D	90	80	80	70	80	70	70	장애인
E	80	60	80	90	80	90	50	
F	60	70	70	80	90	70	80	청년 인턴, 장애인
G	70	90	50	70	70	90	90	

① 1점   ② 3점   ③ 6점   ④ 7점   ⑤ 8점

262

T사는 다음과 같은 일정으로 6월에 있을 면접을 진행하고자 한다. 외국의 주요 인사 내방 일정보다 적어도 5일 전까지는 입소 교육을 완료해야 한다고 할 때, 가능한 가장 늦은 면접일자를 고르면?

---

1. 6월 달력

일	월	화	수	목	금	토
						1
2	3	4	5	6	7	8
9	10	11	12	13	14	15
16	17	18	19	20	21	22
23	24	25	26	27	28	29
30						

2. 일정 및 면접 세부 사항
- 면접은 주말을 피해 진행되며 면접 결과 정리, 결재는 면접 다음 영업일로부터 2일이 소요됨
- 합격자 발표는 결재를 득한 다음 날 진행 가능함
- 합격자는 발표 후 하루의 준비시간이 주어지고, 3일간의 입소 교육에 참여해야 함(주말 가능)
- 면접은 총 두 그룹으로 한 그룹당 2명의 면접관이 진행하며 2개 장소에서 동시 진행됨
- 면접관은 과장 이상의 직급자로 구성해야 하며, 개인 업무를 고려하여 선정됨
- 22~26일은 외국의 주요 인사 내방 일정으로 면접 진행 불가함

3. 면접관 후보자 개인 업무 일정

A과장	B차장	C과장	D대리	E부장	F과장
6일	10일, 13일	11일	5일, 14일	3일, 4일	4일, 10일, 17일

① 5일 ② 6일 ③ 7일 ④ 10일 ⑤ 11일

263

다음 글을 바탕으로 효과적인 시간 계획을 작성하기 위해 가장 먼저 해야 할 일을 고르면?

> 자신에게 주어진 모든 시간을 계획적으로 사용하는 것은 현실적으로 불가능하기 때문에 어느 정도를 내가 할 수 있는 일의 시간에 포함해야 하는지에 대한 궁금증을 가질 수 있다. 이와 관련하여 전문가들은 시간 계획의 기본 원리로서 60 : 40의 규칙을 제시하고 있다. 이는 자신에게 주어진 시간 중 60%는 계획된 행동을 하여야 한다는 것을 의미한다. 즉, 예측하지 못한 사태와 일의 중단(낭비 시간의 발생 요인), 개인적인 일 등에 대응할 수 있도록 자신이 가지고 있는 시간 중 60%를 계획하는 것이다. 구체적으로 자신의 시간을, 계획에 포함되는 행동 60%, 계획 외의 행동 20%(예정 외의 행동에 대비한 시간), 자발적 행동 20%(창조성을 발휘하는 시간)의 세 가지 범주로 구분하여 사용할 수 있다.

① 시간 관리 점검
② 시간 계획서 작성
③ 명확한 목표 설정
④ 일의 우선순위 결정
⑤ 시간 낭비 요인 파악

264

K사는 내년 출시를 목표로 신제품 개발에 한창이다. 개발이 완료되어 시판에 들어가기 전에 개발에 필요한 모든 비용을 미리 책정하여 단가를 결정해 두어야 개발 비용 대출을 적기에 받을 수 있을 뿐 아니라 상품 홍보 전략도 사전에 완료할 수 있다. 유사 제품들과의 경쟁이 극심한 가운데 K사가 '가격 경쟁력 손실 방지'를 최고의 목표로 내세우고 있을 경우, K사의 목표에 부합하지 <u>않는</u> 판단을 고르면?

① 개발에 따르는 비용이 실제 발생하게 될 비용과 최대한 같아질 수 있도록 책정해야 한다.
② 실제 발생할 비용이 과다할 것을 감안하여 조금 넉넉한 개발 비용을 책정해 두어야 한다.
③ 개발에 따르는 비용이 최소화될 수 있도록 책정할 필요가 있다.
④ 순수 마진을 최대한 낮게 책정할 필요가 있다.
⑤ 면밀한 시장 조사를 통해 경쟁사보다 높은 가격이 책정되지 않도록 해야 한다.

[265~266] A사는 교육용 기자재를 납품하며 4개 업체에 생산을 의뢰하고 있다. 다음 자료를 바탕으로 이어지는 질문에 답하시오.

A사는 ××대학교로부터 전자교탁 320대를 제작해줄 것을 의뢰받았다. 2월 1일부터 생산을 시작할 예정이며, 신학기가 얼마 남지 않아 최대한 빨리 완료하고자 한다.

[생산업체 정보]

업체명	1대당 생산 소요 시간	생산인력 수	1대당 생산 비용
B	4시간	7명	50만 원
C	5시간	10명	40만 원
D	4시간	9명	50만 원
E	3시간	3명	30만 원

[조건]
- 생산업체는 하루에 8시간 동안 일한다.
- 근무일이 B업체와 C업체는 월요일~토요일이고, D업체와 E업체는 월요일~금요일이다.
- 1대당 생산 소요 시간은 1명이 생산했을 때의 소요 시간으로, 여러 명이 작업할 경우 생산 소요 시간이 줄어든다. 예를 들어, 1대당 생산 소요 시간이 2시간일 때 2명이 생산에 참여하면 1대 생산 소요 시간은 1시간이다.
- 해당 요일에 생산이 가능한 업체는 모두 생산에 동원된다고 가정한다.

[2월 달력]

일	월	화	수	목	금	토
			1	2	3	4
5	6	7	8	9	10	11
12	13	14	15	16	17	18
19	20	21	22	23	24	25
26	27	28				

265

2023년 상반기 서울교통공사

비용을 가장 적게 들여 납품할 때, E업체에서 생산해야 하는 전자교탁의 수를 고르면?

① 42대   ② 44대   ③ 46대   ④ 48대   ⑤ 50대

266

2023년 상반기 서울교통공사

비용을 가장 적게 들여 납품할 때, A사가 4개 생산업체에 지급해야 하는 총비용을 고르면?

① 1,440만 원   ② 3,280만 원   ③ 4,200만 원   ④ 12,720만 원   ⑤ 14,060만 원

수도 요금 안내

1. 단기 계약(1년 이내)

계약 기간 내 계약량 변경이 가능하며, 사용량이 계약량의 120%를 초과하면 누진 요금이 발생합니다.

[표1] 요금 단가 (단위: 원/m³)

구분	계	기본요금	사용 요금
원수	233.7	70.0	163.7
정수	432.8	130.0	302.8
침전수	328.0	98.0	230.0

[표2] 수도 요금 계산 방법

구분		내용
계약 기간		1년 이내, 계약량 변경(6회/년) 가능
요금		(기본요금) + (사용 요금)
계산 방법	기본 요금	(계약량)×(기본요금 단가) ※ 사용량이 월간 계약량을 초과하는 경우 (사용량)×(기본요금 단가)로 하고, 기본요금은 월간 계약량의 120% 한도액으로 적용함
	사용 요금	(사용량)×(사용 요금 단가) ※ 월간 계약량의 120%를 초과하여 사용한 경우 다음을 가산함 － (사용 요금 단가)×(월간 계약량의 120% 초과 사용량)

2. 수도 연체금(연체금 일할계산)

고객이 요금을 납기일까지 납부하지 아니한 때에는 다음 각 호에 따라 연체금을 부담하여야 하며, 연체금은 다음번 청구 요금에 가산하여 청구할 수 있습니다.

(1) 납기일 다음 날부터 1개월 이내 납부 시:

$$(\text{미납 요금})\times\frac{2}{100}\times\frac{(\text{연체일수})}{(\text{월력일수})}$$

(2) 납기일 다음 날부터 1개월 경과 후 2개월 이내 납부 시:

$$(\text{미납 요금})\times\frac{2}{100}+(\text{미납 요금})\times\frac{1}{100}\times\frac{(\text{처음 1개월 경과한 이후 연체일수})}{(\text{2개월째 월력일수})}$$

(3) 납기일 다음 날부터 2개월 경과 후 납부 시:

$$(\text{미납 요금})\times\frac{3}{100}$$

※ 총 합계 금액에서 원 단위 미만은 절사함

267

K기업은 한국수자원공사와 광역상수도 사용계약을 체결하였고, 월간 계약량은 정수 1,200m³, 원수 1,200m³이다. K기업의 9월 수도 사용량이 정수 1,100m³, 원수 1,500m³일 때, K기업의 9월 수도 요금을 고르면?

① 825,608원

② 835,430원

③ 845,252원

④ 855,888원

268

P기업은 한국수자원공사와 광역상수도 사용계약을 체결하였고, 월간 계약량은 정수 1,300m³이다. P기업의 7월 수도 사용량은 정수 1,600m³이고, 납기일은 8월 16일까지이다. P기업이 7월 수도 요금을 9월 25일에 납부했다고 할 때, P기업이 연체금을 포함하여 납부한 7월 수도 요금을 고르면?

① 715,478원

② 725,478원

③ 735,478원

④ 745,478원

[269~270] 다음은 인재개발원 교육 일정에 관한 자료이다. 이를 바탕으로 이어지는 질문에 답하시오.

[인재개발원 교육 일정]
- A프로그램: 매주 월, 목, 금 진행 가능하며, 2일 이상 연속으로 진행할 수 없음
- B프로그램: 매주 화, 수, 목 진행 가능하며, 2일 이상 연속으로 진행할 수 없음
- C프로그램: 매주 월, 수, 목 진행 가능
- D프로그램: 매주 화, 수, 금 진행 가능

[9월 달력]

일	월	화	수	목	금	토
1	2	3	4	5	6	7
8	9	10	11	12	13	14
15	16	17	18	19	20	21
22	23	24	25	26	27	28
29	30					

269

인재개발원 9월 입소 기수는 A프로그램 4회, B프로그램 3회, C프로그램 2회, D프로그램 3회 교육이 필요하다고 한다. 첫 교육을 9월 2일에 시작할 때, 가장 빠르게 교육이 진행될 경우 종료되는 날짜를 고르면?

① 9월 16일   ② 9월 17일   ③ 9월 18일
④ 9월 19일   ⑤ 9월 20일

270

인재개발원 9월 입소 기수의 교육 사항이 변경되어 첫 교육을 9월 4일에 시작하고, 매주 화요일은 임원진 면담을 진행한다고 한다. 그 외의 변경 사항은 없을 때, 가장 빠르게 교육 및 면담이 진행될 경우 종료되는 날짜를 고르면?

① 9월 23일   ② 9월 24일   ③ 9월 25일
④ 9월 26일   ⑤ 9월 27일

271 문제 더보기 | PART III 변형 | P.449 500번

다음은 직무 성과와 갈등 정도에 관한 관계를 나타내는 그래프이다. 이에 대한 설명으로 옳지 <u>않은</u> 것을 고르면?

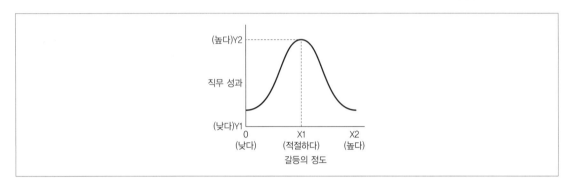

① 갈등이 X1 수준일 때 조직의 직무 성과가 가장 높아진다.
② 조직이 갈등을 어떻게 관리하느냐에 따라 직무의 성과가 달라진다.
③ X2에서는 조직 내부에 생동감이 넘치고 변화 지향적이며 문제해결 능력이 발휘된다.
④ Y2에서는 갈등의 순기능이 작용한다.
⑤ Y1에서는 갈등의 역기능이 작용하며, 이직률이 높아질 수도 있다.

272

다음과 같은 직원 W에 대한 동료 평가를 참고할 때, W의 팔로워십 유형으로 옳은 것을 고르면?

A: W는 내 의견에 한 번도 반기를 들지 않았어.
B: W는 회의에서 의견을 적극적으로 낸 적이 없는 것 같아.
C: W는 갑자기 하게 된 야근이나, 급하게 일정이 잡힌 회식에 불만 없이 참여했어.
D: W는 인기 없는 업무를 하는 것을 싫어해서 피하려 하는 경향이 있어.

① 소외형   ② 순응형   ③ 수동형
④ 실무형   ⑤ 주도형

[273~274] 다음은 협상의 개념과 유형에 관한 내용이다. 이를 바탕으로 이어지는 질문에 답하시오.

협상이란 자기가 원하는 것을 타인으로부터 얻어내기 위하여 그의 호감을 얻어내는 방법에 초점을 둔 지식과 노력의 집합체이다. 상호 갈등이 있는 둘 이상의 사람 또는 집단이 그들의 갈등을 해결하기 위해 상호 작용하는 과정을 뜻한다. 협상력을 결정하는 4가지 요인에는 '최초요구, 정보, 힘, 시간'이 포함된다. 협상에 직·간접적으로 영향을 주는 이 4가지 요소를 다루는 실력이 곧 협상 결과에 그대로 반영된다. 결국 이들 요소를 다루는 실력이 협상력을 좌우하는 것이다.

협상은 협상이 가지고 있는 특성에 따라 어느 일방이 이익을 보는 만큼 상대방이 손해를 보게 되는 분배적 협상과 관련자 모두가 승리하는 통합적 협상으로 나눌 수 있다. ㉠협상전략, ㉡승패방식, ㉢이득증식, ㉣정보공유, ㉤토론성격 각각의 항목으로 나누어 유형을 살펴볼 수 있다.

273

2023년 상반기 서울교통공사

주어진 글의 ㉠~㉤ 항목별 분배적 협상과 통합적 협상의 특성을 바르게 연결한 것을 고르면?

	구분	분배적 협상	통합적 협상
①	㉠	문제해결전략	경쟁전략
②	㉡	I Win – You Win	I Win – You Lose
③	㉢	고정된 파이 나누기	파이 자체의 증대
④	㉣	공개적 정보 공유	은밀한 정보
⑤	㉤	입장토론	실질적 이해관계 토론

274

2023년 상반기 서울교통공사

주어진 글을 참고할 때, 협상력을 결정하는 4가지 요소에 대한 내용으로 옳지 <u>않은</u> 것을 고르면?

① 정보의 양과 질이 협상을 결정할 때 중요한 요소가 된다.
② 협상을 마무리할 시점에 시간적 여유가 많은 쪽이 협상에 유리하다.
③ 협상 시작에서 최초의 요구를 어떻게 하느냐가 협상 결과를 크게 좌우한다.
④ 공급사의 브랜드 수준이나 높은 신용도, 우월한 자산과 생산능력도 협상력을 결정하는 중요한 힘이 된다.
⑤ 정보량보다는 시간보유량이 많은 쪽이, 시간 보유량보다는 힘의 전력이 강한 쪽이 협상에 유리하다.

다음 대화를 바탕으로 고객불만처리 프로세스에 대한 설명으로 적절하지 <u>않은</u> 것을 고르면?

> 고객: 얼마 전 여기서 화분을 구매하였는데요. 택배 상자를 뜯어보니 구매한 식물의 종류도 아니고 심지어 포장을 잘못했는지 식물 줄기가 부러져 왔네요.
>
> 상담사: 네, 고객님, 그러셨군요. 먼저 일부러 귀한 시간 내어 문의 주신 점 감사드립니다. 오래 기다려 주셨을 텐데 잘못된 상품으로 배송되었고, 심지어 포장 상태가 불량했던 점 모두 진심으로 사과드리며 빠른 해결을 도와드리겠습니다. 문제 처리는 처음 주문하신 상품으로 다시 배송해 드리는 것과 환불 중 어떤 방법으로 진행할까요?
>
> 고객: 제가 처음 주문했던 상품으로 다시 받아보고 싶습니다. 다만, 처음 배송된 택배는 다시 수거해 주셨으면 합니다.
>
> 상담사: 네, 알겠습니다. 요청하신 대로 처음 주문하신 상품으로 재발송하고 기발송된 제품은 택배사에 다시 수거 신청하도록 하겠습니다.
>
> 고객: 네. 정확한 제품으로 배송 부탁드립니다.
>
> 상담사: 네, 고객님. 다시 한번 이용에 불편을 드려 진심으로 죄송하다는 말씀드리며, 또 다른 문의사항이 있으시면 언제든 연락 부탁드리겠습니다. 감사합니다.

① 상담사는 고객이 불만을 느낀 문제 상황에 대한 해결을 약속하였다.
② 고객은 주문한 상품이 잘못 배송된 것에 관하여 문의하였다.
③ 상담사는 고객이 시간을 내어 해결의 기회를 준 것에 대한 감사를 표시하였다.
④ 상담사는 불만 사항을 처리한 후 고객에게 처리 결과에 만족하는지 물어보았다.
⑤ 상담사는 최선의 해결 방법을 찾기 위해 고객에게 선호하는 문제 해결 방식을 질문하였다.

276

갈등 관계가 지속되던 경영진과 노조는 협상을 통해 경영진이 노조의 모든 요구사항을 조건 없이 수용하기로 타결을 보게 되었다. 이러한 경우 경영진이 선택한 협상 전략을 고르면?

① 유화전략   ② 회피전략
③ 강압전략   ④ 협력전략

277

2021년 서울교통공사 9호선 운영 부문

다음 사례를 읽고 임 팀장이 대인관계능력을 향상시키기 위해 실천한 행동으로 옳지 않은 것을 고르면?

임 팀장은 모든 직원을 두루 살피는 편이다. 어떤 직원의 자녀가 생일이라는 것을 우연히 알고는 생일 선물을 준비해주는 등 세심한 것까지 잘 챙겨준다. 또한, 직원들과 약속한 것과 본인이 한 말에 대해서는 반드시 지키기 위해 최선을 다한다. 그러나 임 팀장도 사람인지라 드물게 팀원들에게 화를 낼 때도 있는데, 화를 내고 난 뒤에는 해당 직원에게 진지하게 사과하고, 분위기를 풀기 위해 직원들에게 먼저 웃으며 다가가는 등 팀 내 분위기를 좋게 유지하기 위해 많은 노력을 한다.

① 사소한 일에 대한 관심　　② 약속 이행　　③ 반복된 사과
④ 언행일치　　⑤ 배려심 발휘

---

278 **문제 더보기** PART III 변형 | P.450 502번

2021년 서울교통공사 9호선 운영 부문

다음 대화에 나타나는 고객의 불만 유형을 고려하였을 때, 상담사가 취할 수 있는 행동으로 가장 적절한 것을 고르면?

상담사: 안녕하십니까, 고객님. P전자 고객센터 김○○ 상담사입니다. 무엇을 도와드릴까요?
고객: 아니, 제가 얼마 전에 그 회사 카메라를 구입했는데요. 판매자들이 무조건 좋은 제품이라고, 구매해야 한다고 성화를 부려서 사긴 했어요. 그런데 판매자들 말을 믿을 수가 있어야지요. 요즘 같은 때에 A/S를 6개월만 보장해 준다고 하는데, 1~2년 보장해주는 건 기본 아닌가요? 그리고 카메라로 사진을 찍어보니까 흐릿하게 찍히는 것 같은데, 이게 문제가 있는 제품 같아서 전화했어요! 포장 박스도 튼튼하지 못하고, 무슨 제품이 판매자들 말이나 광고하고 이렇게 다를 수가 있죠?

① 객관적 데이터를 통해 상품의 우수성을 증명한다.
② 고객이 하는 말을 묵묵히 들어준다.
③ 이야기를 경청하고 맞장구치며 설득한다.
④ 애매한 화법을 사용하여 피해간다.
⑤ 고객의 호감을 얻을 수 있도록 노력한다.

PART II NCS 기출복원 300제　**259**

[279~280] 다음 글을 읽고 이어지는 질문에 답하시오.

임파워먼트(Empowerment)는 우리말로 '권한 위임' 또는 '권한 이양'으로 대부분 해석하는데, 이는 굉장히 미흡한 협의의 해석이다. 임파워먼트는 결코 권한 이양에 한정된 개념이 아니다. 제로섬 관점에서 권한의 하부 이동이 아니라, 모든 구성원 스스로가 긍정적 사고와 타인 신뢰감을 바탕으로 자신의 역량과 책임 의식을 키운 후, 서로 타인의 역량 증대까지 도와주는, 다시 말해 한정된 파워의 배분보다는 전체 파워 크기의 증대와 확산을 추구하는 개념이다. 따라서 임파워먼트는 역량 증대나 확산을 추구하는 일련의 경영 활동으로 정의할 수 있다.

요컨대, 임파워먼트된 사람들은 자신이 사건의 외부가 아니라 중심에 있다고 믿으며, 효과적으로 운영되는 조직에서는 모두 자신이 그 성공에 기여한다고 느낀다. 그들은 자신이 하는 일에 중요한 의미와 목적이 있다고 생각하며, 분별력과 책임감을 갖는다. 이 같은 조직들 내부에서는 서로 신뢰하며 의사소통하는 데 있어서 개방적이다. 이러한 임파워먼트는 다음과 같은 특징을 지니고 있다.

• 임파워먼트는 구성원들로 하여금 자신의 일이 회사의 성패를 좌우한다는 강한 사명 의식을 갖도록 한다. 즉, 구성원마다 자신이 담당하고 있는 일이 매우 중요하다는 의식을 갖도록 한다.

• 임파워먼트는 우수한 인력을 양성하거나 확보하는 것에 초점을 두며, 특히 업무를 수행하는 개인의 기량을 향상시키는 데 초점을 둔다.

• 임파워먼트는 자신이 담당하고 있는 일에 대해 스스로 의사 결정권을 갖게 하여 통제감을 높임으로써, 무기력감과 스트레스를 해소하고 더 나아가 강한 업무 의욕을 갖게끔 하여 구성원에게 커다란 성취감을 준다.

• 임파워먼트는 구성원들이 고객에 대한 서비스를 향상시키고 환경 변화에 신속하게 대응할 수 있도록 한다. 조직이 급변하는 환경에 적응할 수 있으려면 상부의 조언이나 허락 없이도 상황에 능동적이고 적극적으로 대응할 수 있는 역량을 가진 사람들을 필요로 하는데, 임파워먼트는 조직 구성원들이 그러한 능력을 갖추도록 해 준다.

279

다음 (가)~(다) 중 '개인', '관계', '조직' 관점에서 임파워먼트의 구성 요소를 바르게 짝지은 것을 고르면?

> (가) 집단 임파워먼트의 조직적 확산
> (나) 자기 신뢰감 증진
> (다) 상호 역량 확산, 상호 권한 이전

	개인	관계	조직
①	(가)	(나)	(다)
②	(가)	(다)	(나)
③	(나)	(가)	(다)
④	(나)	(다)	(가)
⑤	(다)	(나)	(가)

280 ◀ 문제 더보기 PART Ⅲ 변형 | P.448 498번

다음 임파워먼트의 확산을 방해하는 요인 8가지 중 대인적 관점의 방해 요인에 해당하는 것을 [보기]에서 모두 고르면?

┤ 보기 ├
ㄱ 비전의 효과적 전달 능력 결여
ㄴ 효과적 리더십 발휘 능력 결여
ㄷ 승패의 태도
ㄹ 약속 불이행
ㅁ 공감대 형성이 없는 구조와 시스템
ㅂ 다른 사람과의 성실성 결여
ㅅ 갈등 처리 능력 부족
ㅇ 정책 및 기획의 실행 능력 결여

① ㄴ, ㄷ, ㄹ, ㅂ
② ㄷ, ㄹ, ㅂ, ㅅ
③ ㄱ, ㄴ, ㄷ, ㄹ, ㅅ
④ ㄴ, ㄷ, ㅂ, ㅅ, ㅇ
⑤ ㄱ, ㄷ, ㄹ, ㅁ, ㅂ, ㅅ

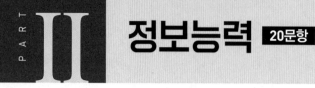

281

2022년 상반기 서울교통공사 9호선

다음 중 엑셀 데이터 유효성 검사와 유효성 오류 메시지에 대한 설명으로 옳지 않은 것을 고르면?

① 데이터 유효성 '설정' 메뉴의 유효성 제한 대상은 정수, 소수점 등 7가지가 있다.

② 여러 개 목록을 입력할 때는 콤마나 하이픈 등을 사용하지 않고 한 칸씩 띄어 쓴다.

③ 지정된 범위 밖에 해당하는 날짜가 입력되어 오류 메시지가 뜰 경우, 오류 메시지 내용을 '오류 메시지' 탭에서 직접 입력할 수 있다.

④ '오류 메시지' 메뉴의 '스타일' 탭에서는 '중지', '경고', '정보' 중 하나를 선택할 수 있다.

⑤ 드롭박스를 설정하여 설명 메시지가 나오지 않은 채 오류 메시지 기능만 단독으로 사용하는 것도 가능하다.

282 문제더보기 PART Ⅲ 변형 | P.453 508번

2022년 상반기 서울교통공사 9호선

다음 중 프로그래밍 언어에 대한 설명으로 옳지 않은 것을 고르면?

① HTML5 − HTML 페이지에 스타일을 지정하는 스타일 시트를 작성할 때 사용한다.

② Python − 컴퓨터 언어의 일종으로 간결하고 생산성 높은 프로그래밍 언어이다.

③ JAVA − 썬 마이크로시스템즈의 제임스 고슬링과 다른 연구원들이 개발한 객체 지향적 프로그래밍 언어이다.

④ XML − 구조화된 문서를 웹상에서 구현할 수 있는 인터넷 프로그래밍 언어이다.

⑤ R − 복잡한 구조와 사용자 인터페이스로 인하여 컴퓨터 프로그래밍 경험이 없으면 어렵게 느껴질 수 있다.

MS Excel을 활용하여 다음과 같은 표를 작성하였다. A열 데이터를 B열과 같이 바꾸기 위해 B1 셀에 함수식을 입력하여 B5 셀까지 드래그하였다면, B1 셀에 들어가야 할 함수식으로 올바른 것을 고르면?(단, 2~3자 이름은 두 번째 글자를 *로, 4자 이름은 가운데 두 글자를 **로 처리하기로 한다.)

▲	A	B
1	김규민	김*민
2	정욱	정*
3	최미나	최*나
4	남궁소리	남**리
5	선우시오	선**오
6		

① =LEN(A1)>3,REPLACE(A1,2,2,"*"),REPLACE(A1,2,1,"**")
② =LEN(A1)>3,REPLACE(A1,2,1,"**"),REPLACE(A1,2,2,"*")
③ =IF(LEN(A1)>3,REPLACE(A1,2,2,"*"),REPLACE(A1,2,1,"**"))
④ =IF(LEN(A1)>3,REPLACE(A1,2,1,"**"),REPLACE(A1,2,2,"*"))
⑤ =IF(LEN(A1)>3,REPLACE(A1,2,2,"**"),REPLACE(A1,2,1,"*"))

다음에서 설명하는 네트워크 명령어를 고르면?

> 마이크로소프트 윈도우에서 사용되는 콘솔 프로그램으로, 컴퓨터의 TCP/IP 네트워크 설정값을 표시하며, DHCP와 DNS 설정을 확인 및 갱신하는 데 사용된다. 비슷한 역할을 하는 프로그램이 XP 이전 버전의 윈도우에 존재하였으나 현재는 이 명령어로 대체되었다.

① ipconfig　　　　　　　② ping　　　　　　　③ tracert
④ nslookup　　　　　　　⑤ netstat

285

다음은 엑셀의 '부분합' 기능을 활용하는 탭이다. 이에 대한 설명으로 옳지 <u>않은</u> 것을 고르면?

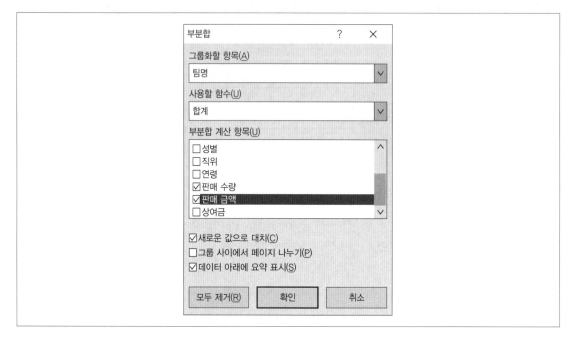

① '새로운 값으로 대치'는 새로운 부분합으로 실행할 경우에 설정한다.
② 부분합 실행 전 상태로 되돌리려면 부분합 대화 상자의 '모두 제거'를 선택한다.
③ 부분합 작성 시 기준이 되는 필드가 정렬되어 있지 않으면 제대로 된 부분합을 실행할 수 없다.
④ '데이터 아래에 요약 표시'를 해제하면 데이터의 세부 정보와 요약 정보가 한 셀에 모두 표시된다.
⑤ 부분합 계산에 사용할 요약 함수가 세 개일 경우, 부분합을 세 번 실행해야 한다.

MS Excel을 활용하여 다음과 같이 가구별 전기요금 내역을 정리하였다. 실 청구요금 항목을 작성하기 위하여 사용할 수 있는 함수로만 짝지어진 것을 고르면?

	A	B	C	D	E
1	〈가구별 10월 전기요금〉				
2	구분	기본요금(원)	전력량 요금(원)	합계(원)	실 청구요금(원)
3	A가구	1,470	22,352.2	23,822.2	23,822
4	B가구	820	19,379.8	20,199.8	20,199
5	C가구	1,470	20,090.0	21,560.0	21,560
6	D가구	6,300	24,976.7	31,276.7	31,276
7	E가구	1,470	26,098.9	27,568.9	27,568

① TRUNC 함수, VLOOKUP 함수
② TRUNC 함수, INT 함수
③ INT 함수, ROUND 함수
④ TRUNC 함수, INT 함수, ROUND 함수
⑤ TRUNC 함수, INT 함수, VLOOKUP 함수

[287~288] 정 주임은 다음과 같은 매뉴얼을 바탕으로 시스템을 모니터링하고 있다. 이를 바탕으로 이어지는 질문에 답하시오.

■ 시스템 메시지 해석

항목	설명	분류
System Code	감지된 여러 개의 Error Code 중에서 어떤 것을 선택하여 FV를 산출할지를 결정함	• C#: Error Code 전부 선택 • D#: 먼저 발견된 순으로 Error Code 2개 선택 • E#: SV가 높은 순으로 Error Code 2개 선택
System Type	선택된 Error Code별로 FEV를 계산하는 방법을 결정함	• 32#: 각 Error Code의 항목 중 최댓값·최솟값 2개의 평균을 FEV로 지정 • 64#: 각 Error Code의 전체 항목 평균을 FEV로 지정
Error Code	각 Error Code는 HV, CV, IV의 3개의 항목으로 구성되어 있으며, 먼저 발견된 Error Code가 먼저 출력됨	• HV(Hazard Value): 위험치명도 • CV(Complexity Value): 위험복잡도 • IV(Influence Value): 위험확산도
Standard Value	각 Error Code는 고유한 SV가 있으며, 선택된 Error Code별로 FEV와 SV를 비교함	• FEV(Final Error Value): 각 Error Code별로 System Type에 따라 계산되는 수치 • SV(Standard Value): 각 Error Code가 가진 고유한 기준 수치
Final Value	선택된 Error Code별로 FEV와 SV를 비교하여 FV(Final Value)를 산출함	• FEV$<$SV: -1 • FEV$=$SV: 0 • FEV$>$SV: $+1$ ※ FV의 기본값은 0이며, 위 기준에 따라 기본값에 수치를 더하거나 빼 FV가 산출됨

■ Input Code: 산출된 FV를 바탕으로 모니터링 요원은 아래 기준에 따라 Input Code를 입력해야 함

기준	Input Code	의미
FV<-1	Green	안전
FV$=-1$	Yellow	주의
FV$=0$	Orange	재검사
FV$=1$	Red	경고
FV>1	Black	위험

[예시 1]

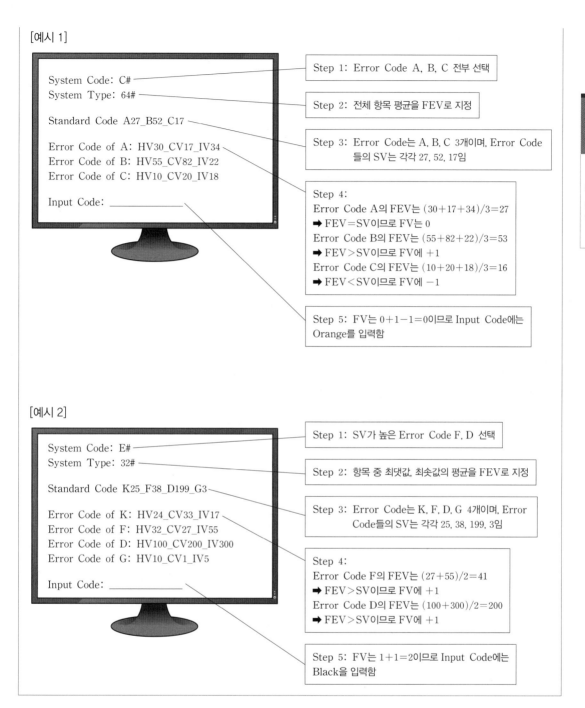

System Code: C#

Step 1: Error Code A, B, C 전부 선택

System Type: 64#

Step 2: 전체 항목 평균을 FEV로 지정

Standard Code A27_B52_C17

Error Code of A: HV30_CV17_IV34
Error Code of B: HV55_CV82_IV22
Error Code of C: HV10_CV20_IV18

Step 3: Error Code는 A, B, C 3개이며, Error Code들의 SV는 각각 27, 52, 17임

Input Code: _____

Step 4:
Error Code A의 FEV는 $(30+17+34)/3=27$
➡ FEV=SV이므로 FV는 0
Error Code B의 FEV는 $(55+82+22)/3=53$
➡ FEV>SV이므로 FV에 +1
Error Code C의 FEV는 $(10+20+18)/3=16$
➡ FEV<SV이므로 FV에 -1

Step 5: FV는 0+1-1=0이므로 Input Code에는 Orange를 입력함

[예시 2]

System Code: E#

Step 1: SV가 높은 Error Code F, D 선택

System Type: 32#

Step 2: 항목 중 최댓값, 최솟값의 평균을 FEV로 지정

Standard Code K25_F38_D199_G3

Error Code of K: HV24_CV33_IV17
Error Code of F: HV32_CV27_IV55
Error Code of D: HV100_CV200_IV300
Error Code of G: HV10_CV1_IV5

Step 3: Error Code는 K, F, D, G 4개이며, Error Code들의 SV는 각각 25, 38, 199, 3임

Input Code: _____

Step 4:
Error Code F의 FEV는 $(27+55)/2=41$
➡ FEV>SV이므로 FV에 +1
Error Code D의 FEV는 $(100+300)/2=200$
➡ FEV>SV이므로 FV에 +1

Step 5: FV는 1+1=2이므로 Input Code에는 Black을 입력함

주어진 자료를 잘못 이해한 내용을 고르면?

① System Type이 달라지면 입력할 Input Code가 달라질 수 있다.
② SV가 달라져도 각 Error Code의 FEV는 변함이 없다.
③ 이 시스템에서 FV는 -2, -1, 0, 1, 2 중 하나의 값을 가질 수밖에 없다.
④ System Code가 D#이면 FV는 2를 넘길 수 없다.
⑤ 발견된 Error Code가 2개라면 System Code는 FV에 영향을 주지 않는다.

다음 상황에서 입력할 Input Code로 알맞은 것을 고르면?

System Code: D#
System Type: 64#

Standard Code M21_A58_U42

Error Code of M: HV12_CV33_IV18
Error Code of A: HV11_CV87_IV65
Error Code of U: HV77_CV42_IV3

Input Code: _____

① Green   ② Yellow   ③ Orange
④ Red   ⑤ Black

다음 글을 읽고 추론한 내용으로 적절하지 <u>않은</u> 것을 고르면?

오늘날 우리는 스마트폰이나 PC 등을 통해 음악, 문서, 동영상 등 다양한 콘텐츠를 저장해 두고 필요할 때마다 꺼내 쓸 수 있다. 이러한 '클라우드 서비스'를 게임 업계에서도 도입하려는 시도가 이어지고 있는데, 게임을 클라우드에서 돌리게 되면 사용자는 따로 PC를 소유하고 있지 않아도 된다. 원격 서버에 설치된 게임의 실행 영상이 스트리밍 방식으로 사용자에게 전송되면 사용자의 조작이 다시 서버에 반영되는 식으로 작동된다. 글로벌 기업과 더불어 국내 통신사가 클라우드 게임에 눈독을 들이는 이유도 게임 이후 클라우드 기반으로 실현될 서비스의 잠재력이 무궁무진하기 때문이라는 분석에 힘이 실린다.

사실 클라우드 게임은 그리 최신 기술이 아니다. 2002년 PC 게임 플랫폼인 '스팀'의 온라인 스트리밍이 클라우드 게임의 시초였는데, 스트리밍이라는 기술 자체가 서버에서 실행되는 게임을 사용자의 모니터에 끊임없이 전송해야 한다는 점에서 당시 인터넷 환경이 소화할 수 있는 수준이 못 됐다. 그러나 20여 년이 지난 지금은 네트워크 품질과 컴퓨팅 환경이 비약적으로 발전했고, 클라우드 게임도 문제없을 정도로 지연 시간은 거의 '제로 (0)'에 도달했다는 평가를 받고 있다.

클라우드 게임이 제시하는 모델은 향후 ICT 산업의 지형도를 바꿀 정도의 파급력을 예고하고 있다. 대표적인 것이 앱 클라우드의 실현이다. 수십 기가 바이트(GB) 용량에 달하는 게임이 클라우드에서 작동할 수 있다면, 메가 바이트(MB) 단위의 일반 앱을 클라우드에서 돌리는 건 전혀 문제가 되지 않는다. 즉 지금처럼 앱스토어에서 앱을 다운로드하여 휴대폰에 저장·설치해 사용하는 방식이 클라우드에 접속하는 방식으로 대체되는 것이다. 이는 스마트폰이 별도의 고가 CPU나 저장 장치를 갖출 필요가 없게 돼 단말기의 저가화를 실현할 수 있다. 과도하게 배터리 소모를 유발하는 앱도 차단할 수 있다. 영상 보안 업계는 카메라가 취합한 영상을 클라우드에서 분석해 인물 식별률 및 상황 인식률을 크게 높이는 방안을 추진하고 있다. 기존 CCTV는 물론이고, 드론 촬영 영상까지 4K급으로 수행할 수 있다. 하드웨어의 영향을 많이 받는 가상현실·증강현실(VR·AR) 서비스의 실현도 한층 가속도가 붙을 전망이다.

① 글로벌 기업과 국내 통신사는 곧 클라우드 게임을 상용화할 것이다.
② 클라우드 게임 시장의 가치가 크게 상승할 것이다.
③ 스마트폰 사용자의 모바일 환경이 크게 개선될 것이다.
④ CCTV 영상의 해상도가 낮아 얼굴을 알아볼 수 없는 등의 문제가 줄어들 것이다.
⑤ 클라우드 게임 시장의 발전으로 인해 타 산업의 침체를 야기하게 될 것이다.

[290~291] 다음은 어느 회사에서 부여하는 수입품 코드에 관한 정보이다. 이를 바탕으로 이어지는 질문에 답하시오.

어느 회사에서는 수입품의 입고와 출고 관리를 위하여 수입품별로 수입품 코드를 부여하여 재고를 관리한다. 그런데 기존 방식으로는 모든 물품에 수입품 코드를 부여할 수가 없어 수입품 코드 부여 방식을 변경하였다. 이 회사의 변경 전후 수입품 코드 부여 방식은 다음과 같다.

[변경 전 수입품 코드 부여 방식]

①	②	③	④	⑤	⑥	⑦
수입국	수입연월				출고순서	

①: 수입국을 나타내는 번호는 대륙별로 다음과 같이 부여한다.

수입국	코드
아시아	A
유럽	B
북아메리카	C
남아메리카	D
아프리카	E

②~⑤: 수입연월을 나타내는 번호는 MM/YY(월/연도)로 부여한다.

⑥, ⑦: 출고 순서를 나타내는 번호는 다음 우선순위에 따라 번호를 부여한다.

    1. 아시아 지역을 1순위로 출고하고, 01을 부여한다.

    2. 북아메리카 지역을 2순위로 출고하고, 02를 부여한다.

    3. 유럽 지역을 3순위로 출고하고, 03을 부여한다.

    4. 아프리카 지역을 4순위로 출고하고, 04를 부여한다.

    5. 남아메리카 지역을 5순위로 출고하고, 05를 부여한다.

[변경 후 수입품 코드 부여 방식]

①: 수입국을 나타내는 번호는 다음과 같이 변경한다. 북아메리카와 남아메리카를 합해 아메리카로 분류하고, 코드를 C라 한다. 아프리카의 코드를 D라 하고, 오세아니아를 신설하고 E로 한다. 그 외 지역은 변경 전 코드를 유지한다.

②~⑤: 수입연월을 나타내는 번호의 규칙은 변경하지 않는다.

⑥, ⑦: 출고 순서를 나타내는 번호의 규칙은 다음과 같이 변경한다.

    1. 북아메리카를 1순위로 출고하고, 01을 부여한다.

    2. 아시아 지역을 2순위로 출고하고, 02를 부여한다.

    3. 유럽 지역을 3순위로 출고하고, 03을 부여한다.

    4. 아프리카 지역을 4순위로 출고하고, 04를 부여한다.

    5. 남아메리카 지역을 5순위로 출고하고, 05를 부여한다.

    6. 오세아니아 지역을 6순위로 출고하고, 06을 부여한다.

    7. 그 외 지역은 마지막 순위로 출고하고, 07을 부여한다.

다음 중 변경 후 코드로 가능하지 않은 것을 고르면?

① A032102　　　　　② B032103　　　　　③ C012102
④ C031205　　　　　⑤ E022206

다음은 회사에서 현재 보유하고 있는 물품들이다. 물품들의 목록이 다음과 같을 때, 코드 부여 방식 변경 후에 코드가 변경된 물품의 개수를 고르면?(단, 코드를 새로 부여받는 경우는 제외한다.)

물품목록	수입국	수입연월
1	미국	21. 04. 05.
2	브라질	21. 01. 02.
3	호주	21. 06. 30.
4	중국	20. 08. 19.
5	일본	20. 12. 13.
6	영국	21. 12. 05.
7	이집트	21. 03. 23.
8	프랑스	21. 11. 30.
9	뉴질랜드	21. 07. 15.
10	캐나다	21. 04. 16.
11	칠레	21. 04. 21.
12	베트남	21. 09. 10.

※ 아시아(베트남, 일본, 중국), 유럽(영국, 프랑스), 오세아니아(뉴질랜드, 호주), 남아메리카(칠레, 브라질), 북아메리카(캐나다, 미국), 아프리카(이집트)로 구성됨

① 6개　　　　　② 7개　　　　　③ 8개
④ 9개　　　　　⑤ 10개

다음 글을 참고할 때, [보기]의 ㉠~㉣을 '정보', '지식', '지혜'로 적절하게 구분한 것을 고르면?

데이터가 의미있는 패턴으로 정리될 때 우리는 이를 정보라고 부른다. 정보는 가공 정도에 따라서 그 수준이 결정된다. 일단 받아들인 정보는 분석, 사유, 논리로 가공하여 체계화시키면서 일반화된 형태로 정리가 되면 지식 차원으로 발전한다. 지식은 개념을 사용하여 간접경험을 전달하는 데 효과적이다. 동종의 정보가 집적되어 일반화된 것이기 때문이다. 지식을 다시 치밀하게 가공하면 지혜 차원으로 발전한다. 지식을 지혜 차원으로 가공하는 과정은 분석, 사유, 논리를 사용하면서 지식을 이해하고 응용하여 발전해 나가려고 한다. 이러한 방법을 직관의 방법이라고 부른다. 이것은 마음과 같이 복잡하고 미묘한 현상을 다룰 때 유효하다.

┤ 보기 ├

㉠ 수많은 선택이 어떠한 결과로 이어지는지를 알고 있는 것
㉡ 체계화된 자료가 활용 가능한 형태로 입력되어 있는 것
㉢ 다양한 개체들과 원칙이 어떻게 상호 관련되고 적용되는지에 대한 이해력
㉣ 내면의 양심에 따라 느끼고, 깨닫고, 실천하면서 얻게 되는 생활 철학

	정보	지식	지혜
①	㉡	㉢	㉠, ㉣
②	㉡	㉠	㉢, ㉣
③	㉠, ㉡	㉢	㉣
④	㉠	㉡, ㉢	㉣

다음과 같은 상황에서 쓸 수 있는 단축키를 고르면?

Windows10 버전을 사용하는 A사원은 업무 특성상 일을 할 때 다양한 자료를 참고해야 하기 때문에 컴퓨터에 많은 창을 띄워두고 업무를 한다. 이로 인해 바탕화면의 파일을 열거나 바로가기를 실행해야 하는 경우에 열어 둔 모든 창을 내리고 바탕화면으로 가야 하는 번거로움이 있다. 물론 작업표시줄 오른쪽 아래 부분을 마우스로 클릭하면 곧바로 바탕화면으로 갈 수 있지만, 바쁜 업무 중 마우스를 잡는 일이나 작업표시줄에서 아주 조그만 영역을 찾는 일이 여간 번거로운 것이 아니다.

① Windows키 ＋ L
② Windows키 ＋ D
③ Windows키 ＋ P
④ Windows키 ＋ X
⑤ Windows키 ＋ .(온점)

294

보안 관리의 중요성에 대해 교육을 받은 T사 신입사원들이 본인이 실천하고 있는 보안 관리 방법에 대해 대화를 나누고 있다. 다음 중 잘못된 행동을 한 사람을 고르면?

① 최근 빈번하게 발생하는 보이스 피싱을 방지하기 위해 불필요하게 가입되어 있는 사이트에서 모두 탈퇴했어.
② 사이트별로 다른 비밀번호를 사용하고 주기적으로 변경하되, 비밀번호를 잊지 않기 위해 별도로 메모하여 노트북에 부착해두었어.
③ 요즘 전자메일로 스팸 메일이 많이 오더라. 그래서 제목이 호기심을 자극하더라도 처음 보는 메일 주소로 온 메일은 함부로 열지 않도록 주의하고 있어.
④ 백신 프로그램은 항상 최신 버전으로 유지하기 위해서 다소 번거롭더라도 백신 업데이트에 신경을 쓰고 있어.
⑤ 언제 어디서 바이러스에 감염될지 알 수 없기 때문에 상대방과 파일 교환을 할 때에는 반드시 바이러스 검사를 하고 있어.

[295~296] 다음은 거듭제곱 함수에 관한 설명이다. 이를 바탕으로 이어지는 질문에 답하시오.

[거듭제곱 함수의 개요]

거듭제곱 함수는 a를 n회 반복하여 곱하는 함수, 즉 POWER(a, n)=a^n이다.

예를 들어, POWER(2, 4)=2*2*2*2=16이다. 거듭제곱 함수는 재귀 구조와 반복 구조로 구현할 수 있고, 다음은 수도 코드로 작성된 거듭제곱 함수의 예시이다.

[재귀 구조]
```
1  function power(a, n)
2     if n == 0 then
3        return 1
4     else if n == 1 then
5        return a
6     else
7        (가)
8     end if
9  end function
```

[반복 구조]
```
1  function power(a, n)
2     x = 1
3     for i from 1 to n do
4        (나)
5     end for
6     return x
7  end function
```

295

2023년 상반기 서울교통공사

주어진 자료를 참고할 때, 함수를 완성하기 위해 (가)에 들어가야 하는 코드를 고르면?

① return n * power(a, n + 1)
② return a * power(a, n)
③ return n * power(a, n−1)
④ return a * power(a, n + 1)
⑤ return a * power(a, n−1)

296

2023년 상반기 서울교통공사

주어진 자료를 참고할 때, 함수를 완성하기 위해 (나)에 들어가야 하는 코드를 고르면?

① x = x * i
② x = x * a
③ x = x * (i−1)
④ x = x * n
⑤ x = x * (a−1)

297

다음 글을 읽고 'ISBN 89 349 0490' 코드를 EAN 코드로 알맞게 바꾼 것을 고르면?

한국 도서 번호란 국제적으로 표준화된 방법에 의해, 전 세계에서 생산되는 각종 도서에 부여하는 국제 표준 도서 번호(International Standard Book Number: ISBN) 제도에 따라 우리나라에서 발행되는 도서에 부여하는 고유 번호를 말한다. 또한 EAN(European Article Number)은 바코드 중 표준화된 바코드를 말한다. 즉, EAN 코드는 국내뿐만 아니라 전 세계적으로 코드 체계(자리수와 규격 등)가 표준화되어 있어 소매점의 POS시스템 도입이나 제조업 혹은 물류업자의 물류관리 등에 널리 사용이 가능한 체계이다. ISBN 코드를 EAN 코드로 변환하는 방법은 다음과 같다.

먼저 9자리로 구성된 ISBN 코드의 맨 앞에 3자리 EAN 도서 번호인 978을 추가한다. 이렇게 연결된 12자리 숫자의 좌측 첫째 자리 수부터 순서대로 번갈아 1과 3을 곱한다. 그렇게 곱해서 산출된 모든 수들을 더하고, 다시 10으로 나누게 된다. 이때 몫을 제외한 '나머지'의 값이 다음과 같은 체크기호와 대응된다.

나머지	0	1	2	3	4	5	6	7	8	9
체크기호	0	9	8	7	6	5	4	3	2	1

나머지에 해당하는 체크기호가 확인되면 처음의 12자리 숫자에 체크기호를 마지막에 추가하여 13자리의 EAN 코드를 만들 수 있게 된다.

① EAN 9788934904905　　② EAN 9788934904906　　③ EAN 9788934904907
④ EAN 9788934904908　　⑤ EAN 9788934904909

298

다음 글에서 설명하는 IT 기술 용어로 옳은 것을 고르면?

지상파 디지털 멀티미디어 방송(DMB)의 표준 프로토콜의 하나로, 텍스트, 정지 영상, 동영상, 오디오 콘텐츠 등을 파일 형태로 전송하면 지상파 DMB 수신기에서 이를 수신해 재생할 수 있도록 한 프로토콜이다. 하나의 DMB 채널로는 노래를 들어 주면서 이와 연동된 다른 데이터 채널을 통해서는 방송 중인 노래와 관련된 그림이나 사진 등을 슬라이드처럼 순차적으로 제공하거나 곡명, 작곡자, 가수, 연주자, 가사, 콘서트 일정 등을 음악과 함께 그림과 문자로 제공할 수 있다.

① MOT　　② VAN　　③ RFID
④ WiBro　　⑤ Zigbee

[299~300] 다음 [표]는 순서도 기호에 대한 설명이고, [그림]은 순서도 구조에 대한 설명이다. 이를 바탕으로 이어지는 질문에 답하시오.

[표]

	순서도의 시작과 끝을 표시한다.
	모든 종류의 입/출력 기능을 표시한다.
	오름차순으로 정렬하는 기능을 수행한다
	일반적인 출력을 표시한다.
	조건에 따라 몇 개의 경로로 분기함을 표시한다.
	화살표의 시작에서 끝 방향으로 진행되는 흐름을 표시한다.
[X]	문장에서 단어의 개수가 x개 이상인지 판단한다.
[X]	x번째 위치의 단어를 출력한다.

[그림]

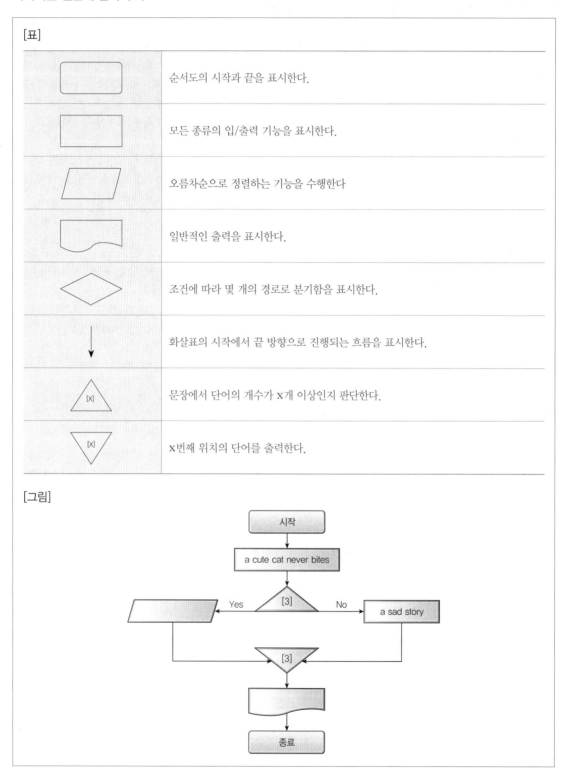

299

주어진 [표]를 참고할 때, [그림]에서 출력되는 단어를 고르면?

① a

② cat

③ story

④ bites

⑤ sad

300

주어진 [그림]에서 프로세스가 오름차순이 아닌 내림차순 정렬 기능을 수행했을 때 출력되는 단어를 고르면?

① a

② cat

③ story

④ bites

⑤ sad

301 ◀문제더보기 PART III 변형 | P.468 524번   2022년 상반기 서울교통공사 9호선

다음 중 기술능력을 향상시키기 위한 방법으로 가장 적절하지 <u>않은</u> 것을 고르면?

① A씨는 평일 저녁 및 주말에 대학원을 다니며 업무에 필요한 지식을 습득하고 있다.
② B씨는 코로나19로 인해 자택에서 인터넷 강의로 공인중개사 관련 공부를 하고 있다.
③ C씨는 새로운 부서로 옮기게 되어 선임으로부터 업무를 배우고 있다.
④ D씨는 프로그래밍 전문 기관에서 실무 전문 프로그래머에게 교육을 받고 있다.
⑤ E씨는 과도한 업무량으로 이직을 준비 중이다.

302 ◀문제더보기 PART III 변형 | P.468 525번
　　　　　　　 PART III 변형 | P.468 526번   2022년 상반기 서울교통공사 9호선

다음과 같은 산업재해에 대한 설명으로 옳지 <u>않은</u> 것을 고르면?

> 　P화학 약품 생산 공장에 다니고 있는 M대리는 퇴근 후 가족과 뉴스를 보다가 자신이 근무하는 화학 약품 생산 공장에 대형 화재가 발생한 것을 알게 되었다. 수십 명의 사상자가 발생한 이 화재의 원인은 노후한 전기 설비로 인한 누전으로 추정된다고 하였다. 불과 몇 시간 전까지 같이 근무했던 사람들의 사망 소식에 M대리는 어찌할 바를 몰랐다. 그렇지 않아도 공장장에게 노후한 전기 설비를 교체하지 않으면 큰일이 날지도 모른다고 늘 강조해 왔는데 결국에는 돌이킬 수 없는 대형 사고가 터진 것이다.

① 사전에 방지할 수도 있었던 산업재해이다.
② '불안전한 상태'가 원인이 된 산업재해이다.
③ 산업안전보건법에 의한 산업재해에 해당하는 사례이다.
④ 산업재해 예방을 위해 가장 먼저 할 일은 관리 조직을 재정비하는 것이다.
⑤ 기본적인 원인은 기술적 결함으로 볼 수 있는 산업재해이다.

다음 사례에서 산업재해가 발생한 원인으로 가장 적절한 것을 고르면?

> A사원은 항상 작업 환경의 안전을 지키기 위해 노력하고 있다. 이를 위해 회사에서 진행하는 모든 안전 교육을 챙겨 들었으며, 기기 작동 전에 지켜야 하는 매뉴얼도 숙지하였다. 또한, 기계를 다룰 때는 반드시 정해진 규칙을 따랐으며, 안전 장비도 모두 챙겼다. 하지만 A사원은 작업 중 발판과 난간 사이에 설치된 보호대의 나사가 풀려 있던 것을 미처 발견하지 못해 3미터 아래로 추락하여 부상을 입었다.

① 교육적 원인
② 기술적 원인
③ 작업관리상 원인
④ 불안전한 행동
⑤ 불안전한 상태

304

다음은 서울교통공사의 기술 적용 사례이다. 주어진 사례에 대한 기술능력의 특징으로 가장 적절한 것을 고르면?

> ## 서울교통공사, 빅데이터 융합 '지하철 혼잡도 산출 서비스' 철도 10대 기술상 수상
>
> 서울교통공사가 SK텔레콤과 공동 연구한 '지하철 혼잡도 산출 모델'이 '2021년 철도 10대 기술상'을 수상했다. 한 해 동안 국내에서 개발된 철도 분야의 우수한 기술·제품을 선정하는 국내 최고의 철도기술상으로, 한국철도학회가 주관한다.
>
> '지하철 혼잡도 산출 모델'은 지하철 한 칸에 얼마나 많은 승객이 탑승했는지 실시간 혼잡도를 파악할 수 있는 기술이다.
>
> 서울 강남에서 지하철 2호선을 타고 퇴근하는 A씨는 인파로 꽉 찬 열차에 타는 게 스트레스였지만 이제는 가벼운 마음으로 승강장에 들어선다. 도착 예정 열차의 혼잡도를 미리 알 수 있는 휴대전화 앱 덕분이다.

① 빅데이터 분석 역량과 교통 데이터 기술의 융합으로 시민에게 편의를 제공하였다.
② 가상의 세계를 현실에 접목하여 간접적인 경험을 가능케 하였다.
③ 인공지능을 활용한 자동응답 방식의 도입으로 편리성을 배가하였다.
④ 비용이 최소화될 수 있는 기술 개발에 따라 공사의 수익성이 크게 개선되었다.
⑤ 기술의 수명 주기가 매우 긴 효과적인 관리 시스템이다.

다음 중 기술혁신에 대한 설명으로 옳지 않은 것을 고르면?

① 기술혁신의 결과가 항상 긍정적인 방식으로만 나타나는 것은 아니다.

② 기술혁신은 지식 집약적인 활동이다.

③ 혁신 과정의 불확실성과 모호함은 기업 내에서 많은 논쟁과 갈등을 유발할 수 있다.

④ 기술혁신은 조직의 경계를 넘나드는 특성을 갖고 있다.

⑤ 경영 기술의 노력과 소비자의 니즈는 대부분 명확하게 부합한다.

다음은 기술선택을 위한 절차를 도식화한 것이다. 빈칸 (A)~(D)에 들어갈 말을 순서대로 올바르게 나열한 것을 고르면?

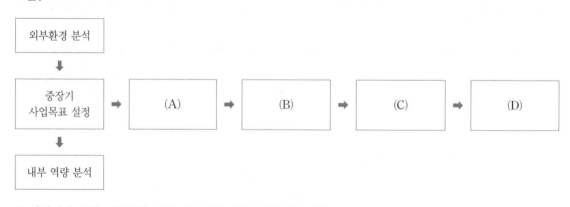

① 사업전략 수립, 기술전략 수립, 요구기술 분석, 핵심기술 선택

② 사업전략 수립, 요구기술 분석, 기술전략 수립, 핵심기술 선택

③ 기술전략 수립, 사업전략 수립, 요구기술 분석, 핵심기술 선택

④ 기술전략 수립, 핵심기술 선택, 사업전략 수립, 요구기술 분석

⑤ 요구기술 분석, 기술전략 수립, 핵심기술 선택, 사업전략 수립

307

다음 중 4차 산업혁명 기술을 적용한 사례로 옳지 <u>않은</u> 것을 고르면?

① A기업은 무수히 많은 다양한 데이터에서 추출한 결과를 바탕으로 첨단 의료기기를 생산하였다.
② B기업은 인간의 지능을 인공적으로 구현한 로봇을 통해 무인 자동 판매 서비스를 시작하였다.
③ C기업은 전사적으로 DSS 시스템을 도입하여 기존의 아날로그 방식의 업무를 디지털 방식으로 전환하였다.
④ D기업은 센서와 통신 기능이 장착된 가전제품을 선보여 사물이 스스로 작동하는 기술을 적용하였다.
⑤ E기업은 드론을 이용하여 광활한 논밭의 식물 재배 상태에 대한 실시간 점검이 가능토록 하였다.

308

다음 글에서 말하는 기술과 가장 거리가 <u>먼</u> 것을 고르면?

> 서울교통공사는 7호선 반포역에 가상현실(VR) 안전 체험관을 개장하였다. 시민들이 평소 지하철을 이용하면서 재난발생 시 행동요령을 보아왔지만 이는 지하철이나 역사에 표출되는 영상을 시청하는 수준이었다. 훈련 상황이 아니면 안전 장비를 만져볼 기회가 없었으나 가상 체험관을 통해 직접 체험을 할 수 있게 되었다. 공사는 이와 같이 시민들이 체험할 수 있는 프로그램을 지원하여 안전 의식을 고취하고 안전 사고 대응능력을 배양하는 데 중점을 두고 있다.

① 실제와 유사한 경험을 통해 대응능력을 배양한다.
② 직원들의 불충분한 안전 교육에 대한 대안을 제시하였다.
③ 개인과 기업 모두에게 끼칠 수 있는 영향을 최소화하고자 하는 노력이다.
④ 안전 체험은 현실의 특정한 환경이나 상황을 컴퓨터를 통해 그대로 모방한 것이다.
⑤ 시청각 등 오감을 자극하는 요소가 만들어낸 가상의 공간이 현실세계 대응에 도움을 주는 기술이다.

[309~310] 다음은 선로 유지관리를 위한 시설 점검표이다. 이를 바탕으로 이어지는 질문에 답하시오.

구분		점검 일자						점검 항목
시설	세부 내역	4/5	4/9	4/13	4/17	4/21	4/25	
선로	구조물	●			●			작업인원 관리 현황
			●		●		●	역시설 관리 현황
			●			●		소방 시설
	근접 공사	●	●	●	●	●	●	근접 공사 안전기준
건널목	안전 설비	●		●		●		매뉴얼 관리
		●				●		교육 현황
	관리 기준		●			●		설비기준 준수
전기 신호	구조물		●				●	전철전력
				●			●	신호제어
		●		●		●		정보통신
궤도	레일		●		●		●	작업인원 관리 현황
		●	●		●	●		대피소 관리
			●	●		●	●	소방 시설
		●	●	●	●	●	●	장비 관리 현황
노반	토공	●		●		●		선로사면 관리
		●			●			지하시설물
			●		●		●	장비 현황
			●			●		정보통신
				●			●	안전펜스 현황
		●		●		●		비상연락망 점검

※ 모든 항목은 위의 표를 근거로 동일한 주기에 점검을 실시함

주어진 점검표에 대한 설명으로 옳지 <u>않은</u> 것을 고르면?

① 점검 항목이 가장 많은 날의 점검 항목 개수는 12개이다.
② 점검 항목에 인원 관리 현황이 포함된 시설은 2개이다.
③ 4월 29일의 점검 항목 개수는 17일의 점검 항목 개수와 동일하다.
④ 매 4일마다 점검해야 하는 항목은 2개이다.
⑤ 4월 17일에는 3개 시설에 대한 점검만 이루어진다.

다음 중 5월 3일의 점검 항목 개수를 고르면?

① 9개   ② 10개   ③ 11개
④ 12개   ⑤ 13개

[311~313] 다음은 철도차량 운전취급의 기본 원칙에 관한 정보이다. 이를 바탕으로 이어지는 질문에 답하시오.

철도차량 운전취급 업무에 종사하는 운전취급자는 먼저 철도운전 시스템을 이해하고, 철도차량 운전취급의 기본 원칙들을 이해할 필요가 있다. 철도차량 운전에 있어서 운전취급의 기본 원칙을 정리하면 다음과 같다.

1) 동일 선로상을 주행하는 열차는 열차 간의 안전을 확보하기 위하여 폐색에 의한 방법, 열차 간의 간격을 확보하는 장치에 의한 방법을 시행하고, 이를 사용할 수 없는 경우에는 시계 운전에 의한 방법에 의하여 철도차량을 운전하여야 한다.

2) 폐색에 의한 방법으로 열차를 운행하는 경우에는 한 폐색 구간에 둘 이상의 열차를 동시에 운전하여서는 안된다.

3) 폐색방식 중 폐색 구간에 진입하는 열차가 운전허가증(통표, 지도표, 지도권, 전령자 등)을 사용해야 하는 경우에는 운전허가증을 발행하여야 하며, 이때 운전허가증은 1개의 폐색 구간에 정해진 운전허가증 1개(매)로 하여야 한다.

4) 신호의 현시가 없거나 명확하지 않은 경우에는 최대 제한을 받는 신호로 간주하고 운전하여야 한다. 즉 신호의 현시가 없거나 소등 또는 현시가 정확하지 않은 경우에는 정지 신호로 간주하고, 동일 지점에 상치 신호기, 임시 신호기, 수신호, 특수 신호 등 서로 다른 신호가 여러 개 있는 경우에는 가장 제한을 받는 신호로 간주하고, 진로가 여러 개인 신호기의 진로 표시등이 소등 또는 지시하는 진로가 명확하지 않은 경우에는 진입이 가능한 진로 중에서 가장 제한을 받는 진로로 진입하는 것으로 간주하고 운전해야 한다.

5) 철도차량 운전은 신호, 전호, 표지가 표시하는 조건에 따라 운전하여야 한다.

6) 열차는 정거장 외에서 정차하여서는 안 된다.

7) 열차는 선로 및 전차선로의 상태, 차량의 성능, 운전 방법, 신호의 조건 등에 따라 안전한 속도로 운전하여야 한다.

8) 열차 및 차량의 운전취급 업무(폐색, 선로 전환기, 신호, 입환 등)는 지정된 직원이 취급하여야 한다.

9) 차량을 유치할 때는 차량접촉 한계 표지 외방에 유치할 수 없다.

10) 열차는 운전 방향 맨 앞 차량의 운전실에서 운전하여야 한다. 또한 동력차는 열차의 최전부에 연결하여야 한다.

11) 정지 신호가 현시된 경우에는 지체없이 정차하여야 한다. 진행을 지시하는 신호 중 속도 제한을 받는 경우에는 제한 속도 이내로 운전하여야 한다. 정차한 열차를 출발시키고자 할 때에는 출발 전호에 의하여야 하고, 역 구내에서 차량을 운전하고자 하는 경우에는 입환 신호기 또는 입환 표지에 따라야 하고, 차량유도 전호를 필요로 하는 경우에는 직원의 유도 전호에 따라 운전하여야 한다.

[철도 표지의 종류 사례]

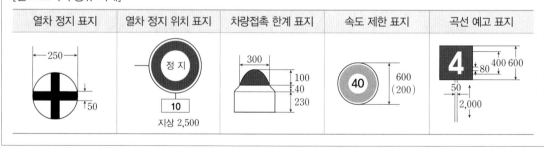

열차 정지 표지	열차 정지 위치 표지	차량접촉 한계 표지	속도 제한 표지	곡선 예고 표지

311

주어진 운전취급 기본 원칙에 대한 설명으로 옳은 것을 고르면?

① 폐색에 의한 열차운행 시 한 폐색 구간 내에는 최대 두 대의 열차만 운행할 수 있다.
② 폐색 구간에 진입하는 열차의 기관사와 부기관사는 모두 운전허가증을 소지해야 한다.
③ 신호의 현시가 있어야 하는 곳에 현시가 없을 경우 차량을 정지시켜야 한다.
④ 진로표시등이 명확하지 않을 경우 운행에 가장 효율적인 조치를 취해야 한다.
⑤ 열차는 운전 방향 맨 앞 또는 뒤 차량에서 운전하여야 한다.

312

주어진 철도 표지 중 철도차량의 운행과 직접적인 관련이 <u>없는</u> 것을 고르면?

① 열차 정지 표지   ② 열차 정지 위치 표지   ③ 차량접촉 한계 표지
④ 속도 제한 표지   ⑤ 곡선 예고 표지

313

주어진 운전취급 기본 원칙의 다섯 번째에서 언급한 신호, 전호, 표지에 대한 정의를 열한 번째 원칙에서 추론할 수 있다고 할 때, [보기]의 정의를 올바르게 짝지은 것을 고르면?

┌─┤ 보기 ├───
│ ㉠ 모양 또는 색 등으로 물체의 위치, 방향, 조건 등을 표시하는 것
│ ㉡ 모양, 색 또는 소리 등으로 관계 직원 상호 간에 의사를 표시하는 것
│ ㉢ 모양, 색 또는 소리 등으로 열차나 차량에 대하여 운행의 조건을 지시하는 것
└──

	신호	전호	표지
①	㉠	㉡	㉢
②	㉡	㉠	㉢
③	㉡	㉢	㉠
④	㉢	㉠	㉡
⑤	㉢	㉡	㉠

314

다음 중 경고표지와 문구의 연결이 적절하지 <u>않은</u> 것을 고르면?

① 독성 물질 위험

② 방사능 물질 위험

③ 일반 경고 표지

④ 낙하물 위험

⑤ 화학 무기 위험

315

다음 [표]는 좋은 기술이 실패하는 유형 4가지에 관한 자료이다. 이를 바탕으로 나르시스형이 취해야 할 행동으로 옳은 것을 고르면?

[표] 좋은 기술이 실패하는 유형 4가지

실패 유형	내용
나르시스형	개발된 기술에 대한 자아도취로 인해 편향에 빠지는 유형
이카루스형	과도한 욕심으로 인해 자사가 개발한 기술을 시장에 일방적으로 강요하거나 기술의 폐쇄성을 고집할 때 발생하는 유형
아킬레스형	기술개발 과정상의 미비점이나 상용화에 있어 치명적인 약점을 간과해서 발생하는 유형
시지프스형	처음부터 기술개발의 방향이 애매해 투입된 노력과 자본에 비해 결과를 얻지 못한 유형

① 기술개발의 속도가 빨라지는 상황에서 모든 것을 직접 개발하겠다는 사고방식을 지양해야 한다.
② 시장에서 법, 제도, 소비자 관행 등이 기술 상업화의 장애물이 되지 않도록 사전에 파악해야 한다.
③ 현재 또는 미래의 수요를 먼저 파악해 사업 계획을 세운 후 맞는 기술개발 전략을 수립해야 한다.
④ 시장과 시장에 있는 기술정보를 파악하는 활동을 강화해 대체 기술의 등장 위험을 상시로 파악해야 한다.
⑤ 기술적 우위를 확보하는 것보다는 기술이 표준이 되기 위해 시장 기반을 확대해야 한다.

[316~317] 다음 글을 바탕으로 이어지는 질문에 답하시오.

> 벤치마킹이란 특정 분야에서 뛰어난 업체나 상품, 기술, 경영 방식 등을 배워 합법적으로 응용하는 것을 의미한다. 단순한 모방과는 달리 우수한 기업이나 성공한 상품, 기술, 경영 방식 등의 장점을 충분히 배우고 익힌 후 자사의 환경에 맞추어 재창조하는 것이다. 쉽게 아이디어를 얻어 신상품을 개발하거나 조직 개선을 위한 새로운 출발점의 기법으로 많이 이용되며, 그 수행 방식에 따라 다음과 같이 두 가지로 분류할 수 있다.
>
> - 직접적 벤치마킹: 벤치마킹 대상을 직접 방문하여 수행하는 방법으로, 필요로 하는 정확한 자료의 입수 및 조사가 가능하며 Contact Point의 확보로 벤치마킹의 이후에도 계속적으로 자료의 입수 및 조사가 가능한 장점이 있는 반면 벤치마킹 수행과 관련된 비용 및 시간이 많이 소요되며 적절한 대상 선정에 한계가 있다.
> - 간접적 벤치마킹: 인터넷 및 문서 형태의 자료를 통해서 수행하는 방법으로, 벤치마킹 대상의 수에 제한이 없고 다양하며, 비용 또는 시간적 측면에서 상대적으로 많이 절감할 수 있다는 장점이 있는 반면 벤치마킹 결과가 피상적이며 정확한 자료의 확보가 어렵고, 특히 핵심 자료의 수집이 상대적으로 어렵다는 단점이 있다.

316

2023년 하반기 서울교통공사

다음 중 수행 방식에 따른 벤치마킹의 유형이 나머지와 다른 하나를 고르면?

① A사는 경쟁 기업들의 경영 노하우를 알아내기 위해 직접 일본에 건너가 조사 활동을 벌였다.
② B 식품 매장은 길 건너 경쟁 매장의 음식 맛을 확인하기 위하여 주방장이 직접 경쟁 매장을 방문하여 음식 맛을 분석하였다.
③ C사는 업계 선두권 기업의 판매 방식을 알아보고자 관련 보도자료를 검색하여 자료를 조사하였다.
④ D 의류 매장은 고객 응대 서비스를 배우기 위하여 점원들이 인근 대형 백화점을 방문하여 고객 응대 서비스 현장을 직접 관찰하였다.
⑤ E국은 대대적인 사절단을 네덜란드에 파견하여 선진 영농기법을 교육받도록 하였다.

317

2023년 하반기 서울교통공사

다음 중 벤치마킹의 개념에 대한 설명으로 옳지 않은 것을 고르면?

① 타사의 결과만이 아닌 자사 내부의 의사결정 과정과 이슈를 중점적으로 분석하는 일을 간과해서는 안 된다.
② 경쟁자가 실패해도 우리는 성공할 수 있는, 또는 경쟁자가 성공해도 우리는 실패할 가능성이 있는 부분을 찾아내는 것이 무엇보다 중요하다.
③ 벤치마킹을 하고자 하는 대상 조직의 장점뿐만 아니라 단점까지 포함한 전체의 환경을 받아들여 자사의 발전을 도모하는 방법이 되어야 한다.
④ 벤치마킹이란 대상 기업의 성공스토리에 대한 비판적 수용이 반드시 수반되어야 하는 활동이다.
⑤ 벤치마킹이 '확신' 또는 '정당화'를 위한 도구로 활용되어서는 안 된다는 점에 유의해야 한다.

318

다음은 '매뉴얼'에 대한 설명이다. 매뉴얼 작성 시의 유의사항으로 옳지 <u>않은</u> 것을 고르면?

> 자동차의 수동식 변속기어를 영어로는 매뉴얼(Manual)이라고 부른다. 사전적인 의미로 매뉴얼은 어떤 기계의 조작 방법을 설명해 놓은 사용 지침서, 즉 '사용서', '설명서', '편람', '안내서'를 의미한다. 또한 군대에서는 '교범(敎範)'을 뜻한다. 자동차의 매뉴얼, 즉 기어는 시동을 건 뒤 1단에서 출발하는 것이 가장 좋다. 3단에서 첫 출발하려면 엔진이 멈추거나 엄청난 매연을 내고서야 겨우 전진할 수 있다. 자신의 업무, 기업도 이와 마찬가지다. 아직 3단의 속도에 이르지 않은 채 3단 기어를 먼저 넣으면 무리가 따른다. 그래서 기술혁신 전문가들은 "우리 회사는 오토매틱이니까"라고 자만하지 말 것을 경고한다. 기업경영엔 오토매틱이 없기 때문에 자만하다 간 회사의 엔진을 다 망치게 된다.

① 짧은 제목이나 비고(Note) 등의 사용을 가급적 삼가야 한다.
② 의미 전달을 명확하게 하기 위해서는 수동형보다는 능동형의 동사를 사용하는 것이 좋다.
③ 사용자가 한 번 본 후 더 이상 매뉴얼이 필요하지 않도록, 빨리 외울 수 있도록 배려하는 것도 필요하다.
④ 매뉴얼 개발자는 제품에 대해 충분한 지식을 습득해야 하며 추측성 기능의 내용 서술은 절대 금물이다.
⑤ 사용자가 보기 불편하게 크다거나 혹은 작거나, 복잡한 구조의 일부 전자 매뉴얼처럼 작성하는 것은 바람직하지 못하다.

319

다음 중 기술능력과 기술교양의 개념에 대한 내용으로 적절하지 <u>않은</u> 것을 고르면?

① 기술능력이 뛰어난 사람은 주어진 한계 속에서 제한된 자원을 가지고 일하는 것을 과감하게 거부할 줄 안다.
② 기술교양은 광범위한 관점에서 모든 사람들이 기술의 특성, 기술적 행동, 기술의 힘, 기술의 결과에 대해 어느 정도의 지식을 가지는 것을 의미한다.
③ 기술능력이 뛰어나다는 것이 반드시 직무에서 요구되는 구체적인 기능을 소유하고 있다는 것만을 의미하지는 않는다.
④ 기술능력은 문제 해결을 위해 도구를 개발하는 인간의 능력을 확장시킨다. 이와 같은 능력을 향상시키는 것은 기술교양의 향상을 통해 이루어질 수 있다.
⑤ 기술능력은 기술교양의 개념을 보다 구체화시킨 개념으로 보는 것이 바람직하다.

다음은 A~E 협력사의 비교 자료이다. △△기업은 이 자료를 참고하여 신규 사업에 채택할 기술을 가진 협력사를 선정하고자 한다. 주어진 [대화]를 참고할 때, △△기업이 선정할 협력사를 고르면?

구분	A			B			C			D			E		
도입 비용	우수 ☑	보통 ☐	미흡 ☐	우수 ☐	보통 ☑	미흡 ☐	우수 ☐	보통 ☑	미흡 ☐	우수 ☑	보통 ☐	미흡 ☐	우수 ☐	보통 ☑	미흡 ☐
기술 수준	우수 ☑	보통 ☐	미흡 ☐	우수 ☑	보통 ☐	미흡 ☐	우수 ☐	보통 ☑	미흡 ☐	우수 ☐	보통 ☑	미흡 ☐	우수 ☑	보통 ☐	미흡 ☐
기대 성과	우수 ☐	보통 ☑	미흡 ☐	우수 ☐	보통 ☑	미흡 ☐	우수 ☐	보통 ☐	미흡 ☑	우수 ☐	보통 ☑	미흡 ☐	우수 ☐	보통 ☑	미흡 ☐
개발 투입 시간	우수 ☐	보통 ☑	미흡 ☐	우수 ☐	보통 ☐	미흡 ☑	우수 ☑	보통 ☐	미흡 ☐	우수 ☐	보통 ☑	미흡 ☐	우수 ☑	보통 ☐	미흡 ☐
시장 장악력	우수 ☐	보통 ☑	미흡 ☐	우수 ☑	보통 ☐	미흡 ☐	우수 ☐	보통 ☑	미흡 ☐	우수 ☐	보통 ☑	미흡 ☐	우수 ☐	보통 ☑	미흡 ☐

※ 우수: 3점, 보통: 2점, 미흡: 1점
※ 평가점수가 동일할 경우, 고직급자의 판단 기준에 따른 고득점 업체를 우선 선정함

┤ 대화 ├

부장: 작년에 선정했던 협력사의 기술은 훌륭했지만 큰 비용이 들었습니다. 이번 사업에 채택할 기술을 선정할 때는 비용을 고려해야겠습니다.

차장: 사업의 가치가 높아지려면 적용할 기술의 수준도 고려해야 합니다. 비교 대상 협력사의 기술 수준이 같다면 기대 성과가 높은 기술을 채택해야 합니다.

과장: 좋은 기술이라도 기술을 개발하고 적용하는 데 너무 긴 시간이 들어서는 안 됩니다.

대리: 기술 적용을 할 경우 해당 기술이 얼마나 오랫동안 시장에서 장악력과 경쟁력이 있을지도 고려하여 판단해야 합니다.

① A   ② B   ③ C   ④ D   ⑤ E

321 ◀문제더보기 PART III 변형 ┃ P.479 539번

PART III 변형 ┃ P.479 539번

2021년 하반기 서울교통공사

다음 중 조직관리 이론에 대한 설명으로 옳지 않은 것을 고르면?

① 과학적 관리론 ― 시간 및 동작 연구를 통하여 하루의 공정한 표준 작업량을 설정하고, 이를 바탕으로 작업자의 작업 표준을 결정하여 작업 현장 관리의 합리화 및 능률 증진을 추구한다는 이론이다.

② 인간관계론 ― 사회적 인간관에 따라서 전개되는 이론으로, 과학적 관리법에 대한 비판과 반성에 의해 대두되어 경영학의 새로운 시각을 가져온 이론이다.

③ 거래비용이론 ― 동일한 업무를 기업 안에서 처리할 때의 조직 관리 비용과 기업 밖에서 처리할 때의 거래 비용을 비교하여, 해당 업무를 내부 조직에서 직접 수행할지 아니면 외부와의 거래를 통하여 수행할지를 결정하는 이론이다.

④ 상황적합이론 ― 조직은 협동 시스템으로 작동한다는 것으로, '전체 최적화=부분 최적화 합 + 상호작용'이라고 판단하는 이론이다.

⑤ 자원의존이론 ― 조직이 당면한 환경적 불확실성을 극복하기 위해서는 적절한 의사결정을 통해 필요한 자원을 획득해야 한다는 이론이다.

브랜드 전략에 대한 설명으로 적절한 것을 [보기]에서 모두 고르면?

┤ 보기 ├

㉠ 희석효과가 발생할 가능성은 상향 확장보다 하향 확장에서 더 높다.

㉡ 복수 브랜드 전략은 새로운 제품 범주에서 출시하고자 하는 신제품을 대상으로 새로운 브랜드를 개발하는 경우이다.

㉢ 브랜드 확장 시, 두 제품 간의 유사성은 브랜드 확장의 성공에 긍정적인 영향을 미치는 반면에 브랜드 이미지와 제품 간의 유사성은 브랜드 확장의 성패에 영향을 미치지 않는다.

① ㉠   ② ㉡   ③ ㉢

④ ㉠, ㉡   ⑤ ㉡, ㉢

323

다음 글의 빈칸에 들어갈 말로 적절한 것을 고르면?

하나의 조직이 조직의 목적을 달성하기 위해서는 이를 관리·운영하는 활동이 요구된다. 이러한 활동은 조직이 수립한 목적을 달성하기 위하여 계획을 세우고 실행하고 그 결과를 평가하는 과정이다. 직업인에게는 조직의 한 구성원으로서 자신이 속한 조직이 어떻게 운영되고 있으며, 어떤 방향으로 흘러가고 있는지, 현재 운영체제의 문제는 무엇이고 생산성을 높이기 위해 어떻게 개선되어야 하는지 등을 이해하고 자신의 업무 영역에 맞게 적용하는 (   )이 요구된다.

① 체제이해능력   ② 경영이해능력   ③ 업무이해능력

④ 자기개발능력   ⑤ 업무활용능력

[324~326] 다음은 H사의 연차 관련 규정과 직원 5명의 연차 사용 현황이다. 이를 바탕으로 이어지는 질문에 답하시오.

제○○조(연차 유급휴가) ① 사용자는 1년간 80퍼센트 이상 출근한 근로자에게 15일의 유급휴가를 주어야 한다.

② 사용자는 계속하여 근로한 기간이 1년 미만인 근로자 또는 1년간 80퍼센트 미만 출근한 근로자에게 1개월 개근 시 1일의 유급휴가를 주어야 한다.

③ 사용자는 근로자의 최초 1년간의 근로에 대하여 유급휴가를 주는 경우에는 제2항에 따른 휴가를 포함하여 15일로 하고, 근로자가 제2항에 따른 휴가를 이미 사용한 경우에는 그 사용한 휴가일수를 15일에서 뺀다.

④ 사용자는 3년 이상 계속하여 근로한 근로자에게는 제1항에 따른 휴가에 최초 1년을 초과하는 계속 근로 연수 매 2년에 대하여 1일을 가산한 유급휴가를 주어야 한다. 이 경우 가산휴가를 포함한 총휴가일수는 25일을 한도로 한다.

⑤ 사용자는 제1항부터 제4항까지의 규정에 따른 휴가를 근로자가 청구한 시기에 주어야 하고, 그 기간에 대하여는 취업 규칙 등에서 정하는 통상임금 또는 평균임금을 지급하여야 한다. 다만, 근로자가 청구한 시기에 휴가를 주는 것이 사업 운영에 막대한 지장이 있는 경우에는 그 시기를 변경할 수 있다.

⑥ 제1항부터 제3항까지의 규정을 적용하는 경우 다음 각 호의 어느 하나에 해당하는 기간은 출근한 것으로 본다.

1. 근로자가 업무상의 부상 또는 질병으로 휴업한 기간

2. 임신 중의 여성이 별도 규정에 따른 휴가로 휴업한 기간

⑦ 제1항부터 제4항까지의 규정에 따른 휴가는 1년간 행사하지 아니하면 소멸된다. 다만, 사용자의 귀책 사유로 사용하지 못한 경우에는 그러하지 아니하다.

제○○조(연차 휴가의 사용 촉진) ① 사용자가 규정에 의한 유급휴가의 사용을 촉진하기 위하여 다음과 같이 조치를 하였음에도 불구하고 근로자가 휴가를 사용하지 아니하여 소멸된 경우에는 회사는 그 미사용 휴가에 대하여 연차수당을 지급하지 않는다.

1. 근로자의 직근 상위자가 직원별로 그 미사용 휴가일수를 알려주고, 근로자가 그 사용 시기를 정하여 직근 상위자에게 통보하도록 서면으로 촉구할 것

2. 제1호의 규정에 의한 촉구에도 불구하고 근로자가 촉구를 받은 때부터 10일 이내에 미사용 휴가의 전부 또는 일부의 사용 시기를 정하여 직근 상위자에게 통보하지 아니한 경우에는 휴가 소멸 기간이 끝나기 전 직근 상위자가 미사용 휴가의 사용 시기를 정하여 근로자에게 서면으로 통보할 것

[갑~무의 정보]

직원	근속연수	월 급여(만 원)	연차 사용일수
갑 부장	23년	500	19일
을 차장	14년	420	7일
병 과장	7년	350	14일
정 대리	3년	300	5일
무 사원	2년	270	3일

※ (일 통상임금)=(월 급여)÷(200시간)×(8시간), 만 원 미만 금액은 버림으로 처리함

※ (연차수당)=(일 통상임금)×(잔여 연차 일수)

324

주어진 규정에 대한 설명으로 옳은 것을 고르면?

① 최초 1년간 80퍼센트 이상 출근한 직원에게는 모두 동일한 일수의 유급휴가가 주어진다.
② 최초 1년간 80퍼센트 이상 출근한 직원이 갖게 되는 최대 잔여 유급휴가일은 12일이다.
③ 10년간 계속 근로한 직원은 20일의 유급휴가를 갖게 된다.
④ 근로자의 유급휴가 시기는 어떠한 경우에도 사용자가 변경할 수 없다.
⑤ 근로자가 질병으로 인해 연간 출근일수가 80퍼센트에 미달하는 경우 15일의 유급휴가를 받을 수 없다.

325

다음 글의 빈칸에 들어갈 수치로 옳은 것을 고르면?(단, 조사원은 1년간 80퍼센트 이상 출근하였다.)

> 1년 10개월 전에 입사한 조 사원은 2년 차에 4일의 연차 유급휴가를 사용하였다. 2개월만 지나면 조 사원은 입사 2년을 맞게 되며, 연차 유급휴가와 정해진 공휴일을 제외하곤 다른 휴무일 없이 열심히 출근하여 업무에 임하였다. 지난달 회사에서는 서면으로 모든 직원에게 2일씩 잔여 휴가를 사용하도록 연차 휴가 사용 촉진 조치를 내렸고 조 사원은 휴가 사용 계획을 제출했지만, 업무에 문제가 발생하여 휴가를 실시하지 않았다. 입사 2년이 지난 시점에서 조 사원은 (   )일의 잔여 휴가일수에 대한 연차수당을 지급받게 된다.

① 8　　　　　　　　　② 9　　　　　　　　　③ 10
④ 11　　　　　　　　　⑤ 12

326

주어진 직원 갑~무 중, 현재 지급받을 수 있는 연차수당의 금액이 같은 두 사람을 고르면?(단, 연차 휴가의 사용 촉진은 없었다고 가정한다.)

① 갑 부장, 무 사원　　　② 을 차장, 병 과장　　　③ 병 과장, 정 대리
④ 갑 부장, 정 대리　　　⑤ 을 차장, 무 사원

제17조(탄력근무 유형 등) ① 탄력근무의 유형은 시차출퇴근제와 시간선택제로 구분한다.

② 시차출퇴근제는 근무시간을 기준으로 다음 각 호와 같이 구분한다. 이 경우 시차출퇴근 C형은 12세 이하이거나 초등학교에 재학 중인 자녀를 양육하는 직원만 사용할 수 있다.

  1. 시차출퇴근 A형: 8:00~17:00

  2. 시차출퇴근 B형: 10:00~19:00

  3. 시차출퇴근 C형: 9:30~18:30

③ 시간선택제는 다음 각 호의 어느 하나에 해당하는 직원이 근무시간을 회당 1시간부터 3시간까지 단축하는 근무형태로서 그 근무유형 및 근무시간은 별도로 정한 바와 같다.

  1. 임금피크제의 적용을 받는 직원

  2. 일·가정 양립, 자기계발 등 업무 내·외적으로 조화로운 직장생활을 위하여 월 2회의 범위 안에서 조기퇴근을 하려는 직원

제18조(시간선택제 근무시간 정산) ① 시간선택제 근무 직원은 그 단축 근무로 통상근무에 비해 부족해진 근무시간을 시간선택제 근무를 실시한 날이 속하는 달이 끝나기 전까지 정산하여야 한다.

② 제1항에 따른 근무시간 정산은 08:00~09:00 또는 18:00~21:00에만 가능하다.

③ 시간선택제 근무 직원은 휴가·교육 등으로 제1항에 따른 정산을 실시하지 못함에 따른 임금 손실을 방지하기 위하여 사전에 정산근무를 실시하는 등 적정한 조치를 하여야 한다.

제19조(신청 및 승인) ① 탄력근무를 하려는 직원은 그 근무 시작 예정일의 5일 전까지 탄력근무 신청서를 그 소속 부서의 장에게 제출하여야 한다.

② 다음 각 호의 직원은 조기퇴근을 신청할 수 없다.

  1. 임신부

  2. 시간선택제를 이용하고 있는 직원

  3. 육아 및 모성보호 시간 이용 직원

③ 부서의 장은 제1항에 따라 신청서를 제출받으면 다음 각 호의 어느 하나에 해당하는 경우 외에는 그 신청에 대하여 승인하여야 한다.

  1. 업무공백 최소화 등 원활한 업무진행을 위하여 승인 인원의 조정이 필요한 경우

  2. 민원인에게 불편을 초래하는 등 정상적인 사업운영이 어렵다고 판단되는 경우

④ 탄력근무는 매월 1일을 근무 시작일로 하여 1개월 단위로 승인한다.

⑤ 조기퇴근의 신청, 취소 및 조기퇴근일의 변경은 별지 서식에 따라 개인이 신청한다. 이 경우 조기퇴근 신청에 관하여 승인권자는 월 2회의 범위에서 승인한다

327

탄력근무제를 사용하고자 하는 다음 직원들의 의견 중 규정을 올바르게 이해한 것을 모두 고르면?(단, 언급되지 않은 사항은 모두 탄력근무제 사용 조건에 부합한다고 가정한다.)

> ㉠ "나는 아이가 초등학교 5학년이니까 탄력근무제를 사용해서 9시 20분쯤 회사에 출근해도 되겠구나."
> ㉡ "이번 달엔 휴가, 교육 일정이 너무 많아서 근무시간 정산을 할 틈이 없으니 조기퇴근은 다음 달에 실시해야 겠네."
> ㉢ "오늘 1시간 근무시간 정산을 했으니, 남은 5시간은 이번 달 마지막 날인 내일 한꺼번에 정산하면 되겠군."

① ㉠

② ㉡

③ ㉠, ㉡

④ ㉠, ㉢

⑤ ㉡, ㉢

328

주어진 탄력근무제 운영에 대한 설명으로 옳지 않은 것을 고르면?

① 시차출퇴근제와 시간선택제 모두 월간 총근무시간에는 변함이 없다.
② 시간선택제 사용에 따라 월간 정산해야 할 근무시간은 최대 6시간이다.
③ 업무 후 야간 대학을 다니기 위한 사유로는 조기퇴근을 신청할 수 없다.
④ 적절한 사유가 있을 시 부서의 장은 탄력근무 신청을 승인하지 않을 수 있다.
⑤ 조기퇴근 계획은 경우에 따라 한 번만 승인될 수도 있다.

329

다음 중 원하는 대로 탄력근무를 사용할 수 없는 경우를 고르면?

① 중학생 두 자녀와 초등학생 한 자녀를 키우고 있는 김 과장이 시차출퇴근 C형을 신청하고자 하는 경우
② 가정 돌봄 시간 활용을 위해 시간선택제를 신청하고자 하는 경우
③ 육아 및 모성보호 시간을 이용하지 않는 직원이 시차출퇴근 B형을 신청하고자 하는 경우
④ 3월 31일 오후 6시부터 3시간 동안 진행되는 자기계발 교육에 참여하고 다음 날 정산근무를 하려고 시간선택제를 신청하는 경우
⑤ 임금피크제의 적용을 받는 직원이 시간선택제를 신청하고자 하는 경우

[330~331] 다음 자료를 바탕으로 이어지는 질문에 답하시오.

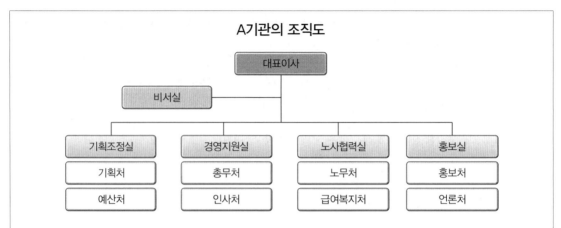

[각 조직별 업무]

조직명	업무
비서실	• 의전 및 사장 업무 보좌 총괄 • 사장 일정 파악 및 조정
기획처	• 대외기관과 상황 공유 및 업무협조 관련 사항 처리 • 내·외부 경영평가 보고서 작성, 업무 프로세스 개선 관련 업무
예산처	• 사업예산 편성 및 운영 업무 총괄 • 예산편성 및 운영, 예산결산 및 집행실적 분석
총무처	• 저장품 관리 및 총무 업무 총괄 • 자재기준정보 표준화 및 제도 개선
인사처	• 인력운영, 채용 업무 총괄 • 교육관리시스템 운영, 외부위탁교육
노무처	• 임금협약 체결관련 업무 • 단체교섭/단체협약/취업규칙
급여복지처	• 통상임금 및 평균임금 소송 업무 총괄, 노사관리 지원 업무 • 복리후생분야 관련 업무 총괄, 복리후생 관련 노사 업무
홍보처	• 홍보전략 수립 및 대외협력, 홍보대사 운영 • 웹진 발간, 홍보물 제작 관리
언론처	• 신문 및 방송 보도 업무 총괄 • SNS 운영 관리

※ 2개 이상 조직의 장(長)의 결재가 필요한 업무에 대해서는 업무별 특성에 근거한 순서에 따라 각 업무를 담당하는 조직의 장에게 결재를 받아야 한다. 이때, 마지막 결재를 담당한 조직에서는 처장 대신 본부장이나 대표이사의 결재를 받되, 본부장의 결재를 받은 경우 본부장을 전결권자로 갈음한다.

330 ◀문제 더보기 PART III 변형 | P.482 542번　　　　　　　　　2021년 하반기 서울교통공사

주어진 자료에 대한 설명으로 옳지 않은 것을 고르면?

① A기관은 5실 8처의 조직으로 구성되어 있다.

② 각 처의 업무가 대표이사에게 보고될 때에는 비서실장의 결재를 거치지 않아도 된다.

③ 사업예산 편성 및 운영 업무 총괄에 관한 결재는 '예산처 → 기획처 → 대표이사'의 순으로 이루어진다.

④ 직원 교육을 주관하는 조직은 인사처이다.

⑤ 노사관리에 관한 특정 업무는 노무처와 급여복지처가 협조를 할 수도 있다.

331 ◀문제 더보기 PART III 변형 | P.483 543번　　　　　　　　　2021년 하반기 서울교통공사

다음 중 A기관의 결재 양식으로 올바른 것을 고르면?(단, 업무별 조직별 결재 순서는 고려하지 않는다.)

①

	대외기관 업무협조				
	기획처장	총무처장	인사처장	노무처 본부장	대표이사
결재	서명	서명	서명	전결	노무처 본부장 서명

②

	사업예산 편성 업무				
	예산처장	노무처장	급여복지처장	기획처장	대표이사
결재	서명	서명	서명	전결	기획처 본부장 서명

③

	외부위탁교육 업무				
	인사처장	노무처장	기획처장	홍보처 본부장	대표이사
결재	서명	서명	서명		홍보처 본부장 서명

④

	임금협약 체결관련 업무				
	노무처장	인사처장	기획처장	예산처장	대표이사
결재	서명	서명	서명		

⑤

	홍보전략 수립 업무				
	홍보처장	총무처장	인사처장	언론처 본부장	대표이사
결재	서명	서명	서명		전결

다음 글을 바탕으로 21세기 기업조직의 특성으로 적절하지 않은 것을 고르면?

고전적 정의에 따르면 기업 전략은 기업이 경쟁 우위 확보를 위해 취하는 일련의 조치들로 이루어져 있다. 임원들은 제품 설계 및 장기 전략 수립에 엄청난 에너지를 투자하고 있지만 시장과 경쟁사가 이에 유연하게 적응하고, 사회적 규범과 규제가 진화해 나가고, 기술이 점차 발전함에 따라 이러한 조치들의 상당수는 곧바로 쓸모 없어지고 만다.

대부분의 기업의 리더들은 영속적인 경쟁 우위를 창출하고 적은 비용과 적은 리스크로 높은 수익을 가져올 수 있는 절호의 기회를 놓치고 있다. 즉, 조직 설계를 전략의 중심부에 두는 것을 간과한다는 것이다. 이제 임원들은 어떠한 상황에서도 회사를 번성시킬 수 있는 조직 역량을 개발해야 한다는 전략적 니즈를 인식해야 한다.

오늘날의 기업들은 방대하고 복잡하며 역동적인 생태계와도 같다. 대다수의 기업들은 심각한 조직적 타성에 물들어 있다. 조직 설계는 많은 시간이 소요되는 힘든 작업이며, 의미심장한 변화에는 늘 어려운 대인 관련 이슈와 기업 정책이 수반되기 마련이다. 따라서 대체로 많은 CEO들이 회사의 성과를 향상시키기 위해 내부 조직의 이슈를 건드리기보다는 임시방편적인 구조 변경, 대규모 기업 인수, 혹은 경쟁 분야와 경쟁 방법 모색에 몰두하는 경향을 보인다.

그러나 그것보다는 조직 설계에 초점을 맞추는 것이 훨씬 효과적일 수 있다. 최근의 연구 결과를 보면 조직 개선 작업이야말로 디지털 시대에 CEO의 시간과 에너지를 가장 효과적으로 투입할 분야라는 점을 다시금 확신하게 된다. 대부분의 기업의 조직 체계는 지난 20세기의 산업화 시대에 맞도록 설계되어 있기 때문이다. 그 당시 자본은 희소 자원이었고, 상호작용 비용(interaction cost)은 높았으며, 계층적 권위와 수직적 통합 구조가 효율적 운영의 해법으로 간주되던 시대였다. 하지만 오늘날 우월한 성과는 이러한 구시대적 조직 구조를 새로운 부의 원천에 맞도록 바꿀 수 있는 능력으로부터 비롯된다. 종업원들의 마인드 파워를 결집시키고, 충분히 활용되지 않은 재능·지식·관계·스킬을 적극 활용할 수 있도록 조직을 재편함으로써 회사는 직원들이 더욱 보람 있고, 생산적인 작업에 매진하고, 비교적 낮은 리스크로 내실 있는 새로운 부의 원천을 창출할 수 있도록 도와줄 수 있는 것이다.

이러한 목표를 달성하기 위해 기업의 리더들은 의식적으로 조직적인 개입을 설계하고 구축할 수 있지만 무엇보다도 재능이 희소자원으로 간주되는 업무 환경에 걸맞은 새로운 성과 지표(특히, 종업원당 수익) 등을 육성시켜 줄 시장 메커니즘을 조직 설계에 반영해야 하며, 이를 위해서는 전체론적 관점을 견지해야 한다. 재능 위주의 경영을 하는 복잡한 대기업이 이러한 조직 설계의 최우선 후보자이기는 하지만, 조직 설계의 필요성은 중소기업, 우량기업뿐만 아니라 부실기업에도 적용된다.

조직 설계를 21세기 기업 환경에 맞게 현대화하면 전통적인 전략적 이니셔티브에 의해 창출되는 이익을 앞지를 수 있다. 이러한 작업을 정립하는 데에는 수년간의 지속적인 노력이 필요하지만 결국은 경쟁사가 쉽게 모방할 수 없는 경쟁 우위를 창출하는 성과를 얻게 된다. 전략적 사고를 하는 임원들이라면 조직이라는 거대한 배를 타고 항해하는 데 있어 날씨라는 외생 변수를 통제할 수는 없지만, 그 배를 효율적으로 설계하고 어떠한 기상 조건에서도 바다를 항해할 수 있는 선원들로 그 배를 구성할 수는 있을 것이다.

① 부의 창출을 위한 21세기형 전략적 조직 설계는 '자본 수익률'이 아닌 '직원 수익률'의 관점에서 이루어져야 한다.
② 임원들은 무엇보다 조직 설계를 중심으로 전략의 방향성을 수립해야 한다.
③ 20세기 산업화 시대의 조직 구조에서는 인력이 희소 자원으로 간주되었다.
④ 부를 창조해주는 재능 있는 직원들 간의 협업을 극대화하는 것이 21세기 조직 설계의 핵심이다.

333

다음은 E기업에 재직 중인 B사원이 상부의 지시로 E기업의 주력 사업 분야를 5 Forces Model로 분석한 보고서의 일부이다. 다음 밑줄 친 ㉠~㉤ 중 경쟁 요인에 따른 분석 내용으로 적절하지 않은 것을 고르면?

구분	분석 내용
신규 진입자의 위협	• ㉠대규모 자본 투자로 진입 장벽을 높일 수 있다. • 퇴출 장벽이 낮아서 신규 진입자에게 매력적인 사업이다.
공급자의 교섭력	• ㉡공급자의 교섭력이 강하여 원가 부담이 높은 편에 속한다. • 장기 계약을 통해 공급자와의 신뢰를 구축할 수 있다.
구매자의 교섭력	• 구매자의 가격 민감도가 높은 편에 속한다. • ㉢유통 구조의 혁신으로 거래 비용을 감소시킬 수 있다.
대체재의 위협	• ㉣대체재의 존재가 산업 수익률에 부정적 영향을 주고 있다. • 제품에 대한 고객 충성도가 낮아서 대체재의 위협이 크다.
산업 내 경쟁	• ㉤제품 차별화가 어려워 산업 내 경쟁률이 낮은 편이다. • 고정 투자 비용이 높은 편에 속한다.

① ㉠   ② ㉡   ③ ㉢   ④ ㉣   ⑤ ㉤

334 문제 더보기 ◀ PART III 변형 | P.480 540번

다음 설명을 참고할 때, 매트릭스 구조의 장단점에 대한 설명으로 적절하지 않은 것을 고르면?

> 하나 이상의 보고체계를 가진 조직구조를 의미하는 것으로서, 기존 기능부서의 상태를 유지하면서 특정한 프로젝트를 위해 서로 다른 부서의 인력이 함께 일하는 조직설계방식이다. 매트릭스 조직에 속한 개인은 두 명의 상급자(기능부서 관리자, 프로젝트 관리자)로부터 지시를 받으며 보고를 하게 된다. 이것은 기존의 전통적 조직구조에 적용되는 명령통일의 원칙을 깨뜨린 것으로 매트릭스 조직의 가장 큰 특징이다. 대표적인 프로젝트 조직인 '태스크포스(task force)'와의 가장 큰 차이점은 매트릭스 조직이 기존의 기능부서 상태를 유지하는 가운데 프로젝트 단위의 조직을 함께 운영한다는 점이다.

① 각 단위부서 간 자발적으로 상호 협력하려는 자세와 타 부서에 대한 신뢰가 약해질 수 있다.
② 조직 내 파워게임을 없앨 수 있다는 장점이 있다.
③ 책임회피 및 전가와 같은 부정적인 현상에 직면할 수 있다.
④ 실적 악화나 경영상의 어려움이 발생했을 때, 이에 대한 원인을 타 부서에게로 전가하려는 태도를 취할 수 있다.

다음 밑줄 친 ㉠~㉤ 중 국제 매너에 부합하지 <u>않는</u> 것을 고르면?

글로벌 회사에 재직 중인 A는 올바른 국제 매너를 지키기 위해 노력하고 있다. 같은 말이나 행동도 나라에 따라 다르게 받아들여질 수 있기 때문이다. 국제 매너를 잘 알지 못하면 문제라고 생각하지 않았던 행동들이 업무상 심각한 문제가 되는 경우가 있다. 관광객의 실수는 웃으며 관대하게 넘어갈 수 있지만 업무 추진 중에 발생하는 실수는 상호 이해가 부족하다고 여겨 계약이 해지되는 등 부정적인 결과를 초래할 수 있다. A는 외국인 직원이나 고객을 상대할 때 실수하지 않기 위해 평소에 숙지해 놓은 국제 매너를 기반으로 행동한다. 대표적으로 ㉠인도 고객과 식사를 할 때는 오른손만 사용하도록 항상 신경을 썼다. ㉡두 손 가득 물건을 들고 있을 때, 태국 직원이 사무실 위치를 물어 왔을 때에는 발로 위치를 친절하게 알려주었다. 또한 ㉢러시아 고객에게 꽃을 선물할 때에는 장미꽃 다섯 송이를 준비하여 전달하였다. ㉣이슬람교도 고객과 식사를 할 때에는 할랄 도축된 양고기 커리를 대접하였다. ㉤중국 고객에게는 고급 우롱차를 선물로 전달하였다. 이처럼 문화권마다 다른 관습과 행동 양식이 나타나므로 공통된 기준으로 전 세계 사람을 이해하는 것은 불가능하다. 따라서 자문화 중심적으로 행동해서는 안 되며, 다른 나라의 문화와 관습을 존중해야 한다. 특히 조직을 대표하여 외국에 파견된 사람들의 실수는 조직 전체의 모습으로 대변될 수 있어, 직업인은 나라별 주요 국제 매너를 알아 둘 필요가 있다.

① ㉠   ② ㉡   ③ ㉢   ④ ㉣   ⑤ ㉤

336

다음 글의 빈칸에 들어갈 가장 적절한 용어를 고르면?

> 기업의 경영자는 기업의 소유자인 주주들이 뽑아준 사람이므로 주주들을 위해 일해야 한다. 즉, 경영자는 가능한 한 최대의 이익을 내도록 회사를 경영하여 주주들의 이익을 극대화해야 한다는 것이다. 이 경우 경영자의 이익이 주주의 이익과 항상 일치한다면 아무 문제가 없을 것이다. 하지만 경영자의 이익이 항상 주주의 이익과 일치하는 것은 아니다. 예를 들어 주주의 이익을 높이기 위해서 회사 규모를 확대하기보다는 내실을 기해야 할 때가 있는데, 경영자는 자신의 사회 경제적 영향력을 높이기 위해 회사 규모를 키우려 할 수도 있다. 즉, 주인(주주)이 직접 일을 할 수 없어서 대리인(경영자)에게 일을 위임했더니 대리인이 주인과 다른 목표를 가짐으로써 주인을 위해 일하지 않는, 주인－대리인 문제(principal－agent problem)가 발생하게 되는 것이다.
>
> 이러한 문제를 해결해 대리인인 경영자가 주인인 주주들을 위해서 일할 수 있도록 유도하는 장치를 기업 지배 구조(corporate governance)라고 한다. 기업 지배 구조에서 가장 널리 알려져 있는 것이 이사회이다. 이사회는 주주들이 뽑은 이사들로 구성돼, 주주의 이익을 위해 경영자의 의사 결정을 견제하고 감시하는 역할을 한다. 이사회의 구성원인 이사 중에는 회사에서 일하는 사람도 있고 회사 밖에서 온 사람도 있다. 이렇게 경영진으로부터 독립적이고 전문성이 있는 외부의 이사를 영입하는 것을 (   )라고 한다.

① 탄력경영 제도　　　　　② 전문경영인 제도　　　　　③ 옴부즈만 제도
④ 사외이사 제도　　　　　⑤ 내부감사 제도

퀸(Quinn, 1988)의 경쟁가치모형에 의하면 조직은 몇 가지 상호 모순되는 가치들을 동시에 만족시킬 수 있어야 높은 성과를 얻을 수 있다. 퀸은 내부와 외부, 통제와 유연성의 두 가지 차원을 축으로 8개의 핵심 요소의 정도를 측정하여 4개의 조직문화유형을 도출한다. 유연성 지향의 가치는 분권화의 다양성(차별화)을 강조하는 반면, 통제지향의 가치는 집권화와 통합을 강조하는데, 이는 조직의 유기적 특성과 기계적 특성의 구분을 의미하기도 한다. 내부지향성은 조직의 유지를 위한 조정과 통합을 강조하는 반면, 외부지향성은 조직 환경에 대한 적응, 경쟁, 상호관계를 강조한다. 이러한 두 가지 차원의 결합에 의해 다음의 네 가지 조직문화의 유형이 결정된다.

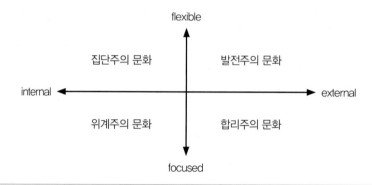

337

주어진 자료를 참고할 때, 다음 (가), (나)와 같은 특성을 보이는 조직이 갖는 일반적인 특징을 [보기]에서 찾아 바르게 짝지은 것을 고르면?

> (가) 협력과 협동을 강조하는 조직문화를 보이며, 전통과 충성에 의해 운영되는 특성을 보인다.
> (나) 구성원들은 직장을 역동적이고 창의적인 곳으로 생각하며, 외부로부터의 위험을 두려워하지 않는다. 또한 신기술 획득을 통해 발전을 추구하는 일에 주저하지 않는다.

┤ 보기 ├
- A: 조직 내의 가족적인 인간관계 유지가 중요하며, 구성원들 사이에 신뢰와 팀워크를 통한 참여, 충성, 사기 등의 가치를 중시한다. 또한 개인의 능력개발과 인간적 배려에 대한 관심이 높다.
- B: 공식적 명령과 규칙, 계층제적 질서에 의한 명령과 통제, 명확한 책임소재와 조직 내부의 유지와 통합에 관심이 높다.
- C: 조직의 변화와 유연을 강조하여 조직이 당면한 외부환경에 대한 적응 능력에 중점을 둔다. 조직구성원의 업무 수행에 대한 자율성과 재량권을 부여한다.
- D: 조직의 성과 목표 달성과 과업수행에 있어서 생산성을 강조하고 있으며, 목표달성, 계획, 능력성, 성과 보상 같은 가치를 중시하고 있다.

	(가)	(나)
①	A	C
②	A	D
③	B	C
④	B	D
⑤	C	A

338

주어진 자료에서 퀸의 경쟁가치모형에 따른 네 가지 조직문화의 구분 기준으로 가장 적절한 두 가지를 바르게 나타낸 것을 고르면?

① 전통과 가치 계승, 시장친화 여부
② 리더십 발휘 정도, 변화 대응력
③ 유연성과 재량, 조직 분화의 정도
④ 생산성과 효율성, 인적자원의 역량
⑤ 목표지향/행위지향, 조직의 목표와 전략

PART II NCS 기출복원 300제 **303**

[339~340] 다음 글을 읽고 이어지는 질문에 답하시오.

　기업의 경영 전략이란 외부 환경의 변화에 대한 대처 방식과 경영진의 관점에서 조직이 나아갈 기본 방향을 정하고, 목표를 설정한 후 이를 달성하기 위한 자원 배분을 결정하는 것이다. 따라서 하위 경영자가 주어진 과업을 수행하기 위한 운영 계획과는 대조된다. 경영 전략에는 성장 전략, 재무 전략, 조직 전략, 인사 전략, 제품 및 서비스 전략, 마케팅, 생산, 기술 전략 등 광범위한 분야의 전략이 포함되며, 중장기 경영 전략을 수립하기 위해서는 경영자에게 적절한 사고와 태도가 요구된다. 경영자는 확대일변도만을 추종하는 대신, 경영 계획을 냉정하게 설득력을 갖고 직원들에게 설명할 수 있어야 할 것이며, 또한 그 목표의 관철에 조용히 직원들의 투지를 북돋워주는 사람이어야 한다. 경영 전략 수립에 있어서 중요한 것은 전 직원의 공감대 형성이다. 회사가 어떤 전략을 추구하고 있는지 모든 구성원이 알고 있지 못하거나 방관자처럼 행동하게 된다면 전략이 없는 것과 같다.

　경영자가 중장기 경영 전략을 수립하기 위해서는 우리를 둘러싼 환경은 어떻게 변화하고 있나, 우리는 어디로 가야 하는가, 목표에 어떻게 도달할 수 있는가, 목표에 도달하기 위해 지금부터 무엇을 해야 하는가 등의 의문점을 해결해 가야 한다. 이를 위해 사업에 영향을 미칠 수 있는 주요 변화를 예측하거나, 사업의 미래 목표에 도달하기 위한 방법을 모색할 수 있어야 하며, 선정된 방법을 추진하기 위해 필요한 자원을 할당해야 한다.

　기업이 경영 전략을 수립할 때, 기업 경영의 형태는 매우 중요한 변수로 작용하기도 한다. 기업 경영의 형태는 크게 가족 경영(창업자 일가가 기업 총수로 직접 경영)과 전문 경영(전문 경영인이 경영)으로 나눌 수 있다. 가족 경영은 문자 그대로 기업을 처음 시작한 창업자와 그 일가(물론 기업 지분을 어느 정도는 소유하고 있어야 한다)에 의한 경영 방식이며, 전문 경영은 전문 경영자에게 기업의 최종적인 의사 결정을 맡기는 경영 체제이다. 전문 경영자란 소유와 경영의 분리에 의해 기능자본가 대신 기업을 지배·운영하는 활동을 담당하는 사람이다.

339

주어진 글을 읽고 중장기 경영 전략 수립에 대한 의견으로 적절하지 <u>않은</u> 것을 고르면?

① 하급 직원들이 잘 모르는 경영 전략은 바람직한 것이 아니구나.
② 중장기 경영 전략을 수립하고자 할 때에는 과감하고 확대된 자원 투입이 수반되어야겠군.
③ 경영 전략 수립 과정에서 SWOT 기법을 통해 환경 변화를 파악해 볼 수도 있겠네.
④ 경영 전략은 경영진들만 수행하는 것이 아니라 생산직 근로자들까지 모두 참여해야 하는 것이구나.
⑤ 새로운 목표를 달성하기 위해서 직원들에 대한 업적 보상 제도를 정비하는 것도 좋은 방법이 되겠군.

340

다음 설명을 참고할 때, 주어진 글에서 언급된 '가족 경영'과 '전문 경영'에 대한 설명으로 옳지 <u>않은</u> 것을 고르면?

> 가족 경영은 창업자 또는 최고 경영자(CEO)가 자신의 가족이나 친인척 등을 주요 경영에 참여시켜 경영 활동을 하는 것으로, 본래 가족 경영은 가족이 기업 경영에 참여함으로써 효율적인 조직 운영이 가능하도록 하는 의도를 갖는다. 그러나 재벌(대기업)들의 관행과 불투명한 경영으로 비판을 받으면서 족벌 경영, 세습 경영 등으로 폄하되기도 한다.
>
> 반면 전문 경영은 경영 관리에 관한 전문 지식과 기술을 기초로 생산 요소를 결합하여 영업 활동을 수행한다. 이들 전문 경영자(사장·이사)는 생산·구매·수송·판매·재무·연구개발 등 각 직능 부문들 사이의 조정 및 평가를 하고 이에 필요한 제반 정책 결정을 한다. 그러나 전문 경영인은 회사의 소유주가 아니므로 장기적인 안목보다는 단기적 성과를 더 중시한다는 한계가 있다.
>
> 한국과 미국 양국 모두 가족 경영 체제의 경영 성과가 전문 경영 체제에 비해 우수한 것으로 나타났으며, 특히 한국의 경우 더 큰 차이를 보이고 있다. 반면 기업 규모에 있어서는 양국 모두 전문 경영 체제 기업이 가족 경영 체제 기업에 비해 큰 것으로 조사되었다. 창립 연수는 한국의 경우에 가족 경영 기업이, 미국은 전문 경영 기업이 더 긴 업력을 가지고 있다.

① 단기적 손실은 불가피하지만 장기적인 수익이 보장되는 사업을 유치하기 위한 신속한 의사결정이 요구될 경우, 가족 경영 체제 기업이 더 유리하다.
② 매출과 수익성뿐만 아니라 기업 자체에 대한 애착심과 책임감 등은 가족 경영자가 전문 경영자보다 더 크다.
③ 회사와 직원, 이해관계자 등의 이익을 위해 무엇이 더 현명한 결정인지를 객관적으로 판단하는 능력은 전문 경영 체제 기업이 더 낫다.
④ 법무, 세무 등 대리인에게 계약 조건 외의 추가 수당을 지급하고자 내부 회계상의 융통성을 발휘하기 위해서는 전문 경영 체제 기업이 더 유리하다.
⑤ 오래 지속되어 오며 쉽게 고치지 못하고 있던 잘못된 문화와 관행 등을 개선하기 위한 조직 혁신은 전문 경영 체제 기업이 더 수월하게 할 수 있다.

직업윤리 [10문항]

341

2022년 상반기 서울교통공사 9호선

다음 중 직업의식에 대한 설명으로 올바르지 <u>않은</u> 것을 고르면?

① 소명의식 — 자신이 맡은 일은 하늘에 의해 맡겨진 일이라고 생각하는 태도

② 천직의식 — 자신이 하고 있는 일이 사회나 기업을 위해 중요한 역할을 하고 있다고 믿고 자신의 활동을 수행하는 태도

③ 책임의식 — 직업에 대한 사회적 역할과 책무를 충실히 수행하고 책임을 다하는 태도

④ 전문가의식 — 자신의 일이 누구나 할 수 있는 것이 아니라 해당 분야의 지식과 교육을 밑바탕으로 성실히 수행해야만 가능한 것이라 믿고 수행하는 태도

⑤ 봉사의식 — 직업 활동을 통해 다른 사람과 공동체에 대하여 봉사하는 정신을 갖추고 실천하는 태도

342

2021년 하반기 서울교통공사

다음은 근로윤리와 관련된 명언들이다. ㉠에 해당하는 개념에 대한 설명으로 적절하지 <u>않은</u> 것을 고르면?

> • 바탕이 (㉠)한 사람은 항상 편안하고 이익을 보지만, 방탕하고 사나운 자는 언제나 위태롭고 해를 입는다.
> — 순자
>
> • 지혜가 부족해서 일에 실패하는 경우는 적다. 사람에게 늘 부족한 것은 (㉠)이다.   — 벤저민 디즈레일리
>
> • 교묘하게 속이는 것보다는 서투르더라도 (㉠)한 것이 좋다.   — 한비자

① 목표한 바를 이루기 위해 목표 지향적 행동을 촉진하며 행동의 지속성을 갖게 한다.

② 시대 개념적 차원에서 볼 때 현대 사회와 어울리지 않는 한계성도 지니고 있다.

③ 사회 규범이나 법을 존중하고 충동을 통제하며 동기를 부여하는 특징을 갖는다.

④ 마음에 거짓이나 꾸밈이 없고 바르고 곧은 성질을 뜻하며 신뢰의 기반이 된다.

⑤ 현대 사회의 주요한 사회적 자본으로 여겨지면서 그 중요성이 부각되고 있다.

343

다음 글에 대한 설명으로 옳지 <u>않은</u> 것을 고르면?

최근 주변에 회사를 그만두는 지인이 늘어나고 있다. 지금은 다니지만 조만간 그만 두어야 하는 사람도 제법 있다. 애가 아직 어린데 권고사직을 받은 사람도 있다. 본인도 답답하지만 주변 사람들도 답답하다. 누구에게나 미래 문제는 중요한 이슈이다. 하지만 대부분 사람들은 이런 문제점에 대해 얘기하길 거부한다. 마치 죽음에 대해 얘기하는 것을 재수 없다고 생각하는 것과 비슷하다. 퇴사란 단어를 싫어하고, 퇴사 후 무엇을 할 것인지 생각하려 하지 않는다. 그러다 명예퇴직이 현실문제가 되면 조언을 구한다. 앞으로 어떤 일을 하면서 살면 좋겠느냐, 요즘 어떤 업종이 잘 되느냐, 이런 일을 하려면 돈이 얼마나 필요한지 묻는다. 난 거꾸로 무엇을 잘하는지, 주특기가 무엇인지, 그동안 어떤 분야에서 탁월한 성과를 냈는지, 어떤 일을 할 때 신이 나는지 묻는다. 대부분은 이런 질문에 당황한다. 뚜렷한 주특기, 성과, 신이 나는 일, 모두 잘 모르겠단다. 하지만 성실하기 때문에 어떤 일이든 맡겨만 주면 잘할 수 있다고 얘기한다.

난 이들을 볼 때마다 생각이 복잡해지면서 여러 질문이 떠오른다. 묻고 싶은 게 많다. 우선, 그동안 무얼 했는지 묻고 싶다. 20여 년 이상 직장생활을 했는데 그 어마어마한 시간 동안 무슨 생각을 하면서 지냈는지 묻고 싶다. 지금의 불행은 언젠가 잘못 보낸 시간의 보복이란 격언이 생각난다. 둘째, 이들에게 직장이 어떤 곳인지 묻고 싶다. 직장이란 곳이 여러분 인생을 책임져 주는 곳인가, 아무런 가치를 내지 않아도 계속 다닐 수 있는 곳인가? 그동안 직장생활을 하면서 뭔가를 배웠을 것 아닌가? 서당 개 3년이면 라면을 끓인다는데 그 엄청난 시간 동안 뚜렷이 잘하는 게 없다는 게 말이 되는지 물어보고 싶다. 셋째, 이런 일을 예상하지 못했는지 묻고 싶다. 아무리 유능해도 70세까지 다닐 수는 없다. 꿈의 직장도 60세면 끝이고 사기업은 50세부터 눈치를 봐야 한다. 천하가 다 아는 사실이다. 그럼 이런 일에 대비해 무엇이라도 해야 하는 거 아닌가? 내가 생각하는 이들의 심정은 이렇다. "쓸데없이 미래 일로 걱정하지 말자. 지금 일만으로도 머리가 아프다. 그때 일은 닥쳐서 하자. 뭔 수가 생기겠지." 아무 일도 하지 않으면 아무 일도 일어나지 않는다. 그게 진리이다.

아무리 시대가 변해도 변하지 않는 사실이 있다. 근면하면 살아남고 게으르면 무너진다는 사실이다. 한자를 보자. 근면(勤勉)의 勤은 진흙 근(堇)과 힘 력(力)이 합해진 글자이고, 힘쓸 면(勉)은 면할 면(免)과 힘 력(力)이 합해진 글자이다. 두 개 다 힘 력 자가 들어있다. 힘을 써서 열심히 살면 고생을 면할 수 있다는 것이다. 근면의 반대말은 무사안일(無事安逸)이다. 아무 일 안하고 편안하게 안주하는 것을 의미한다. 우리가 일을 하는 이유는 일을 배우기 위해서이다. 뭔가 생각을 하면서 20년 넘게 직장을 다녔다면 엄청난 지식과 깨달음을 얻어야 한다. 당연한 사실이다. 오래 다녔지만 자신이 어떤 사람인지, 자신이 무얼 잘하는지 모른다는 건 그만큼 게을렀다는 반증이다. 시간을 낭비했다는 고백이다. 직장을 잡은 것에 만족해 이후 별다른 노력을 하지 않았다는 얘기이다.

게으름은 회피이다. 할 일을 뒤로 미루고 결정하지 않는 것이다. 결과물은 변명이다. 변명은 게으른 사람들의 전유물이자 최고의 무기다. 결과는 "올 것이 오고야 말았다."라는 말이다. 게으름에 대한 하늘의 보복은 두 가지가 있다. 하나는 자신의 실패요, 또 다른 하나는 그가 하지 않은 일을 한 옆 사람의 성공이다.

① 정년퇴임 시점까지 살아남은 직장인들은 근면을 실천한 사람들이다.
② 필자는 직장생활을 통해 무언가를 배워나가야 한다고 생각한다.
③ 근면하게 살았다는 것은 시간을 낭비하지 않았다는 것을 의미한다.
④ 필자는 퇴사를 앞둔 사람들이 자신에 대해 잘 모르는 것을 근면하지 않았기 때문이라고 생각한다.
⑤ 맡은 일을 성실하게 잘 수행하는 것이 곧 근면이라고 말할 수는 없다.

344

다음 중 올바른 전화예절로 적절하지 <u>않은</u> 것을 고르면?

① 원하는 상대와 통화할 수 없는 경우를 대비하여 메시지를 남길 수 있도록 준비한다.

② 전화벨이 7~8번 정도 울리기 전에 받는다.

③ 전화를 건 이유를 숙지하고 이와 관련하여 대화를 나눌 수 있도록 준비한다.

④ 전화를 받으면 소속과 이름을 먼저 밝힌다.

⑤ 다른 부서로 가야 할 전화가 잘못 걸려온 경우, 해당 부서의 전화번호를 알려준다.

345

다음 [사례1]과 [사례2]에 대하여 부족한 직업의식이 바르게 짝지어진 것을 고르면?

[사례1]

　김 사장은 식당을 운영하고 있다. 최근 전기세, 공과금 등 관리비가 오르면서 지출비용을 줄이기 위해 음식물 쓰레기를 갈아서 하수구에 버리고 있다.

[사례2]

　박 대리는 공사현장을 관리하는 업무를 담당하고 있다. 상사인 부장님으로부터 매일 공사현장을 파악하고, 자재·장비 등의 상태를 점검하라는 지시를 받았지만, 어제도 공사현장을 대충 둘러보고 자재나 장비도 별 문제가 없을 거라 생각하고 훑어보기만 했다. 오늘도 어제처럼 대충 훑어볼 것이다.

	사례1	사례2
①	준법성	성실성
②	준법성	봉사성
③	성실성	봉사성
④	성실성	준법성
⑤	봉사성	준법성

다음 자료를 참고할 때, 직장 내 괴롭힘에 대한 설명으로 옳지 않은 것을 고르면?

직장 내 괴롭힘을 판단하는 요소는 크게 행위자, 피해자, 행위 장소, 행위 요건으로 구분된다.

1. 행위자
   • 근로기준법 제2조 제1항 제2호에 따른 사용자가 행위자에 해당합니다.
   • 파견 근로의 경우, 파견 사업주와 사용 사업주 모두 해당 가능합니다.
   • 근로자도 행위자가 될 수 있으며, 피해자와 같은 사용자와 근로관계를 맺고 있는 근로자일 것이 원칙입니다.

2. 피해자
   • 사업장 내의 모든 근로자가 해당됩니다.

3. 행위 장소
   • 사내는 물론 외근 출장지, 회식, 기업행사, 사적 공간, 사내 메신저, SNS 등 온라인 공간의 경우에도 해당될 수 있습니다.

4. 행위 요건
   (1) 직장에서의 지위 또는 관계 등의 우위를 이용할 것
   (2) 업무상 적정 범위를 넘는 행위일 것
   (3) 신체적·정신적 고통을 주거나 근무 환경을 악화시키는 행위일 것

   ※ 사용자는 직장 내 괴롭힘 발생 사실이 확인된 때에는 지체 없이 행위자에 대하여 징계, 근무 장소의 변경 등 필요한 조치를 하여야 한다. 이 경우 사용자는 징계 등의 조치를 하기 전에 그 조치에 대하여 피해근로자의 의견을 들어야 한다. 사용자는 직장 내 괴롭힘 발생 사실을 신고한 근로자 및 피해근로자 등에게 해고나 그 밖의 불리한 처우를 해서는 안 된다.

① 직장 내 괴롭힘은 근로자와 근로자 사이에서도 발생할 수 있다.
② A기관의 근로자가 B기관으로 파견 나와 업무 수행 중 발생한 직장 내 괴롭힘도 요건을 충족할 수 있다.
③ 출퇴근 시 통근 버스에서 벌어진 행위에 대해서도 직장 내 괴롭힘이 성립될 수 있다.
④ 직장 내 괴롭힘이 발생하면 피해자와 가해자 모두의 의견을 들어 규정에 맞는 징계조치가 이루어져야 한다.
⑤ 직장 내 괴롭힘 발생 시 어느 곳에서 발생하였는지에 따라 요건 충족 여부가 달라지지 않는다.

[347~348] 다음은 기업의 사회적 책임에 관한 내용이다. 이를 바탕으로 이어지는 질문에 답하시오.

기업의 목표는 이윤 극대화라고 말할 수 있으나, 이윤은 기업이 속한 사회에서 창출된다. 기업은 사회구성원의 일원으로서 주주에 대한 법적인 책임 이상으로 사회 공동의 이익 창출을 위한 책임 있는 경영을 수행해야 한다. 또한 기업뿐만 아니라 다양한 조직들은 법령과 윤리를 준수하며, 공동체적 가치를 인식해야 하며, 이에 긍정적으로 기여하려는 자발적인 노력을 해야 한다.

이러한 논의를 바탕으로 국제표준화기구(ISO)는 사회책임에 대한 국제표준인 ISO 26000을 제정하였다. ISO 26000은 기업, 정부, NGO 등 조직이 준수해야 할 7가지 핵심 주제와 그에 따른 기대사항을 정리해 놓은 지침서이다. 7가지 핵심 주제는 ㉠환경, ㉡인권, ㉢노동관행, ㉣조직지배구조, ㉤공정기업관행, ㉥소비자이슈, ㉦지역사회 참여 및 개발이다. 국제 사회에서 기업의 사회적 책임과 공유가치 창출이 강조되고 사회적 책임 국제표준인 ISO 26000이 2020년부터 발간되면서, 국내에서도 국제표준 도입을 준비하는 조직이 사전에 점검할 수 있도록 자가진단 체크리스트를 개발·보급하였다. 자가진단 체크리스트를 통해 조직 거버넌스, 관행, 노동, 환경 부문 등에서 해당 조직이 얼마나 사회적 책임 이행을 다하고 있고 기여할 수 있는지 판단할 수 있으며, 목표 달성을 위한 성과를 가늠하는 기준으로써 활용 가능하다.

347

2023년 상반기 서울교통공사

주어진 글의 밑줄 친 핵심 주제 ㉠~㉦에 해당하는 내용이 바르게 연결되지 **않은** 것을 고르면?

① 반부패, 공정 경쟁   — ㉤
② 오염방지, 기후변화 완화 및 대응   — ㉠
③ 필수적 생산품과 서비스 기회보장, 지속가능한 소비 — ㉥
④ 시민권과 정치적 권리 존중   — ㉡
⑤ 근로조건 및 사회적 보호   — ㉦

348

2023년 상반기 서울교통공사

주어진 글을 참고할 때, 사회적 가치를 실현하기 위해 서울교통공사가 추진한 사회공헌활동으로 적절하지 **않은** 것을 고르면?

① 지역사회 재난 취약계층 지원
② 사회복지공동모금회에 희망나눔 기금 기탁
③ 고령화 지역의 지원을 위한 특별기금 마련
④ 지역사회 저소득 아동 지원사업 시행
⑤ 디지털기반 경영정보시스템 프로세스 고도화

다음 글에 나타난 공동체윤리에 대한 설명으로 옳지 <u>않은</u> 것을 고르면?

> 우리 한국 사회에는 '법에도 눈물이 있다, 털어서 먼지 안 나는 사람은 없다'는 말이 있는 것처럼 온정주의 문화가 잔존하고 있다. 그러나 그것은 엄정한 법치주의가 뿌리내리지 못하게 하는 요인이 될 수 있다. 엄정한 사회가 잘 유지되고 있을 때 비로소 온정은 빛을 발하는 가치인 것이다. 이로 인해 발생하는 또 다른 문제는 성인 사회의 부정적 온정주의적 법의식이 청소년들에게 그대로 투영돼 나타나고 있다는 점이다. 교칙을 상습적으로 위반한 학생들이 평소 잘 준수하는 학생보다 더 큰 소리로 지도교사에게 항의한다는 것이 현실이다.

① 민주 시민으로서 기본적으로 지켜야 하는 의무이며 생활 자세이다.
② 선진국들과 경쟁하기 위해서는 개인의 의식 변화와 이를 뒷받침할 시스템 기반의 확립도 필요하다.
③ 직업세계에서 다른 직종에 비해 더 많은 이익을 얻는 집단은 그렇지 않은 집단들에게 이 공동체윤리 의식을 더욱 발휘해야 한다.
④ 미국의 정치학자 라스웰은 민주 시민으로서 가장 중요한 자세는 서로 토론하고 논쟁하여 얻어진 합의를 지키고 따르는 것이라며 공동체윤리를 강조하였다.
⑤ 공동체윤리 의식이 해이해지면, 사회적으로 부패가 싹트게 된다.

350

다음 사례의 문제 상황을 예방할 수 있는 직업윤리 실천의 보완점으로 가장 적절한 것을 고르면?

> △△공단의 총무팀 소속 P사원은 회사에서 비품 관리를 담당하고 있다. P사원은 직원들이 필요하다고 한 물품이 있으면, 비품으로 구입할 수 없는 품목임에도 상부의 허락 없이 바로 구비해 놓는다. P사원은 비품을 구매할 때 색종이, 물풀 등 자녀의 유치원 준비물을 몰래 함께 구매한 적도 있다. 그리고 본인의 편의를 위해 본래 온라인 거래처에서 구매해야 하는 사내 비품 구매 프로세스를 무시하고 회사 앞 편의점에서 그때그때 필요한 비품을 구입하기도 하였다. 온라인 거래처에서 구매할 때에 비해 가격이 비쌌지만, 자신의 돈이 아니기 때문에 대수롭지 않게 생각한 것이다. 또한, 물품 전수 조사나 실사 없이 재물 조사표를 작성하여 허위 보고하였다.

① 계획성 ② 선의의 경쟁 ③ 감사 시스템
④ 사명감 ⑤ 협동 정신

겨울이 오면, 봄이 멀 수 있으랴!

− 퍼시 비시 셸리(Percy Bysshe Shelley), '서풍에 부치는 노래'

NCS
기출변형 200제

※ 주요 공기업에서 실제 출제된 문항을 변형하여 수록하였습니다.

PART

III

351 _{문제}더보기 PART II 복원 | P.94 83번

다음 글에 나타나는 언어의 특성에 대한 설명으로 적절한 것을 고르면?

> 그는 이제부터 침대를 '사진'이라고 부르기로 하였다. "피곤한데, 사진 속으로 들어가야겠어." 그는 이렇게 말했다. 그러고는 아침마다 한참씩 사진 속에 누운 채로 이제 의자를 뭐라고 부를까를 고심했다. 그러다가 의자를 '시계'라고 부르기로 했다. 그러니까 그는 자리에서 일어나 옷을 입고, 시계 위에 앉아 양팔을 책상 위에 괴고 있었다. 그러나 이제 책상은 더 이상 책상이 아니었다. 그는 책상을 '양탄자'라고 불렀다. 그러니까 남자는 아침에 사진 속에서 일어나 옷을 입고, 양탄자 앞에 놓인 시계 위에 앉아, 무엇을 무엇이라고 부를 수 있을지를 고심했다.
>
> … (중략) …
>
> 누군가가 "내일 선생님도 축구 보러 가실 건가요?" 하고 말하면 그는 큰 소리로 웃을 수밖에 없었다. 또는 이런 말을 들어도 웃음이 나왔다. "벌써 두 달째 계속 비가 내리고 있군요." 이런 말도 우습긴 마찬가지였다. "제 삼촌이 미국에 계세요." 웃을 수밖에 없었던 이유는, 이 모든 말이 무슨 뜻인지 이해할 수 없었기 때문이다. 잿빛 외투를 입은 그 나이 많은 남자는 사람들이 하는 말을 더 이상 이해할 수가 없게 되었다. 그건 그리 심각한 문제가 아니었다. 그보다 더 심각한 것은 사람들이 그를 더 이상 이해할 수 없게 된 것이었다.
>
> — 페터 빅셀, 『책상은 책상이다』 —

① 말소리와 의미 사이에는 필연적인 관계가 없다.
② 언어는 언어 공동체 안에서의 사회적 약속이다.
③ 대상들 사이의 공통 속성을 추출하여 말소리와 의미를 연결한다.
④ 연속적으로 이루어져 있는 세계를 불연속적인 것으로 끊어서 표현한다.
⑤ 시간의 흐름에 따라 의미와 말소리의 관계에 대한 사회적 약속이 변하기도 한다.

다음 글의 제목으로 가장 적절한 것을 고르면?

먼지란 대기 중에 떠다니거나 흩날려 내려오는 입자성 물질을 말하는데, 석탄·석유 등의 화석연료를 태울 때나 공장·자동차 등의 배출가스에서 많이 발생한다. 먼지는 입자의 크기에 따라 지름이 $50\mu m$ 이하인 총 먼지, 지름이 $10\mu m$ 이하인 미세먼지, 지름이 $2.5\mu m$ 이하인 초미세먼지로 구분된다. 미세먼지는 사람 머리카락 굵기의 5분의 1 크기에 불과하기 때문에 코나 기관지에서 걸러지지 않고 몸 속에 스며들 가능성이 높다. 몸에 들어와 폐까지 침투한 미세먼지는 천식과 폐질환의 원인이 되고, 이를 제거하기 위한 면역세포의 작용으로 염증을 일으키기도 한다. 기상청에서는 날씨뿐만 아니라 미세먼지 및 초미세먼지 농도와 관련하여 실시간으로 예보하고 있는데, 이와 같은 정보를 활용하여 외출을 자제하거나 마스크를 착용하는 등 개별적으로도 대비할 필요가 있다. 특히 어린이, 노인, 폐질환 및 심장질환을 앓고 있는 환자 등 미세먼지 민감군은 미세먼지 예보 등급을 꼼꼼히 확인하고 각별히 주의해야 한다.

미세먼지 예보 등급이 '보통'일 때 미세먼지 민감군은 실외 활동 시 특별히 행동에 제약을 받을 필요는 없지만 몸 상태에 따라 유의하여 활동해야 한다. 미세먼지 예보 등급이 '나쁨'일 경우에 미세먼지 민감군은 장시간 또는 무리한 실외 활동을 자제하고, 일반인은 장시간 또는 무리한 실외 활동을 줄여야 한다. 미세먼지 예보 등급이 '매우 나쁨'일 때 미세먼지 민감군은 가급적 실외 활동을 삼가고 실외 활동을 해야 할 경우 의사와 상의해야 한다. 일반인은 장시간 또는 무리한 실외 활동을 자제해야 하며, 목에 통증이 있거나 기침이 나는 등의 증상이 나타나면 실외 활동을 피해야 한다.

① 입자의 크기를 기준으로 분류되는 먼지의 종류별 특징
② 미세먼지의 위해성과 미세먼지 예보 등급별 대응 요령
③ 연령층마다 다르게 나타나는 미세먼지 질환의 범주
④ 미세먼지 비상저감조치의 발령 및 해제 기준
⑤ 실내 미세먼지와 실외 미세먼지의 차이점

다음 글의 내용과 일치하지 <u>않는</u> 것을 고르면?

서울의 인구는 1944년에 83만 명이었으나, 해방 직후인 1946년에는 126만 명으로 증가하였다. 난민과 지방 인구의 지속적인 유입으로 10년간 연평균 4만 명씩 증가하여 1959년에는 200만 명에 이르렀다. 이 시기에 서울은 전쟁과 사회적 격동기를 거치면서 절대적인 빈곤기를 경험하였으며, 월남민과 전재민(戰災民)의 집중으로 일자리가 부족하고 실업자가 증가하였다. 1950년 발발한 한국전쟁으로 도심의 광화문, 덕수궁, 보신각 등과 같은 많은 문화재들이 파괴되었다. 전쟁으로 인해 주택 19만 호 중 30%, 금융 기관 83개, 병원 294개, 기업체 1,289개 등 서울 시가지 건물의 1/4이 피해를 입었다. 전쟁 피해를 입지 않은 건물 또한 노후도가 심각하여 주거 환경이 악화되었고, 서울로 모여든 난민들로 서울의 주택난은 심각해졌다.

1960년 서울의 인구는 245만 명이었으나, 5년 만인 1965년에 347만 명으로 증가하는 급격한 인구 증가를 경험하였다. 1960년대 경제 성장으로 농촌 인구가 대량 유입하면서 서울의 인구 집중은 더욱 심화되었고, 의류·봉제·가발 등 노동 집약적 수출 산업이 활성화되며 제조업의 취업자 비중이 증가하였다. 그러나 서울의 인구가 팽창하는 속도 대비 기반 시설의 확충이 미흡하여 여러 사회적 문제가 발생하였다. 구릉지와 하천 변 등 기성 시가지 주변에 무허가 정착촌, 빈민가가 발생하기 시작하여, 도심지 교외 지역으로 분산·집단화 유도 정책을 시행하였다.

1970년대 서울의 인구는 554만 명으로 지속적으로 팽창하였다. 이에 따라 도심 내 인구 집중 유발 시설의 입지를 금지하고, 공장, 정부 기관, 민간 시설 등을 수도권과 외곽 지역으로 이전시키는 등 도심 집중 억제 정책을 펼쳤다. 1970년대 이후부터 강남 개발 등을 통해 강북 지역에 집중된 인구를 분산하기 위한 정책을 시행하는 한편, 도심 재개발 사업을 통해 노후한 도심부를 현대적인 건물로 개조하였다. 그리고 1970년 이후 10년간 서울의 인구는 약 283만 명이 증가하여 1980년 837만 명에 이르렀다. 택지 개발 사업을 통해 목동과 상계동에 대규모 아파트 단지가 개발되어 신시가지가 조성되었다. 또한, 1986년 아시안 게임과 1988년 올림픽 개최는 서울의 곳곳을 현대적으로 정비하는 계기가 되었다.

서울 인구는 1990년에 1,000만 명을 넘기면서 인구 피크를 기록했으나, 수도권 신도시 개발로 인구가 유출되면서 1995년 처음으로 인구 감소세를 보였다. 산업·경제적 측면에서는 탈산업화의 진행 등 산업 구조의 변화가 일어났으며, 1997년에는 외환 위기를 겪었다. 강남 지역의 개발에 대한 시민의 욕구가 지속되어 강남북 역전 시기가 도래하고, 주택 200만 호 공급 정책, 재개발 활성화 등으로 아파트의 비율이 점차 증가하였으며 주택 보급률은 75%로 상승하였다.

2000년대 서울의 인구는 감소 추세가 이어졌으나, 인구 변동률이 점차 줄어들며 하향 안정세로 접어들었다. 한편, 고령 인구는 2005년 기준으로 71만 명을 상회하여 전체 인구의 7%에 다다랐다. 이는 10년 전 대비 약 75%가 증가한 수준으로, 서울은 고령화 사회로 급속하게 진입하게 되었다. 서울의 1·2차 산업의 사업체 수는 지속적인 감소세를 보이는 데 반해, 3차 산업은 20년 전과 비교해 두 배로 증가하는 등 급속한 산업 구조의 변화가 진행되었다. 주거지 정비 부문에서는 지역 균형 발전 차원에서 기성 시가지의 정비를 생활권 단위로 체계적이고 효율적으로 추진하고자, 2002년부터 재정비 촉진 지구를 지정하여 시행하였다. 한편, 고도성장 시대에 대한 반성으로 서울 광장, 청계천 복원, 숭례문 광장, 광화문 광장 등 공공 공간의 재편을 통해 시민의 품으로 되돌리려는 노력이 이루어졌다.

2010년대 서울의 인구는 수도권 지역으로 유출되면서 감소세를 보이고 있으나, 고령 인구는 2014년 기준 125만 명에 이르는 등 급격한 증가 추세를 보이고 있다. 한편, 2000년대 본격 추진되기 시작한 재정비 촉진 사업 및 주택 재개발 사업이 부동산 가격의 급등으로 인해 지연됨에 따라 이에 대한 대응 전략이 마련되었다. 그간 소유주와 사업성 중심의 대규모 전면 철거형 주택 개발 방식에서 벗어나, 거주자와 주거 복지 중심의 소규모 정비, 마을 만들기를 통한 주거 재생으로 변화하고 있다. 이와 더불어 시민의 삶의 질과 행복을 중심 가치로 두고, 다양한 마을 공동체의 육성으로 주민 주도 주거지 재생 실현을 위한 다각적인 노력을 기울이고 있다.

① 1960년대에 서울은 노동 집약적 수출 산업이 활성화되면서 제조업의 취업자 비중이 높아졌다.

② 택지 개발 사업으로 목동과 상계동에 대규모 아파트 단지가 개발되어 신시가지가 구축되었다.

③ 한국전쟁으로 금융 기관, 병원, 기업체 등 서울 시가지에 위치한 건물의 25%가 피해를 보았다.

④ 서울의 인구는 1980년대에 인구 피크를 기록한 후 1985년에 처음으로 인구 감소세가 나타났다.

⑤ 2010년대에 서울 인구의 일부가 수도권 지역으로 빠져나가며 서울 인구는 감소세를 보이고 있다.

다음 [가]~[마] 문단을 순서대로 바르게 배열한 것을 고르면?

[가] 홍차는 한 가지 종류의 찻잎을 그대로 즐기느냐, 아니면 다른 찻잎이나 향신료를 섞어 가공하여 마시느냐에 따라 다양하게 즐길 수 있다. 전자는 스트레이트 티 또는 클래식 티, 후자는 보통 블렌디드 티라고 말한다. 스트레이트 티는 한 지역에서 나는 찻잎 하나로 우려낸 차를 말하고, 블렌디드 티는 두 가지 이상의 찻잎을 섞어 만든 것을 가리킨다. 예를 들면 다르질링, 기문과 같은 홍차는 한 지역에서만 난 하나의 찻잎으로 아무 것도 첨가하지 않았다. 이것을 그대로 뜨거운 물에 우려 마시면 스트레이트 티가 된다. 그러나 두 개 종류의 찻잎을 섞으면 블렌디드 티가 된다. 찻잎에 향신료 등으로 향을 첨가하면 플래버리 티이다. 홍차에 설탕, 과일, 우유 등을 첨가해 먹는 방법은 베리에이션이라고 한다. 우유를 섞어 먹는 밀크 티가 여기에 해당한다.

[나] 그러므로 홍차를 만드는 데는 폴리페놀의 함량이 많은 대엽종이 적합하고, 녹차를 만드는 데는 폴리페놀의 함량이 낮고 아미노산의 함량이 높은 소엽종이 적합하다. 날씨가 더워서 대엽종이 잘 자라는 인도, 스리랑 카 등지에서는 주로 다르질링, 실론티 등의 홍차가 생산되고, 겨울이 추워서 중·소엽종이 잘 자라는 우리나라와 중국에서 녹차가 많이 생산되는 것도 이러한 이유에서이다. 물론 현대에는 과학기술의 발달로 고부가가치성, 생산의 합리성, 찻잎의 수확량 등을 고려하여 다양한 품종의 찻잎이 개발되고 있다. 품종 개량이 점점 더 전문화·세분화되면서 계속해서 차의 가치를 높여주고 있다.

[다] 찻잎에는 폴리페놀과 아미노산이라는 성분이 있다. 쓴맛을 내는 폴리페놀은 대엽종에 많고, 감칠맛을 내는 아미노산은 소엽종에 많다. 차의 품질은 폴리페놀과 아미노산에 의해 결정되는데, 신기하게도 찻잎에 폴리페놀이 많아지면 아미노산이 줄어들고 아미노산이 많아지면 폴리페놀이 줄어든다. 홍차의 찻물은 붉은색을 띠며, 품질 좋은 홍차의 수면 가장자리에는 골든링이라는 금색의 띠가 생긴다. 이러한 특징은 찻잎 속의 폴리페놀이 산화하면서 생성되는 현상으로, 폴리페놀의 함량이 많을수록 산화물이 많아져 홍차의 찻물 색을 더욱 아름답게 만든다. 이와 대조적으로 녹차는 투명한 푸른빛 찻물 색과 싱그러운 맛이 일품이다. 녹차는 산화를 시키지 않기 때문에 찻잎에 폴리페놀이 많으면 차 맛이 써져서 녹차의 질이 떨어진다.

[라] 전 세계적으로 사랑받는 차(茶)의 대표적인 종류인 녹차와 홍차의 차이점을 이야기할 때 많은 사람이 두 차는 종이 다른 나무에서 생산된 차라고 생각한다. 그러나 이는 반은 맞고 반은 틀린 말이다. 녹차와 홍차의 차이는 차나무에서 채취한 찻잎의 발효 정도에 따라 달라진다. 정확히 말하자면 본래 찻잎은 따는 순간부터 산소와의 접촉에 의해 내부 세포가 파괴되어 효소 산화가 시작되는데, 산화 과정을 얼마나 거쳤는가에 따라 녹차와 홍차로 구분된다. 그럼에도 반은 맞는 이야기라는 말은 녹차에 사용하기 좋은 차나무 종과 홍차로 만들기 좋은 차나무 종이 다르기 때문이다. 차나무에서 생산된 찻잎은 모두 녹차나 홍차가 될 수 있지만, 각각의 차를 만들기에 적합한 차나무가 별도로 있다는 것이다.

[마] 이처럼 찻잎의 영향을 받는 차는 가공 방법에 따라서도 맛과 향이 달라진다. 그중에서도 불발효차인 녹차는 찻잎을 딴 직후 발효를 막기 위해 크게 두 가지 가공 방법을 쓴다. 첫 번째 방법은 찻잎을 솥에서 살짝 덖어서 만든 덖음차로 강한 구수한 맛이 특징이다. 또 하나는 찻잎을 찌는 방법이다. 찻잎을 수증기로 찌는 증제차(蒸製茶)는 담백하고 깔끔한 맛이 나면서 찻잎의 푸른색이 유지된다. 이 두 가지 방법을 함께 사용한 차도 있다. 증기로 찐 찻잎을 다시 덖어서 만든 옥록차는 구수함과 깔끔함 두 가지 맛을 함께 맛볼 수 있다. 예전 일본 사무라이들이 이도다완과 같은 사발에 마셨던 말차는 말린 찻잎을 아주 미세하게 갈아 만든 가루차이다. 일본의 다도 문화와 관련이 깊으며 다른 차보다 훨씬 더 향이 강하다.

① [다] — [나] — [라] — [마] — [가]
② [다] — [마] — [가] — [라] — [나]
③ [라] — [나] — [다] — [마] — [가]
④ [라] — [다] — [마] — [가] — [나]
⑤ [라] — [다] — [나] — [마] — [가]

다음 글의 서술상 특징으로 적절하지 <u>않은</u> 것을 고르면?

스트레스는 '팽팽히 조인다'는 의미의 라틴어 스트링게르(Stringer)에서 유래하였다. 이 표현이 처음으로 사용된 것은 물리학 분야였고, 의학적 용어로 사용된 것은 20세기에 들어서 캐나다의 학자 한스 셀리에에 의해서였다. 그는 스트레스를 '정신적 육체적 균형과 안정을 깨뜨리려고 하는 자극에 대해 자신이 있던 안정 상태를 유지하기 위해 변화에 저항하는 반응'이라고 정의하였다. 다시 말해 우리 몸과 마음은 늘 일정한 상태에 있으려는 습성인 항상성(恒常性)이 있는데, 이 항상성을 깨는 모든 자극을 스트레스라고 보는 것이다. 신체적 변화는 물론 감정의 변화도 스트레스로 작용한다. 만약 몸도 마음도 자극이 없는 무자극 상태를 유지할 수 있다면 스트레스는 발생하지 않을 것이다. 하지만 당연하게도 이런 삶을 사는 것은 불가능하다. 결국 죽을 때까지 스트레스를 피할 수 없다는 얘기다. 그렇다면 남은 것은 스트레스를 어떻게 받아들일 것인가이다.

기본적으로 사람들은 자신의 스트레스가 객관적 기준이나 실제적 영향보다 더 많이 더 쉽게 자신을 괴롭힌다고 생각한다. 그뿐만 아니라 대부분 스트레스는 나쁘기 때문에 스트레스를 받지 않도록 해야 한다고 믿고 피하기 바쁘다. 이쯤에서 한 가지 생각해 볼 것은 스트레스의 유해함이다. 누구도 스트레스가 왜 나쁜 것인지, 스트레스를 받을 때 가장 효과적인 대응법은 무엇인지 제대로 알아본 적이 없는데 우리는 오랫동안 그렇게 믿어왔으며, 의심도 하지 않았다. 그래서 여기 스트레스에 대한 오해를 풀어줄 보고들을 찾았다. 스트레스가 해롭지 않은 것에서 나아가 오히려 건강에 도움을 주기도 한다는 긍정적 영향에 대한 연구 보고이다.

미국의 시사매거진 〈TIME〉에 따르면 스트레스는 두뇌의 힘을 증가시키는 데 도움을 준다. 낮은 수준의 스트레스 요인은 신경트로핀이라 불리는 뇌 화학물질의 생성을 자극하고, 뇌의 뉴런 사이의 연결을 강화한다. 사실 이것은 운동이 생산성과 집중력을 높이는 데 도움이 되는 주요한 메커니즘과 유사하다고 한다. 또 적당한 스트레스는 면역력을 증대하는 효과도 있다. 스트레스를 느낀 신체는 부상이나 감염의 위협을 느끼고 이를 대비하는 여분의 인터루킨(Interleukin)을 분비하는데 이 분비물이 일시적으로 면역력을 강화한다. 낮은 수준의 스트레스에 반복적으로 노출됨으로써 더 큰 스트레스 상황에 대처할 수 있는 능력이 배양된다는 주장은 상식적으로도 충분히 이해할 만하다.

그리고 또 한 가지 스트레스의 긍정적 영향을 볼 수 있는 재미있는 실험 결과가 있다. 하버드대학 연구팀은 실험 시작 전 일부 참가자들에게 스트레스가 유익하다고 생각하도록 가르쳤다. 긴장으로 쿵쾅거리는 심장과 가빠진 호흡은 문제가 아니라 뇌에 산소를 더 공급하는 것일 뿐이라고 안심시켰다. 이후 스트레스 상황을 만들어 참가자들의 신체 반응을 살핀 결과, 스트레스에 대해 긍정적 인식을 심어준 참가들의 심박수가 올라가고 혈관이 이완되는 것을 볼 수 있었다. 심박수가 올라가고 혈관이 수축되는 일반적인 스트레스 반응과는 달랐다. 스트레스를 긍정적으로 생각하고 받아들이는 이들에게는 심혈관 질환을 부를 수도 있는 혈관 수축 반응이 나타나지 않은 것이다.

이처럼 스트레스는 같은 내용이라도 수용하는 자세에 따라 다른 결과를 부른다. 만약 스트레스를 피하려고 노력하면 오히려 삶의 만족감, 행복감이 크게 줄어든다고 심리학자들은 말한다. 스트레스를 피하는 사람들은 향후 10년 동안 우울감을 보이는 경향이 더 컸고 자신이 처한 상황을 더 악화시킨다는 견해도 있다. 심리학자들은 이것을 '스트레스 유발'이라고 한다. 한마디로 스트레스를 피하기 위해 노력하다가 스트레스 원천을 더 많이 만들어 낸다는 것이다.

① 상반된 범주에서 대상을 규명하고 그 공통점에 착안하여 새로운 결론을 도출하고 있다.
② 서술 대상과 관련된 통념에 의문을 제기하며 주장을 효과적으로 부각하고 있다.
③ 전문가가 규정한 개념을 언급하며 서술 대상에 관한 이해를 돕고 있다.
④ 서술 대상이 사람에게 미치는 영향을 여러 측면에서 분석하고 있다.
⑤ 구체적인 실험 결과를 근거로 제시하면서 논지를 전개하고 있다.

다음 글을 통해 추론할 수 있는 내용으로 적절한 것을 고르면?

우리는 고령화시대에 살고 있다. 생활수준 향상, 헬스케어기술의 발전으로 평균 수명이 늘어나고 있으며 전 연령층에 걸쳐 건강에 대한 관심이 확대되고 있다. 초기 보건정책을 제안한 라프랑부아즈(Laframboise) 박사는 인간의 건강에 미치는 요소로서 인간의 유전정보(30%), 라이프 스타일과 생활환경(60%), 보건관리(10%)를 들고 있다. 그중 개인의 라이프 스타일과 환경요소는 건강을 결정하는 많은 부분을 차지하는 중요한 요소이다. 일상에서의 식사, 운동, 생활습관, 수면과 같은 개인의 선택에 따른 라이프 스타일은 건강과 우리의 유전자에 영향을 미치고, 개인의 유전자는 각기 다른 반응을 보이기도 한다. 노출된 환경인자는 우리 몸의 유전자에 생화학신호를 전달하여 의사소통을 하며 유전자 스위치를 끄거나 켤 수 있다. 심지어는 우리 몸에 존재하는 마이크로바이옴과도 소통하게 된다. 즉, 개인의 선택에 따른 라이프 스타일—환경—유전정보 간의 결합이 건강을 결정하는 주요 인자인 것이다.

2003년 인간유전체해독사업(Human Genome Project)의 완성으로 사람의 유전체 염기서열구조가 밝혀졌으며, 여러 동물, 식물, 미생물의 염기서열구조가 속속들이 밝혀지고 있다. 인간유전체지도가 확보되면서 식품과 영양연구 분야에서는 유전체와 건강정보를 기반으로 하는 영양유전체 연구가 활발하다. 영양유전체학(Nutrigenomics)의 연구방향은 2가지 방향으로 전개되고 있다. 첫 번째로는 영양소와 유전체의 관계, 즉 우리가 먹는 음식이 유전정보의 발현에 어떻게 영향을 주는지를 연구하여 유전체—영양소 상호작용에 대하여 밝혀가고 있다. 두 번째로 유전자의 다형성에 따라 영양소와 식품성분이 어떻게 반응하고 대사되는지를 연구하여 개인에게 맞는 음식으로 건강을 보완하고자 하는 영양유전학(Nutrigenetics) 분야가 있다.

우리가 매일 먹는 음식이나 다양한 라이프 스타일은 우리 몸의 유전자 스위치를 끄거나 켤 수도 있다. 영양후성유전학(Nutriepigenetics)에서는 식생활과 음식에 의하여 DNA 염기서열을 바꾸지 않으면서, 장기적으로 유전자의 발현과 다음 세대에게 유전되는 현상을 다룬다. 음식이 DNA에 영향을 미친다는 증거는 다양하다. 듀크대학의 랜디 저틀 박사의 연구에서 뚱뚱하고 질병감수성이 높은 아구티 생쥐를 임신하게 한 후 메틸기가 풍부한 엽산, 콜린, 비타민B12, 비테인 등을 사료에 넣어 먹였을 때 건강하고 날씬한 새끼 쥐를 낳을 수 있었다. 유전자를 발현시키는 프로모터에 메틸기를 전달하여 뚱뚱하고 질병 발생에 관여하는 유전자를 꺼주었기 때문이다. 이는 유전자 조작이 아닌 영양성분이 유전자를 변형시킬 수 있으며, 다음 세대까지 전달되어짐을 증명한 것이다.

성장기와 성인기의 식이습관 역시 후성유전학적 변화를 유발하는 주요 원인으로 작용한다. 스웨덴에서 1800년대 발생한 흉년기 역학연구에 의하면, 성장기에 극심한 기아와 과식을 경험했던 세대의 손자들은 이를 경험하지 않았던 세대의 손자들에 비해 심혈관계 질환 및 대사성 질환이 통계적으로 많이 발생하였다. 할아버지가 경험한 기아와 과식에 대한 경험이 3세대까지 영향을 주고 있는 것이다. 또한, 젖을 뗀 이후부터 20주까지 고지방식을 섭취하였던 쥐는 뇌의 포만감을 느끼게 하는 도파민 전달 유전자에서 과메틸화가 진행되어 이 단백질 생산을 감소시켰다. 이 경우, 같은 수준의 보상을 얻기 위해서는 더 많은 음식을 필요로 하는 악순환이 반복되어 비만을 유도하게 된다.

그렇다면 무엇을 먹을 것인가? 후성적으로 유전자의 기능에 영향을 미치는 식품은 아주 많다. 대표적으로 콩은 DNA메틸화조절자로서 환경호르몬에 의해 과도하게 메틸화되어 암을 유발시키는 유전자를 정상상태로 되돌려놓을 뿐만 아니라 히스톤의 구조에도 영향을 미칠 수 있다. 최근 대파, 부추, 미나리, 도토리와 그 성분이 히스톤의 아세틸화와 표적유전자의 발현에 영향을 줄 수 있음이 밝혀진 바 있으며, 포도, 마늘, 양파, 생강, 브로콜리의 주요 성분에 의한 히스톤 변형과 메틸화 능력이 다양하게 보고되어 있다. 그러나 식이에 대한 유전자의 적응은 꽤 긴 세월이 걸리는 편이다. 건강을 결정하는 라이프 스타일—환경—유전정보 간의 연결고리는 건강요소의 90%를 차지하므로 라이프 스타일에 따라 변하는 후성유전학 데이터를 통해 미래에 예측되는 건강지표에 맞는 개인 맞춤형 영양소와 맞춤식단이 필요할 것이다.

① 성장기 때와는 달리 성인기의 식이습관은 후성유전학적 변화를 가져오는 주된 원인으로 기능한다.
② 노출된 환경인자가 우리 몸에 있는 마이크로바이옴과 소통하는 것은 현실적으로 불가능하다.
③ 프로모터에 메틸기를 전달함으로써 질병이 발생하는 데 영향을 주는 유전자를 끌 수 있다.
④ DNA메틸화조절자인 콩을 적당량 섭취하면 암을 유발하는 유전자를 단기간에 정상화할 수 있다.
⑤ 오늘날 인간유전체해독사업이 본격적으로 진행되며 사람의 유전체 염기서열구조가 밝혀지고 있다.

357

다음 중 맞춤법이 잘못된 문장을 고르면?

① 작년과 비교했을 때 혜택이 바꼈다.
② 답안지와 시험지를 맞춰보았다.
③ 위층의 공사가 며칠 이내로 끝난다고 한다.
④ 도시락 통에 김치 냄새가 배다.
⑤ 날이 더워지니 곁땀이 많이 난다.

다음 글의 필자가 주장하는 내용으로 가장 적절한 것을 고르면?

수소는 지역적 편중 없이 어디서나 구할 수 있는 보편적인 자원이다. 이는 이산화탄소 배출이 전혀 없고 부산물이 물뿐인 데다가 액체나 고압 기체로 저장이 가능하며 쉽게 운송할 수 있다는 이점도 있다. 자연환경 조건에 따라 전기 생산량이 달라져 에너지 공급 측면에서 불안정한 태양광·풍력 등 신재생 에너지의 단점을 보완해 준다는 점도 수소의 장점이다. 수소는 그동안 석유 화학·정유·반도체·식품 등 산업 현장에서 수십 년간 사용해 온 가스로서 안전 관리에 대한 기술력도 축적됐다.

현재 수소 에너지로써 활용될 핵심 기술로 꼽고 있는 연료 전지는 전자, 자동차 등 다양한 산업에 혁신적 변화를 초래할 수 있는 기술이다. 연료 전지는 석유 중심의 에너지 체제를 수소 에너지 중심으로, 중앙 집중적 전력 생산 구조를 누구나 전력을 생산하는 분산형 구조로 탈바꿈할 수 있는 획기적인 통합 기술로 평가되고 있다. 연료 전지는 수소와 공기 중의 산소를 결합해 전기를 생산하는 전지로, 물의 전기 분해 역반응으로 연료를 계속해서 공급해 주면 무한 발전이 가능하다는 점에서 일종의 발전기로도 볼 수 있다. 연료로 사용되는 수소는 가스 등을 개질(改質)하여 얻거나 물의 전기 분해를 통해 얻는다. 연료 전지는 기계 장치를 사용하지 않고 발전하기 때문에 거의 소음이 없으며, 수소와 산소가 반응해 전기를 생성하기 때문에 공해 물질을 거의 배출하지 않는다.

또한, 연료 전지는 효율이 높아 에너지 절감 효과도 크다. 연료 전지의 발전 효율은 30~50%로 내연 기관보다 뛰어나며, 온수로 회수되는 열량까지 고려하면 효율은 80%까지 높아질 수 있다. 그리고 연료 전지는 다양한 용도와 분야에 응용되는 융합 통합적인 시스템이다. 휴대용에서 발전용까지 다양하게 응용할 수 있으며, 연료 전지 셀의 개수를 늘리면 출력을 높일 수 있어서 연료 전지의 형태에 따라 수 W~수십 MW의 전력을 생산할 수 있다. 이로 인해 현재 석유, 가스, 전력 등의 에너지를 사용하고 있는 거의 모든 분야에 응용할 수 있어, 많은 나라가 수소 에너지와 이를 활용한 연료 전지에 주목하고 있다.

최근 수소 에너지와 관련된 획기적인 계획들이 미국, 유럽, 일본 등의 선진국에서 다수 발표되고 있다. 환경 친화적인 에너지로 대체하여 환경 문제를 근본적으로 해결하고자 하는 움직임을 보이는 것이다. 이러한 흐름 속에서 수소 에너지의 경제성을 어떻게 확보하느냐에 따라 활용 시기도 더욱 빨라질 것이다. 우리나라는 수소 경제를 가능하게 하는 주력 산업들을 대부분 보유하고 있다는 점에서 산업적 성과로 연계되기 유리한 구조를 갖고 있다. 특히 자동차, 선박, 열차와 같은 모빌리티와 발전, 플랜트, 건축과 같은 에너지 분야 모두 우리나라의 대표적 주력 산업으로서 이를 중심으로 한 보급 가속화와 시장의 확장 가능성 또한 높다.

그러나 우리나라는 수소 연료 전지차, 연료 전지 발전 등과 같은 수소 활용 부문에서 경쟁력을 확보했지만, 주요국 대비 수소 생산·저장·운송 분야에서 충전소와 같은 인프라가 부족한 실정이다. 예를 들어 2019년을 기준으로 우리나라의 수소 전기차는 4,194대로, 미국 2,089대, 일본 644대와 비교하였을 때 많은 수소 차량을 확보하고 있음을 알 수 있다. 하지만 수소 충전소는 미국과 일본이 각각 68개소, 114개소인 반면, 우리나라의 수소 충전소는 34개소밖에 되지 않는다. 수소가 에너지원으로서 보급이 활성화되려면 수소의 활용 영역과 인프라 확보의 불균형을 해소하여, 모든 산업과 시장이 수소 생산—저장·운송—활용의 밸류 체인으로 이루어 나아갈 때 비로소 새로운 에너지 패러다임으로 접어들 수 있을 것이다.

① 수소 에너지의 본격적인 활용 시기를 앞당기기 위해서는 우선 수소 에너지의 경제성을 확보해야 한다.
② 새로운 에너지 패러다임으로의 전환이 산업 전반에 미치는 영향에 관해 다방면으로 분석해 봐야 한다.
③ 수소 에너지에 관한 부정적인 인식을 개선하려면 무엇보다도 안전 관리에 대한 기술력을 축적해야 한다.
④ 에너지원으로서 수소 보급의 활성화를 위해서는 수소 활용 영역과 인프라 확보 간의 격차를 좁혀야 한다.
⑤ 수소의 손실을 최소화하기 위해 수송 위치와 수송량에 따라 저장 형태 및 운송 방법을 달리 적용해야 한다.

다음 글의 빈칸에 들어갈 문장으로 가장 적절한 것을 고르면?

달걀은 하나의 세포로, 크게 노른자위(난황), 흰자위(난백), 껍데기(난각)로 구성되어 있다. 달걀의 대부분을 차지하는 흰자위는 약 90%가 물이고, 나머지 약 10%가 단백질이다. 단백질은 많은 종류의 아미노산이 결합된 거대 분자이며, 물을 싫어하는 소수성 사슬과 물을 좋아하는 친수성 사슬이 혼합되어 있다. 그런데 흰자위는 소량의 단백질이 많은 물에 녹아 있는 액체이다. 극성을 띤 물에서 안정적으로 녹아 있으려면 단백질의 외부는 친수성 사슬로, 내부는 소수성 사슬로 된 형태가 되어야 하고, 표면적을 최소화시켜 소수성 부분의 노출을 최대로 줄이는 구의 형태가 유리하므로 흰자위 단백질의 대부분은 구에 가까운 구조를 하고 있다.

흰자위 단백질에서 가장 높은 비중을 차지하는 것은 오브알부민으로, 그 비중은 약 60%다. 오브알부민은 모두 385개의 아미노산으로 구성된 단백질로 알려져 있는데, 다른 단백질과 마찬가지로 오브알부민도 온도, pH 변화에 따라 변성된다. 삶을 때 단백질은 열에 의해 변성이 진행된다. 가열되면 구 모양의 단백질 내부로 많은 물 분자들이 강제로 침투하여 더 이상 소수성 사슬끼리 뭉쳐진 구 모양을 유지하기 힘들다. 열 혹은 물의 작용으로 구 단백질은 길게 펴지고, 그것은 근처에 위치한 또 다른 펴진 단백질과 상호작용이 활발해진다. 소수성 사슬들이 물과의 상호작용을 피해서 자기들끼리 서로 결속하기 때문에 단백질은 더욱 잘 뭉쳐져 젤 형태로 변한다. 열이 더 가해지면 젤 상태의 단백질 내부에 물리적으로 갇혀 있던 물 분자마저 빠져 나오면서 더욱 단단한 고체로 변한다. 젤 형태의 반고체만 되어도 반사되는 빛이 많아져 불투명한 상태가 된다.

노른자위는 루테인과 제아잔틴 같은 화학물질로 인해 노란색을 띤다. 항산화작용 능력을 갖춘 이 화학물질은 눈의 망막과 황반에 축적되어 눈을 보호해 준다. 짧은 파장의 가시광선 혹은 자외선 때문에 생성된, 눈 건강을 해치는 활성 산소를 없애주는 고마운 물질이다. 노른자위의 단백질은 흰자위보다는 조금 적지만, 비타민A, D, E 등의 지용성 비타민은 훨씬 더 많이 녹아 있다. (   ) 간혹 삶은 달걀의 노른자위 색이 검푸르게 변한 것을 볼 수 있다. 이는 대개 노른자위와 흰자위의 접점에서 형성된다. 노른자위에 포함된 철 이온과 단백질의 분해로 형성된 황화이온이 반응하여 황화철이 형성되었기 때문이다. 흰자위 단백질에는 황을 포함하는 아미노산인 시스테인이 포함되어 있다. 가열 변성된 흰자위의 단백질에서 형성되는 황화수소 가스는 점점 내부로 들어가는데, 노른자위에 포함된 철 이온과 만나 화학반응이 일어나면서 황화철이 형성된다.

껍데기를 벗긴 삶은 달걀의 외형은 날달걀과 같은 타원형이 아니다. 대신 비교적 평평한 면이 보인다. 그것은 달걀 내부에 있던 공기가 삶을 때 빠져나가지 못하고 흰자가 굳어지며 형성된 모양이다. 달걀을 삶을 때 온도를 급격히 올리면 달걀 내의 공기가 팽창하면서 껍데기가 깨진다. 그러나 서서히 가열하면 껍데기가 깨지는 것을 예방할 수 있다. 서서히 온도를 올리면 달걀 껍데기의 미세한 구멍으로 내부의 공기가 빠져나갈 수 있는 시간이 충분하기 때문이다. 그렇지만 주성분이 탄산칼슘인 달걀 껍데기의 두께가 균일하지 못한 경우에는 온도 증가에 따라 팽창 정도가 달라지므로 껍데기가 깨질 수 있다. 이와 같은 이유로 인해 달걀 껍데기가 깨지지 않게 삶으려면 냉장고에서 꺼낸 달걀을 바로 삶지 말고 조금 두었다 삶으라고 하는 것이다.

① 흰자위의 오브알부민은 온도, pH 등의 변화에 따라 변성되기 때문이다.
② 대부분이 물로 이루어진 흰자위에는 지용성 물질이 녹아 있기 힘들기 때문이다.
③ 지용성 비타민이 흰자위 단백질에 포함된 아미노산인 시스테인과 상극이기 때문이다.
④ 흰자위는 소수성 부분의 노출을 최대로 줄이기 위해 구에 가까운 모양을 하고 있기 때문이다.
⑤ 단백질은 물을 싫어하는 소수성 사슬과 물을 좋아하는 친수성 사슬이 혼합되어 있기 때문이다.

다음 글을 통해 추론할 수 있는 내용으로 적절한 것을 고르면?

일반적인 상품에는 유통이라는 말을 쓰지만, 영화는 역사 초기부터 독점적인 상영권을 가지고 상영에 대한 허가를 분배해 주는 방식으로 발전해 왔기 때문에 '배급'이라는 용어를 사용한다. 마치 공산 국가에서 식량 배급권을 주듯이 영화도 배급을 한다는 개념인 것이다.

영화 배급은 주 단위로 돌아간다. 일반적으로 토요일이 가장 관객이 많고, 화요일이 가장 적다. 금요일에서 일요일까지를 주말이라고 하고, 보통 목요일~수요일 단위로 1주를 계산한다. 영화는 개봉한 첫 주가 가장 중요한데, 첫 주 개봉 시의 관객을 100이라고 한다면 평균적으로 2주 차에는 30%가 줄고, 3주 차에는 또 그 수의 30%가 줄어든다고 볼 수 있다. 그런데 이렇게 줄어드는 것은 경쟁작이 없을 때 이야기이고, 비슷한 성향의 경쟁작이 동시에 개봉한다면 평균적으로 15%의 관객이 더 감소하는 것으로 분석된다. 결국 몇 주 차에 어떤 경쟁 영화와 맞붙는지에 따라 최종 스코어는 크게 달라질 수 있다.

관객을 구분할 때에도 크게 위험을 감수하는 관객, 모방 관객, 다수결을 존중하는 관객으로 나눌 수 있다. 이 중 모방 관객은 위험을 감수하는 관객으로부터 평가가 어떻게 나오는지에 영향을 받는다. 만약 위험을 감수하는 관객에게 영향을 받은 모방 관객이 늘어나 다수가 되고, 모방 관객의 수가 늘어난 영향이 다수결 존중 관객에게까지 이르게 되면 이른바 대박이 터지는 흥행 영화가 나올 수 있다.

영화는 개봉 시즌도 매우 중요한데 가장 성수기는 여름 시즌이다. 이외에도 겨울 시즌, 명절(설날·추석) 시즌 등이 성수기로 분류된다. 관객이 모두 같아 보여도 시즌별로 관객의 특성이 매우 달라서 시즌에 잘 맞도록 영화들을 배치해야 한다.

우리나라는 배급 업체들이 극장도 같이 소유하고 있는 상황이므로 영화 수익을 최대화하는 방향으로 매우 민감하게 배급과 극장 상영을 조절하고 있다. 더구나 1주 차 성적이 최종 스코어에 지대한 영향을 미치기 때문에 스크린 독과점 같은 현상도 점점 심해지고 있는 상황이며, 이로 인해 작은 영화들이 더욱 설 자리를 잃어 가고 있다.

① 주 단위로 돌아가는 영화 배급은 일반적으로 금요일부터 목요일 단위로 1주를 계산한다.
② 겨울 시즌에 개봉한 영화보다 명절 시즌에 개봉한 영화가 흥행할 확률이 높을 것이다.
③ 모방 관객은 다수결을 존중하는 관객보다 위험을 감수하는 관객의 영향을 많이 받을 것이다.
④ 비슷한 장르의 영화가 동시에 개봉할 경우 그렇지 않은 경우보다 관객 수는 증가한다.
⑤ 어떤 주체가 경쟁자가 없이 물품을 공급한다면 배급보다 유통의 개념에 가깝다.

361

다음 글에서 필자가 정보 전달을 위해 사용한 방법으로 적절한 것을 고르면?

비트코인은 2009년에 태어난 디지털 가상 화폐로, 중앙 통제적인 금융 기관의 개입 없이 그 발행과 관리가 이루어진다. 그러나 비트코인은 데이터로만 존재한다는 점에서 그 안전성에 대한 의심이 끊임없이 제기되어 왔다. 그럼에도 불구하고 비트코인 거래 시스템이 유지될 수 있는 이유는 무엇일까?

비트코인 사용자인 온라인 쇼핑몰 운영자 '갑'과 고객 '을'의 거래를 통해 비트코인 거래 과정을 살펴보자. 둘의 컴퓨터에는 모두 비트코인 지갑이 설치되어 있다. 지갑이란 일종의 프로그램 파일로, 이 프로그램을 통해 여러 개의 비트코인 계정 주소에 접속하고 이들을 관리할 수 있다. 각 계정마다 잔고가 표시되는 비트코인 계정은 비트코인 사용자들이 원하는 만큼 계정을 생성할 수 있으며, 사생활 보호를 위해 거래마다 매번 새로 계정을 만드는 것이 권장된다. 을이 자신의 비트코인 지갑을 이용하여 갑의 계정으로 상품 대금을 보내거나 갑이 자신의 비트코인 계정으로 을이 송금한 상품 대금을 받기 위해서는 공개키와 비밀키로 구성된 새로운 비트코인 계정을 생성해야 한다. 계정의 주소가 곧 고유한 공개키이며, 이 공개키와 연결되어 있는 비밀키는 거래 당사자 각각의 지갑에 저장되어 당사자 간의 거래를 승인하는 것이다. 을이 비밀키를 이용해 송금의 실행을 지시하면, 비트코인 사용자들의 컴퓨터는 실행 요청이 을의 계정에서 정상적으로 이루어진 것인지를 공개키를 이용하여 자동으로 확인하게 된다. 임의의 조작을 방지하기 위하여 비트코인 사용자들의 컴퓨터 중 과반수에 의해 인정되고 확인된 경우에만 송금의 실행이 이루어지고, 이 거래 내역은 비트코인 네트워크상의 장부에 기록된다.

거래 기록은 10분 단위로 한 번씩 묶여 갱신되며, 모든 비트코인 사용자들은 10분 단위로 갱신되는 거래 기록의 묶음을 공유한다. 이 묶음이 바로 '블록(block)'으로, '블록체인'은 이 블록들이 모인 거래 장부 전체를 가리킨다. 각각의 블록은 새로 발행된 비트코인을 포함하고 있는데, 이는 비트코인을 얻고자 하는 사람들, 즉 채굴자(마이너, miner)들을 블록 형성에 끌어들이는 요인으로 작용한다. 채굴자들의 컴퓨터는 암호화 해시 함수를 계산하도록 설정되어 있다. 암호화 해시 함수는 특정 데이터를 영문과 숫자로 이루어진 고정된 길이의 배열로 변형시키는 작업을 하며, 변형된 값을 해시값이라고 한다. 이 값은 원본 데이터에 아주 미세한 변화만 있어도 크게 달라지기 때문에 어떤 데이터가 어떤 형태의 해시값으로 변형될지 예측하는 것은 불가능하다. 10분 단위로 블록이 생성될 때마다 이 블록에는 논스(해시값 산출 과정에 앞서 데이터에 첨부되는 임의의 숫자로, 논스를 바꾸면 해시값이 크게 달라진다.)가 추가되어 새로운 해시값이 생성된다. 이 해시값에 10분 후 또 다른 블록이 추가되고 다시 논스가 추가되면서 이전과 다른 해시값이 생성되며, 이 과정은 끊임없이 반복된다.

블록체인을 이용한 비트코인 거래 시스템은 '보안'이라고 하면 흔히 떠오르는 폐쇄적이고 복잡한 체계와 관련된 문제를 뒤흔들면서, 동시에 보안상의 이유로 지금까지 중앙 금융 시스템에 집중되어 왔던 권력이 사용자 손으로 돌아갈 수 있는 가능성을 제시하였다. 금융 시스템을 금융 사용자가 직접 꾸리고 관리하면, 금융 회사가 가져갔던 이득이 사용자 손에 고스란히 떨어질 것이다. 비트코인이 인터넷 이후 가장 혁명적인 기술로 불리는 이유는 바로 이 때문이다.

① 예시를 통해 추상적 개념을 구체적으로 설명하고 있다.
② 대화하는 형식을 통해 상세한 설명을 이끌어 내고 있다.
③ 두 개의 상반된 개념을 공통된 특성 중심으로 서술하고 있다.
④ 구체적인 통계 수치를 제시하여 글의 신뢰성을 확보하고 있다.
⑤ 기존의 통념을 반박하며 새로운 이론을 제시하고 있다.

362

다음 글의 빈칸에 들어갈 접속사로 적절한 것을 고르면?

층간 소음으로 인한 사건, 사고에 대한 보도가 계속되고 있다. 소음으로 피해를 호소하는 신고는 해마다 증가하고 있고, 인터넷상에는 소음피해 복수할 수 있는 아이템까지 사고팔리고 있다. 이웃 간의 불화는 단순 언쟁에서 폭행, 방화, 살인까지 다양한 형태로 나타나고 있고 점점 더 악화되고 있다. 이는 소음에 대한 스트레스가 많은 이들을 힘겹게 하고 있다는 것을 방증하는 결과이다. 일부 학자들은 소음은 사람을 불안하게 하거나 흥분하게 만들어 때론 공격적인 성향을 나타나게 한다고 주장한다.

하지만 또 다른 연구에 따르면 소음이 인간의 감정에 영향을 주는 것은 맞지만 공격적인 성향까지 띠게 하는 것에 대한 근거는 부족하다고 언급하기도 했다. (ㄱ) 인간은 기계적인 존재가 아니기 때문에 같은 소음이라 하더라도 사람마다 받아들이는 정도가 다르기 때문이다.

(ㄴ) 스트레스의 원흉인 소음이 때론 도움이 되기도 하는데, '소음 공명(stochastic resonance)' 또는 '확률적 공명(stochastic resonance)'이라고 불리는 현상이 이에 속한다. 소음 공명 현상은 우리 주변의 자연에서도 관찰할 수 있다. 바닷가재의 꼬리에는 작은 섬모들이 있다. 이 섬모들은 바닷물의 일상 움직임에는 반응하지 않는데, 주변 바닷물의 움직임이 일정한 값 이상이 되면 뇌를 자극한다. 이를 통해 가재는 적들이나 물고기들의 접근을 미리 알아차리고 안전하게 피신한다. 이와 같이 적당한 움직임이 있어야 미약한 원신호가 더 커지는 현상을 '소음 공명'이라고 한다.

	ㄱ	ㄴ
①	그러므로	하지만
②	그래서	예를 들어
③	그러나	마침내
④	왜냐하면	그러나
⑤	하물며	한편

363

다음은 어느 포털 사이트의 클라우드 서비스 이용 약관 변경에 관한 내용이다. 이에 대한 설명으로 옳은 것을 [보기]에서 모두 고르면?

변경 전	변경 후
제7조 ① 회사의 사정, 콘텐츠 제공업체의 변경 등으로 인해 클라우드 서비스의 일부 또는 전부가 변경, 종료될 수 있으며, 이 경우 "회사"는 그 사유를 변경 또는 종료 전 30일 이상 클라우드 서비스 메인 페이지에 게시하여야 합니다.	제7조 ① 회사의 사정, 콘텐츠 제공업체의 변경 등으로 인해 이용자가 클라우드 서비스에 저장한 콘텐츠, 클라우드 서비스의 일부 또는 전부가 변경, 종료될 수 있습니다. 이 경우 "회사"는 변경 사유, 변경될 서비스의 내용 및 제공일자 등을 변경 전 30일 이상 해당 서비스 초기 화면에 게시하여야 합니다.
(신설)	제8조 1년 동안 서비스를 사용하지 않은 이용자의 경우 회사의 휴면 계정 정책에 따라 이용자의 계정은 휴면 상태로 전환되며, 휴면 계정으로 전환 시 클라우드의 데이터는 초기화되어 모두 삭제됩니다.

┤ 보기 ├
- ㉠ 제7조는 변경 전보다 변경 후에 내용을 더욱 상세히 보강하고 있다.
- ㉡ 제8조는 이용자 계정에 저장된 콘텐츠 저작권과 이용자 권리의 보장에 관련된 내용이다.
- ㉢ 클라우드 서비스의 변경 사유가 있을 경우 회사는 미리 공지할 의무가 있다.
- ㉣ 휴면 계정 변경 전 클라우드 데이터의 초기화 가능성을 이용자에게 고지해야 한다.

① ㉠, ㉡   ② ㉠, ㉢   ③ ㉡, ㉢
④ ㉡, ㉣   ⑤ ㉠, ㉢, ㉣

364

다음 [가]~[라] 문단을 순서대로 바르게 배열한 것을 고르면?

> [가] 정부에서는 이에 대한 보호 장치 마련을 위해 2017년 8월에 건강 보험 보장성 강화 대책을 발표하고, 추진해 오고 있다. 시행 2년 동안 아동·청소년을 위한 충치 예방(치아홈메우기)·충치 치료, 여성을 위한 난임 시술, 노인을 위한 임플란트와 틀니 등에 대해 건강 보험을 적용·확대하여 왔다. 그 외에도 선택 진료비 폐지, 상급·종합병원 2~3인실, 상복부 초음파(간·담낭·비장·췌장), 2019년에는 하복부 초음파, 한방 추나 요법, 두경부 MRI 검사 등에 건강 보험을 적용하였다. 조만간 상급병실(병원급 2~3인실), MRI(복부, 흉부, 안면) 등에도 건강 보험 적용 확대가 될 예정이다.
>
> [나] 우리나라의 건강 보험 보장성은 60%대 수준으로 OECD 평균인 80%보다 상당히 낮은 편이다. 반면에 가계의 의료비 직접 부담 비율은 36.8%(OECD 평균은 19.6%)로 국민이 부담하는 의료비가 선진국에 비해 매우 높은 편이다. 이는 낮은 보장성 때문에 재난적 의료비 발생 등으로 인하여 국민들이 빈곤에 처할 위험에 크게 노출되어 있음을 의미한다.
>
> [다] 건강 보험 보장성 강화 정책의 완성도를 높이기 위한 과제를 제시하면 첫째, 저출산 고령 사회에 걸맞은 건강 보험 재정의 안정적인 조달 방안을 마련하여야 한다. 보험료 부과 체계를 소득 중심으로 공정하게 이루어질 수 있도록 개편하고, 국고 지원금의 규모와 기준 등을 명확히 하여 정부 지원 이행을 확고히 하고, 보험료율 인상이 불가피하다면 보험료 인상 관련 국민적 합의를 도출하여야 할 것이다. 둘째, 건강 보험 재정 운영의 투명성을 제고하여야 한다. 소위 사무장 병원 등을 근절하여 재정 누수를 방지하는 한편, 재정 운영 관리에 있어서 정치적인 고려가 최소화될 수 있도록 하여야 한다. 셋째, 비급여 항목을 급여화하되, 과잉 진료와 과소 진료가 발생하지 않도록 건강 보험 수가의 적정성 확보 방안을 마련하여야 한다. 행위별 수가제에서 포괄 수가제 적용을 확대하되 적용하기 쉬운 질병부터 점차적으로 확대 시행하여야 할 것이다. 비급여 항목이 급여화되면 실손 보험 등과 관련된 병원비 지출의 부담을 줄일 수 있을 것으로 본다.
>
> [라] 이와 같은 정부의 보장성 확대 노력으로 인하여 전 국민 건강 보험 보장률이 65%에 달할 것으로 추정되는 등 많은 성과를 이루었다. 하지만 의료비 부담을 완화해 준다는 측면에서는 국민들의 호응을 이끌어 낼 수 있지만, 아직도 의료비 부담에 병원을 마음대로 가지 못하는 국민들이 많이 있는 실정이며, 보장성 강화와 함께 의료 현장에서는 신설되는 비급여 항목이 늘어나는 이른바 '풍선 효과'가 발생하고 있다. 고령화 속도가 세계 1위인 만큼 좀 더 실효성 있는 보장성 강화 대책을 마련할 필요가 있다.

① [가] ― [나] ― [다] ― [라]
② [나] ― [가] ― [라] ― [다]
③ [나] ― [다] ― [라] ― [가]
④ [다] ― [가] ― [라] ― [나]
⑤ [다] ― [가] ― [나] ― [라]

365

다음 글을 통해 추론할 수 있는 내용으로 적절하지 <u>않은</u> 것을 고르면?

벽돌은 소수의 예외가 아니라면 대부분 비슷한 형태와 크기를 가지는데, 이는 여러 시도를 한 결과와 문화적 영향에 의해 결정된 것이다. 먼저 벽돌은 블록과 달리 한 손으로 들 수 있는 것을 일컫는다. 따라서 다양한 크기의 벽돌이 만들어지고 있지만, 한계치를 벗어나서 크기를 키우지는 못한다. 실제로 벽돌의 크기를 키워서 구축 작업의 능률을 올리려는 시도가 있었으나, 일정 크기를 넘어서 두 손을 사용해야 하는 시점이 되면 모르타르를 바르는 흙손을 놓고 두 손을 이용해야 하기 때문에 오히려 전체 능률이 떨어졌다. 그래서 일반적인 벽돌의 크기는 현재 통용되는 크기를 갖게 되었다.

전체 볼륨이 한 손으로 드는 무게에 의해 정해지면 각 변의 구체적인 길이는 어림수에서 모르타르를 사용할 두께를 빼고 정해진다. 그래서 길이면과 마구리면은 각각 100mm, 200mm에서 10mm를 제한 길이로 갖는다. 일반적으로 길이면과 마구리면은 2 대 1의 비율을 갖는데, 구조적인 이유나 면을 마무리하는 모서리에서 엇갈려 쌓기를 해야 할 필요성이 있기 때문에 정해진 비율이다. 이렇게 현재 정착된 일반적인 벽돌의 크기와 형태는 손으로 드는 행위, 쌓는 행위에 의해 정해진 것이다.

벽돌 크기와 행위의 관계는 사람이 느끼는 무게감에 영향을 미치는데, 벽돌 또는 비슷한 크기의 돌을 들었을 때 경험했던 무게감이 기준이 된다. 그리고 벽을 구성하는 벽돌의 개수를 고려해서 벽이 갖고 있는 무게를 체감하는 것이다. 거대한 콘크리트 벽을 보고 무겁다고 생각하지만, 아주 큰 돌의 무게는 체험적으로 경험할 수 없기 때문에 이성적으로는 아주 무거운 무게라고 알더라도 감각적으로는 짐작할 수 없다. 정량적인 수치로 정리된 도량형이 많이 쓰이지 않던 시대에 무거운 물건을 설명하기 위해 쌀가마니 개수를 예로 들면서 설명했던 것을 생각해 보면, 사람이 감각적으로 무게감을 이해하기 위해서는 감각적으로 공유하는 경험이 있어야 함을 알 수 있다.

벽돌 크기는 지역에 따라서도 조금씩 다른데, 영국의 벽돌은 보통 유럽 본토나 미국보다는 크기가 크고 알프스 산맥 지역이나 지중해 연안의 벽돌에 비해서는 크기가 작다. 대부분의 아프리카와 인도에서 사용하는 벽돌 크기는 식민지 정책이 미친 영향으로 인해 북유럽에서 사용하는 크기와 비슷하다. 이를 통해 벽돌의 크기가 사회·문화적인 성격을 갖고 있음을 알 수 있다. 알프스 산맥 지역과 지중해 연안의 벽돌이 가장 큰 크기를 갖고 있는 것도 벽돌의 형태가 지역의 기후를 반영한 결과이다.

① 블록은 사람이 한 손으로 들 수 없는 크기로 제작되기도 한다.
② 인도의 벽돌은 지중해 연안의 벽돌보다 해당 지역 기후와의 관련성이 적을 것이다.
③ 사람이 들 수 없을 정도로 큰 돌로 쌓은 벽의 무게감은 감각적으로 인지하기 어렵다.
④ 길이면과 마구리면의 길이는 벽돌 무게와는 관계없이 쌓는 행위에 의해 결정된다.
⑤ 벽돌을 쌓는 사람의 능률이 가장 높으려면 양손이 각각 다른 작업을 해야 한다.

366

다음 [가]~[라] 중 앞뒤 내용상 적절하지 <u>않은</u> 문장이 포함된 것을 고르면?

태양 복사에너지의 약 17%는 지표면에 직접 반사되고, 나머지 83%는 지구로 흡수되는데 이로 인하여 지표면과 해수면의 온도가 상승한다. 이때 빛은 파장에 따라 적외선, 자외선, 가시광선으로 나눌 수 있는데, 적외선은 가시광선보다 파장이 길고, 자외선은 가시광선보다 파장이 짧으며, 파장이 길수록 에너지가 적다.

[가] 온실효과란 지표와 해수면의 온도가 유지되는 현상을 말한다. 구체적으로 온도가 상승한 지구에서는 에너지가 적고 가시광선보다 파장이 긴 자외선 영역의 복사선이 방출되는데, 이 복사선을 지구 대기가 효과적으로 잡아주어서 지표면과 해수면의 온도가 평균적으로 약 14~15℃ 정도로 유지될 수 있다.

[나] 지구에 도달한 태양 에너지는 지구의 온도를 상승시켜 따뜻하게 해 주고, 따뜻해진 지구에서 방출된 에너지는 대기에서 순환하며 지구의 온도가 생명체가 존재하기 알맞은 상태로 일정하게 유지되는 현상을 온실효과라고 할 수 있다.

[다] 지구온난화 현상이란 지구 전체의 온도가 올라간 것을 말한다. 그런데 실제로 지구의 평균 온도가 올라간 곳도 있고, 지구 평균 기온의 상승으로 인한 대기와 해수 순환의 변동으로 인하여 온도가 낮아진 곳도 있다. 현실 상황에 비추어 이런 경우에는 기후 변화라고 표현할 수 있다.

[라] 대기 중에 존재하는 온실기체(이산화탄소, 메테인, 프레온가스, 일산화이질소 등)가 원인이 되어 지구온난화 현상이나 기후 변화를 유발한다. 그런데 여기에서 지구의 평균 온도가 생명체가 살기 적합한 온도로 일정하게 유지되는 현상은 온실효과라 볼 수 있고, 온도 상승이 너무 과도하여 대기와 해수의 흐름을 바꾸고 지표면 곳곳에 이상 기후를 일으키게 되면 지구온난화 현상이라고 구분할 수 있다.

① [가]　　　　　② [나]　　　　　③ [다]　　　　　④ [라]

367

다음 [가]~[마] 문단을 '정의 – 작용기전 – 한계 – 대안'의 순서에 맞게 바르게 배열한 것을 고르면?

[가] 항생제 요법은 숙주인 사람에게는 해롭지 않고 병원체에게만 손상을 미치는 물질로 감염병 환자를 치료하는 화학 요법이다. 전염병의 원인이 미생물에 의해 생긴다는 것이 알려지면서, 사람들은 미생물을 죽이는 물질을 찾기 시작하였다. 에를리히는 조직 염색 표본에서 원충이 특이하게 염색된다는 사실로부터 염색약품이 원충에 선택 독성이 있다는 사실에 착안하여, 염료가 치료에 사용될 수 있으리라는 생각으로 염료를 연구하여 살바르산(salvarsan)을 만들었다. 살바르산은 세균의 성장을 억제하는 작용을 한다. 또한 페니실린은 최초로 만들어진 미생물을 직접 파괴한다.

[나] 감염을 치료하기 위해 항생물질을 이용하려면, 항생물질이 선택적 독성을 가져 병원체에 손상을 입히면서도 인간 세포에는 영향을 미치지 않아야 한다. 세균 등 원핵생물을 표적으로 하는 항생물질을 찾기는 비교적 쉬운데, 원핵생물과 진핵생물의 구조적·기능적 특징이 상당히 다르기 때문이다.

[다] 파지는 다양한 환경에 존재하는 세균의 개체 수를 통제해 준다. 살균 바이러스를 이용하여 질병이나 감염을 유발하는 박테리아를 죽이는 치료 방법에 사용된다. 세균을 감염시킬 수 있는 파지를 이용하는 방법은 1920년대 미국과 동·서 유럽에서 인간에게 실제로 사용되었다. 이때의 성공적인 치료는 사실 일회적인 것이었다. 신약의 효용성을 판단하는 데 사용되는 엄격한 과학적 연구에서는 파지 테라피가 매우 제한적이라는 결론이 났다. 1940년대 페니실린이 발견된 이후, 미국과 유럽은 파지 테라피에 대한 연구를 포기하였다. 한편, 구 소비에트 연방은 연구를 이어가긴 했으나 아직까지 이 방법이 실재적인 효용을 가지기 위해서는 많은 연구가 필요하다.

[라] 항생제는 몸 속 미생물의 번식 및 작용을 억제하는 역할을 하기 때문에 몸에 유익한 미생물과 해로운 미생물의 작용을 구분하지 않고 억제한다. 최근 밝혀진 바에 따르면 항생제 투여가 대장에 사는 유익한 세균인 유산균을 죽이고, 해로운 대장균의 작용을 촉진하여 대장염 등의 장 질환을 유발한다는 결과도 있다. 그리고 세균은 항생제로부터 스스로를 방어하기 위해 자체 방어능력을 만들어 내는데, 세균은 DNA 변이를 통하여 다음에 그 항생제를 또 만났을 때 견뎌낼 수 있는 기전을 발전시킨다.

[마] 항생제는 핵산 합성을 억제하면서 세균 증식에서 필요한 과정인 DNA의 전사 및 RNA 형성을 방해함으로써 항균 작용을 나타낸다. 항결핵제는 DNA 의존성 RNA 중합효소와 결합하여 RNA 합성을 방해한다. 내성 균주의 경우 염색체 변이에 의하여 RNA 중합효소가 변화하여 항결핵제와 결합하지 못하게 된다. 세균의 DNA 복제 과정에는 이중나선이 갈라진 다음 각 가닥이 엉키는 과정을 방지하기 위하여 역행으로 틀게 하는 DNA gyrase라는 효소가 관여하는데, 퀴놀론계 항생제는 이 효소의 소단위와 결합하여 세균 성장을 억제한다.

※ 작용기전: 약이 어떤 과정을 거쳐서 효과를 나타내는지 설명하는 것

① [마] — [나] — [라] — [가] — [다]
② [마] — [가] — [다] — [라] — [나]
③ [가] — [나] — [라] — [마] — [다]
④ [가] — [나] — [마] — [라] — [다]
⑤ [가] — [나] — [마] — [다] — [라]

프로바이오틱스는 장내 미생물의 균형을 개선하여 건강에 유익한 작용을 하는 것으로 유산균보다 포괄적인 개념이다. 현재까지 알려진 대부분의 프로바이오틱스는 유산균들이며 일부 바실루스 등을 포함하고 있다. 과거에는 장 건강을 위해서 당분을 분해하여 젖산을 만드는 유산균이 함유된 발효유, 한국의 대표 음식인 김치 등을 섭취하여 왔으나, 최근 프로바이오틱스 제품이 장 건강 이외에도 다양한 기능성을 인정받음에 따라 관련 시장도 급속히 성장하고 있다.

프로바이오틱스의 주된 기능성은 장내 유익균을 증식시키고, 유해균을 억제하는 등 장 건강을 증진하는 역할을 한다. 장 건강에 대한 기능성 원료로 고시된 균주는 Lactobacillus(11종), Lactococcus(1종), Enterococcus(2종), Streptococcus(1종), Bifidobacterium(4종)으로 총 19종이 있으며, 균종별로 섭취 방법에 차이를 두고 있지 않다. 장 건강 이외에 식약처가 인정한 기능성에는 면역과민반응에 의한 피부 상태 개선·코 상태 개선에 도움, 갱년기 여성 건강에 도움, 질내 유익균 증식 및 유해균 억제에 도움, 체지방 감소에 도움 등이 있으며, 제품에 따라 일일 섭취량이 다를 수 있으므로 표시된 방법에 따라 섭취해야 한다.

프로바이오틱스는 전 연령층이 모두 섭취할 수 있으며, 특히 식이습관이나 환경적 요인 등으로 장내 유익균과 유해균의 균형이 무너져 장 건강 등 문제를 가진 사람에게 도움이 될 수 있다. 다만 어린이·임산부·노약자 등 취약 집단에 속하거나, 특이체질이거나 장 질환이 있는 경우, 항생제 등 약물 복용 시에는 의사·약사 등 전문가와 상의한 후 섭취하는 것이 좋다.

사람마다 건강, 영양 상태 등의 편차가 크기 때문에 획일적인 섭취 시간과 기간을 정하기는 어렵지만, 프로바이오틱스가 장까지 생존하여 도달하게 하기 위해서는 위산이 중화된 식후에 섭취하는 것을 권장한다. 다만 위산에 잘 견딜 수 있도록 제조된 장용성 제품 등은 식전, 식후 모두 섭취해도 된다. 또한 프로바이오틱스는 꾸준히 섭취해야만 기능성을 기대할 수 있으며, 장기간 섭취했는데도 개선에 도움이 되지 않거나 불편한 증상을 느낀다면 섭취를 중단하거나 다른 제품으로 바꾸어 섭취할 것을 권장한다.

대부분의 프로바이오틱스 제품은 일일섭취량이 1~100억 CFU(Colony Forming Unit, 미생물 집락수)로 정해져 있으므로 과량 섭취하지 않도록 해야 한다. 특히 항생제와 함께 섭취하면 유익균이 사멸될 수 있기 때문에 병용 섭취는 피하는 것이 좋으며, 항생제 복용 이후 섭취하면 장내 유익균 회복에 도움이 될 수 있다. 또한 식중독 등 장 건강에 이상이 있을 때 프로바이오틱스를 섭취하면, 오히려 위험을 초래할 수 있으니 주의해야 한다. 면역력이 약한 유아, 임산부, 고령층은 설사, 복통 등의 이상 사례가 발생할 수 있으니 주의해야 하고, 개인의 건강상태 및 체질 등이 다르기 때문에 섭취 후에 설사, 불편감, 발진 등 이상 증상이 발생하면 섭취를 중단하거나 빈도를 줄여야 한다.

368

주어진 글을 통해 알 수 <u>없는</u> 내용을 고르면?

① 프로바이오틱스의 섭취 권장 대상
② 프로바이오틱스 섭취 시 주의사항
③ 프로바이오틱스의 기능성과 종류
④ 프로바이오틱스의 섭취 권장 시간
⑤ 프로바이오틱스의 식약처 인정 규격

369

□□공단에 근무하는 A사원은 프로바이오틱스 관련 문의사항에 답변하는 업무를 담당하고 있다. 주어진 글의 내용을 바탕으로 할 때, 답변 내용이 적절하지 <u>않은</u> 것을 고르면?

① Q: 프로바이오틱스 중 장 건강에 대한 기능성 원료로 고시된 균종별로 섭취 방법에 차이가 있나요?
　 A: 네, 장 건강에 대한 기능성 원료로 고시된 균주는 총 19종이 있는데, 균종별로 섭취 방법이 다르므로 제품별 설명서를 확인한 후 표시된 바에 따라 섭취해야 합니다.
② Q: 제가 항생제를 복용하고 있는데 프로바이오틱스를 섭취해도 괜찮나요?
　 A: 네, 프로바이오틱스는 항생제 복용 이후 섭취하면 장내 유익균 회복에 도움이 될 수 있습니다. 다만, 항생제와 프로바이오틱스를 함께 섭취하면 유익균이 사멸될 수 있어서 병용 섭취는 피하는 것이 좋습니다.
③ Q: 장 질환이 있는 사람이 프로바이오틱스를 섭취해도 되나요?
　 A: 네, 프로바이오틱스는 전 연령층이 모두 섭취할 수 있어서 장 질환이 있는 사람도 프로바이오틱스를 섭취해도 됩니다. 다만, 장 질환이 있는 경우에는 의사·약사 등 전문가와 상의한 후 섭취하는 것이 좋습니다.
④ Q: 프로바이오틱스는 유산균과는 다른 것인가요?
　 A: 아니요. 프로바이오틱스는 유산균을 포괄하는 개념이라고 보시면 됩니다. 현재까지 알려진 대부분의 프로바이오틱스는 유산균이며 일부 바실루스 등을 포함하고 있습니다.
⑤ Q: 제가 이번에 구매한 프로바이오틱스가 장용성 제품이라고 하는데, 장용성 제품은 무엇인가요?
　 A: 장용성 제품은 위산에 잘 견딜 수 있도록 제조된 제품입니다. 본래 프로바이오틱스는 위산이 중화된 식후에 섭취하는 것을 권장하는데, 장용성 제품은 식전, 식후 모두 섭취해도 괜찮습니다.

[370~372] 다음 글을 읽고 이어지는 질문에 답하시오.

    스마트 리터러시에 대한 역량 강화는 디지털 리터러시에 취약한 중장년층 근로자에게 더욱 시급한 과제이다. 젊은 ⓐ세대보다 스마트 리터러시 능력이 ㉠상대적(相對的)으로 낮은 중장년층 근로자의 경우, 실생활에서 정보를 습득하고 업무를 수행하는 것은 물론이고 스마트 미디어를 이용하여 언제 어디서든 소통하며 확장된 현실 속에서 일과 업무를 처리할 수 있는 호모 모빌리스들과 함께 업무를 수행하고 학습하고 의사소통해야 하기 때문이다.

    지능형 업무 수행의 지원 도구로 평가되는 스마트 단말기들은 인지적, 정서적, 신체적 변화와 생활 및 업무 기능의 저하를 경험하는 중장년층 직장인들의 활동 반경을 ⓑ늘려 주고 삶을 풍요롭게 ⓒ하는 데 기여할 것이다. 이 연구는 스마트 리터러시의 증진에 대한 후속 연구에 근간이 될 수 있는 개인의 심리, 정서적 적응에 대해 관심을 두었다. 특히 의사소통능력과 연계하여 대인 간 정보 소통뿐만이 아닌 정보를 구축하고, 창조하며, 평가하는 역량으로서의 리터러시를 중장년층이 어떻게 체득하는지를 시간의 경과에 따라 살피고자 하였다. 의사소통능력이 스마트 리터러시를 개선시키는지, 아니면 스마트 리터러시가 의사소통능력을 개선시키는 선행 요인인지에 대한 분석을 통해 중장년층의 스마트 리터러시가 개인에게 어떤 의미나 용도로 활용될 수 있는지에 대한 후속 연구들의 기틀이 될 것으로 기대한다.

    현재까지 스마트 러닝과 관련한 디지털 리터러시 연구들은 학교 교육이나 기업에서의 연령 차를 고려하지 않은 채 불특정 사용자들을 대상으로 수행되어 왔다. 특히, HRD 분야에서 중장년층 근로자 대상의 스마트 리터러시나 의사소통능력에 관한 관심과 연구는 더욱 미미한 편이다. 이 연구는 다음의 몇 가지 관심사에서 출발했다. 첫째, 기업에서의 직무능력 향상을 위해 설계 및 활용 가능한 스마트 환경은 ㉡잠재적(潛在的)으로 스마트 리터러시에 영향을 주어 비형식 혹은 무형식으로 의사소통능력 체득에 영향을 미칠 ⓓ것인지를 살피는 것이다. 둘째, 신세대와의 원활한 접촉을 꾀해야 할 중장년층에게 의사소통능력의 부족을 개선할 수단으로 스마트 러닝을 활용하는 것에 대한 당위성을 살피고자 하였다. 이는 스마트 러닝이 스마트 리터러시의 일차적 성과일 수 있다는 연구 결과에 근거한다. 셋째, 의사소통능력이 높은 중장년층일수록 스마트 리터러시의 향상이 두드러지는가에 대한 인과관계를 살피는 것이다.

    정리하면, 이 연구의 목적은 ⓔ20~30대 근로자에 비해 상대적으로 첨단 테크놀로지 활용 능력이 취약한 중장년층 사무직 종사자들의 스마트 리터러시와 의사소통능력 사이의 종단적 상호 관계를 규명하는 것이다. 이를 위해서는 스마트 리터러시 능력과 의사소통능력의 인과적 선행성을 밝힐 수 있는 시계열적 접근이 필요하다. 서로 밀접한 관계를 지닌 요인들 간의 인과적 선행성을 밝히기 위해서는 하나의 요인을 조작한 후 다른 요인의 변화를 관찰하는 실험 연구 또는 다년에 걸쳐 수집된 종단 자료의 분석이 ㉢임의적(任意的)이기 때문이다.

    이 연구는 스마트 시대의 도래와 적응이라는 기본 명제를 전제로 기업의 성과와 연계를 짓는 접점으로 스마트 리터러시를 설정했으며, 이의 산물 또는 선행 요건으로 의사소통능력을 들었다. 특히, 디지털 리터러시와 의사소통능력이 취약하다고 간주되는 중장년층을 연구 대상으로 ㉣의도적(意圖的) 선정하여, 두 변인 간의 인과적 관계를 살피고자 하였다. 특히 종단 연구가 주는 장점을 활용하여 보다 구조적인 고찰이 가능하다고 보았을 때, 기업 내 HRD에 ㉤혁신적(革新的)인 교육 환경을 도입하는 경우 지침이 될 수 있는 개인차에 대한 시사점을 제언하고자 하였다.

370

주어진 글의 밑줄 친 ㉠~㉤ 중 맥락상 쓰임이 적절하지 <u>않은</u> 것을 고르면?

① ㉠: 상대적(相對的)　　　② ㉡: 잠재적(潛在的)　　　③ ㉢: 임의적(任意的)

④ ㉣: 의도적(意圖的)　　　⑤ ㉤: 혁신적(革新的)

371 [문제 더보기] PART Ⅱ 복원 ㅣ P.69 58번

주어진 글의 내용과 일치하지 <u>않는</u> 것을 고르면?

① 중장년층은 디지털 리터러시와 의사소통능력이 부족하다고 여겨진다.

② 의사소통능력은 스마트 리터러시를 개선시키는 선행 요인에 해당한다.

③ 중장년층 사무직 종사자들은 20~30대 근로자보다 테크놀로지 활용 능력이 떨어진다.

④ HRD 분야에서 중장년층 근로자 대상의 스마트 리터러시에 관한 연구가 미미한 실정이다.

⑤ 호모 모빌리스는 스마트 미디어를 이용하여 확장된 현실 속에서 일과 업무를 처리할 수 있다.

372 [문제 더보기] PART Ⅱ 복원 ㅣ P.69 59번

다음 [보기]는 한글 맞춤법의 일부이다. 이를 토대로 ⓐ~ⓔ의 띄어쓰기 원칙을 설명한 항목이 <u>잘못</u> 연결된 것을 고르면?

┌─ 보기 ├───

제41항 조사는 그 앞말에 붙여 쓴다.

제42항 의존 명사는 띄어 쓴다.

제43항 단위를 나타내는 명사는 띄어 쓴다. 단, 순서를 나타내는 경우나 숫자와 어울리어 쓰는 경우에는 붙여
　　　 쓸 수 있다.

제46항 단음절로 된 단어가 연이어 나타날 적에는 붙여 쓸 수 있다.

제47항 보조 용언은 띄어 씀을 원칙으로 하되, 경우에 따라서는 붙여 씀도 허용한다.

└──

① ⓐ: 제41항　　　　　② ⓑ: 제47항　　　　　③ ⓒ: 제42항

④ ⓓ: 제46항　　　　　⑤ ⓔ: 제43항

'수오재(守吾齋)'는 큰형이 자기 집을 이름 지은 것이다. 나는 처음에 그것을 의아해하며 말했다. "사물 중에 나와 본래부터 이어져 있어 서로 떠나지 않는 것으로 나보다 절실한 건 없습니다. 그러니 비록 지키지 않더라도 어딜 가겠습니까. 참으로 기이한 이름입니다." 그런데 내가 귀양지에 와서부터 일찍이 홀로 거처함에 생각이 정밀해져서 하루는 아하! 하고 이 의문점에 대해 답을 얻을 수 있었다. 이에 뛸 듯 일어나 스스로에게 말했다.

"천하의 물건은 모두 지킬 게 없으나, 오직 나만은 마땅히 지켜야 한다. 나의 밭을 지고서 도망갈 사람이 있겠는가? 그러니 밭은 지킬 게 없다. 나의 집을 이고서 도주할 사람이 있겠는가? 그러니 집은 지킬 게 없다. 나의 동산의 나무, 꽃, 과일, 여러 나무를 뽑을 수 있겠는가? 뿌리가 땅 깊이 박혀 있다. 나의 책을 빼앗아 없앨 수 있겠는가? 성인의 경전과 현인의 전서가 세상에 배포된 것은 물과 불이 흔한 것과 같으니, 누가 그것을 없앨 수 있겠는가? 나의 옷과 나의 식량을 훔쳐 나를 곤궁하게 할 수 있겠는가? 지금 천하의 실은 모두 나의 옷이고 천하의 곡식은 모두 나의 밥이다. 그러니 저들이 비록 한두 개를 훔치더라도 천하에 두루 있는 것을 어찌 고갈시킬 수 있겠는가? 그러니 천하의 물건은 모두 지킬 게 없다. 하지만 유독 이른바 나라는 것은 성품이 잘 달아나 출입이 일정하지가 않다. 비록 친밀하고 간절하여 친히 붙어 있어 서로 배반할 수 없을 것 같다가도 잠시 동안 살피질 않으면 어느 곳이든 가지 않는 곳이 없다. 이익과 봉록으로 나를 유혹하면 떠나고, 위엄과 재앙으로 나를 두렵게 하면 떠나며, 아름다운 가을소리와 심금을 울리는 고운 소리만 들어도 떠나고, 새까만 예쁜 눈썹, 하얀 치아, 요염한 얼굴색을 보아도 떠난다. 떠나고 돌아올 줄을 모르고, 잡으려 해도 당겨지지 않기 때문에 천하에 잃기 쉬운 것은 나만한 게 없는 것이다. 그러니 돌아보아 마땅히 얽어매고 그물을 치며 빗장 걸고, 자물쇠를 채워서 진실로 지켜야 하지 않겠는가?"

나는 게을리 간수하다가 나를 잃어버린 사람이다. 어리고 작던 시절엔 과거시험 합격자 명단이 즐거워 보여가서 빠져든 지가 10년이었다. 마침내 상황이 바뀌어 조정에 가서 행하게 되었으니, 문득 사모(烏帽)를 쓰고 비단 두루마기를 입고서 미친 듯이 백주대낮에 대로 위를 달렸으니, 이렇게 한 지가 12년이다. 또 상황이 바뀌어 한강을 건너고 새재를 넘어 친척과 분묘(墳墓)를 버리고, 곧바로 망망대해 물가의 대숲 속으로 달리다가 그쳤다. 나는 여기서 땀을 흘리고 움츠린 채 헐떡이며 급하고 급하게 나의 자취를 좇아 함께 이곳에 오게 되었다. 그러고서 나 자신에게 말했다.

"자네 어째서 여기에 왔는가? 여우와 도깨비에게 유인을 당했는가? 아니면 바다귀신의 꾐을 당했는가? 자네의 방과 집과 고향은 모두 소내에 있는데 어찌 또한 근본으로 돌아가려 하지 않는가?" 이른바 나라는 것은 굳어버려 움직이질 않았고 돌아갈 줄 몰랐으며, 얼굴색을 살펴보면 구속됨이 있어, 따라서 돌아가게 하려 해도 할 수가 없어서 마침내 잡고서 함께 살았던 것이다.

나의 둘째 형님 좌랑공(佐郎公)께서도 또한 자신을 잃어버렸고 좇으며 남해에 이르렀으니, 마찬가지로 잡고서 함께 살고 있다. 홀로 나의 큰 형님만이 나를 잃지 않아 편안히 수오재(守吾齋)에 단정히 앉아 계시니, 평소에 지키던 것으로 잃지 않았던 것이 아니겠는가. 그러니 이것이 서재를 이름 지은 까닭이로구나. 큰 형님께서 일찍이 말씀하셨다. "아버님께서 나에게 '太玄(태현)'이라 字(자)를 지어주셨으니, 나는 장차 홀로 나의 '태현'을 지켜, 이것으로 나의 방을 이름 짓겠노라."

하지만 이것은 핑계를 대며 꾸며낸 말이다. 맹자께서 "무엇을 지킴이 가장 위대한 것인가? 몸을 지킴이 가장 위대하다."라고 했으니, 이 말은 진실하다. 마침내 스스로 말한 것을 글로 써서 큰 형님께 알리고 수오재의 기(記)로 삼는다.

— 정약용, 「수오재」 —

373

주어진 글에 대한 설명으로 적절하지 <u>않은</u> 것을 고르면?

① 묘사가 두드러지는 문장을 사용하고 있다.
② 자신의 체험을 바탕으로 삶에 대한 성찰을 드러내고 있다.
③ 구체적인 사례를 드러내고 있다.
④ 옛 성현의 말을 인용하여 자신의 주장을 강조하고 있다.
⑤ 화자는 답을 알 수 없는 질문을 던져 답을 찾는 과정을 보여주고 있다.

PART Ⅲ

의사소통능력

374

주어진 글을 읽고 보인 반응으로 적절하지 <u>않은</u> 것을 고르면?

① 가: 결국 나를 지키는 것이 가장 중요하네.
② 나: '수오재'라는 이름을 붙이게 된 사연을 통해 독자의 흥미를 지속시켰어.
③ 다: 화자 자신도 자신을 지키지 못한 지난 날에 대한 반성을 보여줬어.
④ 라: 자신을 잃어버렸던 삶에 대한 후회도 보여.
⑤ 마: 유혹 때문에 자신을 잃기 쉬우므로 마음을 비우는 것이 중요해보여.

[375~376] 다음 글을 읽고 이어지는 질문에 답하시오.

[가] 플라스틱은 저렴하고 가벼우며 내구성이 뛰어나다는 장점으로 인하여 다목적으로 사용되어 왔다. 그중 플라스틱들이 물리적인 파쇄, 생물 분해 등 풍화 과정을 통해서 그 형태가 미세하게 변하거나 생산 과정에서 의도적으로 미세하게 제작되어 크기가 5mm 이하가 된 플라스틱을 미세플라스틱이라고 한다.

[나] 미세플라스틱은 크게 두 가지 종류로 분류할 수 있다. 먼저, 1차 미세플라스틱은 처음부터 아주 작은 알갱이로 만들어진 것으로, 세안용 세정제, 치약, 샤워나 목욕젤, 마스카라와 같은 화장품, 면도 거품, 로션, 벌레 퇴치제 등에 사용된다. 이 중 상당수가 사용 후에 바로 하수구로 버려지기 때문에 해양 오염이 진행된다. 그리고 2차 미세플라스틱은 해양이나 지표면의 큰 플라스틱 쓰레기들이 햇빛이나 온도 같은 물리적·화학적·생물학적 과정을 통해 분해되면서 생기는 것을 말한다. 특히 해변에서의 강한 자외선 노출, 파도에 의한 물리적 마찰, 풍부한 산소, 난류 등 다양한 환경적인 특성으로 인하여 미세플라스틱의 분해와 형성이 활발해진다.

[다] 탄화수소 기반의 고분자 화합물인 소수성 플라스틱은 소수성이 강한 잔류성 유기 오염 물질에 높은 흡착 특성을 가진다. 그리고 플라스틱 제조 과정에서 가소제, 난연제, 산화방지제 등의 화합 물질이 혼합되는데 플라스틱이 분해나 폐기될 때 이러한 화학 물질이 환경에 그대로 유출되면서 해양 생물에 독성물질로 작용할 수 있다. 크기가 매우 작은 미세플라스틱은 하수 처리 시설에 걸러지지 않고 해양에 투기되면서 해양 생물이 흡착성 오염물질이 함유된 미세플라스틱을 먹이로 오인하고 섭취하여 해양 생태계 교란이 발생된다. 그리고 먹이사슬로 인해 모든 생물이 미세플라스틱의 위험에 노출된다. 결국, 인간에게도 영향을 미치는 단계에 도달할 수도 있다.

[라] 미세플라스틱은 인간의 소화기관을 막거나 점막을 자극한다. 혈류를 통해 모세혈관에 침투하게 되면 전신에 분산될 가능성도 있다. 나노 플라스틱(미세플라스틱 중 크기가 $1\mu m$ 이하인 것)은 다양한 생체 물질과 결합할 위험도 있다. 양의 전하를 가지는 나노 플라스틱의 경우에는, 세포 표면의 음의 전하를 띠는 분자와 비특이적 결합을 이뤄서 독성이 증가된다. 이 과정에서 인간의 면역 시스템에 주요하게 영향을 미칠 것이라는 예상도 있다. 하지만 어떠한 영향을 미치는지 정확하게 파악하기는 어렵다. 인간이 미세플라스틱으로 인해 피해를 겪은 사례는 아직 없지만 계속해서 많은 해양 생물이 미세플라스틱에 노출되면 인간도 미세플라스틱에 의해 피해를 겪게 될 가능성이 높다.

[마] 해양으로 유입되어 해양의 표면을 떠돌고 있거나 해저에 이미 가라앉아 있는 폐기물을 미세플라스틱이 생겨나기 전에 수거하여 육상에 처리할 필요성이 있다. 그러나 그전에 해양으로 계속해서 유입되고 있는 폐기물을 차단해야 한다. 이미 유입된 폐기물을 수거하는 데에는 분명한 한계가 존재하고 그 과정에서 놓친 폐기물들은 계속해서 바다에 미세플라스틱을 공급할 것이기 때문이다.

375

주어진 글의 내용과 일치하지 <u>않는</u> 것을 고르면?

① 미세플라스틱 문제의 해결을 위해서는 해양에 유입되는 폐기물을 차단하는 것이 우선이다.

② 미세플라스틱은 세포 분자와 결합하여 모세혈관에 침투하게 되면 인간의 면역 시스템을 약화시킨다.

③ 미세플라스틱으로 인한 해양 생태계의 교란은 궁극적으로 인간에게도 악영향을 미칠 것이다.

④ 해변의 여러 환경은 플라스틱의 분해를 활발하게 하는 데 유리한 환경을 제공한다.

⑤ 하수구로 버려진 미세플라스틱 제품들에 의해 해양이 오염된다.

376

주어진 [가]~[마] 문단의 제목으로 적절하지 <u>않은</u> 것을 고르면?

① [가]: 미세플라스틱의 정의

② [나]: 미세플라스틱의 종류

③ [다]: 미세플라스틱의 화학 구조

④ [라]: 미세플라스틱이 인간에 미치는 영향

⑤ [마]: 미세플라스틱 문제의 해결을 위한 노력

F1은 올림픽, 월드컵과 함께 세계 3대 스포츠로 꼽히는 경기이다. 세계에서 유일하게 6개 대륙을 이동하는 월드 투어가 이루어지기 때문에 규모로는 가장 큰 스포츠이자 프로젝트이기도 하다. 전 세계 190개 국가에서 6억 명 이상이 매년 F1 경기를 지켜본다.

F1을 잘 활용하고 있는 대표적인 국가로는 말레이시아를 들 수 있다. 말레이시아는 F1을 개최해 오면서 국가 이미지 상승은 물론 관광 사업까지 연결하여 부가적인 수익을 창출하고 있는 성공적인 플랫폼으로 꼽히고 있다. 이제 세팡(Sepang) 서킷은 동남아시아 모터스포츠에서 독보적인 우위를 점하게 됐고, 말레이시아 F1 그랑프리의 타이틀 스폰서인 페트로나스(Petronas)는 고급 정유 회사 이미지로 거듭나게 되었다. 중국도 F1을 유치하고 관리하는 것을 중앙 정부 사업으로 운영하고 있으며, 싱가포르는 싱가포르 관광청이, 인도는 올림픽유치위원회에서 추진하고 있다. 이밖에 두바이와 브라질, 호주 같은 경우도 정부의 주도하에 국영 기업이나 지역 기관들이 함께 나서고 있다. 특히 F1 개최국에서는 전 세계 매스컴의 관심을 집중시킬 수 있는 만큼 그 효과를 지속시킬 수 있도록 국가적 차원의 홍보 전략을 펼친다.

또한 각 나라는 대회의 성공 개최와 별도로 연계 수익 모델을 확보하고 있다. 말레이시아에서는 F1과 연계해 수도 쿠알라룸푸르에서 패션쇼와 음악 페스티벌을 열고 대형 백화점에서는 동시 할인 행사로 관광객을 집중 유치하여 '관광 시너지'를 일으켰다. 싱가포르도 비엔날레와 일루션쇼, 맥주 축제 등과 연계해 입장권 10만 장을 대회 석 달 전에 매진시켰다.

F1은 연간 27조 원대의 거대 자본이 움직이는 비즈니스 레이싱이라고 불린다. 세계 최다 관중 동원력(경기당 평균 20만 명, 연간 400만 명)을 가지고 있고, 광고, 방송권, 입장 수입 등이 4조 원대이다. 참가 12개 팀에 대한 기업 후원도 4조 원에 달한다. 이는 세계 188개국에 연간 20회 생중계되는 미디어 효과가 있기 때문이다. 유럽에서는 계속 재방송되는데도 시청률이 높아 기업 노출 효과가 높은 것으로 분석됐다. 일례로 팀을 운영하는 오스트리아의 '레드불' 회사는 스포츠 음료 레드불이 유럽 시장을 장악하고 최근 아시아를 상대로 마케팅할 정도로 글로벌 시장 장악력을 갖고 있다. 말레이시아의 경우 국영 기업인 페트로나스(Petronas/석유)가 타이틀 스폰서를 맡았고 중국 상하이의 경우 UBS(스위스 금융 그룹), 인도는 에어텔(국영 통신 회사) 등이 참여하고 있다.

377

주어진 글의 필자가 정보 전달을 위해 사용한 방법으로 적절한 것을 고르면?

① 권위자의 주장을 근거로 F1 유치의 중요성을 강조하고 있다.

② 묻고 답하는 형식을 통해 F1의 경기 방식에 대해 설명하고 있다.

③ 구체적인 수치를 제시하여 F1의 영향력에 대한 이해를 돕고 있다.

④ F1으로 유명한 국가들을 기준으로 국가별 F1 진행 방식의 차이점을 설명하고 있다.

⑤ F1의 발전 과정을 시간의 흐름에 따라 설명하고 이를 토대로 전망을 제시하고 있다.

378

주어진 글의 내용을 통해 알 수 <u>없는</u> 것을 고르면?

① 말레이시아는 국영 정유 회사가 F1 그랑프리의 타이틀 스폰서를 맡고 있다.

② F1의 경기당 관중 수는 다른 스포츠 경기와 비교하였을 때 많은 편이다.

③ 중국 일부 지역에서는 외국 금융 회사로부터 F1 후원을 받고 있다.

④ 인도에서는 F1을 유치하는 주체와 관리하는 주체를 완전히 분리하였다.

⑤ 싱가포르는 F1을 비엔날레와 일루션쇼, 맥주 축제 등과 연계하여 개최하였다.

국민건강보험공단(이하 "공단")은 2020년 11월 17일 네이버와 '디지털 안내고지(전자문서)'를 발송하는 계약을 체결하였다. 디지털 안내고지(전자문서)란, 종이로 송달되던 고지서 및 통지서 대신에 '공인전자문서중계자'를 통해 모바일 전자고지서를 본인 명의의 스마트폰으로 송달하는 서비스를 말한다. 여기서 '공인전자문서중계자'는 과학기술정보통신부 장관이 전자문서 유통에 관하여 안정성과 신뢰성을 확보하고 있다고 인정하는 기관이며, 네이버는 이에 해당한다.

현재의 종이고지서는 주소지 불명이나 부재 등의 요인으로 인해 이용자들에게 제대로 전달되지 못하는 번거로움이 있었다. 네이버 전자문서 서비스는 공단 측에서 고지서를 발송한 시점에 푸시 알림과 이메일을 보내주고, 기한이 정해진 문서는 만료 3시간 전에 한 번 더 알려줘 이용자가 고지서를 제때 확인하도록 돕는다. 네이버 전자문서 서비스는 종이고지서 분실이나 타인에 의한 열람 가능성을 방지하고, 이용자의 개인 정보를 안전하게 보호할 수 있다. 이용자들은 보안이 강화된 네이버 인증서로 본인 인증 절차를 거친 후에 전자고지서를 열람할 수 있으며, 고지서에 담긴 개인 정보와 민감 정보는 네이버가 아닌 국민건강보험공단 사이트로 자동 연결된다. 또 전자문서는 CI(Connecting Information)가 일치하는 경우 발송되므로 안심하고 이용할 수 있다.

공단은 2021년 3월 12일부터 네이버 앱 및 MMS를 통해 '건강 검진표 및 안내문', '영유아 건강 검진표', '대사 증후군 안내문', '지역 가입자 자격 변동 안내문' 등 다양한 전자문서를 발송하고 있으며, 715종에 달하는 종이우편물에 대해 대규모 디지털 전환 작업을 진행하여 12월 말부터 본격적인 전자고지 서비스를 시작할 예정이다. 2022년 초부터는 매년 약 3천만 건이 발송되었던 건강 검진 안내문도 전자고지로 제공한다.

이 서비스의 시행으로 사용자 편의성이 개선될 뿐만 아니라 종이고지서를 줄임으로써 환경 보호에도 기여할 것으로 기대된다. 이에 대해 네이버는 "저탄소 경제에 동참하고, 친환경적 가치 창출을 위해 중장기 환경·사회·지배 구조(ESG) 정책 수립과 강화를 위해 노력하고 있다."라고 밝혔다. 국민건강보험공단은 이번 전자고지 서비스를 통해 종이우편물 발송과 후속 업무, 민원 처리 등 행정비용을 대폭 절감할 수 있을 것으로 예측하고 있다. 아울러 공단 측은 "네이버와 함께 전자고지 서비스를 확대하여 국민들이 필요한 정보를 언제든지 모바일로 받아볼 수 있게 될 것"이라며, "국민의 소중한 보험료가 우편 발송비용으로 낭비되는 일 또한 방지할 수 있을 것으로 기대한다."라고 말했다.

한편 네이버는 국민건강보험공단의 디지털 안내와 고지 서비스를 전담하는 만큼, 네이버의 전자문서 기반 기술력을 총동원할 방침이다. 네이버는 서비스 품질 향상과 안정성 확보를 위해 공단에 최적화된 전자문서 발송 시스템을 신설하고, 대규모 발송을 대비한 전용 서버를 별도로 구축했다. 네이버는 "국민건강보험공단의 전자문서는 국민의 건강 관리와 직결되는 매우 중요한 문서로, 국민들에게 신속하고 정확하게 전달되는 것이 무엇보다 중요하다."라며, "4,700만 네이버 이용자들에게 빠르고 정확한 생활의 편리함을 제공하고, 종이 없이도 신속 정확한 행정시스템 구축을 위해 다양한 기관과 협력을 확대하고 네이버의 IT기술력을 적극 지원할 것"이라고 밝혔다.

379

주어진 글을 통해 추론할 수 있는 내용으로 적절한 것을 고르면?

① 국민건강보험공단은 2022년부터 건강 검진 등에 관한 전자고지 서비스를 제공한다.

② 과학기술정보통신부 장관이 전자문서의 등록과 보관에 신뢰성이 있다고 인정하는 기관을 공인전자문서중계자라고 일컫는다.

③ 국민건강보험공단의 디지털 안내고지 서비스를 전담하게 된 네이버는 고지서의 대규모 발송을 위한 전용 서버를 만들었다.

④ 네이버 전자문서 서비스 이용 시 국민건강보험공단에서 발송한 고지서의 개인 정보와 민감 정보는 네이버로 자동 연결된다.

⑤ 디지털 안내고지 서비스를 도입하더라도 고지서 발송 후속 업무, 민원 처리 등에 소요되는 행정비용은 변동이 없을 것이다.

380

주어진 글을 읽고 국민건강보험공단의 디지털 안내고지 서비스에 대한 설명으로 적절하지 <u>않은</u> 것을 고르면?

① 국민건강보험공단으로부터 송달받은 문서에 기한이 정해져 있는 경우 이용자는 문서 만료 3시간 전에 알림을 받는다.

② 공인전자문서중계자를 통해 국민건강보험공단에서 송달하는 고지서를 본인 명의의 스마트폰으로 받을 수 있는 서비스이다.

③ 2021년 7월을 기준으로 지역 가입자 자격이 바뀐 이용자는 지역 가입자 자격 변동 안내문을 MMS로 받을 수 있다.

④ 국민건강보험공단이 고지서를 발송하면 네이버 전자문서 서비스가 고지서 수신자에게 푸시 알림과 이메일을 발송한다.

⑤ 디지털 안내고지 서비스 이용자들은 별도로 본인 인증 절차를 거치지 않고 편리하게 전자고지서를 열람할 수 있다.

[381~382] 다음 글을 읽고 이어지는 질문에 답하시오.

나라별, 세대별로 돈을 모으는 우선순위는 각기 다르다. 2013년 미국의 한 자산운용사의 조사 결과에 따르면 한국을 비롯한 중국·인도·홍콩 등 투자자들의 재테크 목적 1위는 '주택 마련'인 것으로 나타난 반면, 미국과 일본에서는 '은퇴 자산 마련'인 것으로 나타났다. 그런데 최근 코로나19로 인한 경제 위기가 전 세계 젊은 세대들의 경제적 불안감을 증폭시키면서 재테크 목적이 '노후 준비'와 '은퇴 자산 마련'으로 옮겨가고 있다. 특히 한국의 경우 몇 년 사이 집값이 폭등하자 MZ세대를 중심으로 내 집 마련을 포기하는 대신 은퇴 자산 마련에 관심이 쏠리고 있다. MZ세대란 1980년대 이후 출생한 '밀레니얼세대(1981~1996년)'와 2000년대 초반 출생한 'Z세대(1997~2012년)'를 합친 말로, 2030세대를 뜻한다.

대다수의 MZ세대는 주식 투자를 통해 자산을 마련하는 것으로 나타났으며 최근에는 가상화폐 시장 주 세력으로까지 부상했다. 이는 통계로도 확인 가능한데, 한국금융투자협회에 따르면 2020년 20대와 30대의 전년 대비 주식 보유 기금 증가율은 각각 121%, 92.6%로 폭증했다. 또한 금융위원회에 따르면 2021년 1분기 2030세대의 주식 계좌는 2020년 같은 기간 대비 50% 이상 늘었으며, 투자자 10명 중 6명은 2030세대로 나타났다. 이와 더불어 한 신용카드 회사에서 18개국 약 1만 5,500명의 2030세대를 대상으로 설문 조사를 실시한 결과에 따르면 응답자의 77%가 가상 자산에 대해 관심이 많아 이와 관련하여 더 많은 것을 배우고 싶다고 답변하기도 하였다.

한편 우리나라 2030세대 직장인 3명 중 2명은 조기 은퇴를 준비하는 '파이어족'을 지향하는 것으로 조사됐다. 파이어족이란 하루라도 빨리 돈을 모아 조기 은퇴하여 자신이 원하는 삶을 살겠다는 사람으로, 경제적 독립(Financial Independence)과 은퇴(Retire Early)의 첫 글자를 딴 신조어다. 실제로 2021년 3월 한 증권연구소에서 만 25~39세 투자자 약 2,500명을 대상으로 온라인 설문 조사를 진행한 결과에 따르면 65.9%가 '조기 은퇴를 꿈꾼다.'고 답했다.

이들은 집값을 제외한 13억 7,000만 원의 투자 가능 자산을 모아 평균 51세에 은퇴하는 것을 원하는 것으로 나타났다. 파이어족이 되기 위해 가장 많이 투자하고 있는 것으로는 복수 응답을 포함하여 92.8%가 주식을 꼽았으며, 이어 '예·적금(63.9%)', '부동산(43.2%)' 등을 꼽았다. 이는 2030세대가 최근 주식 열풍 이후 은퇴 자산을 투자로 만들고 있음을 단적으로 보여주는 것이라 할 수 있다.

하지만 관련 전문가들은 주식 투자를 전업으로 해서 성공한 사람은 극히 소수에 해당된다는 점을 지적한다. 이는 2020년 3월부터 10월까지 국내 주식 시장에서 전체 투자자의 손실 비율이 46%였던 반면 신규 투자자의 62%가 손실을 봤다고 밝힌 자본시장연구원의 조사 결과도 뒷받침하는 사실이다. 게다가 가상화폐 시장의 경우 최근 하락장으로 '마지막 기회'라고 생각하고 투자한 2030세대들이 큰 손해를 입었다는 보고도 나온다.

그럼에도 불구하고 여전히 많은 2030세대들이 주식 투자는 어쩔 수 없는 선택이라고 말하며 불안정한 투자를 이어가고 있다. 그러나 단기적인 수익 추구는 필연적으로 리스크를 크게 키우기 마련이다. 대박을 꿈꾸며 짧은 기간 특정 자산에 집중한 투자는 오히려 은퇴 계획에 막대한 타격을 줄 가능성이 있다는 것을 명심하고, 투자에서 희망을 찾으려는 이들에게 과연 필요한 것은 무엇인지 생각해 보아야 할 시점이다.

381

주어진 글의 내용과 일치하지 <u>않는</u> 것을 고르면?

① 2020년에 주식 보유 기금은 30대보다 20대가 더 많은 것으로 나타났다.
② 우리나라에서 파이어족을 지향하는 사람들이 가장 많이 투자하는 분야는 주식이다.
③ 최근 홍콩의 투자자들이 돈을 모으는 목적에서 은퇴 자산 마련이 차지하는 비율이 높아졌을 것이다.
④ 2020년 3~10월에 국내 주식 시장에서 신규 투자자의 손실 비율이 기존 투자자의 손실 비율보다 높았다.
⑤ 한국의 MZ세대 중 과반수가 조기 은퇴 후 본인이 원하는 삶을 살고자 하는 경향을 보인다.

PART Ⅲ

의사소통능력

382

주어진 글에서 필자가 궁극적으로 전달하고자 하는 내용으로 가장 적절한 것을 고르면?

① 은퇴 자산 마련을 위해 예·적금보다는 가상 자산이나 주식 투자를 활용하는 것이 효율적이다.
② 우리나라는 다른 나라보다 파이어족의 증가율이 빠른 속도로 증가하므로 이에 대한 대책이 요구된다.
③ 위험 요소가 많은 시장으로 MZ세대의 투자가 몰린 데에는 언론의 책임의 크다.
④ MZ세대의 자산 마련을 위한 투자는 보다 장기적인 관점에서 신중하게 이루어져야 한다.
⑤ MZ세대를 위해 정책적 차원에서 가상 자산에 관한 교육을 시행할 필요가 있다.

제9조(수중레저활동구역 표시 및 항해금지) ① 수중레저사업자는 수중레저활동구역에 다른 선박 등이 해당 구역을 식별할 수 있도록 해양수산부령으로 정하는 표시를 설치하여야 한다.

② 모든 선박은 수중레저활동구역을 운항하여서는 아니 된다. 다만, 다음 각 호의 어느 하나에 해당하는 선박은 예외로 한다.

　　1. 인명이나 선박을 구조하기 위하여 수중레저활동구역에서 운항하는 선박

　　2. 군사작전을 수행 중이거나 해상치안 목적으로 수중레저활동구역에서 운항하는 선박

③ 제2항 각 호의 어느 하나에 해당하는 선박의 경우에도 대통령령으로 정하는 바에 따라 수중레저활동자를 보호하기 위하여 안전하게 운항하도록 노력하여야 한다.

제11조(사업자의 조치 등) ① 수중레저사업자는 안전한 수중레저활동을 위하여 다음 각 호의 조치를 하여야 한다.

　　1. 수중레저기구와 수중레저장비, 그 밖에 해양수산부령으로 정하는 시설의 안전점검

　　2. 수중레저활동구역의 기상·해수면·내수면의 상태 확인

　　3. 수중레저활동 관련 사고가 발생하는 경우 구호조치 및 경찰관서·소방관서·해양경찰관서 등 관계 행정기관에 통보

　　4. 수중레저활동자에 대한 수중레저장비 착용조치 및 탑승 전 안전교육

　　5. 수중레저교육자의 사업장 내 배치 또는 수중레저기구 탑승

② 제1항의 조치에 관하여 필요한 구체적인 사항은 해양수산부령으로 정한다.

③ 수중레저교육자 자격을 취득하려는 자는 수중레저장비의 이용 및 안전점검, 수중레저활동 관련 사고 시의 조치 등에 관한 교육을 받아야 한다.

④ 제3항에 따른 교육의 내용 등 수중레저교육자 자격에 관하여 필요한 구체적인 사항은 해양수산부령으로 정한다.

제12조(원거리 수중레저활동의 신고 등) ① 출발항 또는 해안선으로부터 10해리 이상 떨어진 곳에서 수중레저활동을 하려는 자는 경찰관서나 해양경찰관서에 신고하여야 한다.

② 수중레저사업에 종사하는 자 또는 수중레저활동자는 수중레저활동 관련 사고로 사람이 사망하거나 실종된 경우 또는 대통령령으로 정하는 중상을 입은 경우에는 지체 없이 경찰관서나 소방관서 또는 해양경찰관서 등 관계 행정기관의 장에게 신고하여야 한다.

③ 제2항에 따른 신고를 받은 관계 행정기관의 장은 인명구조 활동, 사고 수습 등을 위하여 필요한 조치를 하여야 한다.

④ 제1항 및 제2항에 따른 신고에 관한 절차, 방법 등에 필요한 사항은 대통령령으로 정한다.

제13조(수중레저활동의 제한) ① 누구든지 해진 후 30분부터 해뜨기 전 30분까지는 수중레저활동을 하여서는 아니 된다. 다만, 해양수산부령으로 정하는 바에 따라 야간 안전장비 및 안전관리요원을 갖춘 수중레저기구 등을 이용하는 경우에는 그러하지 아니하다.

② 해양수산부장관은 다음 각 호의 어느 하나에 해당하는 경우에는 수중레저활동자에게 수중레저활동 시간의 제한을 명할 수 있다.

　　1. 수중레저활동구역 인근의 기상·해수면·내수면의 상태가 악화된 경우

　　2. 수중레저활동구역 인근에서 해양사고가 발생한 경우

　　3. 어망 등 해상장애물이 많은 경우

　　4. 그 밖에 수중레저활동의 안전을 위하여 필요하다고 인정하는 경우

제14조(수중레저활동 금지구역의 지정 등) ① 해양수산부장관은 수중레저활동의 안전을 위하여 다음 각 호의 어느 하나에 해당하는 경우에는 관계 지방자치단체의 장의 의견을 들어 수중레저활동 금지구역을 지정할 수 있다.
  1. 유해물질이 유입된 구역의 경우
  2. 유해생물이 출현하는 구역의 경우
  3. 선박의 주 항로인 경우
  4. 그 밖에 수중레저활동의 안전을 확보하기 곤란한 구역으로 인정하는 경우
② 누구든지 제1항에 따라 지정된 금지구역에서 수중레저활동을 하여서는 아니 된다.
③ 해양수산부장관은 관계 기관과 협의를 거쳐 제1항에 따른 수중레저활동 금지구역의 지정을 해제할 수 있다.

383

주어진 법령의 내용과 일치하지 <u>않는</u> 것을 고르면?

① 수중레저활동 금지구역은 해양수산부장관과 관계 기관과의 협의를 통해 해제될 수 있다.
② 출발항으로부터 20해리 떨어진 곳에서 수중레저활동을 하려면 경찰관서나 해양경찰관서에 신고해야 한다.
③ 군사작전을 수행 중인 선박은 수중레저활동구역을 가로질러 운항할 수 있다.
④ 수중레저사업자는 수중레저활동구역의 기상뿐만 아니라 해수면과 내수면의 상태도 확인해야 한다.
⑤ 수중레저교육자의 자격을 취득하기 위해 필요한 구체적인 사항은 대통령령으로 정한다.

384

주어진 법령에 위배되는 사례를 [보기]에서 모두 고르면?

┤ 보기 ├
  ㉠ 수중레저사업장에서 해양수산부령으로 정하는 바에 따라 야간 안전장비와 안전관리요원을 갖춘 수중레저기구를 이용하여 일몰 후 1시간가량 수중레저활동을 한 경우
  ㉡ 수중레저사업자가 유해생물로 분류되는 해파리가 출현하는 수중레저활동 금지구역에서 내수면의 상태를 확인 후 수중레저활동을 한 경우
  ㉢ 수중레저활동 중에 수중레저활동 관련 사고로 사람이 실종되었으나 수중레저사업자가 이를 소방관서의 장에게만 신고하고 해양경찰관서의 장에게는 신고하지 않은 경우

① ㉡
② ㉢
③ ㉠, ㉡
④ ㉡, ㉢
⑤ ㉠, ㉡, ㉢

다음 공문서를 읽고 보일 수 있는 반응으로 가장 적절하지 <u>않은</u> 것을 고르면?(단, ∨는 띄어쓰기 한 번을 의미한다.)

코로나19바이러스감염병 예방 및 확산방지에 적극 동참합시다!

서 울 특 별 시

수신∨∨수신자 참조
(경유)
제목∨∨중소기업을 위한 공정거래법 등 교육행사 알림(공정위 주관)

---

1. 서울지방공정거래사무소 총괄과－1220(2022.∨8.∨9.)호와 관련입니다.

2. 서울지방공정거래사무소에서 중소기업의 공정거래법 및 하도급법에 대한 이해를 돕기 위해 중소기업중앙회
   와 함께 아래와 같이 교육 행사를 개최한다고 하오니, 관심 있는 중소기업 사업자 및 소속 임·직원이 많이
   참여할 수 있도록 홍보 요청드립니다.

   □ 교육 개요
      ○ 행사명: "공정위가 직접 알려주는 중소기업을 위한 공정거래제도"
      ○ 일시: 2022.∨8.∨23.(화) 14:00~16:30
      ○ 장소: 중소기업중앙회(서울 영등포구 은행로 ××) 상생룸
      ○ 교육대상: 공정거래법 및 하도급법에 관심 있는 사업자(소속 임직원)
      ○ 참석 신청방법 및 문의처: 붙임문서 참조

3. 기타 문의사항은 서울지방공정거래사무소 총괄과(02－××××－××××)로 문의하여 주시기 바랍니다.

붙임∨2022년도 중소기업을 위한 공정거래법 등 교육 안내공문 및 안내문 각 1부.∨∨끝.

서 울 특 별 시 장

※ 출처: 서울특별시 서울정보소통광장, 2022－08－10 노동공정상생정책관 공정경제담당관 결재문서

---

① '붙임' 다음에는 2타를 띄우고 첨부물의 명칭과 수량을 표시해야 돼. 지금은 1타 띄어져 있어서 수정이 필요
　하군.
② 첨부물이 있으면 붙임 표시문 다음에 2타 띄우고 '끝'을 표시해야 하는데 적절하게 잘 작성되어 있네.
③ 본문의 첫째 항목(1., 2., 3.~)은 왼쪽 처음부터 띄어쓰기 없이 바로 시작해야 하는 점을 고려하여 알맞게 작
　성됐구나.
④ 만약 공문서의 내용이 복잡했다면 '－다음－' 또는 '－아래－'를 사용하여 항목별로 구분하여 작성해야 해.
⑤ 날짜 다음에 괄호를 사용할 경우에도 마침표를 찍어야 해. '교육 개요'의 일시는 '2022. 8. 23.(화).'로 수정해
　야겠어.

다음 글의 문맥상 밑줄 친 ㉠~㉤과 바꾸어 쓸 수 있는 단어로 적절하지 <u>않은</u> 것을 고르면?

○○철도는 11일 오전 서울사옥에서 중국국가철로집단유한공사(이하 '중국철도단')와 교류협력을 위한 업무협약을 체결했다고 밝혔다. 이번 업무협약은 ○○철도가 중국 철도기관과 맺는 첫 번째 협정으로 두 기관은 △유라시아 철도화물운송 ㉠협력과 경쟁력 강화 △철도발전을 위한 인적·기술적 교류와 공동 연구 △제3국 철도시장 개척에 힘을 모으기로 약속했다. 또한 ○○철도는 중국철도와 교류 정례화, 국제기구 활동협력, 교육과정 운영 등 실무적인 교류방안에도 뜻을 모았다. 지난 10일 방한한 중국철도단은 부산역 항만물류시설과 서울역 도심공항터미널을 방문하고 KTX를 시승하는 등 철도물류환적시설과 고속철도운영시스템을 ㉡시찰하며 상호협력을 논의했다. 중국철도단은 국무원 산하 국유기업으로 18개의 철도 운영 및 유지보수 회사와 17개 자회사 업무를 ㉢총괄하고 있다. 중국철도의 고속선 길이는 29,000여km로 세계 고속철도의 60%에 이르며, 연간 전체 철도 수송인원은 31억여 명이다. 루동푸(陸東福) 중국철도단 회장은 "에너지 효율이 높고 친환경적인 철도는 중국과 한국의 미래 경제성장을 ㉣견인할 동력이다."라며 "중장기적인 철도건설계획에 함께 참여하고 지속적으로 관계를 이어가자."라고 말했다. ○○철도 사장은 "세계 최대의 중국 고속철도 인프라가 한국과 세계철도 발전에 ㉤이바지할 수 있기를 기대한다."라며 "중국의 규모와 한국의 운영기술이 협력해 제3국 철도시장 진출에도 앞장서자."라고 밝혔다.

① ㉠: 공조(共助) ② ㉡: 관철(貫徹)하며 ③ ㉢: 망라(網羅)하고

④ ㉣: 이끌 ⑤ ㉤: 기여(寄與)할

387

다음 [보기]에서 공문서의 작성법으로 적절하지 <u>않은</u> 것을 모두 고르면?

보기

㉠ 숫자 표기는 아라비아 숫자로 한다.
㉡ 날짜는 아라비아 숫자로 표기하되 연, 월, 일을 쓰거나 그 자리에 마침표를 찍어 표시한다.
㉢ 시·분은 24시각제에 따라 아라비아 숫자로 표기하되, 시·분의 글자를 쓰거나 그 사이에 쌍점(:)을 찍어 구분한다.
㉣ 금액을 표시할 때는 아라비아 숫자로 쓰되, 숫자 다음에 괄호를 하고 한글을 함께 기재할 수 있다.

---

① ㉠, ㉡　　　　　　　② ㉡, ㉢　　　　　　　③ ㉢, ㉣
④ ㉠, ㉡, ㉢　　　　　⑤ ㉠, ㉡, ㉢, ㉣

388 ^{문제}더보기 ◀ PART Ⅱ 복원 | P.62 51번

다음 중 밑줄 친 ㉠의 개수가 나머지와 <u>다른</u> 하나를 고르면?

　형태소는 일정한 뜻을 가진 가장 작은 말의 단위로서, 더 나누면 뜻을 잃어버리게 된다. 형태소는 자립성의 유무에 따라 자립 형태소와 의존 형태소로 구분된다. 또한, 구체적인 대상이나 동작, 상태를 나타내는 실질적인 의미의 유무에 따라 실질 형태소와 형식 형태소로 구분된다. ㉠자립 형태소는 혼자 쓰일 수 있지만, 의존 형태소는 반드시 다른 말에 기대어 쓰인다. 실질 형태소는 구체적인 대상이나 동작, 상태를 나타내는 실질적 의미를 가진 형태소이며, 형식 형태소는 접사, 조사, 어미와 같이 형식적인 의미, 즉 문법적인 의미를 나타내는 형태소를 말한다.

---

① 하늘에 하얀 구름이 있다.
② 혼자 그늘에 앉아 바다를 보았다.
③ 짝꿍에게 받은 꽃이 마음에 든다.
④ 아버지가 나를 집으로 데리러 오셨다.
⑤ 돈을 모아 할머니께 드릴 그림을 샀다.

389

다음 글의 밑줄 친 부분을 잘못 수정한 것을 고르면?

일요일 아침 느즈막하게 일어나 널부러진 빨래감을 챙겨 세탁기에 집어넣었다. 동생은 여전히 늦잠을 자고 있어 또 청소를 도맡아 해야 되어 궁시렁거렸다. '언제까지 내가 동생의 뒤치다꺼리를 해야 하지?' 그 소리에 깬 동생이 미안한 마음을 표현하며 아침식사를 준비해 준다고 하여 금새 기분이 좋아졌다.

① 느즈막하게 → 느지막하게
② 널부러진 → 널브러진
③ 궁시렁거렸다 → 구시렁거렸다
④ 뒤치다꺼리 → 뒤치닦거리
⑤ 금새 → 금세

다음은 B공사의 신입사원들이 경청에 관해 나눈 대화의 일부이다. 신입사원 중 경청에 대하여 <u>잘못</u> 이야기하고 있는 사람을 모두 고르면?

갑: "경청은 의사소통의 기본 과정으로, 대화를 나누는 상대방의 메시지에 주의를 기울이고 이해하기 위해 노력하는 행동을 말합니다. 이는 다른 사람의 이야기에 주의를 기울이겠다는 마음가짐만이 아닌, 구체적인 실천이 필요한 태도와 행동으로 볼 수 있습니다."

을: "경청은 크게 적극적 경청과 소극적 경청으로 구분됩니다. 적극적 경청은 본인이 상대방의 이야기에 주의를 집중하고 있다는 것을 행동을 통해 외적으로 표현하며 듣는 것을 말해요. 상대방의 말에서 이해가 안 되는 부분을 질문하거나 본인이 이해한 내용을 확인하는 것을 적극적 경청이라고 볼 수 있죠."

병: "소극적 경청은 상대방의 이야기에 특별한 반응을 표현하지 않고 수동적으로 듣는 것을 말해요. 다시 말해 상대방이 하는 말을 중간에 자르거나 다른 화제로 돌리지 않고, 상대방의 발언 내용과 감정에 공감하는 것을 소극적 경청이라고 볼 수 있어요."

정: "적극적 경청을 위해서는 상대방이 말하는 의미를 이해하고 단어 이외에 보여지는 표현에도 신경을 쓰면서, 상대방이 말하는 동안 경청하고 있다는 것을 표현해야 합니다. 만약 상대방의 말에 잘못된 부분이 있다면 비판적·충고적 태도를 가지고 조언해 주는 것도 좋은 방법입니다."

무: "경청할 때의 올바른 자세를 숙지해 놓으면 도움이 될 거예요. 대표적으로 상대방을 정면으로 마주하는 자세는 그와 함께 의논할 준비가 되었음을 알리는 자세지요. 또한, 상대방을 향해 상체를 기울여 다가앉으면 본인이 열심히 듣고 있다는 사실을 강조할 수 있습니다."

---

① 갑, 정   ② 을, 병   ③ 을, 무
④ 병, 정   ⑤ 병, 무

다음 대화에서 B가 적극적으로 경청하지 못하게 한 방해 요인으로 가장 적절한 것을 고르면?

A: B님, 안녕하세요. 점심 맛있게 드셨나요?

B: 네, A님도 점심 맛있게 드셨죠? 그런데 요즘 일이 많으신가요? 안색이 별로 좋지 않아 보이네요.

A: 티가 많이 나요? 사실 요즘 고민이 좀 있어서요.

B: 무슨 일인지 여쭤 봐도 될까요? 이야기하는 것만으로도 기분이 나아지는 경우도 있잖아요.

A: 감사해요. B님도 얼마 전에 새로 입사한 C님 아시죠?

B: 네, 대화를 나누어 본 적은 없지만 오며가며 인사는 몇 번 했어요.

A: 제가 이번 신입사원들의 교육 담당을 맡고 있는데, C님이 돌발 행동을 너무 많이 해서 어떻게 해야 할지 고민이에요.

B: 어떤 식으로 돌발 행동을 하시는데요?

A: 신입사원 전체 교육 때 본부장님이 말씀하시는 도중에 C님이 갑자기 손을 들고 질문을 하더라고요.

B: 아, 그런 경우에는 C님을 따로 불러서 주의를 주면 어떨까요? 질의응답 시간에 질문하라고 알려주면서요.

A: 그래서 저도 C님을 따로 불러서 말씀드렸는데, 궁금한 사항이 있으면 바로 질문을 해야 직성이 풀린다고 하더라고요. 그리고 퇴근 시간이 18시인데 17시 59분에 퇴근 등록을 하고 나가 버리는 경우도 많아요.

B: 그건 업무 시간을 지키지 않은 것이라 인사 고과에 문제가 될 텐데요? 불러서 인사 고과에 문제가 될 수 있다고 알려주고 회사 내규에 관해 다시 한번 알려주는 게 좋을 것 같아요.

A: ……. 네, 물론 그렇게 했죠. 뭐, 그래서 근래에 컨디션이 별로 좋지 않네요.

B: 그렇겠어요. 아니면 C님과 퇴근 후에 따로 밥을 먹으면서 친해져 보는 건 어떨까요? C님이 A님을 따르게 되면 C님의 행동을 제어하기 좀 더 쉽지 않을까 해서요.

A: 아, 네. 말씀 감사드려요. 생각해 볼게요.

① 판단하기　　　　　② 조언하기　　　　　③ 언쟁하기
④ 슬쩍 넘어가기　　　⑤ 비위 맞추기

392 ◀문제 더보기   PART Ⅱ 복원 | P.157 153번

같은 지점에서 근무하는 P선임과 L주임은 이번에 함께 프로젝트를 맡게 되었다. 이번 프로젝트는 P선임이 혼자 일을 하면 10일이 걸리고, L주임이 혼자 일을 하면 20일이 걸린다. 순환근무제 도입으로 인하여 P선임이 먼저 4일 일하고, 남은 일은 P선임과 L주임이 함께 일하게 된다면, P선임과 L주임이 함께 일하게 되는 기간은 며칠인지 고르면?

① 3일   ② 4일   ③ 5일

④ 6일   ⑤ 7일

393 ◀문제 더보기   PART Ⅱ 복원 | P.166 168번

P대리는 기차를 타고 출장을 가고 있다. 다음 [조건]을 참고하여 P대리가 타고 있는 기차의 길이를 고르면?

┤ 조건 ├

- 기차가 420m의 터널을 완전히 통과하는 데 18초가 걸렸다.
- 기차가 1.5km 길이의 다리를 완전히 통과하는 데 45초가 걸렸다.
- 터널과 다리를 통과할 때 기차의 속도는 일정하다.

① 100m   ② 200m   ③ 300m

④ 400m   ⑤ 500m

다음 [조건]을 근거로 판단할 때, [보기]에서 부서별 근무 만족 점수에 대한 설명으로 옳은 것의 개수를 고르면?

┤ 조건 ├

- 기획부 직원의 평균 근무 만족 점수는 75점이다.
- 재무부 직원의 평균 근무 만족 점수는 80점이다.
- 영업부 직원의 평균 근무 만족 점수는 60점이다.
- 기획부와 재무부 직원의 평균 근무 만족 점수는 76점이다.
- 재무부와 영업부 직원의 평균 근무 만족 점수는 72점이다.

┤ 보기 ├

- ㉠ 직원의 수는 영업부, 재무부, 기획부 순으로 많다.
- ㉡ 기획부, 재무부, 영업부 직원의 평균 근무 만족 점수는 76점이다.
- ㉢ 기획부 직원의 평균 근무 만족 점수가 80점이면 기획부와 재무부 직원의 평균 근무 만족 점수도 80점이다.
- ㉣ 재무부와 영업부의 평균 근무 만족 점수가 서로 바뀌면 기획부와 재무부 직원의 평균 근무 만족 점수는 재무부와 영업부 직원의 평균 근무 만족 점수보다 낮아진다.

① 0개 ② 1개 ③ 2개
④ 3개 ⑤ 4개

395

다음 숫자와 문자가 일정한 규칙에 따라 나열되어 있을 때, 빈칸 ㉠과 ㉡에 들어갈 숫자 또는 문자가 바르게 짝지어 진 것을 고르면?

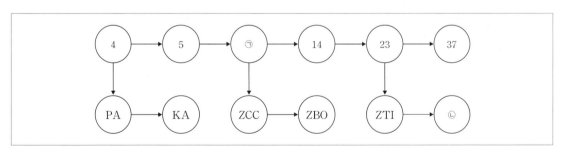

	㉠	㉡
①	6	ZSB
②	6	ZRX
③	9	ZQ
④	9	ZRX
⑤	9	ZSB

396

버스 회사에서 코로나19 예방을 위하여 버스기사에게 손소독제와 마스크를 배포하려고 한다. 다음 대화의 빈칸 ㉠~㉢에 들어갈 숫자가 순서대로 바르게 짝지어진 것을 고르면?

P소장: 코로나19 예방을 위해서 다음 주부터 우리 운수는 손소독제와 마스크를 기사님들께 나눠 드리려고 합니다.

M사원: 네, 그렇게 기사님들께 공지사항 전달하겠습니다.

P소장: 현재 우리 운수가 가지고 있는 손소독제는 60개, 마스크는 36개입니다. 우선 1차적으로 현재 가지고 있는 물량을 남김없이 배포하려고 하는데, 기사님들께 모두 같은 양을 나눠 드리려고 할 때 마스크와 손소독제를 수령할 수 있는 최대 기사님 수는 몇 명이 될까요?

M사원: (㉠)명입니다.

P소장: 네, 좋습니다. 1차 배포는 그렇게 하도록 합시다. 그러면 기사님 한 명당 수령하게 되는 손소독제와 마스크는 각각 몇 개씩이지요?

M사원: 손소독제는 (㉡)개씩, 마스크는 (㉢)개씩입니다.

① 6, 10, 6
② 8, 8, 4
③ 10, 6, 4
④ 12, 5, 3
⑤ 15, 4, 2

397

다음 [조건]을 바탕으로 ○○동물원에 입장할 수 있는 어른의 최대 인원수를 고르면?

┤ 조건 ├
- ○○동물원의 성인 1명의 입장료는 2,000원이다.
- 어린이 1명의 입장료는 800원이다.
- 어른과 어린이를 합하여 30명이 가려고 한다.
- 입장권 금액으로 지불할 수 있는 총금액은 최대 41,000원이다.

① 8명
② 10명
③ 12명
④ 14명
⑤ 16명

문제 더보기 PART II 복원 | P.153 147번

다음 문자들이 일정한 규칙으로 배열되어 있을 때, 빈칸에 들어갈 알맞은 문자를 고르면?

BACD, BCDA, CABD, CBDA, (   )

① CDAB
② CDBA
③ DABC
④ DACB
⑤ DCBA

399

사격 선수 A의 명중률은 $\frac{3}{4}$이고, 선수 B의 명중률은 $\frac{1}{2}$이고, 선수 C의 명중률은 $\frac{1}{4}$이다. 사격 선수 3명이 한 발씩 같은 표적에 사격을 할 때, 3명 모두 명중시킬 확률과 2명만 명중시킬 확률의 합을 고르면?

① $\frac{1}{2}$
② $\frac{1}{4}$
③ $\frac{3}{32}$
④ $\frac{9}{32}$
⑤ $\frac{13}{32}$

400

다음 [조건]에 따라 A가 사진을 인화하였을 때, 4×6 규격 사진의 최대 인화 장수와 5×7 규격 사진의 최대 인화 장수의 차이를 고르면?

┤ 조건 ├
• 사진 1장당 인화 가격은 4×6 규격이 300원, 5×7 규격이 450원, 8×10 규격이 1,300원이다.
• A가 사진을 인화하는 데 든 비용은 총 18,000원이다.
• 각 사이즈마다 최소 1장 이상 인화하였다.

① 12장
② 14장
③ 16장
④ 18장
⑤ 20장

401

다음 그림과 같이 구역이 나누어진 정육각형 모양의 식탁에 음식을 배치하려고 한다. 인접한 구역의 식탁에는 다른 국가의 음식을 배치해야 하고, 비어 있는 구역은 없다. 이때, 음식을 배치할 수 있는 모든 경우의 수를 고르면?(단, 한국식, 일본식, 미국식 각각 두 종류의 음식이 있으며, 회전하여 일치하는 것은 같은 것으로 본다.)

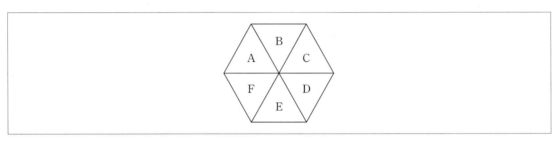

① 28가지   ② 32가지   ③ 36가지
④ 40가지   ⑤ 48가지

402 문제 더보기 PART Ⅱ 복원 | P.155 150번

다음 계산식이 일정한 연산 규칙에 의해 배열되었을 때, 빈칸에 들어갈 알맞은 수를 고르면?

438 + 613 = 1,051	325 + 251 = 616	553 + 624 = 1,217	645 + 436 = (　　　)

① 1,021   ② 1,121   ③ 1,221
④ 1,081   ⑤ 1,181

403

B사의 서류전형 통과자를 대상으로 한 면접 심사 날, 대기실에 지원자들이 모두 모여 있다. 대기실에 비치된 긴 의자에 지원자가 4명씩 앉으면 15명이 남고, 6명씩 앉으면 의자가 32개 남고 마지막 한 의자에는 3명이 앉게 된다고 한다. 이 날 대기실에 모인 지원자의 수를 고르면?

① 398명   ② 406명   ③ 435명
④ 451명   ⑤ 468명

404

A사원은 회사에서 180km 떨어진 곳으로 출장을 갔다. 고속도로 구간은 평균 시속 100km로 달렸고, 국도 구간은 평균 시속 60km로 달렸더니 출발한 지 2시간 24분 만에 출장지에 도착했다고 한다. A사원이 이용한 국도 구간의 거리는 몇 km인지 고르면?

① 74km   ② 78km   ③ 82km
④ 86km   ⑤ 90km

405

다음 [표1]은 다섯 가지 항목에 관한 복지 시설 A~E의 평가점수를 나타낸 자료이다. [표2]의 항목별 가중치를 부여할 때, 총 평가점수가 두 번째로 높은 복지 시설을 고르면?

[표1] 복지 시설 A~E의 평가항목별 점수   (단위: 점)

구분	A	B	C	D	E
환경 개선	90	90	80	90	95
복지 관리	95	70	65	70	80
복지 지원	95	70	55	80	80
복지 성과	95	70	60	60	60
발전 계획	90	95	50	65	65

[표2] 복지항목별 가중치

구분	환경 개선	복지 관리	복지 지원	복지 성과	발전 계획
가중치	0.3	0.2	0.2	0.1	0.2

① A   ② B   ③ C   ④ D   ⑤ E

기획부 소속 직원 4명과 영업부 소속 직원 4명을 대상으로 사내 소통 교육 실습을 진행하려고 한다. 다음 교육실 좌석 배치도를 참고할 때, 모든 직원이 [조건]을 만족하며 앉을 수 있는 경우의 수를 고르면?

[교육실 좌석 배치도]

		의장	
부의장		테이블	부의장

| 조건 |
- 기획부 소속 직원 4명의 경력은 3년, 5년, 6년, 6년이다.
- 영업부 소속 직원 4명의 경력은 2년, 4년, 5년, 7년이다.
- 의장석 양옆에는 의장과 소속된 부서가 다른 직원이 앉는다.
- 부의장석에는 의장과 소속된 부서가 다른 직원이 앉는다.
- 남은 좌석에 소속이 같은 직원끼리 연달아 앉는 경우 그들의 경력의 합이 16년 이상이어야 한다.

① 144가지　　　　② 180가지　　　　③ 216가지
④ 252가지　　　　⑤ 288가지

407

회사에 갓 입사한 재겸이는 월급을 모아서 그동안 갖고 싶었던 가전제품을 사서 독립하려고 한다. 가전제품을 살 명목으로 입사 전에 모은 돈이 120만 원이고, 앞으로 몇 달 더 월급의 일부를 모아서 냉장고, 세탁기, TV를 사려고 한다. 한 달에 30만 원씩 모은다고 했을 때, 몇 개월 후에 재겸이가 사려는 가전제품을 모두 살 수 있는지 고르면? (단, 냉장고와 세탁기를 함께 구매할 경우 세탁기는 정가에서 20% 할인 적용되고, 청소기와 세탁기를 함께 구매할 경우 세탁기는 정가에서 30% 할인 적용된다.)

[표] 가전제품별 정가

구분	냉장고	세탁기	TV	청소기
정가	80만 원	80만 원	66만 원	90만 원

① 3개월　　　　② 5개월　　　　③ 6개월
④ 7개월　　　　⑤ 8개월

408

다음은 △△식품회사에서 신제품 출시를 위해 소비자를 대상으로 시제품에 대한 맛 테스트를 진행한 결과이다. 이를 참고할 때, 옳은 것을 고르면?

- 조사 대상은 20대, 30대, 40대, 50대이다.
- 전체 맛 테스트 결과 평균 점수가 7.5점 미만이면 제품으로 출시되지 않고, 7.5점이면 1회에 한하여 테스트를 다시 진행한다. 7.5점 초과의 경우 제품으로 출시된다.
- 시제품 A의 테스트 결과는 아래와 같다.
  - 20대 32명을 대상으로 한 테스트 결과는 8.0점이다.
  - 30대 48명을 대상으로 한 테스트 결과는 7.2점이다.
  - 40대 56명을 대상으로 한 테스트 결과는 7.5점이다.
  - 50대 24명을 대상으로 한 테스트 결과는 7.0점이다.
- 시제품 B의 테스트 결과는 아래와 같다.
  - 20대 32명을 대상으로 한 테스트 결과는 7.0점이다.
  - 30대 48명을 대상으로 한 테스트 결과는 7.9점이다.
  - 40대 56명을 대상으로 한 테스트 결과는 7.8점이다.
  - 50대 24명을 대상으로 한 테스트 결과는 7.2점이다.

① 시제품 A만 제품으로 출시된다.
② 시제품 B만 제품으로 출시된다.
③ 시제품 A와 시제품 B 모두 제품으로 출시된다.
④ 시제품 A와 시제품 B 모두 제품으로 출시되지 않는다.
⑤ 시제품 A와 시제품 B 모두 테스트를 다시 진행한다.

다음 보고서는 HMR 시장에 관한 [표]를 바탕으로 작성한 것이다. 보고서의 내용 중 옳지 <u>않은</u> 것을 고르면?

[표1] 1인 가구 비율 (단위: %)

연도	2000년	2010년	2015년	2020년
비율	15.5	23.9	27.2	31.7

[표2] 향후 HMR 구입 변화 예상 (단위: %)

구분	매우 감소	약간 감소	현 수준 유지	약간 증가	매우 증가
비율	0.2	1.9	64.3	31.2	2.4

[표3] HMR 주 구입처 (단위: %)

구입처	중소형 슈퍼마켓	대형마트	전통시장	백화점	온라인
비율	37.0	44.1	5.4	3.3	10.2

[표4] 유연근무제 실시 비율 (단위: %)

연도	2017년	2018년	2019년	2020년
비율	19.0	22.7	22.0	36.3

[표5] HMR 시장규모 (단위: 억 원)

연도	2015년	2016년	2018년	2019년	2020년
HMR 시장규모	17,000	27,400	32,000	40,000	50,000

보고서

　　HMR 식품이란 'Home Meal Replacement'의 줄임말로 가정간편식이라고도 불린다. HMR은 최근 식생활 및 거주형태의 변화에 따라 주목받고 있는 식품 형태로 별도의 조리과정이 필요하지 않거나 단순한 과정만을 필요로 하는 완전, 반조리 형태의 제품이다. 최근 조사에 따르면 ①1인 가구의 비중은 꾸준히 증가하여 전체 가구수가 20,927천 가구였던 2020년에는 7,000천 가구 이상을 돌파한 것으로 나타났다. 이에 더해 코로나 19로 인한 재택근무나 시차출퇴근제 등 유연근무제도 급속도로 확산되었다. ②'유연근무제 실시 현황' 조사에 따르면 2020년 유연근무제 실시 비율은 전년 대비 14.3%p 증가하였으며, 이는 식생활 문화를 변화시키는 데 큰 부분을 차지하고 있다. 1인 가구의 증가와 유연근무제의 확산이 시간과 노력을 아낄 수 있는 서비스나 제품에 비용을 아끼지 않는 소비 문화를 확산시키게 된 것이다. 실제로 ③HMR 시장규모는 매년 증가하는 추세로 2020년에는 5년 전 대비 약 194% 증가하였으며, 이는 전년 대비 1조 원 증가한 수치임을 확인할 수 있다. HMR 생산·유통업체가 HMR 구입자들을 대상으로 실시한 향후 구입 의지에 대한 조사도 긍정적으로 나타났다. 조사결과, ④향후 HMR 구입이 증가할 것이라 응답한 비율이 감소할 것이라 응답한 비율의 16배로 HMR 시장의 성장 가능성에 대한 밝은 전망을 예견하고 있다. 이렇듯 HMR 식품 시장은 단순한 냉동식품을 넘어서 건강과 편의성, 트렌드까지 고루 갖춘 다양한 제품 유형을 출시하며 시장을 넓혀가고 있다. 한편, ⑤HMR을 이용하는 소비자들의 80% 이상이 슈퍼마켓이나 대형마트에서 HMR을 주로 구입하는 것으로 나타나고 있어 HMR 식품 업체들은 온라인 채널의 성장에 투자함과 동시에 오프라인 시장 소비자들에 대한 니즈도 꼼꼼히 대응하고 있다.

다음 [그래프]는 2010년부터 2018년까지 우리나라 커피전문점 매장의 창업과 폐업에 관한 자료이다. 이에 대한 설명으로 옳은 것을 [보기]에서 모두 고르면?(단, 2009년 커피전문점 매장 수는 총 4.7만 개이다.)

[그래프1] 연도별 커피전문점 창업 및 폐업 매장 수 (단위: 천 개)

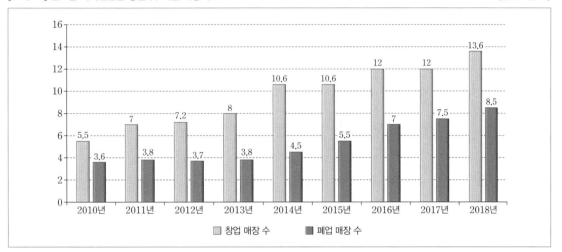

[그래프2] 연도별 커피전문점 창업 및 폐업률 (단위: %)

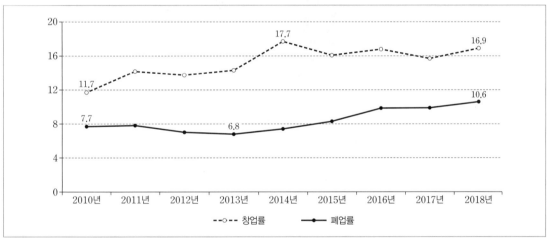

※ (해당 연도 창업(폐업)률)(%) = $\dfrac{(해당\ 연도\ 창업(폐업)\ 매장\ 수)}{(전년도\ 매장\ 수)} \times 100$

┤ 보기 ├
ㄱ 2018년 전체 음식점 매장 중 커피전문점이 차지하는 비중이 8%라면, 전체 음식점 매장 수는 107만 개이다.
ㄴ 2014년 말 커피전문점 매장 수의 5년 전 대비 증감률은 50% 이상이다.
ㄷ 제시된 기간 동안 커피전문점 창업률이 가장 높은 해의 창업률은 가장 낮은 해의 창업률의 1.5배 이상이다.
ㄹ 제시된 기간 동안 커피전문점 창업률이 처음으로 15%를 넘는 해는 2013년이다.

① ㄱ ② ㄴ ③ ㄷ
④ ㄱ, ㄷ ⑤ ㄴ, ㄹ

411

다음 [그래프]는 B대학교 취업상담실의 상담 현황에 관한 자료이다. 이에 대한 설명으로 옳지 <u>않은</u> 것을 고르면?

[그래프1] 상담 횟수별 학생 수

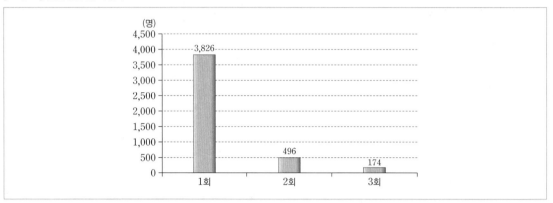

[그래프2] 전체 상담 건수의 유형별 구성비

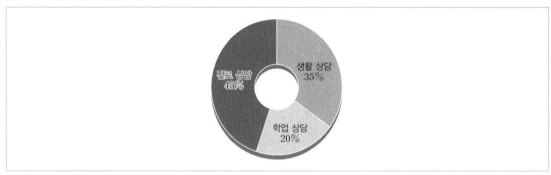

① 상담을 1회 받은 학생은 2회 받은 학생의 7배 이상이다.
② 진로 상담 건수는 학업 상담 건수의 2배 이상이다.
③ 전체 상담 건수는 5,000건 이상이다.
④ 상담을 받은 총 학생 수는 4,500명 이하이다.
⑤ 전체 상담 건수 중 생활 상담 건수는 1,574건이다.

412

다음 [표]는 지역별 도시철도 승차·수송인원과 총 인구수에 관한 자료이다. 이에 대한 설명으로 옳지 않은 것을 고르면?

[표1] 지역별 도시철도 승차·수송인원   (단위: 천 명)

연도별 지역별	2016년		2017년		2018년		2019년	
	승차인원	수송인원	승차인원	수송인원	승차인원	수송인원	승차인원	수송인원
서울	1,887,277	2,663,389	1,865,024	2,844,721	1,878,463	2,855,605	1,916,172	2,923,644
부산	330,992	330,992	338,850	338,850	336,243	336,243	342,549	342,549
대구	163,077	163,077	163,349	163,349	162,837	162,837	167,628	167,628
인천	86,460	122,044	109,366	156,707	112,344	161,440	115,815	166,067
광주	18,651	18,651	18,709	18,709	18,883	18,883	19,319	19,319
대전	39,947	39,947	39,702	39,702	39,719	39,719	40,262	40,262
김해	18,381	18,381	18,854	18,854	18,323	18,323	18,480	18,480
의정부	11,231	13,115	11,746	13,731	12,211	14,296	12,953	15,127
용인	6,828	9,469	7,306	10,087	7,980	11,005	8,848	12,074

[표2] 지역별 인구 및 인구밀도   (단위: 천 명, 명/km²)

연도별 지역별	2016년		2017년		2018년		2019년	
	인구	인구밀도	인구	인구밀도	인구	인구밀도	인구	인구밀도
서울	9,843	16,263	9,766	16,136	9,705	16,034	9,662	15,964
부산	3,447	4,477	3,424	4,447	3,400	4,416	3,373	4,380
대구	2,461	2,786	2,458	2,782	2,450	2,773	2,432	2,753
인천	2,907	2,736	2,924	2,750	2,939	2,764	2,944	2,769
광주	1,502	2,997	1,495	2,984	1,493	2,980	1,494	2,980
대전	1,536	2,848	1,528	2,832	1,518	2,813	1,509	2,796

※ 지역별 인구밀도란 각 지역의 인구수를 그 지역의 면적으로 나눈 값으로 1km²당 거주하는 인구수를 의미함

① 2019년 광주의 면적은 약 504.3km²이다.
② 2018년 대전의 도시철도 승차인원은 대전 총 인구수의 25배 이상이다.
③ 2016년에 전체 수송인원에서 서울의 수송인원이 차지하는 비중은 약 78.8%이다.
④ 2017년부터 2019년까지 의정부의 승차인원은 매년 전년 대비 증가한다.
⑤ 2019년에 인천의 수송인원 대비 승차인원은 70% 이하이다.

다음 [표]는 연도별 전년 대비 물가 상승률에 관한 자료이다. 이에 대한 설명으로 옳지 **않은** 것을 [보기]에서 모두 고르면?

[표] 연도별 전년 대비 물가 상승률 (단위: %)

구분	연도별	2010년	2011년	2012년	2013년	2014년	2015년	2016년	2017년	2018년	2019년	2020년
소비자 물가	전체	2.9	4.0	2.2	1.3	1.3	0.7	1.0	1.9	1.5	0.4	0.5
	농축수산물	10.0	9.2	3.1	−0.6	−2.7	2.0	3.8	5.5	3.7	−1.7	6.7
	공업제품	3.2	4.9	2.8	0.9	1.3	−0.2	−0.5	1.4	1.3	−0.2	−0.2
	집세	1.9	4.0	4.2	2.7	2.3	2.5	1.9	1.6	0.6	−0.1	0.2
	공공서비스	1.2	−0.4	0.5	0.7	0.7	1.2	1.5	1.0	0.2	−0.5	−1.9
	개인서비스	2.2	3.7	1.1	1.6	1.7	1.9	2.7	2.5	2.5	1.9	1.2
근원물가		1.8	3.2	1.7	1.6	2.0	2.2	1.6	1.5	1.2	0.9	0.7
생활물가		3.4	4.4	1.7	0.7	0.8	−0.2	0.7	2.5	1.6	0.2	0.4

┤ 보기 ├

㉠ 2015년 공공서비스의 전년 대비 물가 상승률은 2014년 공공서비스의 전년 대비 물가 상승률보다 0.5% 더 높다.
㉡ 2016년 이후 근원물가의 전년 대비 물가 상승률은 매년 감소하고 있다.
㉢ 전체 소비자물가의 전년 대비 물가 상승률이 가장 높은 해에 공업제품의 전년 대비 물가 상승률도 가장 높다.
㉣ 2014년 생활물가의 4년 전 대비 물가 상승률은 5% 미만이다.

① ㉠
② ㉡
③ ㉠, ㉣
④ ㉡, ㉢
⑤ ㉢, ㉣

414

다음 [그래프]는 연도별 전체 가구와 1인 가구 수 및 2019년 전체 가구와 1인 가구의 주거유형에 관한 자료이다. 이에 대한 설명으로 옳은 것을 고르면?

[그래프1] 연도별 전체 가구와 1인 가구 수 (단위: 천 가구)

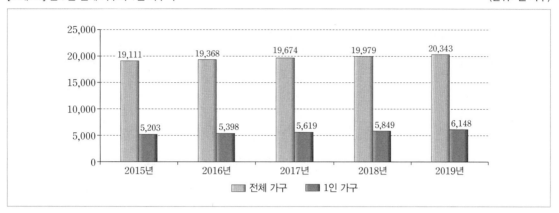

[그래프2] 2019년 전체 가구와 1인 가구의 주거유형 (단위: %)

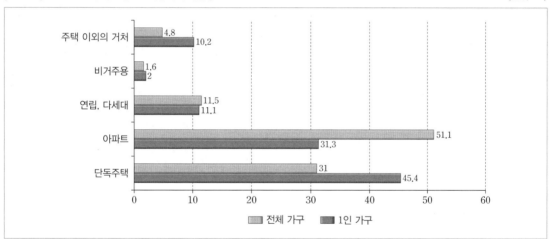

① 2019년 주거유형에서 비중이 가장 높은 주거유형은 전체 가구와 1인 가구 모두 아파트이다.
② 2017년 전체 가구 대비 1인 가구의 비중은 약 29.3%이다.
③ 2018년에 3년 전 대비 전체 가구의 증가율은 약 5.5%이다.
④ 2019년에 1인 가구 중 연립, 다세대에 거주하는 가구는 680천 가구 이상이다.
⑤ 2017년에 전년 대비 1인 가구의 증가량은 241천 가구이다.

[415~416] 다음 [그래프]와 [표]는 2020년 OECD 주요 국가의 국회의원 성비 및 연도별 한국의 여성 국회의원 현황에 관한 자료이다. 이를 바탕으로 이어지는 질문에 답하시오.

[그래프] 2020년 OECD 주요 국가의 국회의원 성비 (단위: %)

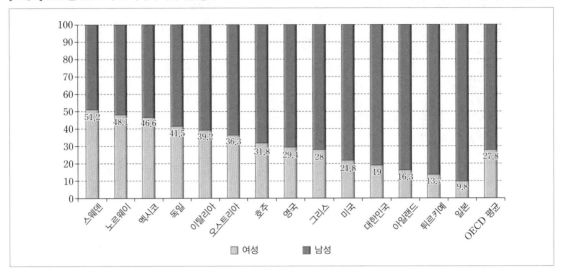

[표] 연도별 한국의 여성 국회의원 현황 (단위: 명)

구분	지역구	비례대표	전체
2004년	10	29	39
2008년	14	27	41
2012년	19	28	47
2016년	26	25	51
2020년	29	28	57

415 문제 더보기 PART Ⅱ 복원 | P.135 123번

주어진 자료에 대한 설명으로 옳은 것을 [보기]에서 모두 고르면?

┌ 보기 ┐

ㄱ. 2020년 OECD 주요 국가의 여성 국회의원 비율 평균은 OECD 평균보다 높다.
ㄴ. 2020년 한국의 전체 국회의원 중 여성 비례대표 국회의원의 비율은 10% 이상이다.
ㄷ. 2020년 OECD 주요 국가 중 남성 국회의원 비율이 가장 높은 국가와 가장 낮은 국가의 남성 국회의원 비율의 차이는 41.4%p이다.
ㄹ. 한국의 지역구 여성 국회의원 수는 2008년 대비 2016년에 90% 이상 증가하였다.

① ㄱ, ㄴ   ② ㄱ, ㄷ   ③ ㄴ, ㄹ
④ ㄱ, ㄷ, ㄹ   ⑤ ㄴ, ㄷ, ㄹ

416 문제 더보기 PART Ⅱ 복원 | P.135 124번

2020년 OECD 일부 국가의 총 국회의원 수가 다음 [표]와 같을 때, 2020년 영국의 여성 국회의원 수와 노르웨이의 여성 국회의원 수의 차를 고르면?(단, 소수점 첫째 자리에서 반올림하여 계산한다.)

[표] 2020년 OECD 일부 국가의 총 국회의원 수

(단위: 명)

구분	스웨덴	노르웨이	독일	오스트리아	영국
총 국회의원 수	349	169	709	183	650

① 52명   ② 81명   ③ 110명
④ 148명   ⑤ 191명

[417~418] 다음은 수도권 1호선 지하철 노선에 관한 자료이다. 이를 바탕으로 이어지는 질문에 답하시오.

○ 수도권 1호선 지하철은 일반열차와 급행열차로 구분된다.
○ 급행열차는 인천－구로 구간까지 일부 역에서만 정차하고, 구로역부터는 일반열차와 똑같이 정거장마다 정차한다. 급행열차가 정차하는 역은 인천, 동인천, 제물포, 주안, 동암, 부평, 송내, 부천, 역곡, 개봉, 구로역이다.
○ 열차는 일반 정거장에서 30초씩 정차하고, 환승역(그림에서 신호등처럼 표시되어 있음)에서는 1분간 정차한다.
○ 일반열차가 한 정거장을 이동할 때 걸리는 시간이 2분이다. 급행열차가 급행 구간에서 급행열차가 정차하는 정거장 사이를 이동할 때 걸리는 시간은 각 3분이고, 급행 구간이 아닐 때는 일반열차와 동일한 시간이 소요된다.
○ 인천역의 일반열차와 급행열차 시간표는 다음과 같다.

평일	일반열차	5시 00분에 처음 출발하여 4분마다 출발
	급행열차	5시 10분에 처음 출발하여 25분마다 출발
토요일 및 휴일	일반열차	5시 10분에 처음 출발하여 8분마다 출발

※ 가산디지털단지역 방향 열차와 신도림역 방향 열차는 항상 같은 시각에 동시 출발함

[그림] 수도권 1호선 지하철 노선도 일부

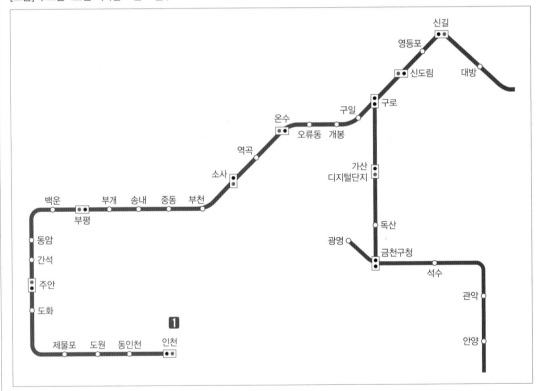

417 문제 더보기 PART Ⅱ 복원 | P.127 114번

평일 인천역에서 네 번째로 출발한 급행열차가 역곡역에 도착한 시각을 고르면?

① 5시 51분
② 6시 18분 30초
③ 6시 28분
④ 6시 53분 30초
⑤ 7시 6분

418 문제 더보기 PART Ⅱ 복원 | P.127 115번

동인천역에서 도보로 10분 거리의 자택에 거주 중인 L씨는 독산역에서 도보로 8분 거리에 위치한 회사에 근무하고 있다. 회사에 도착하는 시각이 8시 55분 이전이 되도록 하고자 할 때, L씨가 자택에서 출발할 수 있는 가장 늦은 시각을 고르면?(단, L씨는 평일에만 근무한다.)

① 7시 35분 30초
② 7시 42분
③ 7시 51분 30초
④ 7시 58분 30초
⑤ 8시 5분

[419~420] 다음 [표]와 [그래프]는 2020년 주요 품목별 수출액 및 전년 대비 증감률과 1~9월 제조업 취업자 수 및 고용률에 관한 자료이다. 이를 바탕으로 이어지는 질문에 답하시오.

[표] 2020년 주요 품목별 수출액 및 전년 대비 증감률

(단위: 억 달러, %)

순위	품목	2020년 수출액	전년 대비 증감률
1	컴퓨터	134	57.2
2	바이오헬스	141	54.4
3	석유제품	572	40.6
4	자동차부품	264	17.3
5	석유화학	496	16.4
6	철강	355	14.5
7	섬유	147	13.3
8	자동차	486	13.1
9	디스플레이	230	12.2
10	일반기계	573	8.9
10대 합계		3,398	19.8
기타 품목		2,763	9.6
전체		6,161	15.0

※ 순위는 전년 대비 증감률을 기준으로 함

[그래프] 2020년 1~9월 제조업 취업자 수 및 고용률

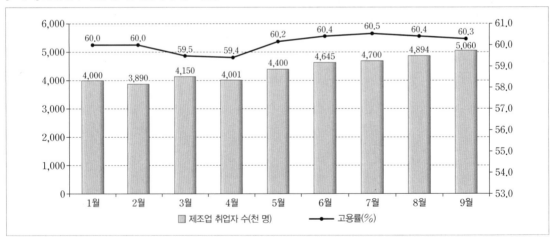

※ 왼쪽은 제조업 취업자 수, 오른쪽은 고용률을 나타냄
※ 고용률(%)은 당해 연도 15세 이상 연앙인구 중에서 전체 취업자가 차지하는 비율을 나타냄

주어진 자료에 대한 설명으로 옳은 것을 고르면?

① 2020년 1~9월 중 고용률이 가장 낮은 달에 제조업 취업자 수도 가장 적다.

② 수출액 규모가 두 번째로 큰 품목은 2020년과 2019년에 서로 동일하다.

③ 제조업 취업자 중 2020년 3월에 퇴사한 사람이 없었다면, 3월의 신규 취업자 수는 360천 명이다.

④ 전체 수출액 금액 중 10대 합계 수출액 금액이 차지하는 비중은 2020년이 2019년보다 크다.

⑤ 2020년 9월 제조업 취업자 수는 1월 대비 28.5% 증가하였다.

다음 [표]는 2020년 1~9월 15세 이상 연앙인구에 관한 자료이다. 2020년 1~6월 월별 취업자 수의 평균을 고르면?(단, 백 명 단위에서 반올림하여 계산한다.)

[표] 2020년 1~9월 15세 이상 연앙인구 수

(단위: 천 명)

구분	1월	2월	3월	4월	5월	6월	7월	8월	9월
연앙인구	27,952	27,991	27,789	27,734	28,209	28,283	28,244	27,949	28,012

① 16,773천 명

② 16,782천 명

③ 16,833천 명

④ 16,918천 명

⑤ 17,032천 명

[421~422] 다음 [표]는 철도 교통 부정승차 현황에 관한 자료이다. 이를 바탕으로 이어지는 질문에 답하시오.

[표1] 철도 교통 부정승차자 적발 현황 (단위: 천 명)

구분	부정승차자		미구입자		부정할인자	
	전체	자기고발 외	전체	자기고발 외	전체	자기고발 외
20×1년	112	82	34	28	78	54
20×2년	114	85	38	29	76	56
20×3년	116	86	37	29	79	57
20×4년	117	91	35	30	82	61
20×5년	121	89	33	29	88	60
20×6년	122	91	31	28	91	63
20×7년	128	89	38	31	90	58
20×8년	131	106	37	32	94	74

※ (부정승차자) = (미구입자) + (부정할인자)
※ 자기고발 외는 전체 인원 중 자진하여 고발하지 아니한 인원을 말함

[표2] 철도별 부정승차자 현황 (단위: 천 명)

구분	KTX	새마을 호	무궁화 호
20×1년	50	8	54
20×2년	48	9	57
20×3년	54	7	55
20×4년	55	5	57
20×5년	61	2	58
20×6년	60	3	59
20×7년	63	4	61
20×8년	68	5	58

[표3] 철도 교통 부정승차자 적발 현황 (단위: 천 명)

구분	KTX		새마을 호		무궁화 호	
	미구입자	부정할인자	미구입자	부정할인자	미구입자	부정할인자
20×1년	15	35	3.6	4.4	15.4	38.6
20×2년	14.2	33.8	3.8	5.2	20	37
20×3년	18	36	3	4	16	39
20×4년	15.7	39.3	2.8	2.2	16.5	40.5
20×5년	20	41	0.9	1.1	12.1	45.9
20×6년	16.2	43.8	0.8	2.2	14	45
20×7년	19	44	1.4	2.6	17.6	43.4
20×8년	23.2	44.8	1.8	3.2	12	46

421 PART Ⅱ 복원 | P.133 121번

주어진 자료에 대한 설명으로 옳은 것을 고르면?

① 20×8년 전체 부정승차자 중 무궁화 호 부정승차자가 차지하는 비중은 45% 이상이다.
② 20×2년 새마을 호 미구입자 수는 부정할인자 수보다 1,400명 더 적다.
③ 제시된 기간 동안 자진하여 고발한 부정승차 인원은 총 252천 명이다.
④ 제시된 기간 동안 전체 미구입자 수가 가장 적은 해에 무궁화 호 미구입자 수도 가장 적다.
⑤ 20×3년 KTX 부정승차자 중 부정할인자의 비중은 70% 이상이다.

422 PART Ⅱ 복원 | P.133 122번

다음 [그래프]는 20×2년부터 20×8년까지의 전체 자기고발 외 부정승차자 수의 전년 대비 증감추이를 나타낸 자료이다. ㉠에 들어갈 값을 고르면?(단, 소수점 둘째 자리에서 반올림하여 계산한다.)

[그래프] 전체 자기고발 외 부정승차자 수의 전년 대비 증감추이 (단위: %)

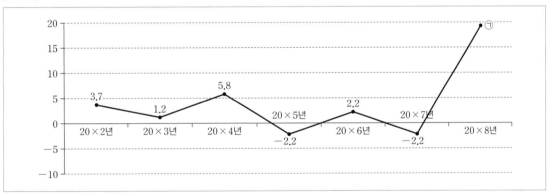

① 18.8 ② 19.1 ③ 19.4
④ 19.6 ⑤ 19.8

[423~424] 다음 [표]는 외국인 보유 국내 토지 현황에 관한 자료이다. 이를 바탕으로 이어지는 질문에 답하시오.

[표1] 국적별 외국인 토지 보유 현황

(단위: 백 필지, 천 m², 십억 원)

구분	2021년 상반기			2021년 하반기		
	필지수	면적	금액	필지수	면적	금액
전체	1,630	256,740	31,691	1,678	259,410	32,056
미국	586	136,751	13,264	593	137,904	13,344
유럽	57	18,234	5,212	59	18,695	5,212
일본	48	16,786	2,537	48	16,794	2,524
중국	609	20,276	2,963	642	20,556	3,284
기타	330	64,693	7,715	336	65,461	7,692

[표2] 지역별 외국인 토지 보유 현황

(단위: 백 필지, 천 m², 십억 원)

구분	2021년 상반기			2021년 하반기		
	필지수	면적	금액	필지수	면적	금액
전체	1,630	256,740	31,691	1,678	259,410	32,056
서울	380	3,122	11,703	383	3,112	11,716
경기	476	46,641	4,863	497	47,511	5,020
강원	83	23,873	286	84	23,643	287
충북	46	13,649	365	48	13,652	369
충남	86	21,367	991	92	21,655	1,001
제주	156	21,746	572	156	21,923	575

주어진 자료에 대한 설명으로 옳지 않은 것을 고르면?

① 2021년 상반기 외국인 보유 토지 1백 필지당 금액은 서울 지역이 경기 지역의 3배 이상이다.

② 2021년 하반기 외국인 보유 토지 전체 면적 중 미국인 보유 토지가 차지하는 비중은 55% 이상이다.

③ 2021년 하반기 중국인 보유 토지 금액은 전반기 대비 10% 이상 증가하였다.

④ 제시된 국적별 외국인 보유 토지 면적은 모두 2021년 하반기에 전반기 대비 증가하였다.

⑤ 2021년 하반기 제주의 외국인 보유 토지 필지수는 전반기와 동일하지만 면적은 177천 m^2 증가하였다.

다음 [표3]은 외국인의 취득 용도별 토지 보유 현황에 관한 자료이다. [표1], [표2]와 [표3]에 대한 설명으로 옳은 것을 고르면?

[표3] 외국인 취득 용도별 토지 보유 현황 (단위: 백 필지, 천 m^2, 십억 원)

구분	2021년 상반기			2021년 하반기		
	필지수	면적	금액	필지수	면적	금액
아파트	426	2,319	3,758	444	2,349	3,818
단독주택	108	3,283	1,738	111	3,333	1,757
주거기타	303	5,251	2,182	314	5,261	2,218
레져용지	68	11,830	618	68	11,820	617
상업용지	125	4,179	7,991	126	4,168	7,935
공장용지	44	58,569	10,134	45	58,718	10,128
기타용지	556	171,309	5,270	570	173,761	5,583

① 전체 외국인 보유 토지 필지수 중 경기 지역이 차지하는 비중은 2021년 하반기에 전반기 대비 증가하였다.

② 2021년 하반기 외국인 보유 아파트 토지 면적은 전반기 대비 2% 이상 증가하였다.

③ 2021년 상반기 외국인 보유 전체 토지 1백 필지당 금액보다 단독주택 토지 1백 필지당 금액이 더 크다.

④ 2021년 상반기 외국인 보유 전체 토지 금액 중 공장용지 금액이 차지하는 비중은 35% 이상이다.

⑤ 2021년 하반기 외국인 보유 기타용지의 필지수는 레져용지 필지수의 9배 이상이다.

[425~426] 다음 [표]는 에너지원별 발전량에 관한 자료이다. 이를 바탕으로 이어지는 질문에 답하시오.

[표] 에너지원별 발전량

(단위: GWh)

에너지원별 / 연도별	계	원자력	석탄	가스	신재생	유류	양수	기타
2011년	496,893	154,723	202,856	112,646	12,190	11,245	3,233	0
2012년	509,574	150,327	202,191	125,285	12,587	15,501	3,683	0
2013년	517,149	138,784	204,196	139,783	14,449	15,832	4,105	0
2014년	521,972	156,407	207,214	127,472	17,447	8,364	5,068	0
2015년	528,091	164,762	211,393	118,695	19,464	10,127	3,650	0
2016년	540,440	161,995	213,803	121,018	25,836	14,001	3,787	0
2017년	553,531	148,427	238,799	126,039	30,817	5,263	4,186	0
2018년	570,645	133,505	238,967	152,924	35,598	5,740	3,911	0
2019년	563,040	145,910	227,384	144,355	36,392	3,292	3,458	2,249
2020년	552,162	160,184	196,333	145,911	36,527	2,255	3,271	7,681

주어진 자료에 대한 설명으로 옳지 <u>않은</u> 것을 [보기]에서 모두 고르면?

┤ 보기 ├

㉠ 2012년 이후 신재생 에너지 발전량은 매년 증가하고 있다.

㉡ 2015년에 전체 에너지 발전량 대비 원자력 에너지 발전량의 비중은 30% 이상이다.

㉢ 제시된 기간 동안 매년 석탄 에너지 발전량은 가스 에너지 발전량의 1.5배 이상이다.

㉣ 제시된 기간 동안 유류 에너지 발전량이 가장 많은 해와 가장 적은 해에 유류 에너지 발전량의 차는 13,577GWh이다.

① ㉡   ② ㉢   ③ ㉠, ㉢

④ ㉡, ㉣   ⑤ ㉢, ㉣

426

주어진 자료에서 제시된 기간 동안 원자력 에너지 발전량의 평균을 고르면?(단, 소수점 첫째 자리에서 반올림하여 계산한다.)

① 131,413GWh   ② 138,924GWh   ③ 146,582GWh

④ 151,502GWh   ⑤ 158,374GWh

[427~429] 다음 [표]와 [그래프]는 근로시간 및 여가시간에 관한 자료이다. 이를 바탕으로 이어지는 질문에 답하시오.

[표1] 대한민국 연평균 근로시간 추이 (단위: 시간)

연도	2011년	2012년	2013년	2014년	2015년	2016년	2017년	2018년	2019년	2020년	2021년
근로시간	2,136	2,119	2,106	2,076	2,083	2,068	2,018	1,993	1,967	1,908	1,915

[표2] 연도별 임금근로자 월평균 근로시간과 1일 평균 여가시간 (단위: 시간)

구분		임금근로자 월평균 근로시간				1일 평균 여가시간			
		2018년	2019년	2020년	2021년	2018년	2019년	2020년	2021년
전체		156.4	152.4	160	164.2	3.9	4.1	4.3	4.4
성별	남성	161.8	157.9	164.5	170.4	3.8	4.0	4.2	4.4
	여성	149.2	144.6	152.0	155.4	3.9	4.1	4.3	4.3
연령 집단	20세 미만	146.2	143.7	152.5	150.0	3.5	3.7	4.0	4.1
	20~29세	149.1	145.3	155.5	155.0	3.9	4.1	4.4	4.5
	30~39세	162.5	158.9	170.4	174.3	3.4	3.6	3.8	3.9
	40~49세	159.2	156.1	162.8	169.9	3.5	3.6	3.9	4.2
	50~59세	157.1	152.8	160.2	163.7	3.6	3.8	4.5	4.6
	60세 이상	146.1	140.9	146.6	149.1	4.6	5	5.1	5.2

※ 1일 평균 여가시간 응답자는 대한민국 전체 국민을 대상으로 함

[그래프1] OECD 주요국 연간 근로시간 (단위: 시간)

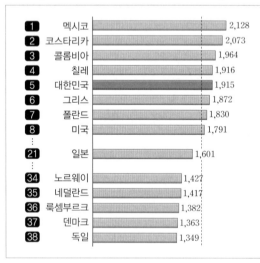

※ OECD국가 총 38개국

[그래프2] 2021년 OECD 주요국 시간당 노동생산성 (단위: 달러)

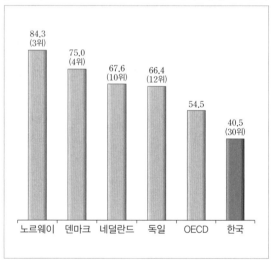

※ 1위 아일랜드 102.7달러
※ 연간 근로시간 하위 4개국의 시간당 노동생산성 평균은 73.5달러
※ 노동생산성은 연간 근로시간 대비 GDP를 의미함

427

주어진 자료에 대한 설명으로 옳은 것을 고르면?

① 2018~2021년 동안 임금근로자 전체의 월평균 근로시간 추세는 1일 평균 여가시간 추세와 정반대이다.
② 2020년 30세 이상 59세 이하 임금근로자 월평균 근로시간 조사 대상자 수는 전체 조사 대상자 수의 50%를 차지한다.
③ 2011년부터 대한민국의 연평균 근로시간은 10년 동안 지속적으로 감소하였다.
④ 2018~2021년 동안 1일 평균 여가시간 조사 대상자 수는 매년 여성이 남성보다 많았다.
⑤ 2020년 대한민국 연평균 근로시간 조사 대상자 중 임금근로자가 절반을 차지한다면, 임금근로자를 제외한 인원의 연평균 근로시간은 1,896시간일 것으로 예측된다.

428

주어진 자료를 바탕으로 2021년 대한민국의 시간당 노동생산성을 100이라 할 때, 룩셈부르크의 시간당 노동생산성이 얼마인지 고르면?(단, 소수점 첫째 자리에서 반올림한다.)

① 208   ② 210   ③ 212   ④ 214   ⑤ 216

429

2018년 20~59세 임금근로자는 전체 임금근로자 중 80%를 차지하고, 20~59세 취업자 중 임금근로자를 제외한 취업자 수가 총 10,173,000명이다. 주어진 자료를 이용하여 2018년 20~59세 총 인구수가 몇 명인지 고르면?(단, 2018년 남성 임금근로자의 수는 1,200만 명이다.)

[그래프3] 고용률 추이   (단위: %)

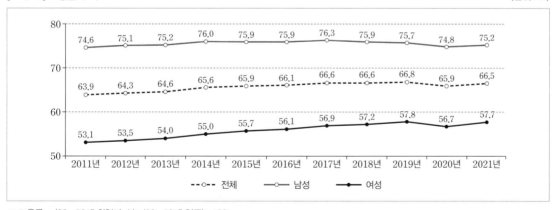

※ 고용률 = (20~59세 취업자 수)÷(20~59세 인구)×100

① 40,200,000명   ② 40,400,000명   ③ 40,500,000명
④ 40,800,000명   ⑤ 41,000,000명

[430~432] 다음 [표]는 국내 지식재산 출원 동향에 관한 자료이다. 이를 바탕으로 이어지는 질문에 답하시오.

[표1] 국내 특허 출원 동향 (단위: 건)

구분	2018년	2019년	2020년	2021년
중소벤처기업	46,652	50,493	57,438	62,843
대기업	33,693	37,538	37,536	37,322
대학/공공연	27,218	26,944	27,947	30,020
개인	41,096	43,130	43,544	41,298
외국인	47,809	47,518	46,306	51,735
기타	13,524	13,352	13,988	14,780
합계	209,992	218,975	226,759	237,998

[표2] 국내 상표 출원 동향 (단위: 건)

구분	2018년	2019년	2020년	2021년
중소벤처기업	58,017	66,154	83,548	96,881
대기업	9,244	9,053	9,925	10,516
대학/공공연	1,114	1,118	1,532	1,396
개인	86,415	97,057	116,808	130,005
외국인	29,860	31,352	27,719	30,138
기타	15,691	16,773	18,401	16,885
합계	200,341	221,507	257,933	285,821

[표3] 국내 디자인 출원 동향 (단위: 건)

구분	2018년	2019년	2020년	2021년
중소벤처기업	21,345	22,272	23,621	23,187
대기업	3,502	3,992	4,422	3,663
대학/공공연	1,184	1,003	1,126	1,155
개인	29,713	29,279	30,591	28,784
외국인	4,951	5,091	4,789	4,815
기타	2,985	3,402	3,034	3,183
합계	63,680	65,039	67,583	64,787

430
문제 더보기 PART Ⅱ 복원 | P.129 116번
PART Ⅱ 복원 | P.129 117번

주어진 자료에 대한 설명으로 옳지 <u>않은</u> 것을 고르면?

① 2018년 국내 특허, 상표, 디자인 출원 건수의 총합은 474,013건이다.

② 2019년 기타 국내 디자인 출원 건수의 전년 대비 증가율은 15% 이상이다.

③ 제시된 기간 동안 국내 디자인 출원 건수는 매년 개인이 대기업보다 25,000건 이상 많다.

④ 제시된 기간 동안 개인의 연평균 국내 특허 출원 건수는 42,267건이다.

⑤ 2021년 대기업의 국내 상표 출원 건수는 2년 전 대비 1,463건 증가하였다.

431

다음 [그래프]는 2020년 국내 상표 출원 건수 비중을 나타낸 자료이다. A에 들어갈 값을 고르면?(단, 소수점 둘째 자리에서 반올림하여 계산한다.)

[그래프] 국내 상표 출원 건수 비중 (단위: %)

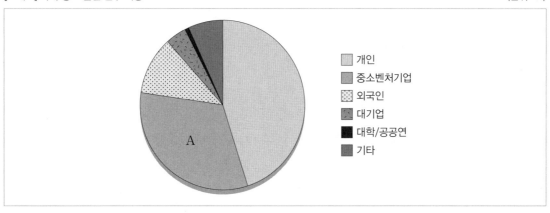

① 29.9   ② 31.5   ③ 32.4

④ 33.7   ⑤ 34.1

432

다음 [그래프]는 항목별 국내 특허 출원 건수의 전년 대비 증감추이를 나타낸 자료이다. [그래프]에 나타나지 않은 항목을 고르면?

[그래프] 항목별 국내 특허 출원 건수의 전년 대비 증감추이   (단위: %)

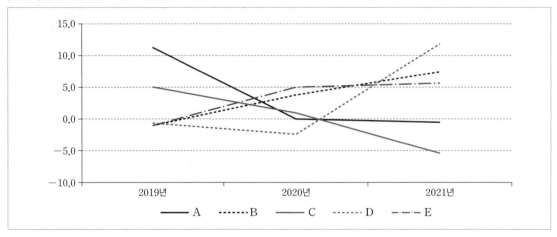

① 중소벤처기업   ② 외국인   ③ 대학/공공연
④ 대기업   ⑤ 개인

433 _{문제 더보기} PART II 복원 | P.207 207번

업무상 발생하는 문제의 종류에는 발생형 문제, 탐색형 문제, 설정형 문제 등이 있다. 탐색형 문제에 해당하는 것을 [보기]에서 모두 고르면?

―| 보기 |―

㉠ 국내 점유율 1위인 J사는 국내를 넘어 베트남에 진출하기 위한 방법을 모색하기 위해 자사의 제품을 수정, 보완할 필요가 있는지 면밀히 검토 중에 있다.

㉡ E사는 작년의 제품 원가가 제품의 판매가에 비해 너무 높았던 것을 보완하기 위해 올해는 작년보다 제품의 원가를 절감한다는 목표를 수립하였다.

㉢ Q사의 제품 불량률은 3% 미만 수준이었으나 지난달 새로운 설비를 도입한 이후 5% 수준의 제품 불량률이 나타나고 있다.

① ㉠

② ㉡

③ ㉢

④ ㉠, ㉡

⑤ ㉡, ㉢

다음은 업무 수행 과정 중 발생한 문제 유형을 기준에 따라 구분하여 나타낸 자료이다. ㉠~㉢에 대한 설명으로 적절하지 <u>않은</u> 것을 고르면?

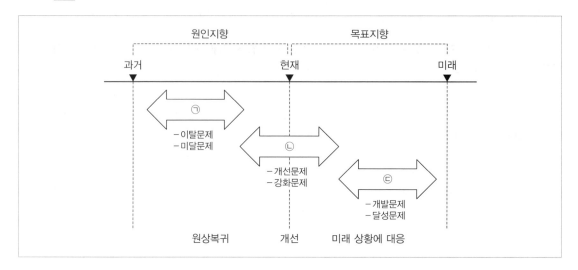

① ㉠은 당장 걱정하고 해결하기 위해 고민하는 문제로, 원인 지향적인 문제라고도 한다.
② ㉡을 방치하면 후에 큰 손실이 따르거나 해결할 수 없는 문제로 확대되기도 한다.
③ ㉡에 현재는 문제가 아니지만 현 상태로 진행하면 일어날 수 있는 문제가 포함된다.
④ ㉢은 잠재 문제, 예측 문제, 발견 문제의 세 가지 형태로 구분할 수 있다.
⑤ ㉢은 목표 지향적 문제라고도 하며 문제를 해결하는 데 많은 창조적인 노력이 요구된다.

다음 글의 A와 B의 의견을 올바르게 분석한 것을 고르면?

> A : "공공기관의 비효율과 방만경영으로 인해 과도한 부채가 증가하고 있어 문제입니다. 공공기관의 인원을 감축하고, 배정되는 예산을 줄이며, 공공기관이 소유하고 있는 필요없는 자산을 매각하는 등 공공기관의 규모를 줄여나가야 합니다. 결과적으로는 민간영역이나 지방자치단체가 수행할 수 있는 업무는 최대한 민간영역이나 지방자치단체로 돌려 적자를 거듭하고 있는 공공기관의 경영성과를 개선해야 합니다."
>
> B : "저는 좀 다른 생각입니다. 공기업을 비롯한 공공기관의 목표는 이익 추구가 아닙니다. 우리는 공공기관이 전기나 철도, 상수도 등 국민의 생활에 필수적인 요소들을 적절한 가격에 공급하는 등 사회적 후생을 극대화하기 위해 필요한 집단임을 상기해야 합니다. 이러한 공공기관의 존재의의를 바탕으로 판단할 때, 공기업의 적자는 방만경영으로 인한 것이 아니라, 자신의 역할에 있어 필연적으로 따라올 수 밖에 없는 손실이라고 생각합니다."

① A는 논리적인 사고를, B는 비판적인 사고를 통해 각자의 의견을 제시하고 있다.
② A는 적극적으로 분석하고 종합하며 평가하는 사고를 하고 있다.
③ A는 사회의 입장만을 대변하고 있으며, B는 회사의 입장만을 대변하고 있다.
④ B는 과제를 수행하고 문제를 해결하는 새로운 방법을 제안하고 있다.
⑤ 문제해결을 위해 A는 부정적인 시각을, B는 긍정적인 시각을 보여주고 있다.

다음 대화에서 사용하고 있는 창의적 사고 개발 방법에 대한 설명으로 적절한 것을 고르면?

> 정 팀장: 이번 주간회의에서는 미리 공지한 것처럼 내년에 출시될 예정인 자동차 모델 500D에 대해 논의하는 시간을 갖도록 하겠습니다. 우선 판매 방법에 대해 떠오르는 아이디어를 자유롭게 말해봅시다.
>
> 양 과장: 저희 회사 자동차는 중국, 대만, 태국, 일본 등을 중심으로 수출이 활발한 편인데, 500D가 범세계적인 모델로 출시된 만큼 새로운 해외 수출 지역을 물색하여 신규 판매 루트를 개척하면 좋을 것 같습니다.
>
> 김 주임: 코로나19로 말미암아 비대면 시장이 급성장하고 있으므로 동영상 플랫폼에서 500D의 특장점을 홍보하고 라이브커머스를 통해 판매하는 것도 좋을 것 같아요.
>
> 정 팀장: 네, 양 과장과 김 주임 의견 고맙습니다. 그럼 판매 대상에 대해 떠오르는 아이디어도 자유롭게 말해봅시다.
>
> 유 대리: 자사 자동차를 몰던 기존 고객을 대상으로 프로모션을 진행하는 것은 어떨까요? 자사 중고 차량을 가지고 오면 500D 구매 시 할인 혜택을 제공하거나 주유 쿠폰 등의 서비스를 제공하면 좋을 것 같습니다.

① 주제와 본질적으로 닮은 것을 힌트로 하여 새로운 아이디어를 얻는 방법을 말한다.
② 각종 힌트를 통해 사고의 방향을 미리 정하여 강제로 연결 지어 발상하는 방법에 해당한다.
③ 특정 주제에서 생각나는 것을 계속해서 열거해 나가는 발산적 사고의 일종이다.
④ 대상과 비슷한 것을 찾아내어 그것을 힌트로 새로운 아이디어를 생각해 내는 NM법이 대표적이다.
⑤ 어떤 생각에서 다른 생각을 떠올리는 작용을 통해 자유롭게 아이디어를 창출하는 방식이다.

갑~무는 서울교통공사 9호선에서 근무 중이다. 5명 중 2명은 어제 당직 근무를 하였으며, 5명은 모두 진실을 말하고 있을 때, 어제 당직 근무를 한 사람을 모두 고르면?

> • 갑: 나 또는 무 중에 어제 당직 근무를 한 사람이 있어.
> • 을: 나 또는 무 중에 어제 당직 근무를 하지 않은 사람이 있어.
> • 병: 내가 어제 당직 근무를 했거나, 을이 어제 당직 근무를 했어.
> • 정: 내가 어제 당직 근무를 하지 않았다면, 갑이 어제 당직 근무를 했어.
> • 무: 병이 어제 당직 근무를 했다는 말은 거짓이야.

① 갑, 을   ② 갑, 병   ③ 을, 정
④ 을, 무   ⑤ 정, 무

438

다음의 명제가 모두 참일 때, 항상 참인 명제를 고르면?

- 어떤 직원은 독서를 좋아한다.
- 독서를 좋아하는 어떤 직원은 사진 찍기를 좋아한다.
- 독서를 좋아하는 어떤 직원은 여행을 좋아한다.
- 윈드서핑을 좋아하는 모든 직원은 여행을 좋아한다.

① 윈드서핑을 좋아하는 모든 직원은 독서를 좋아한다.
② 여행을 좋아하는 어떤 직원은 윈드서핑을 좋아한다.
③ 사진 찍기를 좋아하는 모든 직원은 독서를 좋아한다.
④ 사진 찍기를 좋아하는 어떤 직원은 윈드서핑을 좋아한다.
⑤ 사진 찍기를 좋아하는 어떤 직원은 여행을 좋아한다.

439 문제 더보기 PART Ⅱ 복원 | P.169 174번

'갑'사에서는 채용된 신입사원 8명을 5개의 부서에 나누어 다음과 같이 배정하고자 한다. 이에 대한 설명으로 항상 옳은 것을 고르면?

- 채용된 신입사원 8명은 A, B, C, D, E, F, G, H이다.
- 회계팀과 홍보팀에 배정된 인원의 합은 3명이다.
- 아무도 배정되지 않은 부서는 1개 부서이다.
- 생산팀과 영업팀에 배정된 인원의 합은 홍보팀에 배정된 인원과 같다.
- 기획팀에 배정된 인원이 가장 많다.

① 아무도 배정되지 않은 부서는 생산팀이다.
② 회계팀에 2명이 배정되었다면, 영업팀은 1명이 배정되었다.
③ 기획팀에 배정된 인원은 3명이다.
④ 홍보팀에 배정되는 인원은 생산팀에 배정되는 인원보다 많다.
⑤ 홍보팀에 1명이 배정되었다면, 기획팀에 배정된 인원은 다른 4개 팀에 배정된 인원의 합과 같다.

어느 제약회사에서 A, B, C, D, E, F 6개의 신약을 개발하였다. 이 중 효능이 있는 약을 찾기 위하여 실험 대상자들을 다섯 개의 그룹으로 나누어 다음과 같이 실험하였다. 다음 [조건]의 내용이 모두 참일 때, 효능이 있는 약끼리 알맞게 짝지은 것을 고르면?

┤ 조건 ├

- 그룹별로 2개 이상의 약을 투여하였다. 투여한 약 중 하나라도 효능이 있으면 해당 그룹은 약의 효능이 있는 것으로 간주한다.
- 첫 번째 그룹은 B, E를 투여하였고, 효능이 없었다.
- 두 번째 그룹은 A, C, F를 투여하였고, 효능이 있었다.
- 세 번째 그룹은 C, D, E를 투여하였고, 효능이 있었다.
- 네 번째 그룹은 A, D를 투여하였고, 효능이 없었다.
- 다섯 번째 그룹은 B, D, F를 투여하였고, 효능이 있었다.

① C

② F

③ A, E

④ B, D

⑤ C, F

A지역 5개 팀은 B지역 25개의 서로 다른 팀과 1:1 경연 방식(IR)을 통해 각각 25번씩 경기를 하였고, 점수가 가장 높은 팀을 우승팀으로 선발하였다. IR 방식에서 이기면 3점, 비기면 −1점, 지면 −3점인데, 모든 경연이 끝나고 A지역 5개 팀은 자신들의 점수를 아래와 같이 말했다. 다음 중 진실을 말한 팀을 고르면?

- 예비 아빠 팀: 65점
- 인플루언서 팀: 73점
- 핑크 돌고래 팀: 58점
- 동그라미 팀: 52점
- 따스한 햇살 팀: 60점

① 예비 아빠 팀

② 인플루언서 팀

③ 핑크 돌고래 팀

④ 동그라미 팀

⑤ 따스한 햇살 팀

다음은 S대학교 총학생회의 조직도이다. 총학생회 임원이 [조건]에 따라 구성될 때, 항상 옳지 않은 설명을 고르면?

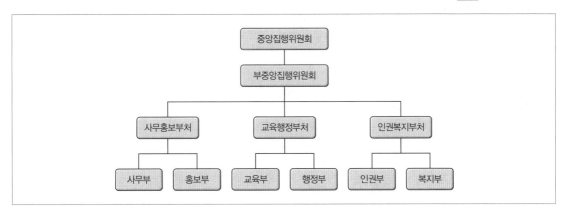

┤ 조건 ├
- A~H는 S대학교 총학생회의 임원이다.
- S대학교 총학생회의 임원은 중앙집행위원장, 부중앙집행위원장, 사무부장, 홍보부장, 교육부장, 행정부장, 인권부장, 복지부장이 각 1명씩이고, 이 중 중앙집행위원장과 부중앙집행위원장은 간부 임원이다.
- A, B는 경영학과, C, D는 교육학과, E, F는 인문학과, G, H는 사회복지학과이다.
- 교육행정부처에 소속되는 두 명의 부장은 전공이 동일하다.
- 사회복지학과는 서로 다른 부처의 부장이다.
- A는 홍보부장이다.
- E는 간부 임원이다.

① B가 부중앙집행위원장이라면 F는 인권복지부처 소속의 부장이다.
② H가 인권부장이라면 G는 사무부장이다.
③ B가 복지부장이면 F는 사무부장이다.
④ 경영학과는 인문학과와 같은 부처의 임원이 아니다.
⑤ 간부 임원은 같은 학과 출신이다.

443

기획팀 A~E 5명의 직원 중 3명의 직원이 연차를 사용하였다. 다음 중 두 명은 거짓만을 말하고 나머지 세 명은 진실만을 말하였을 때, 연차를 사용한 직원을 모두 고르면?

- A: 나와 C는 연차를 사용했어.
- B: E는 연차를 사용하지 않았어.
- C: D는 연차를 사용했고, E는 연차를 사용하지 않았어.
- D: A는 연차를 사용하지 않았어.
- E: 나는 연차를 사용했어.

① A, B, D   ② A, C, D   ③ A, C, E
④ B, C, E   ⑤ B, D, E

444 문제 더보기 PART II 복원 | P.219 225번

다음 [보기] 중 주어진 로직트리에서 (A)에 해당하지 <u>않는</u> 것의 개수를 고르면?

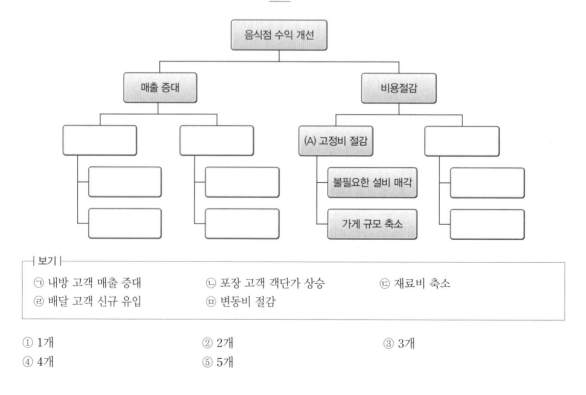

① 1개   ② 2개   ③ 3개
④ 4개   ⑤ 5개

445

다음 그림은 원인 분석을 위한 절차와 내용에 관한 것이다. 각 절차와 내용에 대한 설명으로 적절하지 <u>않은</u> 것을 고르면?

① 원인 분석은 핵심 이슈에 대한 가설을 설정한 후 검증을 위해 필요한 데이터를 수집, 분석하여 문제의 근본 원인을 도출해 나가는 것이다.
② 핵심 이슈는 현재 수행하고 있는 업무에 가장 크게 영향을 미치는 문제로 선정한다.
③ 가설은 검증 가능해야 하기에 예측 시 주관적인 경험 등은 배제된다.
④ 데이터 수집 시 목적에 따라 통계학적 접근과 빅데이터 분석을 구분해야 한다.
⑤ 원인의 패턴은 단순한 인과관계, 닭과 계란의 인과관계, 복잡한 인과관계 등이 있다.

다음 글과 [그림]을 바탕으로 추론한 내용으로 옳지 <u>않은</u> 것을 고르면?

도시의 발전 과정은 단계별 고유의 발전 양식을 가진 주기를 갖고 있는데, 도시화 → 교외화 → 탈도시화 → 재도시화 과정을 통해 자연스러운 변화 과정을 겪게 된다. 도시화의 단계에서 인구가 유입되면서 중심지의 인구는 빠르게 증가하며, 도시 성장이 계속되면 주변부의 인구도 증가하여 도시권 전체의 인구도 크게 증가한다. 교외화의 초기 단계에서는 저밀도의 쾌적한 생활이 가능한 교외 주거를 선호하면서 중심지의 인구는 감소하고 주변 지역의 인구는 계속 증가한다. 교외화 후기에는 주변부의 인구가 계속 증가하여 인근 소규모 도시로의 인구 이동을 유발한다. 탈도시화는 중심지의 인구 감소보다 주변부의 인구 감소가 더 많을 때까지 계속되며, 이 단계에서 사람과 직장이 도시권 밖으로 이동하게 되어 도시의 순인구는 감소하게 된다. 주변부의 인구가 지속적으로 감소하다가 중심지는 인구가 증가하게 되고, 이러한 중심부의 성장은 도시 전체 권역의 인구 증가를 가져온다.

[그림] 도시 생애 주기와 단계별 인구변화의 성격

발전 단계		인구변화의 성격			비고
		도심지역	주변지역	도시권	
도시화	절대적 집중	+ +	−	+ +	전체 성장 (집중)
	상대적 집중	+ +	+	+ + +	
교외화	절대적 집중	+	+ +	+ + +	
	상대적 집중	−	+ +	+	
탈도시화	절대적 집중	− −	+	−	전체 쇠퇴 (분산)
	상대적 집중	− −	−	− − −	
재도시화	절대적 집중	−	− −	− − −	
	상대적 집중	+	− −	−	

① 탈도시화의 초기 단계에는 도시 중심지의 인구 감소가 도시 주변부의 인구 감소보다 더 많다.

② 도시화 단계에서는 도심지역뿐만 아니라 도시권에 대한 절대적 집중도 동시에 나타난다.

③ 도시의 순인구가 감소하는 단계를 지나면 도시 전체 권역의 인구 증가가 가능한 단계에 도달한다.

④ 교외화 단계에서는 교외인구가 증가되고, 도시화 단계에서는 중심도시인구가 증가된다.

⑤ 재도시화 단계에는 중심지 인구가 증가하게 되고, 전체적으로 인구가 증가한다.

다음 자료를 바탕으로 판단한 내용 중 옳은 것을 고르면?

2022년 저소득층 자녀 의료지원 사업 확대

1. 사업 개요
우리 병원에서 가 지역 아동들을 대상으로 의료지원을 해오고 있는 바, 2022년부터 취학 청소년까지 지원 범위를 확대할 예정입니다. 가 지역에 거주하는 저소득층 아동들이 경제적, 접근성 등의 이유로 의료이용의 어려움이 없고, 건강한 삶을 영위할 수 있도록 가 지역 아동 지원센터 및 청소년 상담센터와 연계하여 적절한 보건·의료서비스를 지원하는 사업입니다.

2. 지원 대상
- 19세 미만 저소득층(1, 2종 수급자 및 차상위계층) 아동 및 청소년
- 수급자가 아니더라도 청소년 상담센터나 아동 지원센터에서 확인증을 발급받은 경우

3. 지원 내용
- 신체적·정신적 치료가 필요한 아동 및 취학 청소년의 의료지원

4. 지원 범위 및 횟수
- 의료지원
- 1인 최대 2회

5. 사업 기간
- 2022. 03. 01.~2022. 12. 31.

6. 지원 절차
- 저소득층: 구비서류를 갖춘 후 주민자치센터 사회복지담당자를 통하여 신청
- 저소득층이 아닌 경우: 청소년 상담센터 또는 아동 지원센터 사회복지사 상담 → 서류접수 → 병원으로 공문 발송

7. 기타 문의
- 보건의료실 ☎ 000)123-4567로 문의

---

① 저소득층인 경우 청소년 상담센터에서 상담을 진행한 뒤, 구비서류를 갖춰 주민자치센터를 통해 신청할 수 있다.
② 2022년 이전에도 가 지역에 거주하는 아동 및 청소년들이 의료지원 혜택을 받을 수 있었다.
③ 저소득층 자녀 의료지원 사업은 약 9달간 진행된다.
④ 신체적 의료지원은 필요하지 않으나, 정신적인 의료 진료가 필요한 취학 청소년도 의료지원을 받을 수 있다.
⑤ 2022년 4월과 10월에 의료지원을 받은 아동이라도 12월에 의료지원을 추가로 받을 수 있다.

다음 중 주어진 글의 A가 B의 논지를 약화하기 위해 반박한 말로 가장 적절하지 <u>않은</u> 것을 고르면?

A: 건강을 지키기 위해서는 무조건 운동을 해야 한다. 운동의 효과는 셀 수 없이 많다. 운동은 육체와 정신 기능의 쇠퇴를 보호할 뿐 아니라 에너지를 향상시킨다. 근육을 강하게 단련시키면 젊음과 아름다움을 유지할 수 있어 미용과 자신감의 증진에도 도움을 준다. 체중 유지와 질병에 대처하는 면역력을 높이기 위해서도 적당한 운동은 필수다. 하지만 운동이 좋은 줄 알면서도 갖가지 핑계를 대며 운동을 하지 않는 사람들이 있다. 가장 흔한 핑계는 바쁘다는 것이다. 전문가들은 이런 사람들에게 운동을 이 닦는 것처럼 빼놓을 수 없는 하루 일과로 인식하라고 조언한다. 나이가 들어서 못 하겠다는 말도 흔히 하는 핑계 중 하나이다. 그러나 이것 역시 설득력이 없다. 노년기는 근육량이 감소하고 면역력이 떨어져 어느 때보다 운동이 필요한 시기다. 적절한 운동은 치매나 건망증을 예방할 수도 있다. 자신을 사랑한다면 정기적으로 운동을 하는 것이 필요하다.

B: 운동하는 사람이 운동을 안 하는 사람에게 운동을 안 한다고 비난할 권리는 없다. 운동을 하고 싶지만 못하는 경우도 있기 때문이다. 늘어난 몸무게와 부족한 근육, 관절에 가해지는 압박 때문에 많은 양의 운동을 소화하기 힘든 경우가 많다. 또 반복적인 다이어트 실패로 인한 심리적인 실패감과 학습된 무기력감으로 우울감에 빠진 사람도 있다. 이런 사람에게는 운동이 오히려 독이 될 수 있다. 경구 혈당 강하제나 인슐린을 사용하는 당뇨병 환자의 경우 저혈당의 위험이 있으므로 운동을 함부로 해서는 안 된다. 심혈관 질환자도 평상시에는 증상이 없다가 운동을 시작하면 심장에 무리가 가서 증상이 발생하거나 악화될 수 있으므로 운동을 할 수가 없다. 이런 이유뿐만 아니라 각자 처한 상황, 현실적인 여건, 어쩔 수 없는 상황 등으로 운동하고 싶어도 하지 못하는 사람들이 있다.

① 당뇨병 환자도 안전한 범위 내에서는 운동이 권장되고 있어요.
② 고도비만인 경우에도 관절에 무리가 되지 않는 수영 등의 운동을 찾을 수 있어요.
③ 마음 건강을 지키기 위해서는 심리적 치료가 운동보다 먼저 필요할 때가 있어요.
④ 아파트 단지나 지방자치단체에서 운영하는 저렴한 운동센터도 이용할 수 있어요.
⑤ 반복적인 다이어트 실패는 운동을 병행하지 않은 과도한 식이 요법이 원인이 되는 경우가 많아요.

다음 글을 읽고 풍력 발전에 대한 설명으로 옳은 것을 고르면?

풍력 발전은 공기의 운동에너지를 기계적인 에너지로 변환시켜 전기를 얻는 기술을 말한다. 풍력 발전은 일반적으로 바람 자원이 풍부한 해상에 많이 설치하지만, 최근 대형 풍력 발전 시설 부지의 부족, 도시의 그린화 추세에 따라 도시형 소규모 풍력 발전이 관심을 받고 있다. 도시에 설치한 소형 풍력 발전을 도시형 풍력 발전이라고 부르는데, 도시형 풍력 발전 시스템은 건물 가까운 곳 중 풍력 조건이 비교적 양호한 지상에 설치하는 독립형 풍력 발전과 건물 구조의 외형을 변경하거나 구조 변경 없이 기존 빌딩에 설치하는 풍력 발전, 그리고 빌딩 자체를 풍력의 속도를 높일 수 있도록 재구성하는 방식인 건물일체형 풍력 발전으로 구분된다. 건물일체형 풍력 발전은 건물의 설계 등에서 많은 변화를 요구하고 있으며 새로운 도시형 풍력 발전으로 정착해갈 것으로 전망된다.

소형 풍력 발전기는 종속기의 유무, 공기업학적방식, 운전 속도 등 다양한 기준에 따라 분류할 수 있는데, 가장 대표적인 분류 방식은 회전축 방향에 의한 분류이다. 회전축 방향을 기준으로 삼는 경우 로터축이 수평방향인 수평축 풍력 터빈(HAWT: Horizontal Axis Wind Turbine)과 로터축이 수직방향인 수직축 풍력 발전기(VAWT: Vertical Axis Wind Turbine)로 분류된다. 수평축 풍력 발전기는 구조가 간단하고 설치가 용이하며 자기 시동이 가능하다. 또한 가격이 낮다는 장점이 있다. 그러나 날개 전면을 바람 방향에 맞추기 위해 나셀을 360도 회전시켜줄 수 있는 요잉 장치가 필요하며 종속기와 발전기 등을 포함하는 나셀이 타워 상부에 설치되어 점검과 정비가 어렵다는 단점이 있다. 이러한 단점에도 불구하고 터빈 효율이 약 60%로 수직축 방식에 비해 높아 여전히 많이 이용되고 있다. 수평축 풍력 발전기는 날개가 1개인 것부터 4개인 것까지 다양한 종류가 있으나, 현재 발전용으로는 3개의 날개를 가진 프로펠러형이 가장 많이 사용된다.

최근에는 도시형 풍력 발전으로 수직축 풍력 발전기에 대한 관심이 높아지고 있다. 수직축 풍력 발전기는 비교적 바람의 변화와 난류에 덜 민감하여 요잉 장치가 필요 없고, 출력당 중량이 작으며 회전에 의한 시각적인 영향이 적어 도심에 적합하다. 또한, 낮은 높이에 설치 가능하여 유지 보수가 쉽다. 그러나 상대적으로 가격이 비싸고 수평축 발전기에 비해 효율이 떨어진다는 단점이 있다. 수직축 풍력 발전기는 다리우스형과 사보니우스형이 대표적이다. 다리우스 풍력 터빈은 양력 방식으로 수직 프레임에 평탄하거나 굴곡 형태인 블레이드가 다수 장착되고, 회전 시 발생된 양력으로 작동한다. 다리우스 풍력 터빈은 자기회전이 불가능한 유일한 수직축 풍력 터빈으로, 회전하기 위해 다른 풍력 발전기나 전기모터가 있어야 한다. 사보니우스 풍력 터빈은 항력 방식으로, 단면이 2~3개의 S자 모양인 국자 형태로 구성된다. 이는 바람의 영향으로 터빈이 움직일 때 발생하는 항력 차이로 회전하지만 효율은 다른 형태보다 낮다. 그래서 두 종류의 터빈 중 효율이 더 높은 양력 방식이 항력 방식보다 더 많이 사용된다.

① 최근 대형 풍력 발전 시설을 건설할 해안 지대의 부족으로 대형 풍력 발전기를 도심에 설치하는 추세이다.
② 건물일체형 풍력 발전은 빌딩의 구조 변경 없이 풍력 발전기를 건물에 설치하는 방식이다.
③ 다리우스형을 제외한 수직축 풍력 발전기와 수평축 풍력 발전기를 설치할 때는 다른 풍력 발전기나 전기모터가 필요하지 않다.
④ 요잉 장치가 필요한 프로펠러형 풍력 발전기는 나셀이 낮은 곳에 설치되어 유지 보수가 쉽다.
⑤ 사보니우스형 풍력 발전기는 다리우스형 풍력 발전기에 비해 더 많이 사용된다.

450

다음은 2차전지에 관한 자료이다. 자료를 읽고 보일 수 있는 반응으로 옳지 _않은_ 것을 고르면?

휴대용 전자기기, 전기차, 로봇 등 기술이 발전하면서 2차전지의 중요성이 나날이 높아지고 있다. 세계적 기업들이 2차전지를 새로운 성장 동력으로 눈여겨보고 있는 이유도 이 때문이다. 다만 아직까지 일반인에게는 다소 생소하게 느껴지는 2차전지에 대해 Q&A를 통해 자세히 알아보는 시간을 갖도록 하자.

Q1. 2차전지는 무엇일까? 2차전지가 있다면 1차전지도 존재하는 것인가?
A. 우선 1차전지도 있냐는 질문에 대한 답은 Yes이다. 1차전지는 쉽게 말해 시계, 리모컨 등에 사용되는 배터리다. 한 번 사용하고 나면 재사용이 불가능한 배터리를 1차전지라고 할 수 있다. 2차전지는 1차전지와 달리 방전 후에도 다시 충전해 반복 사용이 가능한 배터리를 말한다. 충전과 방전을 반복할 수 있는 전지로 양극, 음극, 전해질, 분리막, 용기로 구성된다. 양극재와 음극재 사이의 전해질을 통해 리튬 이온이 이동하는 전기적 흐름에 의해 전기가 발생한다.

Q2. 양극재와 음극재는 무엇인가?
A. 양극재는 배터리의 (＋)극, 즉 양극을 만드는 소재이다. '양극재'와 '음극재'는 배터리의 용량·수명·충전 속도를 결정하는 가장 핵심적인 소재이다. 양극재는 배터리의 용량과 평균 전압을, 음극재는 충전 속도와 수명을 결정한다. 앞서 말했듯 이차전지는 리튬의 화학적 반응으로 전기를 생산하는 배터리기에 당연히 리튬이 들어가게 되는데 그 공간이 바로 양극이다. 하지만 리튬은 원소 상태에선 반응이 불안정해 리튬에 산소를 더한 '리튬산화물'을 양극에 사용한다. 리튬산화물처럼 양극에서 실제 배터리의 전극 반응에 관여하는 물질을 '활물질'이라고 부른다. 이 활물질에 소량의 도전재를 넣어 전도성을 높이고 바인더를 넣어 이들이 잘 붙을 수 있게 돕는 것을 '합제'라고 하는데, 이 합제를 얇은 알루미늄 기재 양쪽에 바르면 양극이 만들어진다. 여기서 포인트는 어떤 활물질을 사용했느냐에 따라 배터리의 용량과 전압이 결정된다는 것이다. 리튬을 많이 포함했다면 배터리의 용량이 커지게 되고, 음극과 양극의 전위차가 크면 전압이 커진다.

Q3. 리튬이온 배터리의 장점은?
A. 앞서 설명한 1차전지의 경우, 한 번만 사용하고 버리게 되는데 이때 새 배터리를 만들기 위해 더 많은 자원이 소비된다. 방전 후에는 화학물질로 인해 환경오염을 일으킬 수 있다는 단점이 존재한다. 반면 2차전지는 충전을 통해 500~2,000번까지 반복해 사용할 수 있어 경제적이고 친환경적이다. 대표적인 2차전지로 꼽히는 리튬이온 배터리 역시 수명이 길다는 장점이 있다. 또한 동일 용량의 다른 배터리보다 무게와 부피 소형화가 가능하다. 리튬은 금속 중에서도 가벼운 알칼리 금속에 속하며, 리튬의 원자번호는 3인데 이는 지구상에 존재하는 물질 중 세 번째로 가벼운 물질이라는 뜻이다. 따라서 리튬을 활용한 2차전지는 보통 전지보다 적은 무게로 더 높은 전압의 전기를 만들어 낸다. 일반 전지의 전압은 약 1.32볼트가량인데, 리튬이 포함된 전지의 전압은 3볼트 이상이다. 또한 타 금속 이온에 비해 작고 가벼워 단위당 높은 에너지 밀도를 얻을 수 있다. 마지막으로 리튬은 카드뮴, 납, 수은 등 환경 규제 물질을 포함하지 않는다는 장점도 가지고 있다.

Q4. 전기차에 들어가는 2차전지의 구성은?
A. 전기차 종류에 따라 구성이 조금씩 차이가 나지만 일반적으로 전기차 배터리는 셀(Cell)－모듈(Module)－팩(Pack)으로 구성된다. 배터리의 최소 단위는 단품인 '셀'이다. 이 수많은 배터리 셀을 안전하고 효율적으로 관리하기 위해 적게는 12개에서 많게는 48개까지 셀을 모아 모듈로 만든다. 이 모듈들을 모은 것을 팩이라고 부른다. 셀, 모듈, 팩은 배터리를 모으는 단위로 생각하면 이해가 쉽다. 셀, 모듈의 개수는 고객 사양에 따라 달라진다. 즉, 고객 맞춤형으로 여러 조합 형태로 구성이 된다는 의미다. 실제 전기

차 A를 예로 들어 설명해본다면, A에는 셀이 총 96개 탑재된다. 셀 12개를 하나의 모듈로 묶고, 8개 모듈을 모은 팩이 탑재된다. 배터리의 기본이 되는 셀은 자동차 내 제한된 공간에서 최대한의 성능을 발현할 수 있도록 단위 부피당(또는 무게당) 높은 용량을 지녀야 한다. 이것을 부피당(또는 무게당) '에너지 밀도'라고 한다. 이에 따라 전기차 배터리 셀은 모바일 기기에 비해 훨씬 수명이 길다. 주행 중에 전달되는 충격을 견디고, 저온과 고온에서도 문제없을 만큼 높은 신뢰성과 안정성을 지니고 있다. 아울러 배터리 모듈은 배터리 셀이 열과 진동 등 외부 충격에서 좀 더 보호될 수 있도록 강건한 프레임으로 구성된다. 여기에 셀의 상태를 모니터링하는 작은 배터리 관리시스템(BMS, Battery Management System) 등이 포함된다. 마지막 형태인 배터리 팩은 모듈 여러 개를 모아 모듈에서 보내온 배터리 셀의 온도나 전압 등을 관리해 주는 Master BMS가 있다. 여기에 냉각 장치 및 각종 제어 시스템 등이 장착된다.

① 활물질에 따라서 배터리 용량은 다를 수 있다.
② 생활에서 널리 사용되는 건전지가 대표적인 1차전지라고 할 수 있다.
③ 일반 전지에 비해 리튬이 포함된 전지는 2배 이상의 전압을 내기도 한다.
④ 리튬은 가벼워 이동이 용이하니 그 자체로 양극에 사용되기 쉽다.
⑤ 차종에 따라서 전기차에 들어가는 배터리의 모듈 수는 다를 수 있다.

451

다음 채용 공고와 평가지를 보고 이해한 내용으로 옳지 <u>않은</u> 것을 고르면?

채용 공고

1. 자격 요건

분야	인원	응시자격
바이오 분야 해외 기술 영업	0명	석사 학위 이상 소지자 ('20년 8월 취득예정자 포함)

2. 근무 조건
  1) 직위: 정규직
  2) 근무 기간: 2020년 10월 1일~2021년 12월 31일
    (근무 기간 평가 결과에 따라 재임용 여부 결정)
  3) 보수 및 근무지: 내부 규정에 따름

3. 전형 절차
  1) 1차 서류전형
  2) 2차 면접전형
  3) 3차 신체검사

4. 제출 서류
  — 이력서 및 자기소개서(자사양식 대표 홈페이지 다운 가능)
  — 최종 학위증명서
  — 최종 학위논문
  — 연구실적(학위논문 제외)

5. 블라인드 채용 안내
  — 입사지원서상 '사진 등록, 학교명, 학점, 주소, 생년월일, 성별' 기재란 없음
  — 이메일 기재 시 학교 및 특정 단체명이 드러날 경우 불합격 처리함
  — 지원서 및 자기소개서에 개인 인적사항 기재 금지하며 관련 내용 기재할 경우 불합격 처리함

6. 채용 우대
  — 국가유공자 등 예우 및 지원에 관한 법률, 장애인 고용촉진 및 직업재활법 해당자는 법령에 의하여 우대하며 각 전형 단계별로 5% 가점 부여함(가점 중복 불가)

평가지

1. 1차 전형: 서류 평가

평가 요소	세부 내용	평가 등급					비고
		A	B	C	D	E	
자기소개서	성장배경, 지원동기, 자기계발 방향						
학력, 경력	관련 전공 및 학위, 연구 실적, 전공 관련 업무(인턴 포함) 내역						
자격증, 기술	전공분야 자격증, 기술, 프로그램 참여, 기술						
기타	어학(영어, 중국어), 외부 활동, 전공 관련 어학 수준						

2. 2차 전형: 면접 평가

평가 요소	세부 내용	평가 등급					비고
		A	B	C	D	E	
전공 적합도	지원자의 전공지식과 연구실적, 연구과제의 사업 연계성, 관련성						
적극성	지원동기, 경력 개발 목표, 자기계발 방향 등의 명확성						
전공 지식	기술 영업에 필요한 전공지식, 전공분야 자격증, 프로그램 이수 내역						
어학	전공 관련 어학(영어/중국어 외) 접목 수준						

① 심사 기준 중 면접전형과 서류전형의 평가 등급은 동일하나 그 비중은 알 수 없다.
② 전공 관련 어학능력 수준이 높은 지원자는 모든 전형에서 유리하다.
③ 관련 분야의 직무 경험은 면접전형에서 부각시킬 수 있는 요소이다.
④ 응시자가 기재한 서류전형으로 업무적합성을 모두 판단할 수 없다.
⑤ 해외 기술 영업 관련 지원동기가 명확한 지원자는 모든 전형에서 유리하게 평가받는다.

다음은 △△공기업의 순환배치 규정에 관한 자료이다. 사원 A~H의 2022년 근무지에 관한 설명으로 항상 옳지 <u>않은</u> 것을 고르면?

1. 순환배치 신청 가능 지역
   - 수도권: 여의도, 인천공항, 수원, 분당
   - 그 외 지역: 해운대, 제주공항

2. 조건
   - 현재를 n년이라고 하였을 때, ($n-2$년의 평가) : ($n-1$년의 평가) = 4 : 6의 비중으로 계산한 최종 평가 점수를 계산한다. 점수가 동일한 경우 ($n-1$)년의 평가 점수가 더 높은 직원의 순위가 더 높다.
   - 신입사원은 최종 평가 점수를 93점으로 가정하고 계산한다.
   - 2년 연속으로 동일한 지역에서 근무할 수 없다.
   - 3년 연속으로 수도권에서 근무할 수 없다.
   - 지망하는 지역에 배치하되, 지역별 제한 인원수를 초과하는 인원이 동일 지역을 지원했을 경우에는 최종 평가 점수가 높은 사람을 우선 배치한다.
   - 수도권에는 지역별로 1명씩, 그 외 지역에는 지역별로 2명씩 배치한다.
   - 1지망 또는 2지망에 배치되지 않은 사원은 위 조건에 위배되지 않도록 배치하되, 위 조건을 만족할 수 없는 경우에는 위 조건에 관계없이 무작위로 배치한다.

[표] 사원 A~H의 2022년 순환배치 신청 사항

구분	과거 근무지		현재 근무지	2022년 희망 근무지		평가 점수(점)	
	2019년	2020년	2021년	1지망	2지망	2020년	2021년
A	−	−	−	수원	여의도	−	−
B	제주공항	인천공항	해운대	해운대	제주공항	90	98
C	제주공항	해운대	수원	여의도	제주공항	92	94
D	수원	분당	제주공항	해운대	인천공항	98	90
E	해운대	수원	여의도	인천공항	수원	88	96
F	여의도	해운대	분당	분당	해운대	92	92
G	해운대	해운대	제주공항	여의도	해운대	95	92
H	인천공항	여의도	해운대	수원	인천공항	94	90

※ A는 신입사원임

① 신입사원은 1지망 근무지에 배치된다.
② 인천공항에 배치된 사원은 인천공항을 2지망하였다.
③ 해운대에 배치된 사원 중 해운대를 2지망한 사원이 있다.
④ 제주공항에 배치된 사원은 모두 제주공항을 2지망하였다.
⑤ E는 분당에 배치된다.

N공기업에서는 직원들의 편의를 위해 통근버스를 운행한다. 통근버스는 오전 7시 30분에 차고지에서 출발하여 A, B, C, D 정류장을 한 번씩만 거쳐 회사까지 운행하는데, 통근버스 운전자 갑은 A~D 정류장을 가장 짧은 경로로 운행하려고 한다. C 정류장에서 탑승하는 김 씨가 통근버스를 탑승하기 위해 최대한 늦게 정류장에 도착한다고 할 때, 김 씨가 정류장에 도착해야 하는 시각을 고르면?(단, 각 정류장마다 5분간 정차하고, 통근버스의 평균 속도는 60km/h이다.)

[그림] 각 지점 간 연결망 지도

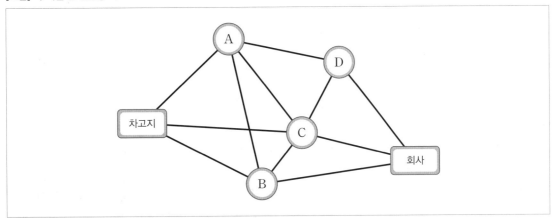

[표] 각 지점 간 거리

구분	A	B	C	D	회사
차고지	10km	14km	20km	—	—
A	—	22km	15km	12km	—
B		—	4km	—	19km
C			—	7km	9km
D		—		—	15km

① 오전 7시 59분　　　② 오전 8시 9분　　　③ 오전 8시 14분
④ 오전 8시 27분　　　⑤ 오전 8시 42분

다음은 K공단의 채용 공고문이다. 이를 바탕으로 추론할 수 있는 내용으로 옳지 <u>않은</u> 것을 고르면?

○ 응시 자격 요건

구분	인원	비고
행정직 6급갑	200명	우리 공단 청년인턴으로 90일 이상 근무하였거나, 우리 공단의 기관 A, B, C, D 중 한 곳에서 2년 이상 근무한 사람(단, 두 곳 이상 기관의 경력 기간은 합산하지 않음)
행정직 6급을	100명	최종 학력이 고등학교 졸업인 사람

○ 지원 절차

공고·접수	서류심사	필기시험	인성검사 / 증빙제출	면접시험	수습임용
인터넷 접수	정량 + 정성	NCS + 직무	온라인 / 일치여부	경험 + 상황	최종합격
08. 31.~09. 14.	10. 01. 합격자 발표	10. 10. 시험 10. 15. 합격자 발표	10. 15.~10. 18.	10. 25. 면접 11. 18. 합격자 발표	12. 13. 예정

○ 지원서 접수 관련 안내사항
- 인터넷 접수 외 방문, 우편, 이메일 등의 다른 접수방법은 인정하지 않으며, 지원서 접수 마감시간(09. 14. 17:00)까지 최종제출이 완료되어 수험번호가 부여된 지원서만 유효
- 지원서는 1인 1회만 제출할 수 있으며, 본 채용공고 내 모집단위를 달리하여 중복지원이 확인될 경우 '자격 미달' 처리
- 지원서 기재내용의 착오 또는 누락으로 인한 불이익은 지원자 본인의 책임이며, 입사지원서의 성명과 출생 월일이 신분증과 상이한 경우 추후 전형에 응시할 수 없음

○ 증빙 서류
- 제출 대상: 필기시험 합격자
- 제출 기간: 10. 15. 10:00~10. 18. 17:00까지(기한 내 미제출 시 면접 포기로 간주)
- 제출 방법: 아래 해당하는 증빙 서류 스캔 후 채용사이트에 제출. 증빙 서류는 주민등록번호 뒷자리만 블라인드 처리하여 제출

연번	증빙 서류	제출 대상	발급 기한
1	주민등록초본	지원자 전원	기한 없음
2	면허/자격증	면허 또는 자격증 입력자	
3	최종학력 기준 졸업(예정)증명서	행정직 6급을 지원자	
4	학자금대출, 장학금 신청 증명서	행정직 6급을 지원자	08. 31.~10. 18.
5	제적증명서	행정직 6급을 지원자 중 대학 중퇴자	

6	학교 성적증명서	학교교육 입력자	기한 없음
	직업교육 수료증	직업교육 입력자 * 3가지 서류 모두 제출해야 함	
7	HRD−Net 훈련과정정보 화면 캡처본	HRD−Net 훈련과정정보 화면 캡처본	
	HRD−Net 훈련이력화면 캡처본	HRD−Net 훈련이력화면 캡처본	
8	경력증명서 (재직자 재직증명서, 인턴 수료증 가능)	경력사항 입력자(우리 공단 경력자 포함) * 2가지 서류 모두 제출해야 하며, 지원서에 입력한 경력기간이 증명서상에 모두 포함되어 있어야 함	
	건강보험자격득실확인서 또는 고용보험자격이력내역서	경력사항 입력자(우리 공단 경력자 포함)	기한 없음
9	취업지원 대상자 증명서	취업지원 대상자	08. 31.~10. 18.
10	장애인 증명서	장애인 해당자	

※ 증빙 서류 확인 방법: 입사지원서와 증빙 서류의 일치 여부 확인
- 미제출 또는 허위 기재 시: 면접 점수와 상관없이 최종합격자에서 제외함
- 오기재 시: 학교교육, 직업교육, 경력사항 등에 대한 단순 오기재는 감점 처리하여 면접전형 결과에 반영함

① 고등학교 졸업 후 대학에 진학하였으나 중퇴한 사람도 행정직 6급을 지원할 수 있다.
② K공단 청년인턴 6개월 근무, A기관 12개월 근무, B기관 6개월 근무한 사람은 행정직 6급갑에 지원할 수 있다.
③ 입사지원서 내용에 학교교육 사항을 오기재한 경우 면접 점수와 관계없이 최종합격자에서 제외된다.
④ 행정직 6급갑에 지원한 사람은 적어도 세 개의 증빙 서류를 제출해야 한다.
⑤ 학교교육 입력자의 경우 지원서 접수 시작 전에 발급받은 학교 성적증명서를 제출해도 된다.

골절은 뼈나 골단판 또는 관절면의 연속성이 완전 혹은 불완전하게 소실된 상태를 말한다. 대개의 경우 외부의 힘에 의하여 발생하며, 뼈의 주변에 있는 연부 조직이나 장기들의 손상도 흔히 동반된다. 발생하는 위치에 따라 크게 사지골절, 척추골절 그리고 늑골, 두개골, 안와 등과 같은 기타 골절로 나눌 수 있고, 골절편의 수에 따라 단순골절과 분쇄골절로 나눌 수 있다.

단순골절은 한 개의 골절선에 의해 두 개의 골절편이 생기는 경우이며, 분쇄골절은 두 개 이상의 골절선에 의해 세 개 이상의 골절편이 발생하는 것이다. 분쇄골절 중 분절성 골절은 한 개의 골에 서로 연결되지 않는 두 개의 골절선이 있어 근위 및 원위 골편과 연결이 없으면서 둘레가 완전한 제3의 골 조각이 만들어지는 경우이다.

골절선의 모양에 따라서는 횡골절, 사골절, 나선골절, 종골절로 세분된다. 횡골절은 뼈의 긴축과 직각 방향으로 부러진 형태를 말한다. 강한 직달성 외력이 충격적으로 가해졌을 때 생긴다. 사골절은 뼈의 긴축과 사선 방향으로 부러진 형태를 말한다. 나선골절에 비해 골선이 짧다. 나선골절은 뼈의 긴 축에 대해 꼬이면서 부러진 형태를 말하고, 골절선이 길고 골절편의 끝이 예각을 이루며 골절면이 넓다. 종골절은 뼈의 긴 축과 평행한 방향으로 부러진 형태를 말한다.

한편, 힘이 작용하는 방향에 따라 골절의 전위가 다르게 나타난다. 비전위 골절은 위치의 이동이나 변화가 없는 골절 형태이며, 전위 골절은 골절에 의해 골절 조각의 위치가 이동하거나 변화된 형태를 말한다. 전위는 골편의 형태에 따라서 분류될 수 있는데, 외측전위, 각전위, 중복전위, 회선전위가 있다. 외측전위는 골절 시 뼈의 위치가 수평으로 이동한 것이고 각전위는 골절 부분에 각이 형성된 것이다. 중복전위는 한 뼈의 골절부 말단이 서로 겹쳐진 형태로 뼈의 길이가 외형적으로 바뀌고, 회선전위는 골절된 뼈의 원위부 골편의 장축을 중심으로 회선한 것을 말한다.

455 문제 더보기 | PART Ⅱ 복원 | P.173 177번

주어진 글의 정보를 바탕으로 골절 상태에 따라 아래의 뼈 상태를 분류하였을 때, 다음 중 종골절에 해당하는 사례를 고르면?

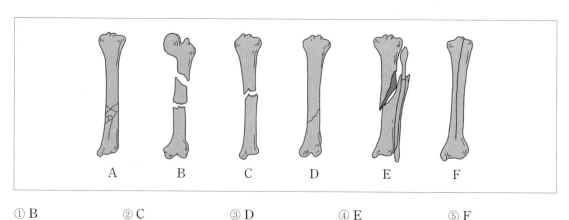

① B   ② C   ③ D   ④ E   ⑤ F

주어진 글을 통해 추론할 수 있는 내용으로 적절하지 않은 것을 고르면?

① 두 개의 골절편이 생기는 경우는 단순골절일 수 있다.
② 골절된 뼈의 골절부 말단이 서로 겹쳐진 형태는 중복전위에 해당한다.
③ 강한 직달성 외력으로 인해 생긴 골절은 나선골절이다.
④ 관절면의 연속성이 불완전하게 소실된 경우도 골절에 해당한다.
⑤ 골절 조각의 위치가 이동되거나 변화하지 않았다면 전위 골절에는 해당하지 않는다.

457

인사담당 김○○ 대리는 직원 가족 초청 프로그램을 기획하고 있다. 다음 [조건]을 바탕으로 비용이 가장 적게 드는 문화활동과 그 금액이 바르게 짝지어진 것을 고르면?

| 조건 |

- 행사일 인솔자는 김○○ 대리 1인으로, 김 대리는 참여 인원에 포함하지 않으며 비용 역시 고려하지 않는다.
- 본 행사는 자녀가 있는 임직원 20명을 선착순으로 모집하였으며, 임직원 외 참여 가족은 중학생 4명, 초등학생 12명, 미취학 아동 6명이다.

구분	요금	비고
미술관 입장료	성인 20,000원	• 중학생 이상은 성인과 동일 요금 • 초등학생 요금은 성인 요금의 70% • 미취학 아동 요금은 성인 요금의 50% • 20명 이상 단체 예약 시 요금의 5% 할인
박물관 입장료	18,500원	• 단체 20인 이상~30인 미만: 5% 할인 • 단체 30인 이상~40인 미만: 10% 할인 • 단체 40인 이상: 15% 할인
영화관 대관료	A관: 650,000원 B관: 850,000원	• A관: 최대 50인 수용 가능한 영화관 대관 • B관: 최대 100인 수용 가능한 영화관 대관

① 미술관 ― 672,600원
② 박물관 ― 647,800원
③ 영화관 ― 650,000원
④ 박물관/영화관 ― 650,000원
⑤ 미술관/영화관 ― 650,000원

[458~459] 기획팀의 김 대리는 휴가 일정을 고려하여 해외여행을 다녀오려고 한다. 다음 자료를 바탕으로 이어지는 질문에 답하시오.(단, 각 항공편의 운행출발시각은 한국 시각을 기준으로 한다. 최초 출발지와 최종 도착지는 인천 C공항이다.)

- 휴가 기간: 2023. 02. 20. ~ 02. 25.
- 휴가 후보지 현황: 태국, 베트남
- 휴가 예산은 2,000,000원이며, 이 중 항공료는 600,000원을 초과할 수 없다.
- 적어도 2일(48시간) 동안 휴가지에 머무른다.
- 경유 시에는 같은 항공사의 항공편만 이용 가능하고, 도착 후 최소 1시간 이후의 비행편에 탑승할 수 있으며 경유지에 5시간을 초과하여 머무를 수 없다.
- 김 대리는 T항공사의 마일리지 5만 마일을 보유하고 있고, T항공사를 이용하게 될 경우 마일리지를 전부 소진할 예정이다.
- P항공사를 이용해 경유하면 기존 항공료에서 20%가 할인되고, T항공사를 이용해 경유하면 기존 항공료에서 10%가 할인된다. 마일리지 소진은 할인 후 적용한다.

[항공편]

항공사		출발	도착	운행출발시각	항공 소요시간	항공료
가는 편	T항공	인천 C공항	중국 A공항	2. 20. 03:00	3시간 10분	26만 원
	P항공	중국 A공항	베트남 A공항	2. 20. 09:00	2시간	17만 원
	T항공	중국 A공항	태국 A공항	2. 20. 12:00	2시간 30분	25만 원
	P항공	인천 C공항	태국 A공항	2. 20. 14:00	5시간 30분	21만 원
	P항공	태국 A공항	베트남 A공항	2. 20. 21:00	2시간 10분	16만 원
	P항공	인천 C공항	태국 A공항	2. 20. 20:00	5시간 40분	23만 원
	T항공	태국 A공항	중국 A공항	2. 20. 23:00	3시간 30분	20만 원
	T항공	인천 C공항	베트남 A공항	2. 21. 07:00	5시간 30분	27만 원
	T항공	중국 A공항	베트남 A공항	2. 21. 10:00	4시간	18만 원
	P항공	베트남 A공항	중국 A공항	2. 21. 13:00	4시간 30분	26만 원
	T항공	인천 C공항	베트남 A공항	2. 22. 14:00	5시간 20분	24만 원
	T항공	베트남 A공항	태국 A공항	2. 22. 21:00	2시간 20분	22만 원
오는 편	P항공	중국 A공항	인천 C공항	2. 22. 08:00	3시간 20분	28만 원
	T항공	중국 A공항	베트남 A공항	2. 22. 15:00	4시간 10분	14만 원
	P항공	베트남 A공항	태국 A공항	2. 22. 17:00	2시간	16만 원
	T항공	태국 A공항	베트남 A공항	2. 22. 20:00	2시간 20분	20만 원
	P항공	태국 A공항	중국 A공항	2. 22. 20:00	3시간	22만 원
	T항공	베트남 A공항	인천 C공항	2. 23. 06:00	4시간 40분	27만 원
	T항공	베트남 A공항	태국 A공항	2. 23. 07:00	2시간 10분	18만 원
	T항공	중국 A공항	태국 A공항	2. 24. 09:00	3시간 50분	22만 원
	P항공	태국 A공항	베트남 A공항	2. 24. 15:00	1시간 40분	16만 원
	P항공	베트남 A공항	인천 C공항	2. 24. 19:00	5시간 40분	26만 원
	P항공	태국 A공항	인천 C공항	2. 25. 07:00	5시간 10분	20만 원

458

주어진 자료에 대한 설명으로 옳지 않은 것을 고르면?

① 여행 시 중국 A공항을 경유할 수 있다.
② 가능한 한 빨리 여행지에 도착하려면 2. 20. 14:00 비행편에 탑승해야 한다.
③ P항공을 이용하여 여행지에 가는 경우는 3가지이다.
④ T항공만 이용하여 여행을 다녀올 수는 없다.
⑤ 경유해서 인천으로 돌아오는 경우 돌아오는 비행기의 항공료는 33.6만 원이다.

PART Ⅲ

문제해결능력

459

주어진 자료를 바탕으로 김 대리가 항공료를 가장 저렴하게 하여 베트남으로 여행을 갈 경우, 지출하는 왕복 항공료를 고르면?

① 38.4만 원   ② 43만 원   ③ 48만 원
④ 51.6만 원   ⑤ 57.6만 원

다음은 표준예방 접종 일정표와 백신별 참고사항에 관한 자료이다. 이를 바탕으로 이어지는 질문에 답하시오.

[표준예방 접종 일정표(국가예방 접종)]

대상 감염병	백신 종류 및 방법	횟수	1개월 이내	1개월	2개월	4개월	6개월	12개월	15개월	18개월	19~23개월	24~35개월	만4세	만6세	만11세	만12세
결핵	BCG (피내용)	1	1회													
B형 간염	HepB	3	1차	2차			3차									
디프테리아, 파상풍, 백일해	DTaP	5			1차	2차	3차		4차*				5차*			
	Tdap/ Td	1													6차*	
폴리오	IPV	4			1차	2차	3차						4차*			
b형 헤모필루스 인플루엔자	Hib	4			1차	2차	3차	4차*								
폐렴구균	PCV	4			1차	2차	3차	4차*								
	PPSV	–						고위험군에 한하여 접종								
홍역, 유행성 이하선염, 풍진	MMR	2						1차				2차				
수두	VAR	1						1회								
A형 간염	HepA	2						1~2차								
일본뇌염	IJEV	5						1~2차				3차		4차*		5차*
	LJEV	2						1차				2차				
사람유두종 바이러스 감염증	HPV	2													1~2차	
인플루엔자	IIV	–						매년 접종								

* 추가 접종

[참고]
1. BCG: 생후 4주 이내 접종
2. HepB: 임신 중 B형 간염 표면항원 양성인 산모로부터 출생한 신생아는 출생 후 12시간 이내 B형 간염 면역글로불린 및 B형 간염 백신을 동시에 접종하고, 이후의 B형 간염 접종 일정은 출생 후 1개월 및 6개월에 2차, 3차 접종 실시
3. DTaP: DTaP−IPV(디프테리아, 파상풍, 백일해, 폴리오) 또는 DTaP−IPV/Hib(디프테리아, 파상풍, 백일해, 폴리오, b형 헤모필루스인플루엔자) 혼합 백신으로 접종 가능

4. Tdap/Td(파상풍, 디프테리아, 백일해/파상풍, 디프테리아): 만 11~12세 접종은 Tdap 또는 Td 백신 사용 가능하나 Tdap 백신을 우선 고려, 이후 10년마다 Td 재접종(만 11세 이후 접종 중 한 번은 Tdap으로 접종)

5. IPV(폴리오): 3차 접종은 생후 6개월에 접종하나 18개월까지 접종 가능하며, DTaP-IPV*(디프테리아, 파상풍, 백일해, 폴리오) 또는 DTaP-IPV/Hib**(디프테리아, 파상풍, 백일해, 폴리오, b형 헤모필루스 인플루엔자) 혼합 백신으로 접종 가능

   * DTaP-IPV: 생후 2, 4, 6개월, 만 4~6세에 DTaP, IPV 백신 대신 DTaP-IPV 혼합 백신으로 접종할 수 있음
   ** DTaP-IPV/Hib: 생후 2, 4, 6개월에 DTaP, IPV, Hib 백신 대신 DTaP-IPV/Hib 혼합 백신으로 접종할 수 있음
   ※ 혼합 백신 사용 시 기초 접종 3회를 동일 제조사의 백신으로 접종하는 것이 원칙이며, 생후 15~18개월에 접종하는 DTaP 백신은 제조사에 관계없이 선택하여 접종 가능

6. Hib: 생후 2개월~만 5세 미만 모든 소아를 대상으로 접종, 만 5세 이상은 b형 헤모필루스인플루엔자 감염 위험성이 높은 경우 접종하며, DTaP-IPV/Hib 혼합 백신으로 접종 가능

7. PCV: 10가와 13가 단백결합 백신 간에 교차 접종은 권장하지 않음

8. PPSV: 만 2세 이상의 폐렴구균 감염의 고위험군을 대상으로 접종

9. MMR: 홍역 유행 시 생후 6~11개월에 MMR 백신이 가능하나 이 경우 생후 12개월 이후에 MMR 백신으로 일정에 맞추어 접종

10. HepA: 1차 접종은 생후 12~23개월에 시작, 2차 접종은 1차 접종 후 6~12(18)개월 간격으로 접종(제조사에 따라 상이)

11. IJEV: 1차 접종 후 7~30일 간격으로 2차 접종을 실시하고, 2차 접종 후 12개월 후 3차 접종

12. LJEV: 1차 접종 후 12개월 후 2차 접종

13. HPV 감염증: 만 12세에 6개월 간격으로 2회 접종하고, 2가와 4가 백신 간 교차 접종은 권장하지 않음

14. IIV: 접종 첫 해는 4주 간격으로 2회 접종이 필요하며, 접종 첫 해 1회 접종 받았다면 다음 해 2회 접종을 완료, 이전에 인플루엔자 접종을 받은 적이 있는 생후 6개월~만 9세 미만 소아들도 유행 주에 따라서 2회 접종이 필요할 수 있음

PART III 문제해결능력

460 문제 더보기 PART II 복원 | P.187 186번

주어진 자료에 대한 설명으로 옳지 <u>않은</u> 것을 고르면?

① 폴리오 감염병 백신의 3차 접종은 최대 18개월까지 접종해야 한다.
② 폐렴구균 고위험군인 경우 만 2세 이상이 되었을 때, PPSV를 접종하게 된다.
③ 생후 2개월 차에 접종하는 백신은 총 4종류이다.
④ 생후 13개월에 LJEV 1차 접종을 하였다면 생후 25개월에 2차 접종해야 한다.
⑤ 1차 접종으로 감염이 예방되는 감염병은 결핵뿐이다.

461 문제 더보기 PART II 복원 | P.187 187번

주어진 자료를 토대로 2022년 8월 10일에 IJEV 백신을 1차 접종한 희연이가 2차 접종을 할 수 있는 날짜를 고르면?

① 2022년 8월 12일
② 2022년 8월 16일
③ 2022년 9월 9일
④ 2022년 9월 30일
⑤ 2023년 8월 10일

건강보험 피부양자 자격 취득 안내

○ 피부양자 대상
— 직장가입자에 의하여 주로 생계를 유지하는 자
  • 직장가입자의 배우자, 직계존속(배우자의 직계존속 포함), 직계비속(배우자의 직계비속 포함) 및 그 배우자, 형제·자매
  • 부양요건에 충족하는 자
  피부양자 인정 기준 중 부양 요건 참조 [국민건강보험법 시행규칙 별표1]
  • 재산과표가 5.4억 원 이하인 경우 인정, 또는 재산과표가 5.4억 원을 초과하면서 9억 원 이하인 경우는 연간소득 1천만 원 이하이면 인정
  • 형제·자매의 경우에는 재산과세표준의 합이 1.8억 원 이하이어야 함(단, 65세 이상, 30세 미만, 장애인, 국가유공·보훈보상대상자만 인정)
— 보수 또는 소득이 없는 자
  • 피부양자 자격의 인정 기준 중 소득 및 재산 요건 참조 [국민건강보험법 시행규칙 별표1의2]

○ 자격 취득일자 및 구비서류
— 피부양자 자격 취득일자
  • 신생아의 경우에는 출생한 날
  • 직장가입자의 자격 취득과 동시에 피부양자의 자격 취득을 신고한 경우에는 그 가입자 자격을 취득한 날
  • 직장가입자의 자격 취득일 또는 가입자의 자격 변동일부터 90일을 초과하여 피부양자 자격 취득 신고를 한 경우에는 법 제12조 규정에 의한 국민건강보험공단(이하 "공단"이라 한다.)에 피부양자 자격 취득 신고서를 제출한 날
  다만, 공단이 정하는 본인의 책임이 없는 부득이한 사유로 90일을 초과하여 피부양자 자격 취득 신고를 한 경우에는 직장가입자의 자격 취득일 또는 가입자의 자격 변동일
— 피부양자 자격(취득·상실) 신고서 1부
— 가족관계등록부의 증명서 1부(주민등록표등본만으로 가입자와 피부양자의 관계를 알 수 없는 경우), 기타 피부양자의 자격을 확인할 수 있는 서류

○ 신고 기간
— 자격 취득일로부터 14일 이내
  단, 직장가입자의 자격 취득 신고 또는 변동 신고를 한 후에 별도로 피부양자 자격 취득·신고를 한 경우에는 변동일로부터 90일 이내 신고 시 피부양자로 될 수 있었던 날로 소급 인정
  ※ 지역가입자가 피부양자로 자격 전환 시 피부양자 취득일이 1일인 경우 피부양자 신고일이 속한 달부터 지역보험료가 부과되지 않으나 2일 이후 취득되는 경우 신고일이 속한 달까지는 지역보험료를 납부하셔야 합니다.

462

주어진 자료의 내용을 바르게 이해한 사람을 고르면?

① 영희: 재산과표상 1억 8천만 원에 해당하는 자산이 있는 직장가입자의 배우자는 피부양자 자격을 취득할 수 없어.

② 미선: 직장가입자가 부득이한 사유로 3개월이 지나서 신고서를 제출하면 자격 취득일은 공단에 신고서를 제출한 날이 돼.

③ 재림: 피부양자 자격 취득 신청을 하려면 피부양자 자격 취득 신고서, 가족관계증명서, 주민등록등본을 반드시 준비해야 해.

④ 근수: 6월 5일에 피부양자 신고를 하여 6월 10일에 자격을 취득하게 되면, 6월까지는 지역보험료를 내야 하는구나.

⑤ 정우: 보수 또는 소득이 없는 자는 어떠한 조건에서도 피부양자 대상으로 인정될 수 없어.

463

다음 사례에서 A씨가 피부양자 자격을 취득하게 될 날짜를 고르면?

> 2015년 4월 3일에 입사한 A씨는 약 5년간 재직 후, 2020년 3월 24일에 퇴직을 하였다. 직장가입자로서 건강보험료를 내고 있었던 A씨는 실직을 하게 됨에 따라 지역가입자로 자격이 변경되었고, 2020년 5월 31일까지 한동안 지역보험료를 냈다. 그러다 A씨는 다른 가족의 피부양자 자격을 취득하고자 6월 1일 공단에 피부양자 자격 취득 신고서를 제출하였다.

① 2015년 4월 3일　　　　② 2020년 3월 24일　　　　③ 2020년 5월 31일
④ 2020년 6월 1일　　　　⑤ 2020년 6월 30일

PART Ⅲ NCS 기출변형 200제　**415**

464

부(父) A와 모(母) B 사이의 자녀 C인 가정에서 A가 육아휴직 한 달 후에 육아휴직급여를 신청하고자 할 때, 다음 중 ㉠~㉤에 대한 내용으로 옳지 <u>않은</u> 것을 고르면?(단, B는 육아휴직급여 전부를 1년 전 신청 및 수령하였다.)

[　] 육아휴직 [　] 육아기 근로시간 단축 급여 신청서

1. 신청인 정보	
성명	주민등록번호
주소　　　　　　(연락처:　　　　　)	대상 자녀의 주민등록번호

2. 신청내용

① 급여 신청기간	㉠　　　년 월 일 ~ 　년 월 일

② 급여를 지급받을 계좌번호

은행명:	계좌번호:	㉡ 예금주:

③ ㉢ 대상 자녀에 대해 신청인 외의 부(父) 또는 모(母)가 과거에 육아휴직을 사용한 적이 있어 이번 육아휴직이 부모 중 두 번째 육아휴직에 해당합니까? [　]예 [　]아니오

④ ③에 해당하는 경우 대상 자녀가 둘째 이상의 자녀에 해당합니까? [　]예 [　]아니오

⑤ ㉣ 「한부모가족지원법」 제4조 제1호의 어느 하나에 해당하는 모 또는 부입니까? [　]예 [　]아니오

3. 확인사항

⑥ 급여 신청기간 중 사업주로부터 급여를 받은 사실이 있습니까?
　[　]예(급여를 받은 기간:　　　부터　　　까지, 금액:　　　원) [　]아니오

⑦ 급여 신청기간 중에 조기복직, 퇴사, 다른 사업장에 취직, 창업한 사실이 있습니까?
　• [　]조기복직 [　]퇴사: [　]예 [　]아니오, 조기복직일 또는 퇴사일:
　• [　]취직 [　]창업: [　]예 [　]아니오, 취직일 또는 창업일:　　　소득(예정)액:　　　원

⑧ ㉤ 배우자가 대상 자녀에 대해 육아휴직 또는 육아기 근로시간 단축을 동시에 부여받은 사실이 있습니까?
　[　]예(휴직 또는 근로시간 단축 기간:　　　부터　　　까지) [　]아니오

4. 서명 및 날인

「고용보험법」 제70조 또는 제73조의2 및 같은 법 시행규칙 제116조 제1항에 따라 위와 같이 신청합니다.

신청인　　　　(서명 또는 인)

작성방법

1. ①란에는 사업주로부터 부여받은 휴직기간 또는 근로시간 단축 기간 중 급여를 지급받으려는 기간을 적습니다.
2. ②란에는 반드시 신청인 본인의 계좌번호를 적어야 합니다.
3. ③란은 「고용보험법 시행령」 제95조의2 제1항에 따라 같은 자녀에 대하여 부모가 순차적으로 육아휴직을 사용하는 경우로서 두 번째 육아휴직을 사용한 사람에 해당하는지 여부를 적습니다.(아빠의 달 특례 적용)
4. ⑤란은 신청인이 「한부모가족지원법」 제4조 제1호의 어느 하나에 해당하는 모 또는 부인지 여부를 적습니다.
5. ⑥란에는 육아휴직 또는 육아기 근로시간 단축 급여 신청기간 중 사업주로부터 급여의 일부 또는 전부를 지급받은 경우(지급예정인 경우 포함) 그 기간 및 금액을 적습니다.
6. ⑦란은 육아휴직 또는 육아기 근로시간 단축 급여 신청기간 중 신고한 육아휴직 또는 육아기 근로시간 단축 기간보다 조기에 복직, 퇴사, 다른 사업장에 취직, 창업한 경우에 적습니다.
7. ⑧란은 신청인이 육아휴직 또는 육아기 근로시간 단축 중인 자녀에 대하여 배우자도 육아휴직 또는 육아기 근로시간 단축을 부여받은 경우에만 적습니다. 동시 사용할 경우에는 육아휴직급여 한도가 달라집니다.
8. ⑤란, ⑥란, ⑦란 및 ⑧란을 사실대로 적지 않으면 부정수급으로 결정되어 수급한 급여액을 반환해야 하고, 그 급여액의 2배에 해당하는 금액을 추징당하는 등의 불이익을 받을 수 있습니다.

① ㉠: 육아휴직 기간이 2024년 1월 1일~2024년 12월 31일이고 휴직급여 지급 가능 기간이 2024년 1월 1일 ~2024년 6월 30일이라면 2024년 1월 1일~2024년 6월 30일까지를 기간으로 적어야 한다.
② ㉡: 육아휴직급여는 C 명의 통장으로 받을 수 있다.
③ ㉢: '예'에 체크해야 한다.
④ ㉣: '아니오'에 체크해야 한다.
⑤ ㉤: '아니오'에 체크해야 한다.

구분	사이버 민원센터		건강보험공단 통합 홈페이지
자격	자격사항	→	민원여기요 > 개인민원 > 자격조회 > 자격사항
	자격확인서 발급	→	민원여기요 > 개인민원 > 증명서 발급·확인 > 자격확인서
	자격득실확인서 발급	→	민원여기요 > 개인민원 > 증명서 발급·확인 > 자격득실확인서
	건강보험증 재발급	→	민원여기요 > 개인민원 > 증명서 발급·확인 > 건강보험증 발급 신청
	차상위본인부담경감증명서 발급	→	민원여기요 > 개인민원 > 증명서 발급·확인 > 차상위본인부담경감증명서
	급여정지사항	→	민원여기요 > 개인민원 > 자격조회 > 급여정지사항
	지역자격 취득변동사항	→	민원여기요 > 개인민원 > 자격조회 > 지역자격 취득변동사항
보험료	4대 보험료 계산	→	민원여기요 > 개인민원 > 보험료 조회 > 4대 보험료 계산
	지역 보험료 부과내역	→	민원여기요 > 개인민원 > 보험료 조회 > 지역 보험료 조회
	직장 보험료 개인별 조회	→	민원여기요 > 개인민원 > 보험료 조회 > 직장 보험료 조회
	인터넷 지로납부	→	건강보험공단 통합 홈페이지가 아닌 www.giro.or.kr에서 처리
	보험료 납부확인서	→	민원여기요 > 개인민원 > 증명서 발급·확인 > 보험료 납부확인서
건강보험 본인 부담금 확인	사업장 자료제공 동의	→	민원여기요 > 개인민원 > 사업장 의료비 자료제공 동의
	건강보험 본인부담금 확인서 발급	→	민원여기요 > 개인민원 > 증명서 발급·확인 > 건강보험 본인부담금 확인서
보조기기 대여	지사별 잔여 보조기기 현황	→	정책센터 > 국민건강보험 > 보험급여 > 의료비신청 > 지사별 잔여 보조기기 현황
보험급여	진료받은 내용 보기	→	민원여기요 > 개인민원 > 보험급여 > 진료받은 내용 및 신고
	신고회신내역	→	
	진료받은 내용 신고 포상금제도	→	민원여기요 > 개인민원 > 보험급여 > 진료받은 내용 신고 포상금제도
	임신·출산 진료비 온라인 신청	→	민원여기요 > 개인민원 > 보험급여 > 임신/출산 진료비
	임신·출산 진료비 온라인 신청 내역 조회	→	
	임신·출산 진료비 잔액 확인	→	
	난임시술대상자 잔여급여횟수 조회	→	민원여기요 > 개인민원 > 보험급여 > 난임시술대상자 잔여급여횟수 조회
	기타징수금 납부확인서 발급	→	민원여기요 > 개인민원 > 증명서 발급·확인 > 기타징수금 납부확인서
	치석제거 진료정보 조회	→	민원여기요 > 개인민원 > 보험급여 > 치석제거 진료정보 조회
	현금급여 지급내역 조회	→	민원여기요 > 개인민원 > 보험급여 > 현금급여 지급내역 조회

	통합조회 및 신청	→	
	본인부담금 환급금 신청	→	
	본인부담상한액 초과금 신청	→	
미지급 환급금 통합조회 및 신청	보험료 과오납금 환급신청	→	민원여기요 > 개인민원 > 환급금 조회/신청
	기타징수금 과오납 환급금 신청	→	
	보험료체납 급여제한해제 공단부담금 환급신청	→	
	약품비 본인부담차액 신청	→	
건강검진	대상조회 및 출력	→	건강iN > 나의건강관리 > 건강검진정보 > 검진대상 조회
	건강검진 결과 조회	→	건강iN > 나의건강관리 > 건강검진정보 > 건강검진 결과 조회
외국인 민원센터예약	외국인민원센터예약	→	민원여기요 > 개인민원 > 외국인민원센터예약

구분	사회보험 징수포털		건강보험공단 통합 홈페이지
보험료 납부	보험료 조회/납부	→	민원여기요 > 개인민원 > 보험료 납부 > 보험료 납부
	보험료 대납	→	민원여기요 > 개인민원 > 보험료 납부 > 보험료 대납
	징수포털 납부결과 확인	→	민원여기요 > 개인민원 > 보험료 조회 > 홈페이지 납부 보험료
고지내역 조회	보험료 고지/납부 현황	→	민원여기요 > 개인민원 > 보험료 조회 > 고지내역 조회
	징수포털 고지내역 조회	→	민원여기요 > 개인민원 > 보험료고지서 > 홈페이지 고지내역 조회
신청서비스	전자고지 > 이메일고지	→	민원여기요 > 개인민원 > 보험료고지서 > 이메일고지서 신청
	전자고지 > 모바일고지	→	민원여기요 > 개인민원 > 보험료고지서 > 모바일고지서 신청
	전자고지 > 징수포털고지	→	민원여기요 > 개인민원 > 보험료고지서 > 홈페이지고지서 신청
	고지서 > 재발급신청	→	민원여기요 > 개인민원 > 보험료고지서 > 보험료고지서 재발급
	고지서 > 송달지 변경/해지	→	민원여기요 > 개인민원 > 보험료고지서 > 고지서 송달지 변경 신청
	자동이체 신청/해지	→	민원여기요 > 개인민원 > 보험료 납부 > 자동이체 신청
	보험료 환급금 신청	→	민원여기요 > 개인민원 > 환급금 조회/신청
	심사청구	→	정책센터 > 권리구제제도 > 징수심사청구

465

주어진 자료를 토대로 추론할 때, 옳은 설명을 고르면?

① 사이버 민원센터에서 처리할 수 있는 항목 중 건강보험공단 통합 홈페이지에서 처리할 수 없는 항목은 세 가지이다.
② 건강보험공단 통합 홈페이지 정책센터에서는 보조기기 대여를 신청할 수 있다.
③ '민원여기요＞개인민원＞보험료 조회' 페이지에서는 적어도 여덟 개의 민원 서비스를 처리할 수 있다.
④ 건강보험공단 통합 홈페이지의 환급금 조회/신청 페이지에서는 본인부담상한액 초과금과 기타징수금 과오납 환급금을 신청할 수 있다.
⑤ '민원여기요＞개인민원＞증명서 발급·확인'의 하위 항목은 여섯 개이다.

466 문제 더보기 PART Ⅱ 복원 | P.200 198번

주어진 자료를 토대로 추론할 때, '민원여기요'의 '개인민원'에서 할 수 <u>없는</u> 것을 고르면?

① 4대 보험료 계산
② 건강검진 결과 조회
③ 보험료 대납
④ 건강보험 본인부담금 확인서 발급
⑤ 약품비 본인부담차액 신청

467 문제 더보기 PART Ⅱ 복원 | P.200 199번

주어진 자료를 토대로 추론할 때, 홈페이지 개편 전 사회보험 징수포털에서 처리할 수 <u>없는</u> 민원 서비스를 [보기]에서 모두 고르면?

┤ 보기 ├─
㉠ 임신·출산 진료비 온라인 신청　　　㉡ 치석제거 진료정보 조회
㉢ 고지서 송달지 변경 신청　　　㉣ 현금급여 지급내역 조회
㉤ 보험료 환급금 신청　　　㉥ 보험료 고지내역 조회

① ㉠, ㉡, ㉣
② ㉠, ㉡, ㉥
③ ㉡, ㉢, ㉤
④ ㉡, ㉣, ㉥
⑤ ㉢, ㉤, ㉥

[468~469] 다음은 H카드의 통신요금 자동이체 할인 혜택에 관한 자료이다. 이를 바탕으로 이어지는 질문에 답하시오.

H카드 통신요금 자동이체 할인 혜택

○ 할인 금액

  — K통신사 이용 고객 중 K라이트 할부 이용 고객

지난달 이용 금액	할인 금액
30만 원 이상 70만 원 미만	월 10,000원
70만 원 이상	월 15,000원

  — K통신사 이용 고객 중 K라이트 할부 미이용 고객

지난달 이용 금액	할인 금액
30만 원 이상	월 5,000원

○ 공통 유의사항

  — K통신사 이용요금을 H카드로 자동이체 시 할인 혜택 제공되며, 청구할인 서비스로 제공됨

  — K통신사 이용요금이 할인 금액보다 적을 경우, K통신사 이용요금만큼 할인 적용됨

○ 서비스 제공 조건

  — 지난달(1일~말일) 국내외 일시불/할부 카드를 온·오프라인 가맹점에서 이용한 금액에 따라 혜택이 차등 제공됨

  — 최초 카드 사용 등록 후 다음 달 말일까지는 매월 지난달 카드 실적 30만 원 미만 시에도 각각 지난달 실적 30만 원 기준으로 혜택 제공됨

  — 본인 카드(모바일카드 포함)와 가족 카드의 이용 금액 및 할인 횟수는 합산되어 혜택 제공됨

  — 할부 이용 건은 이번 달 이용 금액으로 전액 합산 처리됨

  — 매출 취소 시, 취소가 접수된 월의 이용 금액에서 차감됨

  — 대중교통, 통신요금은 매출전표 접수 월 기준으로 이용 금액에 반영됨

  — 국세, 지방세, 공과금, 상품권, 무이자할부, 대학교등록금, 아파트 관리비, 선불카드 충전, 기프트카드 구매, 아이행복카드 정부지원금, 도시가스 이용 금액은 지난달 실적에서 제외됨

  — 서비스별 월 할인/한도/횟수는 매달 1일부터 말일까지의 국내외 일시불/할부 원금 합계 금액을 기준으로 산정됨

468

주어진 자료를 토대로 추론할 때, H카드 통신요금 자동이체 할인 혜택에 대한 설명으로 옳지 <u>않은</u> 것을 고르면?

① K통신사를 이용하면서 H은행 계좌이체로 통신료를 납부하는 경우 할인 혜택을 받을 수 없다.
② K통신사 이용 고객 중 K라이트 할부 미이용 고객의 할인 금액은 K라이트 할부 이용 고객의 할인 금액과 동일할 수 있다.
③ 최초 카드 사용 등록한 다음 달의 카드 실적이 30만 원 미만이라도 해당 달의 다음 달 통신요금을 할인받을 수 있다.
④ K통신사 이용 고객 중 H카드 전월 이용 실적이 80만 원인 경우 통신요금을 최대 15,000원 할인받을 수 있다.
⑤ H카드를 본인 모바일카드로 20만 원, 가족 카드로 20만 원을 이용한 경우 할인받을 수 있다.

469

정희는 지인의 추천으로 6개월 전부터 H카드를 꾸준히 사용해 오고 있다. K라이트 할부 서비스를 이용하고 있는 정희의 지난달 H카드 이용 내역이 다음 [표]와 같을 때, 이번 달에 정희가 할인받을 수 있는 통신요금을 고르면?(단, 정희는 H카드로 K통신사 요금을 자동이체하며, 정희의 통신요금은 매달 동일하다.)

[표] 정희의 지난달 H카드 이용 내역

사용 일시	가맹점	구분	사용 금액
20××-××-04	Y운수	교통비	60,000원
20××-××-05	S쇼핑몰	쇼핑비	340,000원
20××-××-08	P백화점	쇼핑비	180,000원
20××-××-13	D뷔페	식비	70,000원
20××-××-14	E아파트 관리비	아파트 관리비	245,000원
20××-××-17	F도시가스	도시가스	8,000원
20××-××-20	K통신사	통신비	12,000원
20××-××-21	지방세	지방세	200,000원
20××-××-21	C영화관	문화비	10,000원
20××-××-25	G다방	식비	40,000원

① 0원 ② 5,000원 ③ 10,000원
④ 12,000원 ⑤ 15,000원

코로나 19 대응 매뉴얼

1. 비상대책본부 구성 및 운영
1) 비상대책본부: 임원 및 사내 보건 인력
2) 비상대책위원: 전 팀장 및 코로나19 비상대응팀

2. 의심 환자 발생 시
1) 내사자 중 의심 환자 발생 시

증상 확인 후 증상 없을 시	• 즉시 퇴근 및 코로나19 검진 후 음성 확인 시 다음 날부터 정상 근무(마스크 착용/사내 접촉 최소화)
증상 확인 후 증상 있을 시	• 관할보건소 신고 및 코로나19 검진, 음성 확인 후 14일 자가격리 및 재택근무 • 이동 동선 및 사내 접촉 인원 확인 − 최근 3일간 2m 이내 밀접접촉자: 모든 접촉 인원 증상 유무와 관계없이 즉시 귀가 조치, 14일 자가격리 및 재택근무 • 임시 폐쇄 구역 설정: 해당 직원이 근무한 사무실 • 소독/방역: 해당 직원이 근무한 사무실, 식당, 탈의실, 휴게실, 통근버스, 화장실

2) 방문객 중 의심 환자 발생 시

증상 확인 후 증상 없을 시	• 사내 접촉자 확인(2m 이내 밀접접촉자) 및 코로나19 자가검진

증상 확인 후 증상 있을 시	• 이동 동선 및 사내 접촉 인원 확인
	  − 2m 이내 밀접접촉자: 모든 접촉 인원 증상 유무와 관계없이 즉시 귀가 조치, 14일 자가격리 및 재택근무
	  − 2m 이내 밀접접촉자는 아니나 사무실 또는 엘리베이터, 화장실 등 폐쇄된 공간에 동시간대 함께 있었던 인원: 증상 확인 후 증상 있을 시 즉시 귀가 조치 및 재택근무
	• 소독/방역: 방문객이 방문한 사무실 및 방문지

3) 내사자 중 확진자 접촉 의심 시: 즉시 퇴근(혹은 출근 금지) 및 14일 자가격리 및 재택근무

3. 확진자 발생 시
1) 내사자 중 확진자 발생 시
- 관할보건소 신고 및 코로나19 검진
- 이동 동선 및 사내 접촉 인원 확인
  − 최근 3일간 2m 이내 밀접접촉자: 접촉 인원 14일 자가격리 및 재택근무
- 전 직원 즉시 귀가 조치 및 재택근무, 14일 재택근무 후 추가 확진자 발생 여부에 따라 재택근무 연장 여부 결정
- 임시 폐쇄 구역 설정: 건물 전체
- 정밀 소독/방역: 건물 전체, 통근버스, 주요 동선
- 전 사원 방역용품 지급
- 사적 모임 금지
  ※ 확진자는 완치 후 최소 14일간 자가격리 및 재택근무
  ※ 규정에 따라 연 최대 60일 병가 사용 가능, 치료 기간이 이를 초과하는 경우 공가 처리
    (단, 이미 병가를 소진하였거나 일부 사용한 경우 병가와 공가를 합산하여 연 최대 60일 사용 가능)

2) 방문객 중 확진자 발생 시
- 이동 동선 및 사내 접촉 인원 확인
  - 2m 이내 밀접접촉자: 접촉 인원 즉시 귀가 조치, 14일 자가격리 및 재택근무
- 확진자 방문 층 근무 전 직원 즉시 귀가 조치 및 재택근무
- 임시 폐쇄 구역 설정: 해당 층 및 이동 동선
- 정밀 소독/방역: 해당 층 및 이동 동선

4. 참고사항

1) 상기 규정에도 불구하고, 코로나19 백신 접종을 완료한 지 2주 이상이 지난 직원이 2m 이내 밀접접촉자이지만 증상이 없을 경우에는 3일 자가격리 및 재택근무를 한다.
2) 자가격리 및 재택근무를 한 직원이 다시 회사에 출근하기 위해서는 마지막 날 증상이 없어야 하며, 코로나19 검진 결과 음성 확인이 되어야 한다.
3) 이동 동선 및 접촉 여부 허위 진술 시 비상대책본부의 논의 결과에 따라 인사상에 불이익이 있을 수 있다.

470

주어진 자료를 토대로 추론할 때, 항상 옳은 설명을 고르면?

① 코로나19 백신 접종을 완료한 조 과장이 방문객 중 확진자와 2m 이내 밀접접촉하였으나 증상이 없는 경우 3일간 자가격리 및 재택근무를 해야 한다.

② 이미 병가를 10일 사용한 김 대리가 코로나19에 확진된 경우 치료 기간이 60일을 초과하면 올해 병가와 공가를 합하여 최대 70일까지 사용 가능하다.

③ 내사자 중 확진자가 발생하였을 시 해당 직원과 최근 3일간 2m 이내 밀접접촉하지 않은 경우 14일 자가격리를 하지 않아도 된다.

④ 내사자 중 의심 환자의 증상을 확인하였는데 증상이 있을 경우 해당 직원이 근무한 사무실과 방문지를 모두 임시 폐쇄 구역으로 설정해야 한다.

⑤ 코로나19에 확진된 황 주임은 확진 후 14일간 자가격리 및 재택근무를 하고, 자가격리 마지막 날에 증상이 없으며 코로나19 검진 결과 음성이 확인되면 회사에 출근할 수 있다.

T회사는 10월 5일에 기획부를 방문한 방문객 이 씨가 10월 3일에 확진자와 동선이 겹침에 따라 의심 환자로 분류되어 자가격리를 하게 되었다는 연락을 받았다. 이 씨는 10월 5일부터 코로나19 증상이 있었다고 진술하였다. 이 씨는 기획부의 회의실에서 기획부 김 부장, 박 대리와 회의하며 2m 이내 밀접접촉을 하였고, 옥상정원에서 영업부 장 부장과 담소를 나누었지만 3m 이상 거리를 두어 밀접접촉은 하지 않았다. 이 씨는 1호기 엘리베이터와 2호기 엘리베이터를 탑승하였고, 재무부 백 대리, 영업부 김 대리와 강 사원이 이 씨와 동시간대에 함께 엘리베이터에 탑승하여 2m 이내 밀접접촉을 하였다. 이 씨는 이외의 다른 직원들과는 밀접접촉을 하지 않았고, 다른 곳을 방문하지도 않았다. 주어진 자료에 따른 처리 지침으로 옳지 <u>않은</u> 것을 고르면?(단, 기획부와 재무부는 5층, 영업부는 4층에 위치하며, 이 씨와 접촉한 사람 중 기획부 김 부장, 영업부 장 부장, 재무부 백 대리만 코로나19 백신 접종 완료 후 2주 이상이 지났다.)

① 기획부 김 부장은 증상이 있는 경우 14일 자가격리 및 재택근무를 한다.
② 영업부 장 부장은 증상이 없는 경우 3일 자가격리 및 재택근무를 한다.
③ 재무부 백 대리는 증상 유무에 관계없이 즉시 귀가 조치를 한다.
④ 기획부 사무실과 1호기, 2호기 엘리베이터는 소독/방역을 시행한다.
⑤ 영업부 강 사원은 증상이 없는 경우 14일 자가격리 및 재택근무를 한다.

자기개발능력 5문항

472 문제 더보기 | PART II 복원 | P.224 231번

다음 사례에서 알 수 있는 O씨의 자기개발 장애요인으로 가장 적절한 것을 고르면?

> 입사 8년 차인 O씨는 경영학과를 졸업한 후 현재 회사에 입사해 재직하고 있다. 성실하고 꼼꼼한 일처리로 회사의 신망을 받고 있는 인재지만 새로 입사하는 신입사원이나 다른 회사에서 이직해오는 경력직 사원들에 비해 새로운 아이디어를 제시하는 등의 창의력이 부족하다고 느끼는 O씨는 자신의 커리어나 미래를 생각하였을 때 새로운 곳에서 근무를 해보고 싶다는 생각도 부쩍 늘었다. 하지만 한 회사에서 오래 근무해온 자신이 다른 회사로 이직해 잘 적응할 수 있을지 걱정이 크고, 무엇보다 자신을 필요로 하는 다른 직무나 회사에 관한 정보를 얻는 것이 쉽지가 않았다. 이에 O씨는 그동안 자신이 해 온 업무를 정리하여 포트폴리오를 작성하여 헤드헌터에게 건네주기도 하고, 직장인 커뮤니티 등에 가입하여 여러 사람과 대화를 시도하는 등 다양한 시도를 하고 있다.

① 주변 상황의 제약
② 의사결정 시 자신감의 부족
③ 자기정보의 부족
④ 일상생활의 요구사항
⑤ 외부 작업정보 부족

473

다음 글을 읽고 적절하지 <u>않은</u> 내용을 고르면?

업무수행 성과를 높이기 위한 행동 전략

① 일을 미루지 않는다.
→ 성공한 사람들의 자기 경영 습관 중 하나는 일을 미루지 않고, 가장 중요한 일을 먼저 처리하는 것이다.
② 업무를 묶어서 처리한다.
→ 비슷한 속성을 가진 업무가 많으므로 한 번 움직일 때 여러 가지 일을 함께 처리하여 같은 곳을 반복해서 가지 않도록 경로를 단축시키는 것도 해당된다.
③ 다른 사람과 같은 방식으로 일한다.
→ 이미 보편화된 방식에는 이유가 있는 것이므로 다른 사람과 같은 방식으로 일해서 성과를 높일 수 있다.
④ 회사와 팀의 업무 지침을 따른다.
→ 업무 지침은 기본적으로 지켜야 하는 것으로 업무 지침을 지키지 않으면 업무수행 능력을 인정받을 수 없다.
⑤ 역할 모델을 설정한다.
→ 직장에서 일을 잘 한다고 평가 받는 사람의 보고/업무/말하는 스타일 등을 따라하면 그 사람과 유사한 성과를 내게 될 수 있다.

다음 글을 읽고 조해리의 창에 대한 설명으로 적절하지 않은 것을 고르면?

타인과 바람직한 관계를 이루기 위한 출발은 솔직한 자아의 개방과 긍정적 수용 경험이다. 조셉 러프트와 해리 잉엄은 '조해리의 창(窓)(Johari's Window)'이라는 모형으로 개인의 잠재된 심리영역이 타인과 상호작용하는 모습을 설명한다.

'조해리의 창'의 첫 번째 영역은 나 자신도 알고 타인도 알고 있는 '공통영역'으로 표현된다. 만약 동네에서 서로 가깝게 지내는 이웃이 있다면, 그의 가족 사항, 나이, 옷 입는 취향 등에 대해 서로 알고 있는 공통영역의 부분이 넓어 친밀한 관계가 쉽게 형성될 수 있다.

두 번째 영역은 자신은 모르고 있는데 남은 잘 알고 있는 '맹점영역'이다. 가령, 어떤 사람이 타인을 대할 때 자신만의 독특한 특성으로 인해 상대방에게 불쾌감을 주지만, 정작 그 자신은 모르는 경우가 있다. 이렇게 자신이 잘 알지 못하는 언어 습관이나 행동의 습관들을 맹점이라 할 수 있다.

세 번째 영역은 나 자신은 알고 있는데 상대방은 모르고 있는, 나만이 가지고 있는 '사적영역'이다. 이것은 비밀이나 치부가 드러나 행동의 제약이나 사회적인 책임을 지게 되므로 노출을 꺼리는 부분이다. 그러나 자신의 비밀을 솔직하게 노출한 후 그것이 타인과의 관계 속에서 받아들여지면 그와의 신뢰감이나 자신의 존재 가치에 대한 자신감은 상당히 높아진다.

네 번째 영역은 남도 나도 잘 알지 못하는 '미지영역'이다. 인간에게는 자신에게 내재되어 있으나 알 수 없는 미지의 영역이 존재한다. 이 부분은 자신도 모르게 자신 안에 있는 무의식 영역이다. 이 영역은 긍정적 자극에 의해 긍정적으로 촉발되는 특징이 있다. 우리는 때때로 어려운 환경의 사람이 남에게 봉사하며 더 큰 즐거움을 느낀다는 이야기를 듣는다. 이것은 불행을 느낄 만한 상황임에도 불구하고 타인을 돕는 사회적 관계의 힘이 미지의 영역을 긍정적인 힘으로 전환한 예에 해당한다.

상대방의 이야기도 듣지 않고 자신을 내보이지도 않는 아성을 쌓으면 자신의 결점이나 무능을 감추는 데 급급하게 되어 삶의 귀중한 에너지와 시간을 낭비하게 된다. '자아의 모습'을 타인에게 노출했을 때 그 모습 그대로 수용되는 경험이 많을수록 공통영역은 넓어지고 타인과 긍정적 관계를 맺을 확률도 높아진다. 타인과 신뢰가 형성되면 주위 사람들의 조언도 좀 더 긍정적으로 수용된다. 이는 인간의 성장을 의미하며 동시에 움츠렸던 자아가 '자유'를 얻게 되는 과정이다. 감추고 싶었던 부분이 타인에게 긍정적으로 이해되는 경험, 그것은 타인과의 관계 속에서 자신을 성장시키고 자유를 얻는 첫걸음이다.

① 서로 알고 있는 '공통영역'의 부분이 넓으면 친밀한 관계가 쉽게 형성된다.
② 자신의 '사적영역'이 타인에게 받아들여지면 그 사람과의 관계는 깨지기 쉬워진다.
③ 상대방을 받아들이지도 않고, 자신을 내보이지도 않으면 타인과 긍정적인 관계를 맺기가 힘들다.
④ 자신의 언어 습관이 타인에게 불쾌감을 주는데, 그것을 자신이 모른다면 이는 '맹점영역'에 속한다.
⑤ 자아의 모습을 타인에게 노출했을 때 그 모습이 그대로 수용된다면 타인과 긍정적 관계를 맺을 수 있다.

475

다음 중 경력개발의 단계별 이해에 대한 설명으로 적절하지 <u>않은</u> 것을 고르면?

① 직업선택: 최대한 여러 직업의 정보를 수집, 탐색하여 자신에게 적합한 최초의 직업 선택
② 조직입사: 정확한 정보를 토대로 적성에 맞는 적합한 직무 선택
③ 경력초기: 역량(지식, 기술, 태도)을 증대시키고 꿈을 추구해 나가며, 퇴직 계획 준비 병행
④ 경력중기: 성인 중기에 적합한 선택을 하고 지속적으로 열심히 일함
⑤ 경력말기: 지속적으로 열심히 일하며, 자존심 유지

476 문제 더보기 PART Ⅱ 복원 | P.228 238번

다음은 경력개발 관련 이슈를 키워드 중심으로 분석한 보고서의 일부이다. 밑줄 친 ㉠~㉤ 중 경력개발 관련 이슈에 대한 설명이 적절하지 <u>않은</u> 것을 고르면?

○ 평생학습 사회
　㉠지식과 정보가 폭발적으로 증가하면서 직업에 따라 요구되는 능력도 변화하고 있는 추세다. 이에 따라 지속적인 능력 개발의 필요성이 강조되고 있으며, 평생직장이라는 말은 구시대의 산물로 자리 잡은 지 오래이다. 개개인이 자아실현, 삶의 질 향상, 직업적 지식 및 기술의 획득 등의 목적으로 전 생애에 걸쳐 자주적·주체적으로 학습을 이어 나가는 평생학습 사회가 도래하였다고 보아도 과언이 아니다. ㉡평생학습 사회에서는 개인의 현재 능력보다 개인의 학습 능력과 이에 대한 자기개발 노력이 더 중요하게 여겨진다.

○ 독립근로자와 같은 새로운 노동 형태의 등장
　긱 경제(Gig Economy)가 출현하면서 근로자들은 노동 방식과 노동 시간에 대한 폭넓은 결정권을 갖게 되었으며, 프리랜서, 계약 근로자, 자유 근로자, 포트폴리오 근로자와 같은 독립근로 형태 등 노동 방식의 변화를 가져왔다. 이와 더불어 정보 통신 기술의 발달과 코로나19로 말미암아 재택근무, 원격근무 등이 확산되면서 근무 환경이 유연해짐에 따라 여러 분야에서 독립근로자가 증가하였다. ㉢독립근로자들은 본인의 경력개발에 대한 책임이 온전히 개인에게 있다. 4차 산업 분야의 대표적인 산업인 AI, IoT, 빅데이터, VR과 AR, 블록체인 등이 성장하면서 차츰 인간의 노동력이 기계로 대체되어 일자리가 감소하고 독립근로자가 증가하게 될 것이다. ㉣퇴직 연령의 단축으로 빠르게 조직에서 나올 수밖에 없는 사람은 전문성을 갖추기 위해 특정 조직에 고용된 사람과는 다른 방식으로 경력개발 준비를 해야 한다.

○ 투잡(Two-job)족
　고용 불안의 심화, 빨라진 퇴직 연령, 물가 대비 낮은 임금상승률, 자기계발에 대한 욕구 등 다양한 이유로 투잡하는 사람이 늘고 있다. 투잡의 범위는 대리운전, 택배 배달 수준에서 영상 콘텐츠 크리에이터, 창업, 재능 공유, 강습과 같은 분야까지 다양해졌다. ㉤최근 투잡족은 자기계발·자아실현보다는 불확실한 미래를 대비하기 위해 부업의 개념으로 투잡을 선택하는 경우가 많다.

---

① ㉠　　　　　② ㉡　　　　　③ ㉢　　　　　④ ㉣　　　　　⑤ ㉤

자원관리능력 21문항

477 문제 더보기 ◀ PART Ⅱ 복원 ǀ P.244 256번

다음 중 자원을 낭비하게 되는 요인이 나머지와 <u>다른</u> 하나를 고르면?

① 아침 출근길에 비가 오자 지하철역까지 이동하기 싫어져 택시를 이용해 출근하는 A
② 값싸게 점심 도시락을 준비해오는 동료들과 달리 아침에 늦게 일어나기 위해 비싼 점심 메뉴를 먹는 B
③ 집에서 도보로 10분 거리에 위치한 슈퍼마켓이 저렴하지만, 퇴근길에 있는 편의점에서 항상 물건을 구매하는 C
④ 일기예보를 확인하지 않아 매번 비가 올 때마다 근처 편의점에서 우산을 구입하는 D
⑤ 까다로운 심사를 거쳐야 하는 업무는 모두 뒤로 미루고 비교적 심사가 간단한 업무들만 처리하는 E

478 문제 더보기 ◀ PART Ⅱ 복원 ǀ P.230 241번

다음 중 시간관리 매트릭스를 토대로 판단할 때, 가장 먼저 해야 하는 일을 고르면?

① 금주 주간 보고서 작성
② 마감 기한이 이번 주인 입찰 자료 준비
③ 마케팅팀에서 요청한 협력 업무
④ 회사 내의 팀워크 관리
⑤ 금주 주간 회의 준비

다음 글을 읽고 한 팀장이 가장 우선적으로 처리해야 할 과제를 고르면?

> Y사 연구2팀의 한 팀장은 출근 시각보다 조금 일찍 출근하여 그날 해야 할 일을 우선순위에 따라 정리하고 업무를 시작한다. 지난주에 일주일간 출장을 다녀온 한 팀장은 월요일에 출근하였을 때 본인의 자리에 우편물이 쌓여 있는 것을 발견하고는, 사무실을 비운 사이에 쌓인 우편물을 확인하고 버릴 것과 처리해야 할 것으로 분류해야겠다고 생각하였다. 컴퓨터를 켜고 메일을 확인하던 한 팀장은 같은 팀의 장 대리가 신규 거래처 다섯 곳을 확보했다는 보고를 확인하였다. 한 팀장은 오늘 중으로 거래처 관리 담당자인 이 사원에게 장 대리의 메일을 공유하고 거래처 목록 업데이트를 요청해야겠다고 생각하였다. 급한 건은 아니기에 이번 주 금요일까지 완료하면 된다고 전달할 예정이다. 메일을 모두 확인한 한 팀장은 지난주에 다녀온 출장 결과 보고서를 작성하기 시작했다. 출장 결과 보고서는 이번 주 수요일까지 제출해야 한다는 사실을 잊지 않기 위해 달력에 체크해 놓았다. 달력을 확인하던 한 팀장은 좋아하는 가수의 콘서트 티켓 예매 시작일이 다음 주 금요일 오후 6시라는 것을 확인하고 다음 주 금요일 퇴근 이후에 잊지 말고 콘서트 티켓을 예매해야겠다고 생각하였다. 출장 결과 보고서를 작성하던 중, 권 과장이 한 팀장의 자리로 와서 실험을 진행하던 과정에서 데이터 값이 잘못되어 기자재가 급하게 추가로 필요하다고 보고하였다. Y사에서 연구 기자재 사용 신청을 하는 것은 팀장의 업무이기 때문에 권 과장은 필요한 연구 기자재 목록을 한 팀장에게 전달하며 가능한 한 빨리 신청해줄 것을 부탁하였다.

① 콘서트 티켓 예매
② 우편물 확인 및 분류
③ 연구 기자재 사용 신청
④ 출장 결과 보고서 제출
⑤ 거래처 목록 업데이트 요청

480

조 대리는 ○○공단에서 거래처 담당자와 오후 12시 30분에 미팅을 한 후 오후 6시 전에는 회사에 도착하여 당일 결과보고서를 제출해야 한다. 조 대리는 거래처 미팅 10분 전에는 약속 장소에 도착해야 하며, 이동 중 여유시간 또는 대기시간이 각 5분을 넘기지 않도록 교통편을 예약할 예정이다. 이때, 조 대리가 이용하는 교통편으로 짝지어진 것 중 적절한 것을 고르면?(단, 미팅 전 식사는 공단에 도착하여 40분 동안 하며, 미팅시간은 1시간 30분이 걸린다.)

[표1] KTX 시간표 및 이동 교통편

가는 편		오는 편	
출발시각(서울역)	도착시각(부산역)	출발시각(부산역)	도착시각(서울역)
07:50	10:42	14:40	17:38
07:58	10:50	14:50	17:40
08:13	10:47	15:05	17:46

○○공단까지 이용 가능한 교통편		부산역까지 이용 가능한 교통편	
교통편	소요시간(출발시각)	교통편	소요시간(출발시각)
택시 (택시 승강장 출발)	30분	택시 (택시 승강장 도착)	30분
버스 (버스 정류장 출발)	급행 40분(매시 25분, 55분)	버스 (버스 정류장 도착)	일반 50분(매시 5분)
	일반 55분(매시 15분, 45분)		

※ 부산역에서 택시 승강장까지 12분, 버스 정류장까지 7분이 소요됨
※ 서울역에서 회사까지는 도보로 15분이 소요됨

[표2] 비행기 시간표 및 이동 교통편

가는 편		오는 편	
출발시각(김포공항)	도착시각(김해공항)	출발시각(김해공항)	도착시각(김포공항)
09:15	10:08	14:58	16:05
09:20	10:24	15:25	16:36
09:40	10:43	15:28	16:32

○○공단까지 이용 가능한 교통편		김해공항까지 이용 가능한 교통편	
교통편	소요시간(출발시각)	교통편	소요시간(출발시각)
택시 (택시 승강장 출발)	45분	택시 (택시 승강장 도착)	45분
버스 (버스 정류장 출발)	급행 60분(매시 5분, 35분)	버스 (버스 정류장 도착)	일반 70분(매시 5분)
	일반 75분(매시 20분, 50분)		

※ 김해공항에서 택시 승강장까지 5분, 버스 정류장까지 8분이 소요됨
※ 김포공항에서 회사까지는 총 1시간 25분이 소요됨

① 가는 편: KTX/택시, 오는 편: 택시/비행기
② 가는 편: 비행기/일반버스, 오는 편: 일반버스/KTX
③ 가는 편: KTX/급행버스, 오는 편: 일반버스/KTX
④ 가는 편: 비행기/급행버스, 오는 편: 일반버스/비행기
⑤ 가는 편: KTX/일반버스, 오는 편: 일반버스/비행기

481 ◀문제더보기 PART Ⅱ복원 | P.230 242번

다음 [보기]를 직접비와 간접비로 적절하게 분류한 것을 고르면?

┌ 보기 ├───
　⊙ 소모품비　　　　　　ⓛ 세금　　　　　　© 건물관리비　　　　② 교통비
　© 복지후생비　　　　　ⓗ 시설비　　　　　⊗ 통신비　　　　　　◎ 퇴직급여
└──

	직접비	간접비
①	ⓛ, ②, ⓗ, ◎	⊙, ©, ©, ⊗
②	②, ©, ◎	⊙, ⓛ, ©, ⓗ, ⊗
③	②, ⓗ	⊙, ⓛ, ©, ©, ⊗, ◎
④	②, ⓗ, ◎	⊙, ⓛ, ©, ©, ⊗
⑤	ⓗ, ◎	⊙, ⓛ, ©, ②, ©, ⊗

다음은 A문화관의 공연장 대관 안내문이다. K아동극단에서 크리스마스를 맞이하여 A문화관에서 아동극을 공연할 때, 공연장 대관 예산에 관한 설명으로 옳지 <u>않은</u> 것을 고르면?

A문화관 사용료

구분			사용료(천 원)	비고
대극장	순수 예술 공연	오전	210	○ 사용시간: 오전(9시~12시), 오후(13시~17시), 야간 (18시~22시)
		오후	300	○ 오전, 오후, 야간을 각각 1회 2시간을 기본으로 함
		야간	400	○ 토요일 오후와 야간, 일요일, 공휴일의 사용료는 기 본사용료의 20%를 가산함
	뮤지컬 및 복합	오전	420	○ 순수예술공연: 클래식, 연극, 무용, 국악 장르
		오후	600	뮤지컬 및 복합: 뮤지컬, 아동극, 복합 장르
		야간	800	대중공연: 대중가수 콘서트 장르
	대중 공연	오전	630	행사: 예술, 교육적 세미나, 포럼 등
		오후	900	○ 초과 사용료 가산(기준금액: 해당시간 기본사용료)
		야간	1,200	− 1시간 미만: 100분의 20
소극장	순수 예술 공연	오전	70	− 1시간 이상 2시간 미만: 100분의 50
		오후	90	− 2시간 이상: 100%
		야간	110	○ 공연준비, 연습, 철수대관
	뮤지컬 및 복합	오전	140	− 오전, 오후, 야간은 해당 시간대 대관료의 50%
		오후	180	− 공연 후 1시간 이내의 철수작업은 별도의 대관료 를 부과하지 않음
		야간	220	○ 기본대관료에 포함되는 사항
	대중 공연	오전	210	− 해당 공연장의 무대 및 객석(유보석 제외)
		오후	270	− 해당 분장실 사용: 공연기간 및 2일 이내의 공연 준비 기간
		야간	330	− 기본기술스탭: 조명, 음향, 기계 각 1명 지원
	행사	오전	500	− 하우스매니저와 수표 및 객석안내원
		오후	500	− 출연자 휴게실 등 공통시설 및 공간
		야간	500	− 기타 사용료를 받지 않는 부대설비

① 대극장에서 금요일 오후에 2시간 공연을 하는 경우 대관료는 60만 원이다.

② 소극장에서 수요일 오후에 2시간 공연을 하고, 1시간 이내로 철수작업을 한다면 대관료는 18만 원이다.

③ 소극장에서 토요일 오전에 2시간 공연을 하고, 1시간 이내로 철수작업을 한다면 대관료는 16만 8천 원이다.

④ 토요일 야간에 공연 연습을 위해 소극장을 대여하고, 일요일 오전에 대극장에서 공연을 한다면 총대관료는 63만 6천 원이다.

⑤ 수요일 오후에 대극장에서 3시간 공연을 하고, 야간에 철수작업을 한다면 대관료는 130만 원이다.

483

K공사 총무팀 서 대리는 A물품 200개와 B물품 150개를 구매할 예정이며, 그에 따라 다음 두 업체로부터 견적을 받아 총 물품 구매 금액을 비교 중이다. 견적 내용에 대한 설명으로 옳은 것을 [보기]에서 모두 고르면?(단, 필요 물품의 수량 이상은 반드시 두 업체 중 한 군데에서 모두 구매한다고 가정한다.)

갑동상사	• A물품 13,000원/개, 30개 세트 판매 • B물품 22,000원/개, 20개 세트 판매 • 총 구매 금액 600만 원 이상 시 총액의 3% 할인
을동물산	• A물품 15,000원/개, 개별 판매 • B물품 25,000원/개, 개별 판매 • 총 구매 금액 600만 원 이상 시 총액의 10% 할인

┤ 보기 ├
ㄱ 서 대리는 갑동상사에서 구매하는 것이 더 비경제적이다.
ㄴ 두 업체의 구매 금액 차이는 2만 원 이상이다.
ㄷ 을동물산이 할인율을 5%p 더 올리면, 서 대리가 경제적인 선택을 해야 할 업체가 바뀐다.
ㄹ 할인이 적용되기 전에는 두 업체로부터의 구매 금액이 50만 원 차이가 난다.

① ㄱ, ㄴ
② ㄴ, ㄹ
③ ㄷ, ㄹ
④ ㄱ, ㄷ, ㄹ
⑤ ㄴ, ㄷ, ㄹ

[484~485] 강 대리는 퇴근 후 취미 활동으로 필라테스, 테니스, 베이킹, 영어, 코딩 중 하나의 수업을 들으려 한다. 주어진 [표]와 [조건]을 바탕으로 이어지는 질문에 답하시오.

[표1] 취미 활동별 정보

구분	가격(한 달 기준)	난이도	수업 만족도	교육효과	소요시간(1주)
필라테스	56만 원	높음	매우 높음	높음	2시간
테니스	55만 원	낮음	보통	보통	2시간
베이킹	65만 원	보통	매우 높음	낮음	2시간 30분
영어	45만 원	보통	높음	낮음	3시간
코딩	50만 원	매우 높음	보통	높음	3시간

[표2] 순위-점수 환산표

순위	1위	2위	3위	4위	5위
점수	5점	4점	3점	2점	1점

┤ 조건 ├

- 순위-점수 환산표를 토대로 가격, 난이도, 수업 만족도, 교육효과, 소요시간 5가지 평가 항목에 대한 순위를 점수로 환산한 후, 합산 점수가 가장 높은 취미 활동의 수업을 듣는다.
- 가격과 난이도는 낮을수록, 수업 만족도와 교육효과는 높을수록, 소요시간은 길수록 순위가 높다.
- 순위가 동일하면 모두 같은 순위로 인정하고, 다음 순위는 그만큼 생략한다. 예를 들어 1위가 3개이면, 다음 순위는 4위이다.
- 합산 점수가 같으면 수업 만족도 점수가 더 높은 취미 활동의 수업을 듣는다.

484 문제 더보기 PART Ⅱ 복원 | P.237 247번

주어진 자료를 바탕으로 강 대리가 선택할 수업을 고르면?

① 필라테스　　　　　　　② 테니스　　　　　　　③ 베이킹
④ 영어　　　　　　　　　⑤ 코딩

485 문제 더보기 PART Ⅱ 복원 | P.237 248번

강 대리는 이번 달부터 일부 항목의 정보가 다음 [표]와 같이 변경되었다는 것을 알게 되었다. 이를 바탕으로 강 대리가 선택할 수업을 고르면?

[표] 취미 활동별 변경 정보

구분	필라테스	테니스	베이킹	영어	코딩
가격(한 달 기준)	70만 원	60만 원	65만 원	65만 원	55만 원
소요시간(1주)	2시간 30분	2시간	2시간	3시간	2시간 30분

① 필라테스　　　　　　　② 테니스　　　　　　　③ 베이킹
④ 영어　　　　　　　　　⑤ 코딩

[486~487] 다음은 공영 주차장 요금에 관한 자료이다. 이를 바탕으로 이어지는 질문에 답하시오.

[표1] 공영 주차장 주차 요금표 (단위: 원/1구획당)

구분	노상 주차장				노외 주차장		
	1회 주차 시	1일 주차권	월정기권		1회 주차 시	월정기권	
	5분당	(야간에 한함)	주간	야간	5분당	주간	야간
1급지	500	5,000	—	—	450	150,000	100,000
2급지	250	4,000	120,000	60,000	200	120,000	60,000
3급지	150	3,000	60,000	40,000	100	60,000	40,000
4급지	100	2,500	40,000	40,000	100	40,000	40,000

※ 월정기권 시간 기준: 주간(08:30~18:30), 야간(18:30~08:30)
※ 지하철 환승이 가능한 주차장은 모두 노외 주차장임
※ 3/4급지(노외 주차장)의 경우 환승 목적으로 주차 시 월정기권(주간권) 50% 할인
※ 3/4급지 주차장의 1일 주차 요금은 최대 25,000원을 넘지 않음
※ 5분 내로 회차 시 무료, 첫 5분 경과 후 1분 초과 시 5분당 요금으로 자동 계산됨

[표2] 공영 주차장 요금 감면

감면유형	감면율	감면유형	감면율
장애인, 국가유공상이자, 고엽제후유증자, 독립유공자	80% 할인	5.18 민주유공 부상자	1시간 이내 면제, 이후 50% 할인
경형자동차 및 저공해자동차	50% 할인	다둥이행복카드 소지자	50% 할인(2자녀 이상)
외교관	면제	모범 납세자	1년간 면제
전통시장 이용자	최초 2시간 50% 할인 (1급지 소재 주차장 제외)	전기자동차	1시간 이내 면제, 이후 50% 할인 (충전 시에 한함)
참전유공자	20% 할인	보훈보상대상자	50% 할인

※ 두 가지 이상의 감면 사유에 해당하는 때에는 그중 감면율이 높은 하나만 적용함

[표3] 공영 주차장 세부 현황

주차장명	급지	주차 구획수(면)	비고(지하철)
A역 공영 주차장	3	900	7호선
B역 환승 주차장	4	1,300	6호선
C역 공영 주차장	3	1,100	2호선
D역 환승 주차장	3	930	3호선
E역 환승 주차장	3	1,000	5호선
F역 환승 주차장	1	1,500	1호선
G역 공영 주차장	2	700	4호선
H역 환승 주차장	2	1,200	6호선

※ 환승 주차장을 제외하고 모두 노상 주차장임

486

공영 주차장 요금에 대한 설명으로 옳지 <u>않은</u> 것을 고르면?

① 전통시장을 이용하기 위해 F역 환승 주차장에 2시간 동안 주차한다면 주차 요금은 10,800원이다.
② A역 공영 주차장에 14시간 동안 1회 주차 시 주차 요금은 25,000원이다.
③ 지하철로 환승하기 위해 C역 공영 주차장에서 월정기권(주간)을 구매한다면 60,000원이다.
④ 노상 공영 주차장과 노외 공영 주차장 급지별 주간과 야간 월정기권 요금은 각각 동일하다.
⑤ 경형 전기자동차를 H역 환승 주차장에 1시간 30분 동안 주차한다면 주차 요금은 600원이다.

487

○○공단은 노후된 공영 주차장이 많아 주차장 리모델링을 실시하고 있다. 하지만 리모델링 기간에는 주차장을 사용할 수 없어 시설 이용료 수입이 줄어든다. ○○공단은 아래의 우선순위를 바탕으로 A~H역 공영 주차장 중 6번째 순서에 해당하는 주차장까지 리모델링을 완료한 상황이다. 이때, 현재까지 총 얼마의 시설 이용료 수입이 줄어들었는지 고르면?(단, 리모델링에 따른 휴무기간은 주차 구획수가 1,000면 이상이면 30일, 1,000면 미만이면 20일이 걸린다.)

[표] 주차장 리모델링 우선순위 산정 방법

우선순위	1순위	2순위	3순위
급지	높은 급지 > 낮은 급지		
형태		노상 주차장 > 노외 주차장	
주차 구획수			큰 면수 > 적은 면수

[시설 이용료 산출 방법]
• 노상 주차장: 주차 구획수×[월정기권(주간) + 월정기권(야간)]×휴무일수÷50
• 노외 주차장: 주차 구획수×[월정기권(주간) + 월정기권(야간)]×휴무일수÷50
※ 3/4급지 노외 주차장은 주차 구획수의 50%는 환승 할인을 적용하되 휴무일수는 전체를 기준으로 산정함

① 542,000,000원
② 549,000,000원
③ 558,000,000원
④ 567,000,000원
⑤ 584,400,000원

488

다음 중 물적자원이 적절히 활용되지 못하도록 하는 방해 요인으로 옳지 <u>않은</u> 것을 고르면?

① 자원의 보관 장소를 파악하지 못한 경우
② 자원이 훼손되도록 잘못 보관한 경우
③ 보관 자원을 분실한 경우
④ 값비싼 자원 위주의 사용 계획을 수립한 경우
⑤ 분명한 목적 없이 자원을 구입한 경우

489

다음 중 조직차원에서의 인적자원에 대한 설명으로 가장 적절하지 <u>않은</u> 것을 고르면?

① 인적자원의 특성인 개발가능성은 환경변화와 조직변화가 심할수록 중요성이 커진다.
② 자신의 팀이나 조직의 인맥을 잘 관리할 수 있는 능력도 필요하다.
③ 조직차원에서의 인적자원관리는 인맥관리를 의미한다.
④ 조직의 성과는 인적자원을 효과적이고 능률적으로 활용하는 데 달려있다.
⑤ 인적자원에서 나타나는 성과는 인적자원의 욕구와 동기, 태도와 행동 그리고 만족감 여하에 따라 결정된다.

다음은 김 부장과 이 대리가 신제품 홍보 행사 진행 장소를 물색하면서 정리한 자료와 대화의 일부이다. 이를 바탕으로 두 사람이 선정한 장소를 고르면?

PART III 지원관리능력

○ 김 부장과 이 대리는 A~F에 다음과 같이 점수를 매겼다.

구분	A	B	C	D	E	F
접근성	★★★★★	★★★★☆	★★★★☆	★★☆☆☆	★★★☆☆	★★★★★
면적	★★★★★	★★★☆☆	★★★★★	★★★★☆	★★★★☆	★★☆☆☆
밀집도	★★★☆☆	★★★★★	★★★☆☆	★★★☆☆	★★★★☆	★★★★★
비용	★★★☆☆	★★★★☆	★★★★☆	★★★★★	★★★★★	★★★★☆
주 연령층	20대	50대	30대	20대	10대	20대

※ 접근성은 ★의 수가 많을수록 좋고, 면적은 ★의 수가 많을수록 넓고, 밀집도는 ★의 수가 많을수록 높고, 비용은 ★수가 많을수록 저렴함

김 부장: 이번 신제품 홍보 행사를 두 군데서 진행할 예정이에요. 모든 조건이 완벽한 장소는 없어서 가장 적당한 곳이 어디일지 이야기를 나누어 보아야 할 것 같아요.

이 대리: 이번 신제품이 MZ세대를 겨냥한 제품이니 10~30대들이 주로 이용하는 장소가 적당할 것 같아요.

김 부장: 네. 중요한 부분이네요. 밀집도가 높은 지역일수록 좋겠죠?

이 대리: 밀집도가 높은 것도 좋지만 밀집도가 너무 높으면 오히려 인파에 홍보 행사가 가릴 수도 있고 통행에 방해되어 오래 멈춰있을 수 없다는 단점이 있을 것 같아요.

김 부장: 좋은 의견이네요. 밀집도가 가장 높지 않으면서 접근성은 보통 이상인 곳이 좋을 것 같아요.

이 대리: 비용은 저렴한 곳으로 할까요?

김 부장: 회사에서 야심차게 준비한 제품이니 비용에 너무 연연하지 않아도 될 것 같아요. 단, 조건을 만족하는 장소들이 여러 곳이라면 비용이 더 저렴한 곳이 좋겠어요.

이 대리: 행사 부스 면적은 어떻게 할까요?

김 부장: 큰 공간을 필요로 하는 제품이 아니니 면적은 고려 대상에서 제외합시다.

① A, C
② B, E
③ C, D
④ C, E
⑤ D, E

[491~492] 다음은 서울특별시 구별 1일 폐기물 배출량 및 재활용량과 구별 주민 수에 관한 자료이다. 이를 바탕으로 이어지는 질문에 답하시오.

서울시에서는 구별로 폐기물 배출량과 재활용률에 따라 등급을 나누었다. 다음은 구별 1일 폐기물 배출량 및 재활용량, 주민 수에 관한 자료이다.

[표] 서울특별시 구별 1일당 폐기물 현황 (단위: 톤, 명)

자치구	배출량	재활용량	주민 수
[1]	860.1	728	154,318
[2]	1,459.8	1,265.6	131,943
[3]	1,137.4	1,008.5	238,300
[4]	2,168.3	1,436.1	294,140
[5]	1,373.2	1,289.3	353,380
[6]	1,357.9	1,232.6	351,626
[7]	1,580.8	1,459.7	393,149
[8]	1,345.4	1,246.2	441,717
[9]	847.5	770.8	304,257
[10]	802.1	623.2	320,711
[11]	1,575.4	1,364.8	517,038
[12]	2,303.7	2,144.9	477,961
[13]	1,587.9	1,489.6	316,415
[14]	1,956.9	1,748.7	379,525
[15]	1,089.9	922.3	452,255
[16]	2,938.2	2,210.5	581,265
[17]	1,324.8	1,109.2	422,361
[18]	1,931.2	1,796.7	244,887
[19]	2,540.7	2,374.6	401,814
[20]	1,503.7	1,408.7	396,122
[21]	1,658.6	1,530.2	501,572
[22]	3,772.1	3,557.7	420,145
[23]	3,667.2	3,055.1	538,075
[24]	2,324.8	2,035.2	664,996
[25]	4,535.3	4,352.8	467,997

※ [1] 종로구, [2] 중구, [3] 용산구, [4] 성동구, [5] 광진구, [6] 동대문구, [7] 중랑구, [8] 성북구, [9] 강북구, [10] 도봉구, [11] 노원구, [12] 은평구, [13] 서대문구, [14] 마포구, [15] 양천구, [16] 강서구, [17] 구로구, [18] 금천구, [19] 영등포구, [20] 동작구, [21] 관악구, [22] 서초구, [23] 강남구, [24] 송파구, [25] 강동구

※ (재활용률)(%) = $\frac{(폐기물\ 재활용량)}{(폐기물\ 배출량)} \times 100$

※ 구별로 폐기물 배출 등급은 1인 1일당 폐기물 배출량이 4kg 미만인 경우 A등급, 4kg 이상 6kg 미만인 경우 B등급, 6kg 이상 8kg 미만인 경우 C등급, 8kg 이상인 경우 D등급임

491 문제 더보기 PART II 복원 | P.239 249번

폐기물 배출 등급이 D등급인 지역은 총 몇 개구인지 고르면?

① 1개   ② 2개   ③ 3개
④ 4개   ⑤ 5개

492 문제 더보기 PART II 복원 | P.239 250번

다음 중 재활용률이 가장 낮은 지역을 고르면?

① 성동구   ② 도봉구   ③ 강서구
④ 강남구   ⑤ 송파구

다음 대화를 읽고 B사원에게 해줄 수 있는 조언으로 가장 적절하지 <u>않은</u> 것을 고르면?

A사원: B사원님, 무슨 고민 있으세요? 표정이 안 좋으셔서 걱정되네요.
B사원: 아, A사원님. 다른 건 아니고 제가 업무적으로 많이 부족하다는 생각에 마음이 좋지 않아서요. 아시다시피 제가 사내 비품 관리 담당자잖아요? 제 사수인 C주임님은 괜찮다고 하는데, 제가 실수를 너무 많이 해서요.
A사원: 어떤 실수인지 여쭤 봐도 될까요? 제가 도와드릴 수 있다면 도와드릴게요.
B사원: 타 부서에서 비품을 요청하는데, 자주 사용하는 비품이 아니면 창고에서 해당 비품을 찾는 데 시간이 너무 오래 걸려요. 비품 하나를 찾는 데 오래 걸리니까 타 부서에서도 불만이 많다고 들었고, 저도 다른 업무에 지장이 갈 정도라서 너무 답답해요.
A사원: 음, 비품 창고 관리도 B사원님이 담당한다고 하셨죠? 혹시 비품을 구매하면 창고에 어떻게 보관하시나요?
B사원: 창고가 워낙 정신이 없어서 비품이 입고되는 날짜가 빠른 순으로 출입구 가까운 곳에 정리하고 있어요. 그래서 최근에 주문한 건 바로 전달할 수 있는데, 자주 사용하지 않는 비품을 찾기가 어려워요.

① 비품을 정리할 때 같은 품종은 같은 장소에 보관하는 것이 좋아요.
② 사무용품은 사무용품끼리 보관하는 등 유사품은 인접 장소에 보관하는 게 도움이 될 거예요.
③ 최근 입고된 비품이 아닌 입·출하의 빈도가 높은 비품을 출입구 가까운 곳에 보관하면 훨씬 편리할 거예요.
④ 유리처럼 쉽게 파손되는 물품은 별도로 보관하는 등 개별 물품의 특성을 고려해서 보관 장소를 선정하세요.
⑤ 비품의 품종에 따라 기호를 부여하여 기호화된 비품 목록을 작성하고 창고를 기호 기준으로 정리해보세요.

C사는 신규 프로젝트에 필요한 인원 1명을 채용하고자 한다. 채용 기준과 응시자 정보가 다음과 같을 때, 신규 프로젝트에 채용될 사람을 고르면?

[채용 기준]

채용을 위해 판단할 항목은 필기, 실기, 면접이며, 다음 기준에 따라 항목별 점수의 합계가 가장 높은 응시자를 채용한다.

- 항목별 배점비율(3개 항목 합계 총점 100점으로 함)

필기	실기	면접
25%	45%	30%

- 실기

5.5 미만	5.5~6.4	6.5~7.4	7.5~8.4	8.5~9.4	9.5 이상
65점	72점	80점	86점	94점	100점

- 면접

하	중하	중	중상	상
80점	85점	90점	95점	100점

- 필기 과목별 배점비율(3개 항목 합계 총점 100점으로 함)

의사소통	수리	기술
20%	30%	50%

[표] 응시자 정보

구분	필기			실기	면접
	의사소통	수리	기술		
갑	80점	72점	80점	7.3	중하
을	85점	75점	70점	8.1	중
병	80점	85점	94점	6.3	중상
정	82점	90점	75점	7.9	중하
무	95점	92점	65점	8.6	하

① 갑　　　　② 을　　　　③ 병　　　　④ 정　　　　⑤ 무

다음은 N공기업의 신입사원 채용을 위한 평가 기준에 관한 자료이다. N공기업에 지원한 A~J에 대한 [평가결과]를 참고할 때, 합격자 중 순위가 가장 낮은 사람과 합격자 점수의 평균이 알맞게 짝지어진 것을 고르면?(단, 평균 점수는 소수점 둘째 자리에서 반올림한다.)

N공기업에서는 다음 기준에 따라 신입사원을 4명 채용하려고 한다.

○ 서류 전형 점수는 다음과 같이 계산한다.
 − 자기소개서, 전공 성적, 자격증 환산 점수의 합을 계산한다. 각 항목의 만점은 각각 50점, 30점, 20점이다.
 − 장애인인 경우 서류 전형 점수에서 1점이 추가된다.
 − 청년 인턴 경력이 있는 경우 서류 전형 점수에서 3점이 추가된다.
 − 생계곤란자인 경우 서류 전형 점수에서 1점이 추가된다.
 − 장애인 가점을 제외하고 가점은 중복으로 부여하지 않으며 가점이 더 높은 것 한 가지만 인정된다.
 − 가점을 제외하고 전체 총점이 80점 미만인 지원자는 불합격이다.

○ 필기 전형 점수는 다음과 같이 계산한다.
 − NCS, 전공, 적성으로 나누어 필기시험을 본다. 각 시험의 만점은 각각 30점, 50점, 20점이다.
 − 과목별 점수가 해당 과목 만점의 40% 미만인 과목이 있는 지원자는 불합격이다.
 − 필기 전형 총점이 전체 총점의 60% 미만인 지원자는 불합격이다.

○ 면접 전형에서는 다음과 같이 최종 합격자를 선정한다.
 − 면접을 통해 리더십, 창의력, 직무능력, 적극성을 각각 최상, 상, 중, 하로 나누어 평가한다.
 − 최상은 25점, 상은 20점, 중은 15점, 하는 10점을 부여한다.
 − 하인 항목이 하나라도 있는 경우 불합격이다.
 − 면접 전형의 총합이 70점 미만인 지원자는 불합격이다.

○ 최종 합격자는 다음과 같이 선발한다.
 − 서류 전형, 필기 전형, 면접 전형 점수를 2:3:5의 가중치를 두고 계산한다.
 − 최종 점수가 높은 지원자 4명이 최종 합격한다.
 − 최종 점수가 동일한 경우 면접 전형의 점수가 더 높은 지원자의 순위가 더 높고, 이도 동일할 경우 필기 전형의 점수가 더 높은 지원자의 순위가 더 높다.

구분	서류 전형(점)			필기 전형(점)			면접 전형				가점		
	자기소개서	전공	자격증	NCS	전공	적성	리더십	창의력	직무능력	적극성	장애인	청년인턴	생계곤란자
A	40	28	19	28	36	18	상	상	상	상	○		
B	36	24	20	24	46	15	상	하	최상	최상			
C	46	20	18	20	40	20	중	상	상	상		○	○
D	44	26	17	23	18	16	최상	중	중	최상			
E	38	24	15	18	24	20	상	최상	중	하	○	○	
F	42	29	14	26	38	18	최상	상	중	중	○		○
G	40	30	15	24	30	19	중	상	중	중			
H	45	28	16	25	29	16	상	중	상	중			
I	48	26	20	24	25	17	상	상	중	상		○	
J	43	23	17	18	32	17	상	상	최상	중			○

① C, 80.5점 　　　　　 ② I, 79.3점 　　　　　 ③ I, 79.7점

④ J, 79.4점 　　　　　 ⑤ J, 80.5점

[496~497] 다음은 A사의 당직 규정 중 일부이다. 이를 바탕으로 이어지는 질문에 답하시오.

제1조(당직의 구분) ① 당직은 일직과 숙직으로 구분한다.

② 일직은 공휴일에 두며, 그 근무시간은 정상 근무일의 근무시간에 준한다.

③ 숙직의 근무시간은 정상 근무시간 또는 일직 근무시간이 종료된 때로부터 다음 날의 정상 근무 또는 일직 근무가 개시될 때까지로 한다.

제2조(숙직 근무자의 휴무) ① 숙직 근무자가 2인 이상일 때에는 일정한 시간을 정하여 교대로 취침할 수 있다.

② 숙직 근무자에 대하여는 그 숙직 종료시간이 속하는 날을 휴무일로 하여 휴식을 취하게 한다. 다만, 소속기관의 장은 업무의 형편상 그 휴식시간의 일부를 제한할 수 있다.

제3조(당직 명령 및 변경) ① 당직 명령은 당해 기관의 장이 근무예정일 7일 전까지 행하여야 한다.

② 당직 명령을 받은 자가 출장·휴가 또는 기타 부득이한 사유로 당직 근무를 할 수 없는 경우에는 지체 없이 당직 명령자로부터 당직 근무일의 변경 승인을 받아야 한다.

제4조(당직 신고 및 인계·인수) ① 당직 근무자는 당직 근무개시시간 30분 전에 당직 명령자에게 당직 신고를 하여야 한다. 다만, 공휴일의 당직 근무자는 그 전일에 당직 신고를 하여야 한다.

② 당직 근무자는 제1항의 당직 신고 전에 총무부로부터 당직 근무일지와 기타 필요한 당직용 비품을 인수 확인하고, 당직 근무 종료 시 이를 총무부에 인계하여야 한다. 다만, 공휴일인 경우에는 일직 근무자와 숙직 근무자 간에 인계인수한다.

제5조(당직 근무자의 준수사항) ① 당직 근무자는 공적인 업무가 아닌 용무로 근무구역을 이탈하지 못하며, 당직 근무자 전원이 취침해서는 안 된다.

② 당직 근무자는 음주·도박 또는 기타 품위를 손상하거나 당직 근무에 지장이 있는 행위를 하여서는 아니 된다.

③ 당직 근무자는 복장을 단정히 하여야 하며, 당직근무 표찰을 당직 근무 시간 동안 항상 패용한다.

④ 당직 근무자는 당직 근무 중 취식을 위하여 근무지를 이탈할 수 없으며, 식사는 지참하거나 당직 근무기관의 구내식당을 이용하여야 한다.

⑤ 당직 근무자는 당직근무 시작시간으로부터 종료시간까지 30분~2시간 간격으로 부정기적인 순찰을 실시하고 각 부서의 보안상태를 점검한다. 다만, 천재지변 등의 피해가 예상되거나 의심스러운 자의 배회 등의 사태가 있을 때에는 위 시간에 관계없이 수시로 순찰을 실시하여 재해예방 및 피해 방지에 노력하여야 한다.

제6조(당직근무 유예) ① 다음 각 호에 해당하는 자는 그 기간 동안 당직근무를 유예할 수 있다.

1. 신규 발령 및 전입자는 발령일로부터 14일간

2. 4주 이상의 병가, 공가, 출장 시 그 기간

3. 기타 유예가 필요하다고 인정되는 자

② 유예대상자는 다음과 같다.

1. 2주 이상 장기출장자로 당직명령을 발하기 전 사전 신고한 자

2. 전염의 우려가 있는 질환자 및 당직근무에 상당한 지장이 있는 장기 질환자

3. 기타 유예가 필요하다고 인정되는 자

제7조(당직 근무자의 일반임무) ① 당직 근무자는 다음 각 호의 사항을 성실히 이행함으로써 사고의 발생을 미연에 방지하여야 한다.

1. 방범, 방호, 방화 기타 보안상태의 순찰, 점검

2. 기타 정상근무 시간 외의 근무자에 대한 복무상태의 점검

3. 문서의 수발·인계 또는 관리

4. 국기의 계양 및 관리상태의 점검

5. 기타 사고 예방 및 경계

② 각 부서의 장은 보안점검을 효율적으로 행하기 위하여 사무실별로 보안점검표를 작성·비치하여야 하며, 당직 근무자는 최종퇴청자가 기록한 점검사항을 확인하여야 한다.

③ 당직 근무자는 당직근무 중에 접수된 문서나 발생한 업무가 긴급한 처리를 요하는 사항일 때에는 이를 지체 없이 주무부서에 연락하거나 당해 기관의 장에게 보고하고 필요한 조치를 취하여야 한다.

제8조(당직 근무자의 긴급사태시 임무) ① 당직 근무자는 사내에 화재가 발생한 때에는 지체 없이 다음 각 호의 긴급 조치를 취하여야 한다.

　1. 관할 소방서에 연락

　2. 사내의 화재 경보

　3. 자체 소화시설에 의한 진화 작업

　4. 자체보고체제에 의한 보고

　5. 안전지출 및 파기계획에 의한 비밀 및 중요문서의 조치

② 당직 근무자는 외부 침입자 등이 있을 때에는 지체 없이 다음 각 호의 조치를 취하여야 한다.

　1. 관할 경찰서에 연락

　2. 중요 시설물의 경비 강화

　3. 자체보고체제에 의한 보고

　4. 안전지출 및 파기계획에 의한 비밀 및 중요문서의 조치

제9조(당직실의 비품) ① 당직실에는 다음 각 호의 서류 및 물품을 비치하여야 한다.

　1. 당직명령부 및 당직근무일지

　2. 기관 간 비상연락체계도

　3. 직원비상소집명부

　4. 관계기관의 당직실 전화번호부

　5. 비상열쇠보관함

　6. 기타 당직근무에 필요한 물품

496 문제 더보기 ◀ PART II 복원 | P.241 251번

주어진 자료에 대한 설명으로 옳지 않은 것을 고르면?

① 당직 근무자는 당직 근무 시간 동안 당직근무 표찰을 달아야 한다.

② 사내에 화재가 발생한 경우 당직 근무자는 사내의 화재 경보를 울려야 한다.

③ 수요일부터 목요일까지 숙직 근무한 사람은 목요일을 휴무일로 한다.

④ 당직실에는 관계기관의 당직실 전화번호부를 비치해야 한다.

⑤ 당직 근무자는 당직근무 시작시간으로부터 종료시간까지 30분~2시간 간격으로 정기적인 순찰을 실시해야 한다.

497 문제 더보기 ◀ PART II 복원 | P.241 252번

주어진 자료를 바탕으로 판단할 때, 다음 사례 중 적절한 것을 고르면?

① 2주 전 수요일에 신규 발령받은 A는 이번주 목요일 당직 근무를 유예받았다.

② 휴가로 인해 당직 근무를 할 수 없었던 B는 당직 명령자로부터 당직 근무일의 변경 승인을 받았다.

③ 당직 근무하던 C는 외부 침입자를 발견하고 관할 소방서에 긴급하게 연락을 하였다.

④ 부서의 장인 D는 보안점검표를 작성하여 비치하였으며, 최종퇴청자가 기록한 점검사항도 확인하였다.

⑤ 13일간의 장기출장자로 당직명령을 발하기 전 사전 신고한 E는 당직 근무를 유예받았다.

498 문제 더보기 PART Ⅱ 복원 | P.261 280번

다음 사례에 나타나는 임파워먼트 장애요인으로 가장 적절한 것을 고르면?

C과장은 영업팀에서 매달 최고의 성과를 올리는 영업왕에 선발되는 능력 있는 직원이다. C과장은 영업팀 밖에서도 최고의 성과를 올리는 영업사원으로 명성이 자자하지만, 퇴근 시간 이후에도 서슴없이 다른 부서에 관련 업무를 요청하고, 성과가 낮은 직원을 무시하는 등의 행동으로 다른 직원들과의 마찰이 잦다. 또한, 자신의 업무 외에 다른 협업 업무는 약속된 시각에 마치는 적이 손에 꼽을 정도이다.

① 개인 차원   ② 대인 차원   ③ 외부 차원
④ 관리 차원   ⑤ 조직 차원

499

다음은 대인관계 양식에 대한 설명이다. 밑줄 친 내용 중 잘못된 것을 고르면?

사람마다 관계에 대한 욕구는 다르다. 때문에 관계를 맺는 양식이 달라진다. 대상에 따라 관계를 맺는 양식이 달라질 수 있지만, 일반적으로 사람은 일관성 있는 대인관계 양식을 지닌다. ① 대인관계의 양식은 지배성 차원과 친화성 차원으로 구분된다. ② 지배성 차원은 타인의 행동을 자신의 뜻대로 통제하려는 정도를 의미한다. 따라서 ③ 지배와 복종을 각각 분절된 형태로 대인행동을 평가한다. ④ 친화성 차원은 다른 사람에게 호의적으로 대하는 정도를 뜻한다. ⑤ 사랑─미움의 연속선상에서 대인행동을 평가한다는 특징이 있다. 대인관계 양식은 총 8가지로 지배형/실리형/냉담형/고립형/복종형/순박형/친화형/사교형으로 구분된다.

500 문제 더보기 PART II 복원 | P.256 271번

다음은 직무성과와 갈등정도에 관한 관계를 나타내는 그래프이다. 이에 대한 설명으로 옳지 <u>않은</u> 것을 고르면?

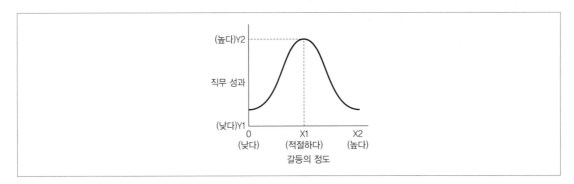

① 팀원이 승·패의 경기를 시작하면 갈등의 정도가 $X2$에서 $X1$으로 이동한다.
② 갈등의 정도가 $X1$ 수준일 때는 갈등의 순기능이 작용한다.
③ 갈등의 정도가 $X2$ 수준일 때는 조직 내부에 혼란과 분열이 발생한다.
④ 조직 내의 사람들끼리 의사소통의 폭을 줄이면 갈등이 증폭된다.
⑤ 갈등이 전혀 없을 때에도 조직 내부의 의욕이 상실되거나 조직성과가 낮아진다.

501 문제 더보기 PART II 복원 | P.257 274번 PART II 복원 | P.259 277번

성공적인 팀워크를 위해서는 협력이 뒷받침되어야 한다. 다음 중 협력을 장려하는 환경을 조성하기 위한 방법이 아닌 것을 고르면?

① 침묵을 지키는 팀원은 발언할 수 있도록 유도한다.
② 아이디어를 개발할 수 있도록 팀원을 고무시킨다.
③ 모든 아이디어는 기록한다.
④ 관점을 바꿔본다.
⑤ 팀원의 말에 흥미를 가지고 대한다.

다음은 고객의 불만을 효과적으로 처리하기 위하여 작성한 '고객 불만 처리 프로세스'이다. 다섯 번째 단계인 '정보 파악'에서 수행되어야 할 행동으로 적절하지 <u>않은</u> 것을 고르면?

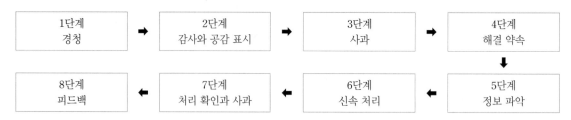

① 고객의 항의에 선입견을 버리고 문제를 파악한다.
② 문제 해결을 위해 고객에게 필수적인 질문만 한다.
③ 고객에게 어떻게 해 주면 만족스러운지를 묻는다.
④ 고객 불만의 효과적인 근본 해결책은 무엇인지 곰곰이 생각해 본다.
⑤ 고객에 대하여 축적된 데이터를 검토하여 제공할 서비스의 유형을 파악해 본다.

503 문제 더보기 PART Ⅱ 복원 | P.272 292번

다음 글에서 설명하는 개념에 해당하는 사례를 [보기]에서 모두 고르면?

특정한 목적을 달성하기 위해 과학적 또는 이론적으로 추상화되거나 정립되어 있는 일반화된 정보로, 어떤 대상에 대해 원리적으로 조직되어 객관적 타당성을 요구할 수 있는 판단의 체계를 제시한다.

┤보기├
ㄱ 패스트푸드점 이용 고객별 주문 메뉴
ㄴ 연령별 패스트푸드점 방문 횟수
ㄷ 10대를 타깃으로 한 신메뉴 개발
ㄹ 패스트푸드점 이용 고객의 나이
ㅁ 단맛에 대한 연령별 선호도 평가
ㅂ 연령별 선호 메뉴

① ㄱ, ㄴ
② ㄱ, ㅂ
③ ㄴ, ㄹ
④ ㄷ, ㅁ
⑤ ㅁ, ㅂ

504

MS Excel을 활용하여 다음과 같은 표에서 1행의 데이터에 따라 2행처럼 표시하려고 한다. 이때 A2 셀에 입력해야 할 함수식을 고르면?(단, '0'도 '양'으로 표시한다.)

	A	B
1	3	-2
2	양	음

① =IF(A1><=0,"양","음")
② =IF(A1 IS=0,"양" OR "음")
③ =IF(A1>=0,"양","음")
④ =IF(A1>=0,"양" OR "음")
⑤ =IF(A1 IS=0,"양","음")

다음에서 설명하는 네트워크 명령어를 고르면?

> 자신의 컴퓨터가 인터넷을 통해 목적하는 서버에 이르기까지 거치는 라우터의 정보를 조사하는 명령어로 IP 주소나 URL로서 목적지를 입력하면 각 구간마다 지나는 게이트웨이 컴퓨터의 이름이나 주소, 그리고 걸리는 시간 등을 표시해 줌으로써 인터넷 경로상의 문제점이 있는 네트워크를 파악할 수 있다.

① traceroute   ② ping   ③ tty
④ slattach   ⑤ netstat

506

다음과 같은 상황에서 박 대리가 자료 준비를 위해 사용해야 할 소프트웨어가 빠짐없이 나열된 것을 고르면?

> 박 대리는 해외 출장에 앞서 현지의 열악한 컴퓨팅 환경 때문에 자료 준비를 해두고자 한다. 우선 공항에서 열람하기 위하여 중요한 정보를 바이러스 확인 후 웹상에 업로드 해두어야 한다. 복잡한 수식을 이용한 예산 내역 등을 처리할 자료이므로 '아래한글'은 사용하기 어려울 것이며, 첨부 사진이 많아 파일 압축도 불가피한 상황이다. 또한, 일부 사진에는 생산설비와 관련한 세부 도면이 포함되어야 하기 때문에 3D 입체화면도 구현되어야 한다.

① 클라우드, V3, MS Word, Al zip
② 웹하드, V3, MS Excel, Winzip, Corel draw
③ SNS, Messenger, Skype
④ Whatsapp, 3D Max, MS Powerpoint
⑤ 웹하드, Window media player, Photo shop, 3D Max

507

다음 중 MS Excel에서 채우기 핸들을 이용하여 데이터를 입력하는 방법에 대한 설명으로 옳지 <u>않은</u> 것을 고르면?

① 자료의 첫 번째 셀에서 Ctrl키와 C키를 동시에 누르고 Shift키를 누른 상태에서 자료의 마지막 셀을 클릭하면 채우기 핸들을 자료의 하단 끝까지 드래그한 것과 동일한 기능을 한다.

② 숫자와 문자가 혼합된 문자열이 입력된 셀의 채우기 핸들을 아래쪽으로 끌면 문자는 복사되고 마지막 숫자는 1씩 증가한다.

③ 숫자가 입력된 셀의 채우기 핸들을 Ctrl키를 누른 채 아래쪽으로 끌면 똑같은 내용이 복사되어 입력된다.

④ 날짜가 입력된 셀의 채우기 핸들을 아래쪽으로 끌면 기본적으로 1일 단위로 증가하여 입력된다.

⑤ 셀의 오른쪽 하단에 커서를 옮겨 십자표시가 나올 때 더블클릭하면 채우기 핸들을 자료의 하단 끝까지 드래그한 것과 동일한 기능을 한다.

508 _{문제 더보기} PART Ⅱ 복원 | P.262 282번

다음 중 프로그래밍 언어에 대한 설명으로 옳지 <u>않은</u> 것을 고르면?

① C++ : 객체지향적 언어로 고사양 게임이나 서버 프로그래밍에 주로 사용된다.

② Python: 빅데이터나 인공지능에 특화된 언어로 다른 언어들에 비해 문법이 간단하고 개발이 가능한 프로그램의 유형에 대한 제약이 거의 없다.

③ JAVA: 절차지향적 언어로 웹 프로그래밍이나 모바일 애플리케이션 제작에 사용된다.

④ Visual Basic: 마이크로소프트에서 개발한 윈도우용 응용 프로그램 개발 언어로 윈도나 버튼을 form에 배치해 그래픽 사용자 인터페이스를 구사하는 프로그램 개발이 쉽다.

⑤ SQL: 데이터베이스를 구축하고 활용하기 위해 사용하는 언어로 관계형 데이터 모델로 표현되는 데이터베이스를 다루는 언어로 가장 널리 사용된다.

509

MS Excel을 활용하여 자료 정리를 하던 중 새로운 워크북을 열고자 한다. 이때 사용하는 단축키로 올바른 것을 고르면?

① Ctrl + Y
② Ctrl + N
③ Ctrl + O
④ F12
⑤ Ctrl + W

510 문제 더보기 PART Ⅱ 복원 | P.273 293번

다음과 같은 상황에서 쓸 수 있는 단축키를 고르면?

> Y씨가 재직 중인 회사는 전 직원의 개인 컴퓨터를 포함하여 회의실의 컴퓨터 모두 Windows10 버전을 사용한다. Y씨는 약 한 시간 뒤에 진행될 프레젠테이션 발표를 위해 회의실에서 컴퓨터를 세팅하고 있다. Y씨는 발표 콘셉트에 맞게 컴퓨터의 디스플레이와 소리 설정을 변경하기 위해 Windows 설정을 열고자 한다.

① Windows키 + E
② Windows키 + I
③ Windows키 + S
④ Windows키 + Tab키
⑤ Windows키 + ,(반점)

다음은 MS Excel을 활용하여 '발전량' 필드를 기준으로 발전량과 발전량이 많은 순위를 나타낸 표이다. 태양광의 발전량 순위를 구하기 위하여 C3 셀에 입력해야 할 함수식을 고르면?

	A	B	C
1	〈에너지원별 발전량(단위: MWh)〉		
2	에너지원	발전량	순위
3	태양광	88	2
4	풍력	100	1
5	수력	70	4
6	바이오	75	3
7	양수	65	5

① =ROUND(B3,$B$3:$B$7,0)

② =ROUND(B3,$B$3:$B$7,1)

③ =RANK(B3,$B$3:$B$7,1)

④ =RANK(B3,$B$2:$B$7,0)

⑤ =RANK(B3,$B$3:$B$7,0)

MS Excel을 활용하여 이번 달 사용한 카드 사용금액을 시기별, 항목별로 다음과 같이 정리한 후, 항목별 단가를 확인한 후 D2 셀에 함수식을 넣어 D5까지 드래그를 하여 결괏값을 알아보고자 한다. D2 셀에 입력해야 할 함수식을 고르면?

	A	B	C	D
1	시기	항목	횟수	사용금액(원)
2	1주	식비	10	
3	2주	의류구입	3	
4	3주	교통비	12	
5	4주	식비	8	
6				
7	항목	단가(원)		
8	식비	6500		
9	의류구입	43000		
10	교통비	3500		

① =C2*HLOOKUP(B2,$A$8:$B$10,2,0)

② =B2*HLOOKUP(C2,$A$8:$B$10,2,0)

③ =B2*VLOOKUP(B2,$A$8:$B$10,2,0)

④ =C2*VLOOKUP(B2,$A$8:$B$10,2,0)

⑤ =C2*HLOOKUP($A$8:$B$10,2,0)

[513~514] 정 주임은 다음과 같은 매뉴얼을 바탕으로 시스템을 모니터링하고 있다. 이를 바탕으로 이어지는 질문에 답하시오.

■ 시스템 메시지 해석

항목	설명	분류
System Code	감지된 여러 개의 Error Code 중에서 어떤 것을 선택하여 FV를 산출할지를 결정함	• C#: Error Code 전부 선택 • D#: 먼저 발견된 순으로 Error Code 2개 선택 • E#: SV가 높은 순으로 Error Code 2개 선택
System Type	선택된 Error Code별로 FEV를 계산하는 방법을 결정함	• 32#: 각 Error Code의 항목 중 최댓값·최솟값 2개의 평균을 FEV로 지정 • 64#: 각 Error Code의 전체 항목 평균을 FEV로 지정
Error Code	각 Error Code는 HV, CV, IV 3개의 항목으로 구성되어 있으며, 먼저 발견된 Error Code가 먼저 출력됨	• HV(Hazard Value): 위험치명도 • CV(Complexity Value): 위험복잡도 • IV(Influence Value): 위험확산도
Standard Value	각 Error Code는 고유한 SV가 있으며, 선택된 Error Code별로 FEV와 SV를 비교함	• FEV(Final Error Value): 각 Error Code별로 System Type에 따라 계산되는 수치 • SV(Standard Value): 각 Error Code가 가진 고유한 기준 수치
Final Value	선택된 Error Code별로 FEV와 SV를 비교하여 FV(Final Value)를 산출함	• FEV<SV: −1 • FEV=SV: 0 • FEV>SV: +1 ※ FV의 기본값은 0이며, 위 기준에 따라 기본값에 수치를 더하거나 빼 FV가 산출됨

■ Input Code: 산출된 FV를 바탕으로 모니터링 요원은 아래 기준에 따라 Input Code를 입력해야 함

기준	Input Code	의미
FV<−1	Green	안전
FV=−1	Yellow	주의
FV=0	Orange	재검사
FV=1	Red	경고
FV>1	Black	위험

[예시 1]

System Code: C#

System Type: 64#

Standard Code A27_B52_C17

Error Code of A: HV30_CV17_IV34
Error Code of B: HV55_CV82_IV22
Error Code of C: HV10_CV20_IV18

Input Code: ＿＿＿＿＿＿＿

Step 1: Error Code A, B, C 전부 선택

Step 2: 전체 항목 평균을 FEV로 지정

Step 3: Error Code는 A, B, C 3개이며, Error Code
들의 SV는 각각 27, 52, 17임

Step 4:
Error Code A의 FEV는 $(30+17+34)/3=27$
➡ FEV＝SV이므로 FV는 0
Error Code B의 FEV는 $(55+82+22)/3=53$
➡ FEV＞SV이므로 FV에 +1
Error Code C의 FEV는 $(10+20+18)/3=16$
➡ FEV＜SV이므로 FV에 −1

Step 5: FV는 $0+1-1=0$이므로 Input Code에는
Orange를 입력함

[예시 2]

System Code: E#

System Type: 32#

Standard Code K25_F38_D199_G3

Error Code of K: HV24_CV33_IV17
Error Code of F: HV32_CV27_IV55
Error Code of D: HV100_CV200_IV300
Error Code of G: HV10_CV1_IV5

Input Code: ＿＿＿＿＿＿＿

Step 1: SV가 높은 Error Code F, D 선택

Step 2: 항목 중 최댓값, 최솟값의 평균을 FEV로 지정

Step 3: Error Code는 K, F, D, G 4개이며, Error
Code들의 SV는 각각 25, 38, 199, 3임

Step 4:
Error Code F의 FEV는 $(27+55)/2=41$
➡ FEV＞SV이므로 FV에 +1
Error Code D의 FEV는 $(100+300)/2=200$
➡ FEV＞SV이므로 FV에 +1

Step 5: FV는 $1+1=2$이므로 Input Code에는
Black을 입력함

문제 더보기 ┃ PART Ⅱ 복원 ┃ P.268 287번

주어진 자료를 바탕으로 다음 상황을 판단한 내용으로 적절한 것을 고르면?

System Code: E#
System Type: 32#

Standard Code U32_Q48_K40_J88

Error Code of U: HV59_CV13_IV28
Error Code of Q: HV09_CV87_IV44
Error Code of K: HV15_CV91_IV41
Error Code of J: HV84_CV94_IV78

Input Code: _____

---

① Error Code가 발견된 순서는 J, K, Q, U 순이다.
② Error Code K의 FEV는 49이다.
③ Error Code J의 SV는 43이다.
④ FV는 −1이다.
⑤ 모니터링 요원은 안전의 의미를 가진 Input Code를 입력한다.

문제 더보기 ┃ PART Ⅱ 복원 ┃ P.268 288번

다음 상황에서 입력할 Input Code로 알맞은 것을 고르면?

System Code: C#
System Type: 64#

Standard Code Y86_H45_L55_G42

Error Code of Y: HV82_CV93_IV86
Error Code of H: HV55_CV42_IV41
Error Code of L: HV20_CV77_IV65
Error Code of G: HV33_CV54_IV39

Input Code: _____

---

① Green   ② Yellow   ③ Orange
④ Red   ⑤ Black

515

다음 글의 빈칸에 들어갈 말로 가장 적절한 것을 고르면?

정보통신혁명이 우리 사회를 바꾸는 방식은 (   )을 통해서이다. 이것은 사람과 사람을 연결하는 방법, 정보를 교환하는 방법, 교환한 정보를 지식으로 만드는 방법, 가장 값싼 물건을 찾는 방법, 주문을 하는 방법, 새로운 거래처를 찾는 방법, 광고를 하고 소비자를 끄는 방법, 친구와 애인을 사귀는 방법 등에 혁명적인 변화가 생기고 있음을 의미하는 것이다. 이것은 인터넷이 상용화된 1990년대 이후에 시작되었으며, 그 효과가 이제 다양한 형태로 나타나고 있다.

금융 자본은 밤도 없이 24시간 전 세계를 돌아다니고, 생산과 시장은 범세계적 관계망의 이점을 쫓아 이동하고 있다. 전 세계의 사람들과 이들의 지식, 활동이 연결되면서 나의 지식과 활동이 지구 반대편에 있는 사람에게 미치는 영향의 범위와 정도가 증대되고, 반대로 지구 저쪽에서 내려진 결정이 내게 영향을 미칠 수 있는 가능성도 커졌다.

① 네트워크 혁명　　　　　② 사이버 문화 혁명　　　　　③ 디지털 혁명
④ 4차 산업혁명　　　　　⑤ 소셜 미디어 혁명

516

다음 글에서 의미하는 정보처리 시스템 방식을 고르면?

점포판매시스템이라고도 불리는데, 물품을 판매한 바로 그 시점에 판매 정보가 중앙 컴퓨터로 전달되어 각종 사무 처리는 물론 경영 분석까지도 이루어지는 시스템이다. 전자식 금전등록기, 정찰 판독 장치, 크레디트 카드 자동 판별 장치의 3가지 기기를 컴퓨터에 연동시켜 상품 데이터를 관리한다.

① POS　　　　　② Barcode　　　　　③ CAD
④ DOS　　　　　⑤ VAN

517

다음은 E사의 보안팀에서 근무하는 P사원이 직원들을 대상으로 배포하기 위해 작성한 개인정보 유출 방지 방법에 관한 자료의 초안이다. 이 자료에서 내용에 수정이 필요한 항목을 고르면?

항목	내용
회원 가입 시 이용 약관 읽기	• 회원 가입 시 이용 약관에 기재된 항목 중 개인정보 보호와 이용자 권리에 대한 조항을 유심히 읽는다. • 특히 제3자에게 정보를 제공할 수 있다고 명시된 부분이 있는지 확인해야 한다.
이용 목적에 부합하는 정보를 요구하는지 확인하기	• 사이트에서 가입자의 정보를 수집할 때에는 수집 및 이용 목적을 제시해야 한다. • 특별한 설명 없이 학력, 결혼 여부, 월급, 자동차 소유 여부 등을 요구하는 경우 가입 여부를 재고해 보는 것이 좋다.
비밀번호 정기적으로 교체하기	• 많은 사람이 동일한 비밀번호를 몇 년씩 사용하는데, 이 경우 비밀번호가 노출되기 쉬우므로 비밀번호는 정기적으로 교체해야 한다. • 사이트별로 동일한 비밀번호를 사용할 경우에도 비밀번호가 노출될 가능성이 높으므로 사이트별로 다른 비밀번호를 사용하는 것이 좋다.
가입 해지 시 정보 파기 여부 확인하기	• 가입 해지 이후에 개인정보를 파기하는지 여부를 확인한다. • 일부 사이트는 가입 해지 후에도 몇 개월간 개인정보를 파기하지 않는다는 조항이 있으므로 언제 파기되는지 정확하게 확인해두는 편이 좋다.
뻔한 비밀번호 사용하지 않기	• 생년월일, 전화번호 등 타인이 쉽게 유추할 수 있는 비밀번호를 사용하는 것은 자제해야 하고, 알파벳 대문자와 소문자, 특수기호, 숫자 중 세 가지 종류 이상의 문자 구성으로 비밀번호를 설정하는 것이 좋다. • 동일한 번호를 연속으로 나열한 비밀번호를 사용하는 것은 바람직하지 않으므로 자제해야 하고, 한글, 영어 등의 사전적 단어를 포함한 구성으로 비밀번호를 설정하는 것이 좋다.

① 회원 가입 시 이용 약관 읽기
② 이용 목적에 부합하는 정보를 요구하는지 확인하기
③ 비밀번호 정기적으로 교체하기
④ 가입 해지 시 정보 파기 여부 확인하기
⑤ 뻔한 비밀번호 사용하지 않기

518

다음은 의류용품을 만드는 회사의 시리얼 넘버에 관한 자료이다. 제품 분류 작업을 하는 도중 전산상의 오류가 발생하여 존재하지 않는 관리 코드인 '1911K045C20015'가 적힌 제품 분류 라벨이 출력되었다. 알파벳을 제외한 숫자 1개의 위치가 잘못 입력되었다고 할 때, 이에 대한 설명으로 항상 옳은 것을 [보기]에서 모두 고르면?

[표1] 생산 공장 코드

구분	부산	경기	중국	태국	베트남	인도	몽골	네팔	필리핀
코드	K01	K02	C01	T01	V01	I01	M01	N01	P01

[표2] 브랜드 코드

구분	A	B	C	D	E	F
코드	01A	23B	45C	67D	89E	01F

[표3] 제조일자 코드

구분	2019. 3.	2019. 4.	2019. 5.	2019. 6.	2019. 7.	2019. 8.	2019. 9.	2019. 10.	2019. 11.
코드	1903	1904	1905	1906	1907	1908	1909	1910	1911

[제품별 관리 코드 부여 기준]
제조일자-생산 공장-브랜드별 코드를 부여하며 네 자리 수의 입고 순을 의미하는 일련번호를 추가한다.
⑩ 2019년 10월 베트남에서 생산된 A브랜드의 35번째 입고 제품 → 1910V0101A0035

┤ 보기 ├
㉠ 2019년 1월에 생산된 제품이 확실하다.
㉡ 부산 또는 경기 지역에서 생산된 제품이 확실하다.
㉢ 입고 순서는 1,000번을 넘는 것이 확실하다.
㉣ C브랜드 제품이 확실하다.

① ㉠, ㉡　　　　　　　　② ㉡, ㉣　　　　　　　　③ ㉢, ㉣
④ ㉠, ㉢, ㉣　　　　　　⑤ ㉠, ㉡, ㉢, ㉣

다음 글을 읽고 추론한 내용으로 적절하지 <u>않은</u> 것을 고르면?

> 오늘날 우리는 스마트폰이나 PC 등을 통해 음악, 문서, 동영상 등 다양한 콘텐츠를 저장해두고 필요할 때마다 꺼내 쓸 수 있다. 이러한 '클라우드 서비스'를 게임 업계에서도 도입하려는 시도가 이어지고 있는데, 게임을 클라우드에서 돌리게 되면 사용자는 따로 PC를 소유하고 있지 않아도 된다. 원격 서버에 설치된 게임의 실행 영상이 스트리밍 방식으로 사용자에게 전송되면 사용자의 조작이 다시 서버에 반영되는 식으로 작동된다. 글로벌 기업과 더불어 국내 통신사가 클라우드 게임에 눈독을 들이는 이유도 게임 이후 클라우드 기반으로 실현될 서비스의 잠재력이 무궁무진하기 때문이라는 분석에 힘이 실린다.
>
> 사실 클라우드 게임은 그리 최신 기술이 아니다. 2002년 PC 게임 플랫폼인 '스팀'의 온라인 스트리밍이 클라우드 게임의 시초였는데, 스트리밍이라는 기술 자체가 서버에서 실행되는 게임을 사용자의 모니터에 끊임없이 전송해야 한다는 점에서 당시 인터넷 환경이 소화할 수 있는 수준이 못 됐다. 그러나 20여 년이 지난 지금은 네트워크 품질과 컴퓨팅 환경이 비약적으로 발전했고, 클라우드 게임도 문제없을 정도로 지연 시간은 거의 '제로(0)'에 도달했다는 평가를 받고 있다.
>
> 클라우드 게임이 제시하는 모델은 향후 ICT 산업의 지형도를 바꿀 정도의 파급력을 예고하고 있다. 대표적인 것이 앱 클라우드의 실현이다. 수십 기가 바이트(GB) 용량에 달하는 게임이 클라우드에서 작동할 수 있다면, 메가 바이트(MB) 단위의 일반 앱을 클라우드에서 돌리는 건 전혀 문제가 되지 않는다. 즉 지금처럼 앱스토어에서 앱을 다운로드하여 휴대폰에 저장·설치해 사용하는 방식이 클라우드에 접속하는 방식으로 대체되는 것이다. 이는 스마트폰이 별도의 고가 CPU나 저장 장치를 갖출 필요가 없게 돼 단말기의 저가화를 실현할 수 있다. 과도하게 배터리 소모를 유발하는 앱도 차단할 수 있다. 영상 보안 업계는 카메라가 취합한 영상을 클라우드에서 분석해 인물 식별률 및 상황 인식률을 크게 높이는 방안을 추진하고 있다. 기존 CCTV는 물론이고, 드론 촬영 영상까지 4K급으로 수행할 수 있다. 하드웨어의 영향을 많이 받는 가상현실·증강현실(VR·AR) 서비스의 실현도 한층 가속도가 붙을 전망이다.

① 게임을 클라우드에서 돌리게 되면 사용자의 조작이 게임이 설치된 원격 서버에 반영된다.
② 클라우드 서비스를 적용한 게임은 큰 저장 용량을 필요로 한다.
③ 클라우드 서비스를 적용한 게임은 2000년 초반 이미 출시된 바 있다.
④ 게임에 클라우드 서비스가 도입되면 게임 이용자는 컴퓨터를 별도로 소유할 필요가 없다.
⑤ 클라우드 서비스를 이용하면 게임을 진행하는 데 하드웨어의 영향이 줄어든다.

[520~521] 다음은 J사에서 부여하는 수입품 코드에 관한 자료이다. 이를 바탕으로 이어지는 질문에 답하시오.

J사에서는 수입품의 입고와 출고 관리를 위하여 수입품별로 수입품 코드를 부여하여 재고 관리를 한다. J사에서는 기존 방식으로는 모든 물품에 수입품 코드를 부여할 수가 없어 수입품 코드 부여 방식을 변경하였다. 이 회사의 변경 전후 수입품 코드 부여 방식은 다음과 같다.

[변경 전 수입품 코드 부여 방식]

①	②	③	④	⑤	⑥	⑦
수입국		수입연월			출고순서	

①: 수입국을 나타내는 번호는 대륙별로 다음과 같이 부여한다.

수입국	코드
유럽	A
아프리카	B
북아메리카	C
남아메리카	D
아시아	E

②~⑤: 수입연월을 나타내는 번호는 YY/MM(연도/월)로 부여한다.

⑥, ⑦: 출고 순서를 나타내는 번호는 다음 우선순위에 따라 번호를 부여한다.

  1. 아시아 지역을 1순위로 출고하고, 01을 부여한다.

  2. 북아메리카 지역을 2순위로 출고하고, 02를 부여한다.

  3. 유럽 지역을 3순위로 출고하고, 03을 부여한다.

  4. 아프리카 지역을 4순위로 출고하고, 04를 부여한다.

  5. 남아메리카 지역을 5순위로 출고하고, 05를 부여한다.

[변경 후 수입품 코드 부여 방식]

①: 수입국을 나타내는 번호는 다음과 같이 변경한다. 북아메리카와 남아메리카를 합해 아메리카로 분류하고, 코드를 D라 한다. 아시아의 코드를 C라 하고, 오세아니아를 신설하고 E로 한다. 그 외 지역은 변경 전 코드를 유지한다.

②~⑤: 수입연월을 나타내는 번호는 MM/YY(월/연도)로 변경한다.

⑥, ⑦: 출고 순서를 나타내는 번호의 규칙은 다음과 같이 변경한다.

  1. 북아메리카를 1순위로 출고하고, 01을 부여한다.

  2. 유럽 지역을 2순위로 출고하고, 02를 부여한다.

  3. 아시아 지역을 3순위로 출고하고, 03을 부여한다.

  4. 아프리카 지역을 4순위로 출고하고, 04를 부여한다.

  5. 남아메리카 지역을 5순위로 출고하고, 05를 부여한다.

  6. 오세아니아 지역을 6순위로 출고하고, 06을 부여한다.

  7. 그 외 지역은 마지막 순위로 출고하고, 07을 부여한다.

520 문제 더보기 PART II 복원 | P.271 290번

주어진 자료를 토대로 할 때, 변경 전 코드로 가능한 것을 고르면?

① A220401
② B032104
③ B211202
④ C220102
⑤ E022201

PART III

521 문제 더보기 PART II 복원 | P.271 291번

다음은 J사에서 현재 보유하고 있는 물품들이다. 물품들의 목록이 다음과 같을 때, 변경 후 코드 부여 방식이 적절하게 적용되어 변경된 물품의 개수를 고르면?

물품목록	수입국	수입연월	수입품 코드
1	중국	22. 03. 15.	E032203
2	필리핀	21. 11. 20.	C211103
3	호주	22. 09. 22.	E092206
4	이집트	21. 07. 08.	B082104
5	칠레	21. 12. 13.	D122105
6	독일	22. 10. 10.	A102202
7	캐나다	22. 09. 23.	C092205
8	프랑스	22. 03. 31.	A220302
9	브라질	22. 01. 26.	D012205
10	뉴질랜드	22. 02. 06.	E022206

※ 아시아(필리핀, 중국), 유럽(독일, 프랑스), 오세아니아(뉴질랜드, 호주), 남아메리카(칠레, 브라질), 북아메리카(캐나다), 아프리카(이집트)로 구성됨

① 2개
② 3개
③ 4개
④ 5개
⑤ 6개

522

다음 [표]와 [그림]은 순서도 기호에 대한 설명과 순서도이다. 순서도에 따라 출력되는 문장을 고르면?

[표] 순서도 기호와 기능

기호	기능
	순서도의 시작과 끝을 표시한다.
	모든 종류의 입/출력 기능을 표시한다.
	조건에 따라 몇 개의 경로로 분기함을 표시한다.
<X>	첫 번째 문자열을 X로 교체하는 기능을 수행한다.
	일반적인 출력을 표시한다.

[그림] 순서도

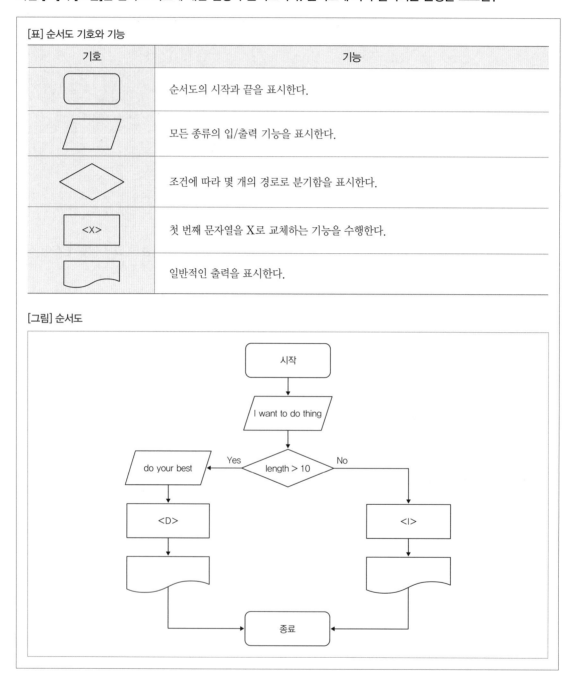

① do your best
② i want to do thing
③ Do your best
④ I want to do thing
⑤ I want to Do thing

523

다음은 피보나치 수열에 대한 설명이다. 함수를 완성하기 위해 (가)와 (나)에 들어가야 할 코드를 고르면?

[피보나치 수열의 개요]
피보나치 수열은 각 숫자가 바로 앞의 두 숫자의 합으로 이루어진 수열이다.
이를 함수로 표현하면 $F(n) = F(n-1) + F(n-2)$이다.
피보나치 함수는 재귀 구조와 반복 구조로 구현할 수 있고, 다음은 수도 코드로 작성된 피보나치 함수의 예시이다.

[재귀 구조]
```
1    function fibonacci(n)
2      if n == 0
3        return 0
4      else if n == 1
5        return 1
6      else
7        return fibonacci(n-1) + fibonacci(n-2)
```

[반복 구조]
```
1   function fibonacci(n)
2     if n == 0
3       return 0
4     else if n == 1
5       return 1
6     prev = 0
7     cur = (가)
8     for i from 2 to n
9       (나)
10      prev = cur
11      cur = next
12    return cur
```

① (가): 0, (나): next = prev + cur
② (가): 1, (나): next = prev + cur
③ (가): 0, (나): next = prev + i
④ (가): 1, (나): next = prev + i
⑤ (가): 0, (나): next = prev + cur + I

524 문제 더보기 ◀ PART II 복원 | P.278 301번

다음 중 기술능력을 향상시키기 위해 E-Learning을 활용하는 방법에 대한 설명으로 적절하지 <u>않은</u> 것을 고르면?

① 원하는 내용을 원하는 순서대로 학습하는 것이 가능하다.
② 인적 네트워크 형성이나 실무 중심 교육이 어렵다.
③ 업데이트가 손쉬워 새로운 교육에 대한 요구나 내용의 반영이 가능하다.
④ 정해진 시간이나 장소가 없어 학습자 스스로 학습을 통제하는 데 어려움이 있다.
⑤ 비디오, 사진, 텍스트, 소리, 동영상 등 멀티미디어를 이용한 학습이 가능하다.

525 문제 더보기 ◀ PART II 복원 | P.278 302번

다음 중 산업재해에 대한 설명으로 옳지 <u>않은</u> 것을 고르면?

① 직업과 관련하여 질병에 걸린 것도 산업재해에 해당한다.
② 산업재해의 예방 대책 중 가장 먼저 해야 하는 것은 안전 관리 조직이다.
③ 안전보호 장치 결함은 산업재해의 직접적 원인 중 불안전한 상태에 해당한다.
④ 산업재해의 기본적인 원인은 교육적 원인, 기술적 원인, 작업 관리상 원인으로 구분된다.
⑤ 각종 기계·설비 등을 안전성이 보장되도록 제작하고, 항상 양호한 상태로 작동되도록 유지 관리를 철저히 하면 불안전한 행동을 방지할 수 있다.

526 문제 더보기 ◀ PART II 복원 | P.278 302번
PART II 복원 | P.279 303번

다음 사례에서 산업재해가 발생한 원인으로 가장 적절한 것을 고르면?

건물 신축 공사 현장에서 크레인을 사용하여 5층 PC슬래브를 거치하였는데, 크레인을 작동하던 자가 PC슬래브 거치 후 PC슬래브에 체결된 줄걸이가 완전하게 해체되지 않은 상태에서 크레인을 상승시켜 PC슬라브 위에 서있던 H씨가 바닥으로 추락하여 사망하였다.

① 교육적 원인   ② 기술적 원인   ③ 작업 관리상 원인
④ 불안전한 행동   ⑤ 불안전한 상태

527 문제더보기 PART Ⅱ 복원 | P.280 305번

다음 중 기술혁신에 대한 설명으로 옳지 않은 것을 고르면?

① 발명한 기술시스템이 경쟁 단계에 이르면 금융 전문가의 역할이 중요해진다.
② 기술혁신은 조직의 권력구조 자체에도 새로운 변화를 야기할 수 있다.
③ 상호의존성이 있어 하나의 기술이 개발되면 다른 기술개발에도 영향을 줄 수 있다.
④ 기술개발에 참가한 직원이 기업을 떠나는 경우 기술개발을 지속할 수 없어지기도 한다.
⑤ 장기간의 시간을 필요로 하며, 그 과정 자체가 매우 불확실하다.

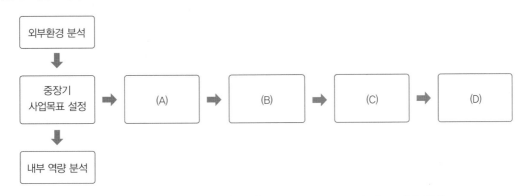

528 문제더보기 PART Ⅱ 복원 | P.280 306번

다음은 기술선택을 위한 절차를 도식화한 것이다. (B)단계에서 해야 할 행동으로 적절한 것을 고르면?

① 기술 획득 방법 결정
② 생산능력 분석
③ 수요 변화 분석
④ 경쟁 우위 확보 방안 수립
⑤ 부품 제조기술 분석

구분		점검 일자						점검 항목
시설	세부 내역	4/5	4/9	4/13	4/17	4/21	4/25	
선로	구조물	●			●			작업인원 관리 현황
			●		●		●	역시설 관리 현황
			●			●		소방 시설
	근접 공사	●	●	●	●	●	●	근접 공사 안전기준
건널목	안전 설비	●		●		●		매뉴얼 관리
		●				●		교육 현황
	관리 기준		●			●		설비기준 준수
전기 신호	구조물		●				●	전철전력
				●			●	신호제어
		●		●		●		정보통신
궤도	레일		●		●		●	작업인원 관리 현황
		●	●		●	●		대피소 관리
			●	●		●	●	소방 시설
		●	●	●	●	●	●	장비 관리 현황
노반	토공	●		●		●		선로사면 관리
		●			●			지하시설물
			●		●		●	장비 현황
			●			●		정보통신
				●			●	안전펜스 현황
				●				비상연락망 점검

※ 모든 항목은 위의 표를 근거로 동일한 주기에 점검을 실시함

529 문제 더보기 PART Ⅱ 복원 | P.283 309번

주어진 점검표에 대한 설명으로 옳지 <u>않은</u> 것을 고르면?

① 노반 시설은 점검 항목이 6개이다.
② 4월 9일에 점검해야 하는 항목은 4월 25일에 점검해야 하는 항목보다 2개 더 많다.
③ 4월 한 달간 궤도 레일의 대피소 관리 점검은 총 4번 이루어진다.
④ 선로 근접 공사 안전기준 점검은 4월 한 달간 총 7번 이루어진다.
⑤ 점검 항목에 소방 시설이 포함된 시설은 선로와 궤도이다.

PART Ⅲ

기술능력

530 문제 더보기 PART Ⅱ 복원 | P.283 310번

다음 중 5월 한 달간 실시되는 건널목 설비기준 준수 점검 횟수를 고르면?

① 1번   ② 2번   ③ 3번
④ 4번   ⑤ 5번

531

다음 글을 참고할 때, [보기]와 같은 '모바일 후불 교통 카드'에 대한 설명으로 옳은 것을 고르면?

전자 화폐란 현금, 수표, 신용 카드 등 기존의 화폐와 동일한 가치를 갖는 디지털 형태의 정보이다. 디스크와 IC칩과 같은 컴퓨터 기록 매체에 저장이 가능하고, 네트워크를 통해 전송 가능한 전자적 유가 증권을 의미한다. 관리가 불편한 현금을 대신할 새로운 개념의 간편한 화폐가 요구되는 정보화 사회에서 전자 화폐의 출현은 필연적이라고 할 수 있다. 전자 화폐의 출현은 금융과 IT가 결합된 서비스라는 개념의 핀테크(Fintech) 기술에 의해 가능해졌다.

전자 화폐는 화폐적 가치가 어떻게 저장되는지에 따라 IC카드형과 네트워크형으로 나눌 수 있으며, 그 특징은 다음과 같다.

구분	종류	특징
IC카드형	티머니, 하이패스 등 교통 카드	IC카드에 인증을 거쳐 전자적 방법으로 현금에 대응하는 금액을 탑재한 것으로, 교통 카드나 통행료 지불 카드 등은 일정 한도의 금액을 카드에 저장해 비밀번호를 입력하지 않아도 결제가 가능한 기능을 가진다. 다만, 고액 거래 시에는 비밀번호 입력 등의 절차가 추가된다.
네트워크형	사이버 코인, 이캐시	가상 은행이나 인터넷과 연결된 고객의 컴퓨터에 저장된다. 각종 포인트나 마일리지도 사용상의 제한이 있고 현금과 동가 교환 부분의 차이는 있지만, 넓은 범주의 네트워크 전자 화폐로 포함되기도 한다.

┤ 보기 ├

W시에 세계 최초 모바일 후불 교통 카드(스마트폰) 개통식이 거행되었다. 이로써 W시 시민들은 선불 카드 충전이나 지갑을 소지해야 하는 번거로움 없이 NFC 기능이 탑재된 스마트폰으로 버스 등 대중교통을 이용할 수 있게 되었다. 그러나 이는 모바일 후불 교통 카드의 본 서비스를 위한 첫걸음에 지나지 않는다. 이번에 제정된 표준이 많이 활용되고 모바일 후불 교통 카드 서비스가 활성화되기 위해서는 이용자가 쉽게 모바일 후불 신용 카드를 스마트폰에 다운받을 수 있는 구조가 세팅이 되어져야 하는 등 많은 부분에서 추가적인 노력이 필요한 상황이다.

① 대표적인 네트워크형 전자 화폐로서 광범위한 지역으로의 호환성 문제 선결이 시급하다.
② 모바일 후불 교통 카드 시스템은 그 편리성에 비해 막대한 화폐 제작 비용을 요한다.
③ 모바일 후불 교통 카드는 지급 결제 수단으로서의 IC카드형 전자 화폐이다.
④ 휴대와 사용의 간편성이 보장되어 인터넷 뱅킹 등과 같은 네트워크 시스템과 밀접한 관계가 있다.
⑤ 인증 절차가 필요치 않아 물품의 구매에도 적용을 예상할 수 있다.

Easyen(이지엔) 사용 설명서

제품은 최소한 취침 30분 전에 작동을 하여야 합니다.

정상 작동:
전원 스위치를 켜면 수초 동안 리모컨의 전체 램프가 켜졌다가 꺼지면서 작동을 준비합니다. 이후, 수면 리듬에 적합한 최적의 온도가 자동으로 컨트롤됩니다.

1. 자동 운전
   ① 전원 스위치를 길게 누르면 "자동" 램프가 점등되고 기계가 작동합니다. 일정 온도를 유지하고자 하는 경우 "자동" 램프가 켜져 있는 상태에서 원하는 온도를 설정한 후 "고정" 버튼을 눌러 해당 온도로 고정합니다.
   ② 자동 운전은 "자동" 버튼을 누른 후, 7시간이 지나면 자동으로 정지되며, 이후 17시간이 지난 다음 날 "자동" 버튼을 누른 시간에 다시 가동을 시작하여 7시간 동안 가동되는 상황을 반복합니다.
   ③ "자동" 기능을 취소하려면 리모컨의 "수동" 버튼을 누르면 됩니다.
   ④ 온도가 고정되어 있는 경우 "자동" 기능이 해제되지 않으므로 고정된 온도를 먼저 해제해 주세요.

2. 수동 운전
   ① 리모컨의 "자동" 램프가 꺼져 있는 경우 "수동" 작동 가능한 상태입니다. "수동" 램프가 점등되있는지 확인 후 사용자의 선택에 따라 원하는 온도를 설정하면 작동을 시작합니다. 램프가 꺼져 있는 상태에서는 온도 조절 버튼이 작동하지 않으니 램프 점등 여부를 먼저 확인해 주세요.
   ② 수동 운전은 사용자가 작동을 정지하기 전까지 계속 작동하나, 안전을 위해 최대 12시간 이상 사용은 자제해 주세요.
   ③ "수동" 기능을 취소하려면 "자동"으로 전환하거나 OFF 버튼을 누릅니다.
   ④ 수동 운전 모드에서는 온도가 고정되지 않습니다.

3. 냉풍 운전
   ① "수동" 운전 상태에서 "냉풍" 기능을 선택하면 "냉풍" 램프가 점등되고 작동을 시작합니다.
   ② 냉풍 운전은 사용자가 작동을 정지하기 전까지 계속하여 작동하나, 안전과 기계의 과부하를 막기 위해 최대 6시간 이상 사용은 자제해 주세요.
   ③ 냉풍 기능을 취소하려면 OFF 버튼을 누르거나 온도 조절 버튼을 길게 누르면 기능이 해제됩니다.
   ④ 냉풍 기능 사용 시 기계 내 급격한 온도 차이로 인한 고장을 막기 위해 정상 온도로 돌아오는 최소 1시간 동안 작동을 자제해 주세요.

작동 정지:
OFF 버튼을 누르면 5분 후에 자동으로 작동이 정지됩니다. 작동이 정지되는 동안은 다른 버튼을 눌러도 작동하지 않으니 다른 기능을 사용하고 싶으시다면 5분 후 모든 기능이 정지한 후에 사용해 주세요.

조명등:
리모컨 좌측의 스위치를 올리면 상단의 조명등이 점등됩니다.

532

해당 제품 사용에 대한 문의와 그에 대한 답변으로 옳지 <u>않은</u> 것을 고르면?

① Q: 전원을 누르고 온도를 올렸는데도 따뜻해지지가 않아요.

　A: 원하는 온도가 되기까지 약 30분 정도의 시간이 소요됩니다. 사용하시기 전 최소 30분 정도 여유 시간을 가져 주세요.

② Q: 리모컨을 누르지 않았는데 밤만 되면 기계가 스스로 작동해요.

　A: 자동 기능이 켜져 있는 경우 자동 버튼을 누른 시간에 스스로 작동을 시작합니다. 자동 램프가 켜져 있지는 않은지 확인해 주시고 자동 상태인 경우 수동 버튼을 눌러 이를 해제해 주세요.

③ Q: 자동 기능을 해제하려고 해도 해제가 되지 않아요.

　A: 온도가 고정되어 있는 경우 자동 기능이 해제되지 않습니다. 온도가 고정되어 있지는 않은지 확인해 주세요.

④ Q: 냉풍 기능 사용 후 작동을 중지하려고 OFF 버튼을 눌렀는데 바로 꺼지질 않습니다.

　A: 냉풍 기능 사용 후 종료 시 정상 온도로 돌아오는 동안 작동을 하지 않습니다. 정상 온도로 돌아올 때까지 기다려 주세요.

⑤ Q: 리모컨 앞쪽에 조명이 켜져 있는데 OFF 버튼을 눌러도 꺼지지가 않아요.

　A: 리모컨 왼쪽에 조명을 켜는 스위치가 있는데 이 스위치가 켜져 있진 않은지 확인해 주세요.

533

다음과 같은 증상에 대한 대처 방안으로 옳은 것을 고르면?

> 안녕하세요. 현재 사용 중인 제품에 이상이 있어 문의드립니다. 취침 시 제품의 온도를 25도로 고정하여 사용하고 싶은데 온도 조절 버튼을 눌러도 온도가 변동이 되지 않고 자는 동안 온도가 계속 변동됩니다. 원하는 온도로 조절할 수 있는 방법과 온도를 고정하여 사용할 수 있는 방법을 알려주세요.

[표] 고장 신고 전 확인 사항

증상	조치 방법
전체 램프가 켜졌다 꺼지지 않음	– 전원 차단 20분 후에 재가동
설정 온도 고정되지 않음	– 운전 모드 확인
모든 기능 정지	– 전원 차단 1시간 후에 재가동
OFF에도 초기 시작 온도로 돌아오지 않음	– 온도 조절 버튼을 길게 눌러 온도 리셋 – 1시간 후 재가동 동일 증상 발생 여부 확인
온도 기능 미작동	– 수동 운전 모드로 온도 조절 시 램프 점등 여부 확인
온도가 자동 컨트롤 되지 않음	– 써미스터 교체 필요 – 자가 교체 또는 A/S 신청
OFF 기능 미작동	– OFF 버튼을 길게 눌러 전체 리셋 – OFF 버튼이 전혀 작동하지 않을 경우 전원 차단
냉풍 기능 이상	– 송풍구가 막히지 않았는지 확인 – 자동 운전 모드로 온도가 고정되어 있지 않은지 확인

※ 해당 조치에도 증상이 해결되지 않을 경우 A/S 신청

① 모든 전원을 차단한 후 재가동해주세요.
② 온도 조절 버튼을 길게 눌러 온도 조절 기능을 리셋해주세요.
③ 온도가 자동 컨트롤되지 않는 경우 써미스터를 교체하여야 하니 A/S 신청을 해주세요.
④ 수동 운전 모드 램프가 켜져 있는 경우 온도 조절이 되지 않으니 이를 확인해주세요.
⑤ 수동 운전 모드 램프가 켜져 있는 상태에서 온도를 조절하거나 자동 운전 모드로 온도를 고정하여 사용해주세요.

534

E회사 최 부장은 기술관리자에게 필요한 능력을 모두 갖추고 있을 정도로 능력 있는 관리자이다. 다음 사례를 참고하여 기술관리자에 요구되는 능력에 해당하지 <u>않는</u> 것을 고르면?

> 최 부장은 기술관리자로서 자신의 업무에 자부심을 느끼고 있다. 최근 트렌드가 된 A기술은 기존의 기술에서 많은 변화를 겪으면서 탄생한 기술이다. 급변하고 있는 사회에서 도태되지 않기 위해 최 부장은 기술에 대한 이해를 하려고 노력하고 있다. 그러다 보니 자연스럽게 A기술을 도입하여 업무 효과를 높일 수 있도록 직원들에게 지원해 주고, 많은 대화를 나눠 기술자들과 돈독한 우애를 보인다. 또한 새로운 기술이 나올 때마다 퇴근 후에도 기술에 익숙해질 때까지 익히고, 비상 상황 발생에 대비할 수 있도록 매뉴얼도 만들어 후배 직원들에게 나눠 주며 오류를 범하지 않도록 돕고 있다.

① 기술이나 추세에 대한 이해 능력
② 기술을 효과적으로 평가할 수 있는 능력
③ 기술을 운용하거나 문제를 해결할 수 있는 능력
④ 혁신적인 환경을 조성할 수 있는 능력
⑤ 기술직과 의사소통할 수 있는 능력

535 〈문제 더보기〉 PART II 복원 | P.291 322번

브랜드 전략에 대한 설명으로 적절한 것을 [보기]에서 모두 고르면?

┤보기├

㉠ 브랜드 전략의 최대 목적은 차별화에 의한 브랜드 이미지의 형성이다.
㉡ 브랜드 전략은 화장품과 같은 기호품, 가전제품과 같은 내구소비재 제품에 효과적이다.
㉢ 브랜드 충성도는 아주 짧은 시간에 걸쳐 이루어진다.

① ㉠
② ㉡
③ ㉢
④ ㉠, ㉡
⑤ ㉡, ㉢

536

다음 중 ㉠과 ㉡에 대한 설명으로 옳지 <u>않은</u> 것을 고르면?

조직의 목표 달성과 성과를 평가하기 위한 도구 중, 가장 대표적인 것은 ㉠KPI(Key Performance Indicator)로, KPI는 평가하기 위한 대상을 일정 단위의 시간경과에 따른 성과를 기준으로 평가한다. 하지만 최근 새로운 유행어처럼 번지는 성과 평가 도구인 ㉡OKR(Objectives and Key Results)은 KPI와는 다르게 상위 목표를 달성하기 위한 구체적 계획을 하위 목표로 두고 계층화하여 성과를 추적한다.

① ㉠: 달성 가능한 목표치를 설정한다.
　㉡: 공격적인 목표치를 설정한다.
② ㉠: 성과 관리를 중점으로 둔다.
　㉡: 성장을 지향한다.
③ ㉠: 과정을 통해 나타난 결과치에 집중한다.
　㉡: 어떠한 결과치가 나오게 된 이유에 집중한다.
④ ㉠: 조직의 장기적인 목표와 진척도를 강조한다.
　㉡: 조직의 현재 상태와 성과를 측정하고 모니터링하는 것을 강조한다.
⑤ ㉠: 성과 평가와 모니터링을 위한 도구이다.
　㉡: 비전과 전략을 달성하기 위한 도구이다.

다음 글을 바탕으로 21세기 기업조직의 특성으로 적절하지 <u>않은</u> 것을 고르면?

고전적 정의에 따르면 기업 전략은 기업이 경쟁 우위 확보를 위해 취하는 일련의 조치들로 이루어져 있다. 임원들은 제품 설계 및 장기 전략 수립에 엄청난 에너지를 투자하고 있지만, 시장과 경쟁사가 이에 유연하게 적응하고, 사회적 규범과 규제가 진화해 나가고, 기술이 점차 발전함에 따라 이러한 조치들의 상당수는 곧바로 쓸모없어지고 만다.

대부분의 기업의 리더들은 영속적인 경쟁 우위를 창출하고 적은 비용과 적은 리스크로 높은 수익을 가져올 수 있는 절호의 기회를 놓치고 있다. 즉, 조직 설계를 전략의 중심부에 두는 것을 간과한다는 것이다. 이제 임원들은 어떠한 상황에서도 회사를 번성시킬 수 있는 조직 역량을 개발해야 한다는 전략적 니즈를 인식해야 한다.

오늘날의 기업들은 방대하고 복잡하며 역동적인 생태계와도 같다. 대다수의 기업들은 심각한 조직적 타성에 물들어 있다. 조직 설계는 많은 시간이 소요되는 힘든 작업이며, 의미심장한 변화에는 늘 어려운 대인 관련 이슈와 기업 정책이 수반되기 마련이다. 따라서 대체로 많은 CEO들이 회사의 성과를 향상시키기 위해 내부 조직의 이슈를 건드리기보다는 임시방편적인 구조 변경, 대규모 기업 인수, 혹은 경쟁 분야와 경쟁 방법 모색에 몰두하는 경향을 보인다.

그러나 그것보다는 조직 설계에 초점을 맞추는 것이 훨씬 효과적일 수 있다. 최근의 연구 결과를 보면 조직개선 작업이야말로 디지털 시대에 CEO의 시간과 에너지를 가장 효과적으로 투입할 분야라는 점을 다시금 확신하게 된다. 대부분의 기업의 조직 체계는 지난 20세기의 산업화 시대에 맞도록 설계되어 있기 때문이다. 그 당시 자본은 희소 자원이었고, 상호작용 비용(interaction cost)은 높았으며, 계층적 권위와 수직적 통합 구조가 효율적 운영의 해법으로 간주되던 시대였다. 하지만 오늘날 우월한 성과는 이러한 구시대적 조직 구조를 새로운 부의 원천에 맞도록 바꿀 수 있는 능력으로부터 비롯된다. 종업원들의 마인드 파워를 결집시키고, 충분히 활용되지 않은 재능·지식·관계·스킬을 적극 활용할 수 있도록 조직을 재편함으로써 회사는 직원들이 더욱 보람 있고, 생산적인 작업에 매진하고, 비교적 낮은 리스크로 내실 있는 새로운 부의 원천을 창출할 수 있도록 도와줄 수 있는 것이다.

이러한 목표를 달성하기 위해 기업의 리더들은 의식적으로 조직적인 개입을 설계하고 구축할 수 있지만, 무엇보다도 재능이 희소자원으로 간주되는 업무 환경에 걸맞은 새로운 성과 지표(특히, 종업원당 수익) 등을 육성시켜 줄 시장 메커니즘을 조직 설계에 반영해야 하며, 이를 위해서는 전체론적 관점을 견지해야 한다. 재능 위주의 경영을 하는 복잡한 대기업이 이러한 조직 설계의 최우선 후보자이기는 하지만, 조직 설계의 필요성은 중소기업, 우량기업뿐만 아니라 부실기업에도 적용된다.

조직 설계를 21세기 기업 환경에 맞게 현대화하면 전통적인 전략적 이니셔티브에 의해 창출되는 이익을 앞지를 수 있다. 이러한 작업을 정립하는 데에는 수년간의 지속적인 노력이 필요하지만 결국은 경쟁사가 쉽게 모방할 수 없는 경쟁 우위를 창출하는 성과를 얻게 된다. 전략적 사고를 하는 임원들이라면 조직이라는 거대한 배를 타고 항해하는 데 있어 날씨라는 외생 변수를 통제할 수는 없지만, 그 배를 효율적으로 설계하고 어떠한 기상 조건에서도 바다를 항해할 수 있는 선원들로 구성할 수는 있을 것이다.

① 전체론적 관점을 견지한 조직 설계는 대기업이나, 우량기업이 아닌 부실기업에는 적용이 어렵다.
② 현대 기업 환경에 맞추어 조직 설계를 현대화하고, 정립하기 위해서는 장기적인 노력이 필요하다.
③ 조직 설계를 전략의 중심으로 두면, 적은 비용과 적은 리스크로 높은 수익을 가져올 수 있다.
④ 20세기 산업화 시대에는 상호작용 비용이 높고, 자본이 희소 자원이었기 때문에 수직적 통합 구조가 효율적이었다.
⑤ 대다수의 CEO는 회사의 성과를 향상시키기 위해 경쟁 분야와 경쟁 방법 모색에 몰두한다.

538

다음 [그림]은 업무 효율화 도구 중 하나이다. 다음과 같은 업무 효율화 도구의 특징으로 옳지 <u>않은</u> 것을 고르면?

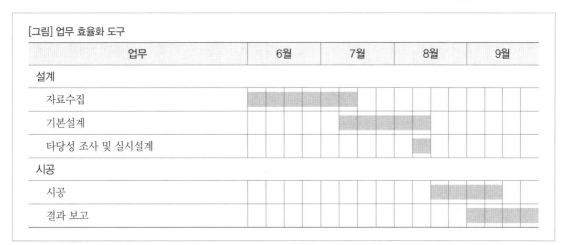

[그림] 업무 효율화 도구

업무	6월	7월	8월	9월
설계				
자료수집	▨▨▨			
기본설계		▨▨		
타당성 조사 및 실시설계			▨	
시공				
시공			▨▨	
결과 보고				▨▨

① 세로 바에는 세부 목표와 활동 및 프로그램을 기입하고 가로 바에는 시간을 기입한다.
② 단순명료하며 과업 간의 연관성을 알 수 있다.
③ 막대의 길이는 업무 소요시간을 의미한다.
④ 각 작업이 다음 작업과 어떻게 연결되는지 알 수 있다.
⑤ 규모가 크고 복잡한 프로젝트에 사용하기 적합하다.

539 문제 더보기 PART II 복원 | P.290 321번

다음 글에서 설명하는 조직관리 이론으로 가장 적절한 것을 고르면?

19세기 말부터 20세기 초, 미국에서 산업자본주의가 전개됨에 따라 기업경영 및 생산과정 현대화 운동과 고전적 조직이론이 접목되면서 등장한 관리이론으로 기존의 주먹구구식 기업관리 방식을 비판하면서 제시한 새로운 경영관리 기법이다. (   )은 '절약과 능률'을 행정의 가장 중요한 가치 기준으로 삼고, 정치·행정 분리론을 토대로 하여 최초에 기업경영의 합리화와 능률화에 많이 이바지하였고, 후에는 행정 운영상의 합리화와 능률화에 큰 기여를 하였다.

① 전략적 선택이론
② 거래비용이론
③ 인간관계론
④ 구조적 상황이론
⑤ 과학적 관리론

다음 글에서 설명하는 조직구조로 가장 적절한 것을 고르면?

> 직계참모조직이라고도 불리는 ( )은 지휘·명령의 일원화를 유지하면서 수평적 분화에 따른 책임과 권한을 확립하려는 조직 형태이다. 즉, 종합적인 계획과 감독책임을 가지는 관리부서와 직접적인 직무성과 책임을 가지는 운영부서 간의 조직권한 모형이다. 이 조직에서 지휘명령은 경영자나 권리자가 가지며 경영관리 기능을 지원하고 촉진하는 기능을 하는 직원들이 전문적 입장에서 돕는 형태를 띈다.

① 네트워크 조직 ② 매트릭스 조직 ③ 라인－스태프 조직
④ 관료형 조직 ⑤ 프로젝트 조직

541

홍보팀 박 대리는 효과적인 업무 수행을 위하여 자사 홈페이지 구축 관련 업무를 다음과 같이 일정별로 구분하였다. 이를 통해 홍보팀이 얻을 수 있는 효과로 가장 적절한 것을 고르면?

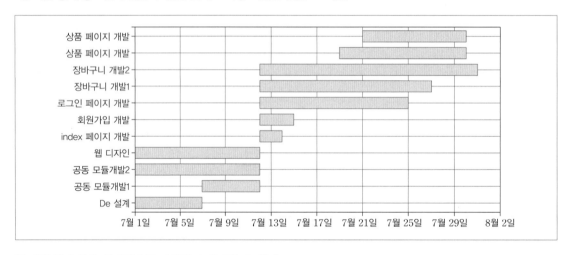

① 업무의 흐름을 동태적으로 파악하고 관리할 수 있다.
② 주된 작업과 부차적인 작업 등 업무를 특성에 맞게 구분하여 표현할 수 있다.
③ 전체 일정을 한눈에 볼 수 있고, 단계별로 소요되는 시간과 각 업무활동 사이의 관계를 알 수 있다.
④ 업무를 세부적인 활동들로 나누고, 활동별로 기대되는 수행수준을 달성했는지를 확인하는 데 효과적이다.
⑤ 외부의 협조를 구해야 할 일이 무엇인지를 파악하여 미리 대처할 수 있다.

[542~543] 다음 자료를 바탕으로 이어지는 질문에 답하시오.

A기관 조직도

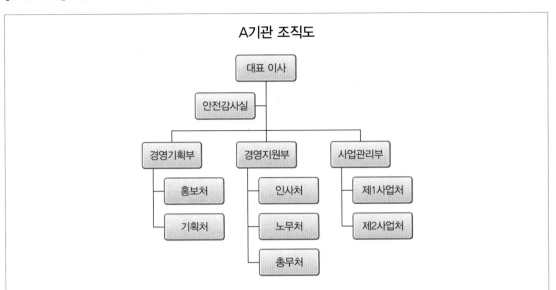

[조직별 업무]

조직명	업무
안전감사실	• 반부패 청렴 업무 및 기관 운영 효율화 업무 • 재난·안전 시스템 정립 및 총괄
기획처	• 대외기관과 상황 공유 및 업무협조 관련 사항 처리 • 내·외부 경영평가 보고서 작성, 업무 프로세스 개선 관련 업무
홍보처	• 홍보전략 수립 및 대외협력, 홍보대사 운영 • 신문 및 방송 보도 업무 총괄
인사처	• 인력운영, 채용 업무 총괄 • 교육관리시스템 운영, 외부위탁교육
노무처	• 임금협약 체결관련 업무 • 단체교섭/단체협약/취업규칙
총무처	• 저장품 관리 및 총무 업무 총괄 • 사업예산 편성 및 법인카드 관리 총괄
제1사업처	• 스포츠센터 관리 운영 업무 • 주차장 관리 운영 업무
제2사업처	• 아동·청소년 돌봄시설 운영 관리 업무 • 노인·장애인 시설 운영 관리 업무

[결재규정]
1. 결재를 받기 위해서는 최고결재권자인 대표 이사를 포함한 이하 직책자의 결재를 받아야 한다.
2. 최고결재권자 및 전결사항은 다음 표에 따른다.

구분	내용	금액기준	전결권자		대표 이사
			소속처장	총무처장	
출장비	교통비, 식대, 숙박비 등	50만 원 초과	○	○	
		50만 원 이하	○	○	
사업비	소모품비, 접대비, 외부인력 인건비 등	100만 원 초과	○	○	○
		100만 원 이하	○	○	
복리후생비	회식비, 경조사비, 사무용품비 등	30만 원 초과	○	○	○
		30만 원 이하	○	○	

※ 대표 이사의 결재를 받지 않는 경우에는 마지막 결재를 담당한 사람을 전결권자로 갈음함

542 문제 더보기 PART II 복원 | P.297 330번

주어진 자료에 대한 설명으로 옳지 않은 것을 고르면?

① A기관은 1실 3부 7처의 조직으로 구성되어 있다.
② 안전감사실과 각 부는 서로 독립적으로 존재하는 기관이다.
③ 방송 기자가 취재를 요청해야 할 경우 홍보처에 협조를 요청한다.
④ 다음 해 주차장 사업 예산 편성 업무를 위해서는 총무처와 제1사업처가 협조할 수도 있다.
⑤ 업무 프로세스 개선에 대한 보고서 결재는 안전감사실장 → 대표 이사 순으로 이루어진다.

A기관 제1사업처에서 근무 중인 P대리는 출장지에서 교통비와 식대, 숙박비를 포함하여 총 60만 원을 법인카드로 결제하였다. P대리가 작성할 출장비 결재 양식으로 적절한 것을 고르면?

①

결재	출장비 지출결의서			
	P대리	제1사업처장	노무처장	대표 이사
	서명	서명	서명	대표 이사 서명

②

결재	출장비 지출결의서			
	P대리	제1사업처장	총무처장	대표 이사
	서명	서명		

③

결재	출장비 지출결의서			
	P대리	제1사업처장	총무처장	대표 이사
	서명	서명	서명	대표 이사 서명

④

결재	출장비 지출결의서			
	P대리	제1사업처장	총무처장	대표 이사
	서명	서명	전결	총무처장 서명

⑤

결재	출장비 지출결의서			
	P대리	제1사업처장	총무처장	대표 이사
	서명	서명		총무처장 서명

544

다음은 나라별 비즈니스 매너에 대한 내용이다. 다음 중 잘못된 비즈니스 매너를 이야기한 사람을 고르면?

① 정아: 중국 사업 관계자를 처음 만날 때는 중국 측에서 먼저 손을 내밀 때까지 기다렸다가 악수해야 해.

② 희선: 미국인과 악수하고 인사를 나눌 때는 눈을 마주치지 않는 것이 예의야.

③ 기호: 베트남은 약속 시간을 철저히 여기며 에둘러 거절하는 것을 좋아하지 않으므로 뭐든지 확실히 해야
해.

④ 선미: 독일인과 업무상 식사는 점심이 좋고 잔에 물을 대신 채워주거나 음식을 권하는 것은 결례가 되므로
자제해야 돼.

⑤ 민주: 일본에서는 방문하거나 초대받은 쪽에서 먼저 명함을 건네는데 이때 자신의 소속과 이름을 함께 이야
기해야 돼.

545 <문제 더보기> PART Ⅱ 복원 | P.300 335번

국제 매너에 부합하지 <u>않는</u> 행동을 [보기]에서 모두 고르면?

┤ 보기 ├

㉠ 국제 컨퍼런스에 참석한 A씨는 아프리카 사람과 시선을 마주보고 대화하였다.

㉡ 미국인 바이어를 소개받은 B씨는 바이어에게 이름이나 호칭을 어떻게 부르면 될지 물어보았다.

㉢ C씨는 중국인 사업가와 처음 만난 자리에서 상대방에게 허리를 약간 굽혀 인사하였다.

㉣ 프랑스 바이어와 서양 요리 레스토랑을 방문한 D씨는 빵을 칼로 적당히 잘라 먹었다.

㉤ 일본인 사업가와 식사를 하던 E씨는 한 손으로 술을 따르고 한 손으로 술을 받았다.

① ㉠, ㉣　　　　　　　② ㉠, ㉤　　　　　　　③ ㉡, ㉢

④ ㉡, ㉤　　　　　　　⑤ ㉢, ㉣

PART III 직업윤리 5문항

546

다음 글에서 경찰이 활용한 의사결정 시의 비윤리적 가치를 고르면?

> 범죄를 저지른 두 명의 공범자가 경찰에 잡혔다. 이들은 구속되기 전에 서로 범행에 대해 침묵하기로 합의했다. 다른 증거가 없기 때문에 서로가 범행에 대해 자백하지 않으면 둘 다 가벼운 처벌을 받을 것을 알고 있다. 경찰은 이들이 의사소통을 못하도록 각각 다른 방에 가두고 심문을 하였다. 경찰은 자백을 유도하기 위하여 두 범인에게 "네가 범행을 자백하고 네 동료가 자백하지 않으면 너는 무죄방면 되고 네 동료는 무거운 형을 받는다. 그러나 반대의 경우 네 동료는 무죄방면 되고 너는 중형에 처해진다."라고 하였다.

① 부정직   ② 무책임   ③ 이기심   ④ 불성실   ⑤ 개인주의

547 문제 더보기 PART II 복원 | P.309 346번

주어진 [표]에 제시된 직장 내 성희롱 관련 내용을 바탕으로 판단할 때, 다음 중 나머지와 다른 유형에 해당하는 직장 내 성희롱 사례를 고르면?

[표] 직장 내 성희롱의 유형

조건형 성희롱	환경형 성희롱
성적 언동이나 성적 요구에 불응한 것을 이유로 채용탈락, 감봉, 승진탈락, 좌천, 전직, 정직, 휴직, 해고 등과 같이 채용 또는 근로조건을 일방적으로 불리하게 하는 경우	성적인 언어나 행동 등으로 성적 굴욕감 및 혐오감을 느끼게 하여 위협적, 적대적 고용환경을 형성하거나 업무능력을 저해하는 등 고용환경을 악화시키는 경우

① K사의 사업주는 A대리가 Q팀장과 불륜관계로 지속적인 성생활을 이어가고 있다는 거짓 소문을 의도적으로 퍼트려 A대리는 굴욕감에 휴직을 신청하게 되었다.

② U부장은 B사원에게 안마를 요구하였고, B사원이 이를 거부하자 B사원의 몸매에 대한 노골적인 평가를 팀 내 단체 메신저에 올려 B사원은 업무를 원활히 할 수 없는 지경에 이르렀다.

③ N팀장은 면접 대상자에게 외설적인 노래를 부를 것을 요구하며, 이를 거부할 시 채용에 불이익이 있을 수 있다고 언급하였다.

④ P사의 T대리는 동료인 Y대리의 얼굴을 나체 사진과 합성하여 사내 게시판에 배포하였고, 이에 Y대리는 정신적 고통으로 업무를 제대로 할 수 없는 상황에 처해있다.

⑤ X차장은 사내의 공식적인 회식 자리가 있을 때마다 E주임에게 옆자리에 앉아 술을 따르도록 강요하였고, E주임은 이로 인한 심한 스트레스로 회식이 있는 업무일마다 업무에 지장을 받고 있다.

[548~549] 다음은 청탁금지법에 대한 내용이다. 이를 바탕으로 이어지는 질문에 답하시오.

'청탁금지법'은 크게 (　　), (　　), (　　)의 세 가지 축으로 구성되어 있다.

우선 공직자를 비롯해 언론인·사립학교 교직원 등 법안 대상자들이 직무 관련성이나 대가성에 상관없이 1회 100만 원(연간 300만 원)을 초과하는 금품을 수수하면 형사처벌(3년 이하의 징역 또는 3,000만 원 이하의 벌금)을 받도록 규정하였다. 또 직무 관련자에게 1회 100만 원(연간 300만 원) 이하의 금품을 받았다면 대가성이 입증되지 않더라도 수수 금액의 2~5배를 과태료로 물도록 하였다. 다만 원활한 직무 수행, 사교·의례·부조 등의 목적으로 공직자에게 제공되는 금품의 상한액을 설정하였다.

또 법안 시행 초기에는 식사·다과·주류·음료 등 음식물은 3만 원, 금전 및 음식물을 제외한 선물은 5만 원, 축의금·조의금 등 부조금과 화환·조화를 포함한 경조사비는 10만 원을 기준으로 하였다. 그러나 국민권익위원회는 2017년 12월 선물 상한액은 농수축산물에 한해 10만 원으로 오르고 경조사비는 5만 원으로 낮아지는 내용의 개정안을 의결해 입법 예고하였다. 이에 따르면 선물비의 경우 상한액을 5만 원으로 유지하되 농축수산물(화훼 포함)에 한해 5만 원에서 10만 원으로 상향한다. 여기에는 농수축산물 원재료가 50% 이상인 가공품도 함께 해당한다. 경조사비는 기존 10만 원에서 5만 원으로 상한액이 낮아지는데 현금 5만 원과 함께 5만 원짜리 화환은 제공할 수 있다. 만약 현금 없이 경조사 화환만 제공할 경우에는 10만 원까지 인정된다. 다만, 음식물은 유일하게 현행 상한액(3만 원)이 유지된다.

아울러 법안은 누구나 직접 또는 3자를 통해 공직자 등에게 부정 청탁을 해선 안 된다고 규정하고, 부정 청탁 대상 직무를 인·허가, 인사 개입, 수상·포상 선정, 학교 입학·성적 처리 등 총 14가지로 구분하였다. 다만 공개적으로 요구하거나 공익적 목적으로 고충 민원을 전달하는 행위 등 5가지 행위에 대해서는 부정 청탁의 예외 사유로 인정하였다.

외부 강의의 경우 사례금 상한액은 장관급 이상은 시간당 50만 원, 차관급과 공직유관단체 기관장은 40만 원, 4급 이상 공무원과 공직유관단체 임원은 30만 원, 5급 이하와 공직유관단체 직원은 20만 원으로 제한하였다. 사립학교 교직원, 학교법인 임직원, 언론사 임직원의 외부 강의 사례금 상한액은 시간당 100만 원이다.

국민권익위원회는 2016년 9월 5일 법안의 적용 대상 기관 4만 919곳을 공개하였다. 공공 분야는 ▷국회·법원·헌법재판소·감사원·선관위·인권위 등 6곳 ▷중앙행정기관 42곳 ▷광역·기초 지방자치단체와 시·도교육청 260곳 등이다. 공직유관단체 982곳과 공공 기관 321곳도 포함됐으며, 국회의원도 적용 대상이다.

법 적용을 받는 각급 학교는 총 2만 2,412곳으로 유치원 8,930곳, 초·중·고등학교 1만 1,799곳, 외국인학교 44곳, 일반대·전문대·대학원 398곳, 사립학교 1,211곳, 기타 학교 30곳 등이다. 언론사는 '언론 중재 및 피해 구제 등에 관한 법률(언론중재법)'의 적용을 받는 곳(1만 7,210곳)이 모두 포함되었다.

주어진 자료를 참고할 때, 빈칸에 들어갈 말로 가장 적절한 것을 고르면?

① 향응 제공 금지, 직무 유기 금지, 외부 강의 금지
② 이해 충돌 금지, 부정 청탁 금지, 외부 강의 수수료 제한
③ 부정 청탁 금지, 교원 매수 금지, 언론 개입 금지
④ 금품 수수 금지, 부정 청탁 금지, 외부 강의 수수료 제한
⑤ 금품 수수 금지, 향응 제공 금지, 외부 강의 수수료 제한

549

주어진 자료를 참고할 때, 청탁금지법의 제·개정 취지에 부합하는 내용이 아닌 것을 고르면?

① 입법으로 인한 농수산업계에 미치는 영향과 부작용을 최소화하고자 하였다.
② 사교육 시장의 병폐와 올바른 교육 제도 정립을 위한 제도 개선을 추구하였다.
③ 원활한 직무 수행에 역효과를 줄 수 있는 부분을 고려하였다.
④ 대가성 여부를 위법의 중요한 판단 기준으로 고려하지 않았다.
⑤ 공직자뿐 아니라 사회 전반에 영향력을 행사할 수 있는 직종도 대상에 포함하였다.

다음 글에 나타난 공동체윤리에 대한 설명으로 적절하지 <u>않은</u> 것을 고르면?

> 1995년 6월 서울 서초동 소재의 S백화점이 갑자기 붕괴되며 천 명 이상의 사상자를 발생시켰다. 5층 건물 2개동의 북쪽 건물이 완전히 무너져 내려 500여 명의 사망·실종자와 900여 명의 부상자를 발생시킨 이 사고는 최초 설계 시 대단지 상가로 설계되었던 S백화점의 설계도를 재진단 없이 백화점으로 변경하여 완공한 것이 원인이 되어 발생하였다. 완공 이후에도 무리한 확장공사를 수시로 진행하였으며, 경영진이나 관련 공무원들은 사건이 발생하기 수개월 전부터 사고의 조짐을 인지하고 있었음에도 불구하고, 백화점 영업을 중단하거나 중단시키지 않았던 것으로 드러났다. S백화점 사고는 설계·시공·유지관리의 부실은 물론이고, 자신들의 책임을 다하지 않은 경영진 등의 부패한 사회구조가 불러온 참사의 대표로 손꼽히고 있다.

① 사회적 역할과 책무를 충실히 수행하고 책임지려는 태도이다.
② 사회를 구성하는 개인들이 자신의 직업적 역할을 제대로 수행하지 않으면 그 사회는 오히려 퇴보할 수도 있다.
③ 직업을 가진 사람들은 자신이 속한 조직과 사회에서 주어진 직분을 충실히 수행해야 한다.
④ 제조물의 결함으로 인해 소비자 등에게 손해가 발생했을 경우 해당 제조물의 제조업자 등에게 손해배상책임을 지게 하는 법률이 공포되기도 하였다.
⑤ 고객의 가치를 최우선으로 하는 고객 서비스 개념으로도 설명할 수 있다.

오늘의 내 기분은
행복으로 정할래.

NCS
실전모의 50제

PART

IV

551

다음 글의 중심 내용으로 가장 적절한 것을 고르면?

근대 철학의 포문을 연 데카르트와 그 후예들의 문제 설정의 중심에는 '주체'라는 개념이 자리 잡고 있었다. 그러나 근대 철학은 헤겔 이후 도전에 직면하였으며, 특히 인간을 모든 것의 중심에 놓는 근대 철학의 지배적 이념이 그 비판의 대상이 되었다.

근대 철학에 대한 대표적인 비판으로 환경론자들의 주장을 들 수 있다. 환경론자들에 의하면 근대 철학은 이분법적 사고방식에 근거하여 인간을 주체로, 자연을 인간에 의해 인식되고 지배되는 대상으로 파악하였다. 그 결과 인간이 자연의 지배자라는 부당한 이념을 유포시켰다고 주장한다.

환경론자들은 근대를 주도하고 지배하던, 그리고 오늘날에도 여전히 그 위세를 떨치고 있는 과학기술주의에 주목하였다. 과학기술주의는 근대 철학의 영향으로 자연을 수량화와 계산을 통해 언제나 이용할 수 있는 자원의 창고로 바라보았다. 그 결과 자연 파괴는 물론 그 속에 존재하는 인간의 삶에 전반적인 위기를 초래하였다는 것이 환경론자들의 주장이다.

이러한 환경론자들의 비판에 철학적 기초를 제공한 현대 철학자로 하이데거를 들 수 있다. 그에 의하면 근대 철학의 근본적 특징은 인간 중심주의이자 이성 중심주의이다. 이는 존재하는 모든 것을 인간에 의해 인식되고 파악되고 지배될 수 있는 대상으로 만드는 계산적 사유에 근거한다. 즉 계산적 사유로서의 이성은 모든 '존재하는 것(존재자)'을 '주체'인 인간의 지배 대상으로 전락시켰으며, 이로 인해 존재자의 본원적인 존재 의미는 사라져 버렸다는 것이다.

하이데거는 존재자 본연의 존재 의미를 성찰하면서 새로운 사유의 지평을 열었다. 그는 존재자들이 전체 속에서 의미 있게 결합되어 있는 관계로 존재한다고 하면서, 존재자는 그러한 관계로부터 분리될 수 없으며 또한 그 전체 연관성 속에서 그 어떤 것으로도 대체될 수 없는 유일성을 갖는다고 주장하였다.

① 근대 철학의 명과 암
② 근대 철학과 현대 철학의 차이
③ 근대 철학에 대한 환경론자들의 비판
④ 근대 철학을 계승하여 발전시킨 하이데거
⑤ 근대 철학이 자신의 한계점을 극복한 방법

552

다음 [가]~[마] 문단을 순서대로 바르게 배열한 것을 고르면?

[가] 우리말 음절은 기본적으로 음운들이 결합해 이뤄지기 때문에 음절 내에서 공명도 변화가 나타난다. 음운들이 각각의 공명도를 지니기 때문이다. 예를 들어 '먹'은 세 개의 음운, 즉 초성에 비음 'ㅁ', 중성에 모음 'ㅓ', 종성에 파열음 'ㄱ'이 모여 음절을 이루므로 음절 내에서 공명도 변화가 비교적 크게 나타난다. '물'은 비음 'ㅁ', 모음 'ㅜ', 유음 'ㄹ'이 결합하고 있으므로 '먹'보다는 음절 내의 공명도 변화가 상대적으로 작다.

[나] 그런데 '먹'과 '물' 두 음절이 이어지면 자음동화 현상이 일어난다. 그 결과 선행 음절 종성에 있는 파열음 'ㄱ'이 비음 'ㅇ'으로 변해 [멍물]로 발음되는데, 이는 선행 음절 종성의 공명도에 변화가 나타났다는 것을 의미한다.

[다] 소리의 공명성은 소리가 멀리까지 울리는 성질을 의미한다. 동일한 길이, 강세, 높이로 소리를 낼 경우 공명성이 큰 말소리는 그렇지 않은 말소리보다 더 멀리까지 정확하게 들린다. 입이나 코 또는 성문(聲門)이 더 많이 열리면서 소리를 동반하는 공기의 흐름이 방해를 덜 받기 때문이다.

[라] 음운 중에는 모음이 자음에 비해 공명성이 훨씬 크다. 자음 중에는 혀 주변이나 코로 공기가 흐르며 소리가 나는 유음(ㄹ), 비음(ㅁ, ㄴ, ㅇ)이 공명성이 크다. 혀, 치아, 입술 등에 의해 공기가 막혔다 터지거나 좁은 곳을 흐르며 심한 장애를 받는 마찰음(ㅅ), 파찰음(ㅈ), 파열음(ㅂ, ㄷ, ㄱ)은 공명성이 작다. 공명성의 크기를 측정해 공명도를 나타낼 수 있는데, 유음과 비음은 공명음, 나머지는 장애음이라고 한다.

[마] '먹물→[멍물]'에서 나타나는 음운 변동 현상을 '비음화'라고 하는데, 이는 공명도 변화로 설명할 수 있다. 음절과 음절이 만날 때에는 발음의 편의를 위해 특정 음운이 변동되면서 음절 간의 공명도 차이를 최소화하려는 경향이 있다. 특히 '먹물'처럼 장애음과 비음이 음절 경계에서 만나 선행 음운의 공명도가 후행 음운보다 낮은 경우에는, 후행 음운이 선행 음운보다 높은 공명도로 시작하는 것을 회피하려는 경향이 강하게 나타난다. 이때 선행 음운인 장애음이 비음으로 바뀌면 선행 음운의 공명도가 높아지면서 음절 간 공명도 차이를 줄일 수 있게 되는 것이다.

① [가]－[나]－[다]－[라]－[마]
② [가]－[다]－[라]－[마]－[나]
③ [다]－[가]－[나]－[라]－[마]
④ [다]－[라]－[가]－[나]－[마]
⑤ [마]－[다]－[나]－[라]－[가]

553

다음 글의 내용과 일치하지 <u>않는</u> 것을 고르면?

코로나19가 우리 사회에 가져다 준 구조적 변화는 1990년대 후반 이후 미국을 중심으로 진행되고 있는 '디지털 경제'의 가속화란 문구로 요약할 수 있다. 디지털 경제란 협의로는 '온라인 플랫폼 및 이를 기반으로 하는 활동'을 말하며, 광의로는 '디지털화된 데이터를 활용한 모든 활동'을 일컫는다. 그 범위가 어찌되었건 이 시기에 중요한 사실은 4차 산업혁명으로 온라인 플랫폼 등 IT 기술을 기반으로 한 디지털 경제 활동이 코로나19 여파로 급속도로 범위와 속도가 증가하고 있다는 사실이다.

우리나라 역시 IT 기술 발달을 기반으로 시·공간 제약이 없어지는 동시에 인구구조와 산업 면에서 구조적인 변화가 진행되고 있다. 여기에 코로나19로 인해 조금씩 변해가던 정치·사회·경제 활동이 비대면화, 온라인화로 대변되는 디지털 경제로 빠르게 변해가고 있는 것이다. 소비자 입장에서는 쇼핑, 교육, 심지어 건강 서비스까지 온라인화가 빠르게 진행되고 있고, 기업 입장에서는 회사라는 공간적 제약과 출퇴근 시간이라는 시간적 제약에서 벗어나 근무하는 스마트워크가 빠르게 확산되고 있다.

코로나19로 인해 이러한 스마트워크는 근무형태 등의 기업문화를 빠르게 변화시킬 것으로 예상된다. 스마트워크란 말 그대로 시간과 장소에 제약 없이 유연하게 가져가는 근무형태를 말하며 미국, 유럽 등은 이미 스마트워크 체제가 50% 이상 도입되고 있는 상황이다. 유럽과 미국 등의 선진국에서 스마트워크가 빠르게 도입된 것은 저출산, 고령화 등의 인구구조 변화에 대응하기 위함이지만 근본적으로는 IT 기반 기술이 뒷받침되었기 때문에 가능한 것이었다.

우리나라 역시 현재 저출산, 고령화 문제에 심각성을 느끼고 있으며 OECD 국가 중 근로환경이 열악한 상황이므로 IT 기술을 바탕으로 한 스마트워크의 도입은 이번 계기로 빠르게 변화될 것으로 예상된다. 유럽의 경우는 저출산 문제로 1980년대 이후 법제화를 통한 스마트워크가 시작되었고, 미국은 IT 기술의 발전으로 1990년대부터 스마트워크가 시작되었다. 일본은 크게 발전하지 못하다가 2011년 동일본 대지진을 겪으면서 스마트워크의 필요성이 부각되기 시작했다.

대표적인 스마트워크의 해외 사례를 보면 다음과 같다. 구글은 '20% 프로젝트'를 시행 중으로 근무시간의 20%를 직원이 하고 싶은 일에 쓰게 하고 있다. 회의시간만 지키면 나머지 근무시간은 전적으로 구성원의 자율에 맡기는 것이다. 기존에는 북미지역 위주로 실행했으나 이번 코로나19로 인해 유럽, 아프리카, 중동까지 재택근무 형태의 스마트워크가 활발해지고 있다. 유니클로는 2015년부터 근로자 1만 명을 대상으로 '주 4일 근무제'를 실시하고 있으며, 도요타와 아지노모토 등의 제조업체에서도 사무직 등을 대상으로 재택근무를 실시하고 있다. 물론 예외 기업이 없는 것은 아니다. 24년간 직원의 40%가 원격·재택근무를 시행하다가 폐지한 IBM의 사례가 대표적이다.

스마트워크의 도입이 물론 장점만을 갖고 있는 것은 아니다. 협업에는 다소 불편하고 효율성이 떨어진다는 단점을 가지고 있는 것이 사실이다. 그럼에도 불구하고 객관적으로 평가해보면 스마트워크는 개인과 기업 모두에 미치는 긍정적 효과가 더 크다.

그런데 해외 선진국의 스마트워크 활용률이 50% 이상인 데 비해 우리나라의 스마트워크 활용률은 25% 내외를 보이고 있다. 특히 재택근무 형태는 더 저조한 상황인데, 미국이 38%, 일본이 12%인 데 비해 우리나라는 4% 수준에 머물러 있다. 우리나라의 기업들 중 그나마 공기업이 30% 수준으로 스마트워크 도입률이 상대적으로 높은 편에 속한다.

스마트워크는 이제는 검토 대상이 아닌, 당연한 근무형태의 하나가 되어가고 있다. 일괄적인 생산체제보다는 다양한 사고와 창의성이 중요해지고, 집단주의보다는 개인주의, 노동인구의 감소, 워라밸(work-life balance)을 중시하는 사회 트렌드 변화에 맞는 결과물이기 때문이다. 향후 이러한 스마트워크는 코로나19로 인해 그 확산속도가 더욱 빨라질 것이기 때문에 기업은 이에 맞는 IT 솔루션에 대한 투자 및 조직문화 정비에 빠르게 대비해야 할 것이고, 구성원들은 스마트워크 시대에 맞는 의식 변화를 이루어야 할 것이다.

① 우리나라는 인구구조 면에서는 노동인구의 감소가 나타나고 산업 면에서는 4차 산업으로의 이동이라는 구조적인 변화가 진행되고 있다.

② 선진국에서 IT 기반 기술이 뒷받침되지 못했다면 인구구조의 변화에도 불구하고 스마트워크를 도입하기 어려웠을 것이다.

③ 미국과 일본, 유럽에서는 스마트워크 도입이 활발한데, 특히 유럽에서는 스마트워크를 법제화했다.

④ 선진국에 비해 우리나라가 여전히 스마트워크 도입에 대한 기업들의 태도가 미온적인 이유는 협업에 불편하기 때문이다.

⑤ 디지털 경제가 우리 생활에 접목되었을 때 느껴지는 변화는 소비자 입장에서는 온라인화, 기업 입장에서는 스마트워크화이다.

554

다음 글을 읽고 '적정 기술'에 대해 바르게 이해한 것을 고르면?

20세기 말까지만 해도 소수의 시민운동가나 대안 운동가에게만 관심의 대상이었던 적정 기술이 이제는 일반 대중에게도 큰 관심거리가 되었다. 1960년대 중반에 제3세계의 경제적·기술적·사회적 문제들이 제기되자, 전통 사회의 기존 조건들과 기술적 발전이 조화를 이루면서 경제적 개선을 도모할 수 있는 방법을 개발하려는 노력이 시작되었다. 이러한 맥락에서 영국의 경제학자 슈마허는 제3세계 빈곤국의 필요에 적합한, 값싸고 소박한 기술 개념으로 '중간 기술'을 제안하였다. 오늘날 적정 기술 운동의 기초가 된 그의 제안은 종종 '대안 기술' 또는 '적정 기술'로 표현되었는데 지금은 후자의 표현을 선호하고 있다.

이후 적정 기술이 무엇인가에 대한 많은 논의가 이루어졌다. 대표적으로 바커는 적정 기술을 '인간이 기본적인 생활을 영위하는 데 필요한 모든 기술'로 정의하였다. 그는 의식주, 건강, 교육과 같은 인간의 기본적인 필요를 충족하여 주지 못하는 기술은 적정한 기술이라고 볼 수 없으며, 따라서 하위 20퍼센트의 사람들이 혜택을 받지 못하는 상태로 만든 경제 성장 전략과 이를 뒷받침하는 기술은 적정 기술이 될 수 없다고 주장하였다.

오늘날 적정 기술의 필요성은 개발도상국과 선진국 모두에서 점점 강조되고 있다. 이는 현대 사회의 문제점과 관련된다. 현대 사회는 강력한 위기들이 동시다발적으로 발생하고 있다. 기후 변화, 지진과 같은 자연재해, 성장 위주 경제 발전의 부작용, 석유와 같은 원자재 가격 변동 등은 이제 항시적인 위기가 되었다. 그리고 이러한 각종 위기들은 최첨단 기술의 문제점을 부각하였다. 최첨단 기술이 위기 상황에 취약한 것은 '지속 가능성'에 취약하게 설계되었기 때문이다. 최첨단 기술은 중앙 집중적이고 거대한 시스템의 구축이 필요하다. 그리고 이런 시스템을 지속하려면 과도한 에너지 소비와 인위적인 관리가 필요하다. 이러한 중앙 집중적이고 기술 집약적인 최첨단 기술은 그것을 사용하는 사람들의 기술에 대한 의존도를 높인다.

반면에 적정 기술은 기본적으로 지속 가능한 시스템을 배경으로 작동한다. 적정 기술은 노동력이 풍부한 곳에서는 노동력을 활용하는 방법을 모색하고, 재생 에너지가 풍부한 곳에서는 재생 에너지를 활용하는 방법을 찾는다. 이를 통해 중앙 집중식 기술에 대한 의존을 줄이고 소규모 단위의 자립적 생존을 도모한다. 이런 점에서 적정 기술은 위기 상황에 취약한 최첨단 기술을 보완할 수 있는 기술로서 그 유용성이 주목받고 있으며, 현대 사회의 각종 위기에 대한 해결 방안으로 그 필요성이 강조되고 있는 것이다.

① 21세기에 생겨난 용어이다.
② 슈마허가 최초로 사용한 용어이다.
③ 바커는 '적정 기술'의 외연을 확대하였다.
④ 사람들을 기술에 의존하게 만든다.
⑤ 최첨단 기술의 약점을 보완하기 위해 개발되었다.

555

다음 글의 빈칸에 들어갈 내용으로 가장 적절한 것을 고르면?

도시재생은 공간과 거리를 바꾸는 일이자, 풍경을 바꾸는 일이다. 코로나19로 인한 상황이 1년이 넘어가면서 사람들의 활동반경이 집을 중심으로 재구성되었고 '생활권 경제'가 부상하고 있다. 언택트 시대의 온라인 플랫폼의 확장만큼, 오프라인에서는 '우리 동네', 즉 로컬 중심의 새로운 경제 생태계가 구성되고 있다. 일을 따라서 도시로 가는 것이 아니라 살고 있는 지역에서 새로운 라이프스타일을 만들어 가는 것, 청년 도시재생은 그렇게 탄생한다.

(   ) 도심의 활력 부여를 위해서는 젊은 층의 사업 참여가 핵심인 만큼, 도시재생 뉴딜을 플랫폼으로 다양한 분야의 청년 일자리를 창출해야 한다. 여기에서 청년들은 도시재생을 통해 삶을 풍요롭게 하는 자연 환경이나 지역사회가 공유하는 역사·문화 경험들을 활용해 지역에 특화된 콘텐츠를 만들어 낸다. 그렇게 지역공동체와 상생하는 청년창업은 새로운 모델을 만들어 간다.

전문성을 갖춘 청년들의 협력과 주체적인 참여를 이끌어 낼 수 있을 때, 도시의 기능은 강화되고 산업 생태계를 만들어 갈 수 있다. 정부는 전문성을 갖춘 청년 인력이 도시재생 분야의 다양한 영역에서 전문가로 활동할 수 있도록 대학과 공공기관, 도시재생 지원센터 등과 연계해 전문 인력 양성에 적극적으로 나서고 있다. 청년들이 도시재생 분야에 생기를 불어넣어 도시 혁신의 바람이 일기를 기대하는 이유에서이기도 하다. 미래학자 앨빈 토플러는 "젊은 날의 매력은 꿈을 위해 무엇을 저지르는 것"이라고 말했다. 이에 정부는 청년들의 꿈이 현실화될 수 있도록 청년들을 돕는 지원군이 되고자 노력하고 있다.

정부는 도시재생 사업과정이나 그 과정에서 생긴 공간을 활용해 다양한 도시재생형 비즈니스 모델을 개발하고 이에 지원함으로써 주민과 청년들이 지역에서 다양한 일자리를 찾을 수 있게 할 계획이다. 혁신거점에는 청년들을 위해 시세 대비 50% 수준의 저렴한 임대료로 들어갈 수 있는 창업 인큐베이팅 공간이 제공된다. 또한 시세 대비 80% 수준으로 최대 10년간 이용할 수 있는 공공임대상가와 사무공간도 들어선다. 이를 통해 창업가들은 창업 과정에서 전문가 멘토링, 시제품 사업화 진단 등 다양한 지원을 받을 수 있다.

① 도시재생 뉴딜은 계획서 또는 돈으로만 하는 도시재생이 아니라 지역재생을 이끌어내는 일이다.
② 도시재생을 통해 지역의 청년단체, 창업가, 청년상인, 대학생 등으로 구성된 청년조직, 지역대학이 함께 힘을 모아 청년창업지원센터, 스타트업 공유 공간, 청년주택 등을 마련할 수 있다.
③ 도시재생 뉴딜은 다양한 활동가들을 한자리에 모아 청년들이 직면한 일자리 문제와 원도심 활성화를 해결하기 위한 아이디어를 발굴해 실제 일자리 창출로 연결, 구직활동을 지원한다.
④ 도시재생 뉴딜은 물리적 환경개선뿐 아니라 원도심의 사회·경제·문화적 종합재생을 추진하는 사업이다.
⑤ 도시재생 뉴딜을 통한 지속가능한 도시, 경쟁력을 갖춘 도시의 청사진을 완성하기 위해 무엇보다 중요한 것은 전문성을 갖춘 젊은 인력들의 참여와 관심이다.

자기부상열차는 바퀴와 선로의 마찰로 전진시키는 기존의 열차와 달리 자기력을 이용해서 열차를 선로 위에 낮은 높이로 부상시켜 움직이는 열차를 말한다. 자기부상열차가 움직이기 위해서는 열차를 선로로부터 띄우는 힘과 열차를 원하는 방향으로 진행시키는 두 가지 힘이 필요하다.

자기부상열차는 같은 극끼리 미는 힘이 작용하는 자석의 원리를 이용한다. 열차 바닥과 선로를 같은 극의 자석으로 만들어 열차가 뜨게 하는 것이다. 열차가 선로 위를 뜬 채로 움직이면 마찰이 없으므로 매우 고속으로 달릴 수 있다. 하지만 수백 톤이 넘는 열차를 띄우려면 엄청나게 강한 자석이 필요하다. 이렇게 강한 자석을 만들려면 쇠막대를 코일로 감아서 높은 전류를 흘려보내야 한다. 그러나 이렇게 높은 전류를 흘려보내면 코일이 모두 녹아 버린다. 이러한 문제를 해결하기 위해 사용하는 것이 초전도 자석이다. 초전도 자석에 사용된 코일은 저항이 거의 0에 가깝다. 아무리 높은 전류를 흘려보내도 저항이 거의 없으므로 코일에 열이 발생하지 않고 이 때문에 열차를 띄울 수 있는 강한 전자석을 만들 수 있다.

자기부상열차를 선로에서 띄우는 방식은 두 가지로, 반발식 자기부상과 흡인식 자기부상이 대표적이다. 반발식 자기부상은 자석의 같은 극끼리 서로 밀어내는 힘을 이용해서 열차를 띄우는 방식이다. 반발식 자기부상열차는 보통 열차에 장착한 강한 자석과 궤도에 연속적으로 배치한 코일로 구성된다. 궤도코일의 윗면을 열차의 자석이 이동하게 되면 전자기 유도원리에 의해 코일의 자기극은 이동하는 자석과 같은 극이 되어, 두 극 사이에 반발력이 발생하게 된다. 열차의 자석이 N극일 때 레일의 전자석도 같은 N극이어서 서로 밀어내게 되고, 이때 그 앞의 전자석은 S극이므로 열차가 앞으로 가는 동안 전자석의 전류방향을 반대로 하여 N극으로 바꾸게 되면 열차의 부상은 계속 유지되게 된다. 이와 같이 반발식 자기부상열차는 열차와 레일간격이 작아지면 자동적으로 반발력이 증대하여 부상하게 되므로 별도의 자기력 제어를 하지 않기도 한다. 하지만 차량운동을 제어할 수 없기 때문에 승차감이 떨어진다.

흡인식 자기부상은 자석의 다른 극끼리 끌어당기는 힘을 이용해 열차에 설치된 전자석을 잡아당기는 힘으로 열차가 부상한다. 흡인식 자기부상열차는 주로 열차에 있는 전자석이 철제의 레일 아래에서 위쪽으로 달라붙는 구조를 갖고 있다. 여기서 전자석에 전류가 흐르면 철판에 붙으려는 힘, 즉 레일 쪽으로 흡인력이 발생하여 전자석과 함께 차체가 위쪽 방향으로 올라감으로써 부상되는 것이다. 이때 전자석에 전류가 계속 흐르면 흡인력이 계속 유지되고, 전자석은 결국 레일 아래에 붙게 되는데, 이렇게 되면 열차는 움직일 수 없게 된다. 따라서 레일에 붙기 전에 전류를 끊으면 전자석의 흡인력이 없어지고 부상이 정지되어, 열차 무게 때문에 아래 방향으로 내려가게 된다. 또한 전류가 계속 끊어져 있으면 흡인력이 없기 때문에 열차는 레일 위에 닿아 올려져 있는 모양이 되어 역시 움직일 수 없게 된다. 따라서 열차가 완전히 레일 위로 내려앉기 전에 다시 전류를 흘려 흡인력을 발생시키고, 열차가 부상되도록 한다. 이와 같은 전자석의 동작을 반복함으로써 열차가 레일과 일정간격을 유지하면서 부상되어 있도록 한다. 흡인식 자기부상열차는 항상 부상제어를 해야 하는 단점이 있지만 차량의 운동을 제어할 수 있기 때문에 승차감이 좋고 속도에 상관없이 부상할 수 있다.

556

다음 중 글의 내용과 일치하는 것을 고르면?

① 코일을 쇠막대에 감아 낮은 전류를 흘러보내면 강한 자석을 만들 수 있다.
② 흡인식 자기부상열차는 열차 쪽으로 흡인력이 발생하여 부상하는 방식이다.
③ 반발식 자기부상은 자석의 같은 극끼리 서로 당기는 힘을 이용하는 방식이다.
④ 반발식 자기부상과 흡인식 자기부상은 자기부상열차의 대표적인 부상 방식이다.
⑤ 자기부상열차가 선로로부터 부상하기 위해서는 같은 방향의 두 가지 힘이 필요하다.

557

다음 중 글을 읽고 추론한 내용으로 적절하지 않은 것을 고르면?

① 자기부상열차는 초전도 자석 기술력이 필요하다.
② 열차의 속도는 선로와 열차의 마찰에 영향을 받는다.
③ 흡인식 자기부상열차의 전자석에 흐르는 흡인력이 줄어들면 열차와 레일의 간격은 줄어든다.
④ 자석의 다른 극끼리 끌어당기는 힘을 이용하면 전자기 유도원리를 활용하여 항상 부상할 수 있다.
⑤ 반발식 자기부상은 레일 전자석의 전류방향을 바꾸면서 열차의 부상을 유지한다.

558

다음 글을 읽고 추론할 수 있는 내용으로 적절하지 <u>않은</u> 것을 고르면?

애착이란 쉽게 말해 아이와 양육자(대개는 엄마) 사이의 사랑의 끈 혹은 정서적 유대가 맺어지는 것을 의미한다. 아이의 젖을 빠는 행동, 울음, 엄마에게 매달리는 것, 엄마의 눈을 쳐다보는 것과 같은 행동은 엄마의 사랑과 보호 본능을 불러일으킨다. 반대로 엄마가 아기에게 애정을 가지고 관심을 기울이면서 아이의 신호에 적절하게 반응을 보일 때도 사랑의 끈이 잘 형성된다. 이런 점에서 애착은 짝사랑이 아니라 엄마와 아기 간의 적극적인 상호작용에 의해 형성된다고 볼 수 있다.

이 애착 관계의 형성은 아기의 생존을 위해서도 필수적이며 엄마의 행동을 보다 쉽게 보고 모방할 수 있는 기회가 된다. 영국의 정신분석가인 존 보울비(John Bowlby)의 애착이론은 오스트리아 학자 콘라트 로렌츠(Konrad Lorenz)의 동물행동학에 뿌리를 두고 있다. 로렌츠는 인공부화로 갓 태어난 새끼 오리들이 태어나는 순간에 처음 본 움직이는 대상, 즉 사람인 자신을 마치 어미오리처럼 졸졸 따라다니는 것을 관찰하였다. 그는 이런 생후 초기에 나타나는 본능적인 행동을 각인(Imprinting)이라고 불렀다. 보울비는 인간의 유아에서도 이런 비슷한 경향이 있음을 보고 애착이론을 내놓게 되었다.

엄마라는 안전한 정서적 기반을 가진 아동들은 더 이상 엄마와 가까이 붙어 있어야 할 필요가 없어진다. 그 결과 더 새로운 세상을 탐색할 수 있는 자유가 생기게 되어, 새로운 행동을 시도하고 새로운 방식으로 문제에 도전하며, 낯선 것에 보다 더 긍정적인 태도를 갖게 된다.

정상발달에서 6~7개월이 되면 어머니에게 매달리고 어머니와 떨어지는 것을 두려워하며(이별 혹은 분리불안), 8~12개월 사이에는 낯선 사람을 무서워하게 된다(낯가리기 혹은 외인 불안). 이 시기가 지나 애착이 확립되면 이런 모습은 자연스럽게 서서히 줄어든다. 아이 쪽에 어떤 문제가 있어서 애착이 잘 이루어지지 않는 경우의 대표적인 병은 자폐증이며, 환경의 문제가 원인이 되어 애착형성에 장해가 생기는 것을 반응성 애착장애라고 부른다. 아기는 어머니로부터 받는 보호와 사랑, 접촉을 통하여 이 낯선 세상이 근본적으로 자신에게 좋으며 세상이 자신을 환영한다는 것을 느끼게 된다. 그 결과 자기 자신과 어머니에 대한 기본적인 신뢰감과 안정감이 형성된다. 이런 경험이 반복되면서 주위의 모든 사람에 대해서도 신뢰감이 점차 확대되어 간다.

반대로 배고파서 또는 기저귀가 젖어서 울어도 엄마가 적절한 대응을 해 주지 않는다면 아기는 주변 세계에 대해 부정적인 생각, 즉 불신을 가지게 된다. 에릭 에릭슨(Erik Erikson)은 이 시기의 주된 과제 중 하나는 기본적 신뢰감 형성이라고 보았다. 그는 이 시기를 인생에서 가장 중요한 시기라고 보았는데, 그 이유는 이 시기에 형성된 신뢰감이 나중의 대인관계에서 적응을 성공하느냐 실패하느냐를 결정하기 때문이다.

아기들은 새로운 외부 환경에 대처하기 위해 쳐다보기, 빨기, 쥐기 등을 통해 조직화되고 효율적인 감각운동 기술을 점차 발달시킨다. 처음에는 이런 것들이 각각 별도로 이루어지다가, 손을 입으로 움직여서 빠는 방식으로 여러 신체활동을 조직적으로 할 수 있게 되고, 점차 자신의 보거나 쥐는 대상에 어떤 의도적인 변화를 주어 보려고 시도한다. 점차 숨겨진 물체의 존재를 인식하기 시작하고 나름대로 여러 가지 다른 결과들을 관찰하기 위해 서로 다른 행동을 의도적으로 시도한다. 이 과정에서 반복과 시행착오를 반복하는 것이 대부분이며, 이는 인지의 발달을 위해서 꼭 필요하다.

① "낳은 정(情)이냐 키운 정(情)이냐"라고 말할 때 키운 정의 상당 부분은 애착과 관련이 있을 것이다.
② 아이가 엄마에게 애착을 잘 형성했다면 나중에 엄마와 떨어져 있어도 불안을 느끼지 않을 가능성이 높다.
③ 12개월 이내의 아기가 엄마와 분리불안을 나타내고 낯선 사람을 무서워하는 것은 애착형성이 잘 되었다는 증거이다.
④ 아기를 키울 때, 정해진 시간에 먹이고 울어도 반응하지 말라는 소아과 의사의 지시는 따르지 않는 것이 좋다.
⑤ 인지 발달과정에서 필수적일 수 있는 아기들의 반복행동과 시행착오에 대해 부모가 허용적이고 참을성 있는 태도를 가져야 할 것이다.

559

다음 글의 ㉠~㉢에 들어갈 단어를 바르게 짝지은 것을 고르면?

대출시장은 은행, 저축은행, 상호금융, 신용협동조합 등과 같은 예금취급 금융기관을 통해 다수의 예금자로부터 자금이 (㉠)되어 최종 자금수요자에게 공급되는 시장을 말한다. 또한 신용카드회사와 같은 여신전문금융회사가 제공하는 현금서비스나 판매신용도 대출시장에 포함된다. 대출시장은 차주에 따라 기업대출시장과 가계대출시장으로 구분할 수 있다.

전통적 금융시장은 거래되는 금융자산의 만기에 따라 자금시장(Money Market)과 자본시장(Capital Market)으로 (㉡)된다. 자금시장은 단기금융시장이라고도 하는데 콜시장, 한국은행 환매조건부증권매매시장, 환매조건부증권매매시장, 양도성예금증서시장, 기업어음시장 등이 자금시장에 해당된다. 자본시장은 장기금융시장이라고도 하며 주식시장과 국채, 회사채, 금융채 등이 거래되는 채권시장 그리고 통화안정증권시장 등이 여기에 속한다.

외환시장은 외환의 수요와 공급에 따라 외화자산이 거래되는 시장으로 우리나라에서는 교역규모 확대, 외환자유화 및 자본시장 개방, 자유변동환율제 도입 등에 힘입어 주로 원화와 달러화를 중심으로 이종통화 간의 거래가 활발히 이루어지고 있다. 한편 외환시장은 전형적인 점두시장의 하나로서 거래 당사자에 따라 외국환은행 간 외환매매가 이루어지는 은행 간 시장(Inter-bank Market)과 은행과 비은행 고객 간에 거래가 이루어지는 대고객시장(Customer Market)으로 구분된다. 은행 간 시장은 금융기관, 외국환중개기관, 한국은행 등의 참여하에 대량의 외환거래가 이루어지고 기준환율이 결정되는 도매시장으로서 일반적으로 외환시장이라 할 때는 은행 간 시장을 말한다.

파생금융상품시장은 전통 금융상품 및 외환의 가격변동위험과 신용위험 등 위험을 관리하기 위해 고안된 파생금융상품이 거래되는 시장이다. 우리나라의 경우 외환파생상품 위주로 (㉢)되어 왔으나 1990년대 중반 이후에는 주가지수 선물 및 옵션, 채권선물 등이 도입되면서 거래수단이 다양화되고 거래규모도 크게 확대되고 있다.

	㉠	㉡	㉢
①	조달	구분	발전
②	조달	구별	발전
③	공급	구분	발현
④	공급	분류	발현
⑤	확보	구분	발현

560

다음 글의 ㉠~㉢에 들어갈 접속사를 바르게 짝지은 것을 고르면?

국제화된 현대사회에서 공항을 이용한 비행기 여행은 우리의 생활에 친숙하지만 언제 테러리스트들의 목표물이 되어 우리의 안전을 위협할지 모른다. 9·11테러사건으로 대변되는 항공 테러리즘은 현대를 살아가는 우리들에게 상상을 초월한 공포를 안겨주고 있다. 1931년 페루에서 세계 최초의 항공기 납치사건이 발생한 이래 세계 각국의 보안당국은 항공 테러리즘을 차단하기 위해 다양한 예방조치를 취해 왔다. 항공 테러를 예방할 수 있는 가장 현실성 있는 조치는 항공기 탑승객들의 신체와 화물을 검색하여 폭발물 등 위해물품이 있는지를 적발함으로써 테러리스트의 접근을 통제하는 보안검색활동일 것이다.

(㉠) 우리나라의 보안검색활동은 9·11테러 이후 테러의 위험에 따른 공공성을 더욱 강화한 선진 각국의 보안검색활동과 달리 공항운영의 효율성을 기하기 위해 민간경비 중심의 보안검색활동으로 전환하였다. 즉 2001년 3월 인천공항이 개항된 이후 경찰 중심의 보안검색체제가 공항운영자인 공항공사가 보안검색 업무를 지도·감독하며, 현실적인 보안검색활동은 민간경비요원이 담당하게 하도록 변경된 것이다. 그러나 이와 같은 검색체제는 민간경비요원의 직무만족도 저하와 감독체계의 혼선으로 말미암아 갈수록 조직화·지능화되고 있는 테러리스트들의 테러활동을 차단하는 데 한계가 있다.

(㉡) 민간기업의 경영관리전략 중의 하나인 위험관리 기법을 보안검색활동에 도입하여 정기적으로 항공 테러의 위험요소를 확인·분석하고, 우선순위 설정, 위험감소활동, 보안성 평가의 각 과정을 거침으로써 테러활동을 예방할 수 있을 것이다. 또한 테러의 위협이 심각한 경우 경찰관을 검색대에 배치하는 등 테러위협의 정도에 따라 보안검색의 수준을 적절히 변경하는 등의 노력도 필요하다. (㉢) 현장의 보안검색활동과 감독기능의 원활한 소통을 위해서 항공보안검색을 전담할 국가경찰기구를 설립하여 항공보안업무의 체계화와 전문화를 도모한다면 항공테러라는 거대위험의 두려움을 감소시켜 비행기 여행의 안전을 보장할 수 있을 것이다.

	㉠	㉡	㉢
①	그러나	그리고	따라서
②	그러나	따라서	한편
③	그리고	따라서	한편
④	하지만	또한	한편
⑤	하지만	그러나	따라서

561

다음 글의 내용과 일치하지 <u>않는</u> 것을 고르면?

국토교통부는 4월 21일 대전시·충청남도·국가철도공단·한국철도공사와 '계룡~신탄진'을 잇는 '충청권 광역철도 1단계 건설사업'의 원활한 건설 및 운영을 위한 업무협약을 체결한다고 밝혔다. 충청권 광역철도 1단계는 기존 운영 중인 일반철도 노선을 개량해 전동차를 투입·운영하는 사업으로 새로 노선을 건설하는 신설형 사업에 비해 사업비를 대폭 절감하고 호남고속철도 1단계 개통 이후 낮아지고 있는 일반철도의 활용도를 제고하는 효과가 있다. 해당 사업은 2015년 8월 광역철도 지정 이후 예비타당성 조사, 기본계획 고시 등 후속절차를 거쳐 2019년 12월부터 기본설계 및 실시설계를 진행하고 있다.

충청권 광역철도 1단계는 계룡~신탄진 구간에 정거장 12개소를 설치하며 총사업비는 약 2,307억 원이다. 해당 구간 개통 시 1일 65회 운행될 예정이고 용두, 서대전·오정 등 기존 대전 도시철도와 환승이 가능하며 연간 약 700만 명이 이용할 것으로 예상된다. 이번에 체결된 협약은 사업의 본격적인 착공에 앞서 원활한 개통 및 운영을 위해 기관별 업무범위를 명확하게 정하기 위한 것으로 협약에 따라 국가는 광역철도를 건설하고 지자체는 차량소유 및 운영손실금 등을 부담하며 철도공사는 열차를 운행하는 등 기관별 역할을 수행할 예정이다. 충청권 광역철도 1단계는 협약 체결 이후 실시설계 및 전동차량 제작 착수 완료 후 2022년부터 본격적인 공사를 시작해 2024년 말 개통할 계획이라고 전했다.

국토교통부 김○○ 철도국장은 "국토 균형발전을 위해서 수도권과 대응하는 비수도권의 광역권 형성을 위한 광역철도 중심의 광역 교통망 구축이 필요하다."라고 하면서 "이번 사업으로 대전시를 포함한 충청권 주요 거점도시 간 접근성이 크게 향상되며 향후 대전도시철도와 연계, 충청권 광역철도 2단계 및 옥천 연장 등 확장을 통해 충청권 광역 경제권·생활권 형성 등 지역 균형발전에 크게 기여할 것"이라고 했다.

대전광역시 조○○ 트램도시광역본부장은 "충청권 광역철도 1단계는 충청권 광역철도망 시발점이라는 큰 의미가 있으며 경부선과 호남선 철도시설의 효율성을 높이고 지역 간 접근성 향상 등 교통 소외 지역의 불편이 크게 해소될 것"이라며 "앞으로 충청권 메가시티 구상 실현을 앞당기고 하나의 광역생활권으로서 지역 상생 및 균형발전의 토대가 될 것으로 기대한다."라고 말했다.

충청남도 박○○ 건설교통국장은 "충청권 광역철도 1단계 사업을 통해 충청·대전 간 철도 중심의 대중교통 접근성이 크게 향상될 것으로 기대한다."라면서 "국가 균형발전과 충청권 메가시티 완성을 위한 초석이 될 수 있도록 원활한 사업 추진을 위해 국토부, 대전시, 철도공단, 철도공사와 적극 협조할 계획"이라고 밝혔다.

① 충청권 광역철도 건설은 국가와 지자체, 철도공사가 기관별로 역할을 수행할 예정이다.
② 일부 지자체에서는 충청권이 하나의 광역생활권으로서 지역 상생의 토대가 될 것으로 기대한다.
③ 국토교통부는 충청권 광역철도가 충청도 내에서의 지역 균형발전에 크게 기여할 것으로 본다.
④ 충청권 광역철도는 새로 노선을 건설하는 신설형 사업이 아니기 때문에 사업비를 대폭 절감할 수 있다.
⑤ 충청권 광역철도는 기존 대전 도시철도와 환승이 불가능하기 때문에 일반철도의 활용도를 제고해야 한다.

562

다음은 '경청'의 의미에 대한 설명이다. 빈칸에 들어갈 말로 적절하지 <u>않은</u> 것을 고르면?

> 상대방에 대한 이해는 상대방의 말을 잘 듣는 데서부터 시작된다. 그렇다면 상대방의 말을 잘 듣는다는 것은 상대방의 무엇을, 어떻게 들어야 한다는 의미일까?
> 경청은 친밀감을 형성하고 유지시켜 주는 가장 중요한 효율적인 의사소통 기술이다. 상대방의 말을 잘 들을 수 있을 때 그 사람을 더 잘 이해하고, 서로 이해한 마음을 나눔으로써 친밀감을 형성한다. 그러나 상대방의 말을 진정으로 잘 듣는다는 것은 매우 힘든 일이다. 경청은 (   ) 이기 때문이다.

① 상대방을 존중하는 것으로서, 자신의 관심과 욕구와 편견을 한쪽으로 밀어 놓고 상대방을 진정으로 이해하고 공감하겠다는 의지의 표현
② 상대방이 말하고자 하는 모든 메시지에 반응하는 매우 적극적인 과정
③ 상대방에게 관심을 집중시키고, 말을 열심히 정성 들여 듣는 아주 능동적인 과정
④ 열심히 들어 줄 사람이 있을 정도로 중요한 사람임을 깨닫게 하며, 동시에 내적인 긴장을 해소시키는 의미를 갖는 것
⑤ 모든 신경을 귀에 집중시켜 상대방의 말을 적극적으로 귀담아듣고 '왜?'라는 질문을 적극 활용하여 상대방의 말을 온전히 이해하는 것

563

다음 [표]는 2021년 5개 산업의 매출액 및 부가가치액에 관한 자료이다. 이에 대한 설명으로 옳지 <u>않은</u> 것을 고르면?

[표] 2021년 5개 산업 매출액 및 부가가치액

(단위: 십억 원)

구분	출판	만화	음악	게임	영화
매출액	20,766	976	5,308	10,895	5,256
부가가치액	8,815	393	1,913	4,848	1,780

※ 부가가치율(%) = $\dfrac{\text{부가가치액}}{\text{매출액}} \times 100$

① 5개 산업 중 부가가치율이 가장 높은 산업은 게임 산업이다.
② 출판 산업의 부가가치율은 영화 산업의 부가가치율보다 높다.
③ 게임 산업과 만화 산업에 대한 부가가치율의 차는 4%p 이상이다.
④ 5개 산업 중 부가가치율이 두 번째로 낮은 산업은 음악 산업이다.
⑤ 5개 산업 중 부가가치율이 두 번째로 높은 산업의 부가가치율은 43% 이상이다.

564

다음 [표]는 2020년 A시 인구·세대수·승용차 등록대수, [그래프]는 세대당 승용차 보유대수 및 전년 대비 인구·세대수 증가율에 관한 자료이다. 이에 대한 설명으로 옳은 것을 고르면?

[표] 2020년 A시 인구·세대수·승용차 등록대수

(단위: 명, 세대, 대)

인구	세대수	승용차 등록대수
2,418,346	1,056,627	1,027,075

[그래프] 세대당 승용차 보유대수 및 전년 대비 인구·세대수 증가율

(단위: 대, %)

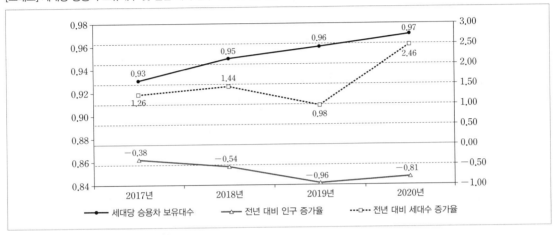

※ 세대당 승용차 보유대수＝$\dfrac{\text{승용차 등록대수}}{\text{세대수}}$

① 2019년 인구와 세대수 모두 전년 대비 증가하였다.
② 2020년 인구와 세대수 모두 전년 대비 증가하였다.
③ 2017~2020년 동안 승용차 등록대수는 매년 증가하였다.
④ 2019년 승용차 등록대수는 2020년 승용차 등록대수보다 많다.
⑤ 2020년의 전년 대비 승용차 등록대수 증가량과 세대수 증가량은 같다.

565

다음 [그래프]는 3월 기온 분포 및 2021년 평균기온과 강수량에 관한 자료이다. 이에 대한 설명으로 옳은 것을 [보기]에서 모두 고르면?

[그래프1] 3월 기온 분포

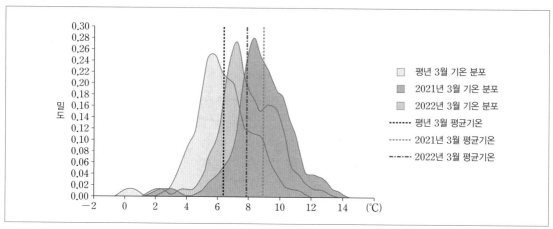

※ 평년: (일기 예보에서) 지난 30년간의 기후의 평균적 상태

[그래프2] 2021년 평균기온   (단위: ℃)

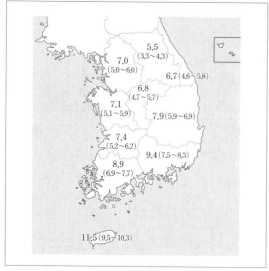

※ ( ) 안의 숫자는 평년 기온임

[그래프3] 2021년 강수량   (단위: mm)

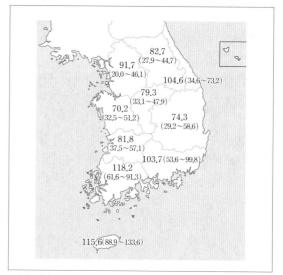

※ ( ) 안의 숫자는 평년 강수량임

┌ 보기 ├
- ㉠ 3월 기온 분포와 평균기온 모두 해가 갈수록 높아졌다.
- 2021년에 전국적으로 평균기온은 평년보다 높았고, 강수량은 대체적으로 평년보다 많았다.
  - (평균기온) ㉡ 전국적으로 5.5~11.5℃(평년 약 3.3~10.3℃) 내외의 분포를 보이며 평년보다 높았다.
    ㉢ 제주도, 경남, 전남 등 전국 모든 지역의 평균기온이 평년보다 높았다.
  - (강수량) 전국 강수량은 89.3mm로 평년(42.7~58.5mm)보다 많았고, ㉣ 제주도, 전남, 강원영동, 경남 등 전국 모든 지역의 강수량이 평년보다 매우 많았다.

① ㉠, ㉡   ② ㉠, ㉢   ③ ㉡, ㉢   ④ ㉡, ㉣   ⑤ ㉢, ㉣

566

다음 [표]는 2021년 상반기 서울특별시의 연령대별 응급실 이용 현황에 관한 자료이다. 이에 대한 설명으로 옳은 것을 고르면?

[표] 2021년 상반기 서울특별시의 연령대별 응급실 이용 현황 (단위: 명)

구분		1월	2월	3월	4월	5월	6월	합계
1세 미만	남자	1,452	1,232	1,349	1,542	1,669	1,560	8,804
	여자	1,180	960	1,089	1,200	1,289	1,315	7,033
1~9세	남자	8,237	7,473	8,724	10,359	10,460	10,397	55,650
	여자	6,068	5,623	6,788	8,126	8,093	7,830	42,528
10~19세	남자	3,428	3,119	4,084	4,538	4,857	4,510	24,536
	여자	2,959	2,739	3,368	3,623	3,644	3,528	19,861
20~29세	남자	5,898	5,440	5,753	5,887	6,247	6,175	35,400
	여자	8,628	7,610	8,444	8,532	8,943	8,607	50,764
30~39세	남자	6,017	5,806	5,982	5,689	6,223	6,049	35,766
	여자	7,751	6,777	7,068	7,143	7,499	7,313	43,551
40~49세	남자	5,932	5,747	5,842	5,762	6,217	6,181	35,681
	여자	6,191	5,731	5,713	5,824	6,296	6,383	36,138
50~59세	남자	7,719	7,356	7,652	7,422	7,819	7,666	45,634
	여자	7,782	7,601	7,464	7,384	8,041	8,075	46,347
60~69세	남자	7,852	7,371	7,661	7,532	8,112	7,957	46,485
	여자	7,226	6,921	6,839	6,985	7,474	7,409	42,854
70~79세	남자	7,258	6,857	7,253	7,186	7,455	7,172	43,181
	여자	6,143	5,769	6,007	5,946	6,457	6,025	36,347
80세 이상	남자	3,708	3,420	3,674	3,833	3,922	3,859	22,416
	여자	5,288	4,770	5,000	4,980	5,552	5,067	30,657

① 1월 중 응급실을 가장 많이 이용한 연령대는 50대이다.

② 2021년 상반기에 응급실을 가장 많이 이용한 연령대는 50대이다.

③ 2021년 50대의 응급실 이용자 수는 1월 대비 2월에 약 4.5% 감소하였다.

④ 2021년 상반기 20대의 응급실 이용자 수에서 4월 이용자가 차지하는 비율은 16% 미만이다.

⑤ 2021년 상반기 30대 남자의 응급실 이용자 수에서 1월 이용자가 차지하는 비율은 6월 이용자가 차지하는 비율보다 높다.

[567~568] 다음은 맞춤대출서비스에 관한 보도자료의 일부이다. 이를 바탕으로 이어지는 질문에 답하시오.

서민금융진흥원(이하 서금원)은 2019년 맞춤대출서비스로 약 6만 명에게 6,000억 원가량의 자금을 공급했다. 서금원은 지난 29일 비대면으로 진행한 맞춤대출 실적 간담회에서 2019년 맞춤대출서비스 이용자 수는 6만 294명, 지원금액은 6,688억 원이라고 밝혔다.

서금원의 맞춤대출서비스는 시중은행과 저축은행 등 1,361개 대출상품 중 가장 낮은 금리(지원 평균금리 11.7%)의 상품을 추천한다. 이와 함께 맞춤대출 이용 시 모집인 등보다 최대 1.5%p까지 금리를 인하해준다. 또한 맞춤대출 비대면 서비스 혁신을 통해 2020년에는 10만 7,181명에게 1조 418억 원을 지원했다. 이는 이용자 기준으로 2018년 대비 4.5배 이상, 금액 기준으로는 2배 이상 증가한 것이다.

[그래프1] 2018~2020년 맞춤대출서비스 이용자 수
(단위: 명)

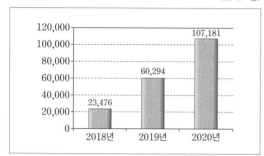

[그래프2] 2018~2020년 맞춤대출서비스 지원금액
(단위: 억 원)

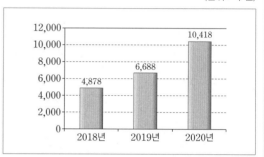

서금원은 맞춤대출 애플리케이션 출시, 홈페이지 개편, 이용절차 간소화, LMS를 통해 개인정보 제공 동의 시간을 1분 30초에서 10초로 줄이는 등 비대면 서비스를 강화해 왔다. 특히 맞춤대출의 비대면 서비스 비중은 2019년 73.8%로 전년 대비 10.3%p 증가한 것으로 나타났다. 서금원은 2018년 대비 증가폭이 큼에도 불구하고 2020년에도 실적이 상승할 수 있었던 이유는 비대면 서비스 강화, 새마을금고 상품 연계 등 다양한 서비스 혁신의 효과가 반영된 것으로 분석했다.

567

주어진 보도자료에 대한 설명으로 옳은 것을 고르면?

① 2018년 맞춤대출서비스 이용자 수는 24,000명 미만이다.
② 2018년 맞춤대출서비스 지원금액은 5,400억 원 이상이다.
③ 서민금융진흥원에서 제공하는 맞춤대출의 2018년 비대면 서비스 비중은 65% 이상이다.
④ 서민금융진흥원의 맞춤대출 비대면 서비스에서 개인정보 제공 동의 시간의 감소율은 90% 이상이다.
⑤ 서민금융진흥원은 맞춤대출서비스를 통해 평균금리인 11.7%보다 1.5%p 낮은 금리의 상품을 추천한다.

568

다음 [보기]의 빈칸 A, B에 들어갈 수를 알맞게 짝지은 것을 고르면?

| 보기 |

2019년 맞춤대출서비스 이용자 수는 전년 대비 약 157% 증가하였고, 지원금액은 전년 대비 약 37% 증가하였다. 2020년과 비교하면 2년 전 대비 이용자 수는 (A)명 증가한 것이고, 지원금액은 (B)억 원 증가한 것이다.

	A	B
①	23,461	4,882
②	23,461	5,540
③	83,705	4,882
④	83,705	5,540
⑤	83,705	5,631

569

다음 자료를 참고하여 ○○공공기관에서 선택할 업체를 고르면?

　　○○공공기관에서 5개 업체를 4개 항목으로 구분하여 평가한 뒤 물건을 구매하고자 한다. 각 항목에 대한 업체별 평가 점수는 [그래프]와 같고, 4개 항목에 대한 가중치는 [표]와 같다. 업체별 종합점수는 아래와 같이 구하고, ○○공공기관은 종합점수가 가장 높은 업체에서 물건을 구매한다.

종합점수＝(항목별 평가 점수)×(항목별 가중치)의 합

[그래프] 업체별 평가 점수　　　　　　　　　　　　　　　　　　　　　　　　　　　　(단위: 점)

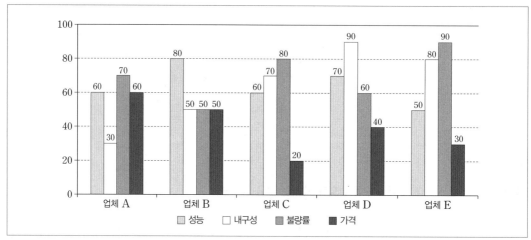

[표] 가중치

구분	성능	내구성	불량률	가격
가중치	0.4	0.2	0.3	0.1

① 업체 A　　　　　　　② 업체 B　　　　　　　③ 업체 C
④ 업체 D　　　　　　　⑤ 업체 E

570

다음 [표]는 연도별 국내 전기 화재 현황 및 국가별 전기 감전 사망자 수에 관한 자료이다. 이를 바탕으로 작성한 보고서의 내용 중 옳지 <u>않은</u> 것을 모두 고르면?

[표1] 연도별 국내 전기 화재 현황 (단위: 건, 명)

구분	전체 화재 건수	전기 화재 건수	전기 화재 사망자 수	전기 화재 부상자 수
2014년	42,135	8,287	31	295
2013년	40,932	8,889	43	285
2012년	43,249	9,225	49	349
2011년	43,875	9,351	27	235
2010년	41,862	9,442	48	217

[표2] 국가별 전기 감전 사망자 수 (단위: 명)

구분	한국	일본	영국	호주	뉴질랜드	아일랜드
시기	2014년	2014년	2014년	2010년	2010년	2013년
감전 사망자 수	37	15	2	25	3	2
백만 명당 감전 사망자 수	0.75	0.12	0.03	1.14	0.69	0.42

보고서

2014년 국내 전기 화재 발생 현황을 분석해 보면, ㉠ 전년에 비해 총화재 건수는 증가하였으나, 전기 화재 건수는 602건 감소하였다. 2014년 전기 화재 점유율은 과거 4년간의 20%대를 벗어나 최초로 10%대에 진입하는 괄목할 만한 성과인 약 19.7%로 나타났다. 우리나라의 전기 화재 점유율은 일본 15.6%, 대만 31.8%와 비교해 볼 때, 대만보다는 낮지만 일본보다는 높은 수준이다.

또한 2014년 전기 화재로 인해 ㉡ 총 324명의 인명 피해가 발생한 것으로 나타났으며, ㉢ 이 중 사망자가 차지하는 비율은 2010~2014년 동안 매년 10% 이상인 것으로 나타났다.

2014년 감전 사고자 수는 총 569명(사망 37명, 부상 532명)으로, 전년 605명(사망 36명, 부상 569명)에 비해 36명이 감소하였다. ㉣ 인구 백만 명당 감전 사망자 수는 우리나라가 0.75명(2014년)으로 호주(2010년)보다 적지만, 일본(2014년), 영국(2014년)보다는 많은 것으로 나타나 감전 재해를 줄이기 위해서는 범국가 차원의 홍보 활동과 전기 안전 관련 기관의 지속적인 노력이 요망된다.

① ㉠, ㉡
② ㉠, ㉣
③ ㉡, ㉢
④ ㉡, ㉣
⑤ ㉢, ㉣

571

다음 [그래프]는 연도별 LP가스사고 및 고압가스사고 현황에 관한 자료이다. 이에 대한 설명으로 옳지 <u>않은</u> 것을 고르면?

[그래프1] 연도별 LP가스사고 현황 (단위: 건)

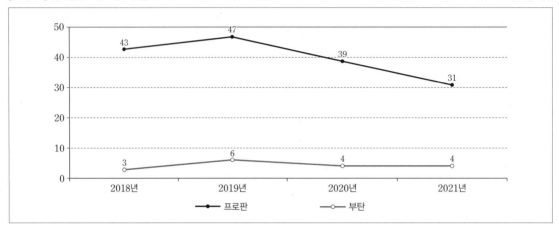

[그래프2] 연도별 고압가스사고 현황 (단위: 건)

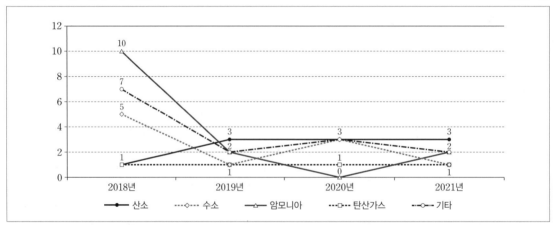

① 2018년 LP가스사고와 고압가스사고는 총 70건이다.
② 2019년 LP가스사고에서 부탄 LP가스사고가 차지하는 비중은 약 11.7%이다.
③ 프로판 LP가스사고의 2018~2021년 연평균 건수는 40건이다.
④ 2018~2021년 중 수소 고압가스사고와 탄산가스 고압가스사고의 건수가 같은 연도는 2개이다.
⑤ 2018~2021년 동안 매년 프로판 LP가스사고 건수는 고압가스사고 건수보다 많다.

572

다음 [표]는 2016~2021년 흡연자 현황에 관한 자료이다. 이를 바탕으로 작성한 그래프로 옳은 것을 [보기]에서 모두 고르면?(단, 10대 흡연자는 없다고 가정한다.)

[표] 2016~2021년 흡연자 현황 (단위: 백 명)

구분	전체 흡연자 수	연령대		
		20대	50대	60대 이상
2016년	12,314	1,918	2,205	1,251
2017년	12,208	2,015	2,141	1,203
2018년	13,290	2,003	1,965	1,346
2019년	13,304	1,957	2,259	1,320
2020년	14,051	2,108	2,350	1,298
2021년	14,232	2,015	2,103	1,467

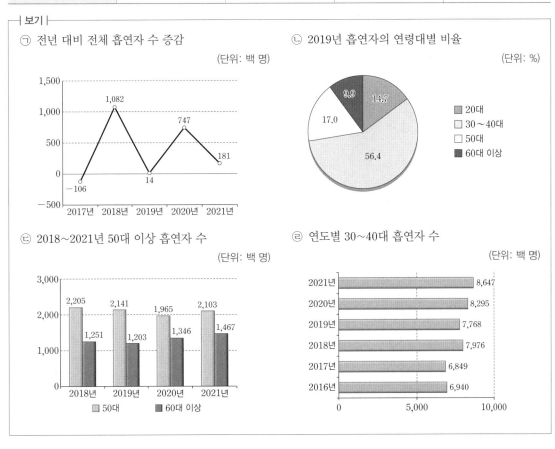

┤ 보기 ├

㉠ 전년 대비 전체 흡연자 수 증감
(단위: 백 명)

㉡ 2019년 흡연자의 연령대별 비율
(단위: %)

20대, 30~40대, 50대, 60대 이상

㉢ 2018~2021년 50대 이상 흡연자 수
(단위: 백 명)

50대, 60대 이상

㉣ 연도별 30~40대 흡연자 수
(단위: 백 명)

2021년	8,647
2020년	8,295
2019년	7,768
2018년	7,976
2017년	6,849
2016년	6,940

① ㉠, ㉡
② ㉠, ㉢
③ ㉠, ㉣
④ ㉡, ㉣
⑤ ㉢, ㉣

573

가은, 나은, 다은, 라은이가 놀이공원에서 바이킹, 롤러코스터, 범퍼카, 회전목마 중 각각 2개의 놀이기구를 탔다. 다음 [조건]을 바탕으로 반드시 옳은 것을 고르면?(단, 아무도 타지 않은 놀이기구는 없다.)

┤ 조건 ├
- 가은이와 다은이가 탄 놀이기구는 1개만 같다.
- 나은이는 롤러코스터를 탔다.
- 다은이는 회전목마를 탔다.
- 3명 이상이 탄 놀이기구는 없다.
- 가은이는 롤러코스터와 회전목마를 타지 않았다.

① 가능한 경우의 수는 5가지이다.
② 라은이는 롤러코스터를 탔다.
③ 나은이는 회전목마를 타지 않았다.
④ 다은이는 바이킹을 탔다.
⑤ 나은이와 라은이가 탄 놀이기구는 모두 같다.

574

어느 지하철역 출구 근처에 A~F카페가 다음 [조건]에 따라 늘어서 있다고 할 때, 왼쪽에서 네 번째에 위치한 카페를 고르면?(단, 카페 이외의 다른 장소는 고려하지 않으며, 카페는 모두 일정한 간격으로 위치해 있다고 가정한다.)

┤ 조건 ├
- ㉠ 모든 카페는 옆으로 일렬로 위치해 있다.
- ㉡ B카페와 C카페의 거리는 두 번째로 멀다.
- ㉢ C카페와 E카페 사이에는 한 개의 카페가 있다.
- ㉣ 왼쪽에서 두 번째에 위치한 카페는 F카페이다.
- ㉤ B카페의 바로 오른쪽에는 D카페가 있다.

① A카페　　　　　　② B카페　　　　　　③ C카페
④ D카페　　　　　　⑤ E카페

575

다음 두 명제가 모두 참일 때, 빈칸에 들어갈 결론으로 적절한 것을 고르면?

> • 액션 영화는 흥미롭다.
> • 액션 영화를 제외한 모든 영화는 외국영화이다.
> 그러므로 (   )

① 외국영화가 아닌 영화는 액션 영화가 아니다.
② 흥미로운 영화는 외국영화이다.
③ 흥미롭지 않은 영화는 모두 외국영화이다.
④ 액션 영화는 외국영화이다.
⑤ 흥미로운 영화는 모두 액션 영화이다.

PART IV

NCS 실전모의 50제

576

다음 명제들이 모두 참일 때, 반드시 참이라고 할 수 <u>없는</u> 명제를 고르면?

> ㉠ 미국을 가봤으면 영국도 가봤다.
> ㉡ 미국을 가봤으면 독일도 가봤다.
> ㉢ 프랑스를 가봤으면 독일도 가봤다.
> ㉣ 호주를 가봤으면 영국도 가봤다.
> ㉤ 프랑스를 가보지 않았으면 영국도 가보지 않았다.

① 미국을 가봤으면 프랑스도 가봤다.
② 미국을 가봤으면 호주도 가봤다.
③ 프랑스를 가보지 않았으면 호주도 가보지 않았다.
④ 독일을 가보지 않았으면 영국도 가보지 않았다.
⑤ 독일을 가보지 않았으면 프랑스도 가보지 않았다.

PART IV NCS 실전모의 50제   515

577

다음은 환경친화적 자동차의 개발 및 보급 촉진에 관한 법률 및 시행령 중 일부이다. 어느 공동주택에서는 이 자료를 바탕으로 전기차 충전구역 내 불법주차 및 충전 방해행위 단속 과태료 안내문을 제작하였다. 안내문의 내용 중 옳지 <u>않은</u> 것을 고르면?

환경친화적 자동차의 개발 및 보급 촉진에 관한 법률

제11조의2(환경친화적 자동차의 전용주차구역 등) ① 다음 각 호의 어느 하나에 해당하는 것으로서 대통령령으로 정하는 시설의 소유자(해당 시설에 대한 관리의무자가 따로 있는 경우에는 관리자를 말한다)는 대통령령으로 정하는 바에 따라 해당 대상시설에 환경친화적 자동차 충전시설 및 전용주차구역을 설치하여야 한다.

　1. 공공건물 및 공중이용시설
　2. 공동주택
　3. 특별시장·광역시장, 도지사 또는 특별자치도지사, 특별자치시장, 시장·군수 또는 구청장이 설치한 주차장
　4. 그 밖에 환경친화적 자동차의 보급을 위하여 설치할 필요가 있는 건물·시설 및 그 부대시설

② 제1항에 따른 전용주차구역을 설치하는 자는 대통령령으로 정하는 기준에 따라 해당 전용주차구역에 환경친화적 자동차 충전시설을 갖추어야 한다.

(중략)

⑦ 누구든지 다음 각 호의 어느 하나에 해당하지 아니하는 자동차를 환경친화적 자동차 충전시설의 충전구역에 주차하여서는 아니 된다.

　1. 전기자동차
　2. 외부 전기 공급원으로부터 충전되는 전기에너지로 구동 가능한 하이브리드 자동차

⑧ 누구든지 다음 각 호의 어느 하나에 해당하지 아니하는 자동차를 환경친화적 자동차의 전용주차구역에 주차하여서는 아니 된다.

　1. 전기자동차
　2. 하이브리드 자동차
　3. 수소전기자동차

⑨ 누구든지 환경친화적 자동차 충전시설 및 충전구역에 물건을 쌓거나 그 통행로를 가로막는 등 충전을 방해하는 행위를 하여서는 아니 된다. 이 경우 충전 방해행위의 기준은 대통령령으로 정한다.

제16조(과태료) ① 제11조의2 제9항을 위반하여 충전 방해행위를 한 자에게는 100만 원 이하의 과태료를 부과한다.

② 제11조의2 제7항 및 제8항을 위반하여 환경친화적 자동차 충전시설의 충전구역 및 전용주차구역에 주차한 자에게는 20만 원 이하의 과태료를 부과한다.

③ 제1항 및 제2항에 따른 과태료는 관할 시장·군수·구청장이 부과·징수하며, 과태료를 부과하는 위반행위의 종류와 위반 정도에 따른 과태료의 금액 등은 대통령령으로 정한다.

[표] 제16조 제3항에 따른 과태료 부과 개별기준

위반행위	과태료 금액
가. 법 제11조의2 제7항 및 제8항을 위반하여 환경친화적 자동차 충전시설의 충전구역 및 전용주차구역에 주차한 경우	10만 원
나. 법 제11조의2 제9항을 위반하여 동법 시행령 제18조의8 제1항 제1호부터 제3호까지 또는 제6호부터 제8호까지의 규정에 따른 충전 방해행위를 한 경우	10만 원
다. 법 제11조의2 제9항을 위반하여 동법 시행령 제18조의8 제1항 제4호 또는 제5호에 따른 충전 방해행위를 한 경우	20만 원

환경친화적 자동차의 개발 및 보급 촉진에 관한 법률 시행령

제18조의8(환경친화적 자동차에 대한 충전 방해행위의 기준 등) ① 법 제11조의2 제9항 후단에 따른 충전 방해행위의 기준은 다음 각 호와 같다.

1. 환경친화적 자동차 충전시설의 충전구역(이하 "충전구역"이라 한다) 내에 물건 등을 쌓거나 충전구역의 앞이나 뒤, 양 측면에 물건 등을 쌓거나 주차하여 충전을 방해하는 행위
2. 환경친화적 자동차 충전시설 주변에 물건 등을 쌓거나 주차하여 충전을 방해하는 행위
3. 충전구역의 진입로에 물건 등을 쌓거나 주차하여 충전을 방해하는 행위
4. 충전구역임을 표시한 구획선 또는 문자 등을 지우거나 훼손하는 행위
5. 환경친화적 자동차 충전시설을 고의로 훼손하는 행위
6. 전기자동차 또는 외부충전식 하이브리드 자동차를 급속충전시설의 충전구역에 1시간이 지난 후에도 계속 주차하는 행위
7. 전기자동차 또는 외부충전식 하이브리드 자동차를 완속충전시설의 충전구역에 14시간이 지난 후에도 계속 주차하는 행위
8. 환경친화적 자동차의 충전시설을 전기자동차 또는 외부충전식 하이브리드 자동차의 충전 외의 용도로 사용하는 행위

전기차 충전구역 내 불법주차 및 충전 방해행위 단속 과태료 안내문

※ 전기차 충전시설의 올바른 이용문화를 위하여 주민분들의 적극적인 협조를 부탁드립니다.
○ 관련법령: 「환경친화적 자동차의 개발 및 보급 촉진에 관한 법률」 및 동법 시행령
○ 시행일자: 2022년 1월 28일(금)부터
○ 과태료 부과 기준

연번	위반행위	과태료
1	전기자동차, 하이브리드 자동차, 수소전기자동차가 아닌 자동차를 환경친화적 자동차의 전용주차구역에 주차한 경우	10만 원
2	전기자동차 및 외부충전식 하이브리드 자동차가 아닌 자동차를 충전구역에 주차한 경우	10만 원
3	충전구역 내에 물건 등을 쌓거나 충전구역의 앞, 뒤, 양 측면 또는 진입로에 물건 등을 쌓거나 주차하여 충전을 방해하는 행위	10만 원
4	전기자동차 또는 외부충전식 하이브리드 자동차를 급속충전시설의 충전구역에 1시간이 지난 후에도 계속 주차하는 행위	10만 원
5	전기자동차 또는 외부충전식 하이브리드 자동차를 완속충전시설의 충전구역에 14시간이 지난 후에도 계속 주차하는 행위	10만 원
6	환경친화적 자동차의 충전시설을 전기자동차 또는 외부충전식 하이브리드 자동차의 충전 외의 용도로 사용하는 행위	20만 원
7	충전구역임을 표시한 구획선 또는 문자 등을 지우거나 훼손하는 행위	20만 원
8	환경친화적 자동차 충전시설을 고의로 훼손하는 행위	20만 원

① 연번 1 ② 연번 2 ③ 연번 4
④ 연번 6 ⑤ 연번 8

○ 출국 시
• **휴대반출**: 우리나라에 거주하는 여행자가 해외에서 사용하다가 재반입할 고가 귀중품 등은 출국 시 세관에 신고를 해야 한다. 신고하는 방법은 공항이용납부권을 제시하고 세관출국신고대에서 세관직원에게 여권과 신고할 물품을 보여주고 확인증(휴대반출증)을 수령한 뒤 이를 입국 시 제출해야 한다. 만약 기내로 휴대반입할 수 없는 수하물인 경우 기탁화물로 맡겨야 한다.
• **출국 시 외환신고**: 미화 1만 불 이상인 경우 신고가 필요하며, 신고대상은 다음과 같다.

구분			비고	
대외지급수단, 내국통관원화표시 자기앞수표	해외이주자	해외이주비	지정거래 외국환은행장의 확인	–
	여행업자	해외여행경비		
	해외유학생			
	해외체재자			
	일반여행자	해외여행경비	관할세관장 신고	–
	최근 입국 시 휴대하여 입국한 대외지급수단		용도에 따라 별도의 신고, 허가	신고증 필요
	카지노 수입		–	증명서 필요
	물품대급, 증권취득, 부동산 구입, 해외예금 등 기타자금		세관신고와 별개로 신고, 허가	허가
당좌수표 등 기타 내국 지급수단	금액에 관계없이		한국은행총재 또는 관할 세관장 허가	

• **반송**: 반송이란 세관에 유치된 물품을 특정한 사유(요건미비, 반입의사 없음)로 인하여 통관이 불가능한 경우 출국 시 일정한 절차에 의해 물건을 찾아 가는 것을 의미한다. 반송신청은 최소한 항공기 출발 1시간 전에 출국장(법무부 심사를 마치고) 반송대의 세관직원에게 신청하면 된다.
• **휴대반입 물품의 반출 확인**: 일시입국하는 여행자가 여행 중 사용하고 재반출할 고가, 귀중품 등을 면세통관하기 위해서는 세관에 신고하여 "재반출 조건 일시반입 물품확인서"를 교부받아야 하며, 최초 출국 시 동 물품을 세관에 신고해야 한다. 이때 신고할 물품을 갖지 않고 출국장에 구두로 신고하는 경우에는 현품확인이 되지 않아 출국수속이 지연될 수 있으며 반출신고를 하지 않고 출국하는 경우에는 확인서상의 주소로 세금을 부과한다.
• **면세품 구매 시 유의사항**: 출국 시 면세점에서 판매되는 물품은 해외에서 사용, 소비되거나 해외친지의 선물용 등 외국으로 가지고 나가는 것을 조건으로 판매되는 것이다. 해외로 출국하는 내국인이 구입할 수 있는 면세물품의 총한도액은 미화 3,000불까지이다. 국내에 입국하는 내국인, 외국인(시민권자 포함)의 면세범위는 미화 600불까지이며, 출국 시 구입한 면세품과 해외구입물품을 포함하여 600불 초과 시는 세관신고 후 세금을 납부해야 한다.
• **부가세 환급**: 외국인 관광객 유치차원에서 세무서장이 지정한 장소로서 외국인 관광객이 구입한 물품을 외국으로 반출하는 경우에 한하여 내국간접세를 환급받을 수 있도록 한 제도이다. 국내 지정 외국인 관광객 면세점에서 물품을 구입한 외국인 관광객은 판매장에서 물품확인서를 교부받아 출국 시(3개월 이내) 세관출국신고대에서 신고하여 확인 도장을 받는다. 교부받은 영수증을 가지고 공항 내 환급코너에서 세금을 돌려받거나 차후에 해당세액에 상당하는 금액을 송금받을 수 있다.

○ 입국 시
- **여행자 휴대품신고서**: 해외에서 우리나라로 입국하는 모든 여행자는 세관에 여행자 휴대품신고서를 제출해야 한다. 기내에서 배부받은 세관휴대품신고서에 세관신고대상물품을 기재하고 여행자의 이름, 생년월일 등 인적사항을 기재한다. 입국현장에서도 세관휴대품신고서를 작성할 수 있다.
- **세관검사**: 세관검사는 크게 두 가지로 분류된다. 직접 소지하고 기내로 반입한 물품인 경우에는 문형 게이트 옆에 설치된 X−ray 투시기를 통과해야 하며 여행객은 문형금속탐지기를 통해 신변검색을 받는다. 문형금속탐지기에서 벨소리가 나는 경우 여행객의 신변을 휴대용 금속탐지기로 검색할 수도 있으며, 직접 신변 수색이 가능하다.

  기내에 들고 탑승하지 못한 짐(기탁화물)은 지정된 컨베이어 벨트에서 찾아야 하며 이때 "세관검사안내표시"가 부착된 수하물이 있는 경우 정밀 검사를 받아야 한다.

578

다음 중 출국 시 외환신고에 대한 설명으로 옳지 <u>않은</u> 것을 고르면?

① 해외유학생이 출국 시 미화 5천 불에 해당하는 현금을 여행경비로 가져가는 경우 신고가 필요하지 않다.
② 일반여행자가 출국 시 미화 1만 5천 불에 해당하는 자기앞수표를 여행경비로 가져가는 경우 관할세관장에게 신고해야 한다.
③ 해외이주자가 출국 시 미화 1만 8천 불에 해당하는 당좌수표를 해외이주비로 가져가는 경우 지정거래 외국환은행장의 확인이 필요하다.
④ 카지노 수입으로 미화 3만 불에 해당하는 현금을 가져가는 경우 증명서가 필요하다.
⑤ 물품대급을 목적으로 미화 5만 불에 해당하는 자기앞수표를 가져가는 경우 세관신고와 별개로 허가가 필요하다.

579

다음 중 입국 혹은 출국 시 물품 반입에 대한 설명으로 옳은 것을 고르면?

① 일시입국하는 여행자가 여행 중 사용하고 재반출할 물품을 세관에 신고하고, 최초 출국 시 이를 세관에 신고하지 않으면 출국이 금지된다.
② 일시입국하는 여행자가 통관이 불가능한 물품을 소지한 경우 폐기 처분한다.
③ 외국인이 국내에서 물품을 구입한 뒤 영수증을 가지고 공항 내 환급코너에 방문하면 세금을 돌려받을 수 있다.
④ "세관검사안내표시"가 부착된 기탁화물은 정밀 검사를 받아야 한다.
⑤ 여행자 휴대품신고서는 입국 전 기내에서 작성을 완료해야 한다.

580

다음은 온실가스 배출권의 할당 및 거래에 관한 법률의 일부이다. 이에 대한 설명으로 옳지 <u>않은</u> 것을 고르면?

제12조(배출권의 할당) ① 주무관청은 계획 기간마다 할당계획에 따라 할당대상 업체에 해당 계획 기간의 총 배출권과 이행연도별 배출권을 할당한다. 다만, 신규 진입자에 대하여는 해당 업체가 할당대상 업체로 지정, 고시된 해부터 남은 계획 기간에 대하여 배출권을 할당한다.

② 제1항에 따른 배출권 할당의 기준은 대통령령으로 정한다.

③ 제1항에 따른 배출권의 할당은 유상 또는 무상으로 하되, 무상으로 할당하는 배출권의 비율은 국내 산업의 국제경쟁력에 미치는 영향, 기후변화 관련 국제협상 등 국제적 동향, 물가 등 국민경제에 미치는 영향 및 직전 계획 기간에 대한 평가 등을 고려하여 대통령령으로 정한다.

④ 제3항에도 불구하고 무역집약도가 대통령령으로 정하는 기준보다 높거나 이 법 시행에 따른 온실가스 감축으로 인한 생산비용이 대통령령으로 정하는 기준 이상으로 발생하는 업종에 속하는 할당대상 업체에 대하여는 배출권의 전부를 무상으로 할당할 수 있다.

제13조(배출권 할당의 신청) ① 할당대상 업체는 매 계획 기간 시작 4개월 전까지(할당대상 업체가 신규 진입자인 경우에는 배출권을 할당받는 이행연도 시작 4개월 전까지) 다음 각 호의 사항이 포함된 배출권 할당 신청서(이하 '할당신청서'라 한다)를 작성하여 주무관청에 제출하여야 한다.

1. 계획 기간의 배출권 총신청 수량
2. 이행연도별 배출권 신청 수량
3. 할당대상 업체로 지정된 연도의 직전 3년간의 온실가스 배출량
4. 계획 기간 내 시설 확장 및 변경 계획
5. 계획 기간 내 연료 및 원료 소비 계획
6. 계획 기간 내 온실가스 감축설비 및 기술 도입 계획
7. 제4호부터 제6호까지 규정된 계획 실행 등에 따른 온실가스 배출량 증감 예상치
8. 제24조에 따라 작성된 직전 연도 명세서(최초로 할당대상 업체로 지정된 경우에는 기본법 제44조 제1항에 따른 명세서를 말한다)

② 제1항에 따른 배출권 할당의 신청 방법 및 절차 등에 관하여 필요한 세부 사항은 대통령령으로 정한다.

제17조(배출권 할당의 취소) ① 주무관청은 다음 각 호의 어느 하나에 해당하는 경우에는 제12조 및 제16조에 따라 할당, 조정된 배출권(무상으로 할당된 배출권만 해당한다)의 전부 또는 일부를 취소할 수 있다.

1. 제5조 제3항에 따른 할당계획 변경으로 배출 허용 총량이 감소한 경우
2. 할당대상 업체가 전체 시설을 폐쇄한 경우
3. 할당대상 업체가 정당한 사유 없이 시설의 가동 예정일부터 3개월 이내에 시설을 가동하지 아니한 경우
4. 할당대상 업체의 시설 가동이 1년 이상 정지된 경우
5. 거짓이나 부정한 방법으로 배출권을 할당받은 경우

② 제1항에 따른 배출권 취소의 세부 기준과 절차는 대통령령으로 정한다.

제18조(배출권 예비분) 주무관청은 신규 진입자에 대한 배출권 할당 및 제23조에 따른 시장 안정화 조치를 위한 배출권 추가 할당 등을 위하여 계획 기간의 총배출권의 일정 비율을 배출권 예비분으로 보유하여야 한다.

---

① 기존 배출권 할당대상 업체는 계획 기간 시작 4개월 전까지 주무관청에 배출권 할당신청서를 제출해야 한다.
② 무상으로 할당하는 배출권은 국제적 동향과 물가 등이 고려된 후에 대통령령으로 결정된다.
③ 시설 가동 예정일로부터 3일 후에 시설을 가동한 경우 무상 배출권의 일부가 취소될 수 있다.
④ 주무관청은 신규 진입자가 있을 경우를 대비하여 총배출권의 일부를 예비분으로 보유하고 있어야 한다.
⑤ 새로 지정된 신규 진입자는 이행연도의 남은 계획 기간에 대해서만 배출권을 할당받는다.

581

다음 [표]는 N사의 알뜰주유카드 혜택 정보 및 박 과장의 4월 알뜰주유카드 사용 내역에 관한 자료이다. 박 과장의 3월 알뜰주유카드 사용실적이 105만 원이고, N사의 알뜰주유카드는 카드 금액 청구 시 할인이 적용되는 청구 할인 방식이라고 할 때, 박 과장이 4월에 할인받는 금액을 고르면?

[표1] N사 알뜰주유카드 혜택 정보

구분		할인 정보
알뜰주유소 할인	전월 사용실적 150만 원 이상	150원/L 할인
	전월 사용실적 100만 원 이상	120원/L 할인
	전월 사용실적 50만 원 이상	80원/L 할인
	전월 사용실적 20만 원 이상	60원/L 할인
일반주유소 할인		60원/L 할인
자동차 보험료 할인		10% 할인
차량 구매액 할인		1% 할인

[표2] 박 과장의 4월 알뜰주유카드 사용 내역 (단위: 원)

구분	사용 내용	사용 금액
A알뜰주유소	22L 주유	43,750
B일반주유소	15L 주유	30,650
A알뜰주유소	18L 주유	35,800
B일반주유소	10L 주유	20,450
C보험회사	자동차 보험료	98,700

① 14,570원 ② 16,170원 ③ 16,370원
④ 17,370원 ⑤ 19,620원

582

다음 [표]는 L여행사의 직전 분기 여행 상품 판매 현황에 관한 자료이다. 구입 인원수가 20명 이상인 여행 상품만 실제 여행 상품의 판매가 진행되었고, 구입 인원수가 50명 이상인 여행 상품은 1인당 상품 금액에 할인율 5%를 적용하였을 때, L여행사가 직전 분기 판매한 여행 상품의 총판매 금액을 고르면?

[표] 여행 상품 판매 현황

구분	일정	1인당 상품 금액	구입 인원수
남도 투어 여행	5박 6일	986,000원	46명
국내 크루즈 여행	10박 11일	2,507,000원	15명
럭셔리 제주도 여행	4박 5일	958,000원	43명
강원도 스키 여행	2박 3일	595,000원	75명

① 112,417,350원
② 128,943,750원
③ 131,175,000원
④ 150,234,750원
⑤ 168,780,000원

583

다음 [표]는 국내에서 유통되는 우리나라 주화에 관한 자료이다. 이를 바탕으로 오백원화에 포함된 구리 질량과 오십원화에 포함된 구리 질량의 차를 고르면?

[표] 우리나라 주화 정보

구분	오백원화	백원화	오십원화	십원화
발행일자	1982년 6월 12일	1983년 1월 15일	1983년 1월 15일	2006년 12월 18일
지름	26.50mm	24.00mm	21.60mm	18.00mm
질량	7.70g	5.42g	4.16g	1.22g
소재	백동(구리 75%, 니켈 25%)	백동(구리 75%, 니켈 25%)	양백(구리 70%, 아연 18%, 니켈 12%)	구리씌움 알루미늄(구리 48%, 알루미늄 52%)
테두리	톱니	톱니	톱니	평면

① 2.655g
② 2.863g
③ 3.540g
④ 4.353g
⑤ 5.189g

584

다음 [표]는 K병원의 입원 병실 비용에 관한 자료이다. 외과 질환으로 K병원에서 진료를 받은 뒤 입원을 하게 된 진수는 병실이 없어 일반 2인실로 먼저 2일 입원한 뒤 간호 서비스가 제공되는 통합서비스 병동으로 이동하여 5인실에서 3일 더 입원하였다고 할 때, 진수가 지불해야 하는 입원 병실 비용 총액을 고르면?

[표] K병원의 입원 병실 비용   (단위: 원/일)

구분		병실료		비고
		내과계 8세 미만	외과계	
특실	VIP룸	1,587,320	1,574,110	
	스위트룸	1,287,320	1,274,110	
1인실		547,320	534,110	
2인실		223,530	189,730	
3인실		167,650	142,290	
4인실		139,510	118,580	
5인실		113,510	96,350	
간호·간병 통합서비스 병동	1인실	661,500	646,490	입원관리료 및 간호·간병료 포함
	2인실	303,960	279,640	
	4인실	243,200	224,400	
	5인실	222,350	205,450	
중환자실	일반 중환자실	434,190		
	신생아 중환자실	463,140		
격리실	1인실	271,250		
	2인실	182,700		
	다인실	154,360		
음압격리실	1인실	514,100		
	다인실	290,350		

① 668,510원
② 995,810원
③ 1,114,110원
④ 1,175,630원
⑤ 1,274,970원

585

다음 글을 읽고 A에게 할 수 있는 조언으로 가장 적절한 것을 고르면?

> A는 자기개발에 대한 계획을 수립하는 데 있어서 영역을 광범위하게 설정하고 큰 그림을 그리듯이 추상적으로 목표를 정한다. 그러다 보니 세부 계획을 수행하는 과정에서 문제점이 자주 발생하여 문제해결에 많은 시간을 할애하고 있다. 결과적으로 A는 본인이 처음에 목표한 바를 제대로 완료하지 못하는 경우가 상당히 많아 여러모로 스트레스를 받고 있다. A는 자기개발 설계 전략을 돌이켜 보고 반성할 수 있는 기회를 전혀 갖지 못한 채, 목표를 수정하고 코앞에 닥친 일을 처리하는 데 대부분의 시간과 노력을 쏟고 있다.

① 자신을 브랜드화할 수 있는 방법을 찾아보세요.
② 혼자만 계획을 세울 것이 아니라 주변 인간관계를 고려해 보세요.
③ 본인이 처한 직무를 가장 우선시해야 합니다.
④ 업무의 효율성을 위해 계획을 명확하고 구체적으로 세워보세요.
⑤ 보다 많은 정보를 얻을 수 있도록 다양한 활동을 병행하세요.

586

L기업의 신입사원들은 자기개발에 관한 사내 교육 수강을 마친 후, 교육받은 내용에 관해 대화를 나누고 있다. 신입사원들이 나눈 대화의 일부가 다음과 같을 때, 자기개발의 필요성과 특징에 대해 잘못 이야기하고 있는 사람을 모두 고르면?

> • 갑: 직업생활에서의 자기개발은 업무의 성과를 향상시키기 위해 이루어진다고 볼 수 있어요.
> • 을: 자기개발은 중요한 사건이나 요구가 있을 때 일시적으로 진행되는 경우가 많아요.
> • 병: 자기개발에서 개발의 주체는 자기 자신, 객체는 본인이 달성하려는 목표에 해당해요.
> • 정: 자기개발은 주변 사람들과 긍정적인 인간관계를 형성하고 유지하는 토대가 되기도 해요.
> • 무: 본인에 대한 이해를 바탕으로 자신에게 알맞은 자기개발 전략이나 방법을 선정해야 해요.

① 갑, 정   ② 을, 병   ③ 을, 정
④ 병, 무   ⑤ 정, 무

587

영업팀의 이 대리는 회사에서 출발하여 차를 타고 A~E지점을 거쳐 다시 회사로 돌아오려고 한다. 한 번 방문한 지점은 다시 방문하지 않고, 각 지점에서 20분간 머무른다. 회사에서 오전 9시에 출발했다고 할 때, 가장 빨리 회사로 돌아오는 시각을 고르면?(단, 차로 이동하는 시간과 각 지점에 머무르는 시간 외의 시간은 고려하지 않고, 분 단위까지만 계산한다.)

[그림] 지도

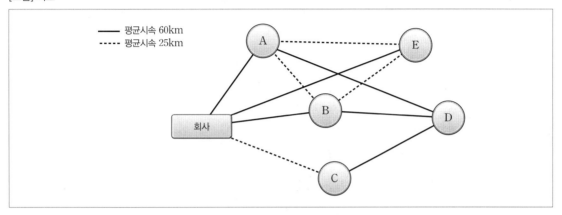

[표] 회사, 지점 간 거리 (단위: km)

구분	A	B	C	D	E
회사	8	10	14		20
A		7		18	15
B				8	9
C				10	

① 오후 12시 31분 ② 오후 12시 35분 ③ 오후 12시 37분
④ 오후 12시 39분 ⑤ 오후 12시 41분

588

다음 [그래프]와 [표]는 A사 4개 팀의 지출 비용 관련 내역을 비교한 자료이다. 이를 바탕으로 간접비의 지출 총액이 가장 큰 팀부터 순서대로 바르게 나열한 것을 고르면?(단, 언급되지 않은 비용은 고려하지 않는다.)

[그래프] 팀별 지출 비용 구성비 (단위: %)

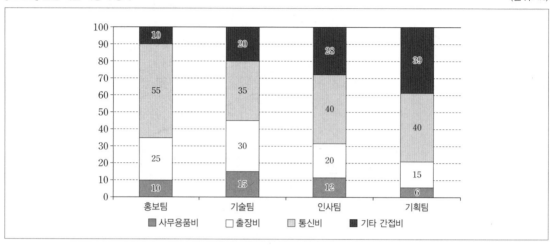

[표] 팀별 통신비 지출 내역 (단위: 만 원)

홍보팀	기술팀	인사팀	기획팀
30	45	40	55

① 기획팀 — 기술팀 — 인사팀 — 홍보팀
② 기획팀 — 기술팀 — 홍보팀 — 인사팀
③ 기획팀 — 인사팀 — 기술팀 — 홍보팀
④ 홍보팀 — 기술팀 — 인사팀 — 기획팀
⑤ 기술팀 — 기획팀 — 인사팀 — 홍보팀

다음은 지진에 대비하기 위한 공공시설물 내진보강대책에 따른 평가대상 기관 A~E의 실적 자료이다. 평가대상 기관의 실적에 따라 최종 순위를 결정하였을 때, 최상위와 최하위 순위 기관이 순서대로 바르게 짝지어진 것을 고르면?

공공시설물 내진보강대책 추진실적 평가기준

1) 평가대상 기관의 실적

(단위: 건)

구분	A	B	C	D	E
내진성능평가실적	88	69	82	90	83
내진보강공사실적	87	77	84	89	95
내진보강대상	100	80	90	100	100

2) 평가요소 및 점수부여

- 내진성능평가 지수 $= \dfrac{\text{내진성능평가실적 건수}}{\text{내진보강대상 건수}} \times 100$

  (단, 반올림하여 정수로 표시함)

- 내진보강공사 지수 $= \dfrac{\text{내진보강공사실적 건수}}{\text{내진보강대상 건수}} \times 100$

  (단, 반올림하여 정수로 표시함)

- 점수부여: 평가요소의 산출된 지수에 따른 점수는 다음과 같이 부여한다.

구분	최상위 1개 기관	2~4위 3개 기관	최하위 1개 기관
내진성능평가 점수	5점	각 4, 3, 2점	1점
내진보강공사 점수	5점	각 4, 3, 2점	1점

3) 최종 순위 결정

- 내진성능평가 점수와 내진보강공사 점수의 합이 큰 기관에 높은 순위를 부여함
- 합산 점수가 동점인 경우에는 내진보강대상 건수가 많은 기관에 높은 순위를 부여함

---

① A, D   ② B, C   ③ B, E
④ C, A   ⑤ D, E

590

다음 글의 빈칸 ㉠, ㉡에 들어갈 말이 바르게 짝지어진 것을 고르면?

> 인적자원관리란 기업의 경제적 효율성과 종업원의 사회적 효율성을 극대화시키기 위해 인력을 대상으로 확보, 개발, 평가, 보상, 유지, 방출활동을 계획하고, 실천하고, 통제하는 제반활동을 말한다. 인적자원을 효과적으로 관리하기 위해서는 몇 가지 원칙이 필요하다. 예를 들어 (㉠   )이란 근로자의 인권을 존중하고 공헌도에 따라 노동의 대가를 공정하게 지급해야 한다는 것이며, (㉡   )이란 직무 배당, 승진, 상벌, 근무 성적의 평가, 임금 등을 공정하게 처리해야 한다는 것을 의미한다.

	㉠	㉡
①	공정 인사의 원칙	종업원 안정의 원칙
②	공정 인사의 원칙	적재적소 배치의 원칙
③	공정 보상의 원칙	종업원 안정의 원칙
④	공정 보상의 원칙	공정 인사의 원칙
⑤	공정 보상의 원칙	적재적소 배치의 원칙

591

물적자원을 효과적으로 관리하는 방법으로 전자 스캐너를 이용하는 바코드 방식과 최근 새롭게 각광받고 있는 QR코드 방식을 들 수 있다. [보기]에서 각 방식의 특징을 골라 바르게 짝지은 것을 고르면?

┤ 보기 ├
㉠ 2차원 구성으로 많은 양의 정보를 담는다.
㉡ 수평축으로 데이터가 저장되어 있고 수직축은 데이터가 없다.
㉢ 오류 복원 기능이 있어 손상된 데이터도 복원이 가능하다.
㉣ 이미 국내 제품 90% 이상에 붙어 있는 대중적인 부호체계이다.

	바코드	QR코드
①	㉠, ㉡	㉢, ㉣
②	㉠, ㉢	㉡, ㉣
③	㉠, ㉣	㉡, ㉢
④	㉡, ㉢	㉠, ㉣
⑤	㉡, ㉣	㉠, ㉢

592

다음은 B사의 출장비 지급 기준에 관한 자료이다. 이를 바탕으로 [보기]의 출장 건에 대한 출장비 총지급액을 고르면?

[표] B사 출장비 지급 기준

구분	교통비			일비 (1일)	숙박비 (1박)	식비 (1일 한도)
	철도임	선임	자동차임 (자가용)			
임원 및 본부장	1등급	1등급	실비	30,000원	실비	45,000원
1, 2급 부서장	1등급	2등급	실비	25,000원	실비	35,000원
3, 4급 팀장	1등급	2등급	실비	20,000원	실비	30,000원
5급 이하 팀원	2등급	2등급	실비	20,000원	실비	30,000원

1. 교통비는 실비를 기준으로 하되, 실비정산은 국토해양부장관 또는 특별시장, 광역시장, 도지사, 특별자치도지사 등이 인허한 요금을 기준으로 한다.
2. 철도임 구분표 중 1등급은 고속철도 특실, 2등급은 고속철도 일반실을 적용한다.
3. 식비는 실비로 정산하며, 한도를 초과하였을 경우 초과분은 지급하지 아니한다.
4. 일비, 식비는 출발일과 도착일을 포함하여 지급한다.
5. 자동차임(자가용) 실비 지급은 연료비와 실제 통행료(유료도로 이용료)를 지급한다.
   ※ 연료비: 여행거리(km) × 유가(원/L) ÷ 연비(km/L)
6. 숙박비는 7만 원을 한도로 실비정산하며, 초과분의 20%까지 지급한다.

┤보기├
- 출장자: 조 상무(임원), 오 팀장(3급), 박 대리(5급)
- 출장 기간: 2박 3일
- 이동 방법
  - 조 상무: 자가용 이동(왕복 820km, 연비 12km/L, 유가 1,500원/L, 왕복통행료 20,000원)
  - 오 팀장, 박 대리: 왕복 고속철도
- 숙박비 및 식비 발생 내역

구분	조 상무	오 팀장	박 대리
숙박비	75,000원/박	72,000원/박	65,000원/박
식비	52,000원/일	40,000원/일	40,000원/일

- 고속철도 1등급과 2등급의 편도 요금은 각각 58,000원과 52,000원임

① 1,277,800원 ② 1,278,200원 ③ 1,278,600원
④ 1,280,000원 ⑤ 1,280,300원

593

A공단 제주지사에서 근무하고 있는 박 대리는 울산에서 회의가 있어 교통편을 알아보고 있다. 회사 출근 후 오전 10시에 출발하여 당일 오후 1시 30분까지 회의 장소에 도착해야 할 때, 다음 중 울산 회의 장소 도착 시각이 가장 빠른 경우를 고르면?(단, 이동 중 대기시간은 고려하지 않는다.)

[표1] 제주 → 김해, 제주 → 울산 항공편 출발시각

김해행(소요시간 50분)	울산행(소요시간 1시간)
10:40	10:50
10:50	
11:00	11:40
11:10	

※ 공항에는 항공편 출발 20분 전에 도착해야 함
※ 제주지사에서 제주공항까지 소요시간은 30분임
※ 김해공항 → 울산 회의 장소, 울산공항 → 울산 회의 장소의 두 가지 경로가 모두 가능함

[표2] 공항에서 회의 장소까지의 소요시간

구분	공항버스	택시	렌터카
김해공항	2시간	1시간 20분	1시간
울산공항	50분	20분	15분

① 김해행 항공편(10:40 출발) → 공항버스
② 김해행 항공편(11:00 출발) → 렌터카
③ 김해행 항공편(11:10 출발) → 택시
④ 울산행 항공편(10:50 출발) → 공항버스
⑤ 울산행 항공편(11:40 출발) → 택시

594

다음 중 리더십의 유형에 대한 설명으로 옳지 <u>않은</u> 것을 고르면?

① 민주주의에 근접한 유형의 리더 체제하에서라도 중요한 업무의 최종 결정권은 직원들 모두에게 있는 것이 아니며, 리더에게 있다.

② 리더와 구성원 간의 구분이 희미하고 리더가 조직의 한 구성원이 되기도 하는 유형의 리더십을 파트너십 유형이라고 한다.

③ 변혁적 유형의 리더는 조직의 더 나은 성장과 발전을 위해 당장의 업무성과에 대한 칭찬을 아낄 줄 알아야 한다.

④ 독재자 유형의 리더에게 단점만 있는 것은 아니며, 집단이 통제가 없이 방만한 상태에 있을 때는 효과적인 리더가 될 수 있다.

⑤ 파트너십 유형의 리더는 집단의 모든 구성원들이 의사결정 및 팀의 방향을 설정하는 데 참여한다는 생각을 가지고 있으며, 변혁적 유형의 리더는 카리스마를 가지고 조직에 명확한 비전을 제시하며, 집단 구성원들에게 그 비전을 쉽게 전달할 수 있다.

[595~596] 다음 [표]는 Y문고의 도서 재고물품 코드 체계와 재고물품 창고 담당자별 관리 도서에 관한 자료이다. 이를 바탕으로 이어지는 질문에 답하시오.

[표1] 도서 재고물품 코드 체계

생산 연월 코드	출간지 코드				입고품 코드				입고 수량 코드
	출간지역 코드		출판사 코드		분야 코드		세부 코드		
2017년 12월 → 1712 2018년 3월 → 1803	1	서울	A	경원	01	아동	001	한국동화	00001부터 다섯 자리 번호 부여
			B	창명			002	세계동화	
			C	성인	02	여성	003	패션	
	2	경기	D	연호			004	여행	
			E	빛			005	육아	
	3	충청	F	사람들			006	잡지	
			G	하루			007	수필	
	4	경상	H	창세기	03	생활	008	시, 소설	
			I	홍익			009	교양서	
			J	원일			010	육상	
	5	전라	K	고유	04	스포츠	011	구기	
			L	남호			012	자전거	
			M	서원	05	교육	013	초중고	
	6	강원	N	보보스			014	대학	
			O	행원			015	등산	
	7	제주	P	바람	06	문화	016	낚시	
			Q	나무			017	당구	

※ 2017년 1월에 서울 경원 출판사에서 출간된 한국동화 관련 100번째 입고도서의 도서 재고물품 코드
  → 1701 − 1A − 01001 − 00100

[표2] 재고물품 창고 담당자별 관리 도서

담당자	관리 도서	담당자	관리 도서
정 대리	1108 − 2D − 02004 − 00135	강 대리	1105 − 6N − 04011 − 00030
오 사원	1208 − 3F − 02006 − 01009	윤 대리	1104 − 6O − 03009 − 00045
권 사원	1109 − 3F − 02006 − 00100	양 사원	1105 − 3G − 04012 − 01182
민 대리	1210 − 7P − 03007 − 00085	박 사원	1207 − 6N − 03007 − 00030
최 대리	1211 − 4H − 06015 − 01250	변 대리	1210 − 7Q − 05013 − 00045
엄 사원	1209 − 1C − 02005 − 00835	이 사원	1109 − 1B − 01002 − 00770
홍 사원	1103 − 5L − 06017 − 01005	장 사원	1208 − 1B − 01001 − 01012

595

2019년 8월 원일 출판사에서 출간된 자전거 관련 도서로, Y문고에 25번째로 입고된 도서의 재고물품 코드로 알맞은 것을 고르면?

① 1980 — 4J — 00412 — 0025
② 1908 — 4J — 04012 — 0025
③ 20198 — 4J — 01204 — 00025
④ 20198 — 4J — 04012 — 00025
⑤ 1908 — 4J — 04012 — 00025

596

Y문고에서는 재고물품 창고 담당자 중 '여성' 분야 도서 담당자들을 따로 모아 새로운 도서 관리 규정을 안내하고자 한다. 이때 새로운 도서 관리 규정을 안내받을 담당자가 아닌 사람을 고르면?

① 정 대리 ② 오 사원 ③ 권 사원
④ 윤 대리 ⑤ 엄 사원

597

다음 사례를 통해 알 수 있는 기술혁신의 특성으로 가장 적절한 것을 고르면?

> A시에서는 공항의 효율적 운용과 복잡한 내부 환경을 개선하기 위하여 첨단 기술을 활용한 무인 탑승수속을 시행하고자 한다. 시 담당 공무원은 무인 탑승수속이 시행되면 티켓팅을 위하여 대기하던 긴 줄이 획기적으로 줄어들며 공항청사 내의 환경도 크게 좋아질 것을 기대하고 있다. 그러나 정작 A시 공항을 주로 이용하는 B항공사의 노조에서는 무인 탑승수속 시행을 반대하고 있다. 기술진화에 위협을 느껴 일자리가 없어질 것을 우려한 기존 근로자들의 반발이 자칫 파업으로 이어질 수 있다는 우려 때문에 실제 무인 탑승수속 시행 일자가 지연되고 있으며, B항공사는 인력 운용 방안을 놓고 경영진과 고심하고 있다.

① 기술혁신은 조직의 경계를 넘나들며 상호의존과 협력이 필요한 활동이다.
② 기술혁신은 지식 집약적인 활동이다.
③ 혁신 과정의 불확실성과 모호함은 기업 내에서 많은 논쟁과 갈등을 유발할 수 있다.
④ 기술혁신은 그 과정 자체가 매우 불확실하고 단기간의 시간을 필요로 한다.
⑤ 기술혁신의 성공은 사전의 의도나 계획보다 우연에 의해 이루어지는 경우도 많다.

598

다음 사례를 읽고 D사의 새로운 조직 구조에서 발생할 수 있는 변화로 적절하지 <u>않은</u> 것을 고르면?

> 종합상사인 D사의 경영진은 내년부터 조직 개편을 통한 업무 혁신을 이루고자 한다. 여러 가지 아이템을 취급하던 D사는 다른 사업에서 손을 떼고 해외유전이나 아프리카 금광 등의 자원개발 사업에 집중하고자 기존의 아이템별 조직구조이던 8팀, 4본부, 2부문 체제를 과감히 수정하여 6팀, 단일본부 체제로 조직 구조를 바꿀 계획이다.

① 과거보다 신속한 의사결정이 이루어질 것이다.
② 얇은 중간관리자 층으로 인해 다양한 검증을 거친 의견 수렴이 더 어려워질 것이다.
③ D사는 각 사업을 지원하는 지원조직이 다수 생길 것이다.
④ 산발적이던 조직문화에 기인했던 조직 간 경쟁구도가 사라질 수 있을 것이다.
⑤ D사는 내년부터 조직의 단합과 업무의 효율성을 더욱 강조하는 기업이 될 것이다.

599

다음 글을 참고할 때, '직업'이 갖는 속성으로 적절한 것을 [보기]에서 모두 고르면?

직업은 매일·매주·매월 등 주기적으로 일을 하거나, 계절 또는 명확한 주기가 없어도 계속 행해지며, 현재 하고 있는 일을 계속할 의지와 가능성이 있는 것을 의미한다. 또한 직업은 경제적 거래 관계가 성립되는 활동이어야 한다. 따라서 무급 자원봉사나 전업 학생은 직업으로 보지 않는다. 노력이 전제되지 않는 자연 발생적인 이득의 수취나 우연하게 발생하는 경제적 과실에 전적으로 의존하는 활동도 직업으로 보지 않는다. 뿐만 아니라 비윤리적인 영리 행위나 반사회적인 활동을 통한 경제적 이윤추구는 직업 활동으로 인정되지 않는다. 또한 모든 직업 활동은 사회 공동체적 맥락에서 의미 있는 활동이어야 할 것이며, 자발적으로 행하는 일이어야 한다. 따라서 취미활동이나 아르바이트, 강제노동 등은 체계적이고 전문화된 일의 영역으로 볼 수 있지만 이러한 속성을 갖추지 않은 경우 직업으로 포함하지 않는다. 또한 속박된 상태에서의 제반 활동 역시 직업으로 볼 수 없다.

┤ 보기 ├
ㄱ 계속성
ㄴ 경제성
ㄷ 윤리성
ㄹ 성장성
ㅁ 자발성

① ㄱ, ㄴ, ㄹ
② ㄷ, ㄹ, ㅁ
③ ㄱ, ㄴ, ㄷ, ㄹ
④ ㄱ, ㄴ, ㄷ, ㅁ
⑤ ㄴ, ㄷ, ㄹ, ㅁ

600

개인은 다양한 직업 환경에서 자신의 직무를 수행할 때 공통적으로 준수해야 할 윤리원칙이 있다. [보기]에서 가장 강조하고 있는 윤리원칙으로 적절한 것을 고르면?

┤ 보기 ├
• 기업의 감사 또는 위원회는 감사 직무를 수행할 때 독립된 위치에서 투명하게 감사하여야 한다.
• 기업 회계사는 합리적으로 건실한 전문가로서의 분별력과 공평무사함을 바탕으로 업무에 임하여야 한다.
• 방송사는 방송의 기획, 편성 및 제작 등이 공정하고 투명하게 이루어지도록 노력하여야 한다.

① 객관성의 원칙
② 고객중심의 원칙
③ 전문성의 원칙
④ 정직과 신용의 원칙
⑤ 공정경쟁의 원칙

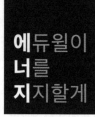

끝이 좋아야 시작이 빛난다.

– 마리아노 리베라(Mariano Rivera)

MEMO

최신판 공기업 NCS 10개 영역 기출 600제

발 행 일	2024년 7월 12일 초판
편 저 자	에듀윌 취업연구소
펴 낸 이	양형남
펴 낸 곳	(주)에듀윌
등록번호	제25100-2002-000052호
주 소	08378 서울특별시 구로구 디지털로34길 55
	코오롱싸이언스밸리 2차 3층

www.eduwill.net

대표전화 1600-6700

여러분의 작은 소리
에듀윌은 크게 듣겠습니다.

본 교재에 대한 여러분의 목소리를 들려주세요.
공부하시면서 어려웠던 점, 궁금한 점,
칭찬하고 싶은 점, 개선할 점, 어떤 것이라도 좋습니다.

에듀윌은 여러분께서 나누어 주신 의견을
통해 끊임없이 발전하고 있습니다.

에듀윌 도서몰 book.eduwill.net
· 부가학습자료 및 정오표: 에듀윌 도서몰 → 도서자료실
· 교재 문의: 에듀윌 도서몰 → 문의하기 → 교재(내용, 출간)

에듀윌
공기업
NCS 10개 영역
기출 600제

정답과 해설

NCS 실력진단 50제

NCS 실력진단 50제								본문 24~58쪽	
001	⑤	002	①	003	①	004	④	005	①
006	③	007	⑤	008	②	009	②	010	②
011	④	012	④	013	①	014	①	015	①
016	④	017	⑤	018	②	019	⑤	020	③
021	③	022	②	023	②	024	④	025	④
026	③	027	③	028	①	029	②	030	②
031	②	032	②	033	③	034	①	035	②
036	⑤	037	③	038	②	039	⑤	040	④
041	④	042	④	043	②	044	③	045	⑤
046	④	047	②	048	②	049	⑤	050	③

001

정답 ⑤

유형 문서작성능력

ⓒ 낭설로 인해 곤란을 느끼고 있는 난처한 상황이므로 '곤혹스럽다'가 적절하다.
- 낭설(浪說): 터무니없는 헛소문
- 곤욕(困辱): '심한 모욕'을 뜻하는 것으로, 심적 고통을 느끼고, 당하는 상황이다. 흔히 '당하다, 치르다, 겪다' 등의 단어와 어울려 사용된다.

ⓔ 부사어 '미세 먼지에'와 호응하는 서술어가 빠져 있다. '미세 먼지에 대한' 혹은 '미세 먼지에 관한' 등의 서술어를 추가해야 한다.
- 심란(心亂)하다: 마음이 어수선하다

| 오답풀이 |

ⓐ 결재(決裁): 결정할 권한이 있는 상관이 부하가 제출한 안건을 검토하여 허가하거나 승인함
- 결제(決濟): 1) 일을 처리하여 끝을 냄
  2) 증권 또는 대금을 주고받아 매매 당사자 사이의 거래 관계를 끝맺는 일 ⓔ 결제 자금

ⓑ '가능한'은 '가능하다'의 관형사형으로, 뒤에 명사나 의존 명사가 온다. '가능한 빨리'는 '가능한' 뒤에 '빨리'라는 부사가 온 문장으로, '가능한'의 수식할 말이 없는 상태이다. 따라서 이 문장에서는 '가능한 한'을 쓰는 것이 적절하다.

002

정답 ①

유형 문서이해능력 상-중-하

문건B에는 '상업용 금지' 표시 기준이 있어 상업적인 목적의 이용이 금지되나, 문건A에는 '상업용 금지' 표시가 없으므로 상업적인 목적의 홍보 자료로 이용할 수 있다.

| 오답풀이 |

② 문건A는 '변경 금지' 표시 기준에 의해 변형, 각색 등이 금지되므로 발췌하여 첨부할 수 없고, 문건B는 '상업용 금지' 표시 기준에 의해 이용 자체가 불가하므로 백 과장이 홍보 자료로 이용할 수 있는 문건은 없다.

③ 문건A는 '출처 표시' 표시 기준에 따라 저작물의 출처를 표기한 후 이용 가능하다.

④ 문건B에는 '출처 표시' 표시 기준이 있으므로 출처를 밝혀야 하고, '변경 금지' 표시 기준이 없어 외국어 번역이 가능하다. 또한 '상업용 금지' 표시 기준이 있으므로 비상업적인 목적의 자료로만 이용할 수 있다.

003

정답 ①

유형 문서이해능력 상-중-하

3차 산업 혁명과 4차 산업 혁명이 다르다는 점을 이야기하고 있지만 3차 산업 혁명의 특징이나 4차 산업 혁명과의 차이점을 제시하고 있지는 않다.
[가]에서는 오늘날의 혁명을 4차 산업 혁명의 도래로 봐야 하는 이유를 제시하고 있다.

| 오답풀이 |

② [나]에서는 4차 산업 혁명이 사람들의 소득 수준을 높이고 삶의 질을 향상시킬 것임을 언급하며 그 구체적인 예들을 나열하고 있다.

③ [다]에서는 4차 산업 혁명으로 효율성과 생산성이 향상되면서 새로운 시장이 발생하고 경제 성장이 촉발될 것이라 말하고 있는데, 이는 4차 산업 혁명이 가져올 긍정적인 변화라고 볼 수 있다.

④ [라]에서는 4차 산업 혁명으로 인한 노동의 자동화가 심각한 사회 불균형을 초래할 것임을 말하고 있는데, 이는 4차 산업 혁명이 가져올 수 있는 부정적 측면의 변화라 할 수 있다.

⑤ [마]에서는 4차 산업 혁명이 우리가 하는 일뿐 아니라 우리의 정체성 및 그것과 관련된 모든 문제에 영향을 줄 것이라 전망하고 있다.

004
정답 ④

유형 문서이해능력　　　(상)·(중)·**하**

입찰 공고서에서는 관련 법에 따른 유자격자로서 입찰 등록 마감일까지 필요한 서류를 모두 갖추어 등록한 기관, 규정에 따라 발급된 소기업·소상공인 확인서를 소지한 자, 관련 법에 의해 입찰 참가 자격을 제한받지 않은 자를 참가 자격으로 제시하고 있는데, 주어진 참가 자격을 동시에 충족해야 입찰 참가가 가능하다. 그러나 관련 법률에 따른 비영리 법인은 소기업·소상공인 확인서가 없어도 입찰 참여가 가능하다고 별도로 안내되어 있다.

| 오답풀이 |

① 공동 수급체를 결성하여 입찰에 참여하는 것은 허용된다.
② 용역 사업의 계약 기간은 계약 체결일로부터 6개월이다.
③ 사업 예산은 부가 가치세 포함 80,000,000원이다.

005
정답 ①

유형 문서이해능력　　　(상)·(중)·**하**

[그래프]를 통해 2018년 기준 상급 종합병원으로 환자가 쏠리는 현상이 가속화되고 있음을 확인할 수 있다. 입찰 공고서와 [그래프]를 바탕으로 건강보험심사평가원에서 연구 용역 사업을 실시하는 이유가 상급 종합병원 의료 이용자에 대한 정확한 실태를 파악하고 환자 쏠림 현상을 완화하기 위한 방안을 마련하기 위한 것임을

추론해 낼 수 있다. 따라서 ⊙, ⓒ이 적절하다.

006
정답 ③

유형 문서이해능력　　　(상)·(중)·**하**

주어진 글은 신재생에너지 중에서도 태양광 에너지에 대해 다루고 있다. 따라서 태양광 시장에 대해서 언급한 다음 태양전지의 추세를 수치를 들어 상세하게 설명하는 순서로 연결되는 것이 자연스럽다. 따라서 '[다] 태양광발전 시스템의 설치량 증가 추세와 더불어 향후 세계 태양광 시장은 꾸준히 증가할 것-[마] 발전용 태양광 시장뿐만 아니라 신규시장 창출도 확대될 것으로 예측됨-[나] 2011년 시장 성장률 감소가 발생하였으나 해소되는 조짐을 보이고 있음-[가] 구체적인 태양전지 시장 전망(결정질 실리콘 태양전지 중심, 박막 태양전지 시장은 서서히 성장 예측)-[라] 박막 태양전지가 갖고 있는 과제'의 순으로 배열하는 것이 적절하다.

| 오답풀이 |

①, ② 태양광 시장에 대한 내용이 가장 포괄적인 부분이므로 맨 첫 문단으로 들어가는 것이 적절하다. 첫 번째 문단으로 시장 성장률 감소가 언급되는 것은 적절하지 않다.
④ 태양광 시장의 증가 추세를 언급한 다음 바로 신규시장을 연결하여 언급하는 것이 적절하다.
⑤ 박막 태양전지에 대한 내용을 가장 서두에 언급하는 것은 글의 짜임상 맞지 않다.

007
정답 ⑤

유형 문서이해능력　　　(상)·(중)·**하**

[가] 문단의 '폴리실리콘 가격의 하락 및 수급 불균형에 따라 결정질 실리콘 태양전지/모듈의 가격이 급락하면서 박막 태양전지 시장 규모가 다시 축소되고 있는 상황이다.'를 통해 폴리실리콘 가격의 하락과 수급 불균형이 나타나면서 박막 태양전지 시장 규모가 축소되었음을

알 수 있으므로 적절하지 않다.

| 오답풀이 |

① [나] 문단의 '2011년을 기점으로 한 시장 성장률 감소의 원인은 태양광 시장의 수요−공급 불일치에 따른 구조조정과 최근 발생한 유럽발 경제 위기이다.'를 통해 확인할 수 있다.

② [가] 문단의 내용을 통해 확인할 수 있다.

③ [라] 문단의 '박막 태양전지는 비정질 실리콘계, CIGS계, CdTe, DSSC, OPV 등으로 구분된다.'를 통해 확인할 수 있다.

④ [다] 문단의 '태양광 시장은 최근 폭발적인 연간 성장률(85% 이상)을 나타내며 급성장하여 왔고 2013년 들어 약 40GW의 시장규모에 이르렀다. 2012년의 일시적인 설치량 감소를 제외하고는 2006년부터 시작된 태양광발전 시스템의 설치량 증가 추세는 여전히 지속되고 있다.'를 통해 확인할 수 있다.

008

정답 ②

유형 기초통계능력 상-중-하

각 구역에 인접한 구역의 수를 정리하면 다음과 같다.

A	B	C	D	E	F	G	H
2	4	4	5	2	2	4	1

따라서 D구역을 가장 먼저 색상1로 칠한다. 이 경우 D와 인접하지 않은 A와 H 구역은 색상1을 사용할 수 있다. 다음으로 많은 구역과 인접한 구역은 B, C, G이며 C, G가 색상2를, B가 색상3을 사용할 수 있다. 이때 B와 인접하지 않은 E, F는 색상3을 사용할 수 있다. 따라서 다음과 같이 정리하면 8개 구역은 모두 3가지 색으로 칠할 수 있다.

영역	A	B	C	D	E	F	G	H
인접	2	4	4	5	2	2	4	1
색상	색상1	색상3	색상2	색상1	색상3	색상3	색상2	색상1

009

정답 ②

유형 기초연산능력 상-중-하

첫 번째 소금물의 소금의 양은 $\frac{25}{100} \times 300 = 75(g)$이다.

두 번째 소금물은 첫 번째 소금물에서 50g을 증발시킨 것이므로 물의 양만 50g 줄어들어 소금물의 양은 250g,

소금의 양은 75g이다.

세 번째 소금물에서 첨가한 소금물의 소금의 양은 $\frac{30}{100} \times 150 = 45(g)$이므로 세 번째 소금물의 양은 $250 + 150 = 400(g)$, 소금의 양은 $75 + 45 = 120(g)$이다.

네 번째 소금물은 세 번째 소금물에 물 100g을 첨가한 것이므로 소금물의 양은 $400 + 100 = 500(g)$, 소금의 양은 120g이 되어 농도는 $\frac{120}{500} \times 100 = 24(\%)$이다.

 NCS 문제풀이 **TIP**

소금의 양과 소금물의 양을 분리하여 생각하면, 네 번째 소금물의 소금의 양은 첫 번째 소금물에 들어 있는 75g에서 세 번째 소금물에서 45g이 추가된 $75 + 45 = 120(g)$이다. 소금물의 양은 $300 - 50 + 150 + 100 = 500(g)$이다. 따라서 네 번째 소금물의 농도는 $\frac{120}{500} \times 100 = 24(\%)$이다.

010

정답 ②

유형 기초통계능력 상-중-하

만성 B형 간염 5년 경과 후까지는 괜찮았지만 다시 5년이 지났을 때 간암이 걸린 사람을 구해야 하므로, 만성 B형 간염 10년 경과 후 간암이 발생한 사람 중에서 만성 B형 간염 5년 경과 후 간암이 발생한 사람과 만성 B형 간염 5년 경과 후 간경변증이 발생하고 다시 간경변증 5년 경과 후 간암이 발생한 사람을 빼면 된다.

따라서 $1,000 \times (0.11 - 0.03 - 0.1 \times 0.13) = 67(명)$이다.

 NCS 문제풀이 **TIP**

NCS 필기시험의 난도가 점차 높아짐에 따라 표나 그래프, 새로운 개념에 대한 설명 등 자료를 제시하고 이를 이해한 상태에서 계산을 요구하는 자료연계형 문제도 출제되고 있다. 그러나 문제를 해결하는 열쇠는 여전히 응용수리의 기본 풀이법이므로 이에 대한 연습을 게을리해서는 안 된다.

011

정답 ④

유형 도표분석능력 상-중-하

30세 미만 전체 수검인은 총 $24,351 + 90,687 + 95,028 + 40,785 + 10,059 + 2,214 = 263,124(명)$이고,

LDL 콜레스테롤 수치가 경계인 30세 미만 수검인은 40,785명이므로 $\frac{40,785}{263,124} \times 100 \fallingdotseq 15.5(\%)$이다.

| 오답풀이 |

① 전체 수검인원 중 LDL 콜레스테롤 수치가 정상인 비율은 10.4+25.4+32.9=68.7(%)이므로 옳지 않다.

② LDL 콜레스테롤 수치가 정상인 50세 미만 수검인은 24,351+90,687+95,028+129,447+486,913+725,439 =1,551,865(명)이므로 옳지 않다.

③ LDL 콜레스테롤 수치가 경계인 50세 이상 수검인은 523,890+106,003=629,893(명)이므로 옳지 않다.

⑤ LDL 콜레스테롤 수치가 위험인 수검인은 전체 수검인의 7.7+2.2=9.9(%), 즉 10% 미만이므로 옳지 않다.

012

정답 ④

네 개 지역의 월별 평균 강수량의 평균을 구하면 다음과 같다.

(단위: mm)

구분	서울	대구	광주	제주	평균
1월	27.2	12.5	28.0	32.2	25.0
2월	39.6	12.3	43.6	22.5	29.5
3월	25.3	25.0	68.3	84.1	50.7
4월	56.1	50.1	82.1	211.2	99.9
5월	291.3	97.2	101.6	99.7	147.5
6월	110.0	195.4	177.2	107.7	147.6
7월	250.3	267.8	280.2	141.6	235.0
8월	117.2	222.9	381.9	205.7	231.9
9월	76.9	17.0	22.8	39.0	38.9
10월	58.2	8.3	29.0	8.2	25.9
11월	93.8	136.3	136.4	219.7	146.6
12월	38.1	40.4	73.7	101.2	63.4

따라서 월별 평균 강수량의 평균이 가장 많은 7월의 235.0mm와 가장 적은 1월의 25.0mm를 더한 값은 260.0mm이다.

013

정답 ①

네 개 지역의 1년 평균 기온을 구하면 다음과 같다.

(단위: ℃)

구분	서울	대구	광주	제주
1월	−3.3	0.3	−0.3	5.7
2월	0.7	3.4	3.2	7.4
3월	6.8	8.8	8.5	10.8
4월	13.0	14.4	13.7	14.5
5월	17.0	19.1	18.3	18.9
6월	23.4	24.0	23.8	22.9
7월	26.1	26.1	26.2	26.1
8월	26.8	26.0	26.7	26.5
9월	20.2	21.4	21.4	23.2
10월	13.4	14.9	15.8	18.5
11월	8.8	10.5	11.5	14.9
12월	1.8	3.6	4.8	9.7
평균	12.9	14.4	14.5	16.6

따라서 1년 평균 기온이 낮은 순서는 '서울－대구－광주－제주'이다.

014

정답 ①

A와 D의 진술이 모순되므로 A가 거짓을 말할 경우와 D가 거짓을 말할 경우로 나누어 생각해 본다. A가 거짓일 경우 범인은 A이고, 나머지 진술에 모순이 없다. D가 거짓일 경우 A와 E는 진실이므로 A와 C 둘 다 범인이 된다. 이는 범인이 1명이라는 조건에 모순된다. 따라서 범인은 거짓을 말한 A이다.

015

정답 ①

유형 사고력 　　　(상)-(중)-**하**

B는 E의 바로 왼쪽 자리에 앉고, A의 맞은편에 앉는다. 그리고 E의 맞은편에는 G가 앉으므로, A, B, E, G가 한 테이블에 앉는다. 이때, E와 G는 서로 마주보고, B는 E의 바로 왼쪽 자리에 앉으므로 다음과 같은 형태만 가능하다.

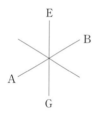

따라서 G의 바로 왼쪽 자리에는 A가 앉는다.

016

정답 ④

유형 문제처리능력 　　　(상)-(중)-**하**

2022년 4월 1일에는 전력량요금을 목표 증가분(9.8원/kWh)의 절반인 4.9원/kWh만 인상하므로, 기후환경요금 인상분과 더하면 4.9+2=6.9(원/kWh) 인상된다.

| 오답풀이 |

① 전력량요금만 인상되며, 기본요금은 변동 없다.

② 연료비 연동제는 연료비 변동분을 분기별로 요금에 반영하는 제도이므로, 연료비 변동분에 따라 분기별로 요금이 달라질 수 있다.

③ 전력량요금의 인상은 원가가 증가하여 이를 반영한 것이고, 기후환경요금의 인상은 기후환경 비용이 증가하여 이를 반영한 것이다.

⑤ 2022년 4월 1일 기준 주택용 전력(저압)의 200kWh 이하 구간 전력량요금은 하계와 기타계절 모두 93.2원/kWh이다. 이는 인상 전에 비해 4.9원/kWh 증가한 수치이므로, 2022년 3월까지는 93.2-4.9=88.3(원/kWh)일 것이다.

017

정답 ⑤

유형 문제처리능력 　　　(상)-(중)-**하**

[표]에 주어진 전기요금표는 4월 1일 기준이고, 문제에서의 시점은 2022년 10월 1일 이후이므로 [표]의 전력량요금에 4.9원/kWh를 더하여 생각해야 한다. 11월이므로 기타계절에 속하고, 전력사용량이 250kWh이므로 기본요금은 1,600원이다.

누진제가 적용되므로 0~200kWh 사용량에 대한 전력량요금은 $200 \times (93.2+4.9)=19,620$(원)이고, 200~250kWh 사용량에 대한 전력량요금은 $50 \times (187.8+4.9)=9,635$(원)이다. 따라서 기본요금과 전력량요금 합계는 $1,600+19,620+9,635=30,855$(원)이고, 1원 단위 이하를 절사한 30,850원이 정답이다.

018

정답 ③

유형 문제처리능력 　　　(상)-**(중)**-(하)

주어진 자료에 따르면 건폐율과 용적률의 산식은 다음과 같다.

$$(건폐율)(\%)=\frac{(건축 바닥면적)}{(대지면적)} \times 100$$

$$(용적률)(\%)=\frac{(건축물 연면적)}{(대지면적)} \times 100$$

용적률 계산 시 지하부분은 제외되므로 지하층은 고려하지 않고 A씨의 토지와 건물에 대한 건폐율과 용적률을 계산하면 다음과 같다.

- 건폐율: $\frac{25 \times 30}{30 \times 40} \times 100=62.5(\%)$

- 용적률: $\frac{25 \times 30 \times 4}{30 \times 40} \times 100=250(\%)$

NCS 문제풀이 TIP

본 문제를 풀기 위해서는 건폐율과 용적률의 의미를 이해해야 하므로 자료에서 계산식을 유추해 내야 한다. 자료에서 뚜렷하게 수치나 식이 보이지 않는 경우 글로 풀어낸 것이니 읽으면서 식으로 전환하여 계산해야 한다.

019 정답 ⑤

유형 문제처리능력 상-중-하

일반상업지역에 대한 국토계획법상의 건축 규정은 건폐율이 80% 이하이며 동시에 용적률이 300~1,300%이어야 한다. 건폐율과 용적률의 산식을 이용하여 계산하면 다음과 같다.

① 건폐율: $\frac{30 \times 40}{50 \times 50} \times 100 = 48(\%)$

  용적률: $\frac{30 \times 40 \times 8}{50 \times 50} \times 100 = 384(\%)$

② 건폐율: $\frac{50 \times 50}{70 \times 65} \times 100 = 54.9(\%)$

  용적률: $\frac{50 \times 50 \times 10}{70 \times 65} \times 100 = 549.5(\%)$

③ 건폐율: $\frac{35 \times 20}{40 \times 30} \times 100 = 58.3(\%)$

  용적률: $\frac{35 \times 20 \times 6}{40 \times 30} \times 100 = 350(\%)$

④ 건폐율: $\frac{15 \times 15}{25 \times 20} \times 100 = 45(\%)$

  용적률: $\frac{15 \times 15 \times 11}{25 \times 20} \times 100 = 495(\%)$

⑤ 건폐율: $\frac{15 \times 10}{20 \times 20} \times 100 = 37.5(\%)$

  용적률: $\frac{15 \times 10 \times 6}{20 \times 20} \times 100 = 225(\%)$

따라서 국토계획법상의 건축 규정에 맞지 않는 것은 ⑤이다.

NCS 문제풀이 TIP

본 문제는 수리능력을 평가하는 항목으로, 식이 유추가 되었다면 단순 사칙연산 문제가 된다. 이때 모든 선택지의 크기와 바닥면적을 보면 1층 바닥면적이 대지의 크기의 약 50% 정도이므로 건폐율은 대략적으로 봐도 계산할 필요가 없다. 이때는 용적률로만 접근하여 답을 찾아내야 한다.

020 정답 ③

유형 자기개발능력 상-중-하

자기개발은 일과 관련하여 이루어지는 활동이며, 자기개발은 개별적인 과정으로서 사람마다 자기개발을 통해 지향하는 바가 다르므로 자기개발에 대해 적절하게 설명한 사람은 유리와 철수 2명이다.

| 오답풀이 |

• 훈이: 자기개발은 모든 사람이 해야 하는 것이므로 적절하지 않다.

• 맹구: 자기개발을 위해 특정 교육훈련기관에서 교육프로그램을 이수할 수도 있지만 자신이 현재 하고 있는 직무 혹은 지향하는 직업세계와 관련하여, 자신의 역할 및 능력을 점검하고 개발계획을 수립하며 시간을 관리하고 대인관계를 맺고 감정을 관리하고 의사소통을 하는 것도 자기개발이라 할 수 있으므로 적절하지 않다.

021 정답 ③

유형 경력개발능력 상-중-하

경력초기 단계에서는 조직에 입사한 뒤 직무와 조직의 규칙과 규범에 대해 배우게 되는데, 이때 자신이 맡은 업무의 내용을 파악하고 새로 들어온 조직의 규칙이나 규범, 분위기를 알고 적응해 나가는 것이 중요한 과제가 되는 시기이다. 궁극적으로 조직에서 자신의 입지를 확고히 다져나가 승진하는 데 많은 관심을 가지는 시기이기도 하다. 따라서 A의 경력개발 단계는 '경력초기'에 해당한다.

| 오답풀이 |

① 직업선택: 자신에게 적합한 직업이 무엇인지를 탐색하고 선택한 후 여기에 필요한 능력을 키우는 과정으로, 이를 위해 본인에 대한 탐색과 본인이 원하는 직업에 대한 탐색이 이루어져야 한다.

② 조직입사: 학교를 졸업하고 자신이 선택한 경력 분야에서 원하는 조직의 일자리를 얻으며 직무를 선택하는 과정으로, 직무를 선택할 때도 직업선택 과정과 마찬가지로 환경과 자신의 특성을 고려해야 하며 특히 자신이 들어갈 조직의 특성을 알아봐야 하는 시기이기도 하다.

④ 경력중기: 자신이 그동안 성취한 것을 재평가하고 생산성을 그대로 유지하는 단계로, 경력중기에 이르면 직업 및 조직에서 어느 정도 입지를 굳히게 되어 더 이상 수직적인 승진 가능성이 적은 경력 정체 시기에 이르게 되며 새로운 환경의 변화 등에 직면하여 생산성을 유지하는 데 어려움을 겪기도 한다.

⑤ 경력말기: 조직의 생산적인 기여자로 남고 자신의 가치를 지속적으로 유지하기 위해 노력함과 동시에 퇴직을 고려하게 되는 시기이다.

022
정답 ②

유형 자기관리능력　　　(상)-(중)-**(하)**

착한 아이 콤플렉스를 극복할 수 있는 방법의 하나로 '적절한 거절'을 들 수 있다. 이를 위해서는 연습이 필요하다. 내 시간과 에너지를 낭비하는 일이거나 마음이 내키지 않는 일이라면 단호하게 거절할 수 있어야 한다. 처음에 거절하는 일이 너무 어렵게 느껴진다면, 시간을 버는 행동을 하며 정중한 거절의 방법을 모색해 보는 것이 좋다. "생각해 보고 연락 줄게.", "일정을 보고 연락 줄게."라고 말하면 거절하기도 쉬울 뿐 아니라 상대의 제안을 진지하게 받아들였고, 도와주려 노력했다는 느낌을 줄 수 있다. 그리고 거절에 대해 미안해하거나 죄책감을 갖지 않도록 노력해야 한다. 거절은 상대를 무시하는 행동이 아닌, 자신이 감당하기 어려운 상황을 거부하는 행동이라는 사실을 인식해야 한다.

| 오답풀이 |
착한 아이 콤플렉스를 가진 사람들은 자신의 생각과 감정을 잘 표현하지 않는다. 자신의 감정과 생각을 솔직하게 표현하는 연습을 해야 한다. 다른 사람들에게 감정을 표현하는 것이 어렵다면 혼자서라도 행복하다, 부끄럽다, 화가 난다 등 감정을 표현하다 보면 다른 사람 앞에서도 자신의 생각을 이야기할 수 있게 된다. 착한 사람으로 살기 위해 노력하는 것은 당연히 좋은 일이지만 자신을 희생하면서까지 타인을 배려하고 양보할 필요는 없다. 착한 사람이 좋은 사람을 의미하지는 않으며, 항상 양보해야만 가치 있는 존재가 되는 것은 아니다.

023
정답 ⑤

유형 자기개발능력　　　(상)-(중)-**(하)**

자신의 흥미나 장점, 가치, 라이프스타일을 충분히 이해하지 못하면 자기정보의 부족에 의한 자기개발 계획 수립의 장애요인이 된다. 제시된 사례에서 A씨는 자기개발 계획 수립 시 자신의 라이프스타일을 충분히 이해하지 못하였으므로 자기개발 계획 수립의 장애요인 중 '자기정보의 부족'에 해당한다.

| 오답풀이 |
① 외부 작업정보 부족: 다른 직업이나 회사 밖의 기회에 대해 충분히 알지 못하는 경우
② 일상생활의 요구사항: 개인의 자기개발 목표와 가정 등 일상생활 간의 갈등이 발생하는 경우
③ 내부 작업정보 부족: 회사 내의 경력 기회 및 직무 가능성에 대해 충분히 알지 못하는 경우
④ 주변 상황의 제약: 재정적 문제, 나이, 시간 등

024
정답 ④

유형 예산관리능력　　　(상)-(중)-**(하)**

각 업체의 견적 가격을 계산하면 다음과 같다.
- A사: $(500+300)\times20\times600=9{,}600{,}000$(원)
  → 10% 할인하면 $9{,}600{,}000\times0.9=8{,}640{,}000$(원)
- B사: $(600+100)\times20\times600=8{,}400{,}000$(원)
  → 2% 할인하면 $8{,}400{,}000\times0.98=8{,}232{,}000$(원)
- C사: $(600+120)\times20\times600=8{,}640{,}000$(원)
  → 5% 할인하면 $8{,}640{,}000\times0.95=8{,}208{,}000$(원)

따라서 가장 저렴하게 홍보책자를 제작할 수 있는 업체와 견적 가격은 C사의 8,208,000원이다.

025
정답 ④

유형 물적자원관리능력　　　(상)-**(중)**-(하)

입고된 자재의 부피를 먼저 계산한다. 자재 A 한 개의 부피를 V라 하면 한 박스에 담긴 자재의 부피는 최대 20V를 넘을 수 없으므로 같은 박스에 담긴 자재의 부피를 계산하면 다음과 같다.

입고 자재	개수	부피	박스에 담긴 자재의 부피
A	4	4V	
A	6	6V	$4+6+10=20$(V)
B	5	10V	
C	2	6V	6V
C	6	18V	
A	2	2V	$18+2=20$(V)
B	4	8V	
B	5	10V	$8+10=18$(V)

A	4	4V	4+14=18(V)
B	7	14V	
C	5	15V	15+4=19(V)
A	4	4V	
B	6	12V	12+8=20(V)
B	4	8V	
A	7	7V	7+10=17(V)
B	5	10V	
C	3	9V	9V

따라서 필요한 박스의 개수는 총 9개이다.

026
정답 ③

유형 시간관리능력 　상·중·하

본사에서 출발해 물류창고1과 물류창고2를 모두 방문할 수 있는 방법 중 소요되는 이동시간이 최소가 되는 방법은 본사에서 출발해 물류창고1이나 물류창고2를 방문한 뒤(소요시간 10분), 다시 본사로 돌아와(소요시간 10분) 다른 물류창고에 방문한 다음 돌아오는(소요시간 10＋10=20분) 것이므로 최소 이동시간은 10＋10＋20=40(분)이다.

027

정답 ③

유형 시간관리능력 　상·중·하

각 지점과 더 가까운 물류창고는 이동시간이 더 짧은 물류창고를 의미하고, 물류창고1, 2와 거리가 동일한 지점은 물류창고1로 지정한다. A지점은 물류창고1과 25분, 물류창고2와 5분이 소요되므로 물류창고2를 지정하고, B지점은 물류창고1과 25분, 물류창고2와 10분이 소요되므로 물류창고2를 지정하며, C지점은 물류창고1과 20분, 물류창고2와 15분이 소요되므로 물류창고2를 지정한다. D지점은 물류창고1과 15분, 물류창고2와 15분이 소요되므로 물류창고1을 지정하고, E지점은 물류창고1과 15분, 물류창고2와 15분이 소요되므로 물류창고1을 지정하며, F지점은 물류창고1과 25분, 물류창고2와 30분이 소요되므로 물류창고1을 지정한다. G지점은 물류창고1과 20분, 물류창고2와 35분이 소요되므로 물류창고1을 지정하고, H지점은 물류창고1과 10분, 물류창고2와 30분이 소요되므로 물류창고1을 지정한다. 이에 따라 물류창고1을 지정하는 지점은 D, E, F, G, H 5곳이고, 물류창고2를 지정하는 지점은 A, B, C 3곳임을 알 수 있다.

028

정답 ①

유형 시간관리능력 　상·중·하

직원 P씨가 소요되는 이동시간이 최소가 되도록 본사에서 출발하여 두 개의 물류창고와 모든 지점을 순환하는 방법은 '본사-물류창고2-A지점-물류창고2-B지점-C지점-D지점-E지점-F지점-G지점-H지점-물류창고1-본사'로 이동하는 방법이다. 이에 따라 소요되는 총 이동시간은 10＋5＋5＋10＋5＋5＋5＋15＋5＋10＋10＋10=95(분)이다. 따라서 P씨가 본사에서 9시에 출발하여 모든 곳을 방문한 뒤 본사에 도착하는 시각은 10시 35분이다.

029

정답 ②

유형 인적자원관리능력 　상·중·하

협조성, 전문지식, 직무의 양은 배점의 만점이 5점이고, 각 등급 간의 점수 차이는 5÷5=1(점)이므로 A등급은 5점, B등급은 4점, C등급은 3점, D등급은 2점, E등급은 1점이다. 성실성, 창의력, 판단력, 직무의 질은 배점의 만점이 10점이고, 각 등급 간의 점수 차이는 10÷5=2(점)이므로 A등급은 10점, B등급은 8점, C등급은 6점, D등급은 4점, E등급은 2점이다. 실적은 배점의 만점이 15점이고, 각 등급 간의 점수 차이는 15÷5=3(점)이므로 A등급은 15점, B등급은 12점, C등급은 9점, D등급은 6점, E등급은 3점이다. 기획력은 배점의 만점이 20점이고, 각 등급 간의 점수 차이는 20÷5=4(점)이므로 A등급은 20점, B등급은 16점, C등급은 12점, D등급은 8점, E등급은 4점이다.

승진 대상자는 가, 다, 마, 아이고, 가, 다, 마, 아의 근무평정점수는 다음과 같다.

（単位: 点）

직원	근태		직무수행능력				근무실적			총점
	성실성	협조성	전문지식	기획력	창의력	판단력	직무의질	직무의양	실적	
가	10	4	3	16	4	8	10	4	9	68
다	10	3	2	16	6	10	8	4	15	74
마	6	4	4	12	10	10	6	5	12	69
아	10	4	4	16	10	6	8	3	15	76

따라서 총점이 75점 이상인 직원은 아가 유일하므로 1명이다.

030
정답 ③

유형 예산관리능력

가의 총점은 68점, 다의 총점은 74점, 마의 총점은 69점, 아의 총점은 76점이다. 승진대상자가 아닌 직원들의 근무평정점수는 다음과 같다.

（단위: 점）

직원	근태		직무수행능력				근무실적			총점
	성실성	협조성	전문지식	기획력	창의력	판단력	직무의질	직무의양	실적	
나	10	5	4	8	6	10	10	4	9	66
라	8	3	4	16	10	8	8	2	12	71
바	6	5	1	16	8	10	4	4	9	63
사	4	4	5	20	8	6	8	4	12	71

라와 사의 총점이 동일하고, 근무실적 점수는 라가 $8+2+12=22$(점), 사가 $8+4+12=24$(점)으로 사가 더 높다.
따라서 1위는 아(76점), 2위는 다(74점), 3위는 사(71점), 4위는 라(71점), 5위는 마(69점), 6위는 가(68점), 7위는 나(66점), 8위는 바(63점)이므로 아는 기본급의 3배, 다와 사는 기본급의 2배, 라와 마는 기본급의 1.5배, 가, 나, 바는 기본급과 동일한 성과급을 지급한다.
그러므로 승진대상자가 아닌 직원들의 성과급의 합은 $420+380 \times 1.5+410+370 \times 2=2,140$(만 원)이다.

031
정답 ②

유형 팀워크능력

효과적인 갈등 관리로 혼란과 내분을 방지하고 팀 진전 과정에서의 방해요소를 미리 없애기 위해서는 팀원 사이의 갈등을 발견하게 되면 제3자로서 재빨리 개입하여 중재해야 하며, 갈등을 일으키고 있는 구성원들과의 비공개적인 미팅을 통해 그들 각자에게 동일한 질문으로 의견을 교환해야 한다. 팀장 P는 갈등 해결에 도움을 주기는 하였으나, 팀원 간의 갈등에 개입하지 않고 팀원들을 지켜보았으므로 팀워크 촉진 측면에서 적절하게 행동하였다고 보기 어렵다.

| **오답풀이** |

- 팀장 K: 팀워크 촉진 방법 중 창의력 조성을 위한 협력에 대한 사례이다. 아이디어에 대한 아무런 제약을 가하지 않는 환경을 조성할 때 협력적인 풍토를 조성할 수 있으므로 팀워크 촉진 방법으로 적절하다.
- 팀장 L: 팀워크 촉진 방법 중 동료 피드백 장려에 대한 사례이다. 팀 목표를 달성하도록 팀원을 고무시키는 환경을 조성하기 위해서는 행동과 수행을 관찰한 뒤 즉각적인 피드백을 제공하는 등 동료의 피드백을 장려해야 하므로 팀워크 촉진 방법으로 적절하다.

032
정답 ②

유형 고객서비스능력

고객 불만 처리 프로세스의 각 단계에서는 다음과 같은 행위가 이루어진다.

- 1단계 '경청': 고객의 항의에 경청하고 끝까지 들으며, 선입관을 버리고 문제를 파악한다.
- 2단계 '감사와 공감 표시': 일부러 시간을 내서 해결의 기회를 준 것에 감사를, 고객의 항의에 공감을 표시한다.
- 3단계 '사과': 고객의 이야기를 듣고 문제점에 대해 인정하고 잘못된 부분에 대해 사과한다.
- 4단계 '해결 약속': 고객이 불만을 느낀 상황에 대해 관심과 공감을 보이며, 문제의 빠른 해결을 약속한다.
- 5단계 '정보 파악': 문제 해결을 위해 꼭 필요한 질문만 하여 정보를 얻으며, 최선의 해결 방법을 찾기 어려운 경우 고객이 원하는 것이 무엇인지 확인한다.
- 6단계 '신속 처리': 잘못된 부분을 신속하게 시정한다.

- 7단계 '처리 확인과 사과': 불만 처리 후 고객에게 처리 결과에 대한 만족도를 확인한다.
- 8단계 '피드백': 고객 불만 사례를 회사 및 전 직원에게 공유하여 동일한 문제가 재발생하지 않도록 한다.

033
정답 ③

유형 리더십능력 　상·**중**·하

대인 차원에서의 임파워먼트 장애 요인은 다른 사람과의 성실성 결여, 약속 불이행, 성과를 제한하는 조직의 규범, 갈등 처리능력 부족, 승패의 태도 등이 있다. B사원과 C사원 사이에 갈등이 있는 상황에서 D팀장이 두 사람의 갈등을 해결하지 못하고 있으므로 '대인 차원'에서의 임파워먼트 장애 요인에 해당한다.

| 오답풀이 |
㉠ 주어진 일을 해내는 역량이 결여된 것은 '개인 차원'에서의 임파워먼트 장애 요인에 해당한다.
㉡ '관리 차원'에서의 임파워먼트 장애 요인에 해당한다.
㉢ '조직 차원'에서의 임파워먼트 장애 요인에 해당한다.
㉣ '개인 차원'에서의 임파워먼트 장애 요인에 해당한다.

034
정답 ①

유형 협상능력 　상·**중**·하

[가] P사는 제품의 개당 단가 인상액을 1,000원에서 500원으로 양보하였고, B사는 제품의 개당 단가 인상액을 낮추는 대신 P사에 연구 장비를 지원하기로 하였으므로 상호 협력을 통해 해결점을 도출하는 '협력전략'에 해당한다.
[나] B사는 P사가 제시한 핵심 부품 가격의 인상을 장기적인 이익을 위해 수용하고 있으므로 상대방이 제시하는 것을 일방적으로 수용하여 협상의 가능성을 높이는 '유화전략'에 해당한다.
[다] P사는 신제품에 관심을 보이지 않는 거래처 B사와의 신제품 협상을 포기하였으므로 협상을 피하거나 잠정적으로 중단하거나 철수하는 '회피전략'에 해당한다.

035
정답 ②

유형 정보처리능력 　상·중·**하**

1회차와 3회차에서는 모두 ●만 출력되고, 2회차에서는 'n'과 'N'이 서로 대·소문자만 다른데, 알파벳은 대·소문자를 구분하지 않으므로 ○●●○●●가 출력된다. 따라서 ○는 2회 출력된다.

036
정답 ⑤

유형 정보처리능력 　상·중·**하**

1회차에서 실제 비밀번호의 첫째 자리가 6, 2회차에서 둘째 자리가 U 또는 u, 3회차에서 셋째 자리가 7이라는 것을 알 수 있다. 따라서 실제 비밀번호는 6u7이다.

037
정답 ③

유형 정보처리능력 　상·중·**하**

서울을 기준으로 지방으로 가는 하행선 열차는 홀수 번호, 상행선은 짝수 번호를 끝 번호로 사용한다고 하였으므로 끝 번호가 짝수인 2304는 상행선, 홀수인 2305는 하행선이 된다.

| 오답풀이 |
① 모든 열차는 왕복 운행을 할 것이므로 경우에 따라 상행선과 하행선 모두에 해당될 수 있다. 따라서 고유번호 하나만 부여되는 것은 아니다.
② 영업을 위해 기지에서 출고되는 모든 열차의 열차번호는 H(여객) 또는 L(화물)로 시작된다.
④ 열차번호만으로 종착역을 알 수 없다.
⑤ 열차번호만으로 여객열차인지 화물열차인지 또는 고속열차인지 일반열차인지를 알 수 있다.

038

유형 정보처리능력　　　(상)(중)-(하)

주어진 열차 구매 정보의 날짜가 주말인 점에 유의해야 한다. 주말에 운행되는 경부선 KTX에는 201~222번이 별도로 부여되며, ④의 출발지가 부산, 도착지가 서울이므로 상행선이 되어 마지막 열차번호는 짝수가 되어야 한다. 따라서 KTX 204는 올바른 열차번호이다.

| 오답풀이 |

① 하행선이므로 끝 번호가 홀수인 것은 맞으나, 주말이므로 153은 올바르지 않은 번호이다.

② 상행선이므로 끝 번호가 짝수여야 한다.

③ 하행선이므로 끝 번호가 홀수여야 한다.

⑤ 하행선이므로 끝 번호가 홀수여야 한다.

039

정답 ⑤

유형 정보처리능력　　　(상)(중)-(하)

주어진 자료에서 노선을 구분할 수는 없으므로 경부선, 호남선 등의 노선이 맞는지는 알 수 없으며 차종으로만 구분할 수 있다. 따라서 ITX-청춘호는 2001~2500번에 해당하므로 선택지 ⑤가 올바른 것을 알 수 있다.

| 오답풀이 |

① 152~162: KTX

② 1201~1300: 누리로

③ 1121~1130: 무궁화호

④ 1450~1550: 누리로

040

정답 ④

유형 컴퓨터활용능력　　　(상)(중)-(하)

VLOOKUP 함수는 '=VLOOKUP(찾을 값, 범위, 열 번호)'의 수식을 입력한다. '민윤기'라는 이름이 G2 셀에 입력되어 있으므로 찾을 값은 G2가 된다. 총 일련번호가 500까지라고 하였으므로 주어진 정보의 전체 셀 번호는 501까지 기재되어 있어, 범위는 B1:E501이 된다. 민윤기 씨의 지역을 찾아 드래그하여 권상규 씨의 지역도 찾아야 하므로 절댓값 기호 '$'를 추가해야 한다. 또한 지정된 범위 내에서 '지역'을 나타내는 정보는 세 번째 열에 있으므로 열 번호는 3이 된다. 따라서 입력해야 할 수식

은 '=VLOOKUP(G2,$B$1:$E$501,3)'이다.

 NCS 문제풀이 TIP

단순히 엑셀 함수식을 외워서 푸는 것이 아닌 주어진 상황에 맞는 함수식을 찾아야 하는 유형이다. 각 성분에 들어가야 하는 항목이 무엇인지도 중요하지만 $(절대참조)에 대한 이해도 필요하다.

041

정답 ④

유형 컴퓨터활용능력　　　(상)(중)-(하)

RANK 함수는 지정된 조건에 맞는 순위를 가리는 함수이다. 수식은 '=RANK(해당 수치, 범위, 순위 방법)'으로 입력한다. 나이가 적은 순이므로 '나이' 필드의 값이 가장 적은 사람이 가장 먼저 정렬되어야 한다. 따라서 오름차순으로 정렬되어야 한다는 것을 알 수 있다. 엄진호 씨의 나이는 C2 셀에 입력되어 있으므로 해당 수치는 C2가 된다. 범위는 나이가 입력된 모든 셀이 되어야 하므로 C2:C11이 되고, 입력 방법은 오름차순이므로 1이 된다.(단, 내림차순의 경우 0이 된다.) 따라서 엄진호 씨의 순위란에 입력해야 할 수식은 '=RANK(C2,C2:C11,1)'이다.

 NCS 문제풀이 TIP

컴퓨터활용능력 문제는 엑셀 시트를 주고 그에 적합한 단축키나 엑셀 함수를 고르는 문제가 자주 출제된다. 간단한 엑셀 함수에는 통계함수, 논리함수, 문자열함수, 날짜/시간함수, 찾기와 참조함수, 데이터베이스함수 등이 있다. 가장 많이 쓰이는 함수 중심으로 미리 숙지하며, 함수명뿐만 아니라 괄호 안의 식을 어떻게 써야 하는지도 알고 있어야 한다.

042

정답 ⑤

유형 기술이해능력　　　(상)(중)-(하)

S교통공사는 고객들의 교통 카드 데이터, 객차에 부착된 무게 감지 사물 인터넷(IoT) 센서, 열차 운행·편성 정보 등을 활용해 지하철 혼잡도 개선을 위한 노력을 해오고 있으나, 객차 내 정확한 인원 산출 및 객차 외에 플랫폼, 지하 환승 통로 등의 혼잡도 분석에는 어려움을 겪고 있는 실정이다. 그러므로 S교통공사의 교통 카드

이용 데이터, 전동차의 하중 센서 데이터를 A통신사가 보유한 데이터와 연계하여 활용하는 방안을 기대할 수 있다. 또한 지하철에서 사고가 발생할 경우 사고 지역 인근에 있는 고객에게 즉시 알림 문자를 보내는 서비스나, 5G 등 무선 통신을 활용해 지하철 이용 시 플랫폼 출입 절차를 간소화하는 방안도 모색할 수 있을 것이며, 이를 통해 열차 운행 관리의 효율성을 높이고 승객들의 안전도 확보할 수 있을 것이다.

⑤ S교통공사와 A통신사의 빅 데이터 기술을 활용하여 열차 제동 장치를 개선하고 궤도 이탈을 방지할 수 있는지는 알 수 없으므로 적절하지 않다.

043
정답 ②

유형 체제이해능력
상 **중** 하

운영 목표는 공식 목표를 이루기 위한 수단으로 쓰이는 것이므로 운영 목표에 의해 공식 목표가 수정된다는 것은 옳지 않은 설명이다. 기업의 공식 목표를 달성하기 위하여 전략이나 과제 등의 운영 목표가 수정되는 것이다.

| 오답풀이 |
① 공식 목표는 추상적인 데 반해, 운영 목표는 구체적이며 업무 활동의 내역이 반영된다.
③ 바람직한 미래의 도달 상태에 대한 방향과 지침을 제공하는 것이 조직 목표이다.
④ 주어진 글에서 조직 목표는 구성원들과 이해자 집단의 이익의 최대공약수인 모두의 이익을 대변해야 한다고 하였으므로 옳은 설명이다.
⑤ 비전에는 조직의 사명이 담겨 있으므로 공식 목표에 해당된다.

 NCS 문제풀이 TIP
제시문 파악형 문제로, 제시문에 제시된 조직 목표에 대한 설명과 선택지의 내용을 일치시켜 가며 정답을 찾도록 한다.

044
정답 ③

유형 체제이해능력
상 **중** 하

A. 산업 재해 발생률을 지속 감소 → 6) 안전한 철도 운행
B. 비용 절감 → 5) 수익구조 개선
C. 문화 공간 확충 → 4) 시민의 편의와 복지 제공
D. 원활한 의사소통, 즐거운 업무 분위기 조성 → 2) 활

기찬 조직 문화 창출
E. 페이러리스(paperless) 업무 회의 유도 → 1) 미래 사회에 대한 적극적인 대비
F. 지역 고용 창출에 이바지 → 3) 지역사회 공헌

 NCS 문제풀이 TIP
운영 목표에는 업무 활동의 내역이 반영되므로, 각각의 업무 활동과 가장 관련 있는 운영 목표를 연결짓도록 한다.

045
정답 ⑤

유형 체제이해능력
상 — **중** — 하

조직문화의 순기능과 역기능은 다음과 같다.
• 순기능
  − 다른 조직과 구별되는 정체성을 제공함
  − 집단적 몰입을 통해 시너지를 만듦
  − 구성원에게 행동지침을 제공하여 조직체계의 안정성을 높임
  − 집단구성원을 사회화시키고 학습의 도구가 됨
• 역기능
  − 지나칠 경우, 환경변화에 신속한 대응을 저해하고 변화에 대한 저항을 낳을 수 있음
  − 외부 집단에 필요 이상의 배타성을 보일 수 있음
  − 새로 진입한 구성원의 적응에 장애물이 될 수 있음
  − 구성원의 창의적 사고를 막고 다양성의 장애요인이 될 수 있음

046
정답 ④

유형 경영이해능력
상 — **중** — 하

공유가치창출, 즉 CSV는 기업의 사회적 책임인 CSR과 혼동될 수 있는데, 기업의 사회공헌활동은 활동 목적이 기업의 평판 및 이미지 관리에 집중이 되고 기업의 지속가능성에 영향을 주는 핵심 비즈니스와는 연관성이 적다. 그리고 할당된 CSR 예산 내에서 비용이 집행되기 때문에 기업이 어려워지거나 비용절감을 해야 할 상황에서는 얼마든지 CSR 예산이 줄어들 가능성이 있다. 반면 공유가치창출은 핵심역량을 기반으로 하기 때문에 기업의 수익성과 경쟁력에 필수적으로 연관이 될 수밖

에 없다. ④와 같은 활동은 S사의 기업 이윤 추구와 직접적인 연관성이 적은 활동이다.

| 오답풀이 |

①, ②, ③, ⑤의 활동은 모두 간접 광고나 인프라 구축 등을 통해 자사의 수익성이나 생산성 제고에 직접적인 기여를 할 수 있는 사회 활동이라는 점에서 CSV 활동으로 볼 수 있다.

047
정답 ②

유형 근로윤리 상─중─하

주어진 기사를 통해 알 수 있는 근로윤리(ㄱ)는 '근면'이다. 한국인의 이미지에 대한 조사에 의하면, '근면'과 '일 중독'이 한국인의 대표적인 생활 양식과 노동 양식의 이미지로 나타나는데, 이를 통해 근면은 한국사회 내부의 긍정적 측면과 부정적 측면을 함께 반영하고 있음을 알 수 있다.

| 오답풀이 |

① 근면은 고난을 극복하기 위해 금전과 시간, 에너지를 사용할 수 있도록 준비하는 것이다.
③ 일하는 양보다 일의 질이 중요한 시대에 양 중심 사고가 지식 사회 적응에 발목을 잡을 수도 있으므로, 앞으로의 근면은 조직이나 타인 등 외부로부터 요구되는 일과 노동을 수행하기 위한 근면보다는 개인의 성장과 자아의 확립, 나아가 행복하고 자유로운 삶을 살기 위한 근면으로 구현될 필요가 있다.
④ A대리는 개인의 경제적 문제로 일을 열심히 할 수밖에 없었다고 하였으므로 '외부로부터 강요당한 근면', B사원은 자신의 꿈을 위해 자발적으로 열심히 일하고 있으므로 '자진해서 하는 근면'으로 볼 수 있으므로 그 종류가 다르다.
⑤ 근면은 장기적이고 지속적인 행위 과정으로 인내를 요구하는데, 즉 현실에 안주하지 않고 새로운 목표를 설정하면서 길러진다.

048
정답 ②

유형 직업윤리 상─중─하

B사원은 항상 고객이 중심이라는 점을 망각하고 고객을 무시하는 발언을 하였으므로 고객에 대한 봉사를 최우선으로 생각하고 현장 중심으로 일하는 '고객 중심의 원칙'이 부족했다고 볼 수 있다.

| 오답풀이 |

① 객관성의 원칙: 업무의 공공성을 바탕으로 공사 구분을 명확히 하고 모든 것을 숨김없이 투명하게 처리하는 원칙
③ 공정경쟁의 원칙: 법규를 준수하고 경쟁 원리에 따라 공정하게 행동하는 원칙
④ 정직과 신용의 원칙: 업무와 관련된 모든 것을 정직하게 수행하고 약속을 지켜 신뢰를 유지하는 원칙

 NCS 문제풀이 TIP

직업 환경의 특성상 모든 직업에 공통으로 요구되는 윤리 원칙을 직업윤리의 기본 원칙이라고 한다. 제시된 사례에서 B사원이 항의를 받게 된 원인을 확인하여 답을 찾는다.

049
정답 ⑤

유형 공동체윤리 상─중─하

모든 결과는 나의 선택으로 말미암아 일어난 것임을 인식하는 태도는 '책임'을 의미하는 말이다.

 NCS 문제풀이 TIP

봉사의 사전적 의미는 나라나 사회 또는 남을 위하여 자신의 이해를 돌보지 아니하고 몸과 마음을 다하여 일하는 것을 의미한다. 현대 사회의 직업인에게 봉사란 자신보다는 고객의 가치를 최우선으로 하고 있는 서비스 개념인 것이다.
회사는 항상 고객의 입장에서 고객이 필요로 하는 것이 무엇이며, 고객이 만족하는 품질 수준은 무엇인가를 생각하고, 체계적인 노력을 기울여 좋은 설계, 철저한 생산관리, 만족스러운 서비스를 제공하기 위하여 모든 역량을 발휘하도록 노력해야 한다.

050
정답 ③

유형 공동체윤리 상─중─하

ⓐ 정당한 이유 없이 의사 결정 과정에서 배제시키는 집단 따돌림에 해당한다.
ⓑ 직급이 낮더라도 직장 내 실세라면 직장 내 괴롭힘에 해당한다.

| 오답풀이 |

ⓒ 상습적으로 지각하는 행위는 본인이 회사의 규칙을 어긴 것으로 제재의 원인이 된다. 한 달 치의 출근 시간을 따로 기록해 둔 것 역시 효과적인 제재를 가하기 위한 정당한 방법이라고 볼 수 있어 직장 내 괴롭힘에 해당하지 않는다.

② 업무 지시를 단순히 반복한다고 해서 적정 범위를 넘었다고
보기 어렵다.
⑩ 반복적이지 않고 일회성 주의일 경우 직장 내 괴롭힘에 해당
하지 않는다.

NCS 기출복원 300제

의사소통능력								본문 62~121쪽	
051	③	052	②	053	④	054	④	055	③
056	③	057	③	058	④	059	⑤	060	②
061	③	062	③	063	④	064	④	065	⑤
066	⑤	067	①	068	③	069	①	070	④
071	⑤	072	③	073	①	074	④	075	③
076	③	077	①	078	①	079	②	080	③
081	①	082	③	083	③	084	③	085	①
086	③	087	⑤	088	⑤	089	①	090	②
091	③	092	②	093	③	094	③	095	①
096	②	097	③	098	④	099	⑤	100	④
101	④	102	③	103	②	104	③	105	③
106	③	107	③	108	⑤	109	③	110	④

051

정답 ③

유형 문서작성능력

각 선택지를 실질 형태소와 형식 형태소로 분석하면 다
음과 같다.
① 오늘(실질)/은(형식)/날씨(실질)/가(형식)/무척(실
질)/덥-(실질)/-다(형식)
② 숲(실질)/속(실질)/에(형식)/소나무(실질)/가(형식)/
울창(실질)/하-(형식)/-다(형식)
③ 엄마(실질)/가(형식)/나(실질)/에게(형식)/선물(실
질)/을(형식)/사(실질)/주-(실질)/-시-(형식)/-
었-(형식)/-다(형식)
④ 동생(실질)/이(형식)/나(실질)/몰래(실질)/막대(실
질)/사탕(실질)/을(형식)/먹(실질)/-었-(형식)/-다
(형식)
⑤ 어제(실질)/는(형식)/하루(실질)/종일(실질)/가랑비
(실질)/가(형식)/내리(실질)/-었-(형식)/-다(형식)
따라서 형식 형태소의 개수가 가장 많은 문장은 ③이다.

052

정답 ②

유형 문서작성능력　　상·중·**하**

'지금 바로'를 뜻하는 '금세'는 '금시에'가 줄어든 말이다. '금새'로 잘못 표기하는 경우가 많다.

| 오답풀이 |

① '곪아서 고름이 생긴 상처나 종기 따위에서 병원균이나 독소가 계속 혈관으로 들어가 순환하여 심한 중독 증상이나 급성 염증을 일으키는 병'을 뜻하는 말은 '패혈증(敗血症)'이다.

③ '그달의 몇째 되는 날' 또는 '몇 날'을 뜻하는 말은 '며칠'이 어법상 올바른 표기이다. 우리말에서 '몇 일'로 적는 경우는 없으며 항상 '며칠'로 적는다.

④ 문맥상 '눈에 보이다.'를 뜻하는 말은 '뜨이다'로, '뜨이다'의 준말인 '띄다'가 올바른 표기이다.

- 띄다: '뜨이다(눈에 보이다. / 남보다 훨씬 두드러지다. / 청각의 신경이 긴장되다.)'의 준말
- 띠다: 물건을 몸에 지니다. / 용무나, 직책, 사명 따위를 지니다. / 빛깔이나 색채 따위를 가지다. / 감정이나 기운 따위를 나타내다. / 어떤 성질을 가지다.

⑤ '하나씩 하나씩. / 한 사람씩 한 사람씩. / 이것저것 자세히. 또는 꼬박꼬박 세심한 정성을 들여. / 여러 가지 조건에 그때그때마다.'를 뜻하는 말은 '일일이'가 올바른 표기이다.

053

정답 ④

유형 문서이해능력　　**상**·중·하

4문단에서 하버드대학 연구팀이 스트레스를 긍정적으로 받아들이게 가르친 일부 참가자들에게는 심혈관 질환을 부를 수도 있는 혈관 수축 반응이 나타나지 않았다고 하였으며, 마지막 문단에서 스트레스는 같은 내용이라도 수용하는 자세에 따라 다른 결과를 부른다고 하였으므로 적절하다.

| 오답풀이 |

① 3문단에서 스트레스는 두뇌의 힘을 증가시키는 데 도움을 주고, 낮은 수준의 스트레스는 생산성과 집중력을 높이는 데 도움을 주는 메커니즘과 유사하며 적당한 스트레스는 면역력을 증대하는 효과가 있다고 하였다. 또한, 낮은 수준의 스트레스에 반복 노출됨으로써 더 큰 스트레스 상황에 대처할 수 있는 능력이 배양된다고 하였다. 즉, 스트레스가 부정적 영향만 주는 것은 아님을 알 수 있다.

② 3문단에서 낮은 수준의 스트레스 요인은 신경트로핀이라 불리는 뇌 화학물질의 생성을 자극하고, 뇌의 뉴런 사이의 연결

을 강화한다고 하였다. 즉, 스트레스가 뉴런 생성을 유도하는 것이 아니라 뉴런 사이의 연결을 강화하는 것이므로 적절하지 않다.

③ 3문단에서 스트레스를 느낀 신체는 부상이나 감염의 위협을 느끼고 이를 대비하는 여분의 인터루킨을 분비하는데 이 분비물이 일시적으로 면역력을 강화한다고 하였다. 즉, 지속적으로 면역력을 증대시키는 것이 아니라 일시적으로 면역력을 증대시키는 것이므로 적절하지 않다.

⑤ 3문단에서 낮은 수준의 스트레스에 반복적으로 노출됨으로써 더 큰 스트레스 상황에 대처할 수 있는 능력이 배양된다는 주장은 상식적으로도 충분히 이해할 수 있다고 하였다. 즉, 높은 수준의 스트레스가 아닌 낮은 수준의 스트레스에 반복적으로 노출될 경우 상황 대처 능력이 향상되는 것이므로 적절하지 않다.

054

정답 ④

유형 문서이해능력　　상·**중**·하

먼저 전 연령층에 걸쳐 건강에 대한 관심이 확대되고 있음을 언급하고, 개인의 선택에 따른 라이프 스타일 — 환경 — 유전정보 간의 결합이 건강을 결정하는 주요 인자임을 설명하며 흥미를 유발하고 있는 [마]가 첫 문단에 오는 것이 적절하다.

[나]는 첫 문장에 성장기와 성인기의 식이습관 역시 후성유전학적 변화를 유발하는 주요 원인으로 작용한다고 하였다는 점에서 앞에 후성유전학적 변화를 유발하는 다른 요인이 제시되어야 하므로 첫 문단으로 올 수 없다.

[마] 뒤에는 인간유전체해독사업의 완성으로 사람을 비롯한 여러 동물, 식물, 미생물의 염기서열구조가 낱낱이 밝혀지고 있다고 설명하며, 유전체와 건강정보를 기반으로 하는 영양유전체학의 연구방향을 영양소와 유전체의 관계, 영양유전학으로 구분하여 소개하는 [라]가 오는 것이 적절하다.

그리고 [라]의 음식, 즉 영양소와 유전체의 상호작용에 대한 내용을 영양후성유전학과 연결지어 음식이 DNA에 영향을 미치는 증거로서 아구티 생쥐 실험의 사례를 제시한 [가]가 이어진다.

[가]의 뒤에는 후성유전학적 변화를 유발하는 또 다른 원인인 성장기와 성인기의 식이습관에 대해 설명하는 [나]가 적절하다.

마지막으로 후성적으로 유전자의 기능에 영향을 미치는 식품의 종류를 언급하고, 후성유전학 데이터를 통해 미

래에 예측되는 건강지표에 맞는 개인 맞춤형 영양소와 맞춤식단이 필요하다고 주장하는 [다]로 글을 마무리하는 것이 자연스럽다.

따라서 [마] – [라] – [가] – [나] – [다] 순으로 배열하는 것이 적절하다.

055

유형 문서이해능력　　　

주어진 글의 빈칸에 들어갈 내용을 순서대로 바르게 배열하면 ⓒ – ② – ⑩ – ⓒ – ③이다.

- 1문단의 빈칸 앞에서는 역사란 인간 사회의 지난날에 일어난 사실 자체 혹은 이를 적어둔 기록이라고 하였고, 빈칸 뒤에서는 김 총각과 박 처녀가 결혼한 사실은 역사가 될 수 없고, 한글 창제의 사실이나 임진왜란 등은 역사가 된다고 하였으므로 빈칸에는 지난날 인간 사회에서 발생한 모든 사실이 모두 역사가 되는 것은 아니라는 ⓒ이 들어가야 한다.
- 2문단의 빈칸 앞에서 주기적으로 일어나는 일식과 월식은 하늘이 인간 세계의 부조리를 경고하는 것이라 여겨 역사가 되었던 반면 세계에서 가장 먼저 발명된 금속 활자는 그 중요성이 인식되지 않아 역사가 될 수 없었다고 하였으므로 빈칸에는 역사란 결국 누군가에 의해 중요한 일이라고 여겨 뽑힌 것이라 할 수 있다는 ②이 들어가야 한다.
- 3문단의 빈칸 앞에서 역사는 기록해 둘 만한 중요한 사실이 무엇인지, 그리고 기록해 둘 만한 사실을 가려내는 사람의 생각과 처지에 대한 문제가 있다고 하였으므로 빈칸에는 참고가 될 만한 일과 될 만하지 않은 일을 가려내는 일은 사람에 따라, 시대에 따라 다를 수 있다는 ⑩이 들어가야 한다.
- 4문단의 빈칸 앞에서는 역사로 남는 것은 후세에 참고가 될 만하여 뜻이 점점 높아지고 확대되는 사실이라고 하였고, 빈칸 뒤에서는 동학란에서 동학 혁명으로 불린 전봉준의 행동, 상감청자의 제작법 등을 예로 들고 있으므로 빈칸에는 경우에 따라서 뜻이 높아지고 확대될 뿐만 아니라 전혀 다른 뜻으로 해석되는 역사도 많다는 ⓒ이 들어가야 한다.
- 마지막 문단의 빈칸 뒤에서 인간의 역사는 일정한 방향으로 변화한다고 하였으므로 역사가 변한다는 것은 진리로 생각되고 있다는 ③이 들어가야 한다.

056

유형 문서작성능력　　　

ⓒ이 포함된 문장에서 ○○철도는 중국철도와 교류 정례화, 국제기구 활동협력, 교육과정 운영 등 실무와 관계된 교류방안에도 뜻을 모았다고 하였으므로 맥락상 ⓒ에는 '실무적(實務的)'이 들어가는 것이 적절하다.

- 피상적(皮相的): 본질적인 현상은 추구하지 아니하고 겉으로 드러나 보이는 현상에만 관계하는 것

| 오답풀이 |

① 기술적(技術的): 기술에 관계가 있거나 기술에 의한 것

② 정례화(定例化): 규칙적이지 않았던 일이 규칙적인 일로 됨 또는 그렇게 함

④ 친환경적(親環境的): 자연환경을 오염하지 않고 자연 그대로의 환경과 잘 어울리는 것

⑤ 중장기적(中長期的): 중기와 장기를 아우르는 말로, 중간 정도 기간에서 오랜 기간에 걸치는 것

057

유형 문서이해능력　　　

중장년층 사무직 종사자들의 스마트 리터러시와 의사소통능력의 관계 연구에 대한 글로, 연구의 장애 요인에 대한 내용은 제시되어 있지 않다.

| 오답풀이 |

① 2문단에 따르면 의사소통능력과 스마트 리터러시와의 관계로 인한 연구의 의의가 드러난다.

② 2문단과 3문단의 내용을 통해 스마트 리터러시와 의사소통능력에 대한 선행 요인을 분석하고 연구하고 있음이 나타나고 있다.

④ 4문단에서 연구의 목적을 설명하고 있다.

⑤ 마지막 문단을 통해 연구 대상을 선정하고 두 변인 간의 인과적 관계와 종단 연구의 방법에 대해 설명하고 있다.

058

유형 문서이해능력　　　

주어진 글은 20~30대 근로자에 비해 테크놀로지 활용 기술이 부족한 중장년층 근로자의 스마트 리터러시와 의사소통능력 사이의 종단적 상호 관계를 규명하는 것이 목적이다. 따라서 20~30대 근로자의 개인차를 목적

으로 한 문제 설정은 적절하지 않다.

| 오답풀이 |

중장년층 근로자의 스마트 리터러시와 의사소통능력에 대한 연구이므로,

① 이전 시점의 스마트 리터러시와 이후 시점의 스마트 리터러시 간의 유의미한 영향이 의사소통능력에도 적용되는지에 대한 연구 문제 설정이 필요하다.

②, ③, ⑤ 두 변인이 상호 간에 미치는 영향에 대한 문제 설정이 필요하다.

059 · 정답 ⑤

유형 문서작성능력 　　　　　 상-중-(하)

조사를 제외한 각 단어는 띄어 쓰는 것이 원칙이므로 '될 수 있는'으로 쓰는 것이 옳다.

| 오답풀이 |

① ㉠의 앞에 '활동 반경'이라는 말과 호응하기 위해서는 '넓이'와 관련된 '늘려주다'가 옳은 표현이다.

② '지'는 '어떤 일이 있었던 때로부터 지금까지의 동안'을 나타내는 의존명사일 때만 띄어 쓰고 그 외에는 붙여 쓴다. 어미의 경우 붙여 써야 하므로, ㉡은 붙여 쓴다.

③ '반면'의 역접의 의미를 가진 접속어이다. 주어진 글에서는 강조의 의미로 사용되었으므로 '특히'가 적절하다.

④ 변인은 '연구에서 관심을 갖고 있는 현상과 관련된 자료의 속성이나 특징. 변수라고도 함'을 의미하고, 변이는 '같은 종에서 성별, 나이와 관계없이 모양과 성질이 다른 개체가 존재하는 현상'을 의미한다.

060 · 정답 ②

유형 문서이해능력 　　　　　 상-중-(하)

1문단에서 신종 감염병의 약 75%는 동물과 사람 간에 전파되는 병원체에 의해 발생하는 인수공통감염병이고, 바이러스의 저수지 구실을 하는 박쥐에서 비롯된 감염병이 늘어날 것이란 전망이 많다고 하였을 뿐, 신종 감염병의 약 75%가 박쥐로부터 전파된 인수공통감염병인지는 알 수 없으므로 적절하지 않다.

| 오답풀이 |

① 4문단에서 비행 스트레스가 쌓이면 세포 안에 손상된 DNA 조각이 생기는데, 일반적인 포유류라면 이를 외부에서 침입한 병원체로 간주하여 염증이 생기는 등의 면역 반응을 일으킨다고 하였으므로 적절하다.

③ 3문단에서 날아가는 박쥐의 높은 체온이 다른 포유류가 감염 시 보이는 발열 반응과 유사하기 때문에 박쥐가 병에 걸리지 않고 다수의 바이러스를 보유할 수 있다고 하였으므로 적절하다.

④ 2문단에서 멕시코꼬리박쥐는 서식지 한 곳에 100만 마리의 큰 무리를 이루곤 하는데, 밀도가 $1m^2$당 300마리에 이른다고 하였으므로 적절하다.

⑤ 5문단에서 박쥐는 면역체계의 과잉 반응과 바이러스의 악영향을 동시에 누르는 균형을 절묘하게 잡는다고 하였으므로 적절하다.

NCS 문제풀이 *TIP*

제시문의 길이가 길지만 보편적인 세부 내용 파악 유형의 문제이므로 문제 풀이 훈련이 충분이 되어 있다면 빠르게 답을 찾을 수 있는 문제이다. 선택지를 먼저 읽으며 키워드를 정리하고, 제시문에서 관련 내용을 찾아 옳고 그름을 판별하는 방식으로 문제를 푼다.

061 · 정답 ③

유형 문서이해능력 　　　　　 상-(중)-하

1990년 서울의 인구는 1,000만 명을 넘기면서 인구 피크를 기록했다. 그 후 수도권 신도시 개발로 인구가 유출되면서 1995년 처음으로 인구 감소세를 보였다. 하지만 구체적인 인구수는 언급하지 않았으므로 서울의 인구수가 1,000만 명 이하로 떨어졌는지는 확인할 수 없다. 따라서 1990년대 도시로서의 서울의 변화를 언급할 때 '1,000만 서울 붕괴'와 같은 부정확한 표현은 적절하지 않다.

| 오답풀이 |

① 1960년대 서울은 경제 성장 및 농촌 인구의 대량 유입, 산업화에 따른 취업자 비중 증가 등으로 인구 집중이 심화되며 급속하게 도시가 확장되어 여러 문제가 발생하기 시작하였다. 따라서 1960년대 도시로서의 서울의 변화는 '인구 집중으로 인한 급속한 도시의 확장, 산업화'로 요약할 수 있다.

② 1970년대에는 서울의 인구가 지속적으로 팽창하자 도심 내 인구 집중을 억제할 수 있는 정책 등을 실시하였고, 강북 지역에 집중된 인구를 분산하기 위해 강남 개발을 시작하였다. 따라서 1970년대 도시로서의 서울의 변화는 '도심 집중 억제, 강남 개발 촉진'으로 요약할 수 있다.

④ 2000년대 서울은 그동안 급속하게 진행되어 온 산업화, 도시화로 인한 여러 문제들을 해결하고자 지역 균형 발전을 추구하였고, 고도 성장 시대의 반성으로 공공 공간을 재편하여 시민의 품으로 되돌리려는 노력을 했다. 따라서 2000년대 도시

로서의 서울의 변화는 '균형 발전, 치유와 회복의 시대'로 요약할 수 있다.

⑤ 2010년대 서울은 대규모 주택 개발 방식에서 벗어나 거주자와 주거 복지 중심의 소규모 정비 사업을 추진하고, 시민의 삶의 질과 행복을 중심 가치에 두고 도시 사업을 진행하고 있다. 따라서 2010년대 도시로서의 서울의 변화는 '사람·공동체 중심으로 패러다임 전환'으로 요약할 수 있다.

062 정답 ③

유형 문서이해능력

많은 나라들이 수소 에너지와 이를 활용한 연료 전지에 주목하고 있는 것은 수소가 지속 가능한 에너지인 데다 유해 물질을 발생시키지 않으면서도 효율이 높기 때문이라고 볼 수 있으므로 적절한 설명이다.

| 오답풀이 |

① 연료 전지는 효율이 높아 에너지 절감 효과가 크며, 연료 전지의 발전 효율은 내연 기관보다 우수하다고 하였다.

② 우리나라는 수소 활용 부문에서 경쟁력을 확보했지만 수소 생산, 저장, 운송 분야에서 충전소와 같은 인프라는 주요국 대비 부족하다고 하였다.

④ 수소가 여러 산업 현장에서 수십 년간 사용해 온 가스로 이미 안전 관리 기술력이 축적되어 있다는 것을 알 수 있지만, 주어진 내용만으로는 수소 누출 후의 위험성에 대해 확인할 수 없다.

⑤ 연료 전지는 중앙 집중적 전력 생산을 분산형 구조로 바꿀 수 있는 기술로 평가되고 있다.

063 정답 ④

유형 문서이해능력

2문단에서 단백질에 열을 가하면 소수성 사슬은 소수성 사슬끼리 결합하려는 성질을 띤다고 하였으므로 소수성 사슬과 친수성 사슬이 서로 결합하려는 성질을 띤다는 추론은 적절하지 않다.

| 오답풀이 |

① 2문단에서 단백질에 열을 가하면 단단한 고체로 변하고, 젤 형태의 반고체만 되어도 반사되는 빛이 많아져 불투명한 상태가 된다고 했다. 불투명한 상태라는 것은 결국 흰색으로 보이는 것을 의미하므로 단백질에 열이 가해져서 흰색으로 보이는 것은 고체화 현상과 관련 있다는 추론은 적절하다.

② 마지막 문단에서 달걀 껍데기의 두께가 균일하지 못한 경우에

는 온도 증가에 따라 팽창 정도가 달라지므로 껍데기가 깨질 수 있다고 언급되어 있다.

③ 1문단에서 달걀 흰자위는 90%가 물로 되어 있다고 했고, 3문단에서 거의 물로 이루어진 흰자위에는 지용성 물질이 녹아 있기 힘들다고 언급되어 있다. 따라서 달걀 흰자위에 비타민 A가 들어있지 않은 이유는 지용성 비타민이기 때문이라는 추론은 적절하다.

⑤ 2문단에서 오발부민도 다른 단백질과 마찬가지로 온도, pH 변화에 따라 변성이 된다고 나와 있는데, 이를 통해 단백질은 대부분 온도, pH 변화에 따라 변성이 생김을 추론할 수 있다. 따라서 노른자위에 있는 단백질도 마찬가지이다.

064 정답 ④

유형 문서이해능력

치안 불안을 해소하기 위한 CCTV 설치는 공유자원의 시장실패를 막을 수 있는 예방책과는 거리가 멀다. 치안은 공유자원과 상관없는 개념이다.

| 오답풀이 |

①, ⑤ 야생동물과 바닷속 물고기는 모두 공유자원에 속한다. 따라서 이를 보호하기 위해 수렵지역을 한정하거나 싹쓸이 어업을 방지하기 위해 저인망그물 사용을 제한하는 것은 공유자원 시장실패를 예방하기 위한 방법 중의 하나이다.

② 무료도로는 배제성이 없고, 많은 사람이 도로를 사용하여 혼잡해지면 도로의 역할을 제대로 하지 못하게 되므로 일종의 공유자원이라 볼 수 있다. 따라서 이를 보호하기 위해 세금이나 징법적 사용료를 부과하는 방법을 사용할 수 있다. 자동차를 이용하는 운전자에게 혼잡 비용을 부과함으로써 일부 운전자들은 이를 피하기 위해 대중교통을 이용하게 되면서 도로 혼잡을 줄일 수 있다.

③ 허가권이나 배출권 제도를 통해 공유자원인 환경을 보호하는 방법이다. 정부가 각 기업에게 공평하게 온실가스 배출 허용량을 부과한 후, 허용량보다 적은 양의 온실가스를 배출하는 기업은 그 차이만큼 허가권을 돈을 받고 팔 수 있게 한다. 그러면 허용량보다 더 많은 온실가스를 배출해야 하는 기업은 허가권을 구매하여 온실가스를 배출할 수 있다. 결론적으로 기업은 돈을 아끼기 위해서 온실가스 배출을 줄이려 노력할 것이며, 정부는 온실가스 배출량을 통제할 수 있다.

065

유형 **문서이해능력** 상-**중**-하

주어진 글에서는 눈으로 볼 수 없는 영역을 거대하게 확
대하여 보여 주는 포토 매크로그래피에 대해 설명하고
있다. 밑줄 친 ㉠은 과학 사진이 가지고 있는, 사람들이
이전에 느껴 보지 못한 아름다움을 일컫는다.
⑤ 과학 사진의 아름다움에 과학의 발전을 한눈에 파악
할 수 있게 만드는 체계성이 포괄되는 것은 아니므로
가장 적절하지 않다.

NCS 문제풀이 TIP

우선 밑줄 친 ㉠이 있는 문단을 먼저 읽으며 ㉠이 무엇을 의
미하는지 파악해야 한다. 이후 주어진 글 전체를 읽으며 ㉠에
해당하는 단어를 표시해 놓고 선택지를 확인하면 정답을 찾
기 훨씬 수월해진다.

066

유형 **문서이해능력** 상-**중**-하

주어진 글의 필자는 역사상 천재들이 성공할 수 있었던
가장 핵심적인 이유는 선천적 능력이 아닌 후천적 노력
에 있다고 하였다. 따라서 지능, 체력, 예술성 등 유전
형질의 근원이 개인의 혈통과 깊은 관련이 있다는 연구
결과는 선천적 능력을 강조하는 내용이므로 가장 적절
하지 않다.

| 오답풀이 |

①, ②, ④ 천재는 선천적인 능력보다 후천적인 노력이 더 중요하
다는 논지를 강화하는 내용이므로 적절하다.
③ 차이콥스키가 어렸을 때 선천적으로 뛰어난 능력을 보이지 않
았으나 꾸준히 학습하여 25세에 첫 작품을 작곡하였다는 설
명은 후천적 노력을 강조하여 논지를 강화하는 내용이므로 적
절하다.

NCS 문제풀이 TIP

장문의 논지는 마지막 문단에 집중적으로 제시되어 있는 경
우가 많으므로 마지막 문단을 먼저 읽고 선택지를 확인하는
것도 문제 풀이 시간 단축에 도움이 된다. 논지를 강화/약화
하는 문제는 선택지에 논지 자체를 직접적으로 평가하는 내
용 외에 논지를 뒷받침하는 근거를 평가하는 내용이 제시되
기도 한다는 점을 염두에 두고 문제를 풀도록 한다.

067

유형 **문서이해능력** 상-**중**-하

민속 문화는 확인되지 않은 기원자를 통해, 잘 알려지지
않은 시기에, 미상의 발상지로부터 발생하는 반면, 대중
문화는 대부분이 선진국에서 발생한다. 하지만 대중문
화의 대부분이 선진국의 산물이라는 사실만으로 민속
문화가 후진국이나 개발도상국에서 발생한다고 볼 수는
없다. 따라서 민속 문화가 천천히 소규모로 확산되는 것
은 맞지만, 후진국이나 개발도상국에서 발생하는지는
알 수 없다.

| 오답풀이 |

② 2문단에서 민속 관습. 즉 민속 문화는 고립된 장소로부터 독립
적으로 기원한다는 점을, 마지막 문단에서 민속 문화는 개인
이나 소규모 집단의 이동을 통해 공유되고 확산된다는 점을
확인할 수 있다.
③ 마지막 문단에서 미국에서 오래된 가옥들은 지역 특유의 민속
문화 전통을 보여 주고, 지난 반세기 동안 지어진 가옥들은 대
중문화의 영향을 보여 준다고 하였다.
④ 3문단에서 오늘날 우리가 알고 있는 대중음악은 1900년경에
보드빌에서 시작되었으며, 음악 산업은 보드빌에 노래를 제공
하기 위해 특정 지역에서 발달하였다고 하였다.
⑤ 3문단에서 대중문화의 대표적 예로 든 대중음악이 고도로 발
전된 기술을 보여 주고, 전자 장비가 있는 스튜디오에서만 연
주될 수 있었다는 점을 통해 추론 가능한 내용이다.

068

유형 **문서이해능력** 상-**중**-하

주어진 글은 건강검진 수검자 중 대사증후군 비율 및 대
사증후군 위험 요인 5개 항목의 진단기준별 비율 등을
제시하고 있으나, 연령대별 대사증후군 비율에 관한 내
용은 제시되어 있지 않다.

| 오답풀이 |

① 3문단을 통해 확인할 수 있다.
② 6문단을 통해 확인할 수 있다.
④ 마지막 문단을 통해 확인할 수 있다.

069

정답 ①

유형 문서이해능력　　　　상·중·하

ⓒ 수면 부족은 대사증후군의 높은 유병률과 관련이 있는데 수면시간이 8시간 이상인 경우 대사증후군의 환자가 15%인 것에 비해, 6시간 이하인 경우 24.4%로, 발생위험이 1.6배 높다고 하였다. 따라서 수면시간이 짧은 경우 유병률이 높다.

| 오답풀이 |

ⓐ 허리둘레 90cm 이상, 혈압으로 인한 고혈압약 복용, 공복혈당으로 인한 혈당조절약 복용 세 가지 항목의 기준에 해당하므로 대사증후군으로 정의할 수 있다.

ⓒ 대사증후군 위험 요인 5개 항목 중에서 고혈압이 43.6%로 가장 비율이 높았으므로 적절하다.

070

정답 ④

유형 문서이해능력　　　　상·중·하

응답자가 원할 경우 PC와 모바일을 이용한 인터넷 조사와 콜센터를 통한 전화 조사가 방문 조사 기간에도 여전히 가능하다고 하였다.

| 오답풀이 |

① 20×0년도 인구주택총조사의 가구 방문 조사는 11월 1일(일)부터 18일(수)까지 18일간 진행된다고 하였다.

② 올해 조사부터는 기존의 종이 조사표 대신 조사원의 태블릿 PC에 탑재된 조사표를 이용한 전자 조사 방식을 도입하였다고 하였다.

③ 20×0년도 인구주택총조사의 조사 대상은 대한민국 영토 내에 상주하는 모든 내·외국인과 이들이 살고 있는 거처라고 하였다.

⑤ 조사원의 신분은 휴대하고 있는 신분증과 태블릿PC의 전자신분증으로 확인이 가능하며, 콜센터를 통해서도 확인할 수 있다고 하였다.

071

정답 ⑤

유형 문서이해능력　　　　상·중·하

[참고]의 '조사 방법'에 따르면 전수 조사는 등록센서스, 표본 조사는 현장 조사로 실시된다. 따라서 제시된 조사표는 표본 조사에 활용됨을 알 수 있다. '결과 공표'에 따르면 전수 조사 결과는 20×1년 7월, 표본 조사 결과

는 20×1년 9월에서 12월에 공표된다.

| 오답풀이 |

① 20×0년도 인구주택총조사는 통계청에서 주관하고 지방자치단체에서 실시한다.

②, ③, ④ 정책 수요와 변화하는 사회상을 반영한 올해의 새로운 조사 항목에 '반려동물 유무', '1인 가구 사유', '혼자 산 기간'을 포함했다고 하였다.

072

정답 ③

유형 문서이해능력　　　　상·중·하

주어진 글은 최근 2030세대에서 증가하고 있는 우울증의 원인과 치료 방법에 대한 내용이다. 그러나 [다] 문단은 계절성 우울증에 관한 내용을 서술하고 있으므로 글의 흐름상 삭제되는 것이 적절하다.

073

정답 ①

유형 문서이해능력　　　　상·중·하

[라] 문단에서 우울증 치료에 사용되는 약물은 다른 약물에 비해 의존성이 높지 않다고 하였으므로 옳지 않다.

| 오답풀이 |

② [나] 문단에서 우울증의 정확한 원인은 현재까지 알려진 바가 없으나 생물학적, 심리적, 환경적인 요인들이 다양하게 영향을 미치는 것으로 짐작된다고 하였다.

③ [가] 문단에 따르면 우울증으로 치료받은 20대 환자 수는 2016년 64,497명에서 2020년 146,977명으로, 30대 환자 수 또한 2016년 75,949명에서 2020년 117,186명으로 증가했다고 하였다.

④ [라] 문단에서 우울증은 나이가 들어감에 따라 발생하는 노화의 정상적인 부분이 아니라고 하였다.

074

정답 ④

유형 경청능력　　　　상·중·하

효과적인 경청방법으로는 ⓐ, ⓒ, ⓔ이 옳다.

| 오답풀이 |

ⓒ 상대방이 말하는 동안 자신이 다음에 할 말을 생각하는 데 집중하면 상대방의 메시지를 제대로 이해할 수 없고, 자기 생각

에 빠져 상대방의 말에 제대로 반응할 수가 없게 된다. 상대방의 의견을 경청한 후, 충분한 시간을 갖고 자신의 의견을 말하는 것이 오히려 상대방에게 진정성 있는 경청자의 모습으로 비춰질 수 있다.

075

유형 경청능력   상-중-**하**

경청할 때는 부정적인 감정에 대해 솔직하게 표현하는 것은 필요하지만 시선을 돌리는 행위는 하지 않는 것이 좋다.

| 오답풀이 |
① 상대방의 말과 행동을 일단 수용하는 것은 상대방의 입장에 공감한다는 느낌을 준다.
② 손짓이나 동작 등을 사용하면 적극적으로 상대방의 이야기를 들어준다는 느낌을 준다.
④ 대화를 독점하거나 상대방의 말을 가로채면 상대방은 무시당한다는 느낌을 받을 수 있다.

076

정답 ③

유형 경청능력   상-중-**하**

박 대리는 자신의 들뜬 감정을 이기지 못해 조 대리의 실망한 기분을 받아들이려 하지 않은 것이며, 이로 인해 적극적인 경청에 실패한 것으로 보는 것이 가장 타당하다. '걸러내기'는 상대의 말을 듣기는 하지만, 상대방의 메시지를 온전하게 받아들이는 것이 아니라, 듣고 싶지 않은 상대방의 메시지는 회피하는 것이다. 상대방이 분노나 슬픔, 불안을 토로해도 그러한 감정을 받아들이고 싶지 않을 때 자기도 모르는 사이에 상대방이 아무 문제도 없다고 생각해 버린다.

| 오답풀이 |
① '짐작하기'는 상대방의 말을 듣고 받아들이기보다 자신의 생각에 들어맞는 단서들을 찾아 자신의 생각을 확인하는 것을 말한다. 이들은 상대방이 하는 말의 내용은 무시하고 자신의 생각이 옳다는 것만 확인하려 한다.
② '대답할 말 준비하기'는 상대방의 말을 듣고, 곧 자신이 다음에 할 말을 생각하는 데 집중해 상대방이 말하는 것을 잘 듣지 않는 것을 말한다. 결국 자기 생각에 빠져서 상대방의 말에 제대로 반응할 수가 없게 된다.
④ '다른 생각하기'는 대화 도중에 상대방에게 관심을 기울이는

것이 어려워지고 상대방이 말하는 동안에 자꾸 다른 생각을 하는 것을 말한다. 이는 지금의 대화나 상황을 회피하고 있다는 위험한 신호이다.

077

정답 ①

유형 문서이해능력   상-**중**-하

1문단을 통해 유전자가위 기술이 새로운 유전 정보를 도입해 절단된 DNA를 복구하게 하는 것임을 알 수 있다.

| 오답풀이 |
② 새로운 유전 정보가 들어간 DNA를 추가로 포함시키는 것이 아니라 새로운 유전 정보를 도입할 수 있도록 재조합하는 것이다.
③ DNA 틀에 포함된 유전 정보를 추가하여 DNA의 본래 기능을 회복시키는 것이 아니라 새로운 유전 정보를 만들어 내는 것이다.
④ 같은 서열의 DNA를 만드는 것이 아니라 특정 DNA 서열의 변화를 유도하는 것이다.

078

정답 ①

유형 문서이해능력   상-**중**-하

㉠ 제2차 수도권 대책 미시행 시 미세먼지로 인한 초과 사망자가 2만 명일 것으로 추정하고 있으며, 초미세먼지로 인한 사망자 발생률은 이보다 더 높을 것이라고 언급되어 있으므로 제2차 수도권 대책 미시행 시 초미세먼지로 인한 사망자는 2만 명을 훨씬 웃돌 것으로 추론하는 것은 타당하다.

| 오답풀이 |
㉡ 초미세먼지는 2013년부터 발암물질로 규정된 것이며, 발암성분은 그 이전부터 포함하고 있다고 보는 것이 타당하다.
㉢ 미세먼지가 발암성 물질을 포함하지 않는다고 단정할 근거는 제시되어 있지 않다.
㉣ 초미세먼지 대기환경기준 적용 및 예·경보제가 2015년부터 실시되었으며, 이것은 '예·경보제'이므로 농도의 감소를 추론할 수는 없다.

079

정답 ②

유형 문서작성능력

상-**중**-하

주어진 글은 '프로아나'라는 신조어를 통해 거식증의 위험성을 알리고 건강한 다이어트를 해야 하는 이유를 설명하고 있다. 따라서 이 글은 극단적인 다이어트를 하려고 하는 사람들이나 이런 상황을 잘 모르는 일반인을 예상 독자로 하고 있다. 만약 정신건강학을 전공하는 대학생을 예상 독자로 한다면 거식증에 대한 기초적인 정보보다는 더 전문적인 내용이 나와야 한다.

| 오답풀이 |

⑤ 심장 질환을 화약고가 폭발하는 것에 비유하여 설명하고 있으므로 적절하다.

NCS 문제풀이 *TIP*

필자가 글을 쓰기 전에 세웠을 전략에 관한 문제로, 중심내용, 세부내용, 전개방식 등의 각기 다른 유형을 결합한 독특한 문제에 해당한다. 낯설기는 하지만 어려운 유형은 아니다. 다만, 각 선택지에서 확인해야 하는 출제 포인트가 다르므로 제시문을 먼저 읽고 선택지를 확인하는 방식이 문제 풀이에 더 도움이 될 수 있다.

080

정답 ③

유형 문서작성능력

상-중-**하**

정보를 손상시킨다는 의미로 '훼손'이 옳은 표현이다. 방화벽과 침입탐지 시스템은 여러 가지 보안 시스템이므로 어느 것이 선택되어도 차이가 없는 일이다. 따라서 보조사 '든지'를 사용하는 것이 옳다. 몇 개의 날이라는 의미로 '며칠'이 옳으며, '몇일'은 '며칠'의 잘못된 표현이다.

| 오답풀이 |

- '-던지'는 지난 일을 회상할 때 쓰는 연결 어미이다. 여기서 '수정하던지'는 나열된 동작이나 상태, 대상들 중에서 어느 것이든 선택될 수 있음을 나타내는 '-든지'와 결합하여 '수정하든지'로 써야 한다.
- '웬지'는 '왜 그런지 모르게 또는 뚜렷한 이유도 없이'라는 의미의 '왠지'의 잘못된 표현이다.
- '바램'은 '색이 바래다'의 명사형이다. 주어진 글에서는 접근하길 원한다는 의미로 쓰였으므로 '바람'이라고 써야 적절하다.
- '어떡게'는 '어떻게'의 잘못된 표현이다.

NCS 문제풀이 *TIP*

의사소통능력에서 문법 유형은 코레일의 경우 자주 출제되고 있다. 비문이나 단어의 쓰임이 잘못된 것을 찾는 유형이 주로 출제되며, 수험생들을 헷갈리게 하는 내용이 출제될 가능성이 높으므로 확실하게 판단되는 보기 또는 선택지를 소거하면서 정답의 경우의 수를 줄여 나가는 방식으로 접근하여 해결하도록 한다.

081

정답 ①

유형 문서이해능력

상-**중**-하

공직자 등은 직무와 관련 있는 경우, 관련 없는 경우에 따라 적용되는 금품 수수의 범위와 액수가 규정되어 있다. 그러나 공직자 등의 배우자는 제8조 제4항에서 '공직자 등의 직무와 관련하여'라는 제한을 두고 있으므로 직무와 관련 없는 경우 배우자는 수수가 금지되어 있지 않은 일부 금품의 수수가 가능하다.

| 오답풀이 |

② 외부강의 등 제8조 제3항에서 언급된 내용은 일정한 규정을 준수할 경우 공직자 등이 금품을 수수할 수 있는 합법적인 방법이 된다.

③ 제8조 제3항 제6호에 따라 직무 관련 공식 행사에서 주최자가 참석자에게 통상적인 범위에서 일률적으로 제공하는 교통, 숙박, 음식물 등은 수수가 가능하다.

④ 제10조 제4항에 따라 초과 사례금을 받은 경우에는 소속기관장에게 신고 후 초과금액을 즉시 반환해야 한다.

NCS 문제풀이 *TIP*

법령과 같은 자료는 일반 비문학 제시문보다 담고 있는 정보량이 월등히 많으므로, 빠르게 문제를 풀기 위해서는 자료 내용 전체를 통독하기보다는 필요한 부분만을 발췌독하는 연습이 필요하다.

082

정답 ③

유형 문서이해능력

상-**중**-하

제10조 제1항에서 규정한 '대통령령으로 정하는 금액을 초과하는 사례금'을 받은 경우라면 청탁금지법을 위반한 것으로 판단할 수 있다. 그러나 외부강의나 기고 등은 일정 요건을 갖추면 규정에 위배되는 행위가 아니며, 금품

등의 수수 금지 조항에서도 예외를 적용하고 있다. 또한 회계연도 300만 원의 제한은 외부강의 등을 제외한 일반적인 금품 수수에 관한 규정이므로, 잦은 외부강의와 기고로 받은 금품의 합이 회계연도에 300만 원을 넘는다는 것만으로 청탁금지법에 위배된다고 보기 어렵다.

| 오답풀이 |

① 제11조에 따르면 공공 기관의 업무 협조를 위해 파견 나온 민간업체 직원은 공무수행사인이 된다. 따라서 공무수행사인은 '공무수행에 관하여는 제5조부터 제9조까지를 준용한다.'라는 규정에 따라 공직자 등과 동일한 제한 사항이 적용된다. 제8조 제2항에서는 '공직자 등은 직무와 관련하여 대가성 여부를 불문하고 제1항에서 정한 금액 이하의 금품 등을 받거나 요구 또는 약속해서는 아니 된다.'라고 규정하고 있으므로 대가성이 없는 50만 원이라도 공무수행사인이 수수한 것은 청탁금지법 위반에 해당한다.

② 제8조 제4항에 위배되는 경우이다.

④ 제8조 제5항에 위배되는 경우이다.

083

정답 ③

유형 문서이해능력   상-중-하

주어진 글은 피터 빅셀의 소설 「책상은 책상이다」의 내용으로, 언어의 사회성과 그 특성을 지키지 않았을 때의 결과를 보여주는 작품이다. 언어의 사회성에 대한 설명으로 옳은 것은 ㉠, ㉣이다.

| 오답풀이 |

㉡ 언어의 규칙성에 대한 설명으로, 언어적 규칙을 지키지 않으면 문장이 어색해지거나 문장의 뜻이 제대로 전달되지 않으므로 언어를 올바르게 사용하기 위한 여러 가지 규칙이 존재한다.

㉢ 언어의 분절성에 대한 설명으로, 무지개의 색깔은 연속적이지만 언어적으로는 일곱 가지 색깔로 끊어서 표현하는 것처럼 언어 기호를 통해 연속적으로 이루어져 있는 세계를 불연속적인 것으로 끊어서 표현할 수 있다.

㉤ 언어의 창조성에 대한 설명으로, 상황에 따라 무한하게 많은 말을 새롭게 만들 수 있다.

084

정답 ③

유형 문서작성능력   상-중-하

㉠의 규정에 따르면 어말 또는 자음 앞의 비음은 모두 받침으로 적어야 하므로 받침이 없는 ②와 ⑤는 정답에서 제외된다. 어말 또는 자음 앞의 비음은 스팀[steam]의 [m](어말), 잉크[ink]와 랜드[land]의 [n](자음 앞)이다. 따라서 비음을 모두 받침으로 적고 있는 '스팀'과 '잉크'가 정답이다.

| 오답풀이 |

① 북[book], 액트[act]는 '무성 파열음 [p], [t], [k]'에 속하는 예이다.

② 재즈[jazz], 샤크[shark]는 '마찰음 [s], [z], [f], [v] …'에 속하는 예이다.

④ 랜드[land], 키드냅[kidnap]은 '유성 파열음 [b], [d], [g]'에 속하는 예이나, 랜드[land]는 비음 표기 원칙에도 해당된다.

⑤ 스위치[switch], 버진[virgin]은 '피찰음'에 속하는 예이다.

085

정답 ①

유형 문서작성능력   상-중-하

'잎'은 [입]으로 발음된다. 받침의 'ㅍ'이 'ㅂ'으로 발음되므로 교체의 음절의 끝소리 규칙 현상에 해당한다. '쌓이다'는 [싸이다]로 발음된다. 받침의 'ㅎ'이 탈락했으므로 'ㅎ' 탈락 현상에 해당한다. '한여름'은 [한녀름]으로 발음된다. 'ㄴ'이 첨가되었으므로 'ㄴ' 첨가 현상에 해당한다. '잡히다'는 [자피다]로 발음된다. 받침의 'ㅂ'과 'ㅎ'

이 만나 거센소리인 'ㅍ'으로 변화하였으므로 축약의 거센소리되기 현상에 해당한다.

086

정답 ③

유형 문서이해능력 상-중-하

2문단에서 비슷한 성향의 경쟁작이 생길수록 관객 수가 감소하는 속도가 빠르다고 하였으므로 비슷한 성향의 로맨스물과 로맨틱 코미디물의 배급을 겹치지 않게 해야 한다.

| 오답풀이 |

① 4문단에서 시즌별로 관객의 특성이 매우 달라서 시즌에 잘 맞도록 영화들을 배치해야 한다고 하였으므로 여름 시즌과 겨울 시즌에는 각각 다른 장르의 영화를 배급해야 한다.

② 5문단에서 1주 차 관객 수가 최종 관객 수에 영향을 미친다고 하였고, 2문단에서 개봉 주가 지나면 그 주가 지날 때마다 관객 수는 떨어진다고 하였다. 따라서 블록버스터같이 거액의 투자금이 들어간 영화의 경우 관객 수가 가장 적은 화요일보다는 관객 수가 가장 많은 토요일에 배급하여 개봉해야 한다.

④ 3문단에서 관객을 위험을 감수하는 관객, 모방 관객, 다수결을 존중하는 관객으로 나눌 수 있으며 위험을 감수하는 관객으로부터 평가가 어떻게 나오는지에 따라 모방 관객이 영향을 받으며 다수결 존중 관객에게까지 이르면 대박 흥행 영화가 나올 수 있다고 하였다. 즉, '위험을 감수하는 관객'의 평가에 따라 영화의 흥행이 좌우되는 것이다. 따라서 영화를 배급할 때 주 타깃층으로 잡아야 하는 관객은 '위험을 감수하는 관객'이다.

⑤ 5문단에서 1주 차 성적이 최종 스코어에 지대한 영향을 미치기 때문에 스크린 독과점 같은 현상도 점점 심해지고 있는 상황이라고 하였다. 따라서 돈을 많이 투자한 영화일수록 전국적으로 많은 스크린 수를 확보하고 각종 매체를 이용한 전방위적 마케팅 캠페인을 벌이는 포화 개봉 전략을 사용해야 한다.

087

정답 ⑤

유형 문서작성능력 상-중-하

문맥상 가장 적절한 어휘를 고르는 문제이다.

㉠ '공모전'은 선거가 아니므로 '경쟁'이 더 적절한 표현이다.
- 경선(競選): 둘 이상의 후보가 경쟁하는 선거
  예 대통령 후보 경선에 나서다.
- 경쟁(競爭): 같은 목적에 대하여 이기거나 앞서려고 서로 겨룸
  예 과열 경쟁, 기술 개발 경쟁

㉡ 의미상 둘 다 사용이 가능하겠지만, '여권'이 가진 공공성을 보았을 때는 '현행'이 더 적절한 표현이다.
- 현행(現行): 현재 행하여지고 있음. 또는 행하고 있음
  예 현행 법률, 현행 제도의 불합리성
- 현재(現在): 1) 지금의 시간
  예 현재와 미래, 현재의 주소
  2) 기준으로 삼은 그 시점

㉢ 좀 더 나은 형태로 바꾼다는 것이므로 '개선'이 더 적절한 표현이다.
- 개선(改善): 잘못된 것이나 부족한 것, 나쁜 것 따위를 고쳐 더 좋게 만듦
  예 입시 제도 개선, 유통 구조 개선
- 개수(改修): 고쳐서 바로잡거나 다시 만듦
  예 도로 개수

㉣ 의미상 둘 다 사용이 가능하다.
- 병기(並記/倂記): 함께 나란히 적음
- 표기(表記): 1) 적어서 나타냄. 또는 그런 기록
  2) 문자 또는 음성 기호로 언어를 표시함

088 정답 ⑤

표의 중간에서 기재사항이 끝나는 경우이므로, 3)−라)−(2)에 따라 다음과 같이 표시해야 한다.

응시번호	성명	생년월일	주소
10	김○○	1980. 3. 8.	서울시 종로구 ○○로 12
이하 빈칸			

| 오답풀이 |

① 본문 내용의 마지막 글자에서 문서가 끝나므로, 한 글자(2타)를 띄우고 '끝' 표시를 한 올바른 방법이다.

② 첨부물이 있는 경우이므로, 붙임 표시문 다음에 한 글자(2타)를 띄우고 '끝' 표시를 한 올바른 방법이다.

③ 본문이 오른쪽 한계선에서 끝난 경우이므로, 그 다음 줄의 왼쪽 한계선에서 한 글자(2타)를 띄우고 '끝' 표시를 한 올바른 방법이다.

④ 표의 마지막 칸까지 작성된 경우이므로, 표 아래 왼쪽 한계선에서 한 글자(2타)를 띄우고 '끝' 표시를 한 올바른 방법이다.

> **NCS 문제풀이 TIP**
> 선택지 중에서 비슷한 내용이 있는 것들을 비교해서 확인하는 것이 좋다. 예를 들어 ④와 ⑤ 모두 표로 끝나기 때문에 제시문에서 내용을 찾아 선택지를 비교해 보면 된다.

089 정답 ①

[b]의 1문단에 따르면, 빙하특급은 그라우뷘덴 주의 수도 쿠어를 지나, '스위스의 그랜드 캐니언'이라 불리는 라인 계곡을 지난 후에 오버알프 패스에 접어든다고 하였다.

| 오답풀이 |

② [a]의 1문단에 따르면, 알불라와 베르니나 라인이 유네스코 세계문화유산으로 등록된 이유는 철도가 자연환경, 사람들과 조화를 이루어 멋진 경관을 만들어냈기 때문이라고 하였다.

③ [a]의 1문단에 따르면, 스위스 알프스 쪽에 속하는 알불라 라인은 산악철도 역사에 있어 클래식한 기술을 이용해 만든 철도라고 하였다.

④ [b]의 4문단에 따르면, 빙하특급은 단순한 관광열차가 아니라, 식사를 미리 주문하면 고급스러운 코스 식사를 좌석 전용 칸에서 맛볼 수 있다고 하였다.

⑤ [a]의 3문단에 따르면, 유리창이 아래부터 천장까지 통으로 이어져 파노라믹 뷰를 제대로 감상할 수 있어 일반 열차와는 개방감이 다르다고 하였다.

090 정답 ②

[a]에서는 빙하특급으로 지날 수 있는 알불라 라인과 베르니나 라인에 대해 이야기한다. 알불라 라인과 베르니나 라인은 모두 철도가 자연환경, 사람들과 조화를 이루고 있어 유네스코 세계문화유산으로 등록되었다는 공통점이 있으나 알불라 라인은 스위스 알프스 쪽에 속하며 산악철도 역사에 있어 클래식한 기술을 이용해 만들었고 베르니나 라인은 이탈리아에 가까우며 혁신적인 기술을 사용해 철도 역사에 한 획을 그었다는 차이가 있다. 따라서 [a]에서는 비교와 대조로 글을 전개하고 있다.

[b]에서는 빙하특급이 그라우뷘덴 주의 수도 쿠어를 지나 라인 계곡을 지난 후 오버알프 패스에 접어들고, 론 빙하지역을 지나 브리그로 향하는 진행 방향을 설명해 주고 있다. 또, 샴페인과 아뮈즈 부슈로 시작하는 고급스러운 코스 식사를 말하고 있으며 이를 이용하기 위해 식사를 미리 주문해야 한다는 방법도 알려주고 있다. 따라서 [b]에서는 방법과 순서를 서술하고 있으므로 글의 전개 방식 중 과정을 이용하고 있다.

091 정답 ③

- [가]−[다]: [다]는 현황에 대해 논하면서 4차 산업 혁명이 가속화될수록 콘텐츠의 중요성이 높아질 것을 소개하고 있는 반면, [가]는 4차 산업 혁명은 콘텐츠 혁명이 될 것이라고 명료화하고 있다. 즉, [가]는 [다]를 전제로 구체화한 내용으로 볼 수 있으므로 첫 번째 문단은 [다]가 더 적절하다.

- [마]−[라]: '창조 계급'이라는 키워드로 긴밀하게 연결되는 두 문단이다. [마]에서 '창조 계급'을 명명하고 있고, [라]에서는 그에 대해 좀 더 구체적인 내용과 창조 계급을 위해 교육 시스템의 혁신이 필요함을 역설하고 있다. 따라서 첫 번째 문단을 결정하기 어렵다면, '[마]−[라]'의 연결 고리를 바탕으로 선택지를 소

거하면서 정답에 접근할 수 있다.
- [가]–[마]: [가] 마지막의 '결국 콘텐츠의 질을 좌우하는 것은 사람이기 때문이다.'의 키워드 '사람'이 [마]의 '첨단 기술도 사람이 만드는 것이고 기발한 콘텐츠도 사람이 만든다.'의 '사람'으로 연결됨을 확인할 수 있다. 이 연결 고리를 확인했다면 좀 더 빠르게 정답에 이를 수 있다.

 NCS 문제풀이 *TIP*

문단배열 문제에서는 선택지를 바탕으로 힌트를 먼저 얻는 것이 좀 더 쉬운 접근 방식이다. 선택지를 보면 [가] 또는 [다]가 맨 앞에 제시되어 있으므로 두 문단 중 하나가 맨 앞에 오는 문단임을 알 수 있다. 또는 선택지 중 맨 끝 [라], [나], [가]의 마지막 문장을 통해 마지막 문단을 먼저 찾아 소거법으로 접근하는 것도 방법이다.
요즘 출제되는 문제의 경우 접속 부사로 시작하는 문단을 없앴기 때문에 접속 부사만으로 정답에 근접하기는 어렵다. 첫 문단이나 마지막 문단 찾기로 접근하는 것이 수월하다.

092
정답 ②

유형 **문서이해능력**　　　　　　　상–중–**하**

[나]는 미래 사회 국가 경쟁력의 핵심이 결국 첨단 과학 기술 개발과 창의적 인재 양성 두 가지에 있음을 설명하는 문단이다. 따라서 문화적 콘텐츠의 특성과 향후 전망은 [나] 문단의 핵심 내용을 제시한 것으로 적절하지 않다.

| 오답풀이 |
① [가]는 4차 산업 혁명 시대는 문화 콘텐츠가 성장 엔진이 되는 소프트 파워 시대임을 설명하면서, 문화 콘텐츠 제작의 본질이 그 창작자에게 있음을 강조하는 문단이다. 따라서 4차 산업 혁명 문화적 콘텐츠의 본질과 중요성은 [가] 문단의 핵심 내용을 제시한 것으로 적절하다.
③ [다]는 4차 산업 혁명이 가속화될수록 문화 예술 및 콘텐츠의 중요성은 더욱 커질 것임을 주장하는 문단이다. 따라서 4차 산업 혁명에서 높아지는 문화 예술 및 콘텐츠의 성장 가능성은 [다] 문단의 핵심 내용을 제시한 것으로 적절하다.
④ [라]는 미래 인재인 창조 계급을 육성하기 위해서는 기존의 전통적 교육 시스템을 파괴하고 혁신적인 변화가 있어야 함을 주장하는 문단이다. 따라서 창의적 인재를 위한 시스템 구축 필요성은 [라] 문단의 핵심 내용을 제시한 것으로 적절하다.
⑤ [마]는 첨단 기술과 콘텐츠 개발에 주역이 될 창조 계급을 소개하는 문단이다. 따라서 콘텐츠 혁명을 이끄는 창조 계급의 탄생은 [마] 문단의 핵심 내용을 제시한 것으로 적절하다.

 NCS 문제풀이 *TIP*

핵심 내용은 해당 문단의 첫 문장과 끝 문장으로 파악하는 것이 좋다. 이 문제를 먼저 해결하고 핵심 내용을 바탕으로 앞선 문제를 푸는 것도 하나의 방법이다.

093
정답 ④

유형 **문서이해능력**　　　　　　　상–중–**하**

시간제보육은 부모 급여(현금) 또는 양육 수당을 수급 중인 6개월 이상 36개월 미만의 영아가 시간 단위로 시간제보육 제공 기관을 이용할 수 있도록 하는 서비스이다. 따라서 36개월 이상의 영아를 돌보는 부모는 시간제보육 서비스를 이용할 수 없다.

| 오답풀이 |
① 보육료를 지원받는 아동의 경우 전액 본인부담으로 시간제보육반을 이용할 수 있다.
② 외국인 아동의 경우 시간제보육 관리 기간에서 아동 등록 후 시간제보육 서비스를 이용할 수 있다.
③ 양육 수당 수급자가 유아 학비로 변경 신청을 한 경우에도 시간제보육 서비스를 이용할 수 있으며 신청일을 기준으로 하여 시간제보육료 지원도 받을 수 있다.

094
정답 ②

유형 **문서작성능력**　　　　　　　상–중–**하**

주어진 자료는 시간제보육 서비스를 이용하려는 부모를 위해 제공되는 서비스 내용과 서비스 신청 절차 및 방법을 안내하고 있다. 이를 통해 시간제보육 서비스를 필요로 하는 가정에서 해당 서비스를 쉽게 신청하고 이용할 수 있도록 도와주고 있으므로 '시간제보육 서비스 이용 및 지원 안내'가 자료의 내용을 바탕으로 한 보도자료의 제목으로 가장 적절하다.

| 오답풀이 |
① 시간제보육 서비스 이용과 지원에 대한 안내를 하고 있을 뿐 시간제보육 사업의 현황과 향후 과제에 대해 다루고 있지 않으므로 보도자료의 제목으로 적절하지 않다.
③ 어린이집 정원 내에 있는 영아도 시간제보육 서비스를 이용할 수 있으므로 제목으로 적절하지 않다.
④ 재정 지원을 받지 않는 부모들도 시간제보육 서비스를 이용할 수 있으므로 제목으로 적절하지 않다.

095

정답 ①

유형 문서이해능력　　　　상-중-하

법규문서와 지시문서인 훈령, 예규는 누년 일련번호를, 시행문이나 회보 형식의 일일명령, 회보는 연도별 일련번호를 사용하는 문서이다. 그리고 연도표시 일련번호는 연도표시와 붙임표(—)로 이어진 번호 체계로, 지시, 고시, 공고 등의 문서에 사용된다. 보고서는 기안문 형식의 문서로서, '행정제도혁신과 —123'과 같이 각 해당 조직의 '생산등록번호'로 칭한다.

NCS 문제풀이 TIP

문서의 종류 및 작성법에 대한 문제이다.
대표적으로 공문서, 기획서, 기안서, 보고서, 설명서, 보도자료 등의 문서 종류와 그 특성, 작성법에 대한 모듈이론을 반드시 정리해 두어야 한다.

096

정답 ②

유형 문서작성능력　　　　상-중-하

문서 작성 기준상 숫자는 아라비아 숫자로 쓰는 것이 옳은 표기법이다.

| 오답풀이 |

① 금액은 아라비아 숫자로 쓰되, 숫자 다음에 괄호를 하고 한글로 기재해야 한다.
③ 단위를 나타내는 명사는 앞말과 띄어 쓴다.
④ 열거된 단위, 용어가 대등하거나 밀접한 경우 가운뎃점을 사용해야 한다.
⑤ 날짜는 숫자로 표기하되 연, 월, 일의 글자는 생략하고 그 자리에 마침표를 찍어 표시해야 한다.

NCS 문제풀이 TIP

제시문에서 공문서 작성법에 대한 정보가 주어졌기 때문에 난이도가 낮은 문제이다. 하지만 이러한 정보 없이 문서별 특성 및 작성법에 대해 묻는 형태도 많이 출제되기 때문에 기본적인 사항들은 정리해 두는 것이 좋다. 특히 공문서의 경우, 실제 공문서의 일부를 발췌하여 제시한 후 작성법에 따라 옳고 그른 점을 구별하는 유형의 문제도 다수 출제되고 있다.

097

정답 ③

유형 문서이해능력　　　　상-중-하

공고문에서 유형별 참여 자격, 지원 항목 및 우대 조건 등에 대해 상세히 안내하고 있으나, 신청 제한과 관련된 내용은 찾을 수 없다.

| 오답풀이 |

① 일반형과 고경력형은 조합당 최대 2,000만 원이 지원되지만, 심화형은 3,000만 원까지 지원된다.
② 유형별 총사업비, 지원 항목 범위 내에서 규정에 따른 연구비 비목별로 소요 내역을 자유롭게 계획할 수 있다.
④ 일반형에서는 선정 시 우대 조건으로 경력 단절 여성 과학 기술인이 이사장인 경우를 제시하고 있다.

NCS 문제풀이 TIP

일치 문제에서는 자료에 전혀 언급되지 않는 내용이 선택지로 나오기도 한다. 일치하든 일치하지 않든 내용이 언급되면 바로 옳은 내용인지 파악이 가능하지만, 언급이 되어 있지 않은 경우에는 본인이 발견하지 못한 내용이라고 생각하고 계속 찾아보다가 시간을 낭비할 수 있다. 언급되지 않은 내용을 불일치 선택지로 출제할 수 있으니 염두에 두고 문제를 풀도록 하자.

098

정답 ④

유형 문서이해능력　　　　상-중-하

사업화 추진에 소요되는 직접 비용만 지원되므로 회의비, 국내외 여비나 시내 교통비 등의 과제 추진비, 간접비는 지원받을 수 없다. 즉, 국내외 전시회 참가비나 부스 운영비 등은 생산 및 품질 강화를 위한 직접 비용이므로 지원 가능하지만, 전시회에 참가하기 위해 드는 교통비는 간접 비용이므로 지원받을 수 없다.

| 오답풀이 |

① 기술·특허·사업성 분석은 기술 사업화 전략 컨설팅 비용이므로 지원 항목에 해당한다.
② 시제품 제작을 위한 기자재 구매비는 기술·제품 개발 및 개선 항목에 해당하므로 지원 가능하다.
③ 영업용 카탈로그 제작비는 생산 및 품질 강화 항목에 해당하므로 지원 가능하다.

NCS 문제풀이 TIP

심화형 지원 항목에서 해당 내용이 있는지 확인해 봐야 하는데, 공고문에 나와 있는 용어가 아니라 예시로 제시되어 있기 때문에 판단능력도 함께 들어있는 문제이다.

099

정답 ⑤

유형 문서이해능력

서론에 수록된 내용을 정리하면 다음과 같다.

- 1문단: 연구 배경 및 연구의 필요성
- 2문단: 연구 목표와 목적
- 3문단: 연구 방법

따라서 연구의 기대효과는 서론에 수록된 내용에서 확인할 수 없다.

100

정답 ④

유형 문서이해능력

2문단에서 탄소중립은 전 세계적으로 참여하는 중요한 국제협약이라고 말하고 있으므로, 가입을 해야된다는 내용은 적합하지 않다.

| 오답풀이 |

① 1문단 '우리나라 역시 탄소중립 실현을 위해 그리고 철도교통 이용자의 자발적인 노력과 철도산업 전반의 노력을 위해 철도 이용자, 운영자 등에게 실시간으로 온실가스 배출량을 제시할 것을 제안한다.'에서 확인할 수 있다.

② 2문단 '탄소중립의 중간 목표연도인 2030년, 최종 목표연도인 2050년에 온실가스 배출량 목표치를 달성할 수 있도록 현 단계에서부터 주간별, 월별 혹은 연도별로 온실가스 배출량을 관리하고 수송체계 변화에 따른 온실가스 배출량을 모니터링해야 한다.'에서 확인할 수 있다.

③ 2문단 '탄소중립은 전 세계적으로 참여하는 중요한 국제협약인 만큼 우리나라 국가수송체계 변화에 따른 온실가스 배출 관리 및 감독이 필요할 것으로 사료된다.'에서 확인할 수 있다.

⑤ 3문단 '철도교통 안에서도 도시철도, 일반철도, 고속철도 등의 승차권 조회, 예약, 결제 등이 한 시스템 안에서 가능한 RaaS(Rail as a Service)가 조성되길 기대한다.'에서 확인할 수 있다.

101

정답 ④

유형 문서작성능력

[가] 제4장 모빌리티 전환 시대 철도교통의 역할에 대한 내용이다.

[나] 제3장 탄소중립 시대 철도교통의 역할에 대한 내용이다.

[다] 제2장 탄소중립과 모빌리티 여건 변화에 대한 내용이다.

[라] 제5장 미래 여건을 고려한 철도교통의 발전전략에 대한 내용이다.

따라서 연구보고서의 목차에 따라 [다]−[나]−[가]−[라]의 순이 적절하다.

102

정답 ③

유형 문서이해능력

'정의 − 개념 − 탄생배경'의 순서에 맞게 배열하기 위해서는 '정의'와 '개념'에 대한 구분을 명확히 하여야 한다. 정의는 어떤 단어나 사물의 뜻을 명백히 밝혀 규정한다는 의미가 되므로 용어에 대한 순수한 뜻을 설명하는 [다]가 정의에 해당한다고 볼 수 있다. 또한 [라]는 이러한 단어의 형성을 부연 설명한 것으로 정의를 뒷받침하고 있는 문단이 되어 [다]와 연결하여 정의의 범주에 포함시킬 수 있다. 개념은 하나의 뜻을 나타내는 여러 관념 속에서 공통적이고 일반적인 요소를 추출하고 종합하여 얻은 관념이다. 벤치마킹이란 단어가 실제로 어떠한 관념을 가지고 적용되는지를 설명하는 [나]의 글이 개념으로 적절하다. 또한 제록스사에서 벤치마킹을 처음으로 도입하게 된 이유와 상황을 설명하는 [가]가 탄생배경으로 적절한 문단이다.

NCS 문제풀이 TIP

정의의 내용이 나오는 문단을 고르면 [다]이므로 선택지를 우선 확인한다. 선택지 2개가 해당하므로 그 다음에 오는 문단을 비교한 후 답을 고르는 것이 빠르게 푸는 방법이다.

단순 문단배열 문제가 아닌 발문 자체에 조건이 주어진 유형이다. 문제를 풀 때 조건을 우선 확인하고 문제를 풀 수 있어야 한다.

103

정답 ②

유형 의사표현능력

의사소통은 상호 작용이다. 자신의 의도가 '정확히 전달되었는지', 상대방이 '정확히 이해하였는지'를 확인하지 않으면 서로 엇갈린 정보를 가지게 되는 오류가 발생할 수 있다. 따라서 일방적인 말하기가 되지 않도록 의사소통의 정확한 목적을 알고, 의견을 나누는 자세가 필요하다.

104

정답 ③

유형 문서작성능력   상-중-하

어법상 오류가 있는 3개의 문장은 다음과 같다.

ⓒ 다시 말해, 이것은 대중의 마음속에 투영한 기업의 영상이다.
→ 주어인 '이것'이 의미하는 것은 '기업 이미지'이다. 따라서 기업 이미지가 무엇을 투영하는 것이 아니라, 대중의 마음속에 '투영된' 것이 되어야 하므로 '투영된'으로 수정해야 한다.

ⓒ 기업광고는 기업 이미지의 확립을 위한 적극적 방법으로, 오늘날 가장 많이 활용하는 수단이다.
→ 뒷절에는 주어가 생략되어 있으나, 문맥의 내용으로 보아 앞절에 쓰인 '기업광고'가 뒷절의 주어가 된다. 따라서 '기업광고'가 주체적인 '활용'을 하는 것이 아닌, 인간 또는 기업인 등에 의해 활용된다는 피동의 의미를 나타내야 하므로 '활용되는'으로 수정해야 한다.

ⓜ 기업 이미지의 형성·변화를 목적으로 할 때 기업광고는 기업의 계획대로 통합, 조정할 수 있다는 점에서 상당한 효과가 발생한다.
→ '기업광고'가 주어가 되므로 '효과를 발생시킨다.'로 수정해야 한다. 또는 '기업광고를 하게 되면 기업의 계획대로 통합, 조정할 수 있다는 점에서 기업에게 상당한 효과가 발생한다.'로 수정하는 것도 적절하다.

105

정답 ③

유형 문서이해능력   상-중-하

철도운전자에 대한 검사를 시행하는 기관에 대해서는 제시되어 있지 않다.

| 오답풀이 |
① '가'에서 매 분기 6시간 이상 강의 및 실습의 방법으로 교육을 실시하도록 한다고 언급되어 있다.
② '라'에서 철도차량 개조능력이 있다고 인정되는 자의 범위에 대해 언급되어 있다.
④ '나'에서 언급되어 있다.
⑤ '다'에서 언급되어 있다.

106

정답 ③

유형 문서이해능력   상-중-하

'나'를 통해 철도차량 개조작업의 승인을 받기 위해서는 관련된 서류를 포함한 개조승인 신청서를 국토교통부장관에게 제출해야 하며, 개조승인 후에 개조작업이 가능하다는 사실을 알 수 있다. 또한 '마'를 통해 개조승인을 위해서는 개조검사가 선행되어야 한다는 사실을 알 수 있으므로, '개조승인 신청서 제출 → 개조검사 → 개조승인 → 개조작업'의 과정으로 진행됨을 알 수 있다. 마지막으로 '사'를 통해 개조작업 후에 최종 검토를 거쳐 운행한다는 사실을 알 수 있다.

107

정답 ③

 유형 **문서이해능력**　　　　　상-중-하

마지막 문단에서 홍차에 대해 같은 나무의 찻잎이라도
다른 종류의 찻잎을 섞으면 블렌디드 티(blended tea)
가 되고, 향신료를 첨가하면 플래버리 티(flavery tea)
가 된다고 서술하며 차에 설탕, 과일, 우유 등을 첨가해 먹
는 방법인 베리에이션(variation)의 방법을 설명하였다.

| 오답풀이 |

① 녹차와 홍차를 구분하는 가장 큰 차이는 산화 과정이다.

② 녹차는 불발효차임을 지문에서 밝히고 있다.

④ 녹차의 찻잎이 발효되는 것을 막기 위해 찻잎을 수증기로 찌
　면 담백하고 깔끔한 맛이 나면서 찻잎의 푸른색이 유지된다는
　서술은 있지만, 덖었을 때는 알 수 없다.

⑤ 스트레이트 티(straight tea)는 오직 한 가지 찻잎을 그대로
　우려 마시는 것을 일컫는다.

108

정답 ⑤

유형 **문서이해능력**　　　　　상-중-하

주어진 글에서는 장내에 서식하는 대장균의 관계를 '가
위, 바위, 보'라는 친근한 대상에 빗대어 설명하고 있다.
결론적으로 생물 다양성의 설명에 있어 삼자의 병존 가
능성에 대해 제시하는 글이다.

| 오답풀이 |

① 주어진 글에서 자문자답의 내용은 확인할 수 없다.

② 인과관계를 설명하고 결론을 도출하는 내용은 아니다.

③ 일반적 통념을 제시하거나 문제를 제기한 내용은 찾아볼 수
　없다.

④ 가설을 설정하여 타당성을 검증한 내용은 아니다.

109

정답 ③

 유형 **문서이해능력**　　　　　상-중-하

스마트글라스는 음성인식을 기반으로 검사와 판독, 데이
터 송수신과 보고서 작성까지 자동으로 이뤄지는 시스템
으로 두 손이 자유롭기 때문에 수기입력을 한다는 것은
옳지 않다. 수기입력은 기존 점검 방식에 해당한다.

| 오답풀이 |

① 1문단에 따르면, 스마트글라스는 검사와 판독, 데이터 송수신
　과 보고서 작성까지 자동으로 이뤄지는 시스템이라고 하였다.

② 3문단에 따르면, 스마트글라스를 사용하면 두 손이 자유로워
　추락 사고를 예방할 수 있으며 기기 내부 센서가 충격과 기울
　기를 감지해 작업자에게 이례상황이 발생하면 지정된 컴퓨터
　로 바로 통보한다고 하였다.

④ 4문단에 따르면, 현장검증 등을 거치며 국내 철도환경에 맞춰
　시스템을 개선했다고 하였다.

⑤ 마지막 문단에 따르면, 코레일은 철도에 맞춤형 첨단 스마트
　기술을 적극 도입해 현장 유지보수 작업을 혁신하고자 한다는
　것을 알 수 있다.

110

정답 ④

 유형 **문서이해능력**　　　　　상-중-하

4문단에 따르면, 코레일은 이달부터 주요 거점 현장에
서 스마트글라스를 보급해 성과분석을 거치고 내년부터
전사적으로 확대 보급할 계획이라고 하였다.

| 오답풀이 |

① 2문단에 따르면, 기존 점검은 작업 전 자료조사부터 실사측정,
　시스템등록 등의 여러 단계를 작업자가 수기입력했으나 스마
　트글라스는 이를 한 번에 처리한다고 하였다.

② 마지막 문단에서 "새로운 기술을 쉽게 배울 수 있는 직원 교
　육프로그램도 진행하겠다."라고 하였으나, 이를 스마트글라스
　가 전사적으로 보급되기 전에 진행하는지는 알 수 없다.

③ 마지막 문단에서 "철도에 맞춤형 첨단 스마트기술을 적극 도
　입해 현장 유지보수 작업을 혁신하겠다."라며 "인공지능과 사
　물인터넷 등을 활용해 철도기술 고도화에 앞장서겠다."라고
　하였는데, 이는 스마트기술 도입으로 얻고자 하는 방향이다.

⑤ 마지막 문단에서 "인력중심의 시설점검을 간소화해 효율성과
　안전성을 향상시킬 것으로 기대한다."라고 하였는데, 이는 스
　마트글라스의 보급 이후에 기대되는 모습이다.

수리능력							본문 122~167쪽		
111	②	112	④	113	⑤	114	⑤	115	④
116	②	117	①	118	②	119	⑤	120	①
121	④	122	⑤	123	④	124	④	125	④
126	②	127	④	128	③	129	②	130	③
131	④	132	②	133	④	134	④	135	③
136	⑤	137	⑤	138	⑤	139	⑤	140	⑤
141	③	142	①	143	④	144	⑤	145	⑤
146	③	147	③	148	①	149	①	150	④
151	②	152	③	153	③	154	③	155	④
156	①	157	①	158	①	159	⑤	160	⑤
161	④	162	②	163	③	164	⑤	165	③
166	③	167	③	168	⑤	169	②	170	②

111

정답 ②

유형 도표분석능력　　　　　상-중-하

100,000억 원＝10조 원이므로 2023년 HMR 시장은 100조 원이 아닌 10조 원 규모이므로 옳지 않다.

| 오답풀이 |

① [표1]에 따르면 2020년 1인 가구 비중은 31.7%이므로 옳다.

③ 1인 가구 비율은 2010년 대비 2020년에 $\frac{31.7-23.9}{23.9}$

×100≒32.6(%) 증가하였고, HMR 시장규모는 2008년 대

비 2023년에 $\frac{100,000-3,500}{3,500}$ ×100≒2,757(%) 증가하였

으므로 옳다.

④ 쌀의 경우 일반 제품 kg당 가격은 2,400원, 소포장 제품 kg

당 가격은 6,000원으로 $\frac{6,000}{2,400}$ ＝2.5(배)이다.

⑤ 애호박의 경우 일반 제품과 소포장 제품의 kg당 가격이 4,900

－3,700＝1,200(원)으로 1,000원 이상 차이가 난다.

112

정답 ④

유형 도표분석능력　　　　　상-중-하

2020년 하반기 일본인이 보유한 토지 면적당 단가는
$\frac{25,503}{17,759}$ ≒1.44(억 원/천 m²)이고, 유럽 국가 외국인이

보유한 토지 면적당 단가는 $\frac{52,267}{18,172}$ ≒2.88(억 원/천

m²)이므로 유럽 국가 외국인이 보유한 토지 면적당 단가가 일본인이 보유한 토지 면적당 단가보다 높다.

| 오답풀이 |

① [표1]에 따르면 조사기간 동안 미국인은 항상 전체 면적의 절반 이상의 토지를 가지고 있으므로 항상 가장 넓은 토지 면적을 보유하고 있다.

② 일본인이 보유한 토지 면적은 2019년 하반기 18,581천 m²에서 2020년 하반기 17,759천 m²로 감소하였다.

③ 전체에서 중국인이 보유한 토지 금액의 비중은 2019년 하반기 $\frac{25,804}{307,758}$ ×100≒8.4(%)에서 2020년 하반기 9%로 증가하였다.

⑤ 2020년 하반기 중국, 유럽, 일본, 기타 국가 모두 (금액)÷(면적)의 값이 1보다 큰 반면 미국은 1보다 작다. 따라서 2020년 하반기 토지 면적당 단가는 미국인 보유 토지가 가장 저렴하다.

> **NCS 문제풀이 TIP**
>
> ④ 일본의 경우 25,503이 17,759의 2배 미만이지만 유럽의 경우 52,267이 18,172의 2배 이상이므로 (금액)÷(면적)의 값은 유럽이 일본보다 크다.

113

정답 ⑤

유형 도표분석능력　　　　　상-중-하

2019년 하반기 대비 2020년 하반기에 외국인의 보유 토지 면적이 감소한 지역은 경북, 제주이고, 해당 지역의 보유 토지 금액은 증가하였으므로 옳다.

| 오답풀이 |

① 2020년 상반기 자료는 제시되지 않았으므로 알 수 없다.

② 2019년 하반기 대비 2020년 하반기에 레저용지의 토지 면적은 증가하였으나 토지 금액은 6,194억 원에서 6,193억 원으로 감소하였다.

③ 2020년 하반기 토지 면적당 단가는 아파트가 $\frac{36,430}{2,248}$ ≒

16.2(억 원/천 m²)이고, 상업용지가 $\frac{80,674}{4,093}$ ≒19.7(억 원/천

m²)이므로 옳지 않다.

④ 주어진 자료에서 공장용지와 기타용지를 제외하고, 2020년 하반기 외국인이 보유한 토지 중 경기와 레저용지의 면적 비중이 각각 가장 높지만 해당 자료만으로 경기의 레저용지 면적 비중이 가장 높은지는 알 수 없다.

114

정답 ⑤

유형 기초연산능력　　　상－중－**하**

인천역과 소사역 사이에는 일반 정거장 11개와 환승역 2개가 있다. 따라서 인천역에서 소사역까지 가는 데 이동 시간은 $2 \times 14 = 28$(분), 정차 시간은 $11 \times 0.5 + 2 \times 1 = 7.5$(분)이므로 총 소요시간은 35.5분, 즉 35분 30초이다. 따라서 13시 2분에 인천역에서 출발하면 소사역에 13시 37분 30초에 도착한다.

115

정답 ④

유형 기초연산능력　　　**상**－중－하

일반열차로 주안역에서 신길역까지 가는 데 걸리는 시간은 다음과 같다.

주안역에서 신길역 사이에는 일반 정거장 12개와 환승역 5개가 있다. 따라서 이동 시간은 $2 \times 18 = 36$(분), 정차 시간은 $12 \times 0.5 + 5 \times 1 = 11$(분)이므로 총 소요시간은 47분이다.

급행열차로 주안역에서 신길역까지 가는 데 걸리는 시간은 다음과 같다.

주안역에서 구로역 사이에서 급행열차가 정차하는 일반 정거장은 5개이고 환승역은 1개이므로 이동 시간은 $3 \times 7 = 21$(분)이고, 정차 시간은 $5 \times 0.5 + 1 \times 1 = 3.5$(분)이다. 즉, 14시 8분에 주안역에서 출발한 급행열차가 구로역에 도착하는 건 14시 32.5분이고, 구로역에서 출발하는 것은 14시 33.5분이다. 이때, 구로역에서 신길역까지 7분 30초 걸리므로 14시 8분에 주안역에서 출발한 급행열차가 신길역에 도착하는 시각은 14시 41분이다. 따라서 급행열차로 이동할 때의 총 소요시간은 33분이다.

그러므로 일반열차는 14시 13분 이전에 출발하는 것을 타면 되고, 급행열차는 14시 27분 이전에 출발하는 것을 타면 된다.

116

정답 ②

유형 도표분석능력　　　상－**중**－하

2019~2021년 동안 중소벤처기업의 국내 특허 출원 건수가 전년 대비 가장 많이 증가한 해는 57,438－50,493 ＝6,945(건) 증가한 2020년이고, 2020년 국내 상표 출원 건수도 전년 대비 83,548－66,154＝17,394(건) 증가하여 가장 많이 증가했다.

| 오답풀이 |

① 기타를 제외한 5개 항목의 2020년 국내 특허 출원 건수 평균은 $\dfrac{226,759 - 13,988}{5} ≒ 42,554$(건)으로 43,000건 미만이다.

③ 2019~2021년 외국인의 국내 상표 출원 건수 평균은 연 $\dfrac{31,352 + 27,719 + 30,138}{3} ≒ 29,736$(건)으로 30,000건 미만이다.

④ 2021년 개인의 국내 특허 출원 건수는 전년 대비 감소하였다.

⑤ 2019~2021년 동안 대기업의 국내 특허 출원 건수 증감 추이는 증가, 감소, 감소이고, 국내 상표 출원 건수 증감 추이는 감소, 증가, 증가이다.

117

정답 ①

유형 도표분석능력　　　상－**중**－하

2019년 대기업의 디자인 출원 건수는 전년 대비 $\dfrac{3,992 - 3,502}{3,502} \times 100 ≒ 14.0$(%) 증가하였으므로 전년 대비 10% 이상 증가하였다.

| 오답풀이 |

② 2018년 대학/공공연의 국내 상표 출원 건수는 1,114건으로 국내 디자인 출원 건수 1,184건보다 적다.

③ 2018~2021년 전체 국내 디자인 출원 건수의 연간 평균은 $\dfrac{63,680 + 65,039 + 67,583 + 64,787}{4} ≒ 65,272$(건)으로 65,000건 이상이다.

④ 전체 국내 디자인 출원 건수 중 개인이 차지하는 비중은 2020년 $\dfrac{30,591}{67,583} \times 100 ≒ 45.3$(%)에서 2021년 $\dfrac{28,784}{64,787} \times 100 ≒ 44.4$(%)로 전년 대비 감소하였다.

⑤ 2018~2021년 중소벤처기업의 국내 특허 출원 건수와 디자인 출원 건수의 합은 2018년이 46,652＋21,345＝67,997(건), 2019년이 50,493＋22,272＝72,765(건), 2020년이 57,438＋23,621＝81,059(건), 2021년이 62,843＋23,187＝86,030(건)이다. 2020년과 2021년에는 상표 출원 건수가 더 많으므로 옳지 않다.

NCS 문제풀이 TIP

단순 비교인 ②를 먼저 해결하고, 계산이 간단한 순서대로 ①, ⑤, ③, ④를 확인한다.
① 2018년 대기업의 국내 디자인 출원 건수에 2018의 약 10%인 350을 더해서 2019년 대기업의 국내 디자인 출원 건수와 비교한다. 3,502＋350＝3,852 < 3,992이므로 2019년 대기업의 디자인 출원 건수는 전년 대비 10% 이상 증가하였다.
④ 2021년 전체 국내 디자인 출원 건수는 2020년의 5% 미만인 약 3,000건 감소한 반면, 개인은 5% 이상인 1,500건 이상 감소하였다. 즉, 개인의 감소율이 전체의 감소율보다 크므로 2021년 전체 국내 디자인 출원 건수 중 개인이 차지하는 비중은 전년 대비 감소하였다.
⑤ 대략적인 값을 비교해본다. 2021년에 국내 특허 출원 건수와 디자인 출원 건수의 합이 약 85,000건이나 국내 상표 출원 건수는 90,000건 이상이므로 옳지 않다.

118

정답 ②

유형 **기초연산능력** 상-중-하

가 코스와 나 코스를 합한 거리가 14km이므로 가 코스를 $x$km라 하면 나 코스는 $(14-x)$km이다. (시간)＝$\dfrac{(거리)}{(속력)}$이므로 가 코스로 올라갈 때 소요시간은 $\dfrac{x}{1.5}$시간, 나 코스로 내려올 때 소요시간은 $\left(\dfrac{14-x}{4}\right)$시간이고, 휴식시간 30분을 제외한 총 소요시간은 6시간이므로 $\dfrac{x}{1.5}+\dfrac{14-x}{4}=6 \rightarrow 8x+42-3x=72 \rightarrow x=6$이다.
따라서 가 코스는 6km이다.

119

정답 ⑤

유형 **기초연산능력** 상-중-하

TV의 대각선 길이는 80인치이고, 길이 단위 인치(inch)

를 cm로 바꾸면 80×2.5＝200(cm)이다.
TV의 가로와 세로의 길이의 비가 4:3이므로 가로의 길이를 $4a$ cm, 세로의 길이를 $3a$ cm라고 하면 피타고라스의 정리에 따라 $(4a)^2+(3a)^2=200^2 \rightarrow 25a^2=40,000 \rightarrow a^2=1,600$이므로 $a=40$이다.
따라서 TV의 가로의 길이는 160cm, 세로의 길이는 120cm이므로 가로와 세로의 길이의 차는 160－120＝40(cm)이다.

NCS 문제풀이 TIP

피타고라스의 정리를 이용하여 문제를 푼다.
① 직각삼각형에서 직각을 낀 두 변의 길이가 각각 a, b이고, 빗변의 길이가 c이면 $a^2+b^2=c^2$이다.
② 직사각형에서 가로의 길이가 a, 세로의 길이가 b, 대각선의 길이가 c이면 $a^2+b^2=c^2$이다.

120

정답 ①

유형 **도표분석능력**   상-중-하

㉠ 2009년 커피전문점 매장 수가 4.7만 개이므로 [그래프1]을 통해 연도별 커피전문점 매장 수를 계산하면 다음과 같다.

구분	매장 수 증가량(천 개)	전체 매장 수(천 개)
2010년	5.5－3.6＝1.9	47＋1.9＝48.9
2011년	7－3.8＝3.2	48.9＋3.2＝52.1
2012년	7.2－3.7＝3.5	52.1＋3.5＝55.6
2013년	8－3.8＝4.2	55.6＋4.2＝59.8
2014년	10.6－4.5＝6.1	59.8＋6.1＝65.9
2015년	10.6－5.5＝5.1	65.9＋5.1＝71.0
2016년	12－7＝5	71.0＋5＝76.0
2017년	12－7.5＝4.5	76.0＋4.5＝80.5
2018년	13.6－8.5＝5.1	80.5＋5.1＝85.6

커피전문점 매장 수가 처음으로 8만 개를 넘은 해는 2017년이다.
㉢ 2018년과 2019년 커피전문점 총매장 수가 동일하다면 2019년 창업 매장 수와 폐업 매장 수가 동일한 경우도 있으므로 옳지 않다.

| **오답풀이**

㉡ 2011년 커피전문점 매장 수가 52.1천 개이고, 2012년 창업

매장 수가 7.2천 개이므로 2012년 커피전문점 창업률은

$\dfrac{7.2}{52.1} \times 100 ≒ 13.8(\%)$로 14% 미만이다.

ⓔ 커피전문점 폐업률은 2016년이 $\dfrac{7}{71.0} \times 100 ≒ 9.9(\%)$, 2017년

이 $\dfrac{7.5}{76.0} \times 100 ≒ 9.9(\%)$, 2018년이 $\dfrac{8.5}{80.5} \times 100 ≒ 10.6(\%)$

이다. 따라서 커피전문점 폐업률이 처음으로 10%를 넘는 해는 2018년이다.

121

정답 ④

유형 도표분석능력 　　　　　　　　 상·중·**하**

전체 부정승차자 수는 $112+114+116+117+121+122$ $+128+131=961$(천 명)이고, 새마을호는 $8+9+7$ $+5+2+3+4+5=43$(천 명)이다. 따라서 그 비중은

$\dfrac{43}{961} \times 100 ≒ 4.5(\%)$이므로 5% 미만이다.

| 오답풀이 |

① 8년간 미구입자 수는 총 $34+38+37+35+33+31+38$

$+37=283$(천 명)이므로 연평균 $\dfrac{283}{8}=35.375$(천 명)이다.

즉, 35천 명 이상이다.

② 부정승차자 수는 112천 명에서 131천 명으로 증가하였고, 부정할인자 또한 78천 명에서 94천 명으로 증가하였다.

③ 연도별 부정승차자 중 자기고발 외의 비중을 살펴보면 다음과 같다.

- 20×1년: $\dfrac{82}{112} \times 100 ≒ 73.2(\%)$

- 20×2년: $\dfrac{85}{114} \times 100 ≒ 74.6(\%)$

- 20×3년: $\dfrac{86}{116} \times 100 ≒ 74.1(\%)$

- 20×4년: $\dfrac{91}{117} \times 100 ≒ 77.8(\%)$

- 20×5년: $\dfrac{89}{121} \times 100 ≒ 73.6(\%)$

- 20×6년: $\dfrac{91}{122} \times 100 ≒ 74.6(\%)$

- 20×7년: $\dfrac{98}{128} \times 100 ≒ 76.6(\%)$

- 20×8년: $\dfrac{106}{131} \times 100 ≒ 80.9(\%)$

따라서 부정승차자 중 자기고발 외 비중은 20×8년에 가장 높다.

⑤ [표3]을 통해 8년 동안 20×7년을 제외하고 무궁화호의 부정할인자 수가 KTX의 부정할인자 수보다 많음을 알 수 있다.

122

정답 ⑤

유형 도표분석능력 　　　　　　　　 상·중·**하**

20×7년 무궁화호의 전체 부정승차자 수는 [표2]에서 61천 명이라고 제시되어 있다. 이때, 20×7년 미구입자 수는 17.6천 명이므로 그 비중은 $\dfrac{17.6}{61} \times 100 ≒ 28.9(\%)$ 이다.

123

정답 ④

유형 도표분석능력 　　　　　　　　 상·**중**·하

ⓐ 2020년 OECD 주요 국가 중 OECD 평균보다 여성 국회의원 비율이 높은 국가는 스웨덴, 노르웨이, 멕시코, 독일, 이탈리아, 오스트리아, 호주, 영국, 그리스 총 9개 국가이다.

ⓒ 2020년 OECD 주요 국가 중 여성과 남성 국회의원 비율의 차이가 55%p 이상인 국가는 미국 $78.2-$ $21.8=56.4(\%p)$, 대한민국 $81-19=62(\%p)$, 아일랜드 $83.7-16.3=67.4(\%p)$, 튀르키예 $86.3-13.7=$ $72.6(\%p)$, 일본 $90.2-9.8=80.4(\%p)$로 총 5개이다.

ⓔ 한국의 지역구 여성 국회의원 수는 2004년에 10명, 2020년에 29명이므로 2004년 대비 2020년 증가율

은 $\dfrac{29-10}{10} \times 100=190(\%)$이다. 따라서 200% 미

만으로 증가하였다.

| 오답풀이 |

ⓑ 2020년 여성 국회의원 비율이 19%이고 여성 국회의원 수가

57명이므로 전체 국회의원 수를 x명이라 하면 $\dfrac{57}{x} \times 100=$

$19(\%)$이고, $x=300$이다. 따라서 2020년 한국의 전체 국회의원 수는 300명이므로 300명 이상이다.

124

정답 ④

유형 도표분석능력 　　　　　　　　 상·중·**하**

2008년 여성 국회의원 수는 41명이고, 전체 국회의원 수는 353명이므로 여성 국회의원의 비율은 $\dfrac{41}{353} \times 100$

$≒ 11.6(\%)$이다.

2012년 여성 국회의원 수는 47명이고, 전체 국회의원

수는 354명이므로 여성 국회의원의 비율은 $\frac{47}{354} \times 100$ ≒13.3(%)이다.

따라서 A는 11.6%, B는 13.3%이다.

125
정답 ④

유형 도표분석능력　　　　　상-중-하

$$(\text{고용률})(\%) = \frac{(\text{전체 취업자 수})}{(\text{당해 연도 15세 이상 연앙인구})} \times 100$$

이므로 2020년 15세 이상 연앙인구를 k천 명, 3월의 전체 취업자 수 대비 제조업 취업자 수의 비중을 A라고 하면 $A = \frac{4,150}{0.595k} \times 100(\%)$이고, 7월의 전체 취업자 수 대비 제조업 취업자 수의 비중을 B라고 하면 $B = \frac{4,700}{0.605k} \times 100(\%)$이다. 따라서 간략히 계산하면 $A = \frac{4,150}{0.595k}$ ≒ $\frac{6,975}{k}$, $B = \frac{4,700}{0.605k}$ ≒ $\frac{7,769}{k}$이므로 k의 값에 관계없이 3월이 7월보다 비중이 작다.

| 오답풀이 |

① 2020년 15세 이상 연앙인구를 알 수 없으므로 3월의 전체 취업자 수는 알 수 없다.

② 2020년 전체 수출액의 전년 대비 증감률이 15%이므로 2019년 전체 수출액은 $\frac{6,161}{1+0.15}$ ≒5,357(억 달러)이다. 따라서 2019년 전체 수출액은 2020년 대비 $\frac{5,357}{6,161} \times 100$ ≒87(%) 수준이다.

③ 8~9월에 제조업 취업자 수는 전월 대비 증가하지만 고용률은 전월 대비 감소한다.

⑤ 2019년 컴퓨터 수출액은 $\frac{134}{1+0.572}$ ≒85.2(억 달러)이므로 2019년에 컴퓨터 수출액이 전체 수출액에서 차지하는 비중은 $\frac{85.2}{5,357} \times 100$ ≒1.6(%)이다.

126
정답 ②

유형 도표분석능력　　　　　상-중-하

2019년 1~9월 제조업 취업자 수를 구하면 47,160천 명 −1,250만 명=47,160천 명−12,500천 명=34,660 (천 명)이므로 2019년 1~9월 월평균 제조업 취업자 수

는 $\frac{34,660}{9}$ ≒3,851(천 명)이다.

2020년 1~9월 제조업 취업자 수를 구하면 53,440천 명 −1,370만 명=53,440천 명−13,700천 명=39,740 (천 명)이므로 2020년 1~9월 월평균 제조업 취업자 수 는 $\frac{39,740}{9}$ ≒4,416(천 명)이다.

따라서 A=4,416−3,851=565(천 명)이다.

127
정답 ④

유형 도표분석능력　　　　　상-중-하

취업 노인 중 농어축산업에 종사하는 노인의 비율은 2014년에 3년 전 대비 52.9−36.4=16.5(%p) 감소하였고, 2020년에 32.9−13.5=19.4(%p) 감소하였다. 따라서 3년 전 대비 가장 큰 폭으로 변한 해는 2020년 이다.

| 오답풀이 |

① 2011년과 2014년의 취업 노인 인구수를 구하면 다음과 같다.
- 2011년: 5,493×0.34≒1,867.6(천 명)
- 2014년: 6,293×0.289≒1,818.7(천 명)

따라서 2014년의 취업 노인 인구수가 더 적다.

② 2017년과 2020년의 취업하지 않은 노인 인구수를 구하면 다음과 같다.
- 2017년: 7,088×0.691≒4,897.8(천 명)
- 2020년: 8,138×0.631≒5,135.1(천 명)

따라서 2020년에 취업하지 않은 노인 인구수는 2017년 대비 증가하였다.

③ 1994년과 2020년의 취업 노인 인구수를 구하면 다음과 같다.
- 1994년: 2,545×0.285≒725.3(천 명)
- 2020년: 8,138×0.369≒3,002.9(천 명)

따라서 $\frac{3,002.9}{725.3}$ ≒4.1(배)이므로, 4배 이상 증가하였다.

128
정답 ③

유형 도표분석능력　　　　　상-중-하

㉠ 1998년에 취업 중인 노인 인구수는 3,055×0.29≒ 886.0(천 명)이고, 서비스/판매에 종사하는 노인 인구수는 886×0.088≒78.0(천 명)이다.

㉡ 2011년에 취업 중인 노인 인구수는 5,493×0.34 ≒1,867.6(천 명)이고, 기능원 및 관련기능에 종사하

는 노인 인구수는 1,867.6×0.032≒59.8(천 명)이다.
ⓒ 2017년에 취업 중인 노인 인구수는 7,088×0.309
≒2,190.2(천 명)이고, 기계, 기계조작 및 조립에 종
사하는 노인 인구수는 2,190.2×0.075≒164.3(천
명)이다.
따라서 인구수가 많은 순서대로 나열하면 ⓒ＞㉠＞ⓒ
이다.

129

정답 ②

유형 도표작성능력　　　　　　　　상-중-하

연도별로 단순노무에 종사하는 노인 인구수를 구하면
다음과 같다.
• 1998년: 3,055×0.29×0.215≒190.5(천 명)
• 2004년: 4,135×0.308×0.278≒354.1(천 명)
• 2008년: 5,004×0.345×0.262≒452.3(천 명)
• 2011년: 5,493×0.34×0.261≒487.4(천 명)
따라서 바르게 나타낸 그래프는 ②이다.

130

정답 ③

유형 기초통계능력　　　　　　　　상-중-하

'96개의 정상 제품과 4개의 불량품 중 무작위로 뽑은
1개가 불량품일 때'라고 하였으므로 1개를 뽑은 사건은
이미 일어난 것으로 취급하여 조건부 확률이 된다. 따라
서 남아 있는 99개의 제품(정상 제품 96개와 불량품
3개) 중 1개를 뽑아 불량품이 될 확률을 의미한다. 즉,
$\frac{3}{99}=\frac{1}{33}$이다.

131

정답 ④

유형 기초연산능력　　　　　　　　상-중-하

각 메뉴를 가격이 더 저렴한 곳에서 1인분씩 구입하면,
각 메뉴를 가격이 더 비싼 곳에서 1인분씩 구입할 때보
다 결제 금액이 4,000원 적으므로, 메뉴별 두 분식집의
가격 차이의 합이 4,000원이 되어야 한다. 떡볶이를 제
외한 4개 메뉴의 가격 차이의 합을 구하면 1,000＋

1,000＋500＋500＝3,000(원)이므로, 두 분식집의 떡
볶이 가격 차이는 4,000－3,000＝1,000(원)이 된다.
따라서 각 분식집에서 떡볶이만 2인분씩 구입할 경우
결제 금액의 차는 1,000×2＝2,000(원)이다.

132

정답 ②

유형 기초연산능력　　　　　　　　상-중-하

A와 D의 원주의 길이의 비는 8 : 3이고, B와 C의 원주
의 길이의 비는 10 : 2＝5 : 1이다. A와 D가 연결되어
있을 때 A가 1회전하면 D는 $\frac{8}{3}$회전한다. B와 C가 연
결되어 있을 때 B가 1회전하면 C는 5회전한다. A와 B
의 회전수가 같을 때 D와 C의 회전수의 비는 $\frac{8}{3}$: 5이
다. 따라서 변속했을 때 회전수의 증가를 V라고 하면,
$5=(1+V)\times\frac{8}{3}$이 된다.

따라서 $V=\frac{7}{8}=0.875$이며, 87.5% 증가한 것을 알 수
있다.

133

정답 ④

유형 기초통계능력　　　　　　　　상-중-하

K씨가 부서장 옆자리에 앉지 않을 확률은 전체 확률에
서 K씨가 부서장 옆자리에 앉을 확률을 빼면 된다.

맨 뒤		ⓓ		ⓔ	
중간	ⓐ		ⓑ		ⓒ
맨 앞	조수석			운전석	

7명이 차량에 타는 전체 경우의 수는 K씨를 포함한 운
전면허 소지자 3명 중 한 명은 운전석에 앉고 부서장은
운전석과 조수석을 제외한 ⓐ～ⓔ 중 한 좌석에 앉는다.
운전자와 부서장을 제외한 5명은 남은 5자리에 앉는다.
그러므로 전체 경우의 수는 (3×5×5!)가지이다.
K씨가 부서장 옆자리에 앉는 경우의 수는 다음과 같이
구한다. K씨를 제외한 다른 운전면허 소지자 2명 중 한
명이 운전석에 앉는다. K씨와 부서장이 나란히 앉는 경
우는 (ⓐ, ⓑ), (ⓑ, ⓒ), (ⓓ, ⓔ)의 3가지이고, 이때 K씨
가 부서장과 자리를 바꿔 앉는 경우도 고려해야 한다.
운전자와 K씨와 부서장을 제외한 4명은 남은 4자리에

앉는다. 이때 경우의 수는 $(2 \times (3 \times 2) \times 4!)$가지이다.

따라서 구하는 확률은

$$1 - \frac{2 \times (3 \times 2) \times 4 \times 3 \times 2 \times 1}{3 \times 5 \times 5 \times 4 \times 3 \times 2 \times 1} = 1 - \frac{4}{25} = 0.84$$이다.

134

정답 ④

유형 기초연산능력

상-중-하

A부서의 직원 수를 a명, B부서의 직원 수를 b명, C부서의 직원 수를 c명이라고 하면 A부서와 B부서 직원의 평균 근무만족점수는 88점이므로 $\dfrac{80a+90b}{a+b} = 88 \rightarrow$

$80a + 90b = 88a + 88b \rightarrow b = 4a$, 즉 B부서의 직원 수는 A부서의 직원 수보다 4배 많다.

B부서와 C부서 직원의 평균 근무만족점수는 70점이므로 $\dfrac{90b+40c}{b+c} = 70 \rightarrow 90b + 40c = 70b + 70c \rightarrow b = 1.5c$

즉, B부서 직원 수는 C부서 직원 수보다 1.5배 많다.

따라서 $4a = b = 1.5c$에서 $a = \dfrac{3}{8}c$이므로 A부서 직원 수는 C부서 직원 수의 $\dfrac{3}{8}$배이다.

| 오답풀이 |

① $b = 1.5c$이고, b는 자연수이므로 c는 짝수여야 한다. 따라서 C부서 직원 수는 짝수이다.

② $4a = b = 1.5c$에서 $a = \dfrac{1}{4}b = \dfrac{3}{8}c$이므로 a, b, c 중에서 a가 가장 작다. 따라서 A부서 직원 수가 가장 적다.

③ $4a = b = 1.5c$에서 b는 4의 배수이면서 3의 배수이므로 12의 배수이다. 따라서 B부서 직원 수는 12의 배수이다.

⑤ $4a = b = 1.5c$에서 $a = \dfrac{3}{8}c$, $b = \dfrac{3}{2}c$이므로

$$\frac{80a+90b+40c}{a+b+c} = \frac{30c+135c+40c}{\frac{3}{8}c+\frac{3}{2}c+c} = \frac{205c}{\frac{23}{8}c} = \frac{1,640c}{23c}$$

$\fallingdotseq 71$(점)이다. 따라서 A, B, C부서의 평균 근무만족점수는 70점을 초과한다.

135

정답 ③

유형 도표분석능력

상-중-하

근원물가 상승률이 1%p 이하인 달은 2020년 11월부터 2021년 3월까지이고, 이 중 개인서비스 상승률이 1.5%p 이상인 달은 2021년 1월부터 3월, 공업제품과 공공서비스 상승률이 모두 음수인 달은 2021년 1월과 2월이며, 집세와 생활물가 상승률이 모두 0.9%p 이상인 달은 2021년 2월이다. 따라서 이때의 소비자물가 상승률은 1.1%p이다.

136

정답 ②

유형 도표분석능력

상-중-하

A: 2020년 50대 여성과 20대 여성의 1인 가구 비율의 차이는 $44.9 - 15.5 = 29.4$(%p)이고, 50대 남성과 20대 남성의 1인 가구 비율의 차이는 $20.8 - 15.1 = 5.7$(%p)이다. 따라서 $\dfrac{29.4}{5.7} \fallingdotseq 5.2$(배)로 6배 미만이다.

| 오답풀이 |

B: 2019년에 여성의 연령대가 20대에서 50대로 높아질수록 1인 가구의 비율도 $4.2\% \rightarrow 13.9\% \rightarrow 29.5\% \rightarrow 45.1\%$로 높아진다.

C: 2020년에 2년 이내 1인 생활 종료가 예상된다고 응답한 사람의 비율은 전년 대비 $17.3 - 16.0 = 1.3$(%p) 감소하였다.

D: 2018~2020년에 1인 생활을 10년 이상 지속할 것이라고 예상하는 사람의 비율은 $34.5\% \rightarrow 38.0\% \rightarrow 44.7\%$로 높아지고 있다.

137

정답 ⑤

유형 도표분석능력 (상)-(중)-(하)

⊙ 조사기간 동안 매년 발전량이 가장 많은 에너지원은 2011년 203천 GWh, 2012 202천 GWh, 2013년 204천 GWh, 2014년 207천 GWh, 2015년 211천 GWh, 2016년 214천 GWh, 2017년 239천 GWh, 2018년 239천 GWh, 2019년 227천 GWh를 기록한 석탄이다.

ⓔ 2013년 가스 발전량은 140천 GWh로 139천 GWh인 원자력 발전량보다 많았고, 2018년 가스 발전량은 153천 GWh로 134천 GWh인 원자력 발전량보다 많았다.

| 오답풀이 |

ⓒ 2012년부터 2018년까지 전체 발전량은 매년 전년 대비 증가했고, 2019년에만 전년 대비 감소한다.

ⓒ 2019년에는 2011년 대비 전체 발전량은 증가했지만, 에너지원별로 봤을 때는 원자력은 감소했다.

138

정답 ④

유형 도표분석능력 (상)-(중)-(하)

전체 발전량에서 석탄 발전량이 차지하는 비중은 2017년 $\frac{239}{553} \times 100 = 43.2(\%)$이고, 2015년 $\frac{211}{528} \times 100 = 40.0(\%)$로 차이는 $43.2 - 40.0 = 3.2(\%p)$이다.

139

정답 ③

유형 도표분석능력 (상)-(중)-(하)

ⓒ 2016~2019년 중 공급액이 전년 대비 가장 많이 증가한 해는 $29,991 - 22,720 = 7,271$(억 원)인 2017년이다.

ⓔ 2020년 공급액은 2016년 대비 $\frac{36,794 - 22,720}{22,720} \times 100 = 62.0(\%)$ 증가하였다.

| 오답풀이 |

⊙ 공급액이 공급 목표액을 초과한 해는 2018년, 2019년, 2020년이고, 이때 초과 달성액은 각각 $36,612 - 33,005 = 3,607$(억 원), $37,563 - 33,010 = 4,553$(억 원), $36,794 - 34,010 = 2,784$(억 원)이므로 그 합은 $3,607 + 4,553 + 2,784 = 10,944$(억 원)이다.

ⓒ 조사 기간에 서민 맞춤 대출 공급 목표액은 매년 증가하고 있지만 서민 맞춤 대출 공급액은 2020년에 전년 대비 감소하였다.

140

정답 ③

유형 도표분석능력 (상)-(중)-(하)

⊙ 2015년 서민 맞춤 대출 하반기 공급액은 $19,033 - 9,464 = 9,569$(억 원)이다.

ⓒ 하반기 공급액은 $36,794 - 18,897 = 17,897$(억 원)이고 2020년 공급 목표액은 34,010억 원이므로 하반기 공급액의 공급 목표액 달성률은 $\frac{17,897}{34,010} \times 100 = 52.6(\%)$이고 소수점 첫째 자리에서 버림을 하면

52%이다.

141

정답 ③

유형 도표분석능력 　상-중-**하**

70대 이상 백내장수술 인원은 $160,997+60,230=221,227$(명)이고, 전체 백내장수술 인원은 459,062명으로 절반은 229,531명이다. 따라서 전체 백내장수술 인원의 절반 미만이다.

| 오답풀이 |

① 슬관절치환술을 받은 인원은 최소 $23,252+39,329+10,592=73,173$(명)이므로 73,000명 이상이다.

② 전체 연령대 중에서 60대의 수술 인원은 342,296명으로 두 번째로 많다. 수술 인원이 가장 많은 연령대는 344,122명인 70대이다.

④ 상위 5개 수술 분포에서 백내장수술은 40대에 처음 등장한다.

142

정답 ④

유형 도표분석능력 　상-**중**-하

2019년 전체 백내장수술 비용이 7,167억 3천2백만 원이고, 전체 백내장수술 인원이 459,062명이므로 2019년 백내장수술 1인당 평균 비용은 $\dfrac{71,673,200}{459,062} \fallingdotseq 156$(만 원)이다.

143

정답 ④

유형 도표작성능력 　상-**중**-하

80세 이상 연령대의 슬관절치환술의 수술 인원은 10,592명인데, ④의 그래프의 경우, 10,393명으로 80세 이상 연령대의 고관절치환술 수술 인원으로 잘못 표기되어 있으므로 옳지 않다.

| 오답풀이 |

① 20~50대의 전체 수술 인원은 $103,673+213,906+183,344+264,158=765,081$(명)이다. 연령대별 전체 수술 인원 비중을 구하면 다음과 같다.

• 20대: $\dfrac{103,673}{765,081} \times 100 \fallingdotseq 14(\%)$

• 30대: $\dfrac{213,906}{765,081} \times 100 \fallingdotseq 28(\%)$

• 40대: $\dfrac{183,344}{765,081} \times 100 \fallingdotseq 24(\%)$

• 50대: $\dfrac{264,158}{765,081} \times 100 \fallingdotseq 34(\%)$

따라서 원그래프에 표기된 수치와 일치하므로 옳은 그래프이다.

② 막대그래프에 표기된 수치가 주어진 자료의 수치와 일치하므로 옳은 그래프이다.

③ 일반척추수술, 치핵수술, 담낭절제술의 10~60대 연령대별 순위는 다음과 같다.

구분	10대	20대	30대	40대	50대	60대
일반척추수술	5위	5위 밖	5위 밖	5위	3위	2위
치핵수술	4위	2위	2위	1위	2위	4위
담낭절제술	5위 밖	5위 밖	4위	4위	4위	5위 밖

따라서 꺾은선그래프에 표기된 위치와 일치하므로 옳은 그래프이다.

144

정답 ⑤

유형 도표분석능력 　상-**중**-하

네 도시의 현재 철도 이용 인구, 3년 후 철도 이용자 증가율, 3년 후 철도 이용 인구, 3년 후 철도 이용자 증가 인원을 계산하면 다음과 같다.

구분	현재 철도 이용 인구(명)	3년 후 철도 이용자 증가율(%)	3년 후 철도 이용 인구(명)	3년 후 철도 이용자 증가 인원(명)
A도시	$2,128,536$ $\times 0.28$ $≒595,990$	1.05×1.05 $\times 1.05 = 1.05^3$ $=1.16$	$595,990$ $\times 1.16$ $≒691,348$	$691,348$ $-595,990$ $=95,358$
B도시	$1,985,263$ $\times 0.32$ $≒635,284$	1.05×1.05 $\times 1.1 = 1.1$ $\times 1.1 = 1.21$	$635,284$ $\times 1.21$ $≒768,694$	$768,694$ $-635,284$ $=133,410$
C도시	$1,625,384$ $\times 0.26$ $≒422,600$	1.05×1.1 $\times 1.1 = 1.05$ $\times 1.21 ≒ 1.27$	$422,600$ $\times 1.27$ $=536,702$	$536,702$ $-422,600$ $=114,102$
D도시	$1,859,414$ $\times 0.2$ $≒371,883$	1.1×1.1 $\times 1.1 = 1.1^3$ $=1.33$	$371,883$ $\times 1.33$ $≒494,604$	$494,604$ $-371,883$ $=122,721$

따라서 3년 후 철도 이용자 증가 인원이 가장 큰 B도시에 신설해야 한다.

| 오답풀이 |

① 총 인구수가 많은 순서는 A−B−D−C이다.
② 현재 철도 이용 비율이 높은 순서는 B−A−C−D이다.
③ 현재 철도 이용 인구가 가장 많은 도시는 B이다.
④ 3년 후 철도 이용자 증가율이 가장 높은 도시는 D이다.

> **NCS 문제풀이 TIP**
>
> 정차역을 신설할 때 고려하는 A, B, C, D 네 도시의 현재 철도 이용 인구, 3년 후 철도 이용자 증가율, 3년 후 철도 이용 인구, 3년 후 철도 이용자 증가 인원을 계산하고 선택지를 확인한다.

145
정답 ⑤

유형 **기초연산능력** 상-중-하

수민이네 반에 형준이가 전학을 오면 학생 11명이 참여할 수 있는 일대일 톡 대화방의 개수는 $\dfrac{11 \times (11-1)}{2}$ $=55$(개)이고, 형준이가 혜리, 소리와 일대일 톡 대화방을 만든다면 수민이네 반 일대일 톡 대화방의 밀도는 $\dfrac{14}{55}≒0.25$가 되므로 현재의 밀도 0.27보다 낮아진다.

| 오답풀이 |

① 수민이네 반 학생들 중 동혁이가 4개로 가장 많은 일대일 톡 대화방에 참여하고 있다.
② 수민이는 정훈이와 일대일 톡 대화방에 참여하고 있지 않다.

③ 수민이네 반 학생 10명이 참여할 수 있는 일대일 톡 대화방의 개수는 $\dfrac{10 \times (10-1)}{2}=45$(개)이고 참여하고 있는 일대일 톡 대화방의 개수는 12개이므로 밀도는 $\dfrac{12}{45}≒0.27$로 0.4 미만이다.
④ 수민이네 반 학생들이 참여하고 있는 일대일 톡 대화방의 개수는 총 12개이다.

> **NCS 문제풀이 TIP**
>
> [조건]을 통해 [표]의 숫자 0과 1이 각각 서로 다른 두 학생의 일대일 톡 대화방이 없는 경우와 있는 경우임을 인지하고 선택지를 확인하면 어렵지 않게 답을 찾을 수 있다.

146
정답 ③

유형 **기초연산능력** 상-중-하

김 대리가 평균 80km/h의 속력으로 이동하였으므로 김 대리가 K지점까지 가는데 걸린 시간은 $\dfrac{200}{80}=2.5$(시간)이다.
한편 이 대리는 김 대리보다 30분 늦게 도착하였으므로 이 대리가 K지점까지 가는데 걸린 시간은 3시간이고, 이 대리가 이동한 거리는 $500-200=300$(km)이다. 따라서 이 대리가 이동한 평균 속력은 $\dfrac{300}{3}=100$ (km/h)이다.

> **NCS 문제풀이 TIP**
>
> 거/속/시, 농도, 일의 양 등의 문제는 자주 출제되는 유형이다. 각 유형에 따라 다양한 문제들을 꼭 풀어 보길 바란다. 예를 들어 거/속/시 문제에서 호수 반대 방향으로 걷는 문제를 풀어 보았다면 같은 방향으로 걷는 것도 풀어 보고, 배와 강물의 속력의 차이를 이용한 문제 등도 연습해 보는 것이 좋다.
> 농도 문제도 두 용액을 섞는 문제, 물을 섞는 문제, 물을 증발시키는 문제 등 다양한 문제들을 연습해 보자.

147
정답 ③

유형 **기초연산능력** 상-중-하

수열2를 먼저 살펴보면 다음과 같은 규칙이 있음을 알수 있다.

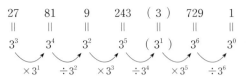

$$27 \qquad 81 \qquad 9 \qquad 243 \qquad (\ 3\ ) \qquad 729 \qquad 1$$

즉, 수열2의 빈칸에 들어갈 수는 3이다.

수열1의 빈칸에 3을 넣으면 수열1은 2 5 3 -2 -5 -3 2이고, 뒤의 항에서 앞의 항을 뺀 값이 다음 항이 되는 규칙임을 알 수 있다.

따라서 두 수열의 빈칸에 공통으로 들어갈 수는 3이다.

NCS 문제풀이 TIP

수추리 유형은 제시된 알파벳이나 한글 자음을 숫자로 변환하여 숫자 사이의 규칙을 파악해야 하는 유형으로 출제되기도 한다. 등차수열, 등비수열, 계차수열, 피보나치 수열 등의 개념에 유의하여 규칙을 빠르게 파악하는 연습이 필요하다.

148

정답 ①

유형 기초연산능력 ⓐ-ⓑ-ⓗ

연체금의 적용 대상은 건강보험료, 장기요양보험료, 체납 후 진료비 환수금이다. 길동이의 경우 체납 후 진료비 환수금은 없고 납부고지서의 금액을 전혀 납부하지 않았다고 하였으므로, 체납보험료는 건강보험료와 장기요양보험료를 합한 $155,000+(155,000 \times 0.1025)=170,887.5$(원)에서 원 단위 이하 절사 처리한 170,880원이다.

가산금이 매 1일이 경과할 때마다 체납보험료의 $\dfrac{1}{1,500}$이므로, 30일 동안의 연체금은 체납보험료의 $30 \times \dfrac{1}{1,500}=\dfrac{1}{50}$이다. 즉, $170,880 \times \dfrac{1}{50}=3,417.6$(원)이다. 이후 20일 동안은 매 1일이 경과할 때마다 체납보험료의 $\dfrac{1}{6,000}$의 가산금이 발생하므로, 20일 동안의 연체금은 체납보험료의 $20 \times \dfrac{1}{6,000}=\dfrac{1}{300}$이다. 즉, $170,880 \times \dfrac{1}{300}=569.6$(원)이다. 따라서 체납보험료에 대한 연체금의 총합은 $3,417.6+569.6=3,987.2$(원)이고, 원 단위 이하 절사하면 3,980원이다.

NCS 문제풀이 TIP

본 문제는 주어진 자료를 바탕으로 수치를 계산해야 하는 유형이다. 계산이 복잡할 경우 시간이 많이 소요될 수 있기 때문에 자료에서 계산에 필요한 식을 먼저 찾도록 한다.

149

정답 ①

유형 기초연산능력 ⓐ-ⓑ-ⓗ

룰렛판은 최종적으로 $62^\circ-180^\circ+172^\circ=54^\circ$를 시계방향으로 회전하였다. 이때 룰렛판에 쓰인 연속된 두 수의 사잇각은 $360 \div 200=1.8^\circ$이므로 $54 \div 1.8=30$(개)의 수만큼 움직인 것이다. 즉, 1은 처음에 31이 있던 곳으로 움직였다. 따라서 처음 1이 있던 곳에는 171이 있다.

NCS 문제풀이 TIP

일정한 각도를 기준으로 룰렛판이 회전하고 있으므로 룰렛판에 쓰인 연속된 두 수의 사잇각이 몇 도인지 먼저 구한다.

150

정답 ④

유형 기초연산능력 ⓐ-ⓑ-ⓗ

더하는 두 수는 각각 시간의 분(分)을 의미하며, 더해서 나온 수에서 시간(60분)을 뺀 나머지 분의 규칙을 가지고 있다. 따라서 $41+34=75=60+15$이므로, 빈칸에는 15가 들어가야 한다.

NCS 문제풀이 TIP

숫자를 더한 값이 일반적인 상식에서 벗어나 있다면 덧셈을 기반으로 한 새로운 규칙이 적용되어 있음을 짐작할 수 있다. 고정관념을 타파하고 규칙을 분석하도록 한다. 한 번 출제된 규칙은 다시 출제될 가능성이 높으므로 기출문제의 수추리 규칙은 암기해 놓는 것이 좋다.

151

정답 ②

유형 기초연산능력 ⓐ-ⓑ-ⓗ

기차가 터널을 완전히 통과하려면 (터널의 길이)+(기차의 길이)$=1.2+0.12=1.32$(km)만큼 이동해야 한다.

따라서 기차가 터널을 완전히 통과하는 데 걸리는 시간
은 $\dfrac{1.32(\text{km})}{144(\text{km/h})} \times \dfrac{3,600(\text{s})}{1(\text{h})} = 33(\text{s})$이다.

152

정답 ②

유형 기초연산능력

상-중-하

제품 A, B, C의 전체 원가를 x라고 하면 제품 A, B,
C 각각의 원가는 $0.2x$, $0.7x$, $0.1x$가 되고, 판매가는 각
각 $0.6x$, $3.5x$, $0.2x$가 된다. 그런데 제품 A, B, C의
판매금액 합이 8,600만 원이므로 $0.6x + 3.5x + 0.2x =$
8,600만이다. 따라서 $x = 2,000$(만 원)이다.

 NCS 문제풀이 **TIP**

전체 원가를 미지수로 설정하여 빠르게 답을 찾을 수 있는 문
제이다. 난도가 높은 다른 문제의 풀이 시간을 확보할 수 있
도록 본 문제와 같이 쉬운 문제는 빠르게 답을 찾고 넘어가도
록 한다.

153

정답 ③

유형 기초연산능력

상-중-하

전체 일의 양을 1이라 하고, 윤 사원, 김 사원, 최 사원
이 하루에 할 수 있는 일의 양을 각각 x, y, z라고 하면
다음과 같은 식을 세울 수 있다.

$4(x+y) = 1 \rightarrow x+y = \dfrac{1}{4} \cdots$ ㉠

$8(x+z) = 1 \rightarrow x+z = \dfrac{1}{8} \cdots$ ㉡

$6(y+z) = 1 \rightarrow y+z = \dfrac{1}{6} \cdots$ ㉢

㉠+㉡+㉢을 하면

$2(x+y+z) = \dfrac{13}{24} \rightarrow x+y+z = \dfrac{13}{48} \cdots$ ㉣

㉢을 ㉣에 대입하면 $x + \dfrac{1}{6} = \dfrac{13}{48} \rightarrow x = \dfrac{5}{48}$이다.

따라서 이 일을 윤 사원이 혼자서 하는 데 걸리는 시간은
$1 \div \dfrac{5}{48} = \dfrac{48}{5} = 9.6$(일)이므로 윤 사원이 혼자서 한다면
최소 10일이 걸린다.

 NCS 문제풀이 **TIP**

일의 양 문제도 방정식의 활용으로 자주 출제되는 유형이다.
전체 일의 양을 1로 계산한다는 것만 알면 어떠한 문제가 출제
되더라도 쉽게 풀 수 있다.

154

정답 ③

유형 기초연산능력

상-중-하

예산 15만 원으로 구입 가능한 건전지 A~D의 개수를
각각 구하여 정리하면 다음과 같다.

구분	건전지 A	건전지 B	건전지 C	건전지 D
구입 가능 개수	150,000 ÷25,000 =6(개)	150,000 ÷12,500 =12(개)	150,000 ÷10,000 =15(개)	150,000 ÷13,000 ≒11.5(개) → 11개

이때 개수를 고려한 사용 가능 시간을 다시 계산하여 정
리하면 다음과 같다.

구분	건전지 A	건전지 B	건전지 C	건전지 D
사용 가능 시간	25(시간) ×6(개) =150(시간)	6(시간) ×12(개) =72(시간)	4(시간) ×15(개) =60(시간)	13(시간) ×11(개) =143(시간)

따라서 사용 시간이 가장 긴 건전지부터 짧아지는 순서
대로 배열하면 '건전지 A − 건전지 D − 건전지 B − 건
전지 C'로 정답은 ③이다.

155

정답 ④

유형 기초연산능력

상-중-하

1차 면접에 합격한 남성의 수를 $4k$명, 여성의 수를 $5k$
명이라 하면 전체 1차 면접 합격자 수는 $9k$명이다. 이
중 2차 면접의 합격자와 불합격자의 비율이 2:7이므로
합격자는 $2k$명, 불합격자는 $7k$명이다. 불합격자 중 남
녀의 성비는 3:4이므로 남성 불합격자는 $3k$명, 여성 불
합격자는 $4k$명이다. 즉, 2차 면접 지원자 중 남성이 $4k$
명, 여성이 $5k$명이고, 이 중 남성이 $3k$명, 여성이 $4k$명
불합격하였으므로 2차 면접에 합격한 남성 지원자는
$4k - 3k = k$(명), 여성 지원자는 $5k - 4k = k$(명)이다. 2차
면접 합격자가 최종 합격자와 같고, 최종 남성 합격자
수는 30명이므로 $k = 30$이다. 따라서 1차 면접 합격자

수는 $9 \times 30 = 270$(명)이다.

 NCS 문제풀이 **TIP**

1차 면접에 합격한 남녀 성비가 4 : 5라는 것을 통해 1차 면접에 합격한 지원자 수가 9의 배수임을 알 수 있다.
이처럼 학생 수와 같이 소수점이 나오면 안 되는 문제들은 배수를 이용하여 선택지를 통해 답을 구하는 것도 하나의 방법이 된다.

156 정답 ①

유형 **기초연산능력** (상)-(중)-(하)

1열의 수와 2열의 수의 곱의 결과와 3열의 수의 관계에 대한 규칙을 판단하면 다음과 같다.

1	3	$1 \times 3 + 3 = 6$
2	5	$2 \times 5 + 4 = 14$
4	9	$4 \times 9 + 3 = 39$
5	12	( )

따라서 빈칸에 들어갈 수는 $5 \times 12 + 4 = 64$이다.

 NCS 문제풀이 **TIP**

군수열(묶음수열)은 일정한 규칙성을 가진 수들의 묶음들로 나열된 수열이다. 묶음 안의 수들은 일정한 규칙성을 갖지만 묶음 밖의 수들 간에는 연관성이 없는 것이 특징이다.
일반적으로 세 수가 한 묶음으로 구성되는데 두 수로 남은 하나의 수를 만드는 것이 관건이다.

157 정답 ①

유형 **도표분석능력** (상)-(중)-(하)

2022년 전체 독감 진료인원 중 20~40대의 비중은
$\frac{115,564 + 81,537 + 64,571}{873,590} \times 100 = \frac{261,672}{873,590} \times 100 ≒ 30.0(\%)$이므로, 28% 이상이다.

| 오답풀이 |
② 2022년 70대 이상 독감 진료인원 중 남성의 비중은
$\frac{1,942 + 734}{4,821 + 2,137} \times 100 = \frac{2,676}{6,958} \times 100 ≒ 38.5(\%)$이므로, 40% 미만이다.
③ 2022년 10대 독감 진료인원 중 10대 여성의 비중은
$\frac{124,580}{347,017} \times 100 ≒ 35.9(\%)$로, 37% 미만이다.

④ 조사 기간 동안 남성 독감 진료인원이 두 번째로 적은 해는 2020년이며, 전년 대비 2020년의 여성 독감 진료인원의 감소율은 $\frac{943,603 - 420,705}{943,603} \times 100 ≒ 55.4(\%)$로, 57% 미만이다.

158 정답 ①

유형 **도표분석능력** (상)-(중)-(하)

조사 기간 동안 독감 환자 전체 진료인원이 네 번째로 적은 해는 2019년이다.

- ㉠: $\frac{2,723,341 - 1,774,635}{2,723,341} \times 100 ≒ 34.8(\%)$
- ㉡: $\frac{1,246,450 - 831,032}{1,246,450} \times 100 ≒ 33.3(\%)$
- ㉢: $\frac{1,476,891 - 943,603}{1,476,891} \times 100 ≒ 36.1(\%)$

따라서 ㉠~㉢의 값을 크기순으로 바르게 나열하면 ㉡ < ㉠ < ㉢이다.

159 정답 ⑤

유형 **도표분석능력** (상)-(중)-(하)

2022년 열차의 비혼잡 상태 이산화탄소 농도는 2020년 대비 $\frac{1,404 - 1,080}{1,080} \times 100 = 30(\%)$ 증가했다.

| 오답풀이 |
① 2021년 철도 역사 지하 이산화탄소 농도는 507ppm으로 전년 대비 증가했다.
② 철도 역사 지하 폼알데하이드 농도의 2배는 2020년 $5 \times 2 = 10(\mu g/m^3)$, 2021년 $4 \times 2 = 8(\mu g/m^3)$이다. 따라서 지상이 지하의 2배 이상이다.
③ 2022년 철도 역사 지하에서 기준치 이상인 항목은 없다.
④ 2022년 철도 역사 지하 일산화탄소 농도와 2020년 철도 역사 지하 일산화탄소 농도는 2ppm으로 같다.

160 정답 ⑤

유형 **도표분석능력** (상)-(중)-(하)

- ㉠: $\frac{28}{50} \times 100 = 56(\%)$이므로 Yellow
- ㉡: $\frac{500}{1,000} \times 100 = 50(\%)$이므로 Yellow

- ⓒ: $\dfrac{5}{10}\times100=50(\%)$이므로 Yellow

- ⓔ: $\dfrac{1{,}150}{2{,}000}\times100=57.5(\%)$이므로 Yellow

- ⓜ: $\dfrac{1{,}200}{2{,}500}\times100=48(\%)$이므로 Green

따라서 등급이 다른 하나는 ⓜ이다.

161
정답 ④

유형 도표분석능력 상 중 **하**

[그래프A]의 c 항목은 초미세먼지 농도로, 2020년, 2022년에 지상 농도가 지하보다 낮고, 2021년에 지하 농도가 지상보다 낮다.

| 오답풀이 |

① [그래프A]는 철도 역사 지하의 폼알데하이드, 미세먼지, 초미세먼지 농도를 나타낸 그래프이다.

② [그래프A]의 b 항목은 미세먼지로, 2021년 지상 농도와 지하 농도 차이는 $41-39=2(\mu g/m^3)$이다.

③ [그래프B]의 ㄱ 항목은 열차 이산화탄소 농도로, 비혼잡 상태와 혼잡 상태가 뒤바뀌어 있다.

⑤ [그래프B]의 ㄴ 항목은 도시철도의 이산화탄소 농도를 나타낸 그래프이다.

162
정답 ②

유형 기초연산능력 상 중 **하**

각 진법의 수가 증가하면서 사용할 수 있는 수를 모두 사용하면, 그 다음 수는 단위가 바뀌어 10진법에서의 '10'처럼 표기하게 된다. 따라서 다음 표와 같은 규칙이 적용됨을 알 수 있다.

10진법	2진법	8진법	16진법
1	1	1	1
2	10	2	2
3	11	3	3
4	100	4	4
5	101	5	5
6	110	6	6
7	111	7	7
8	1000	10	8

9	1001	11	9
10	1010	12	A
11	1011	13	B
12	1100	14	C
13	1101	15	D
14	1110	16	E
15	1111	17	F
16	10000	20	10
17	10001	21	11
18	10010	22	12
19	10011	23	13
20	10100	24	14
21	10101	25	15

NCS 문제풀이 *TIP*

N진법은 0부터 총 N개의 수를 이용하여 표시하는 것이다.

10진법은 0부터 9까지 10개의 수로 표현하며, 9가 넘어가는 숫자에 대해서는 10의 자리에 1, 즉 10으로 표시한다. 그리고 99가 넘어가는 숫자에 대해서는 100의 자리에 1, 즉 100으로 표시한다.

2진법은 0과 1로 표현하며, 1이 넘어가는 숫자에 대해서는 2의 자리에 1, 즉 $10_{(2)}$으로 표시한다. 또한 11이 넘어가는 숫자는 다시 2^2의 자리에 1, 즉 $100_{(2)}$으로 표시한다.

10진법의 수를 2진법의 수로 바꾸는 방법은 2로 나누었을 때 몫과 나머지를 나열하여 만든다. 다른 진법 모두 같은 방법을 이용한다.

$$\begin{array}{r} 2\,)\,14 \\ \hline 2\,)\ \ 7\ \cdots\ 0 \\ \hline 2\,)\ \ 3\ \cdots\ 1 \\ \hline 1\ \cdots\ 1 \end{array}$$

$\therefore 14=1110_{(2)}$

163
정답 ③

유형 기초통계능력 상 중 **하**

6개의 자리에 임의의 한 자리부터 시계 방향으로 각각 1, 2, 3, 4, 5, 6번을 부여하고, 갑, 을을 같은 부서, 병, 정을 같은 부서, 무, 기를 같은 부서에서 참석한 직원이라고 가정하자.

같은 부서의 직원은 한 칸 또는 두 칸 또는 세 칸을 건너서 앉을 수 있으므로, 갑이 1번 자리에 앉을 경우 같은 부서인 을이 앉을 수 있는 자리는 3, 4, 5번 중 한 자리이다. 이때 을이 3번과 5번에 앉을 경우는 각각 8가지이고, 을이 4번에 앉을 경우는 16가지이다.

따라서 가능한 총 경우의 수는 $8+8+16=32$(가지)이다.

> **✂ NCS 문제풀이 *TIP***
>
> 원탁의 경우는 원형은 방향성이 없어 순서에 관계 없다는 것이 중요하다.
> 원형 탁자를 동그라미로 그린 후 실제로 배치를 해 보면서 나올 수 있는 경우의 수를 생각해 보면 문제에 빠르게 접근할 수 있다.

164

정답 ⑤

유형 도표분석능력 ⓢ—ⓒ—**ⓗ**

부산교통공사의 경우 세 번째로 지하철 이용객 수가 많은 해는 2018년이고, 인천교통공사는 2017년이다. 따라서 옳지 않다.

| 오답풀이 |

① 모든 지하철 운영기관에 대하여 2019년과 2020년 사이 이용객 수가 가장 많이 감소하였다.

② 모든 지하철 운영기관에 대하여 2020년 대비 2021년 이용객 수가 증가하였다.

③ 2019년 대비 2020년에 대전교통공사 지하철 이용객 수는 $\dfrac{40-26}{40}\times100=35(\%)$ 감소하였으므로 30% 이상 감소하였다.

④ 연도별로 서울교통공사를 제외한 나머지 4개 운영기관의 지하철 이용객 수를 구하면 다음과 같다.
 • 2017년: $339+163+109+40=651$(백만 명)
 • 2018년: $336+163+112+40=651$(백만 명)
 • 2019년: $343+168+116+40=667$(백만 명)
 • 2020년: $247+110+86+26=469$(백만 명)
 • 2021년: $254+122+93+27=496$(백만 명)
 이때, 서울교통공사 지하철 이용객 수는 위의 연도별 수치와 비교할 때 항상 2배 이상임을 알 수 있다.

165

정답 ③

유형 도표분석능력 ⓢ—ⓒ—**ⓗ**

부산교통공사와 대전교통공사의 2022년 지하철 이용객 수를 각각 구하면 다음과 같다.

• 부산교통공사: $\dfrac{343+254}{2}=298.5$(백만 명)

• 대전교통공사: $\dfrac{40+27}{2}=33.5$(백만 명)

따라서 2022년 두 운영기관의 지하철 이용객 수의 합은 $298.5+33.5=332$(백만 명), 즉 3억 3,200만 명이다.

166

정답 ③

유형 도표분석능력 ⓢ—**ⓒ**—ⓗ

2021년에 전체 보건소 인력 중 경상도의 비중은 $\dfrac{3,221}{20,218}\times100=15.9(\%)$, 강원특별자치도의 비중은 $\dfrac{1,159}{20,218}\times100=5.7(\%)$로, $\dfrac{15.9}{5.7}=2.8$(배)이다. 따라서 3배 미만이다.

| 오답풀이 |

① 2020년에 전년 대비 보건소 인력 증가율을 구하면 충청도는 $\dfrac{1,952-1,770}{1,770}\times100=10.3(\%)$, 전라도는 $\dfrac{1,936-1,872}{1,872}\times100=3.4(\%)$이므로 충청도가 전라도보다 높다.

② 2021년에 전년 대비 보건소 인력이 감소한 지역은 세종특별자치시이며, 이 지역의 감소율은 $\dfrac{74-71}{74}\times100=4.1(\%)$로 5% 미만이다.

④ 조사 기간 동안 부산광역시의 보건소 인력이 가장 많은 해는 2022년이며, 2022년에 서울특별시 보건소 인력의 전년 대비 증가율은 $\dfrac{3,924-3,667}{3,667}\times100=7.0(\%)$로, 5% 이상이다.

> **✂ NCS 문제풀이 *TIP***
>
> ③ 경상도와 강원특별자치도의 분모가 동일하므로 일일이 비중을 계산할 필요 없이 바로 나누어서 계산한다. 이에 따라 경상도의 보건소 인력을 강원특별자치도의 보건소 인력으로 나누면 $\dfrac{3,221}{1,159}=2.8$(배)이다.

167

정답 ③

유형 도표분석능력

상-중-하

서울특별시와 경기도, 그 외의 간호사 비중을 구하면 다음과 같다.

- 서울특별시: $\dfrac{1,321}{8,503} \times 100 ≒ 15.5(\%)$

- 경기도: $\dfrac{1,660}{8,503} \times 100 ≒ 19.5(\%)$

- 그 외: $100 - 15.5 - 19.5 = 65.0(\%)$

따라서 옳지 않은 그래프는 ③이다.

> **NCS 문제풀이 TIP**
>
> ③ 간호사의 전체 보건소 인력의 20%는 $8,503 \times 0.2 ≒$ 1,701(명)이다. 이때 실제 간호사의 경기도 보건소 인력이 1,701명보다 적으므로, 비율은 20%보다 적을 것을 알 수 있다.

168

정답 ⑤

유형 기초연산능력

상-중-하

열차가 터널을 완전히 통과한다는 것은 터널의 길이에 열차의 길이를 더한 만큼의 거리를 열차가 이동한 것을 의미한다. 열차의 길이를 xm라 하면, $(시간) = \dfrac{(거리)}{(속력)}$ 임을 이용하여 다음과 같은 식을 세울 수 있다.

$\dfrac{840 + x}{50} = 25 \rightarrow 840 + x = 1,250 \rightarrow x = 410(m)$

따라서 길이가 410m인 열차가 1,400m의 터널을 완전히 통과하려면 $\dfrac{1,400 + 410}{50} = 36.2(초)$가 걸린다.

> **NCS 문제풀이 TIP**
>
> 아래 그림과 같이 열차가 터널을 완전히 통과한다는 것은 열차의 앞부분이 입구에 들어서는 순간부터 열차의 뒷부분이 출구를 나오는 순간까지를 의미한다.
>
>
>
> 따라서 열차가 실제로 움직인 거리는 터널의 길이와 열차의 길이의 합이다.

169

정답 ②

유형 기초연산능력

상-중-하

식비를 지원받는 사람 수를 x명, 숙박비를 지원받는 사람 수를 y명이라 하면, 다음 두 식이 성립한다.

$x + y = 80$ ⋯ ㉠

$6,600x + 28,000y \leq 660,000$ ⋯ ㉡

㉠에서 $x = 80 - y$이므로 ㉡의 식에 대입하여 풀면

$21,400y \leq 132,000$ ∴ $y \leq 6.1\cdots$

즉, y의 최대 인원은 6명, x의 최소 인원은 74명이다.

따라서 A사에서 지원받을 수 있는 최대 금액은

$(6 \times 28,000) + (74 \times 6,600) = 168,000 + 488,400 =$ 656,400(원)이다.

> **NCS 문제풀이 TIP**
>
> 응용수리 문제를 풀 때, 미지수가 주어지면 방정식 또는 부등식으로 해결하는 문제이다. 본 문제처럼 '최대'와 같은 표현이 나오면 부등식을 활용하여 푼다.

170

정답 ②

유형 기초연산능력

상-중-하

2×22년 남자 직원 수를 x명, 여자 직원 수를 y명이라고 하면 다음과 같은 식이 성립한다.

$x + y = 310$ ⋯ ㉠

$0.98x + 1.1y = 317$ ⋯ ㉡

㉠ $\times 1.1 - $ ㉡을 하면,

$0.12x = 24$

∴ $x = 200$, $y = 110$

따라서 2×22년 남자 직원 수는 200명이다.

171	②	172	⑤	173	①	174	①	175	④
176	⑤	177	②	178	②	179	④	180	③
181	③	182	③	183	②	184	②	185	③
186	④	187	①	188	④	189	③	190	④
191	③	192	⑤	193	③	194	②	195	②
196	③	197	①	198	②	199	④	200	③
201	②	202	④	203	④	204	④	205	①
206	⑤	207	④	208	④	209	①	210	②
211	④	212	⑤	213	③	214	③	215	⑤
216	②	217	①	218	④	219	②	220	③
221	②	222	④	223	④	224	③	225	②
226	③	227	②	228	④	229	③	230	②

171

정답 ②

유형 사고력 상-중-하

을을 제외한 모두가 두 가지를 한꺼번에 진술하고 있으므로 을이 진술한 것을 먼저 살펴보자. 제시된 진술이 모두 참이므로 을의 진술에 따라 정은 9호선을 이용하지 않았다. 정이 9호선을 이용하지 않았으므로 정의 진술에 따라 무는 9호선을 이용하지 않았다. 또한 정이 9호선을 이용하지 않았으므로 병의 진술에 의해 병은 9호선을 이용하지 않았다. 따라서 갑의 진술에서 병이 9호선을 이용했다는 것이 거짓이므로 을은 9호선을 이용하였다. 이때, 을이 9호선을 이용하였으므로 무의 진술에 의해 갑은 9호선을 이용하지 않았다는 것을 알 수 있다.

172

정답 ⑤

유형 사고력 상-중-하

다섯 개의 팀 중에서 '마음 열기' 팀의 점수는 17번 이기고, 1번 비기고, 2번 지면 나온다. 즉, $3 \times 17 + 1 \times 1 + (-1) \times 2 = 50$(점)이다.

| 오답풀이 |

'마음 열기' 팀을 제외하면 IR 방식의 점수 산정방식을 통해 각 팀의 점수가 나올 수 없다.

173

정답 ①

유형 사고력 상-중-하

첫 번째 그룹은 A, B, E를 투여하여 효능이 없었으므로 A, B, E는 효능이 없다. 네 번째 그룹은 A, D를 투여하여 효능이 없었으므로 A, D는 효능이 없다. 따라서 A, B, D, E는 효능이 없는 것이다. 두 번째와 세 번째 그룹은 각각 B, C, D와 A, C, D를 투여하여 효능이 있었으므로 C는 효능이 있다. 따라서 효능이 있는 약은 C 한 가지이다.

174

정답 ①

유형 사고력 상-중-하

7개 부서 중 4개 부서로 6명이 배정되었으므로 6명이 나뉘어 배정될 수 있는 경우의 수는 1명, 1명, 2명, 2명 또는 1명, 1명, 1명, 3명 두 가지뿐이다.
또한, 주어진 설명을 통해 다음과 같은 인원의 등식이 성립한다.
– 회계팀 인원＋비서실 인원＝2명
– 생산팀 인원＋홍보팀 인원＝생산팀 인원＋총무팀 인원
이와 같은 전제를 근거로 판단해 보면, 비서실에 1명이 배정되었을 경우 회계팀에는 1명이 배정된 것이 된다. 또한 비서실에 인원이 배정되었으므로 생산팀에는 인원이 배정되지 않은 것이 되며, 그에 따라 홍보팀과 총무팀의 인원이 같아야 하므로 각각 2명씩 배정이 가능하다. 따라서 비서실에 1명이 배정되었다면, 생산팀에는 아무도 배정되지 않은 것이 된다.

| 오답풀이 |

② 회계팀, 홍보팀, 총무팀 중 신입사원이 배정되지 않은 부서는 없다.
③ 신입사원 6명이 나뉘는 경우의 수는 1명, 1명, 2명, 2명 또는 1명, 1명, 1명, 3명 두 가지밖에 없다.
④ 회계팀에 1명이 배정되었다면 비서실이 1명, 생산팀이 0명이 되어 총무팀과 홍보팀에 모두 2명씩 배정된 것이 된다.

175

정답 ④

유형 문제처리능력 상-중-하

D씨는 60대 의료급여수급권자로, 만약 20~64세 의료

급여수급권자로서 일반 건강검진을 받는다면 54세·66세 여성을 대상으로 하는 골다공증을 검진받을 수 없다. 따라서 D씨는 66세 이상의 의료급여수급권자로, 70세에 받는 생활습관평가를 받을 수 없다.

| 오답풀이 |

① A씨는 60대이고, 노인신체기능검사를 받는다. 노인신체기능검사는 66세에 진행하고, 인지기능장애검사도 66세에 진행하므로 A씨의 검진 항목에는 인지기능장애검사도 있다.

② B씨는 B형간염검사를 하므로 보균자 및 면역자가 아니고, 40세이다. 40세에 치면세균막검사를 하므로 B씨의 검진 항목에는 치면세균막검사도 있다.

③ C씨는 20대인데 이상지질혈증 검사를 받으므로 남성이다. 우울증 검사는 각 연령대별로 10년간 1회 받으므로 C씨가 이전에 우울증 검사를 받지 않았다면 현재 우울증 검사를 받을 수 있다.

⑤ E씨는 50대이고, 골다공증 검사를 받으므로 54세 여성이다. 여성의 경우 40세부터 4년 주기로 이상지질혈증 검사를 받으므로 40세, 44세, 48세, 52세, 56세 …에 검사를 받는다. 따라서 54세에는 이상지질혈증검사를 받지 않는다.

🐾 NCS 문제풀이 TIP

대상자들의 나이와 검진 항목을 바탕으로 현재 나이와 성별을 알 수 있다. 해당 성별과 연령이 받을 수 있는 모든 검진을 확인할 필요 없이 선택지에 주어진 검사 항목을 검사받을 수 있는지만 빠르게 확인한다.

176

정답 ⑤

유형 문제처리능력   상-중-하

2문단에 따르면 단순골절은 한 개의 골절선에 의해 두 개의 골절편이 생기는 경우이며, 분쇄골절은 두 개 이상의 골절선에 의해 세 개 이상의 골절편이 발생하는 것이다. 외부 충격의 횟수와 상관없이 단순골절과 분쇄골절에 따른 골절선과 골절편의 개수는 다를 수밖에 없다.

| 오답풀이 |

① 1문단에 따르면 골절의 종류는 골절의 위치와 골절편의 수에 의해 알 수 있다.

② 3문단에 따르면 횡골절은 강한 직달성 외력이 충격적으로 가해졌을 때 생긴다. 즉 강한 외력이 순간적으로 작용하면 횡골절이 일어난다.

③ 3문단에 따르면 골절선의 모양을 보았을 때 나선골절은 골절선이 길고 골절편의 끝이 예각을 이루며 골절면이 넓다. 따라

서 직각으로 골절되는 횡골절의 골절면은 나선골절의 골절면보다는 좁을 수밖에 없음을 알 수 있다.

④ 마지막 문단에 따르면 중복전위는 한 뼈의 골절부 말단이 서로 겹쳐진 형태로 뼈의 길이가 외형적으로 바뀐다. 따라서 골절 후 다리의 길이가 짧아졌다면 중복전위가 일어났음을 의심해 볼 수 있다.

177

정답 ②

유형 문제처리능력   상-중-하

A는 분쇄골절, B는 분쇄골절 중 분절성 골절이다. C는 횡골절, D는 사골절, E는 나선골절, F는 종골절이다. 횡골절은 뼈의 긴 축과 직각 방향으로 부러진 형태를 말한다고 했다. F는 뼈의 긴 축과 평행한 방향으로 부러진 형태이므로 종골절에 해당한다.

| 오답풀이 |

① 골절편이 2개인 환자는 골절선이 하나뿐인 C, D, E, F이다.

③ 2개 이상의 골절선이 있는 환자는 A와 B이다.

④ 골절 전위란 골절에 의해 골절 조각의 위치가 이동하거나 변화된 형태를 말한다. 즉 골절이 골절 조각을 분리하고 있어야 골절 전위가 가능하므로 뼈가 완전 분리된 B, C, E가 골절 전위의 가능성이 있다.

⑤ 단순골절은 한 개의 골절선에 의해 두 개의 골절편이 생기는 경우이므로 골절선이 하나인 C, D, E, F가 맞다.

178

정답 ②

유형 사고력   상-중-하

A는 건강을 지키기 위해서 운동을 해야 한다는 입장으로, 운동을 하지 못하는 상황을 전혀 고려하고 있지 않다. B는 불가피한 사정으로 운동을 하지 못하는 상황이나 운동이 오히려 건강에 독이 되는 상황이 있을 수 있다는 입장이다. 따라서 건강을 지키기 위해서 운동이 꼭 필요한 것은 아니라는 내용으로 A의 주장을 반박해야 논지를 약화할 수 있다. 내 몸에 맞는 운동을 통해 건강을 지킬 수 있다는 것은 A의 주장을 강화하는 내용이므로 적절하지 않다.

| 오답풀이 |

① 운동이 오히려 건강을 해치는 경우도 있다는 것은 운동이 반드시 좋은 결과만을 가져오지 않는다는 것을 의미하므로 건강

을 지키기 위해서는 무조건 운동을 해야 한다는 A의 주장을 약화한다.

③ 건강을 유지하는 데 운동보다 식이 요법이 더 효과적이라는 것은 반드시 운동을 하지 않아도 건강을 지킬 수 있는 방법이 있다는 것을 의미하므로 건강을 지키기 위해서는 무조건 운동을 해야 한다는 A의 주장을 약화한다.

④ 마음을 편히 갖고 잠을 충분히 자는 것만으로도 건강해질 수 있다는 것은 운동 외에도 건강을 지킬 수 있는 방법이 있다는 것을 의미하므로 건강을 지키기 위해서는 무조건 운동을 해야 한다는 A의 주장을 약화한다.

⑤ 각자 처한 상황, 현실적인 여건 등 불가피한 사정으로 운동을 하지 못하는 상황이 있을 수 있다는 것을 의미하므로 운동을 하지 못하는 상황을 전혀 고려하지 않고 있는 A의 주장을 약화한다.

179
정답 ④

유형 문제처리능력

회사가 자신의 행동을 감시할 수 없는 점을 악용해 사적 이익을 추구하고 있으며, 제도적 허점을 이용하여 자기 책임을 소홀히 하고 있는 것으로도 볼 수 있으므로 ④의 경우는 도덕적 해이에 해당한다.

Ⅰ오답풀이Ⅰ

① 주어진 글에서 말하는 도덕적 해이가 아니라 범죄 행위에 해당한다.

② 어떠한 거래가 성사된 것이 아니고 이미 치과 검진을 받은 결과가 있어 보험사가 정보의 비대칭에 놓이지 않아 숨겨진 행동으로도 볼 수 없다.

③ 의사가 치료하지도 않은 환자에 대한 보험 급여를 신청한 것은 법과 제도를 따르지 않은 행동이며 도덕적으로 비난받을 만한 비도덕적 행동이므로 정보의 비대칭성으로 인해 발생하는 도덕적 해이의 사례가 아니다.

⑤ 정보의 비대칭성이 발생하지 않았으므로 도덕적 해이가 아니라 도덕적인 사례에 해당한다.

180
정답 ③

유형 문제처리능력

3차산업이 주종을 이루고 있고 세부적으로 도매 및 소매업과 운수업, 숙박 및 음식점업 등 생계형 서비스업의 비중이 높다.

Ⅰ오답풀이Ⅰ

① 서비스업의 비중이 높은 것은 확인할 수 있지만, 서비스업 중심으로 경제 활동 전이를 유도하였는지의 여부는 알 수 없다. 또한 탈도시화가 두드러지게 나타나고 있다고 볼 만한 근거도 제시되어 있지 않다.

② 제시된 내용을 확정할 만한 자료가 제시되어 있지 않다.

④ 도시 재생의 필요성이 대두되고 있다고 판단할 만한 근거는 제시되어 있지 않다.

⑤ 제조업의 비중이 낮은 것은 맞지만, 고용 인구가 감소했는지는 알 수 없다. 또한 생계형 서비스업이 주종을 이루고 있지만, 지식 서비스 산업 중심으로 이동하고 있는 것은 아니다.

181
정답 ③

유형 사고력

주어진 글의 논지는 우리나라가 수소 경제 선도 국가로 도약해야 한다는 것이다. 대규모 석유 화학 단지가 조성되어 있는 울산이 우리나라 중화학 산업과 경제 성장을 견인해 왔다는 주장은 수소 경제를 활성화해야 한다는 글 전체의 논지를 강화하는 내용이 아니다.

Ⅰ오답풀이Ⅰ

① 수소가 안전한 에너지로서 이미 안전 관리 기술력이 축적된 분야라는 논지를 강화한다.

② 수소 경제를 통해 에너지를 일정 부분 자급하게 되면 에너지 안보를 확보할 수 있다는 논지를 강화한다.

④, ⑤ 우리나라가 수소 경제 선도 국가로 도약해야 한다는 논지를 강화한다.

182
정답 ③

유형 문제처리능력

다. 가 지역 아동이고, 저소득층은 아니지만 아동 지원 센터에서 확인증을 발급받았으므로 의료지원 대상이다.

마. 가 지역 청소년이고, 저소득층은 아니지만 청소년 상담센터에서 확인증을 발급받았으므로 의료지원 대상이다.

Ⅰ오답풀이Ⅰ

가. 가 지역의 아동이 아니므로 의료지원 대상이 아니다.

나. 문신을 없애기 위한 의료비 지원은 하지 않는다.

라. 아동 및 청소년을 대상으로 하므로 어른은 의료지원 대상이

아니다.

NCS 문제풀이 TIP

의료지원을 받을 수 있는 조건은 가 지역에 거주하며 19세 미만이어야 하고, 저소득층이거나 센터에서 확인증을 발급받아야 한다. 해당 조건에 하나라도 위배되는 경우에는 지원을 받지 못하므로 지원을 받을 수 없는 조건에 해당하는지를 먼저 확인한다.

183

정답 ②

유형 문제처리능력　　　　　　상-중-하

B는 '고래'로 30cm 정도의 높이로 골을 이루듯이 만들어지는데 평행하게 만들어지기도 하고 아궁이로부터 방사선형으로 만들어지기도 한다.

| 오답풀이 |

① A는 '부넘기'로 장작에 붙은 불을 상승시키는 역할을 하여 구들을 데워준다. 불길이 고래를 곧장 통과하면 아까운 열량을 낭비하게 되므로 부넘기를 통해 열량 소비를 줄여 준다.

③ C는 '구들'로 고래를 지나는 더운 공기로 인해 데워지는 부분이다.

④, ⑤ D와 E는 각각 '개자리'와 '굴뚝 개자리'로 불이 지펴지면서 생기는 그을음과 티끌들이 떨어지는 곳이기도 하면서 아궁이에서 데워진 더운 공기와 불길이 구들에 오래 머물게 하는 기능이 있다. 즉, D와 E는 따뜻한 공기가 굴뚝으로 직행하지 못하도록 에어커튼의 역할을 한다.

184

정답 ②

유형 문제처리능력　　　　　　상-중-하

애로 사항 응답률 중 해외 바이어/파트너에 관한 응답률이 34.6%, 해외 시장 정보에 관한 응답률이 33.4%, 글로벌 역량 중 해외 현지 상황에 맞는 판매 역량 부족에 관한 응답률이 11.3%로 판매 관련 애로 사항 응답률이 70% 이상이고, 생산에 관한 응답률은 8.3%에 불과하므로 해외 현지 시장을 잘 아는 전문 인력을 제공해야 한다는 것은 적절하다.

| 오답풀이 |

① 주어진 자료만으로 각 지역별 선호 이유는 알 수 없다.

③ 해외 진출 동기 중 하나가 대기업과 동반 진출을 하기 위함이지만 이것이 현지에서 합작 투자할 파트너를 발굴하기 어려운

원인이라고 할 근거가 부족하다.

④ 해외 진출 시 애로 사항 중 바이어/파트너의 응답률이 34.6%로 가장 높고 글로벌 역량의 응답률은 19.6%이므로 중소기업의 글로벌 역량을 확보하기 어렵다는 것은 중소기업의 가장 큰 애로 사항이 아니다.

⑤ 해외 진출 동기 중 국내 시장 포화로 새로운 판로 개척에 대한 응답률이 24.2%로 가장 높고, 생산비 절감에 관한 응답률은 15.8%로 이보다 낮으므로 인건비 절감이 가장 큰 장점이라고 할 수 없다.

NCS 문제풀이 TIP

수치상으로 확실하게 알 수 있는 선택지가 아니라면 옳지 않은 선택지이다. 즉, ①과 같이 주어진 자료에서 확실히 알 수 없는 내용은 제외한다. 또한, ⑤와 같이 '가장'이라는 단어에 주의하며 주어진 자료에서 응답률이 가장 높은 항목인지 확인한다.

185

정답 ③

유형 문제처리능력　　　　　　상-중-하

'가. 일 평균 임금 산정 방법'의 '3. 평균 임금 산정 시 산입 제외 기간'에 따라 평균 임금 산정 시 육아 휴직 기간은 산입하지 않고, 직위 해제 기간은 산입한다. A가 6월 30일에 퇴사할 예정이므로 직전 3개월은 육아 휴직을 한 5월을 제외한 2월 28일~6월 29일이다. 상여금을 제외하고 기본급, 실비, 가족수당, 식비는 모두 매월 동일하고, 4월에는 직위 해제로 인해 임금을 지급받지 않았으므로 상여금을 제외하고 이전 3개월간 지급된 임금 총액은 2×(200+20+20+25)=530(만 원)이다.

'가. 일 평균 임금 산정 방법'의 '2. 평균 임금 산정 시 주의사항'에 따라 상여금은 A의 퇴사일 이전 12개월 동안 받은 상여금에 한하는데, P사는 상여금을 1년에 세 번, 1월 15일, 6월 15일, 10월 15일에 지급하므로 20×1년 1월 1일부터 재직한 A가 퇴사일 이전 12개월 동안 받은 상여금은 20×1년 1월 15일과 6월 15일에 각각 80만 원씩 지급받아 총 160만 원이다. 이때 평균 임금 산정 시 상여금은 160만 원의 3/12인 40만 원이다.

따라서 퇴사일 이전 3개월간 A가 지급받은 임금의 총액은 상여금을 포함하여 530+40=570(만 원)이고, 총 근무일수는 1일(2월 28일)+31일(3월)+30일(4월)+29일(6월 1일~29일)=91(일)이다.

따라서 퇴사일 기준 일 평균 임금은 570÷91≒6.26(만

원)이므로 백 원 단위에서 반올림하면 6.3(만 원)이다.

186

정답 ④

유형 문제처리능력 상-중-하

'3. 의료비 지원 안내－의료급여수급자'에 따르면 의료급여수급자의 지원 한도액은 1인당 연간 300만 원이므로 옳지 않다.

| 오답풀이 |

① '4. 신청 서류'에 따르면 암환자 의료비 지원을 신청하기 위해서는 진단일자와 상병코드가 포함된 3개월 이내의 최종진단서를 제출해야 하므로 옳은 내용이다.

② '3. 의료비 지원 안내－건강보험가입자'에 따르면 건강보험가입자의 지원 암종은 위암, 유방암, 자궁경부암, 간암, 대장암이므로 옳은 내용이다.

③ [붙임1]에 따르면 2022년 소아암환자 지원 대상자로 선정이 되기 위한 7인가구의 소득 기준은 9,336,710원이고, 1인 증가 시마다 1,048,306씩 증가하므로 8인가구의 소득 기준은 9,336,710＋1,048,306＝10,385,016(원)이다.

187

정답 ①

유형 문제처리능력 상-중-하

민아: '3. 의료비 지원 안내－건강보험가입자'에 따르면 위암, 유방암, 자궁경부암, 간암, 대장암의 상병코드는 각각 C16, C50, C53, C22, C18~20이고, '3. 의료비 지원 안내－의료급여수급자'에서 C00~C97은 악성신생물이라 하였으므로 옳은 내용이다.

| 오답풀이 |

주희: '3. 의료비 지원 안내－폐암환자'에 따르면 2022년 건강보험료 기준 지역가입자는 104,500 이하인 경우 사업대상자에 해당하므로 옳지 않다.

혁수: '4. 신청 서류'에 따르면 소득 및 재산관련 서류는 소아암환자만 제출하면 되므로 옳지 않다.

윤수: [붙임2]에 따르면 2022년 소아암환자 지원 대상자 재산 기준 중 1인가구의 기준은 217,965,813원이고, 해당 기준은 일반재산 최고재산액 기준 300% 이하 산출식을 적용한 값이라고 하였으므로, 2022년 1인가구 일반재산 최고재산액 기준 100% 금액은 $\frac{217,965,813}{3}=72,655,271$(원)이다.

188

정답 ④

유형 문제처리능력 상-중-하

신규 공연과 기존 공연 모두 지원율이 0%를 초과하므로 기존 공연 진행 시에도 지원을 받을 수 있다.

| 오답풀이 |

① 모든 지원사업에서 기관 부담률이 존재하므로 기관도 비용을 부담해야 한다.

②, ③ 주관 기관은 한국문화예술센터 진흥원이고, 사업 대상은 전국 문예센터이므로 옳은 설명이다.

⑤ 문화회관·문예센터 지원사업은 문화회관·문예센터에서 동시 배급과 공연을 하는 예술 공연 중 우수 공연을 선정해서 공연 경비의 일부를 지원한다.

189

정답 ③

유형 문제처리능력 상-중-하

공공기관의 예술 공연이고, 우수 공연으로 선정되었다. 기존 공연이므로 기관 부담률은 30%이다. 따라서 기관 부담률이 가장 낮다.

| 오답풀이 |

① 민간 문예센터의 신규 공연이고, 우수 공연에 선정되는 경우 기관 부담률은 50%이다.

② 우수 공연에 선정되지 않으면 지원을 받을 수 없다.

④ 문화회관·문예센터 지원사업이고, 신규 공연이므로 기관 부담률은 40%이다.

⑤ 문화행사 지원사업의 경우 기관 부담률은 60%이다.

190

정답 ④

유형 사고력 상-중-하

A는 기업이 어떤 활동을 해야 하느냐 말아야 하느냐의

판단이 그 기업의 이익에 부합되느냐의 여부에 따라 정해져야 한다는 주장이다. 이는 어떤 일을 함에 있어 취사선택의 순간에 가져야 할 냉철한 기준을 명확히 하려는 것으로, 비판적인 시각에서의 사고를 한다고 볼 수 있다. 반면 B는 자신의 주장을 매우 논리적인 방법으로 표현하며 왜 그래야 하는지에 대한 근거를 제시함으로써 타인을 공감시켜 설득을 이끌어내는 사고를 하고 있다. 따라서 논리적인 사고가 엿보이는 주장이라고 볼 수 있다.

| 오답풀이 |

① A는 자신의 주장에 대한 타당하고 합리적인 근거를 제시하지 않았으므로 논리적인 사고를 한다고 보기는 어렵다.

② A와 B의 의견을 각각 부정적, 긍정적인 의견으로 구분하는 것은 적절하지 않다.

③ B는 사회 공헌 활동이 결국 회사에도 혜택으로 돌아올 수 있다는 점을 언급하였으므로 사회의 입장만을 대변한다고 볼 수 없다.

191
정답 ③

유형 사고력
상-중-하

사무홍보부처의 부장은 경영학과 출신이므로 사무부장과 홍보부장은 A, B, C 중 2명이다. 이때 B가 교육학과인 D와 같은 부처로 구성되므로 B는 사무홍보부처 부장이 아니다. 이에 따라 사무부장과 홍보부장은 각각 A 또는 C이다. 인권복지부처의 부장은 사회복지학과 출신이므로 B와 D는 교육행정부처 부장이다. 이때 교육부장은 교육학과 출신이므로 D가 교육부장, B가 행정부장이다. 인권복지부처의 부장이 될 수 있는 사람은 F, G, H 중 2명인데 F와 H가 같은 부처로 구성될 수 없으므로 F와 G가 인권복지부처의 부장이거나 G와 H가 인권복지부처의 부장이 된다. 가능한 경우를 정리하면 다음과 같다.

ⅰ) 인권복지부처의 부장이 F와 G일 경우

중앙집행위원장	부중앙집행위원장	사무부장	홍보부장
E 또는 H	E 또는 H	A 또는 C	A 또는 C

교육부장	행정부장	인권부장	복지부장
D	B	F 또는 G	F 또는 G

ⅱ) 인권복지부처의 부장이 G와 H일 경우

중앙집행위원장	부중앙집행위원장	사무부장	홍보부장
E 또는 F	E 또는 F	A 또는 C	A 또는 C

교육부장	행정부장	인권부장	복지부장
D	B	G 또는 H	G 또는 H

따라서 부중앙집행위원장이 될 수 있는 사람은 E, F, H 3명이므로 옳지 않다.

| 오답풀이 |

① 경영학과 출신 B가 행정부장이 되므로 항상 옳은 설명이다.

② F가 복지부장이 되지 않고, H가 복지부장이 되면 G가 인권부장이 될 수 있으므로 항상 옳지 않은 설명은 아니다.

④ F가 복지부장이 된다면 G가 인권부장이 되고 H는 중앙집행위원장 또는 부중앙집행위원장이 되므로 항상 옳은 설명이다.

⑤ B가 행정부장, D가 교육부장이고, 나머지 인원은 어떤 부처의 국장인지 확실히 알 수 없으므로 항상 옳은 설명이다.

 NCS 문제풀이 TIP

[조건]뿐만 아니라 주어진 조직도를 꼼꼼하게 확인하고 문제를 풀어야 한다. 사무홍보부처에는 사무부와 홍보부가, 교육행정부처에는 교육부와 행정부가, 인권복지부처에는 인권부와 복지부가 포함된다는 점을 염두에 두고 조건을 확인한다.

192
정답 ⑤

유형 문제처리능력
상-중-하

3문단에 따르면 다리우스 풍력발전기는 스스로 회전이 불가능한 유일한 수직 축 풍력발전기라고 하였으므로 사보니우스 풍력발전기는 스스로 회전이 가능함을 알 수 있다. 또한 사보니우스 풍력발전기의 효율이 다른 풍력발전에 비해 낮다고 하였으므로 ⑤는 옳은 설명이다.

| 오답풀이 |

① 2문단에 따르면 요잉 장치는 나셀을 360도 회전시켜 주는 장치이며 종속기와 발전기를 포함하는 장치는 나셀이다.

② 2문단과 3문단에 따르면 수평 축 풍력발전기는 수직 축 풍력발전기에 비하여 가격이 싸고, 설치가 용이하다.

③ 2문단에 따르면 프로펠러형은 수평 축 풍력발전기에서 가장 많이 이용하는 형태이다.

④ 3문단에 따르면 다리우스 풍력발전기는 양력을 이용하여 작동하고, 사보니우스 풍력발전기는 항력을 이용하여 작동한다.

문제해결능력에도 종종 의사소통능력처럼 장문의 글을 읽고 선택지의 옳고 그름을 판단해야 하는 문제가 출제되기도 한다. 이러한 문제는 의사소통능력 문제를 풀 때와 마찬가지로 선택지를 먼저 읽고, 지문에서 확인해야 하는 키워드를 정리한 후에 지문을 읽으면 문제 풀이 시간을 단축할 수 있다. 본 문제는 선택지의 키워드를 다음과 같이 정리할 수 있다.
① 수평 축 풍력발전기, 요잉 장치
② 수평 축 풍력발전기, 가격 저렴, 도심
③ 수직 축 풍력발전기, 프로펠러형
④ 다리우스 풍력발전기, 항력
⑤ 사보니우스 풍력발전기, 스스로 회전, 낮은 효율
이후 지문을 읽으며 키워드가 언급된 부분을 확인하면서 선택지의 옳고 그름을 바로 파악하도록 한다. 예를 들어 2문단에 '수평 축 풍력발전기'와 '요잉 장치'가 언급되어 있으므로 2문단을 읽으며 선택지 ①의 옳고 그름 여부를 바로 확인한다.

193

정답 ④

유형 문제처리능력 상-중-하

가능한 경로는 다섯 가지로, 경로별 총거리를 구하면 다음과 같다.
- ㉠ 출발지−A−B−C−D−회사
  : $16+20+22+14+5=77(\text{km})$
- ㉡ 출발지−A−B−D−C−회사
  : $16+20+12+14+10=72(\text{km})$
- ㉢ 출발지−A−C−B−D−회사
  : $16+10+22+12+5=65(\text{km})$
- ㉣ 출발지−B−A−C−D−회사
  : $14+20+10+14+5=63(\text{km})$
- ㉤ 출발지−D−B−A−C−회사
  : $30+12+20+10+10=82(\text{km})$

따라서 ㉣ 경로가 가장 짧고 이 경로의 거리는 63km이다. 버스의 평균 속도가 60km/h이므로 이동에 $\frac{63}{60}=1+\frac{3}{60}$(시간)=1시간 3분이 걸리고, 각 정류장마다 5분씩 정차하여 A~D 정류장에서 $5 \times 4=20$(분)을 정차하므로 총 1시간 23분이 걸린다.

따라서 오전 7시 30분에 출발하였다면 오전 8시 53분에 도착한다.

출발지에서 A~D를 한 번씩 들러 회사에 도착할 수 있는 경로는 다음과 같다.
- 출발지−A−B−C−D−회사
- 출발지−A−B−D−C−회사
- 출발지−A−C−B−D−회사
- 출발지−B−A−C−D−회사
- 출발지−D−B−A−C−회사
경로별 총 거리를 구하고 (거리)=(시간)×(속력)이라는 공식을 이용하여 문제를 푼다.

194

정답 ②

유형 문제처리능력 상-중-하

제출서류 원본은 최종 합격자에 한해 최종 합격 시 제출해야 하고, 서류심사 시 경력증명서 원본을 제출하라는 안내는 없다.

| 오답풀이 |

① 제출서류 원본은 최종 합격자에 한하여 최종 합격 시 제출해야 한다.
③ 포트폴리오를 제외한 제출서류는 블라인드 처리 후 PDF파일 작업하여 이메일로 제출해야 한다.
④ 업무와 관련한 포트폴리오를 제출할 때에는 입사 지원 시 labcareer.com에 업로드해야 한다.
⑤ 블라인드 미처리한 서류 제출자는 서류전형에서 탈락한다.

195

정답 ②

유형 문제처리능력 상-중-하

'3. 확진자 발생 시 비상대책본부 프로세스'의 '2) 방문객 중 확진자 발생 시'에 따라 대응해야 한다. 사내 접촉 인원을 즉시 귀가 조치하고 해당 직원들은 재택근무, 14일 자가격리를 한다. 2층에 근무하는 기획부 박 대리는 밀접 접촉자이므로 즉시 귀가 조치를 하지만 다른 기획부 직원들과는 밀접 접촉을 하지 않았으므로 다른 기획부 직원들은 즉시 귀가시키지 않는다.

① 밀접 접촉자인 경우에 14일 자가격리를 하고, 확진자 방문 층 근무직원은 즉시 귀가 조치 및 재택근무를 실시한다.

③ 5층에 위치하는 재무부는 확진자 방문 층이므로 재무부의 전 직원을 즉시 귀가시킨다.

④ 방문객이 방문한 해당 층과 이동동선을 폐쇄하므로 5층을 임 시폐쇄하고, 2층은 임시폐쇄하지 않는다.

⑤ 방문객이 방문한 해당 층과 이동동선을 임시폐쇄하고, 정밀 소독/방역하므로 2호기 엘리베이터와 3호기 엘리베이터를 임 시폐쇄하고 정밀 소독/방역을 한다.

NCS 문제풀이 TIP

문제 자체의 난도가 높은 편은 아니지만 고려해야 하는 조건 이 많아서 문제 풀이 시간이 오래 걸리는 유형의 문제이다. 배경지식을 바탕으로 상식 수준에서 문제를 풀면 오답을 고 를 가능성이 높으므로 주어진 자료와 조건을 꼼꼼히 따져 보 며 문제를 풀도록 하자.

196

정답 ②

유형 문제처리능력   상–중–**하**

재택근무를 하는 기간은 휴가가 아니므로 입원한 80일 간만 휴가를 사용한다. 일반병가의 사용 가능 일수가 연 최대 60일인데 이 중 4일을 이미 사용하였으므로 일반 병가 사용 가능 일수가 56일 남는다.

따라서 80−56＝24(일)을 공가 처리한다.

NCS 문제풀이 TIP

주어진 자료의 양이 방대하지만 병가 및 공가와 관련된 내용 은 일부에만 제시되어 있으므로 해당 부분을 빠르게 찾으면 쉽게 답을 찾을 수 있다.

197

정답 ①

유형 문제처리능력   상–중–**하**

사회보험료 대납 업무는 주어진 자료에 명시되어 있지 않다. 사회보험료 대납 업무는 기존 사이버민원센터가 아닌 사회보험 징수포털에서 다루던 것으로 현재는 국 민건강보험공단 홈페이지에 통합되어 운영되고 있다.

| 오답풀이 |

② '자격' 업무에 해당되는 사항으로 명시되어 있다.

③ '보험료' 업무에 해당되는 사항으로 명시되어 있다.

④ '보험급여' 업무에 해당되는 사항으로 명시되어 있다.

NCS 문제풀이 TIP

주어진 자료의 길이가 길지만 선택지의 키워드를 중심으로 자료에서 필요한 정보만 빠르게 확인하면 쉽게 답을 찾을 수 있다.

198

정답 ③

유형 문제처리능력   상–중–**하**

보험급여 진료받은 내용 보기 업무와 보험급여 신고회 신 내역 업무는 모두 '민원여기요 > 개인민원 > 보험급 여 > 진료받은 내용 및 신고' 화면에서 처리할 수 있다.

| 오답풀이 |

① 지역보험료 부과내역 업무는 '민원여기요 > 개인민원 > 보험 료 조회 > 지역보험료 조회'에서, 직장보험료 개인별 조회 업 무는 '민원여기요 > 개인민원 > 보험료 조회 > 직장보험료 조 회'에서 처리할 수 있다.

② 자격확인서 발급 업무는 '민원여기요 > 개인민원 > 증명서 발급/확인 > 자격확인서'에서, 급여정지 사항 업무는 '민원여 기요 > 개인민원 > 자격조회 > 급여정지 사항'에서 처리할 수 있다.

④ 보험료 인터넷 지로 납부 업무는 'www.giro.or.kr'에서, 보 험료 납부확인서 업무는 '민원여기요 > 개인민원 > 증명서 발 급/확인 > 보험료 납부확인서'에서 처리할 수 있다.

NCS 문제풀이 TIP

선택지가 사이버민원센터의 업무 명칭으로 작성되어 있으므 로 선택지에 언급된 사이버민원센터의 업무를 자료에 체크하 고, 국민건강보험공단 통합 홈페이지로 변경되면서 각 업무 를 동일한 화면에서 처리할 수 있는지 비교한다.

199

정답 ④

유형 문제처리능력   상–중–**하**

'건강 검진정보' 화면은 '민원여기요 > 개인민원'의 하위 화면이 아닌, '건강iN > 나의건강관리'의 하위 화면에 해당한다. 나머지 선택지 ①~③은 모두 '민원여기요 > 개인민원'을 통해 접속할 수 있는 하위 화면이다.

'민원여기요 > 개인민원'을 기준으로 확인하는 것보다 선택지에 언급된 업무를 기준으로 자료를 검토하면 답을 더 빠르게 찾을 수 있다.

200

정답 ②

유형 문제처리능력 　　　　　(상)-(중)-(하)

민원처리 불가 사유를 통보하고 민원처리를 거부한 것은 적절한 처리원칙에 의한 행동이다.
'민원사항의 실현이 불가능하거나, 민원인의 인가·허가 등의 요구에 대하여 이를 거부한 때에는 그 결과를 통보할 때에 해당사유를 밝혀야 한다'는 처리원칙에 부합하는 행동이라고 볼 수 있다.

| 오답풀이 |
① 접수된 민원문서는 처리사무부서의 다른 문서 업무에 우선하여 처리되어야 한다.
③ 반복 및 중복 민원은 반드시 동일 기관이 아니라도 '민원인이 2개 이상의 행정기관에 제출한 동일한 내용의 민원을 다른 행정기관으로부터 이송 받은 경우'에도 해당된다.
④ 반복 민원에 대해서는 2회 이상 처리결과를 통지하여야 한다.

201

정답 ②

유형 문제처리능력 　　　　　(상)-(중)-(하)

철도회사는 화물 수송시점이 아니라, 수취시점으로부터 12시간 내에 발송해야 한다고 되어 있다.

| 오답풀이 |
① 일반 화물의 경우 임률이 고정되어 있지만 컨테이너 화물의 경우 규격에 따라 적용되는 임률이 다르다.
③ 하화 준비 및 인도 확인에 따르면 운송 중 화물 파손 등 이상 여부를 확인해야 한다고 하였다.
④ 화주는 화물을 운송하려 할 때, 적재 통지 후 5시간 이내에 적재해야 하며, 화약류의 경우 3시간 이내에 적재해야 하고, 시간 내 적재가 완료되지 않으면 화차유치료를 수수한다고 하였다.
⑤ 철도회사는 운송 내역 확인 후 운송 가능 시 이후 계획을 수립하므로 화물운송장 제출 및 운송 내역을 먼저 신고하여야 한다.

202

정답 ④

유형 문제처리능력 　　　　　(상)-(중)-(하)

컨테이너 화물 운임 방식은 (운송 거리)×(규격별 임률)로 계산하므로 $1,200 \times 800 = 960,000$(원)이다.

203

정답 ④

유형 사고력 　　　　　(상)-(중)-(하)

네 사람의 각 카드의 점수는 다음과 같다.

우영	4	14	36	16	16	12	8
은범	33	18	10	36	39	9	6
해수	32	6	5	4	8	26	9
대현	24	15	48	4	7	2	44

이때, 4명의 최종 점수는 다음과 같다.
· 우영: $4+14+36+16+16+12+8=106$(점)
· 은범: $33+18+10+36+39+9+6=151$(점)
· 해수: $32+6+5+4+8+26+9=90$(점)
· 대현: $24+15+48+4+7+2+44=144$(점)
따라서 대현의 점수보다 은범의 점수가 높다.

| 오답풀이 |
① $(106+151+90+144) \div 4 = 122.75$(점)으로 130점 미만이다.
② 해수가 100점을 넘지 못했다.
③ 우영의 카드 중 점수가 가장 높은 카드는 36점이고 대현의 카드 중 점수가 가장 낮은 카드는 2점이므로 점수 차이는 34점이다.
⑤ 해수의 카드 중 점수가 가장 낮은 카드는 4점이다.

카드 게임과 같은 문제는 규칙을 먼저 파악하는 것이 좋다. 주어진 규칙을 먼저 확인하여 표에 점수를 미리 기입한 후 선택지 내용을 확인해야 문제 풀이 시간을 단축할 수 있다.

204

정답 ④

유형 사고력 　　　　　(상)-(중)-(하)

경우3의 총액이 82만 원이므로 경우5에서 B가게의 책상 가격은 $127-82=45$(만 원)이다. 따라서 B가게 책상의 10% 할인 전 가격은 $\dfrac{45}{0.9}=50$(만 원)이다.

| 오답풀이 |

① A가게의 책상이 24만 원일 때, 경우1과 경우2를 비교하면 다음과 같다.

경우1: D가게 에어컨+E가게 컴퓨터=106-24=82(만 원)

경우2: D가게 에어컨+F가게 컴퓨터=56(만 원)

따라서 E가게 컴퓨터가 F가게 컴퓨터보다 82-56=26(만 원) 비싸다.

② D가게의 에어컨이 26만 원일 때, 경우2를 통해 F가게의 컴퓨터 가격이 56-26=30(만 원)임을 알 수 있다. 이때 경우1과 경우4를 비교하면 다음과 같다.

경우1: A가게 책상+E가게 컴퓨터=106-26=80(만 원)

경우4: A가게 책상+C가게 에어컨=152-30=122(만 원)

따라서 C가게 에어컨이 E가게 컴퓨터보다 122-80=42(만 원) 비싸다.

③ 경우1부터 경우4까지 구매하는 품목의 총액은 2×(A가게 책상+C가게 에어컨+D가게 에어컨+E가게 컴퓨터+F가게 컴퓨터)=106+56+82+152=396(만 원)이다. 이에 따라 A가게 책상+C가게 에어컨+D가게 에어컨+E가게 컴퓨터+F가게 컴퓨터=198(만 원)이다. 이때 경우2와 경우3에서 구매하는 품목의 총액은 C가게 에어컨+D가게 에어컨+E가게 컴퓨터+F가게 컴퓨터=56+82=138(만 원)이므로 A가게 책상의 가격은 198-138=60(만 원)이다.

⑤ C가게보다 D가게가 에어컨을 10만 원 더 저렴하게 팔 때, C가게 가격을 x라고 하면 D가게 가격은 $(x-10)$이다. 이때 경우1과 경우5를 비교하면 다음과 같다.

경우1: A가게 책상+E가게 컴퓨터

$=106-(x-10)=116-x$(만 원)

경우5: B가게 책상+E가게 컴퓨터=127-x(만 원)

따라서 A가게와 B가게 책상의 가격 차이는 $127-x-(116-x)=11$(만 원)이다.

🎣 NCS 문제풀이 TIP

본 문제는 선택지 내용에 조건이 포함되어 있으므로 선택지를 먼저 확인한다. 조건에 맞는 경우를 표에서 찾아 가격을 계산한다.

'경우1+경우4'를 경우2, 경우3과 비교하여 A가게의 가격을 알 수 있으며, 경우3과 경우5를 통하여 B가게의 가격을 알 수 있다.

205

정답 ①

유형 사고력

상-**중**-하

주어진 대화에서는 제품에 대한 단점을 열거하고, 이를

개선할 수 있는 방안을 모색하며 아이디어를 얻는 방식의 결점 열거법을 보여 주고 있다.

| 오답풀이 |

② 해결책을 손쉽게 찾아내는 방법이지만 혁신적인 해결책을 찾기 어려운 것은 결점 열거법에 대한 설명이다.

③ 발산적 사고를 개발하기 위한 방법으로 자유연상법, 강제연상법, 비교발상법 등이 있다. 비교발상법은 강제연상법에 속하지 않는다.

④ NM법은 비교발상법 중 하나로, 주제의 본질과 닮은 것을 힌트로 새로운 아이디어를 발상하는 방법이다.

⑤ 창의적 사고를 유도해 제품의 창조를 돕는 발상 도구의 스캠퍼(SCAMPER) 기법은 '대체하기(Substitute), 조합하기(Combine), 적용하기(Adapt), 수정·확대·축소하기(Modify, Magnify, Minify), 다른 용도로 사용하기(Put to other use), 제거하기(Eliminate), 재배치하기(Rearrange)'의 7가지 질문 형태를 미리 정해 놓고 그에 따라 다각적인 사고를 전개하는 방법이다. 주어진 대화에서는 개선사항과 해결책을 중심으로 말하고 있으므로 스캠퍼 기법의 제거하기 방법을 사용했다고 볼 수 없다.

🎣 NCS 문제풀이 TIP

창의적으로 사고하기 위해서는 문제에 관한 다양한 아이디어를 창출할 수 있는 발산적 사고가 요구된다. 발산적 사고의 개발 방법에는 자유연상법, 강제연상법, 비교발상법이 있다. 이는 정의, 특징, 사례 등 매우 다양한 형태로 빈출되는 출제 포인트이므로 각 개발 방법의 개념을 확실하게 이해하고 대표적인 사례까지 암기해 놓을 필요가 있다.

206

정답 ⑤

유형 문제해결능력

상-**중**-하

ⓒ 보이는 문제(발생형 문제)는 우리가 바로 직면하여 해결을 위해 고민하는 문제로, 어떤 기준을 일탈하거나(일탈 문제), 기준에 미달하는 경우(미달 문제)가 해당한다.

ⓔ 미래 문제(설정형 문제)의 문제해결은 지금까지 경험한 바가 없기 때문에 문제해결에 창조적인 노력이 요구되므로 창조적 문제라고 부른다.

ⓜ 찾는 문제(탐색형 문제)는 진행 상황 예측, 앞으로 일어날 수 있는 문제를 의미한다.

| 오답풀이 |

ⓐ 보이는 문제(발생형 문제)는 일탈 문제와 미달 문제로 구분되며, 찾는 문제(탐색형 문제)가 잠재 문제, 예측 문제, 발견 문제

로 구분된다.

ⓒ 타 기업의 업무방식, 선진기업의 업무방식 등의 정보를 얻어 개선하고 향상할 수 있는 문제는 찾는 문제(탐색형 문제)이다.

207　정답 ④

유형 문제해결능력　　상-중-**하**

설정형 문제는 지금까지 해 오던 것과 전혀 관계없이 미래 지향적으로 새로운 과제 또는 목표를 설정함에 따라 일어나는 문제이다. 목표 지향적 문제라고 할 수 있으며, 지금까지 경험한 바가 없기 때문에 창조적인 노력이 요구되는 문제이기도 하다.

㉠ 우수 항공사라는 자격을 미래에도 계속 이어 나가야 한다는 경영 전략에 관한 것이며, 그러한 목표를 설정함으로 인해 생겨난 문제로 볼 수 있으므로 설정형 문제에 해당한다.

㉢ 환승객 증가가 예상되어 상품을 개발해야 한다는 문제이므로 명확한 목표가 설정된 설정형 문제라고 볼 수 있다.

| 오답풀이 |

㉡ 혼잡도 증가에 따라 여객 처리 능력을 제고해야 한다는 개선과 강화의 문제이므로 '더 잘해야 하는' 문제, 즉 탐색형 문제에 해당한다.

208　정답 ④

유형 사고력　　상-중-**하**

주어진 조건의 명제를 연결화하여 표현하면 다음과 같다.

- 커피 준비 → K 바쁘지 않음
- K 바쁨 → 직원 아침 업무 준비 차질
- 월요일 → K 바쁨 → H 바쁨
- 커피 준비 × → 월요일

'커피 준비 × → 월요일'의 대우 명제는 '월요일 × → 커피 준비'이므로 위 명제들을 연결하면 '월요일 → K 바쁨 → 직원 아침 업무 준비 차질', '월요일 × → 커피 준비 → K 바쁘지 않음', 'H 바쁘지 않음 → K 바쁘지 않음 → 월요일 × → 커피 준비'의 관계가 성립한다.

ⓛ '월요일 → K 바쁨 → H 바쁨'이 성립하므로 '월요일 → H 바쁨' 역시 성립한다.

ⓒ '커피 준비 → K 바쁘지 않음'과 'K 바쁘지 않음 → 월요일 ×' 명제를 연결하면 '커피 준비 → 월요일 ×'가 성립한다.

| 오답풀이 |

㉠ 'H 바쁘지 않음 → 커피 준비'는 성립하지만 역의 관계는 옳은지 그른지 알 수 없다.

209　정답 ①

유형 사고력　　상-중-**하**

모든 사람이 사과 또는 귤을 먹었고, 두 번째와 네 번째 명제는 사과를 먹은 사람에 대한 명제이며 세 번째와 다섯 번째 명제는 귤을 먹은 사람에 대한 명제이므로 다음과 같이 정리할 수 있다.

(i) 두 번째＋네 번째 명제: 사과를 먹은 사람은 포도와 딸기를 모두 먹지 않았다. ↔ 포도 또는 딸기를 먹은 사람은 사과를 먹지 않았다.

(ii) 세 번째＋다섯 번째 명제: 귤을 먹은 사람은 수박과 사과를 모두 먹지 않았다. ↔ 수박 또는 사과를 먹은 사람은 귤을 먹지 않았다.

따라서 항상 옳은 것은 ①이다.

| 오답풀이 |

② 귤을 먹은 사람은 사과를 먹지 않았으므로 사과를 먹은 사람

은 귤을 먹지 않았다.

③ 귤을 먹은 사람은 수박을 먹지 않았으므로 수박을 먹은 사람은 귤을 먹지 않았다.

④ 사과를 먹은 사람은 딸기를 먹지 않았으므로 이 명제의 역은 참인지 아닌지 알 수 없다.

NCS 문제풀이 TIP

'사과 → ~포도 and ~딸기'의 대우 명제는 '포도 or 딸기 → ~사과'가 된다.
'and'와 '그리고'의 부정은 'or'과 '또는'이고 그 반대도 성립한다.

210

정답 ②

유형 사고력

상·중·하

표를 그려 정리하면 보다 쉽게 풀 수 있다. 9명이 모두 1지망, 2지망, 3지망을 적었으므로 각 지망별 인원수가 9명이 되고, 각 부서별 지망 인원의 합은 총 27명이 된다는 것을 기억해야 한다.

인사부보다 홍보부를 희망하는 인원이 2명 더 많고, 기획부를 희망하는 인원이 1명 더 많으므로 인사부 희망 인원을 x명이라 하면, 홍보부는 $(x+2)$명, 기획부는 $(x+1)$명이다. $3x+3=27$이므로 식을 정리하면 $x=8$이 된다. 따라서 기획부 지망 인원은 9명, 홍보부는 10명, 인사부는 8명이다.

구분	기획부	홍보부	인사부	합계
1지망				9
2지망				9
3지망				9
합계	9	10	8	27

인사부를 3지망으로 희망하는 인원은 없으므로 기획부와 홍보부의 3지망 합이 9명, 인사부의 1지망과 2지망 합이 8명이다. 홍보부와 기획부를 1지망으로 희망하는 인원은 동일하고, 인사부를 1지망으로 희망하는 인원은 이보다 적으므로 가능한 경우는 홍보부, 기획부가 4명, 인사부가 1명인 경우밖에 없다.(홍보부, 기획부를 각각 3명이 지망하면 인사부도 3명이 지망해야 하므로 다섯 번째 조건에 위배된다.) 따라서 인사부를 2지망으로 하는 인원은 7명이 된다.

구분	기획부	홍보부	인사부	합계
1지망	4	4	1	9
2지망			7	9
3지망			0	9
합계	9	10	8	27

기획부를 2지망으로 희망하는 인원은 홍보부를 2지망으로 희망하는 인원보다 2명이 더 많고, 2지망에서 기획부+홍보부+인사부=9가 되어야 하므로 기획부 지망 인원을 x명이라 하면, $x+(x-2)+7=9 \rightarrow x=2$이다. 따라서 기획부 2지망은 2명, 홍보부 2지망은 0명이다. 기획부 지망자의 합이 9명이므로 $4+2+(3$지망$)=9 \rightarrow$ 기획부 3지망=3(명), 홍보부 지망자의 합이 10명이므로 $4+0+(3$지망$)=10 \rightarrow$ 홍보부 3지망=6(명)이다. 이에 따라 각 부서별로 1지망부터 3지망까지 희망하는 인원은 다음과 같다.

구분	기획부	홍보부	인사부	합계
1지망	4	4	1	9
2지망	2	0	7	9
3지망	3	6	0	9
합계	9	10	8	27

따라서 홍보부를 2지망으로 희망하는 인원은 1명이 아닌 0명이다.

NCS 문제풀이 TIP

가로로만 배치하는 문제가 아니라 가로/세로 표를 정해서 배치해야 하는 문제는 좀 더 복잡하게 느껴질 수 있다. 총 9명이라는 것을 기준으로 빈칸을 채워 나가면 하나의 경우의 수만 나오기 때문에 어려운 문제는 아니다.

211

정답 ④

유형 사고력

상·중·하

7일을 1주기로 하고, 7월 1일부터 7월 26일까지 조사를 하므로 총 4주기 동안 조사가 진행된다. 이때 1주기에 3업체씩 조사하고, 업체가 총 12업체이므로 7월 첫째 주 월, 수, 금부터 7월 넷째 주 월, 수, 금까지 조사가 진행된다. 따라서 다음과 같은 표를 만들어 확실한 내용부터 작성한다. 가장 처음과 마지막에 서울·경기권역의 업체를 조사한다.

	1주기			2주기			3주기			4주기		
	월 (1)	수 (3)	금 (5)	월 (8)	수 (10)	금 (12)	월 (15)	수 (17)	금 (19)	월 (22)	수 (24)	금 (26)
	서울											서울

1주기와 3주기에는 각각 대전·충청권역을 제외한 모든 권역의 업체를 조사하고, 같은 권역의 업체는 연속해서 조사하지 않으므로 나머지 서울·경기권역의 네 업체는 2주기 월요일부터 4주기 월요일 중에 조사한다. 일곱 번의 가능한 날짜 중에서 4일 동안 연속하지 않게 조사하는 경우는 2주기 월, 금, 3주기 수, 4주기 월밖에 없다.

	1주기			2주기			3주기			4주기		
	월 (1)	수 (3)	금 (5)	월 (8)	수 (10)	금 (12)	월 (15)	수 (17)	금 (19)	월 (22)	수 (24)	금 (26)
	서울			서울		서울		서울		서울		서울

대전·충청권역은 2주기에 조사하는데 남은 일정이 수요일밖에 없으므로 2주기 수요일에 조사한다. 주기가 동일한 경우 대구·부산·경상권역의 업체를 광주·전라권역 업체보다 먼저 조사하므로 1주기 수요일과 3주기 월요일에 대구·부산·경상권역의 업체를, 1주기 금요일과 3주기 금요일에 광주·전라권역 업체를 조사한다. 따라서 남은 4주기 수요일에는 대구·부산·경상권역의 업체를 조사한다.

	1주기			2주기			3주기			4주기		
	월 (1)	수 (3)	금 (5)	월 (8)	수 (10)	금 (12)	월 (15)	수 (17)	금 (19)	월 (22)	수 (24)	금 (26)
	서울	대구	광주	서울	대전	서울	대구	서울	광주	서울	대구	서울

따라서 4주기에는 서울·경기권역의 업체를 두 군데 조사한다.

NCS 문제풀이 TIP

조건들을 가로로 나열하여 푸는 문제인데 나열하여야 하는 칸이 총 12칸이라 어렵게 느껴질 수 있다. 하지만 명확하게 위치를 잡을 수 있는 조건들이 있으므로 빈칸을 채워 나가면서 조건을 정리하면 된다.

212

정답 ⑤

유형 사고력

상-중-**하**

E와 A는 동일 직급자라고 하였으므로 동일 직급자로부터 연락을 받은 E는 바로 하위 직급자인 B 한 명에게 연락한 것을 알 수 있다. 또한 바로 상위 직급자로부터 연락을 받은 B는 이를 다시 D에게 연락하였으므로 D는 B와 동일 직급인 것을 알 수 있다. 따라서 A가 바로 하위 직급자인 D로부터 연락을 받고 C에게만 연락하였다는 것은 C는 A의 바로 상위 직급자라는 것을 의미한다.

이를 정리하면 이들의 직급은 'C > E = A > D = B'와 같은 관계인 것을 알 수 있으므로 정답은 ⑤이다.

| 오답풀이 |

① E와 동일 직급자는 A 한 명이다.

②, ④ A는 D의 바로 상위 직급자이다.

③ C는 A, B와 동일 직급자가 아니다.

213

정답 ③

유형 사고력

상-중-**하**

참여하는 사람을 알기 위해서는 우선 누가 거짓을 말했는지를 알아야 한다. 네 명의 진술을 살펴보면 모두 다른 두 사람의 참여 여부를 말하고 있다. 또한 각자가 말한 두 사람에 대한 진술 8개를 비교해 보면, A의 참여를 말한 2개의 진술과 C의 참여를 말한 2개의 진술은 모두 동일한 의견이므로 한 명만 거짓을 말하였다는 조건에 의해 어느 한쪽이 거짓을 말한 것이 될 수 없게 되므로 A와 C의 참여 여부에 대해 말한 사람은 모두 진실을 말한 것이 된다. 따라서 A와 C의 참여 여부가 아닌 B와 D의 참여 여부에 대해서만 진술한 C가 거짓이 되므로 B는 불참, D는 참여한 것이 되며, 이 경우에 다른 모든 진술에 모순이 없게 된다. 따라서 행사에 참여하는 사람은 A, C, D의 3명이다.

진술 \ 참여자	A	B	C	D
A		×	○	
B	○			○
C		○		×
D	○		○	

본 문제는 위처럼 표를 그려 문제에 접근하면 서로 대립되는 의견을 제시한 사람이 있음을 알 수 있다.
B에 대해 대립된 의견을 제시한 사람은 A, C이고, D에 대해 대립된 의견을 제시한 사람은 B, C이다.
따라서 C만 거짓이라고 가정하였을 경우 문제의 조건이 성립한다.

214
정답 ③

유형 **사고력** 상-중-**하**

A의 첫 번째 발언(B: 총무팀)이 참이라면 B의 첫 번째 발언은 거짓이고 두 번째 발언(D: 영업팀)이 참이다. 이 경우 C와 D의 첫 번째 발언은 거짓이고 두 번째 발언(A: 기획팀, E: 재무팀)이 참이다. A, B, D, E의 배정 부서가 확정되었으므로 마케팅팀에 C가 배정되었음을 추론할 수 있는데, 이는 신입사원 A~E의 참인 발언과 상충하지 않는다. 따라서 C의 첫 번째 발언은 거짓, 두 번째 발언은 참이며 C가 마케팅팀에 배정되었다.

215
정답 ⑤

유형 **문제처리능력** 상-중-**하**

주어진 SWOT 분석 결과는 다음과 같이 D사의 내부 환경 요인과 외부 환경 요인으로 나누어 구분할 수 있다.
(가) 외부 환경 요인 − 기회(O)
(나) 내부 환경 요인 − 약점(W)
(다) 내부 환경 요인 − 강점(S)
(라) 외부 환경 요인 − 기회(O)
(마) 내부 환경 요인 − 강점(S)
(바) 외부 환경 요인 − 위협(T)
(사) 내부 환경 요인 − 약점(W)
(아) 외부 환경 요인 − 위협(T)
따라서 '위협 요인'은 (바), (아)이다.

SWOT 분석 문제는 단순한 개념을 묻는 문제보다는 사례에 적용하여 출제되는 경우가 많다. 자주 출제되는 문제이므로 해당 이론을 잘 학습하도록 하자.

216
정답 ②

유형 **문제처리능력** **상**-중-하

D사의 SWOT 분석을 통한 적절한 전략에는 각 분석 요인들을 결합한 SO, WO, ST, WT 전략이 있다.
ⓒ 치료제 개발 투자, 해외 신약 적극적 수입
　→ (가)＋(사) → WO 전략
ⓒ 신약 수입 확대, 판로 확보 및 마케팅
　→ (라)＋(마) → SO 전략

| 오답풀이 |

ⓐ R&D 파이프라인 확보, 바이오 벤처 투자 및 대규모 M&A → (나)＋(마) → 외부 요인이 고려되지 않았으므로 적절한 전략이라고 볼 수 없다.
ⓓ 청년층 약값 인상으로 정부의 약값 인하 정책의 부작용을 해소하고자 하는 것은 환경 분석 결과에 따른 적절한 전략이라고 볼 수 없다.

SWOT 분석은 내부적인 요인 1개와 외부적인 요인 1개를 조합하여 만드는 전략으로, 각 요인을 단순히 나열하는 경우는 전략이 될 수 없으므로 연관성이 있는 요인끼리 묶어 전략을 만들어야 한다.
• SO 전략: 내부의 강점을 이용하여 기회를 살리는 전략
• WO 전략: 약점을 보완하여 기회를 살리는 전략
• ST 전략: 내부의 강점을 이용하여 위기를 극복하는 전략
• WT 전략: 약점은 보완하고 위협은 회피하는 전략

217
정답 ①

유형 **문제처리능력** **상**-중-하

각 영업본부장들의 선호도 순위를 파악하여 자신이 원하는 방안이 선정되도록 전략을 세울 수 있다. '갑'사 영업본부장의 주장은 '기존 방안'이 선정되는 것이다. 만일 방안B를 '새로운 방안'으로 제시하면 1단계에서 12 대 9로 방안B가 선정되고 이에 따라 2단계에서 12 대 9로 '기존 방안'이 최종 결정될 수 있다.

②, ④ 방안C나 방안E를 '새로운 방안'으로 제시하면 1단계에서 방안A가 선정되어 결국 방안A가 최종 방안으로 결정된다.

③ 방안D를 '새로운 방안'으로 제시하면 1단계에서 방안D가 선정되며, 2단계에서도 방안D가 최종 방안으로 결정된다.

⑤ '갑'사 영업본부장이 아무런 '새로운 방안'도 제시하지 않으면 다수결 투표에서 14 대 7로 방안A가 최종 방안으로 결정된다.

NCS 문제풀이 TIP

1단계에서 방안B, C, D, E 중에 새로운 방안을 결정하면 방안A와 선호도를 비교하여 선정된 방안이 결정되어야 한다. 그걸로 방안B와 방안D가 가능하고 2단계를 비교해 보면 방안B로 하였을 경우가 기존 방안이 선정되는 것이다.
문제해결능력 문제를 학습할 때 다양한 유형을 접해 보는 것은 수험생에게 큰 도움이 된다. 같은 유형이 다시 출제되는 확률은 적지만 다양한 유형을 풀어 봄으로써 문제를 봤을 때 그 문제를 이해하는 능력이 향상되기 때문이다.

218 정답 ④

유형 문제처리능력 상-**중**-하

제10조에 '사업자는 운송물을 수탁한 후 그 포장의 외부에 운송물의 종류·수량, 운송상의 특별한 주의사항, 인도 예정일(시) 등의 필요한 사항을 표시해야 합니다.'라고 규정하고 있으므로 언급된 사항은 사업자의 의무사항으로 볼 수 있다.

① 사업자는 운송물의 포장이 운송에 적합하지 아니한 때에는 송화인에게 필요한 포장을 하도록 청구하거나, 송화인의 승낙을 얻어 운송 중 발생할 수 있는 충격량을 고려하여 포장을 하여야 하며, 사업자가 이를 준수하지 않아 발생한 파손에 대하여는 송화인에게 손해배상을 해야 한다고 명시되어 있다. 따라서 언급된 바와 같은 경우에는 사업자가 재포장에 대한 규정을 준수하지 않은 것으로 볼 수 있어 사업자에게 손해배상 책임이 있다.

② 사업자가 운송물을 운반하는 도중 운송물의 포장이 훼손되어 재포장을 한 경우에는 지체 없이 고객(송화인)에게 그 사실을 알려야 한다고 명시되어 있다.

③ 운송물이 운송장의 기재 내용과 다를 경우 송화인이 재포장을 위한 비용을 부담해야 하나, 사업자는 반드시 운송물을 확인 전 송화인에게 이를 통보하여 동의를 얻어야 한다고 명시되어 있다.

⑤ 수화인의 위치(인도 예정 장소)가 도서, 산간벽지인 경우는 수

탁일로부터 3일인 10월 8일에 인도할 수도 있으므로 반드시 10월 7일에 인도해야 하는 것은 아니다.

219 정답 ②

유형 문제처리능력 상-**중**-하

사업자는 운송장에 기재된 운송물의 종류와 수량에 관하여 송화인의 동의를 얻어 그 참여하에 이를 확인할 수 있다. 따라서 어떤 경우에도 운송물이 운송장 기재 내용과 다르다는 것은 확인을 통하여 결정하는 것이지, 포장 상태만으로 판단하여 수탁을 거절하는 것은 적절하지 않다.

① 제9조 제2항의 규정에 의한 청구나 승낙을 거절하여 운송에 적합한 포장이 되지 않은 경우에 해당한다.

③ 최장변이 100cm를 초과하지는 않으나, 세 변의 합이 220cm를 초과하므로 수탁 거절 사유에 해당한다.

④ 운송물 1포장의 무게가 25kg를 초과하는 경우에 해당한다.

⑤ 운송물 1포장의 가액이 300만 원을 초과하는 경우에 해당한다.

220 정답 ③

유형 문제처리능력 상-**중**-하

1차 전형에서 기본점수, 가점, 최종점수는 다음과 같다.

구분	기본 점수 (점)	가점(점)			최종 점수 (점)	순위
		자격증	봉사 시간	비고		
A	34	1	3	3	41	3
B	35	0	4	0	39	7
C	35	3	2	0	40	6
D	33	2	1	5	41	4
E	32	3	1	0	36	9
F	34	3	0	0	37	8
G	31	1	5	5	42	불합격
H	34	2	4	3	43	2
I	33	3	5	0	41	5
J	34	3	3	5	45	1

G는 기본점수가 가장 낮으므로 불합격한다. 최종점수가 45점인 J가 1위, 43점인 H가 2위이다. A, D, I는 최종점수가 동일하므로 기본점수가 가장 높은 A의 순위가 3위이고, 청년 인턴 경험이 있는 D가 4위, I가 5위이다. 최종점수가 40점인 C가 6위이다. 따라서 A, C, D, H, I, J가 합격한다.

221

정답 ②

유형 **문제처리능력** 　　　　　　 상-**중**-하

1위는 J, 2위는 H, 3위는 A, 4위는 D, 5위는 I, 6위는 C이고, 이 중 H, A, D는 장애인이다. 이를 바탕으로 면접 전형에 따른 최종점수를 확인하면 다음과 같다.

구분	기본점수	가점	최종점수	결과
J	34	0	34	불합격
H	34	3	37	합격
A	31	3	34	불합격
D	34	3	37	불합격
I	35	0	35	불합격
C	37	0	37	합격

따라서 최종점수가 가장 높은 C, D, H 중 기본점수가 가장 높은 C와 기본점수가 동일한 D, H 중 1차 전형 순위가 더 높은 H가 합격한다.

222

정답 ④

유형 **사고력** 　　　　　　 상-**중**-하

두 번째 명제에서 야구를 좋아하는 어떤 직원은 당구를 좋아하므로 야구를 좋아하는 직원과 당구를 좋아하는 직원의 교집합이 존재한다. 이때 세 번째 명제에서 야구를 좋아하는 모든 직원은 운동을 좋아하므로 야구와 운동을 좋아하면서 당구를 좋아하는 직원이 존재하므로 '당구를 좋아하는 어떤 직원은 운동을 좋아한다.'는 참인 명제이다.

| 오답풀이 |

각 선택지의 반례는 다음과 같다.

① 두 번째 명제에서 야구를 좋아하는 어떤 직원은 당구를 좋아하므로 아래 벤다이어그램과 같이 당구를 좋아하는 직원 중 야구를 좋아하지 않는 직원이 존재할 수 있으므로 항상 참인 명제는 아니다.

② 주어진 세 명제를 종합했을 때 운동을 좋아하는 직원 중 D상사 직원이 아닌 사람이 존재할 수 있으므로 항상 참인 명제는 아니다.

③ 첫 번째, 두 번째 명제에서 당구를 좋아하는 D상사 직원 중 야구를 좋아하는 사람이 없을 수 있으므로 항상 참인 명제는 아니다.

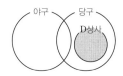

NCS 문제풀이 *TIP*

명제 문제를 풀 때 '모든'과 '어떤'이 나오면 벤다이어그램을 활용하여 해결해야 한다. 다음과 같이 '어떤'은 집합 관계가 총 4가지, '모든'은 집합 관계가 총 2가지가 나온다.

• 주어진 명제에 '어떤'이 포함될 경우

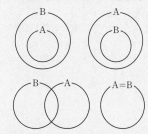

• 주어진 명제에 '모든'이 포함될 경우(모든 집합 A가 B에 포함된다고 가정함.)

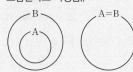

223

유형 사고력 　　　　　　　　　　　상-중-하

주어진 네 개의 명제를 도식화하여 나타낸 대우 명제는
다음과 같다.

(가) A → D ⇒ ~D → ~A

(나) C → ~D ⇒ D → ~C

(다) D → B∩~C

(라) ~D → ~B∪C

따라서 C가 등산동호회 회원이면 (나)에 의해 D는 등산
동호회 회원이 아니며, (가)의 대우 명제에 의해 A도 등
산동호회 회원이 아니다. 또한 (라)에 의해 B가 등산동
호회 회원이 아니거나 C가 등산동호회 회원이어야 하는
데, C가 등산동호회 회원이라고 하였으므로 B는 등산
동호회 회원이거나 회원이 아니다. 따라서 C가 등산동
호회 회원이면 네 명 중 등산동호회 회원은 C 한 명이거
나 B와 C 두 명이다.

| 오답풀이 |

① (가)에 의해 D도 등산동호회 회원이며, (다)에 의해 B도 등산
　동호회 회원이므로 반드시 2명인 것은 아니다.

②, ③ D가 등산동호회 회원인지의 여부에 따라 B와 C는 등
　산동호회 회원이 될 수도 있고, 되지 않을 수도 있다.

⑤ D가 등산동호회 회원이 아니면, (라)에 의해 C가 등산동호회
　회원일 수도 있다.

> **NCS 문제풀이 TIP**
>
> 명제 유형은 크게 두 가지를 알고 있어야 한다.
> 첫 번째는 명제가 참이면 대우도 참이고, 대우가 참이면 명제
> 도 참이라는 것을 알아야 한다.
> 두 번째는 'A이면 B이고, B이면 C이다.'는 'A이면 C이다.'
> 라는 삼단논법에 대해서 알아야 한다.

224

유형 사고력 　　　　　　　　　　　상-중-하

[조건]의 내용을 바탕으로 정리하면 다음과 같다.

301호	302호	303호	304호
201호 ×	202호 ○	203호 ×	204호 ×
101호 ○	102호	103호	104호

5개 조가 3개 층에 모두 나뉘어 배정되는 경우는 각 층
에 1개, 1개, 3개의 방을 쓰는 경우와 1개, 2개, 2개의

방을 쓰는 두 가지 경우이다. 그런데 두 번째 내용에서
연이어 배정된 방은 없으므로 각 층별 1개, 2개, 2개의
방을 사용한다는 것을 알 수 있다.

또한 1층에서는 101호를 포함하여 2개 방을 사용한다고
하였으므로 103호 또는 104호 중 하나의 방을 사용하게
된다. 두 가지 경우에 배정될 수 있는 방법은 다음과 같다.

(ⅰ) 103호를 사용할 경우

301호	302호 ○	303호	304호 ○
201호 ×	202호 ○	203호 ×	204호 ×
101호 ○	102호	103호 ○	104호

(ⅱ) 104호를 사용할 경우

301호 ○	302호	303호	304호 ○
201호 ×	202호 ○	203호 ×	204호 ×
101호 ○	102호	103호	104호 ○

따라서 두 경우 모두 304호는 항상 사용하게 되는 것을 알
수 있다.

| 오답풀이 |

① 303호는 어떤 경우에도 사용하지 않는다.

② 104호를 사용할 경우 짝수 호실 2개를 모두 사용하는 층은
　없다.

④ 104호를 사용할 경우 3호실 3개는 모두 사용하지 않는다.

> **NCS 문제풀이 TIP**
>
> 조건추리 문제는 도식화하여 접근해야 한다. 공기업 NCS 문
> 제뿐만 아니라 대기업 직무적성검사에 출제되었던 추리 문제
> 로도 연습이 가능하므로 경우의 수가 많은 난이도 높은 문제
> 들 위주로 공부하도록 하자. 그래야 실제 시험장에서 어렵지
> 않게 느껴질 것이다.

225

유형 문제처리능력 　　　　　　　　　상-중-하

㉠ 데이터가 실시간으로 수집되어 산업 전반에서 상호
　작용을 통해 연쇄적으로 사용되는 경우, 어느 한 종
　류의 데이터가 장시간 수집되지 않으면 마치 연결되
　어 있는 여러 개의 톱니바퀴 중 하나의 톱니바퀴가
　멈춰 버린 듯 연결된 모든 시스템의 흐름이 막히게
　될 위험을 우려할 수 있다.

㉢ 시스템 오류뿐만 아니라 보안의 문제도 위험을 가중
　시키고 있어 데이터 유출 및 해커들의 공격 등에 대

한 우려는 타당하다.

㉣ 인간 내면의 욕망을 자극하는 불법적·비윤리적 산업 (살인, 장기 매매 등)이 성행할 것으로 우려하는 것은 합리적인 판단으로 볼 수 있다.

| 오답풀이 |

㉡ 국가가 무분별한 기술 개발을 규제하기 위한 방안은 이미 우리 사회에 마련되어 있지만, 편리함을 추구하는 인간의 본성에 따른 지속적인 기술 주도는 결국 그 규제를 넘어설 것이다. 따라서 기술의 오남용에 대한 폐해를 최소화하는 방향이 바람직하다고 볼 수 있으며, 기술 규제에 따른 기술력 퇴보를 예측하는 것은 발생 가능한 하위 문제로 보기 어렵다.

NCS 문제풀이 TIP

로직트리 방법의 개념을 이해하고 그것을 실제 사례에 적용하는 능력을 묻는 문제이다. 로직트리 방법의 개념을 모른다 하더라도 제시문만 잘 이해하면 문제를 푸는데 어려움이 없다. 참고로 로직트리 방법은 문제의 원인을 깊이 파고들거나 해결책을 구체화할 때 한정된 시간 동안 근본적인 원인을 파악하는 데 도움이 되는 기술로, 주요 과제를 나무모양으로 분해, 정리하는 방법이다.

226
정답 ③

유형 문제처리능력
상-중-하

연차수당의 산식에 포함된 '×8'은 연간 부여되는 연차 사용 일수가 아니다. 209시간은 매달 통상 근무시간을 의미하며 미사용 휴가일수를 곱하여 산출하는 것으로 보아, 8은 하루의 근무시간인 8시간을 의미한다.

| 오답풀이 |

① 팀장은 연간 최소 800,000×12=9,600,000(원)의 직무급을 지급받게 된다.

② 정규 근무는 '×1', 잔업이나 휴일 근무는 '×1.5'이므로 정규 근무 시급보다 휴일 근무 시급이 더 많다.

④ 2011년 말일 이전 출생의 셋째 자녀에게는 해당되지 않으므로 제도 시행일 또는 기준일이 2012년부터라고 볼 수 있다.

⑤ '시 국·공립 고등학교의 평균 지급액 이내'에서의 실비 지급이므로 평균보다 많은 실제 비용은 전액 지급받지 못함을 알 수 있다.

NCS 문제풀이 TIP

선택지의 내용을 보고 자료에서 찾아야 하므로, 키워드를 잡고 이를 빠르게 캐치하도록 한다. ①은 팀장, ②는 휴일, ③은 연차, ④는 가족, ⑤는 학자금을 키워드로 잡고 확인해 보자.

227
정답 ②

유형 문제처리능력
상-중-하

두 사람이 받을 수 있는 금액은 다음과 같이 계산할 수 있다.

[A씨]

• 휴일 근무 3일: 4,000,000×1.5÷209×3≒86,124(원)
• 부양가족 3인: 30,000×3=90,000(원)
• 합계: 86,124+90,000=176,124(원)

[B씨]

• 부양가족 4인(셋째가 2011년 말일 이후 출생): 30,000×3+80,000=170,000(원)
• 팀장 직무급(최저액 적용): 800,000원
• 합계: 170,000+800,000=970,000(원)

따라서 두 사람은 이번 달에 각각 176,124원과 970,000원을 지급받게 된다.

NCS 문제풀이 TIP

본 문제와 같이 조건에 따라서 계산해야 하는 문제는 제시문에 예외적인 요소나 주의해야 하는 요소들이 함께 나온다. 예를 들어 가족수당을 계산할 때는 표 밑에 작은 글씨로 제시되는 사항을 꼭 주의 깊게 봐야 한다.

228
정답 ④

유형 문제처리능력
상-중-하

구매 이력이 없는 프렌즈 등급의 경우 프로모션 참여가 불가하며, 프로모션 참여는 1번이라도 티켓 구매 이력이 있는 경우라고 하였다.

| 오답풀이 |

① 열차를 한 번도 이용하지 않았어도 철도회원으로 가입을 했다면 프렌즈 등급으로 선정된다.

② 모든 등급에서 티켓 구매 시 적립되는 마일리지 비율은 결제 금액의 5%로 동일하다.

③ 티켓 자체에 할인 혜택이 적용되는 것이므로 실제 이용자는 구매자 본인이 아니어도 가능하다.

⑤ VIP 등급의 고객은 30%의 할인 혜택을 받을 수 있는데, 중증 장애로 50% 할인을 추가로 받을 수 있으므로 최대 {1-(0.7×0.5)}×100=65(%)의 할인 혜택을 받을 수 있다.

229

정답 ③

 유형 문제처리능력　　　　(상)-(중)-(하)

A씨는 2×22년 1월 1일에 철도회원으로 처음 가입하였으므로 직전 반기를 기준으로 멤버십 등급을 선정해야 한다. 마일리지 적립 금액이 42,000원이므로 A씨의 멤버십 등급은 VIP이다. VIP 등급의 경우 3매까지 30%의 할인 혜택을 받을 수 있다는 점을 고려하여 7~12월의 마일리지 적립 금액을 계산하면 다음과 같다.

- 7월: $(43,000 \times 0.7 \times 3 + 43,000 \times 3) \times 0.05$ $= 10,965$(원)
- 8월: $(20,000 \times 5) \times 0.05 = 5,000$(원)
- 9월: $(35,000 \times 9) \times 0.05 = 15,750$(원)
- 10월: $(30,000 \times 2) \times 0.05 = 3,000$(원)
- 12월: $40,000 \times 0.05 = 2,000$(원)

→ $10,965 + 5,000 + 15,750 + 3,000 + 2,000 = 36,715$(원)
A씨의 직전 반기 적립금이 4만 원 미만이며, 1년간 적립한 마일리지가 2만 원 이상 8만 원 미만이므로 2×23년 상반기 멤버십 등급은 비즈니스이다.

230

정답 ②

 유형 문제처리능력　　　　(상)-(중)-(하)

작년 7~12월의 마일리지 적립금이 총 85,000원이므로 2023년 상반기 B씨의 멤버십 등급은 VVIP이다. VVIP는 티켓 구매 시 30%의 할인을 받을 수 있으며, 장애 정도가 심하지 않은 장애인이므로 30%를 추가로 할인받을 수 있다. 부산행 티켓은 50,000원이므로 30% 할인되어 $50,000 \times 0.7 = 35,000$(원)이고, 여기에 30%를 추가로 할인받아 $35,000 \times 0.7 = 24,500$(원)에 구입할 수 있다.

자기개발능력				본문 224~229쪽	
231	④	232	④	233	④	234	⑤	235	④
236	①	237	④	238	③	239	①	240	④

231

정답 ④

 유형 자기개발능력　　　　(상)-(중)-(하)

자기개발을 수행함에 있어 개인의 자기개발 목표와 일상생활의 요구 사항을 조화시켜야 한다. K씨는 휴식도 없이 자기개발을 위해 일과 후 늦은 밤까지 매일 학원을 다녔고, 주말에도 시간을 할애하였다. 이로 인해 육체적·정신적으로 지쳐 일상생활에서 필요한 일들을 제대로 수행하지 못하는 결과를 야기할 수 있다.

> **NCS 문제풀이 TIP**
>
> 자기개발의 장애요인으로는 다음과 같은 것들을 들 수 있다.
> 1) 자기정보의 부족: 자신의 흥미, 장점, 가치, 라이프스타일을 충분히 이해하지 못함
> 2) 내부 작업정보 부족: 회사 내의 경력 기회 및 직무 가능성에 대해 충분히 알지 못함
> 3) 외부 작업정보 부족: 다른 직업이나 회사 밖의 기회에 대해 충분히 알지 못함
> 4) 의사결정 시 자신감의 부족: 자기개발과 관련된 결정을 내릴 때 자신감 부족
> 5) 일상생활의 요구사항: 개인의 자기개발 목표와 일상생활 간의 갈등
> 6) 주변 상황의 제약: 재정적 문제, 연령, 시간 등

232

정답 ④

 유형 자아인식능력　　　　(상)-(중)-(하)

조해리의 창 모델은 다음 그림과 같다.

	내가 아는 나	내가 모르는 나
타인이 아는 나	공개된 자아 Open Self	눈먼 자아 Blind Self
타인이 모르는 나	숨겨진 자아 Hidden Self	아무도 모르는 자아 Unknown Self

'나의 성격이나 업무수행에 있어서 장단점은 무엇일까?'와 같은 질문은 내가 아는 나를 확인하는 방법으로, 공개된 자아와 숨겨진 자아를 확인하는 방법이 된다.

조셉과 해리라는 두 심리학자에 의해 만들어진 '조해리의 창
(Johari's Window)'은 자신과 다른 사람의 두 가지 관점을
통해 파악해보는 자기인식 또는 자기이해의 모델이다. 조해
리의 창을 통해 보면, 자신을 공개된 자아, 눈먼 자아, 숨겨진
자아, 아무도 모르는 자아로 나누어 볼 수 있다. 다른 사람과
의 커뮤니케이션을 통해서는 타인이 아는 나 즉, 공개된 자아
와 눈먼 자아를 확인할 수 있다.

233
정답 ④

유형 경력개발능력
상-중-하

예전에는 한 사람이 조직에 입사하면 평생직장의 개념
을 강하게 인식하였고, 한번 직업을 정하면 그 직업을
평생 동안 바꾸지 않았다. 전통적인 직선적 경력으로 한
직업, 한 직장에서의 수직적인 승진을 강조하였던 반면
에, 최근에는 경력관리에 대한 새로운 이슈들이 등장하
여 나선형 경력 변화가 이루어지며 단기적으로 경력의
변화가 빈번하게 이루어지고 있다. 따라서 이직이나 투
잡, 창업 등의 새로운 경력을 가지는 사람이 증가하는
추세에 맞추어 필요한 활동을 적극적으로 수행하는 것
도 자신을 위한 좋은 방법이라고 할 수 있다.

| 오답풀이 |

③ 이직을 준비하고 있다면 자신의 경험과 능력을 고려하여 취업
   시장의 객관적인 가치를 이해하는 것이 중요하다. 구직자에
   대한 시장의 평가는 전반적인 시장 상황에 따라 달라지므로
   이직 시 자신을 과대 평가하지 말고 객관적으로 자신을 바라
   보는 것이 중요하다.
⑤ 전문적인 컨설팅이나 헤드헌터들을 통해 지원자의 경력과 원
   하는 상황에 맞는 새로운 일자리를 제안받을 수 있다. 지원자
   들은 자신의 적합성을 판단하기 위해 추천된 기관과 직종을
   적극적으로 연구해야 한다. 취업컨설팅을 받아 자신이 지원하
   고자 하는 기업이 자신에게 잘 맞는지 평가하고, 조직을 연구
   하면 명확한 지원 동기를 확립할 수 있다.

234
정답 ⑤

유형 경력개발능력
상-중-하

주어진 ⓒ의 내용은 경력 중기의 실행 단계를 수행하기
위하여 필요한 질문이다. 경력 초기의 실행 단계를 수행
하기 위해서는 '나는 직무와 조직의 규칙과 규범을 위해

어떤 노력을 하고 있는가?'와 같은 질문을 할 수 있다.

경력 중기와 경력 말기의 준비, 실행, 완료 단계에서 할 수 있
는 질문을 정리하면 다음과 같다.

구분	준비 단계	실행 단계	완료 단계
경력 중기	나는 직무와 조직에서 안정기(정체기)에 접어들면 어떤 노력이 필요하고, 어떠한 생각을 가질 것 같은가?	나는 직무와 조직에서 안정기에 접어들면서 어떠한 생각으로 무엇을 준비하고 행동하고 있는가?	나는 직무와 조직에서 안정기(정체기)에 접어들면서 생각하고 준비한 것은 어느 정도 이루어졌는가?
경력 말기	나는 퇴직한 이후를 준비하기 위하여 어떤 노력이 필요한가?	나는 퇴직한 이후를 준비하기 위하여 지금 어떠한 노력을 기울이고 있는가?	나는 퇴직 이후의 준비와 계획을 어느 정도 잘 성취하였는가?

235
정답 ④

유형 자기개발능력
상-중-하

직업인은 직업생활에서 자신의 능력 및 적성을 파악하
고, 목표 성취를 위해 자신을 관리하고 통제하며, 경력
목표 성취에 필요한 역량을 신장시켜 자신을 개발해야
하므로, 자기개발의 구성요소는 자아인식, 자기관리, 경
력개발로 볼 수 있다.

236
정답 ①

유형 자기개발능력
상-중-하

주어진 글은 학생이나 직업인이 모두 자기개발 계획을
수립하는 전략을 알고 있지만 장애요인으로 인하여 그 계
획을 구체적으로 수립하는 것은 어려우며, 계획을 세웠다
고 하더라도 모든 목표를 달성할 수 있는 것은 아니라고
하였다. 여기서 자기개발 계획을 수립하기 어려운 이유로
는 자기 정보의 부족, 내부 작업정보의 부족이 있다.

자기개발 계획 수립이 어려운 이유에는 다음과 같은 것들이 있다.

- 자기 정보의 부족: 자신의 흥미, 장점, 가치, 라이프스타일을 충분히 이해하지 못함
- 내부 작업정보 부족: 회사 내의 경력기회 및 직무 가능성에 대해 충분히 알지 못함
- 외부 작업정보 부족: 다른 직업이나 회사 밖의 기회에 대해 충분히 알지 못함
- 의사결정 시 자신감의 부족: 자기개발과 관련된 결정을 내릴 때 자신감 부족
- 일상생활의 요구사항: 개인의 자기개발 목표와 일상생활 간 갈등
- 주변 상황의 제약: 재정적 문제, 연령, 시간 등

237

정답 ④

유형 **자아인식능력** 상-중-**하**

성찰은 어느 날 갑자기 되는 것이 아니라 지속적인 연습에 의해 몸에 익히게 되는 것, 즉 숙련되는 것과 같다. 따라서 성찰을 위해서는 지속적인 연습의 과정이 필요하다.

238

정답 ③

유형 **경력개발능력** 상-중-**하**

[그래프1]은 투잡족, [그래프2]는 1인 창업 및 프리랜서 등의 독립근로자와 관련된 자료이다.

③ 과거에는 경제적인 이유로 여러 직업을 병행하는 투잡족이 많았으나, 최근에는 부업의 개념을 넘어 미래를 준비하기 위한 자기계발·자아실현을 위해 투잡을 하는 사람이 많으므로 적절하지 않다.

경력개발의 최신 이슈에 대해 알고 있다면 그래프의 제목과 선택지만 보고도 쉽게 답을 찾을 수 있는 문제이다. 주어진 그래프는 문제 풀이에 힌트가 되므로 선택지의 옳고 그름을 판별하면서 헷갈릴 경우에 참고하도록 한다.

239

정답 ①

유형 **자기개발능력** 상-중-**하**

바쁜 업무 때문에 자기개발에 필요한 시간을 갖지 못하였다는 것은 적절한 이유가 될 수 없다. 자기개발을 업무와 구분지어 생각하는 것은 적절하지 않으며, 맡은 바 업무를 성실히 수행하는 과정에서도 이룰 수 있어야 한다. 업무 분야에서의 자기개발은 업무를 통하여, 업무 외적인 분야에서의 자기개발은 출근 전이나 퇴근 후, 주말 시간 등을 이용하여 얼마든지 성취할 수 있으며 이는 스스로의 의지와 실천의 문제로 보아야 한다.

| 오답풀이 |

②~⑤는 자기개발을 방해하는 대표적인 요인들이며, 이를 미리 알고 극복할 준비가 되어 있어야 성공적인 자기개발을 이룰 수 있다.

240

정답 ④

유형 **경력개발능력** 상-**중**-하

경력 관련 의사결정에는 다음과 같은 네 가지 상황적 요인이 작용한다.

- 대인평가: 타인으로부터 받는 긍정적, 부정적 피드백
- 심리상태: 의사결정자의 상태 불안 수준
- 과업조건: 의사결정자가 이행을 하기 전 이용할 수 있는 시간의 양, 지각하는 다수의 유용한 대안, 자신과 타인에게 미치는 긍정적, 부정적 결과
- 맥락조건: 의사결정에 영향을 미치는 타인들의 역할 (정서적, 재정적 지원)

241	③	242	④	243	②	244	④	245	③
246	⑤	247	①	248	③	249	④	250	①
251	④	252	⑤	253	③	254	③	255	④
256	④	257	③	258	④	259	⑤	260	②
261	③	262	③	263	③	264	②	265	④
266	⑤	267	③	268	①	269	②	270	②

241

정답 ③

유형 시간관리능력 　　　　　상-중-**하**

주어진 시간 관리 매트릭스에서 〈가 영역〉은 긴급하면
서 중요한 일을 의미하고, 〈나 영역〉은 긴급하지 않지만
중요한 일을 의미한다. 그리고 〈다 영역〉은 긴급하지만
중요하지 않은 일을 의미하고, 〈라 영역〉은 긴급하지 않
고 중요하지 않은 일을 의미한다. 긴급하지 않지만 중요
한 일에는 새로운 기회 발굴, 중장기 계획 등이 있다.
따라서 [보기]에서 〈나 영역〉에 해당하는 것은 ⓒ, ⓔ이다.

NCS 문제풀이 TIP

시간 관리 매트릭스

구분	긴급한 일	긴급하지 않은 일
중요한 일	• 위기 상황 • 급박한 문제 • 기간이 정해진 프로젝트	• 예방 생산 능력 활동 • 인간관계 구축 • 새로운 기회 발굴 • 중장기 계획, 오락
중요하지 않은 일	• 잠깐의 급한 질문 • 일부 보고서 및 회의 • 눈앞의 급박한 상황 • 인기 있는 활동	• 바쁜 일, 하찮은 일 • 우편물, 전화 • 시간 낭비거리 • 즐거운 활동

242

정답 ④

유형 예산관리능력 　　　　　상-중-**하**

주어진 설명에 해당하는 용어는 간접비이다. 간접비의
예로는 광고비, 보험료, 건물관리비, 통신비, 사무비품
비, 각종 공과금 등을 들 수 있다.

| 오답풀이 |

① 인건비: 직접비의 일종으로, 제품 생산 또는 서비스 창출을 위

한 업무를 수행하는 사람들에게 지급되는 비용

② 시설비: 직접비의 일종으로, 제품을 효과적으로 제조하기 위
한 목적으로 건설되거나 구매된 시설에 지출한 비용

③ 재료비: 직접비의 일종으로, 제품의 제조를 위해 구매된 재료
에 대해 지출한 비용

⑤ 출장비: 직접비의 일종으로, 제품의 생산 또는 서비스 창출을
위해 출장이나 타 지역으로의 이동이 필요한 경우에 발생하는
다양한 비용

NCS 문제풀이 TIP

직접비와 간접비를 구분하는 문제는 자주 출제되므로 각 비
용의 특징과 종류에 대해 암기해 놓는 것이 좋다.

243

정답 ②

유형 시간관리능력 　　　　　상-**중**-하

우선 팀별로 요일별 가능한 업체를 찾아본다.

기획팀은 B업체에서만 건강검진을 받을 수 있다. 월요
일에는 09:00~12:00에 건강검진을 받을 수 있고, 화요
일에는 시간대가 맞지 않으므로 불가능하다. 따라서 기
획팀은 월요일에 B업체에서 건강검진을 받는다.

안전팀은 B업체 또는 D업체에서 건강검진을 받는데 월
요일에는 B업체에서 받을 수 없고, 화요일에는 B업체
와 겹치는 시간이 13:00~15:00 두 시간밖에 없고, D
업체와 월요일 15:00~18:00, 화요일 13:00~16:00 세
시간이 겹친다. 따라서 월요일과 화요일에 모두 D업체
에서 건강검진을 받는다.

영업팀은 월요일에 A, C업체 중 A업체와만 시간이 겹
친다. 화요일에는 A, B, C업체 중 C업체와만 시간이
겹친다. 따라서 영업팀은 월요일에 A업체, 화요일에 C
업체에서 건강검진을 받는다.

홍보팀은 월요일에 C업체와 시간이 겹치고, 화요일에는
A, B업체 중 겹치는 시간이 없다. 따라서 홍보팀은 월
요일에 C업체에서 건강검진을 받는다.

재무팀은 화요일에 A업체, B업체와 모두 시간이 겹치
고, 인사팀은 B업체와만 시간이 겹친다. 따라서 재무팀
이 화요일에 A업체, 인사팀이 화요일에 B업체에서 건
강검진을 받는다.

정리하면 다음과 같다.

구분	월요일	화요일
A업체	영업팀	재무팀

B업체	기획팀	인사팀
C업체	홍보팀	영업팀
D업체	안전팀	안전팀

㉠ 안전팀은 월요일과 화요일 모두 D업체에서만 건강 검진을 받게 된다.

㉢ 기획팀과 인사팀은 모두 B업체에서 건강검진을 받는다.

| 오답풀이 |

㉡ 영업팀 중 절반은 월요일, 절반은 화요일에 건강검진을 받는다.

㉣ 홍보팀은 월요일에 C업체에서 건강검진을 받는다.

244
정답 ④

 유형 예산관리능력

대중공연용으로 대극장을 대관하는 경우 평일 회당 기본 대관료가 1,430,000원이다. 월요일과 화요일은 평일이고, 월요일 2회, 화요일 2회로 총 4회 대관하므로 총 기본 대관료는 $4 \times 1,430,000 = 5,720,000$(원)이다. 무용공연용으로 대극장을 대관하는 경우 평일 회당 기본 대관료가 1,300,000원이다. 토, 일, 공휴일의 기본 대관료는 평일 기본 대관료에 20%를 할증하므로 $1,300,000 \times 1.2 = 1,560,000$(원)이다. 따라서 평일 2회, 주말 2회 대관을 하는 경우 총 기본 대관료는 $2 \times 1,300,000 + 2 \times 1,560,000 = 5,720,000$(원)이다. 따라서 대관료는 서로 동일하다.

| 오답풀이 |

① 소극장의 경우 계약금은 기본 대관료의 100분의 30이므로 추가로 납부해야 할 금액은 기본 대관료의 100분의 70이다. 국악용 소극장의 평일 기본 대관료가 500,000원이므로 공휴일 기본 대관료는 $1.2 \times 500,000 = 600,000$(원)이다. 따라서 추가로 납부해야 할 금액은 $0.7 \times 600,000 = 420,000$(원)이다.

② 모든 시설과 장르에서 평일의 철수 대관료는 평일 기본 대관료의 50%이다.

③ 소극장의 빔 프로젝터 2개의 비용은 $2 \times 150,000 = 300,000$(원)이고, 대극장의 리어 스크린 5개의 비용은 $5 \times 60,000 = 300,000$(원)으로 동일하다.

⑤ 대극장을 행사용으로 준비 대관하면 평일의 준비 대관료가 800,000원이므로 토요일의 준비 대관료는 평일의 준비 대관료에 20%가 할증된 $1.2 \times 800,000 = 960,000$(원)이다. 야간의 준비 대관료는 해당 요일 준비 대관료에 50%를 할증하므로 $1.5 \times 960,000 = 1,440,000$(원)이다.

245
정답 ③

 유형 예산관리능력

예상 관람객 수가 600명이므로 소극장을 대여한다. 대중공연용으로 평일에 소극장을 대여하는 경우 회당 780,000원이고, 주말에 준비 대관을 하는 경우 회당 $390,000 \times 1.2 = 468,000$(원)이다. 총 대여 무대 시설은 프론트 스크린 2회, 무대 안 현수막 1개, 극장 외벽 현수막 1개, 무선마이크 2대, 유선마이크 4대이므로 무대 시설 대여비는 $2 \times 20,000 + 20,000 + 50,000 + 2 \times 20,000 + 4 \times 3,000 = 162,000$(원)이다. 따라서 총대관료는 $780,000 + 468,000 + 162,000 = 1,410,000$(원)이다.

246
정답 ⑤

 유형 물적자원관리능력

K과장과 L대리는 1층이고, 경쟁사가 없는 곳을 선호한다. 따라서 B, C, D는 선정 대상에서 제외된다. K과장과 L대리는 주거 밀집도가 높은 곳을 선호하는데 A는 주거 밀집도가 하, E, F는 중이므로 A는 선정 대상에서 제외된다. K과장은 매장 크기가 넓은 곳을, L대리는 면적보다는 비용이 저렴한 곳을 선호한다. E는 면적이 상, 가격이 하이고, F는 면적 하, 비용이 상이다. 따라서 K과장은 E를 선호하고, L대리는 F를 선호한다.

247
정답 ①

유형 자원관리능력

취미 활동별 순위 및 그에 따른 점수와 합산 점수는 다음과 같다. (↓) 표시가 있는 평가 항목은 낮거나 짧을수록, (↑) 표시가 있는 평가 항목은 높을수록 순위가 높다.

구분	가격 (↓)	난이도 (↓)	수업 만족도 (↑)	교육 효과(↑)	소요 시간(↓)	합산 점수
요가	2위 → 4점	2위 → 4점	3위 → 3점	1위 → 5점	1위 → 5점	21점
댄스 스포츠	1위 → 5점	1위 → 5점	3위 → 3점	4위 → 2점	1위 → 5점	20점

요리	4위 →2점	2위 →4점	1위 →5점	3위 →3점	4위 →2점	16점
캘리 그래피	4위 →2점	4위 →2점	3위 →3점	4위 →2점	1위 →5점	14점
코딩	3위 →3점	5위 →1점	2위 →4점	1위 →5점	5위 →1점	14점

따라서 합산 점수가 21점으로 가장 높은 요가 수업을 듣는다.

248
정답 ③

유형 자원관리능력   (상)-(**중**)-(하)

새로운 가격, 소요시간에 대한 순위 및 그에 따른 점수와 나머지 세 항목(난이도, 수업 만족도, 교육효과)의 기존 점수 합계, 그에 따른 새로운 합산 점수는 다음과 같다.

구분	요가	댄스 스포츠	요리	캘리 그래피	코딩
가격(↓)	2위 →4점	1위 →5점	4위 →2점	5위 →1점	2위 →4점
소요시간(↓)	4위 →2점	2위 →4점	1위 →5점	2위 →4점	4위 →2점
세 항목 기존 점수 합계	12점	10점	12점	7점	10점
합산 점수	18점	19점	19점	12점	16점

댄스스포츠와 요리의 합산 점수가 19점으로 같으므로, 교육효과 점수가 더 높은 요리 수업을 듣는다.

249
정답 ④

유형 물적자원관리능력   (상)-(**중**)-(하)

노원구는 [11], 구로구는 [17], 동대문구는 [6], 중랑구는 [7], 동작구는 [20]에 해당한다. 중랑구의 1인 1일당 폐기물 배출량은 $\frac{1,580.8}{393,149}\times1,000 ≒ 4.02(\mathrm{kg})$이다. 따라서 중랑구의 폐기물 배출 등급은 B등급이다.

| 오답풀이 |

① 노원구의 1인 1일당 폐기물 배출량은 $\frac{1,575.4}{517,038}\times1,000 ≒$ 3.05(kg)이므로 A등급이다.

② 구로구의 1인 1일당 폐기물 배출량은 $\frac{1,324.8}{422,361}\times1,000 ≒$ 3.14(kg)이므로 A등급이다.

③ 동대문구의 1인 1일당 폐기물 배출량은 $\frac{1,357.9}{351,626}\times1,000 ≒$ 3.86(kg)이므로 A등급이다.

⑤ 동작구의 1인 1일당 폐기물 배출량은 $\frac{1,503.7}{396,122}\times1,000 ≒$ 3.80(kg)이므로 A등급이다.

250
정답 ①

유형 물적자원관리능력   (상)-(**중**)-(하)

은평구는 [12], 송파구는 [24], 마포구는 [14], 영등포구는 [19], 종로구는 [1]이다.

은평구의 1인 1일당 폐기물 배출량은 $\frac{2,303.7}{477,961}\times1,000$ ≒4.82(kg)이므로 B등급이다. 은평구의 재활용률은 $\frac{2,144.9}{2,303.7}\times100≒93.1(\%)$이다. 따라서 은평구는 폐기물 배출 등급이 B등급이면서 재활용률이 90% 이상이다.

| 오답풀이 |

② 송파구의 1인 1일당 폐기물 배출량은 $\frac{2,324.8}{664,996}\times1,000≒$ 3.50(kg)으로 A등급이므로 옳지 않다.

③ 마포구의 재활용률은 $\frac{1,748.7}{1,956.9}\times100≒89.4(\%)$로 재활용률이 90% 미만이므로 옳지 않다.

④ 영등포구의 1인 1일당 폐기물 배출량은 $\frac{2,540.7}{401,814}\times1,000≒$ 6.32(kg)으로 C등급이므로 옳지 않다.

⑤ 종로구의 재활용률은 $\frac{728}{860.1}\times100≒84.6(\%)$로 재활용률이 90% 미만이므로 옳지 않다.

251
정답 ④

유형 인적자원관리능력   (상)-(**중**)-(하)

제1조 제2항에 따르면 일직은 공휴일에 두며, 그 근무시간은 정상 근무일의 근무시간에 준한다. 제3항에 따르면 숙직의 근무시간은 정상 근무시간 또는 일직 근무시간이 종료된 때로부터 다음 날의 정상 근무 또는 일직

근무가 개시될 때까지로 한다. 즉, 공휴일 전날에 당직 근무하는 사람은 숙직 근무자이고, 숙직 근무자의 당직 근무가 다음 날 오전(공휴일)에 종료되면 제4조 제2항에 따라 당직용 비품을 공휴일의 일직 근무자에게 인계해야 한다. 공휴일에 당직용 비품을 총무부에 반납하지 않는 것은 맞지만, 숙직 근무자와 일직 근무자가 바뀌었으므로 옳지 않다.

| 오답풀이 |

① 제3조 제1항에 따르면 당직 명령은 당해 기관의 장이 근무예정일 7일 전까지 행한다고 되어 있다. 따라서 월요일에 새로 전출 온 사원의 경우 당직 근무가 7일 후부터 가능하므로 해당 주의 토요일 당직이 면제된다.

② 제5조 제1항에 따르면 당직 근무자는 취침하지 못하지만 2인 이상 당직을 하는 경우 교대로 취침이 가능하다.

③ 제4조 제1항에 따르면 당직 근무는 당직 근무개시시간 30분 전에 당직 명령자에게 당직 신고를 해야 하나 공휴일의 당직 근무자는 그 전일에 당직 신고를 해야 한다. 따라서 공휴일 전날인 경우에는 당직 근무개시시간 30분 전에 당직 신고를 하여야 한다.

⑤ 제4조 제2항에 따르면 당직 근무자는 당직 신고 전에 총무부로부터 당직 근무일지와 기타 필요한 당직용 비품 등을 인수한다고 되어 있다. 금요일은 공휴일이 아니므로 총무부로부터 인수한다.

252
정답 ⑤

유형 인적자원관리능력 상 중 **하**

제1조 제2항에 따라 일직 근무자는 정상 근무와 동일한 시간대에 근무한다. 따라서 일요일 일직 근무자의 당직이 종료된 시점도 공휴일이므로 총무부에 인계하지 않는다. 일직 근무자가 일요일 오후에 근무를 마치면 당직 근무일지를 일요일 숙직 근무자에게 인계해야 한다.

| 오답풀이 |

① 제5조 제3항에 따르면 당직 근무자는 당직 근무 중 취식을 위하여 근무지를 이탈할 수 없으며, 식사는 지참하거나 당직 근무기관의 구내식당을 이용하여야 한다. 따라서 구내식당을 이용할 수 없는 경우에는 식사를 지참해야 한다.

② 제2조에 따르면 숙직 근무자에 대하여는 그 숙직 종료시간이 속하는 날을 휴무일로 하여 휴식을 취하게 한다. 따라서 이 대리가 화요일에 숙직 근무를 하면 수요일은 휴무일이다.

③ 제3조 제2항에 따르면 당직 명령을 받은 자가 출장·휴가 또는 기타 부득이한 사유로 당직 근무를 할 수 없는 경우에는 지

체 없이 당직 명령자로부터 당직 근무일의 변경 승인을 받아야 한다. 김 부장이 당직 명령자이므로 박 대리는 김 부장으로부터 당직 근무일의 변경 승인을 받아야 한다.

④ 제4조 제1항에 따르면 당직 근무자는 당직 근무개시시간 30분 전에 당직 명령자에게 당직 신고를 하여야 한다. 또한 제2항에 따르면 당직 신고 전에 총무부로부터 당직 근무일지와 기타 필요한 당직용 비품을 인수 확인한다고 하였다. 따라서 정 대리는 김 부장에게 당직 신고를 하기 전 총무부로부터 당직 근무일지와 당직용 비품을 인수해야 한다.

253
정답 ③

유형 시간관리능력 상 중 **하**

본부에서 출발하여 A로 가는 방법은 4호선을 타고 6개 역을 지나는 방법과 3호선을 타고 좌상방 대각선으로 간 다음 2호선을 타고 아래로 내려와 4호선을 타는 방법이 있다. 각 방법마다 걸리는 시간은 다음과 같다.

• 4호선: $5 \times 6 = 30$(분)
• $3-2-4$호선: $5 + 3 \times 4 + 5 \times 2 = 27$(분)

따라서 A에 도착하는 데 걸리는 최소 시간은 27분이다.

254
정답 ③

유형 예산관리능력 상 중 **하**

지나치는 역의 수가 최소일 때 비용이 가장 적게 든다.

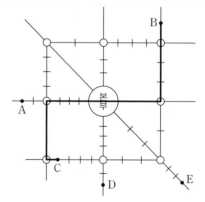

지나치는 역의 수가 최소이려면 위 그림의 굵은 선을 따라가야 하며, 이때 B를 포함하여 총 11개 역을 지난다. 3개 역을 지날 때마다 요금이 300원씩 추가되므로, 11개 역을 지날 때 추가요금은 900원이다. 따라서 비용은

1,500＋900＝2,400(원)이다.

255
정답 ④

유형 시간관리능력 　　　　　　　　상·⬤·하

본부에서 출발하여 D, E를 거쳐 가장 빨리 본부로 복귀
하는 경로는 다음과 같다.

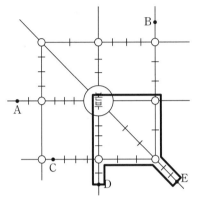

본부에서 아래로 출발하여 반시계 방향으로 돌거나, 오
른쪽으로 출발하여 시계 방향으로 돌 때 소요되는 시간
은 $3×5+5×15=90$(분)으로 동일하다.

256
정답 ④

유형 자원관리능력 　　　　　　　　상·중·⬤

자원을 낭비하는 요인들은 자원의 유형이나 개인에 따라
매우 다양하다. 하지만 그 요인들마다 공통적인 점을 가
지고 있는데 크게 비계획적 행동, 편리성 추구, 자원에
대한 인식 부재, 노하우 부족 4가지로 분류할 수 있다.
부족한 대인관계가 곧바로 자원의 낭비로 이어진다고
보는 것은 인과관계가 충분치 않은 판단이다.

257
정답 ③

유형 시간관리능력 　　　　　　　　상·중·⬤

일의 우선순위를 결정하는 기법은 매우 다양하지만, 보
편적으로는 일이 가진 중요성과 긴급성을 바탕으로 우
선순위를 정한다. 중요성은 결과와 연관되는 사명과 가
치관, 그리고 목표에 기여하는 정도를 의미하며, 긴급성

은 즉각적인 처리가 요구되고 보통 눈앞에 보이며 심리
적으로 압박감을 주는 정도를 의미한다.

서 팀장이 해야 할 일 중 긴급한 일은 금주 화요일로 예
정되어 있는 '신입사원들을 위한 프레젠테이션 교육 리허
설'과 금주 화요일에서 목요일 사이에 해야 하는 '영어 학
원 수강 신청', 금주 중으로 완료해야 하는 '상부 보고 자
료 검토'이다. 이때 영어 학원 수강 신청은 개인적인 업무
이며 금주 목요일까지 시간이 있고, 상부 보고 자료 검토
는 중요하지만 금주 중으로 완료되면 되는 업무이다.

따라서 금주 월요일에 메모를 확인한 서 팀장은 당장 화
요일에 처리해야 하는 프레젠테이션 교육 리허설 준비
를 가장 우선적으로 처리해야 한다.

🎣 NCS 문제풀이 *TIP*

일의 우선순위를 정하는 기법은 매우 다양하지만, 일반적으
로 일이 가진 중요성과 긴급성을 바탕으로 우선순위를 정한
다. 서 팀장이 업무의 효율성을 위해 해야 할 일을 메모하는
습관을 들이고 있다고 하였으므로 긴급성이 비슷하더라도 업
무적으로 처리해야 하는 것을 먼저 고려하도록 한다.

258
정답 ④

유형 물적자원관리능력 　　　　　　상·중·⬤

회전대응 보관의 원칙에 따라 입하 또는 출하의 빈도가
높은 품목을 출입구 가까운 곳에 보관하는 것이 좋다.

259
정답 ⑤

유형 물적자원관리능력 　　　　　　상·⬤·하

B대리는 새로 구매한 물품을 입고일 기준으로 정리하여
유사품은 인접한 장소에 보관해야 한다는 유사성의 원
칙을 지키지 못하고 있다. 유사품을 인접한 장소에 보관
할 경우 특정 물품의 정확한 위치를 몰라도 대략의 위치
를 파악하여 물품을 찾는 시간을 단축할 수 있어 관리의
효율성이 증대된다.

따라서 B대리의 답변에 대한 지적사항으로 가장 적절한
것은 ⑤이다.

| 오답풀이 |

① 회전대응 보관의 원칙에 해당하는 설명으로, 입·출하의 빈도
　 가 높은 물품의 보관 위치에 대해서는 언급되지 않았으므로

적절하지 않다.

② 물건의 위치는 컴퓨터나 장부 등을 통해 확인 가능한 상태를 유지하면 되므로 반드시 보관 장소를 암기하고 있어야 하는 것은 아니다.

③ 물품을 정리하고 보관하고자 할 때 해당 물품을 앞으로 계속 사용할 것인지 아닌지를 구분하는 것이 먼저 이루어져야 하지만, 사용품과 보관품의 구분에 대해서는 언급되지 않았으므로 적절하지 않다.

④ 중량 특성의 원칙에 해당하는 설명으로, 물품의 중량에 따른 보관 위치에 대해서는 언급되지 않았으므로 적절하지 않다.

260 정답 ②

유형 인적자원관리능력 상·중·하

주어진 기준에 따라 응시자들의 점수를 구하고 가중치를 부여하여 정리하면 다음과 같다.

구분	필기	실기	면접	합계
갑	$80×0.4$ $=32$	$90×0.4$ $=36$	$85×0.2$ $=17$	$32+36+17$ $=85$(점)
을	$85×0.4$ $=34$	$85×0.4$ $=34$	$90×0.2$ $=18$	$34+34+18$ $=86$(점)
병	$80×0.4$ $=32$	$85×0.4$ $=34$	$90×0.2$ $=18$	$32+34+18$ $=84$(점)
정	$80×0.4$ $=32$	$90×0.4$ $=36$	$85×0.2$ $=17$	$32+36+17$ $=85$(점)
무	$94×0.4$ $=37.6$	$80×0.4$ $=32$	$80×0.2$ $=16$	$37.6+32+16$ $=85.6$(점)

따라서 86점인 을이 신규 프로젝트에 채용된다.

261 정답 ③

유형 인적자원관리능력 상·중·하

B는 면접 전형 점수 중 적극성 점수가 40점이므로 불합격이다. 나머지 직원의 필기 전형 점수 및 면접 전형 점수는 다음과 같다.

구분	필기 전형 점수	면접 전형 점수
A	$70×0.3+90×0.5$ $+80×0.2=82$(점)	$70×0.2+70×0.1+50×0.3$ $+80×0.4=68$(점)
C	$80×0.3+50×0.5$ $+60×0.2=61$(점)	$70×0.2+90×0.1+80×0.3$ $+60×0.4=71$(점)
D	$90×0.3+80×0.5$ $+80×0.2=83$(점)	$70×0.2+80×0.1+70×0.3$ $+70×0.4=71$(점)
E	$80×0.3+60×0.5$ $+80×0.2=70$(점)	$90×0.2+80×0.1+90×0.3$ $+50×0.4=73$(점)
F	$60×0.3+70×0.5$ $+70×0.2=67$(점)	$80×0.2+90×0.1+70×0.3$ $+80×0.4=78$(점)
G	$70×0.3+90×0.5$ $+50×0.2=76$(점)	$70×0.2+70×0.1+90×0.3$ $+90×0.4=84$(점)

따라서 필기 전형에서는 불합격자가 없고, 면접 전형에서는 A가 불합격이다. 필기 전형 점수와 면접 전형 점수를 3:7의 가중치로 계산한 값은 다음과 같다.

• C: $61×0.3+71×0.7=68$(점)
• D: $83×0.3+71×0.7=74.6$(점)
• E: $70×0.3+73×0.7=72.1$(점)
• F: $67×0.3+78×0.7=74.7$(점)
• G: $76×0.3+84×0.7=81.6$(점)

이때 C는 가점을 합하기 전 점수가 70점 미만이므로 불합격이다.

D는 가점이 1점, F는 가점이 3점이므로 D의 총점은 75.6점, E의 총점은 72.1점, F의 총점은 77.7점, G의 총점은 81.6점이다. 따라서 G, F, D가 합격하고, G와 D의 점수 차는 $81.6-75.6=6$(점)이다.

262 정답 ③

유형 시간관리능력 상·중·하

외국의 주요 인사 내방 일정이 22일부터이므로 입소교육은 늦어도 17일까지 완료되어야 한다. 따라서 늦어도

15일에는 입소교육이 시작되어야 하며, 합격자 발표는 13일까지 이루어져야 한다. 이를 위해서는 12일까지 합격자 결과에 대한 결재가 완료되어야 하며, 10일에 면접이 이루어질 수 있다. 그런데 10일에는 B차장과 F과장이 면접을 진행할 수 없으므로 과장 이상 면접관이 세 명밖에 없다. 따라서 주말을 제외하고 가능한 가장 빠른 날인 7일에 면접을 실시해야만 한다.

263

정답 ③

유형 시간관리능력　　상-**중**-하

한정된 시간을 효율적으로 활용하기 위해서는 가장 먼저 분명한 목표가 필요하다. 목표를 명확하게 설정하는 것은 시간 관리의 첫걸음이라고 할 수 있다. 효과적인 시간 계획을 작성하는 것은 다음과 같은 순서로 진행되는 것이 가장 바람직하다.

1) 명확한 목표를 설정하기
2) 일의 우선순위 정하기
3) 예상 소요시간 결정하기
4) 시간 계획서 작성하기

264

정답 ②

유형 예산관리능력　　상-중-**하**

실제 발생할 비용을 감안하여 개발 비용을 높게 책정하면 개발 비용이 실제 발생 비용보다 커져 가격 경쟁력 손실로 이어지는 경우가 발생할 수 있다. 따라서 개발 비용은 최대한 낮게, 공격적으로 책정하고 그에 맞게 실제 비용이 함께 낮아질 수 있도록 마진을 낮추고 비용을 절감하도록 해야 한다.

265

정답 ④

유형 예산관리능력　　**상**-중-하

업체별 시간당 생산 가능 대수는 다음과 같이 정리할 수 있다.

구분	1대당 생산 소요 시간	생산 인력 수	시간당 생산 가능 대수	1일 생산 대수 (8시간)
B	4시간	7명	$\frac{7}{4}$	$\frac{7}{4} \times 8 = 14$(대)
C	5시간	10명	$\frac{10}{5} = 2$	$2 \times 8 = 16$(대)
D	4시간	9명	$\frac{9}{4}$	$\frac{9}{4} \times 8 = 18$(대)
E	3시간	3명	1	$1 \times 8 = 8$(대)

월요일~금요일은 B, C, D, E 4개의 업체가 모두 생산에 동원되며, 하루에 생산하는 총 대수는 $14 + 16 + 18 + 8 = 56$(대)이다. 토요일은 B, C업체만 생산에 동원되며, 하루에 생산하는 총 대수는 $14 + 16 = 30$(대)이다.

1일부터 생산을 시작하며 매일 총 생산량을 누적하면 다음과 같다.

- 1일(수): 56대
- 2일(목): $56 + 56 = 112$(대)
- 3일(금): $112 + 56 = 168$(대)
- 4일(토): $168 + 30 = 198$(대)
- 5일(일): 생산 없음
- 6일(월): $198 + 56 = 254$(대)
- 7일(화): $254 + 56 = 310$(대)

이렇게 1일부터 7일까지 생산 가능한 총 대수는 310대이며, 8일에 남은 10대를 생산해야 한다. 남은 10대는 문제의 조건에 따라 1대당 생산 비용이 가장 적게 드는 업체에서 최대로 생산한다. 그러면 E업체에서 8대, C업체에 2대를 생산하여 총 320대를 생산하게 된다. 따라서 E업체에서 생산하는 총 대수는 하루에 8대씩 총 6

일간 생산하여 48대이다.

266
정답 ⑤

유형 예산관리능력 상-중-하

각 업체가 생산하는 대수에 1대당 생산 비용을 곱하여 계산하면 다음과 같다.

- B업체: 14(대/일)×6(일)×50(만 원/대) = 4,200(만 원)
- C업체: {16(대/일)×6(일) +2(대)}×40(만 원/대) = 3,920(만 원)
- D업체: 18(대/일)×5(일)×50(만 원/대) = 4,500(만 원)
- E업체: 8(대/일)×6(일)×30(만 원/대) = 1,440(만 원)

따라서 전체 생산업체에 지급해야 하는 총비용은 4,200＋3,920＋4,500＋1,440＝14,060(만)이다.

267
정답 ③

유형 예산관리능력 상-중-하

9월 수도 요금을 계산하면 다음과 같다.

(i) 정수, 월간 계약량 1,200m³인 경우
- 기본 요금: 사용량이 계약량을 초과하지 않았으므로 기본 요금은 1,200×130.0=156,000(원)이다.
- 사용 요금: 사용량이 계약량을 초과하지 않았으므로 사용 요금은 1,100×302.8=333,080(원)이다.

(ii) 원수, 월간 계약량 1,200m³인 경우
- 기본 요금: 계약량의 120%(1,440m³)를 초과하여

사용하였으므로 기본 요금은 1,440×70＝100,800(원)이다.
- 사용 요금: 계약량의 120%를 초과하여 사용하였으므로 초과분인 60m³에 대한 사용 요금을 추가한다. 따라서 사용 요금은 1,500×163.7+60×163.7=255,372(원)이다.

따라서 9월 수도 요금은 156,000＋333,080＋100,800＋255,372＝845,252(원)이다.

268
정답 ①

유형 예산관리능력 상-중-하

7월 수도 요금을 계산하면 다음과 같다.

- 기본 요금: 계약량의 120%(1,560m³)를 초과하여 사용하였으므로 기본 요금은 1,560×130.0= 202,800(원)이다.
- 사용 요금: 사용량에 대한 사용 요금에 초과분에 대한 사용 요금을 더하면 1,600×302.8+40×302.8= 496,592(원)이다.

이에 따라 7월 수도 요금은 202,800＋496,592＝699,392(원)이다.

납부기한은 8월 16일, 실제 납입일은 9월 25일이므로 처음 1개월을 경과한 이후 연체일수는 9일이고, 수도 연체금은 $(699,392×0.02)+\left(699,392×0.01×\dfrac{9}{30}\right)$ ≒16,086(원)이다.

따라서 P기업이 납부한 7월 수도 요금은 699,392＋16,086＝715,478(원)이다.

유형 시간관리능력　　　　　　　　상-**중**-하

필요한 총 교육 횟수는 4+3+2+3=12(회)이다. 2일에 첫 교육을 하고 쉬는 날이 하루도 없다면 17일에 교육이 종료된다. 쉬는 날 없이 교육을 배치하는 경우가 가능한지 확인해 보면 다음과 같다.

[9월 달력]

일	월	화	수	목	금	토
1	2 A	3 B	4 C	5 C	6 A	7
8	9 A	10 B	11 D	12 B	13 D	14
15	16 A	17 D	18	19	20	21
22	23	24	25	26	27	28
29	30					

따라서 쉬는 날 없이 교육을 배치하는 경우가 가능하므로 가장 빠르게 교육이 진행될 경우 종료되는 날짜는 9월 17일이다. 하지만 반드시 이 경우만 가능한 것은 아니다. 예를 들어, 5일이 B프로그램, 12일이 C프로그램인 경우도 가능하다. 그러나 중요한 것은 쉬는 날 없이 교육이 가능한지의 여부이므로 모든 경우를 일일이 따져볼 필요는 없다.

270

정답 ②

유형 시간관리능력　　　　　　　　상-**중**-하

필요한 총 교육 횟수는 12회이며, 임원진 면담 3회를 더하면 총 15일이 필요하다. 4일에 첫 교육을 하고 쉬는 날 없이 교육을 배치하는 경우, 다음과 같이 교육 및 면담이 진행된다.

[9월 달력]

일	월	화	수	목	금	토
1	2	3	4 B	5 C	6 A	7
8	9 A	10 면담	11 B	12 C	13 D	14
15	16 A	17 면담	18 D	19 B	20 D	21
22	23 A	24 면담	25	26	27	28
29	30					

따라서 가장 빠르게 교육이 진행될 경우 종료되는 날짜는 9월 24일이다. 하지만 반드시 이 경우만 가능한 것은 아니다. 예를 들어, 4일이 C프로그램, 5일이 B프로그램인 경우도 가능하다.

271

정답 ③

유형 갈등관리능력 　상-중-하

주어진 그림은 갈등과 직무 성과의 관계를 보여 준다. 갈등이 X1 수준일 때 조직의 직무 성과가 가장 높아진다. 즉, 갈등 수준이 전혀 없거나 낮을 때에는 조직 내부는 의욕이 상실되고 환경변화에 대한 적응력도 떨어져 직무 성과가 낮아지게 된다. 그러나 갈등 수준이 적정(X1)할 때는 조직 내부에 생동감이 넘치고 변화 지향적이며 문제해결능력이 발휘된다. 그 결과 직무 성과는 높아지고(Y2), 갈등의 순기능이 작용한다. 마지막으로 갈등 수준이 너무 높으면(X2) 조직 내부에 혼란과 분열이 생기고 조직에 비협조적이게 된다. 그 결과 직무 성과는 낮아지며(Y1), 갈등은 역기능을 하게 되어 조직을 이탈하는 구성원이 생기며 이직률이 높아질 수도 있다.

272

정답 ②

유형 팀워크능력 　상-중-하

동료들의 의견을 종합하면 W는 순응형의 팔로워십을 보이는 직원인 것을 알 수 있다. 순응형 팔로워십을 가진 직원은 기쁜 마음으로 과업 수행을 하며, 팀플레이를 하고, 리더나 조직을 믿고 헌신한다. 또한 기존 질서를 따르는 것이 중요하고, 리더의 의견을 거스르는 것은 어려우며, 획일적인 태도와 행동에 익숙한 특징을 보인다. 이러한 직원에 대하여 동료들은 아이디어가 없고, 인기 없는 일은 하지 않으려 한다거나 조직을 위해 자신과 가족의 요구를 양보한다고 판단하는 특징이 있다.

NCS 문제풀이 TIP

팔로워십 유형
- **소외형:** 스스로를 자립적이라 생각하며, 일부러 반대 의견을 낸다. 조직이 자신을 인정해주지 않는다고 생각하며, 불공정하고 적절한 보상이 없다고 여긴다. 동료들은 그를 냉소적이고, 부정적인 사람으로 바라본다.
- **순응형:** 기쁜 마음으로 과업을 수행하고 리더나 조직을 믿고 헌신한다. 기존의 질서를 따르는 것이 중요하며, 획일적인 태도나 행동에도 익숙하다. 동료들은 그를 아이디어가 없고, 인기 없는 일은 하지 않는 사람으로 여긴다.
- **실무형:** 조직의 운영 방침에 민감하고, 사건을 균형 잡힌 시각으로 보고자 한다. 그는 조직이 명령과 계획을 빈번하게 변경하고 리더와 부하 간의 비인간적인 풍토가 있다고 본다. 동료들은 그를 개인의 이익을 극대화하는 사람으로 여기며, 적당한 열의와 평범한 수완으로 업무를 수행한다고 생각한다.
- **수동형:** 판단 및 사고를 리더에 의존하며, 리더의 지시가 있어야 행동한다. 조직은 자신의 아이디어를 원치 않는다고 생각하고 노력과 공헌이 아무 소용없다고 느낀다. 동료들은 그를 하는 일이 없는 사람으로 여기며, 업무 수행에 감독이 필요한 사람으로 생각한다.
- **주도형:** 조직과 팀의 목적 달성을 위해 독립적, 혁신적으로 사고하고 역할을 적극적으로 실천한다.

273

정답 ③

유형 협상능력 　상-중-하

분배적 협상과 통합적 협상을 정리하면 다음과 같다.

구분	분배적 협상	통합적 협상
① 협상 전략	경쟁전략(상대를 꺾고 이겨야 한다는 생각)	문제해결전략(서로의 목표를 위한 협력이 유익하다는 믿음)
② 승패 방식	I Win – You Lose	I Win – You Win
③ 이득 증식	고정된 파이 나누기	파이 자체의 증대
④ 정보 공유	은밀한 정보(상대를 이롭게 할 수 있는 정보는 최소화)	공개적 정보 공유(각자의 이해관계를 충족시키기 위해 최대화)
⑤ 토론 성격	실질적 이해관계 토론(단기적 관계를 유지)	입장토론(상대방의 입장과 이해관계를 이해하고 인정하며 대우함)

274

정답 ⑤

유형 협상능력

(상)-(중)-**(하)**

협상력을 결정하는 4가지 요소를 PIPT라고 부르는데, 최초요구, 정보, 힘, 시간이 모두 중요하다. 이 4가지 요소를 다루는 실력이 협상 결과에 반영된다고 볼 수 있다. 따라서 4가지 요소 중 어느 쪽을 보유한 것이 협상에 유리하다는 내용은 옳지 않다.

275

정답 ④

유형 고객서비스능력

(상)-**(중)**-(하)

상담사는 고객불만처리 프로세스에 따라 문제를 해결하고자 하였으나 7단계인 '처리 확인과 사과'와 8단계인 '피드백'은 주어진 대화에서 찾아볼 수 없다.
고객불만처리 프로세스 중 7단계인 '처리 확인과 사과'는 불만처리 후 고객에게 처리 결과에 만족하는지를 물어보는 단계이며, 8단계인 '피드백'은 고객불만 사례를 회사 및 전 직원에게 알려 다시는 동일한 문제가 발생하지 않도록 하는 단계이다.

276

정답 ①

유형 협상능력

(상)-(중)-**(하)**

경영진의 입장을 내세우지 않고 노조의 입장을 무조건 수용하기로 한 것은 상대방의 주장에 자신의 욕구를 조정하여 굴복한 것으로, 유화전략에 속한다고 볼 수 있다. 유화전략은 상대방이 제시하는 것을 일방적으로 수용하여 협상의 가능성을 높이려는 전략이다.

277

정답 ③

유형 대인관계능력

(상)-**(중)**-(하)

대인관계능력을 향상시키기 위해 실천할 수 있는 방법은 상대방에 대한 이해와 배려, 사소한 일에 대한 관심, 약속 이행 및 언행일치, 칭찬하고 감사하는 마음, 진정성 있는 태도 등을 들 수 있다.
임 팀장이 팀원들에게 드물게 화를 내고 난 뒤에 해당

직원에게 진지하게 사과함으로써 진정성 있는 태도를 보이는 것은 대인관계능력을 향상하기 위해 실천할 수 있는 방법에 해당한다. 주어진 사례에서 임 팀장이 반복된 사과를 하는 모습은 나타나지 않으며, 반복된 사과는 불성실한 사과와 마찬가지로 신뢰도를 낮추어 대인관계능력에 부정적인 영향을 주는 행동에 해당하므로 '반복된 사과'가 가장 적절하지 않다.

 NCS 문제풀이 *TIP*

NCS 학습모듈을 기반으로 하는 문제이지만 학습모듈의 내용을 알지 못하더라도 제시문을 읽고 풀 수 있는 문제이다. 선택지에 제시된 행동 중 대인관계능력의 향상에 도움이 되지 않는 행동이 무엇일지 생각해보자.

278

정답 ③

유형 고객서비스능력

(상)-**(중)**-(하)

주어진 대화에 나타나는 고객의 불만 유형은 사소한 것으로 트집을 잡는 '트집형'에 해당한다. 트집형 고객을 응대할 때는 이야기를 경청하고, 맞장구치고, 추켜세우고, 설득해 가는 방법이 효과적이다. 또한, 잠자코 고객의 의견을 경청하고 사과를 하는 응대가 바람직하다.
따라서 상담사가 취할 수 있는 행동으로 가장 적절한 것은 ③이다.

| 오답풀이 |
① 분명한 증거나 근거를 제시하여 스스로 확신을 갖도록 유도하는 것은 의심형 고객을 대응할 때 적절한 방안에 해당한다.
② 과시욕이 충족될 수 있도록 그들의 언행을 제지하지 않고 인정해 주는 것은 거만형 고객을 대응할 때 적절한 방안에 해당한다.
④ 애매한 화법은 어느 유형의 고객에게도 적절한 대응 방안이 아니며, 특히 빨리빨리형 고객의 신경을 더욱 날카롭게 자극할 수 있으므로 주의해야 한다.
⑤ 호감을 얻기 위해 노력하는 것은 거만형 고객을 대응할 때 적절한 방안에 해당한다. 거만형 고객에게 호감을 얻게 되면 여러 면으로 득이 되는 경우가 많다.

정보능력								본문 262~277쪽	
281	②	282	①	283	⑤	284	①	285	④
286	②	287	③	288	②	289	⑤	290	③
291	③	292	②	293	②	294	②	295	⑤
296	②	297	④	298	①	299	②	300	②

279
정답 ④

유형 리더십능력 상-중-하

주어진 글에 따르면 임파워먼트는 모든 구성원 스스로가 긍정적 사고와 타인 신뢰감을 바탕으로 자신의 역량과 책임 의식을 키운 후 서로 타인의 역량 증대까지 도와줌으로써 전체 파워 크기의 증대와 확산을 추구하는 활동이다. 이에 요구되는 구성 요소를 구분해 보면, 개인의 관점에서는 자기 신뢰감을 증진시켜야 할 것이며, 관계의 관점에서는 상호 간의 역량을 확산하고 권한 이전을 통해 관계를 증진하는 것이며, 조직의 관점에서는 집단 임파워먼트를 조직적으로 확산시키는 활동으로 정리할 수 있다.

NCS 문제풀이 *TIP*

본 문제는 제시문의 내용을 정확히 이해하면 풀 수 있는 문제이다.

280
정답 ②

유형 리더십능력 상-중-하

[보기]의 8가지 방해 요인 중 대인적 차원에서의 방해 요인에 해당하는 것은 ㉢, ㉣, ㉥, ㉦ 4가지이다.

| 오답풀이 |

관리적 차원에서의 방해 요인은 ㉠, ㉡, ⊙이고, 조직 차원에서의 방해 요인은 ⊚이다.

NCS 문제풀이 *TIP*

본 문제는 제시문을 이해한 후 모듈 이론(임파워먼트의 장애 요인)과 통합해서 풀어야 하는 문제이다. 모듈형 문제는 이론에 대한 학습이 필수적이다.

281
정답 ②

유형 컴퓨터활용능력 상-중-하

목록을 입력할 때는 한 칸씩 띄어 쓰는 것이 아니라, 콤마(,)를 사용하여 여러 개의 목록을 입력하면 된다.

| 오답풀이 |

① '설정' 메뉴에는 모든 값, 정수, 소수점, 목록, 날짜, 시간, 텍스트 길이, 사용자 지정 등 7가지 제한 대상이 있다.

③ 오류 메시지 탭에서 오류 메시지 문구를 설정할 수 있다.

④ '중지', '경고', '정보' 중 원하는 스타일을 선택할 수 있다.

⑤ 오류 메시지 기능만 단독으로 사용하는 것도 가능하며, 이 경우에는 '설정' 메뉴에서 유효성 조건의 제한 대상을 사용자가 지정하고 싶은 대상으로 지정해야 한다.

282
정답 ①

유형 컴퓨터활용능력 상-중-하

HTML 페이지에 스타일을 지정하는 스타일 시트를 작성할 때 사용되는 것은 CSS(Cascading Style Sheets)이며, HTML5(Hyper Text Markup Language 5)는 CSS와 자바스크립트를 모두 포함한 개념이다. 마크업은 웹 페이지의 서식이나 구조를 표현하는 정보이다.

283
정답 ⑤

유형 컴퓨터활용능력 상-중-하

주어진 표를 보면 이름의 글자 수에 따라 *의 개수가 달라지기 때문에 이를 감안한 함수를 입력해야 한다. 따라서 문자의 개수가 2개, 3개, 4개로 나뉘어 있으므로 문자의 개수가 3보다 클 경우 두 번째 문자부터 * 2개를, 3 이하일 경우 두 번째 문자부터 * 1개를 표시하는 함수식을 입력해야 한다.

문자의 개수를 구하는 함수는 LEN 함수이며, 경우의 수를 적용하는 함수는 IF 함수이다. 또한 문자를 *로 바꾸어 표시하는 함수는 REPLACE 함수이다.

이를 모두 적용하면 다음과 같은 함수식이 B1 셀에 입력되어야 한다.

'=IF(LEN(A1)>3,REPLACE(A1,2,2,"**"),
REPLACE(A1,2,1,"*"))'

이를 풀어서 분석하면, 'A1의 문자 개수가 3보다 크면 A1 셀의 두 번째 문자부터 2개의 문자를 **로 대체하고, 그렇지 않으면(A1의 문자 개수가 3 이하이면) A1 셀의 두 번째 문자부터 1개의 문자를 *로 대체한다.'를 의미한다.

284

정답 ①

 유형 컴퓨터활용능력 　　　　　　　상 **중** 하

ipconfig는 현재 사용자의 IP 주소를 표시하며, 해당 컴퓨터의 물리적 주소, IP 주소, 서브넷 마스크, 게이트웨이 등 네트워크 설정에 관한 정보를 확인할 때 사용하는 명령어이다.

| **오답풀이** |

② ping은 원격 컴퓨터가 현재 네트워크에 연결되어 정상적으로 작동하고 있는지 확인할 수 있는 명령어이다. 해당 컴퓨터의 이름, IP 주소, 전송 신호의 손실률, 전송 신호의 응답 시간 등이 표시된다.

③ tracert는 특정 사이트가 열리지 않을 때 해당 서버가 문제인지 인터넷 망이 문제인지 확인할 수 있는 기능. 인터넷 속도가 느릴 때 어느 구간에서 정체를 일으키는지 확인할 수 있는 기능 등을 제공한다.

285

정답 ④

 유형 컴퓨터활용능력 　　　　　　　상 **중** 하

'데이터 아래에 요약 표시'를 해제하면 세부 정보가 있는 행 아래에 지정된 요약 행이 나타나지 않는다.

| **오답풀이** |

① '새로운 값으로 대치'는 이미 작성한 부분합을 지우고, 새로운 부분합으로 실행할 경우에 설정한다.

② '모두 제거'는 작성된 부분합을 지우고 부분합 실행 전 상태로 되돌리는 기능을 한다.

③ 부분합 작성 시 기준이 되는 필드는 반드시 정렬이 되어 있어야 한다.

⑤ 부분합 계산에 사용할 요약 함수를 두 개 이상 사용하려면 함수 종류의 수만큼 부분합을 반복 실행해야 한다.

286

정답 ②

 유형 컴퓨터활용능력 　　　　　　　상 **중** 하

주어진 '실 청구요금(원)' 항목에서는 '합계(원)' 항목의 수치를 소수점 이하 버림 처리하여 원 단위로 표시한 것을 알 수 있다. 따라서 TRUNC 함수와 INT 함수를 사용하여 나타낼 수 있다.

- TRUNC 함수: '=TRUNC(해당 셀, 소수점 이하 표시 자리)'와 같이 입력하여 해당 셀의 수치를 소수점 이하 표시 자리까지 버림 처리를 하여 나타낸다. 소수점 이하 표시 자리를 입력하지 않으면 정수 단위로 나타낸다. 예를 들어 주어진 표의 E4 셀에 '=TRUNC(D4,0)' 또는 '=TRUNC(D4)'를 입력하면 소수점 이하 표시 자리가 0이므로 8을 버림 처리하여 정수인 20,199를 표시하게 된다.
- INT 함수: INT 함수는 TRUNC 함수와 표시 방법이 같으며, 실수값의 소수점을 잘라내고 정수로 변환하는 함수이다. 즉, 소수점을 반올림하지 않고 모두 제거할 때 사용하는 함수이다.

| **오답풀이** |

- VLOOKUP 함수: VLOOKUP 함수는 정해진 범위의 첫 열에서 찾을 값에 해당하는 데이터를 찾은 후 찾은 값이 있는 행에서 열 번호 위치에 해당하는 데이터를 구하는 함수로, 주어진 자료와는 관계없다.
- ROUND 함수: ROUND 함수는 TRUNC 함수와 동일한 방법으로 입력하나, 버림이 아닌 반올림을 하는 함수이다. 따라서 ROUND 함수를 사용하면 주어진 자료의 D가구의 '실 청구요금(원)' 항목에 31,276이 아닌 31,277이 입력된다.

287

정답 ③

 유형 컴퓨터활용능력 　　　　　　　상 **중** 하

System Code가 C#이고, 발견된 Error Code가 3개라면 FV는 -3 또는 3도 가능하다. 이를 확장해 보면 System Code가 C#이고, 발견된 Error Code가 n개

일 때 FV는 $-n \sim n$ 사이의 모든 정수가 가능함을 알 수 있다.

| 오답풀이 |

① System Type이 달라지면 FEV가 달라질 수 있으며, 이에 따라 FV도 달라질 수 있다. 따라서 입력할 Input Code도 달라질 수 있다.

② SV가 이용되는 상황은 FV 산출에 사용할 Error Code를 선택할 때(System Code가 E#인 경우)와 FV를 산출하기 위해 FEV와 비교할 때이다. FEV를 계산할 때는 SV가 이용되지 않으므로 SV가 달라져도 FEV는 변함이 없다.

④ System Code가 D#이면 FV 산출에 사용하는 Error Code는 2개뿐이다. 이 경우 FV의 최댓값은 2이다.

⑤ 발견된 Error Code가 2개라면 C#, D#, E#에서 FV를 산출할 때 Error Code 2개를 모두 이용할 것이므로 System Code는 FV에 영향을 주지 않는다.

288

정답 ②

유형 컴퓨터활용능력

System Code가 D#이므로 먼저 발견된 M, A를 선택한다. System Type이 64#이므로 각 Error Code의 FEV는 다음과 같다.

- M: $(12+33+18)/3=21$
  ⇨ FEV＝SV이므로 FV는 0
- A: $(11+87+65)/3 ≒ 54.3$
  ⇨ FEV＜SV이므로 FV는 −1

최종 FV는 $0-1=-1$이므로 Input Code에는 Yellow를 입력한다.

289

정답 ⑤

유형 정보처리능력

클라우드 게임이 제시하는 모델이 향후 ICT 산업의 지형도를 바꿀 정도의 파급력을 지닌 것은 맞지만, 주어진 글에서는 그러한 파급력이 긍정적인 영향을 끼칠 것이라 전망하고 있다. 글의 흐름상 게임 이후 클라우드 기반으로 실현될 일들이 부정적인 결과를 초래할 것이라 추론하는 것은 적절하지 않으며, 클라우드 게임 시장의 발전이 타 산업의 침체를 야기할 것임을 추론할 만한 근

거도 찾을 수 없다.

| 오답풀이 |

①, ② 글로벌 기업과 국내 통신사가 클라우드 게임에 눈독을 들이고 있다는 것을 통해 추론할 수 있는 내용이다.

③ 단말기의 가격이 낮아지고 배터리 소모가 큰 앱을 차단할 수 있다는 것 등을 통해 추론 가능하다.

④ 인물 식별률 및 상황 인식률을 크게 높이는 방안이 추진되고 있다는 것을 통해 추론 가능한 내용이다.

290

정답 ③

유형 정보처리능력

C로 시작하는 것은 북아메리카 혹은 남아메리카이다. 변경 후 북아메리카는 1순위로 출고하므로 마지막 두 자리가 01이고, 남아메리카는 5순위로 출고하므로 마지막 두 자리가 05가 되어야 한다. 따라서 C012102는 불가능하다.

| 오답풀이 |

① 변경 후 아시아 지역은 2순위로 출고하므로 A032102가 가능하다.

② 유럽 지역은 변경 전후 모두 3순위로 출고하므로 B0321030이 가능하다.

④ 아메리카 지역 중 남아메리카 지역은 5순위로 출고하므로 C031205가 가능하다.

⑤ 오세아니아는 신설되었고, 6순위로 출고하므로 E0222060이 가능하다.

291

정답 ③

유형 정보처리능력

변경 후 수입품 코드는 북아메리카(C)와 남아메리카(D)가 합해져 C로 바뀌고, 아프리카가 D로 바뀌고, 아시아, 북아메리카의 ⑥, ⑦ 코드가 바뀐다. 오세아니아 지역은 기존에 코드가 없었으므로 신설된 것이지 코드가 변경되는 것이 아니다. 따라서 북아메리카, 남아메리카, 아프리카, 아시아 지역에 해당하는 것은 1, 2, 4, 5, 7, 10, 11, 12이므로 변경 전후에 코드가 변경된 물품은 총 8개이다.

292

정답 ②

유형 정보능력 (상)-(중)-(하)

주어진 설명에 따르면 인간에게 입력된 데이터는 정보 → 지식 → 지혜로의 발전 과정을 거치게 된다. 정보는 원론적으로 말하자면 체계화된 자료이다. 정보는 중요하지만 아무리 많아도 그 자체로 지식이 될 수는 없다. 일반화된 형태로 정리되지 않은 정보는 결코 지식이 되지 못하기 때문이다. 따라서 정보에 대한 설명은 ⓒ이다. 정보가 지식으로 발전하기 위한 가장 중요한 요소는 의미있는 패턴으로 정리된 정보가 일반화된 형태로 다시 가공되면서 지식으로 쌓이게 된다는 점이다. 따라서 ㉠의 설명은 지식에 해당한다. 정보들의 모음이 지식의 축적으로 연결되기 때문이다. 지혜는 인생을 보는 시각과 균형유지의 감각에서 나오며, 다양한 개체들과 원칙이 어떻게 상호 관련되고 적용되는지에 대한 이해력이다. 축적된 지식을 한꺼번에 활용하여 직관을 통해 발휘하는 통찰력이 지혜인 것이다. 이러한 지혜는 생활을 해 나가는 데 있어 기준과 방향을 제시하는 철학으로서의 역할을 하게 하게 된다. 따라서 ⓒ, ㉣이 지혜에 대한 설명이다.

293

정답 ②

유형 컴퓨터활용능력 (상)-(중)-(하)

컴퓨터의 바탕화면은 PC 작업에서 자주 활용된다. 대부분의 직장인은 바탕화면을 작업 테이블 삼아 여러 가지 프로그램과 파일을 열어 놓는 경우가 많으므로 수시로 바탕화면과 소프트웨어를 이동해야 하는 경우가 많다. 작업 중 바탕화면으로 가기 위해서는 마우스로 작업 표시줄 오른쪽 하단 부분을 클릭하면 되지만, 마우스를 사용하지 않고도 Windows키 + D를 누르면 곧바로 바탕화면으로 갈 수 있다.

| **오답풀이** |

① Windows키 + L: 시스템 잠금 상태로 전환되는 단축키
③ Windows키 + P: 발표나 회의를 할 경우 프로젝터의 연결 상태를 다양하게 선택할 수 있는데, 컴퓨터에만 보이게 할지, 화면 두 대 다 띄울지, 프로젝터에만 보이게 할지 등을 선택할 수 있는 단축키
④ Windows키 + X: 빠른 링크 메뉴를 여는 단축키
⑤ Windows키 + .(온점): 특수문자나 이모티콘을 삽입할 수 있는 단축키

 NCS 문제풀이 *TIP*

정보능력에서는 Windows10 버전을 기준으로 하는 단축키 문제가 종종 출제된다. 업무 수행 시 나타날 법한 상황을 설정하고 해당 상황에서 사용할 수 있는 단축키를 고르는 형태로 출제되는 경우가 많다. 평소에 단축키를 직접 사용해 보며 자주 사용되는 단축키를 중심으로 암기해 놓으면 문제 풀이에도, 입사 후 업무 처리 시에도 크게 도움이 될 것이다.

294

정답 ②

유형 정보처리능력 (상)-(중)-(하)

보안 관리를 위해 사이트별로 다른 비밀번호를 사용하고 주기적으로 변경해야 하지만, 비밀번호를 메모하여 노트북 등의 공개적인 곳에 부착해 놓으면 비밀번호가 쉽게 노출될 수 있으므로 잘못된 행동이다.

 NCS 문제풀이 *TIP*

보안 관리와 관련된 문제는 출제될 수 있는 내용이 한정적이기 때문에 대부분 상식 수준으로 간단하게 답을 찾을 수 있다.

295

정답 ⑤

유형 컴퓨터활용능력 (상)-(중)-(하)

a를 n번 곱한 결과를 만들기 위해서는, a를 $(n-1)$번 곱한 결과에 a를 곱하면 된다는 것을 재귀적으로 생각해보면 알 수 있다. 따라서 (가)에 들어가야 하는 코드는 power(a, n − 1)에 a를 한 번 더 곱한 것이어야 한다.

296

정답 ②

유형 컴퓨터활용능력 (상)-(중)-(하)

수도 코드를 해석해보면, x = 1이라는 초기 값으로 세팅된 변수가 존재하고, i라는 변수가 1부터 n까지 증가하는 동안 매번 (나) 행의 코드가 실행된다는 것을 알 수 있다. 따라서 a를 n번 곱한 결과를 만들기 위해서는 x = x*a라는 값으로 계속 a를 곱하여 x라는 변수의 값을 업데이트해야 한다는 것을 알 수 있다. i가 n까지 변하는, 즉 n회 동안 x = a*a* ⋯ *a*a라는 값이 된다.

297

 유형 정보처리능력   상 **중** 하

ISBN 코드의 9자리 숫자는 893490490이다. ISBN 코드를 바탕으로 다음과 같은 단계를 거쳐 EAN 코드의 체크기호를 산출할 수 있다.

(ⅰ) 978＋893490490 → 978893490490

(ⅱ) $(9\times1)+(7\times3)+(8\times1)+(8\times3)+(9\times1)+(3\times3)$
$+(4\times1)+(9\times3)+(0\times1)+(4\times3)+(9\times1)+(0\times3)=9+21+8+24+9+9+4+27+0+12+9+0=132$

(ⅲ) $132\div10=13.2$ → 몫 13, 나머지 2

(ⅳ) 나머지 2의 체크기호는 8

따라서 13자리의 EAN 코드는 EAN 9788934904908 이다.

 NCS 문제풀이 TIP   o

기존에 출제되던 코드 관련 문제는 코드를 만드는 방법에 대한 것이었다면 최근 시험에서 출제되는 코드 관련 문제는 상황에 대한 이해를 먼저하고 그다음에 코드를 만들어 내야 한다. 따라서 주어진 상황 또는 조건에 대한 명확한 이해가 있어야 한다.

298

정답 ①

 유형 정보처리능력   상 **중** 하

지상파 디지털 멀티미디어 방송(DMB)의 표준 프로토콜의 일종으로, 지상파 DMB 수신기에서 텍스트, 정지영상, 동영상, 오디오 콘텐츠 등을 파일 형태로 수신해 재생할 수 있도록 하는 것은 MOT(Multimedia Object Transfer, 멀티미디어 객체 전송)이다.

| 오답풀이 |

② VAN(부가가치 통신망): 공중 전기 통신 사업자로부터 통신회선을 빌려 독자적인 통신망을 구성하고, 거기에 고도의 통신 서비스를 부가하여 새롭게 구성한 통신망이다.

③ RFID(무선 주파수 인식): 무선 주파수(RF)를 이용하여 물건이나 사람 등과 같은 대상을 식별할 수 있도록 해 주는 기술이다.

④ WiBro(와이브로): 무선 광대역 통신(휴대 인터넷) 서비스로, 휴대용 단말기를 통해 정지 및 이동 중에 인터넷 접속이 가능하도록 한다.

⑤ Zigbee(지그비): 양방향 무선 개인 영역 통신망 기반의 홈 네트워크 및 무선 센서망에서 사용되는 기술로, 저전력, 저비용, 저속도를 기반으로 한다.

 NCS 문제풀이 TIP   o

서울교통공사의 경우 NCS 필기시험 출제 영역에 '4차 산업혁명 관련 내용'을 구분하고 있는 만큼 4차 산업의 시대에 더욱 다양해진 IT 기술 용어에 대한 이해가 필요하다.

299

정답 ②

유형 정보처리능력   상 중 **하**

순서도에 따르면, 주어진 문장은 3개 이상의 단어로 이루어져 있으므로 Yes 조건에 의해 오름차순 정렬이 이루어진다. 따라서 a bites cat cute never가 되므로, 마지막 프로세스에서 3번째 단어인 cat이 출력된다.

300

정답 ②

유형 정보처리능력   상 중 **하**

순서도에서 오름차순 기능 대신 내림차순 기능이 수행된다면, 정렬 순서는 never cute cat bites a이므로 출력되는 단어는 cat이다.

301

정답 ⑤

유형 **기술능력**　　　　　　　상-중-**하**

이직을 준비하는 것은 기술능력을 향상시키는 방법과 무관하다.

NCS 문제풀이 *TIP*

기술능력 향상을 위한 방법으로는 다음과 같은 것들이 있다.
1) 전문 연수원을 통한 기술과정 연수
2) E-Learning을 활용한 기술교육
3) 상급학교 진학을 통한 기술교육
4) OJT를 활용한 기술교육

302

정답 ⑤

유형 **기술능력**　　　　　　　상-**중**-하

철저한 교육이 부족하였고, 관리가 소홀했던 것이 기본적인 원인이며, 기술적인 원인으로는 건물이나 기계 장치의 설계 불량, 구조물의 불안정, 재료의 부적합, 생산 공정의 부적당 등이 있다.

| 오답풀이 |

① 예측이 가능했던 사고임에도 적절하게 대처를 하지 못해 많은 피해를 입게 된 산업재해 사례이다. 이 사례를 통해 산업재해는 어느 정도 예측이 가능하며, 그에 따라 예방이 가능함을 알 수 있다.

② 시설물 자체 결함, 전기 시설물의 누전 등은 산업재해의 직접적 원인 중 불안전한 상태에 의한 것으로 분류된다.

③ 산업안전보건법에서는 근로자가 업무에 관계되는 건설물, 설비, 원재료, 가스, 증기, 분진 등에 의하거나, 직업과 관련된 기타 업무에 의하여 사망 또는 부상하거나 질병에 걸리게 되는 것을 산업재해로 정의하고 있다.

④ 산업재해의 예방 대책은 '안전 관리조직 → 사실의 발견 → 원인 분석 → 기술 공고화 → 시정책 적용 및 뒤처리'의 5단계로 이루어진다.

303

정답 ⑤

유형 **기술능력**　　　　　　　상-**중**-하

산업재해의 원인은 크게 기본적 원인과 직접적 원인으로 구분할 수 있다.

기본적 원인	• 교육적 원인: 안전 지식의 불충분, 안전 수칙의 오해, 경험이나 훈련의 불충분과 작업관리자의 작업 방법의 교육 불충분, 유해 위험 작업 교육 불충분 • 기술적 원인: 건물, 기계 장치의 설계 불량, 구조물의 불안정, 재료의 부적합, 생산 공정의 부적당, 점검·정비·보존의 불량 • 작업 관리상 원인: 안전 관리 조직의 결함, 안전 수칙 미지정, 작업 준비 불충분, 인원 배치 및 작업 지시 부적당
직접적 원인	• 불안전한 행동: 위험 장소 접근, 안전장치 기능 제거, 보호 장비의 미착용 및 잘못 사용, 운전 중인 기계의 속도 조작, 기계·기구의 잘못된 사용, 위험물 취급 부주의, 불안전한 상태 방치, 불안전한 자세와 동작, 감독 및 연락 잘못 • 불안전한 상태: 시설물 자체 결함, 전기 시설물의 누전, 구조물의 불안정, 소방기구의 미확보, 안전 보호 장치 결함, 복장·보호구의 결함, 시설물의 배치 및 장소 불량, 작업 환경 결함, 생산 공정의 결함, 경계 표시 설비의 결함

A사원은 발판과 난간 사이에 설치된 보호대의 나사가 풀려 있던 것을 미처 발견하지 못하여 사고가 발생하였으므로 '불안전한 상태'가 가장 적절하다.

| 오답풀이 |

④ A사원이 발판과 난간 사이에 설치된 보호대의 나사가 풀린 것을 알고도 방치하였는지는 알 수 없으므로 산업재해가 발생한 원인을 불안전한 행동으로 보기는 어렵다.

NCS 문제풀이 *TIP*

산업재해의 원인은 크게 기본적 원인과 직접적 원인으로 나눌 수 있다. 기본적 원인에는 교육적 원인과 기술적 원인, 작업 관리상 원인이 포함되고, 직접적 원인에는 불안전한 행동과 불안전한 상태가 포함된다. 관련 모듈 이론을 모르더라도 제시문을 읽고 충분히 답을 찾을 수 있는 문제이다.

304

유형 기술적용능력 　　　　　　 상 - 중 - 하

주어진 사례는 SK텔레콤이 가진 빅데이터 분석 역량과 서울교통공사의 교통 데이터가 결합된 것으로, A씨의 경우와 같이 출퇴근 시간에 편의를 제공한 것이 핵심적인 기술적 특징이라고 할 수 있다.

| 오답풀이 |

② 가상의 세계를 현실에 접목하여 간접적인 경험을 가능케 하는 것은 가상현실이나 증강현실 기술을 말하는 것으로 주어진 사례와는 무관하다.

③ 자동응답 방식의 적용은 소개되어 있지 않다.

④ 공사의 수익성 개선에 관한 내용은 아니다.

⑤ 새로운 기술일지라도 급변하는 산업 시대에 기술의 수명 주기가 길다고 단정할 수는 없으며, 주어진 사례를 통해 기술 수명 주기가 길다고 판단할 근거도 없다.

305

정답 ⑤

유형 기술이해능력 　　　　　　 상 - 중 - 하

새로운 기술을 개발하기 위한 아이디어의 원천이나 신제품에 대한 소비자의 수요, 기술개발의 결과 등은 예측하기가 어려우며, 기술혁신의 성공이 사전의 의도나 계획보다는 우연에 의해 이루어지는 경우도 많다.
따라서 기술개발의 목표, 일정, 비용 지출, 수익 등에 대한 사전 계획을 세우기가 어려울 뿐만 아니라, 경영 기술의 노력과 소비자의 니즈가 명확하게 부합하는 경우는 흔하지 않다.

| 오답풀이 |

① 새로운 기술은 사람을 살상하고, 환경을 오염시키고, 새로운 위험과 불확실성을 만들어 내고, 기타 각종 범죄의 도구로 사용되기도 한다. 실패한 기술은 성수대교 붕괴와 같은 심각한 사회적 문제를 유발하기도 한다.

② 기술혁신은 지식 집약적인 활동으로, 연구개발에 참가한 연구원과 엔지니어들이 그 기업을 떠나는 경우 기술과 지식의 손실이 크게 발생하여 기술개발을 지속할 수 없는 경우가 종종 발생한다.

③ 기술혁신은 기업의 기존 조직 운영 절차나 제품 구성, 생산 방식, 나아가 조직의 권력 구조 자체에도 새로운 변화를 일으킴으로써 조직의 이해관계자 간의 갈등이 구조적으로 존재하게 된다.

④ 기술혁신은 연구개발 부서 단독으로 수행될 수 없으며 조직의 경계를 넘나드는 특성을 갖고 있다. 새로운 제품에 관한 아이디어는 마케팅 부서를 통해 고객으로부터 수집될 필요도 있으며, 구매 부서를 통해 원재료나 설비 공급업체로부터 얻어질 수도 있다. 또한 기술을 개발하는 과정에서도 생산부서나 품질관리 담당자 혹은 외부 전문가들의 자문을 필요로 하기도 한다.

 NCS 문제풀이 TIP

기술혁신의 특징에 대해 알고 있어야 풀 수 있는 문제이다. 문제를 풀며 모르는 이론이나 내용이 있다면 즉시 정리하고 암기하는 습관을 들이는 것이 좋다.

306

정답 ②

유형 기술선택능력 　　　　　　 상 - 중 - 하

(A)~(D)에는 순서대로 각각 '사업전략 수립', '요구기술 분석', '기술전략 수립', '핵심기술 선택'이 들어가야 한다. 기술선택의 각 절차에서는 다음과 같은 것들이 수행된다.

- 외부환경 분석: 수요 변화 및 경쟁자 변화, 기술 변화 등 분석
- 중장기 사업목표 설정: 기업의 장기비전, 중장기 매출목표 및 이익목표 설정
- 내부 역량 분석: 기술능력, 생산능력, 마케팅/영업능력, 재무능력 등 분석
- 사업전략 수립: 사업영역 결정, 경쟁 우위 확보 방안 수립
- 요구기술 분석: 제품 설계/디자인 기술, 제품 생산 공정, 원재료/부품 제조기술 분석
- 기술전략 수립: 기술 획득 방법 결정
- 핵심 기술 선택

307

정답 ③

유형 기술적용능력 　　　　　　 상 - 중 - 하

DSS 시스템의 도입은 3차 산업혁명과 관련 있다. 3차 산업혁명은 컴퓨터와 인터넷의 발명에 의해 일어난 것으로, 기존의 아날로그 방식을 디지털 방식으로 바꿈으로써 업무 전반에 획기적인 변화가 일어났다.

86　공기업 NCS 10개 영역 기출 600제

①, ②, ④, ⑤ 4차 산업혁명의 대표 기술로는 빅데이터, 인공지능, 사물인터넷, 드론, 3D 프린팅 등이 있으며, 나머지 선택지의 사례는 모두 이러한 기술들을 활용한 것이다.

308 정답 ②

유형 기술적용능력 (상)(중)(하)

가상현실 안전체험관은 실제 안전 사고 대응 능력을 배양하기 위해 고안된 것으로 재난발생 행동요령을 눈으로만 보아오던 단계를 넘어 직접 체험할 수 있는 기회를 제공한 점에 의미가 있다. 이는 공사 직원들의 안전 교육이 불충분했다거나 미비했던 것에 대한 대안으로 제시된 것은 아니다.

309 정답 ③

유형 기술능력 (상)(중)(하)

4월 17일의 점검 항목의 개수는 8개이다. 그리고 4일마다 동일한 주기로 점검을 실시하므로 4월 29일의 점검 항목은 선로(작업인원 관리 현황, 근접 공사 안전기준), 건널목(매뉴얼 관리), 전기 신호(정보통신), 궤도(대피소 관리, 장비 관리 현황), 노반(선로사면 관리, 지하시설물, 비상연락망 점검)으로 총 9개이다.

| 오답풀이 |

① 점검 항목이 가장 많은 날은 4월 21일이며 점검 항목의 개수는 12개이다.
② 점검 항목에 인원 관리 현황이 포함된 시설은 선로와 궤도 2개이다.
④ 매 4일마다 점검해야 하는 항목은 근접 공사 안전기준과 장비 관리 현황 2개이다.
⑤ 4월 17일에는 선로, 궤도, 노반 3개 시설에 대한 점검만 이루어진다.

310 정답 ②

유형 기술능력 (상)(중)(하)

주어진 4월의 점검 주기를 근거로 4월 29일과 5월 3일의 점검 항목을 표시하면 다음과 같다.

구분		점검 일자			점검 항목
시설	세부내역	4/25	4/29	5/3	
선로	구조물		●		작업인원 관리 현황
		●		●	역시설 관리 현황
				●	소방 시설
	근접 공사	●	●	●	근접 공사 안전기준
건널목	안전 설비		●		매뉴얼 관리
					교육 현황
	관리 기준			●	설비기준 준수
전기 신호	구조물	●			전철전력
		●			신호제어
			●		정보통신
궤도	레일	●		●	작업인원 관리 현황
			●		대피소 관리
		●		●	소방 시설
		●			장비 관리 현황
노반	토공		●		선로사면 관리
			●		지하시설물
		●		●	장비 현황
			●		정보통신
		●			안전펜스 현황
			●		비상연락망 점검

따라서 5월 3일의 점검 항목 개수는 10개이다.

311 정답 ③

유형 기술능력 (상)(중)(하)

신호의 현시가 없거나 소등 또는 현시가 정확하지 않은 경우에는 정지 신호로 간주한다고 하였으므로 해당 경우 정지시키는 것이 적절하다.

| 오답풀이 |

① 두 번째 기본 원칙에서는 폐색에 의한 방법으로 열차를 운행하는 경우에는 한 폐색 구간에 둘 이상의 열차를 동시에 운전하여서는 안 된다고 규정하고 있다.
② 세 번째 기본 원칙을 통해 폐색 구간에 진입하는 열차에 대해서는 '1개의 폐색 구간에 1개(매) 운전허가증'의 규칙이 있음

을 알 수 있으며, 기관사와 부기관사가 어떻게 소지해야 하는
지는 알 수 없다.
④ 진로표시등이 명확하지 않을 경우, 가장 제한을 받는 신호를
따라야 한다고 하였다.
⑤ 열차는 운전 방향 맨 앞 차량의 운전실에서 운전하여야 한다
고 하였다.

312
정답 ③

유형 기술능력
상-중-하

주어진 운전취급 기본 원칙의 아홉 번째 설명에서는
'차량을 유치할 때는 차량접촉 한계 표지 외방에 유치할
수 없다.'고 규정하고 있다. 따라서 차량접촉 한계 표지는
철도차량의 운행과 직접적인 관련이 있는 표지는 아니다.

| 오답풀이 |
열차의 정지, 속도 제한, 곡선 예고 등은 직접적으로 철도차량의
운행을 제한하는 표지이다.

315
정답 ④

유형 기술적용능력
상-중-하

나르시스형은 기술의 판도를 바꿀 정도의 획기적으로
큰 프로젝트가 성공한 경우, 시장에서의 상업적 성공보
다는 기술 자체에 대한 성취에 취하는 경우이다. 따라서
Market Intelligence와 Technology Intelligence
를 강화해 대체 기술이 등장하는지, 시장 내에 기술이
잘 적용될 수 있는지 등을 파악하는 것이 중요하다.

| 오답풀이 |
① 이카루스형이 취해야 할 행동으로, 이카루스형은 개방형 기술
개발에 나서는 노력이 필요하다.
② 아킬레스형이 취해야 할 행동이다.
③ 시지프스형이 취해야 할 행동이다.
⑤ 이카루스형이 취해야 할 행동이다.

313
정답 ⑤

유형 기술능력
상-중-하

㉠~㉢의 내용 중 모양 또는 색에 관한 부분은 열한 번째
원칙에서 활용 여부를 추론하기 어려우므로 모양과 색
이외의 내용을 중심으로 정의를 추론할 수 있다. 열한 번
째 원칙에서 정지 신호나 속도 제한을 지시하는 신호가
있다고 하였고, 이는 신호가 열차나 차량에 대하여 운행
조건을 지시하는 것임을 알 수 있다. 또한 역 구내에서
차량을 운전하고자 할 때는 표지에 따라야 한다고 하였
으므로 표지는 물체의 위치, 방향, 조건을 표시함을 알
수 있고, 마지막으로 유도 전호 필요시 직원의 유도 전호
에 따라야 한다고 하였으므로 전호는 관계 직원 상호 간
의사 표시임을 알 수 있다.

316
정답 ③

유형 기술선택능력
상-중-하

다른 선택지의 벤치마킹은 모두 직접 벤치마킹 대상을
방문하여 정보를 얻는 직접적 벤치마킹을 수행하였으
나, C사의 경우는 인터넷을 통하여 자료를 얻은 것으
로, 이는 간접적 벤치마킹에 해당한다.

314
정답 ④

유형 기술능력
상-중-하

④는 '고전압 위험'을 의미하는 표지이다. 낙하물 위험
은 다음과 같은 표찰로 나타낸다.

317

정답 ③

 유형 기술선택능력 상-중-하

벤치마킹을 단순한 모방으로 받아들이게 되면 자신의 환경적인 특성에 적절히 융화시키기 어렵다. 따라서 단순한 모방과는 달리 우수한 기업이나 성공한 상품, 기술, 경영 방식 등의 장점을 충분히 배우고 익힌 후 자사의 환경에 맞추어 재창조하는 것이 중요하다. 스스로에 대한 충분한 고찰과 분석을 통해 벤치마킹 대상의 성공요인 또는 실패요인을 파악하고, 나에게 도움이 되는 요인을 창조적, 비판적으로 수용하여 새롭게 발전시킬 수 있어야 할 것이다. 상대방의 장단점을 포함한 모든 환경을 받아들이는 것은 맹목적인 모방으로 이어져 실패한 벤치마킹이 된다.

318

정답 ①

유형 기술선택능력 상-중-하

매뉴얼 사용자가 필요한 정보를 빨리 찾기 쉽도록 구성돼야 한다. 사용자가 원하는 정보를 빠른 시간 내에 찾지 못한다면 어려운 매뉴얼이 된다. 짧고 의미 있는 제목과 비고(Note)는 사용자가 원하는 정보의 위치를 파악하는 데 도움이 될 수 있다.

NCS 문제풀이 *TIP*

매뉴얼 작성
1) 내용이 정확해야 한다.
2) 사용자가 알기 쉬운 문장으로 쓰여야 한다.
3) 사용자에 대한 심리적 배려가 있어야 한다.
4) 사용자가 찾고자 하는 정보를 쉽게 찾을 수 있어야 한다.
5) 사용하기 쉬워야 한다.

319

정답 ①

유형 기술능력 상-중-하

기술능력은 직업에 종사하기 위해 모든 사람들이 필요로 하는 능력이다. 기술능력은 넓은 의미로 확대하면 기술교양(technical literacy)의 개념으로 사용되며, 기술교양의 개념을 보다 구체화시킨 개념이다. 따라서 기술교양은 모든 사람들이 광범위한 관점에서 기술의 특성, 기술적 행동, 기술의 힘, 기술의 결과에 대해 어느 정도의 지식을 가지는 것을 의미한다.

① 기술능력이 뛰어난 사람은 주어진 한계 속에서 제한된 자원을 가지고 일한다.

NCS 문제풀이 *TIP*

기술능력과 기술교양의 개념을 알아야 풀 수 있는 문제이다.

320

정답 ①

유형 기술선택능력 상-중-하

각 평가지표에 부여된 점수를 반영하여 합계 점수를 계산하면 다음과 같다.
- A: $3+3+2+2+2=12$(점)
- B: $2+3+2+1+3=11$(점)
- C: $2+2+1+3+2=10$(점)
- D: $3+2+2+2+2=11$(점)
- E: $2+3+2+3+2=12$(점)

A와 E가 12점으로 평가점수가 동일하나, 고직급자의 판단 기준에 따른 고득점 업체를 우선 선정한다고 하였으므로 부장의 판단 기준인 도입 비용에서 고득점 업체인 A가 최종 선정되는 것을 알 수 있다.

조직이해능력								본문 290~305쪽	
321	④	322	①	323	②	324	①	325	②
326	①	327	③	328	③	329	④	330	③
331	①	332	③	333	⑤	334	②	335	②
336	④	337	①	338	③	339	②	340	④

321
정답 ④

유형 체제이해능력

조직은 협동 시스템으로 작동하며 '전체 최적화＝부분 최적화 합＋상호작용'이라고 보는 것은 버나드가 주장한 시스템 이론에 대한 설명이다. 시스템 이론은 결과를 지향하며 구조성, 기능성, 전체성을 중요시한다.
상황적합이론은 리더십 과정의 성과가 지도자의 특성에 달려 있는 것이 아니라, 지도자가 처한 상황적 요소에 따라 다르게 나타난다는 이론으로, 피들러(Fiedler)가 주장하였다.

322
정답 ①

유형 경영이해능력

㉠ 수직적 라인 확장이란 신상품이 기존 상품보다 가격이 낮거나 높은 경우를 가리킨다. 특히 기존 상품보다 낮은 가격대로 확장하는 경우를 하향 확장, 높은 가격대로 확장하는 경우를 상향 확장이라고 부른다. 하향 확장의 경우 브랜드의 고급 이미지를 희석시켜서 결국에는 브랜드 자산을 약화시키는 부정적인 반향효과의 위험이 크다. 이를 희석효과라고 부르기도 한다.

| 오답풀이 |

㉡ 새로운 제품 범주에서 출시하고자 하는 신제품을 대상으로 새로운 브랜드를 개발하는 경우는 '신규브랜드' 전략이다. 복수 브랜드 전략은 동일한 제품 범주 내에서 여러 개의 브랜드를 사용하는 전략을 말한다.

㉢ 두 제품 범주 간에 유사성이 낮은 경우에는 브랜드 확장이 실패할 가능성이 높다. 유사성이란 제품과 제품 사이의 유사성뿐만 아니라 브랜드 이미지와 제품 사이의 유사성도 포함하는 것임에 주의하여야 한다. 즉, 제품과 제품 사이의 유사성이 낮더라도 브랜드 이미지와 제품 사이의 유사성이 높으면 카테고리 확장이 성공할 수도 있다.

323
정답 ②

유형 경영이해능력

경영은 한마디로 조직의 목적을 달성하기 위한 전략, 관리, 운영 활동이다. 즉, 경영은 경영의 대상인 조직과 조직의 목적, 경영의 내용인 전략, 관리, 운영으로 이루어진다. 과거에는 경영(Administration)을 단순히 관리(Management)라고 생각하였다. 관리는 투입되는 자원을 최소화하거나 주어진 자원을 이용하여 추구하는 최대한의 목표를 달성하기 위한 활동이다.

324
정답 ①

유형 체제이해능력

최초 1년간 80퍼센트 이상 출근한 자 모두에게 15일의 유급휴가가 주어지며, 출근일이 더 많다고 더 많은 유급휴가가 주어지는 것은 아니다.

| 오답풀이 |

② 최초 1년간 80퍼센트 이상 출근한 직원이 유급휴가를 전혀 사용하지 않았을 경우 최대 15일의 잔여 유급휴가를 갖게 된다.

③ 3년 차, 5년 차, 7년 차, 9년 차에 각각 1일씩 추가되므로 총 15＋4＝19(일)의 유급휴가를 갖게 된다.

④ 근로자가 청구한 시기에 휴가를 주는 것이 사업 운영에 막대한 지장이 있는 경우에는 그 시기를 변경할 수 있다고 규정되어 있다.

⑤ 근로자가 업무상의 부상 또는 질병으로 휴업한 기간은 출근한 것으로 본다고 하였으므로 이 경우 출근일수가 80퍼센트에 미달해도 15일의 유급휴가를 받을 수 있다.

325
정답 ②

유형 체제이해능력

입사 1년이 경과하면 15일의 연차 유급휴가가 발생한다. 조 사원은 4일의 휴가를 사용하여 15－4＝11(일)의 잔여 휴가를 갖게 된다. 이후 서면에 의한 연차 휴가 사용 촉진 조치에도 불구하고 2일의 휴가를 사용하지 않았으므로 2일에 대한 연차수당은 지급되지 않는다. 따라서 11일에서 2일을 제외한 나머지 9일에 대한 연차수당을 지급받게 된다.

326

유형 체제이해능력

무 사원을 제외한 모두가 2년에 1일씩 연차가 추가되므로 각 직원의 남은 연차, 일 통상임금, 연차수당은 다음과 같다.

구분	남은 연차	일 통상임금	연차수당
갑	$25-19$ $=6$(일)	$500 \div 200 \times 8$ $=20$(만 원)	6×20 $=120$(만 원)
을	$21-7$ $=14$(일)	$420 \div 200 \times 8$ ≒16(만 원)	14×16 $=224$(만 원)
병	$18-14$ $=4$(일)	$350 \div 200 \times 8$ $=14$(만 원)	4×14 $=56$(만 원)
정	$16-5$ $=11$(일)	$300 \div 200 \times 8$ $=12$(만 원)	11×12 $=132$(만 원)
무	$15-3$ $=12$(일)	$270 \div 200 \times 8$ ≒10(만 원)	12×10 $=120$(만 원)

따라서 갑 부장과 무 사원의 연차수당 지급액이 120만 원으로 동일하다.

327

정답 ③

유형 체제이해능력

㉠ 초등학생 자녀를 둔 경우이므로 시차출퇴근 C형을 사용하여 9시 20분쯤 회사에 도착하는 것은 적절하며, 퇴근시간에 대한 언급이 없으므로 B형도 사용 가능하다.

㉡ 제18조 제3항에 따른 적절한 판단이다.

| 오답풀이 |

㉢ 근무시간 정산은 08:00~09:00 또는 18:00~21:00 사이의 4시간 동안 해야 한다고 규정되어 있다. 따라서 하루에 정산이 가능한 시간은 4시간이므로, 남은 5시간을 마지막 날 하루에 모두 정산하고자 판단하는 것은 규정을 올바르게 이해하지 못한 것이다.

328

정답 ③

유형 체제이해능력

야간 대학을 다니는 것은 자기계발에 해당되는 것이며, 언급된 '업무 내·외적으로 조화로운 직장생활'은 매우 광범위하고 추상적인 것으로 판단 가능하므로 조기퇴근을 신청할 수 있다.

| 오답풀이 |

① 시차출퇴근 A, B, C형은 출퇴근 시간에 차이가 있을 뿐, 근무시간은 모두 동일하다. 또한 시간선택제도 조기퇴근에 따른 근무시간을 해당 월에 정산해야 하므로 두 가지 모두 월간 근무시간에는 변함이 없다.

② 시간선택제는 월 2회 사용 가능하며, 회당 1시간부터 3시간까지 단축할 수 있으므로 월간 정산 근무시간은 최대 6시간이 된다.

④ 제19조 제3항에 해당되는 경우 부서의 장은 탄력근무 신청을 승인하지 않을 수 있다.

⑤ 조기퇴근일은 승인권자가 월 2회의 범위에서 승인한다고 규정되어 있다.

329

정답 ④

유형 체제이해능력

자기계발 목적으로 시간선택제를 신청할 수 있으나, 시간선택제 근무 직원은 그 단축 근무로 통상근무에 비해 부족해진 근무시간을 시간선택제 근무를 실시한 날이 속하는 달이 끝나기 전까지 정산하여야 한다고 하였다. 이 경우 사전에 미리 정산근무를 실시하였어야 한다.

| 오답풀이 |

① 시차출퇴근 C형은 12세 이하이거나 초등학교에 재학 중인 자녀를 양육하는 직원이 사용할 수 있으므로 탄력근무를 사용할 수 있다.

② 가정 돌봄 시간 활용은 일·가정 양립, 자기계발 등 업무 내·외적으로 조화로운 직장생활을 도모하기 위한 경우에 해당하므로 시간선택제를 사용할 수 있다.

③ 육아 및 모성보호 시간을 이용하는 직원은 조기퇴근을 신청할 수 없다고 언급되어 있을 뿐이므로, 육아 및 모성보호 시간을 이용하지 않는 직원이 시차출퇴근 B형을 신청하는 데에는 문제가 없다.

⑤ 임금피크제의 적용을 받는 직원은 시간선택제를 사용할 수 있다.

330

정답 ③

유형 경영이해능력

사업예산 편성 및 운영 업무 총괄에 관한 결재는 예산처의 업무이며, 기획처의 결재를 경유할 필요는 없다. 따라서 '예산처 → 대표이사' 순으로 업무 결재가 이루어진다.

| 오답풀이 |

① 비서실, 기획조정실, 경영지원실, 노사협력실, 홍보실의 5실과 4개 '실'의 산하 조직인 8개 '처'로 구성되어 있다.

② 비서실은 대표이사의 직할 조직이므로 대표이사의 산하 조직과는 별도의 업무가 진행된다. 따라서 각 '처'의 업무는 비서실을 경유하지 않고 대표이사에게 직접 보고된다.

④ 교육관리시스템 운영 등 직원 교육에 대한 업무는 인사처의 업무로 볼 수 있다.

⑤ 노무처는 임금협약이나 단체교섭 업무를 담당하고 있으며, 임금이나 복리후생 관련 노사 업무를 담당하는 급여복지처와 공통되는 업무가 있다고 볼 수 있으므로 두 조직은 업무 협조를 할 수 있다고 판단 가능하다.

331

정답 ①

유형 경영이해능력　　　　　상-중-하

마지막 결재를 담당한 조직이 노무처이므로 노무처장 대신 노무처 본부장이 결재를 하였다. 따라서 대표이사의 결재는 필요하지 않고, 노무처 본부장의 결재란에는 '전결'을 표시하며 노무처 본부장은 대표이사의 결재란에 서명해야 한다.

| 오답풀이 |

② '기획처장' 대신 '기획처 본부장'이 결재를 해야 한다.

③ 홍보처 본부장의 결재란에는 상향대각선 대신 '전결'을 표시하여야 한다.

④ '예산처장' 대신 '예산처 본부장'이 결재를 해야 하며, 상향대각선은 필요하지 않다.

⑤ 언론처 본부장의 결재란에 '전결'을 표시하여야 하며, 언론처 본부장은 대표이사의 결재란에 서명해야 한다.

332

정답 ③

유형 조직이해능력　　　　　상-중-하

주어진 글에서는 20세기 산업화 시대의 조직 구조에서는 인력이 아닌, 자본이 희소 자원으로 간주되었으며, 수직적, 계층적 구조가 효율적 성과의 열쇠였다고 설명하고 있다.

| 오답풀이 |

① 주어진 글에서 언급된 성과 지표 육성은 직원 수익률의 중요성을 의미한다.

② 주어진 글에서 임원들은 무엇보다 조직 설계를 중심으로 전략의 방향성을 수립해야 한다고 밝히고 있다.

④ 주어진 글에서는 재능이 희소자원으로 간주되는 21세기에는 업무환경에 걸맞은 성과 지표 등을 육성시켜 줄 시장 메커니즘을 조직 설계에 반영해야 한다고 밝히고 있다.

333

정답 ⑤

유형 경영이해능력　　　　　상-중-하

제품 차별화가 어려울 경우 산업 내 경쟁이 심화되므로 적절하지 않다.

| 오답풀이 |

① 신규 진입자의 위협은 규모의 경제 구축, 제품 차별화, 대규모 자본 투자 등으로 진입 장벽을 구축하여 대응할 수 있으므로 적절하다.

② 공급자의 교섭력이 강하면 기업의 원가 부담이 증가하여 이윤이 감소하므로 적절하다.

③ 직거래 등 유통 구조의 혁신으로 거래 비용을 감소시켜 구매자의 교섭력에 대응할 수 있으므로 적절하다.

④ 기업이 제공하는 제품/서비스를 대체할 수 있는 대체재가 존재하면 기업이 시장에서의 교섭력을 상실하여 산업 수익률에 부정적인 영향을 미치므로 적절하다.

 NCS 문제풀이 TIP

조직이해능력에서는 5 Forces Model, SWOT 분석, BCG 매트릭스, 본원적 경쟁전략 등 기본적인 경영 이론이 경영이해능력 문제로 자주 출제된다. 따라서 출제 과목에 조직이해능력이 포함되어 있을 경우 기출문제의 출제 포인트를 기반으로 빈출 경영 이론을 학습해 놓으면 문제 풀이에 도움이 될 것이다. 관련 지식이 없다고 전혀 손댈 수 없는 것은 아니므로 자료와 선택지를 꼼꼼하게 읽으며 인과관계를 파악하면 답을 찾을 수 있다.

334

정답 ②

유형 체제이해능력　　　　　상-중-하

매트릭스 조직은 심한 경쟁상황, 새로운 아이디어에 대한 수명주기가 짧은 고성장 산업 등에서 시작되었지만,

지금은 정부, 학교, 일반 기업 등 다양한 조직에서 광범위하게 사용되고 있다. 그러나 일관된 명령 체계가 무너질 경우, 조직질서의 혼란이나 조직 내 파워게임 등의 문제가 생길 수 있는 단점이 있다.

| 오답풀이 |

① 매트릭스 조직 특성상 기존의 기능별, 제품별 조직구조보다는 다소 부서 간 경계가 모호한 부분이 있어 협력과 신뢰에 문제가 발생할 소지가 있다.

③ 부서 간 상호 협력이 이루어지지 않을 경우, 책임회피 및 전가와 같은 부정적인 현상을 피할 수 없게 된다.

④ 상호 소통, 협력 및 이해의 노력이 부재한 상황에서는 실적 악화나 경영상의 어려움이 발생했을 때 이에 대한 원인을 타 부서에게로 전가하려고만 하는 태도를 취할 수 있고, 이는 전체 조직 내 부조화를 심화시킬 수 있다.

335

정답 ②

유형 국제감각   상-중-하

태국인은 발이 가장 아래에 있어 가장 더러운 부분이라고 생각하기 때문에 두 발은 항상 바닥에 두어야 한다. 태국인 앞에서 발로 직접 사물이나 사람을 가리키는 행위를 절대 해서는 안 된다.

| 오답풀이 |

① 인도에서 왼손은 볼일을 볼 때 사용하는 손이라고 불결하게 여기므로 인도 고객과 식사를 할 때 오른손만 사용하는 것은 적절하다.

③ 러시아에서는 장례식에서만 짝수 개의 꽃을 주므로 러시아 고객에게 장미꽃 다섯 송이를 전달한 것은 적절하다.

④ 이슬람교는 경전 쿠란에서 허용된 '할랄'만을 먹고 사용한다. 음식 중에서는 할랄 도축된 쇠고기, 닭고기, 양고기 등이 할랄 식품에 포함된다. 특히 양고기는 이슬람 경전인 쿠란에서 희생 제례 때 자주 등장하는 동물로, 환대의 표시이자 축제나 예식 때 반드시 올라오는 고기이므로 이슬람교도 고객에게 대접하기 적절하다.

⑤ 중국인들은 차(tea)를 매우 선호하므로 중국 고객에게 고급 우롱차를 선물하는 것은 적절하다.

NCS 문제풀이 *TIP*

모든 국제 비즈니스 매너를 알고 있을 수는 없으므로 기본적으로 NCS 학습모듈에 제시된 국제 비즈니스 매너를 암기하고, 문제를 풀며 새롭게 알게 되는 국제 비즈니스 매너를 기억해 놓도록 한다.

336

정답 ④

유형 경영이해능력   상-중-하

사외이사 제도는 회사의 경영을 직접 담당하는 이사 이외에 외부의 전문가들을 이사회 구성원으로 선임하는 제도를 말한다. 사외이사를 두는 이유는 경영진의 의사결정을 견제하는 역할을 수행하기 위해서이다.

| 오답풀이 |

② 전문경영인 제도: 기업의 소유자가 아닌 사람이 경영 관리에 관한 전문적 기능의 행사를 부여받아 경영자의 지위에서 기업을 운영하는 제도

③ 옴부즈만 제도: 국회를 통해 임명된 조사관이 공무원의 권력 남용 등을 조사하고 감시하는 행정 통제 제도

⑤ 내부감사 제도: 외부감사에 대비하여, 기업내부의 감사기관이 행하는 감사

NCS 문제풀이 *TIP*

이런 개념을 묻는 유형은 내용만 알면 쉽게 풀 수 있는 문제이다. 모듈 이론이 개정되며 관련 내용이 빠졌지만 여전히 빈출되는 출제 포인트이므로 충분히 숙지해 두어 시험에서 빠르게 풀 수 있도록 한다.

337

정답 ①

유형 업무이해능력   상-중-하

(가)는 집단주의 문화, (나)는 발전주의 문화의 대표적인 특징이다. 그리고 각각에 해당하는 일반적인 특징은 A와 C이다.

주어진 네 개의 조직문화에 대한 특징은 다음과 같이 정리할 수 있다.

• 집단주의 문화: 협력과 협동을 강조하는 조직문화로 전통과 충성에 의해 운영되는 특징을 보인다. 뿐만 아니라 조직 내의 가족적인 인간관계 유지가 중요하며, 인적자원 개발을 목표로 구성원들 사이에 신뢰와 팀워크를 통한 참여, 충성, 사기 등의 가치를 중시한다. 또한 개인의 능력개발과 인간적 배려에 대한 관심이 높다.

• 발전주의 문화: 구성원들이 직장을 역동적이고 창의적인 곳으로 생각하며, 외부로부터의 위험을 두려워하지 않는 특징을 보인다. 또한 신기술 획득을 통해 발전을 추구하는 일에 주저하지 않는다. 이는 곧 조직의 변화와 유연을 강조하여 조직이 당면한 외부환경

에 대한 적응 능력에 중점을 두며, 조직구성원의 업무 수행에 대한 자율성과 재량권을 부여함을 의미한다.
- 위계주의 문화: 내부의 안정과 균형을 목적으로 하며, 그를 위해 정보관리에 중점을 둔다. 공식적 명령과 규칙, 계층제적 질서에 의한 명령과 통제, 명확한 책임소재와 조직 내부의 유지와 통합에 관심이 높다.
- 합리주의 문화: 생산성과 능률의 향상을 조직의 목적으로 삼는 특징을 보이며 이를 위해 조직의 성과 목표 달성과 과업수행에 있어서 생산성을 강조하고 있으며, 목표달성, 계획, 능력성, 성과 보상 같은 가치를 중시한다.

성원에 대한 업적 보상 제도를 강화하거나 복리 후생을 개선하는 등의 방법을 활용할 수 있다.

 NCS 문제풀이 TIP

제시문 파악이 핵심이 되는 문제 유형으로 제시문에 주어진 중장기 경영 전략에 대한 내용을 바탕으로 정답을 찾아야 한다. 중장기 경영 전략으로 기업을 운영하기 위하여 경영자와 직원들이 무엇을 해야 하는지, 환경의 변화나 목표에 도달하기 위해 무엇을 해야 하는지 등을 알아야 한다.

338

정답 ③

유형 업무이해능력   상-중-하

퀸의 경쟁가치모형에서는 조직문화를 flexible vs focused, internal vs external의 두 가지 판단 기준으로 네 가지 조직문화를 구분하고 있다. 첫 번째 기준은 조직문화가 얼마나 유연하며 각 구성원들에게 재량을 나누어 주고 있는지를 척도로 하는 것이며, 두 번째 기준은 내부의 통합을 지향하는지, 혹은 외부의 발전과 성장을 위해 생산적 분화를 추구하는지를 척도로 하고 있다.
따라서 유연성과 재량, 조직 분화의 정도가 경쟁가치모형의 핵심 구분 기준이라고 할 수 있다.

340

정답 ④

유형 경영이해능력   상-중-하

가족 경영은 전문 경영에 비해 총수의 독단에 의한 의사결정이 이루어지는 경우가 더 많다. 따라서 정해진 규정을 넘어서는 추가 비용의 지출 등 내부 회계상의 융통성을 발휘해야 할 상황은 가족 경영 체제에서 더 수월하게 해결될 수 있다.

| 오답풀이 |
① 장기적인 안목과 신속한 의사결정은 가족 경영 체제 기업의 장점이다.
② 기업을 자식과 같이 여기는 가족 경영자는 기업 발전에 대한 애착심과 책임감이 전문 경영자보다 더 강하다.
③ 신속한 의사결정이 가족 경영자의 장점이라면, 냉철한 분석에 따른 객관적인 판단은 전문 경영자의 장점이라고 할 수 있다.
⑤ 대부분의 전문 경영자는 기업 내부의 구성원이기보다는 외부의 전문가인 경우가 많다. 따라서 외부의 시각에서 기업을 바라보며 내부에서 찾아내지 못한 문제점들을 발견하여 문화와 관행 등을 개선하기가 더 수월하다.

339

정답 ②

유형 경영이해능력   상-중-하

자원 배분을 결정하는 것은 경영 전략 수립에 필수적인 요인이라고 설명하고 있으나, 반드시 과감하고 확대된 자원이 투입되어야 하는 것은 아니다. 오히려 철저한 조사와 분석이 동반되지 않으면 자원에 보수적으로 접근해야 할 것이다.

| 오답풀이 |
①, ④ 전 직원의 공감대가 형성되는 것이 바람직한 경영 전략 수립의 방법이다.
③ 환경 변화를 분석하는 것은 경영 전략 수립에 필수적인 활동으로 SWOT 환경 분석 기법을 활용하는 것은 매우 바람직하다.
⑤ 수립된 경영 전략의 추진 의욕을 고취시킬 수 있도록 조직 구

 NCS 문제풀이 TIP

제시문 파악이 핵심이 되는 문제 유형으로, 제시문에서 기조만 파악한 후 상식 수준에서 정답을 찾으면 된다. 지문에서 가족 경영과 전문 경영의 개념을 파악한 후, 이를 바탕으로 두 경영 방식의 차이점을 구분하도록 한다.

직업윤리								본문 306~311쪽
341	②	342	④	343	①	344	②	345	①
346	④	347	⑤	348	⑤	349	③	350	③

341

정답 ②

유형 직업윤리

천직의식은 자신의 일이 자신의 능력과 적성에 꼭 맞는다 여기고 그 일에 열성을 가지고 성실히 임하는 태도를 말하며, 선택지에 주어진 내용은 직분의식에 대한 설명이다.

NCS 문제풀이 *TIP*

주어진 직업의식 외에도 한국인들은 우리 사회에서 직업인이 갖추어야 할 중요한 직업윤리 덕목으로 책임감, 성실함, 정직함, 신뢰성, 창의성, 협조성, 청렴성 순으로 강조하고 있다.

342

정답 ④

유형 근로윤리

㉠에 해당하는 개념은 책임감이 강하고 목표한 바를 이루기 위해 목표 지향적 행동을 촉진하며 행동의 지속성을 갖게 하는 성질인 '성실'이다.
④ 마음에 거짓이나 꾸밈이 없고 바르고 곧은 성질로 신뢰의 기반이 되는 것은 정직이므로 적절하지 않다.

| 오답풀이 |

② 성실이 항상 긍정적인 측면만 지니는 것은 아니며, 시대 개념적 차원에서 볼 때 현대 사회와 어울리지 않는 한계성도 지니고 있다. 이러한 한계성을 명확하게 인식하고 현대 사회의 성격에 부합하도록 성실의 전환을 시도해야 한다.

NCS 문제풀이 *TIP*

㉠에 해당하는 개념이 무엇인지 정확하게 알지 못해도 선택지 5개 중 4개는 동일한 개념에 대해 설명하고 있다는 점을 고려하여 답을 찾도록 한다.

343

정답 ①

유형 근로윤리

필자는 정년퇴임 때까지 직장생활을 하는 것 자체를 근

면이라고 말하는 것이 아니며, 직장생활 중 무언가를 열심히 배우고 이후의 삶에 대한 준비를 한 것이 근면함의 모습이라고 주장하고 있다.

| 오답풀이 |

② 필자는 직장생활을 통해 일을 배우고 그를 통해 이후의 삶에 도움이 되는 생활을 해야 한다고 생각한다.
③ 근면하게 살았다는 것은 무사안일하게 살지 않았다는 것을 의미한다. 시간을 낭비했다는 것은 무사안일하고 게을렀다는 것이므로 근면한 삶은 시간을 낭비하지 않았다는 것을 의미한다.
④ 필자는 퇴사를 앞둔 사람들이 자신에 대해 잘 모르는 것은 열심히 배우지 않고 무사안일하게 생각해서, 즉 근면하지 않았기 때문이라고 생각한다.
⑤ 필자는 '뚜렷한 주특기, 성과, 신이 나는 일, 모두 잘 모르겠지만 성실하기 때문에 어떤 일이든 맡기만 주면 잘할 수 있다고 얘기하는 것'을 미덕으로 보지 않는다. 따라서 맡은 일을 성실하게 잘 수행하는 것이 곧 근면이라고 말할 수 없는 것이다.

344

정답 ②

유형 공동체윤리

전화벨이 7~8번 울릴 때까지 기다리는 것은 적절한 전화예절이 아니다. 가급적 전화벨이 3~4번 울리기 전에 받는 것이 좋다.

| 오답풀이 |

① 찾는 사람이 자리를 비웠을 경우, 간단한 통화 목적과 요점을 메모하여 두면 상대방에게도 친절한 인상을 남길 수 있으며, 이후에도 담당자가 돌아와 효과적으로 통화를 시도할 수 있다.
③ 전화를 해서 엉뚱한 이야기로 시간 낭비를 하지 않도록 전화 건 이유를 숙지할 필요가 있다.
④ 전화를 받으면 인사 후 곧바로 소속과 이름을 먼저 밝히는 것이 예의이다.
⑤ 다른 부서로 가야 할 전화가 잘못 걸려온 경우, 곧바로 끊지 말고 해당 부서의 전화번호를 알려주어 상대방이 불필요한 수고를 하지 않도록 배려한다.

345

정답 ①

유형 근로윤리

준법은 민주 시민으로서 기본적으로 지켜야 하는 의무이며 생활 자세이다. 민주 사회의 법과 규칙을 준수하는 것은 시민으로서의 자신의 권리를 보장받고, 다른 사람의 권리를 보호해 주며 사회 질서를 유지하는 역할을 한다. 식당을 운영하는 김 사장은 이러한 준법 정신을 망각한 행위를 한 사례가 된다.

성실은 일관하는 마음과 정성의 덕이다. 자식에 대한 어머니의 정성이 대표적인 한국인의 '정성스러움'이다. 우리는 정성스러움을 '진실하여 전연 흠이 없는 완전한 상태에 도달하고자 하는 사람이 선을 택하여 노력하는 태도'라 말할 수 있다. 그러한 태도가 보통 사람들의 삶 속으로 스며들면서 자신의 일에 최선을 다하고자 하는 마음자세로 연결되었다고 볼 수 있다. 자신이 맡은 업무에 있어서도 끝까지 정성스러운 마음으로 마무리를 짓지 않고 대충 훑는 자세로 임하는 것은 바로 이러한 성실의 태도가 부족한 결과라고 볼 수 있다.

346

정답 ④

유형 공동체윤리　　　　　　　상-**중**-하

'사용자는 징계 등의 조치를 하기 전에 그 조치에 대하여 피해근로자의 의견을 들어야 한다.'고 규정하고 있으므로 가해자의 의견을 들어 징계 조치를 취한다는 것은 올바르지 않다.

| 오답풀이 |
① 근로자가 가해자인 경우도 직장 내 괴롭힘에 포함되므로 올바른 설명이다.
② 파견근로자와 파견근로자에 대한 사용 사업주 역시 각 행위자에 포함되므로 다른 요건이 충족되면 직장 내 괴롭힘의 요건을 갖춘 것으로 판단할 수 있다.
③ 사내는 물론 외근 출장지, 회식, 기업행사, 사적 공간, 사내 메신저, SNS 등 온라인 공간의 경우에도 해당될 수 있다고 하였으므로 통근 버스 역시 포함된다고 볼 수 있다.
⑤ 반드시 사업장 내일 필요는 없으므로 발생 장소에 따라 요건 충족 여부가 달라지는 것은 아니다.

347

정답 ⑤

유형 공동체윤리　　　　　　　상-중-**하**

근로조건 및 사회적 보호는 ⓒ 노동관행에 속하는 내용이다.

348

정답 ⑤

유형 공동체윤리　　　　　　　상-중-**하**

디지털기반 경영정보시스템 프로세스 고도화는 지역사회의 권리를 인식 및 존중, 기회를 극대화하기 위한 노력과 연결되지 않는다. 따라서 서울교통공사가 추진한 사회공헌활동으로 적절하지 않은 것은 ⑤이다.

349

정답 ③

유형 공동체윤리　　　　　　　상-**중**-하

주어진 글에서는 준법의식에 대해 언급하고 있다. 직업 세계에서 다른 직종에 비해 더 많은 이익을 얻는 집단이 그렇지 않은 집단들에게 그들의 이익을 분배할 수 있는 사회 환원 의식은 기업의 사회적 책임의식을 말한다.

350

정답 ③

유형 공동체윤리　　　　　　　상-중-**하**

주어진 사례에서 P사원은 비품 관리와 관련된 사내 규정 및 프로세스를 무시하고, 개인의 편의를 위해 비품 구매 비용을 오남용하고 있다. 이러한 문제 상황을 예방하기 위해서는 '감사 시스템'을 도입하여 불법적이고 부도덕한 업무와 활동 등을 조사·점검·확인·분석해야 한다.

| 오답풀이 |
①, ②, ④, ⑤ 주어진 사례에서 P사원의 행동은 계획성이나 선의의 경쟁, 사명감, 협동 정신으로 보완할 수 있는 것이 아닌 불법적인 행태에 해당한다.

NCS 문제풀이 TIP

주어진 사례에서 P사원의 행태를 막을 수 있는 방법이 무엇일지 생각해 본다. P사원은 회사 비품 구매를 위한 예산을 개인적으로 사용하고, 재물 조사표를 허위 보고하는 등 불법적인 일까지 저지르고 있다.

NCS 기출변형 200제

351

정답 ②

유형 의사소통능력 상-중-하

주어진 글에 나타나는 언어의 특성은 '사회성'이다. '그'는 언어의 사회성을 무시하고, 언어 공동체 안에서의 사회적 약속인 단어의 의미와 말소리를 임의로 바꾸어 부르면서 결국 다른 사람과 의사소통할 수 없게 되었다.

| 오답풀이 |
① 언어의 자의성에 대한 설명이다.
③ 언어의 추상성에 대한 설명이다.
④ 언어의 분절성에 대한 설명이다.
⑤ 언어의 역사성에 대한 설명이다.

352

정답 ②

유형 문서이해능력 상-중-하

주어진 글은 입자의 크기가 매우 작은 미세먼지가 인체에 미치는 부정적인 영향에 대해 서술하고, 미세먼지 예보 등급에 따른 일반인과 미세먼지 민감군의 대응 요령에 대해 설명하고 있다. 따라서 주어진 글의 제목으로 가장 적절한 것은 ②이다.

| 오답풀이 |
① 먼지는 입자의 크기에 따라 지름이 $50\mu m$ 이하인 총 먼지, 지름이 $10\mu m$ 이하인 미세먼지, 지름이 $2.5\mu m$ 이하인 초미세먼지로 구분된다고 하였으나, 글 전체를 포괄할 수 없으므로

적절하지 않다.
③ 어린이, 노인, 폐질환 및 심장질환을 앓고 있는 환자 등을 미세먼지 민감군이라고 하였을 뿐, 연령층마다 다르게 나타나는 미세먼지 질환의 범주에 대해서는 다루고 있지 않으므로 적절하지 않다.
④ 미세먼지 비상저감조치의 발령 및 해제 기준에 대해서는 다루고 있지 않으므로 적절하지 않다.
⑤ 실내 미세먼지와 실외 미세먼지의 차이점에 대해서는 다루고 있지 않으므로 적절하지 않다.

353

정답 ④

유형 문서이해능력 상-중-하

4문단에서 서울 인구는 1990년에 1,000만 명을 넘기면서 인구 피크를 기록했으나, 수도권 신도시 개발로 인구가 유출되면서 1995년 처음으로 인구 감소세를 보였다고 하였으므로 적절하지 않다.

| 오답풀이 |
① 2문단에서 1960년대 경제 성장으로 농촌 인구가 대량 유입하면서 서울의 인구 집중은 더욱 심화되었고, 의류·봉제·가발 등 노동 집약적 수출 산업이 활성화되며 제조업의 취업자 비중이 증가했다고 하였다.
② 3문단에서 택지 개발 사업을 통해 목동과 상계동에 대규모 아파트 단지가 개발되어 신시가지가 조성되었다고 하였다.
③ 1문단에서 한국전쟁으로 인해 주택 19만 호 중 30%, 금융 기관 83개, 병원 294개, 기업체 1,289개 등 서울 시가지 건물의 1/4이 피해를 입었다고 하였다.
⑤ 6문단에서 2010년대 서울의 인구는 수도권 지역으로 유출되면서 감소세를 보이고 있다고 하였다.

354

정답 ⑤

유형 문서이해능력 상-중-하

먼저 녹차와 홍차가 종이 다른 나무에서 생산된 차라는 고정관념을 언급하며, 녹차와 홍차는 모두 차나무에서 생산된 찻잎으로 만들어지지만 각각의 차를 만들기 적합한 차나무가 따로 있다고 설명하는 [라] 문단이 와야 한다. 이어 찻잎에 포함된 폴리페놀과 아미노산 성분을 소개하는 [다] 문단이 오고, 녹차와 홍차를 만들기 좋은 찻잎의 종류에 대해 설명하는 [나] 문단으로 연결되는 것이 적절하다. 그리고 '이처럼 찻잎의 영향을 받는 차

는~'이라고 앞의 내용을 요약하며 가공 방법에 따라 맛과 향이 달라진다고 언급한 뒤, 가공 방법에 따라 구분되는 녹차의 종류를 소개하는 [마] 문단이 와야 한다. 마지막으로 홍차를 한 종류의 찻잎으로 마시는지, 다른 찻잎이나 향신료를 섞어 가공하여 마시는지에 따라 다양하게 즐길 수 있음을 설명하는 [가] 문단이 온다.
따라서 [라]−[다]−[나]−[마]−[가] 순으로 배열하는 것이 적절하다.

355

정답 ①

유형 문서이해능력 (상)(중)(하)

글 전체에서 상반된 범주에서 대상을 규명하고 그 공통점에 착안하여 새로운 결론을 도출하는 방식은 나타나지 않는다.

| 오답풀이 |

② 2문단에서 스트레스가 유해하다는 통념에 의문을 제기하며, 스트레스가 해롭지 않은 것에서 나아가 건강에 도움을 주기도 한다는 주장을 효과적으로 부각하고 있다.
③ 1문단에서 캐나다의 학자 한스 셀리에가 스트레스에 대해 규정한 개념을 언급하며 대상에 관한 이해를 돕고 있다.
④ 글 전체에서 스트레스가 사람에게 미치는 영향을 신체적·정신적 측면에서 분석하고 있다.
⑤ 4문단에서 하버드대학 연구팀의 실험 결과를 제시하면서 스트레스의 긍정적 영향에 관해 논지를 전개하고 있다.

356

정답 ③

유형 문서이해능력 (상)(중)(하)

3문단에서 뚱뚱하고 질병감수성이 높은 아구티 생쥐가 건강하고 날씬한 새끼 쥐를 낳을 수 있었던 것은 유전자를 발현시키는 프로모터에 메틸기를 전달하여 뚱뚱하고 질병 발생에 관여하는 유전자를 꺼주었기 때문이라고 하였으므로 적절하다.

| 오답풀이 |

① 4문단에서 성장기와 성인기의 식이습관이 후성유전학적 변화를 유발하는 주요 원인으로 작용한다고 하였다.
② 1문단에서 노출된 환경인자는 우리 몸에 존재하는 마이크로바이옴과도 소통하게 된다고 하였다.
④ 5문단에서 콩은 DNA메틸화조절자로서 환경호르몬에 의해

과도하게 메틸화되어 암을 유발시키는 유전자를 정상상태로 되돌려놓는다고 하였으나, 식이에 대한 유전자의 적응은 꽤 긴 세월이 걸리는 편이라고 하였다. 따라서 콩을 적당량 섭취한다고 암을 유발하는 유전자를 단기간에 정상화할 수 있는 것은 아님을 추론할 수 있으므로 적절하지 않다.
⑤ 2문단에서 이미 2003년에 인간유전체해독사업의 완성으로 사람의 유전체 염기서열구조가 밝혀졌다고 하였다.

357

정답 ①

유형 문서작성능력 (상)(중)(하)

'바꾸다'의 피동형은 '바뀌다'이며, 이의 과거형은 '바뀌었다'로 '바꼈다'는 잘못된 표현이다.

| 오답풀이 |

② 맞추다: 둘 이상의 일정한 대상들을 나란히 놓고 비교하여 살피다.
　맞히다: '맞다(문제에 대한 답이 틀리지 아니하다)'의 사동사
③ 며칠이 맞는 표현으로 '몇일'은 잘못된 표현이다.
④ 배다: 냄새가 스며들어 오래도록 남아 있다.
　베다: 날이 있는 연장 따위로 무엇을 끊거나 자르거나 가르다.
⑤ 곁땀: 겨드랑이에서 나는 땀

358

정답 ④

유형 문서이해능력 (상)(중)(하)

주어진 글의 필자는 수소와 수소 에너지를 활용한 연료전지의 장점을 설명하고, 우리나라가 수소라는 새로운 에너지 패러다임으로 접어들기 위해서는 수소의 활용 영역과 인프라 확보의 불균형을 해소하여 모든 산업과 시장이 생산−저장·운송−활용의 밸류 체인으로 이루어 나가야 한다고 주장하고 있다. 따라서 주어진 글의 필자가 주장하는 내용으로 가장 적절한 것은 ④이다.

| 오답풀이 |

① 4문단에서 수소 에너지의 경제성을 어떻게 확보하느냐에 따라 활용 시기도 더욱 빨라질 것이라고 하였으나, 글 전체를 포괄할 수 없으므로 적절하지 않다.
② 5문단에서 모든 산업과 시장이 수소 생산−저장·운송−활용의 밸류 체인으로 이루어 나갈 때 비로소 새로운 에너지 패러다임으로 접어들 수 있을 것이라고 하였으나, 새로운 에너지 패러다임으로의 전환이 산업 전반에 미치는 영향에 관해 다방면으로 분석해 보아야 하는지에 대해서는 다루고 있지 않

으로 적절하지 않다.

③ 1문단에서 수소는 그동안 석유·화학·정유·반도체·식품 등 산업 현장에서 수십 년간 사용해 온 가스로서 안전 관리에 대한 기술력도 축적됐다고 하였으므로 적절하지 않다.

⑤ 수소의 수송 위치와 수송량에 따른 저장 형태 및 운송 방법에 대해서는 다루고 있지 않으므로 적절하지 않다.

359

정답 ②

유형 문서이해능력 ⑧-중-하

빈칸 앞에서는 노른자위는 단백질이 흰자위보다 조금 적지만 지용성 비타민은 훨씬 더 많이 녹아 있다고 하였으며, 빈칸 뒤에서는 가끔 삶은 달걀의 노른자위 색이 검푸르게 변한 것을 볼 수 있다고 하였다. 빈칸 앞과 뒤에서 각기 다른 내용을 이야기하고 있으므로 빈칸에 들어갈 문장은 빈칸 앞 또는 뒤 둘 중 하나와 관련된 내용임을 알 수 있다. 모든 선택지의 서술어가 '~때문이다.'라는 점을 고려하였을 때 인과관계상 빈칸에 들어갈 내용은 빈칸 앞의 내용과 관련이 있으므로 노른자위에 흰자위보다 지용성 비타민이 훨씬 더 많이 녹아 있는 이유를 찾는다. 1문단에서 흰자위는 약 90%가 물이라고 하였으므로 빈칸에 들어갈 내용으로 가장 적절한 것은 ②이다.

| 오답풀이 |

③ 3문단에서 흰자위 단백질에는 황을 포함하는 아미노산인 시스테인이 포함되어 있다고 하였으나, 제시된 글을 통해 지용성 비타민이 흰자위 단백질에 포함된 아미노산인 시스테인과 상극인지는 알 수 없으므로 적절하지 않다.

360

정답 ③

유형 문서이해능력 ⑧-중-하

3문단에서 모방 관객은 위험을 감수하는 관객으로부터 평가가 어떻게 나오는지에 영향을 받는다고 하였으며, 만약 위험을 감수하는 관객에게 영향을 받은 모방 관객이 늘어나 다수가 되고 모방 관객의 수가 늘어난 영향이 다수결 존중 관객에까지 이르게 되면 이른바 대박이 터지는 흥행 영화가 나올 수 있다고 하였다. 따라서 모방 관객은 위험을 감수하는 관객의 영향을 받고, 다수결을 존중하는 관객은 모방 관객의 영향을 받음을 추론할 수

있다는 점에서 모방 관객은 다수결을 존중하는 관객보다 위험을 감수하는 관객의 영향을 많이 받음을 알 수 있으므로 적절하다.

| 오답풀이 |

① 2문단에서 영화 배급은 주 단위로 돌아가며, 보통 목요일~수요일 단위로 1주를 계산한다고 하였으므로 적절하지 않다.

② 4문단에서 영화 개봉의 가장 성수기는 여름 시즌이며 이외에도 겨울 시즌, 명절 시즌 등이 성수기로 분류된다고 하였으나, 겨울 시즌과 명절 시즌 중 언제 개봉한 영화가 흥행할 확률이 높은지는 알 수 없으므로 적절하지 않다.

④ 2문단에서 비슷한 성향의 경쟁작이 동시에 개봉한다면 평균적으로 15%의 관객이 더 감소하는 것으로 분석된다고 하였으므로 적절하지 않다.

⑤ 1문단에서 영화는 역사 초기부터 독점적인 상영권을 가지고 상영에 대한 허가를 분배해 주는 방식으로 발전해 왔기 때문에 공산 국가에서 식량 배급권을 주듯이 영화도 배급이라는 용어를 사용한다고 하였다. 따라서 어떤 주체가 경쟁자 없이 물품을 공급하는 것은 유통보다 배급의 개념에 가까움을 추론할 수 있으므로 적절하지 않다.

361

정답 ①

유형 문서이해능력 ⑧-중-하

주어진 글은 데이터로만 존재하여 안전성에 대한 의심이 끊임없이 제기되어 온 비트코인 거래 시스템이 유지될 수 있는 이유에 대해 전반적으로 서술하고 있다. 필자는 정보 전달을 위해 비트코인 사용자인 온라인 쇼핑몰 운영자 '갑'과 고객 '을'을 예시로 들어 비트코인의 거래 과정을 구체적으로 설명하고 있다.

362

정답 ④

유형 문서작성능력 ⑧-중-하

ㄱ 뒤 문장의 '때문이다'를 통해 ㄱ에 들어갈 가장 적절한 접속사는 '왜냐하면'임을 알 수 있다. 또한 ㄴ 뒤 문장에서 스트레스의 원흉인 소음이 때론 도움이 된다고 말하고 있으므로, 앞 문단들에서 전개된 내용이 모두 층간 소음의 부정적인 내용이고, ㄴ 뒤에 나오는 내용은 긍정적인 내용으로 역접의 접속사가 와야 적절함을 알 수 있다. 따라서 정답은 ④이다.

363

유형 문서이해능력 　　　　　(상)-(중)-(하)

㉠ 제7조는 변경 전 '클라우드 서비스의 일부 또는 전부가 변경, 종료'라고 언급한 부분을 변경 후에는 '이용자가 클라우드 서비스에 저장한 콘텐츠, 클라우드 서비스의 일부 또는 전부가 변경, 종료될 수 있다'라고 언급하면서 더 상세하게 보강하고 있다.

㉢ 제7조에 따르면 클라우드 서비스의 일부 또는 전부가 변경, 종료될 수 있으며 이 경우 "회사"는 변경 사유, 변경될 서비스의 내용 및 제공일자 등을 변경 전 30일 이상 해당 서비스 초기 화면에 게시하여야 한다고 명시하고 있다.

| 오답풀이 |

㉡ 제8조는 휴면 계정의 전환 기준과 휴면 계정 전환 시 데이터의 처리에 관해 명시하고 있다.

㉣ 제8조에 휴면 계정 변경 전 클라우드 데이터의 초기화 가능성을 이용자에게 고지해야 한다는 의무는 명시되어 있지 않다.

364

유형 문서이해능력 　　　　　(상)-(중)-(하)

구체적인 통계 자료를 제시하여 문제를 제기하는 [나]가 가장 먼저 와야 하고, 그다음 정책이 변화된 항목들을 나열하는 [가]와 정책 변화로 인한 부작용이나 한계를 지적한 [라]가 와야 한다. 마지막으로 이를 해결하기 위한 방안이나 제언의 내용인 [다]가 와야 한다.

따라서 [나]-[가]-[라]-[다] 순으로 배열하는 것이 적절하다.

365

유형 문서이해능력 　　　　　(상)-(중)-(하)

2문단에서 길이면과 마구리면은 구조적인 이유나 면을 마무리하는 모서리에서 엇갈려 쌓기를 해야 할 필요성이 있기 때문에 정해진 비율이라고 하였으므로 쌓는 행위에 영향을 받아 결정된다. 하지만 길이면과 마구리면의 길이, 즉 각 변의 구체적인 길이는 전체 볼륨이 한 손으로 들 수 있는 무게로 정해진 후 어림수에서 모르타르를 사용할 두께를 빼고 정해진다고 하였다. 즉, 길이면

과 마구리면의 길이를 결정하는 데 벽돌 무게의 영향도 받음을 추론할 수 있다. 따라서 길이면과 마구리면의 길이가 벽돌 무게와는 관계없이 쌓는 행위에 의해 결정되는 것은 아님을 알 수 있으므로 적절하지 않다.

| 오답풀이 |

① 1문단에서 벽돌은 블록과 달리 한 손으로 들 수 있는 것을 일컫는다고 하였다는 점에서 블록은 사람이 한 손으로 들 수 없는 크기로도 제작됨을 추론할 수 있으므로 적절하다.

② 4문단에서 대부분의 아프리카와 인도에서 사용하는 벽돌 크기는 식민지 정책이 미친 영향으로 인해 북유럽에서 사용하는 크기와 비슷하다고 하였으며, 알프스 산맥 지역과 지중해 연안의 벽돌이 가장 큰 크기를 갖고 있는 것은 벽돌의 형태가 지역의 기후를 반영한 결과라고 하였다. 따라서 인도의 벽돌이 지중해 연안의 벽돌보다 해당 지역 기후와의 관련성이 적음을 추론할 수 있으므로 적절하다.

③ 3문단에서 거대한 콘크리트 벽을 보고 무겁다고 생각하지만, 아주 큰 돌의 무게는 체험적으로 경험할 수 없기 때문에 이성적으로는 아주 무거운 무게라고 알더라도 감각적으로는 짐작할 수 없다고 하였다. 따라서 사람이 들 수 없을 정도로 큰 돌로 쌓은 벽의 무게감은 감각적으로 인지하기 어려움을 추론할 수 있으므로 적절하다.

⑤ 1문단에서 벽돌이 일정 크기를 넘어서 두 손을 사용해야 하는 시점이 되면 흙손을 놓고 두 손을 이용해야 하기 때문에 능률이 떨어진다고 하였다. 따라서 벽돌 구축 시 능률이 가장 높으려면 양손이 각각 쌓는 작업과 모르타르를 바르는 작업을 해야 함을 추론할 수 있으므로 적절하다.

366

유형 문서이해능력

[가] 문단의 바로 앞에서 적외선은 가시광선보다 파장이 길고, 자외선은 가시광선보다 파장이 짧다고 하였는데, [가] 문단에서 '온도가 상승한 지구에서는 에너지가 적고 가시광선보다 파장이 긴 자외선 영역'이라고 하였으므로 앞 내용과 일치하지 않는다.

367

유형 문서이해능력 　　　　　(상)-(중)-(하)

[가]는 항생제를 이용한 화학 요법에 관한 설명으로 항생제의 정의에 해당한다.

[나]는 항생물질이 선택적 독성을 가져 병원체에 손상을 입히면서도 인간 세포에는 영향을 미치지 않도록 하는 항생제의 작용기전에 관한 설명이다.

[다]는 항생제의 대안으로 파지를 이용하였으나 효용을 가지기 위해서는 많은 연구가 필요하다는 내용이다.

[라]는 항생제로 인한 부작용이나 항생제 내성 등에 관한 내용으로 항생제의 한계에 해당한다.

[마]는 핵산 합성 억제 기전에 관한 설명으로 항생제의 작용기전에 관련된 내용이다.

따라서 [가]−[나]−[마]−[라]−[다] 순으로 배열하는 것이 적절하다.

368

유형 문서이해능력 정답 ⑤ (상)(중)(**하**)

프로바이오틱스의 식약처 인정 규격에 관한 내용은 알 수 없다.

| 오답풀이 |

① 3문단. ② 5문단. ③ 2문단. ④ 4문단을 통해 알 수 있는 내용이다.

369

유형 문서이해능력 정답 ① (**상**)(중)(하)

2문단에서 장 건강에 대한 기능성 원료로 고시된 균주는 총 19종이 있으며, 균종별로 섭취 방법에 차이를 두고 있지 않다고 하였으므로 적절하지 않다.

370

유형 문서작성능력 정답 ③ (상)(**중**)(하)

ⓒ이 포함된 문장에서 밀접한 관계를 가진 요인들 사이의 인과적 선행성을 밝히려면 하나의 요인을 조작한 뒤 다른 요인의 변화를 관찰하는 실험 연구 혹은 다년에 걸쳐 수집된 종단 자료의 분석이 요구된다고 하였으므로 맥락상 ⓒ에는 '필수적(必須的)'이 들어가야 한다.

- 임의적(任意的): 일정한 기준이나 원칙 없이 하고 싶은 대로 하는

| 오답풀이 |

㉠ 상대적(相對的): 서로 맞서거나 비교되는 관계에 있는

㉣ 잠재적(潛在的): 겉으로 드러나지 않고 숨은 상태로 존재하는

㉣ 의도적(意圖的): 무엇을 하려고 꾀하는

㉤ 혁신적(革新的): 묵은 풍속. 관습. 조직. 방법 따위를 완전히 바꾸어 새롭게 하는

371

유형 문서이해능력 정답 ② (상)(**중**)(하)

2문단에서 이 연구는 의사소통능력이 스마트 리터러시를 개선시키는지, 아니면 스마트 리터러시가 의사소통능력을 개선시키는 선행 요인인지에 대한 분석을 통해 중장년층의 스마트 리터러시가 개인에게 어떤 의미나 용도로 활용될 수 있는지에 대한 후속 연구들의 기틀이 될 것으로 기대한다고 하였다. 즉, 의사소통능력이 스마트 리터러시를 개선시키는 선행 요인에 해당하는지는 알 수 없다.

| 오답풀이 |

① 5문단에서 디지털 리터러시와 의사소통능력이 취약하다고 간주되는 중장년층을 연구 대상으로 선정했다고 하였다.

③ 4문단에서 이 연구의 목적은 20~30대 근로자에 비해 상대적으로 첨단 테크놀로지 활용 능력이 취약한 중장년층 사무직 종사자들의 스마트 리터러시와 의사소통능력 사이의 종단적 상호 관계를 규명하는 것이라고 하였다.

④ 3문단에서 HRD 분야에서 중장년층 근로자 대상의 스마트 리터러시나 의사소통능력에 관한 관심과 연구는 더욱 미미한 편이라고 하였다.

⑤ 1문단에서 호모 모빌리스들은 스마트 미디어를 이용하여 언제 어디서든 소통하며 확장된 현실 속에서 일과 업무를 처리할 수 있다고 하였다.

372

유형 문서작성능력 정답 ④ (**상**)(중)(하)

'것인지'는 단음절로 된 단어가 연이어 나타나 붙여 쓴 것이 아닌, '이다'의 어간 뒤에 연결 어미 '−ㄴ지'가 붙은 것이기 때문에 붙여 쓴 것이다. 제46항에 해당하는 띄어쓰기의 예로는 '좀더 큰것', '이말 저말', '한잎 두잎' 등을 들 수 있다.

① '세대보다'에서 '보다'는 서로 차이가 있는 것을 비교하는 경우, 비교의 대상이 되는 말에 붙어 '~에 비해서'의 뜻을 나타내는 격 조사이므로 제41항에 따라 붙여 쓴다.

② '늘려 주고'는 본용언 '늘리다'에 보조 용언 '주다'가 결합된 말이므로 제47항에 따라 띄어 쓴 것이며, 붙여 써도 된다.

③ '하는 데'에서 '데'는 '일'을 뜻하는 의존 명사이므로 제42항에 따라 띄어 쓴다.

⑤ '대'는 단위를 나타내는 명사이지만 숫자와 어울려 쓰였으므로 제43항에 따라 붙여 쓸 수 있다.

373
정답 ⑤

유형 문서이해능력　　　　상 중 **하**

화자는 설의법을 활용하여 깨달음의 과정을 보여주고 있는데, 설의법이란 답을 알고 있으면서 묻는 것을 의문문으로 표현한 것을 말한다. 정약용의 「수오재」에서는 '~는가'의 표현을 통해 설의법이 다수 등장하고 있다.

① 2문단의 '아름다운 가을소리와 심금을 울리는 고운 소리만 들어도 떠나고, 새까만 예쁜 눈썹, 하얀 치아, 요염한 얼굴색을 보아도 떠난다.'에서 묘사를 찾을 수 있다.

②, ③ 자신의 과거시험의 경험을 떠올려 자신의 체험이자 구체적인 사례를 토대로 자신의 삶에 대한 성찰을 드러내고 있다.

④ 맹자의 말을 통해 자신의 주장을 강조하고 있다.

374
정답 ⑤

유형 문서이해능력　　　　상 중 **하**

정약용이 '수오재'의 명칭에 대한 의문을 품고, 깨달음의 과정을 보여주고 있는 작품으로, 유혹 때문에 잃기 쉬운 '나' 만큼은 지켜야 한다고 말하고 있다. 다만 마음을 비우라는 내용은 아니다.

375
정답 ②

유형 문서이해능력　　　　상 **중** 하

[라] 문단에서 미세플라스틱이 인간의 면역 시스템에 주요하게 영향을 미칠 것이라는 예상이 있기는 하지만, 어떠한 영향을 미치는지 정확하게 파악하기 어렵다고 제시되어 있다. 따라서 미세플라스틱이 모세혈관에 침투하여 인간의 면역 시스템을 약화시킨다고 단정 짓기는 어렵다.

① [마] 문단에서 미세플라스틱이 생겨나기 전에 수거하여 육상에 처리할 필요성이 있고, 그전에 해양으로 계속해서 유입되고 있는 폐기물을 차단해야 한다고 제시되어 있다.

③ [다] 문단에서 해양 생물이 미세플라스틱을 섭취하여 해양 생태계 교란이 발생되고 먹이사슬로 인해 모든 생물이 미세플라스틱의 위험에 노출되므로 결국 인간에게도 영향을 미치는 단계에 도달할 수도 있다고 제시되어 있다.

④ [나] 문단에서 강한 자외선 노출, 파도에 의한 물리적 마찰, 풍부한 산소, 난류 등 해변의 다양한 환경적인 특성으로 인해 미세플라스틱의 분해와 형성이 활발해진다고 제시되어 있다.

⑤ [나] 문단에서 1차 미세플라스틱에는 세안용 세정제, 치약, 샤워나 목욕젤, 마스카라와 같은 화장품, 면도 거품, 로션, 벌레 퇴치제 등이 있는데, 이러한 제품들의 상당수가 사용 후에 바로 하수구로 버려지면서 해양 오염이 진행된다고 제시되어 있다.

376
정답 ③

유형 문서이해능력　　　　상 **중** 하

[다] 문단은 미세플라스틱의 악영향에 대해 서술하고 있다.

① [가] 문단에서는 미세플라스틱이 무엇인지 정의를 내리고 있다.

② [나] 문단에서는 미세플라스틱의 두 가지 종류로 1차 미세플라스틱과 2차 미세플라스틱에 대하여 설명하고 있다.

④ [라] 문단에서는 미세플라스틱이 인간에게 어떠한 악영향을 미치게 되는지에 대하여 설명하고 있다.

⑤ [마] 문단에서는 미세플라스틱으로 인하여 유발되는 문제점들을 해결하기 위해서 어떠한 노력을 해야 하는지에 대해 설명하고 있다.

377
정답 ③

유형 문서이해능력　　　　**상** 중 하

글 전체에서 필자는 F1의 연간 자본 금액, 경기당 평균 및 연간 동원 관중 수, 광고, 방송권, 입장 수입 금액 등의 규모를 구체적인 수치로 제시하여 F1의 영향력에 대한 이해를 돕고 있다.

378

유형 문서이해능력 상 중 하

2문단에서 인도는 F1을 올림픽유치위원회에서 추진한다고 하였을 뿐, F1을 유치하는 주체와 관리하는 주체를 완전히 분리하였는지는 알 수 없다.

ㅣ**오답풀이**ㅣ
① 2문단에서 말레이시아 F1 그랑프리의 타이틀 스폰서는 정유 회사인 페트로나스가 맡고 있다고 하였고, 4문단에서 페트로나스는 말레이시아의 국영 기업임을 알 수 있다.
② 4문단에서 F1 관중은 경기당 평균 20만 명으로 세계 최대 관중 동원력을 가지고 있다고 하였다.
③ 4문단에서 중국 상하이의 경우 스위스 금융 그룹이 F1 후원에 참여하고 있다고 하였다.
⑤ 3문단에서 싱가포르는 F1을 비엔날레와 일루션쇼, 맥주 축제 등과 연계해 입장권 10만 장을 대회 석 달 전에 매진시켰다고 하였다.

379

정답 ③

유형 문서이해능력 상 중 하

5문단에서 네이버는 국민건강보험공단의 디지털 안내와 고지 서비스를 전담하는 만큼, 서비스 품질 향상과 안정성 확보를 위해 국민건강보험공단에 최적화된 전자문서 발송 시스템을 신설하고 대규모 발송을 대비한 전용 서버를 별도로 구축했다고 하였으므로 적절하다.

ㅣ**오답풀이**ㅣ
① 3문단에서 국민건강보험공단은 네이버 등을 통해 2021년 3월부터 다양한 전자문서를 발송하고 있고, 12월 말부터 본격적으로 전자고지 서비스를 시작한다고 하였으므로 적절하지 않다.
② 1문단에서 공인전자문서중계자는 과학기술정보통신부 장관이 전자문서 유통에 관해 안정성과 신뢰성을 확보하고 있다고 인정하는 기관이라고 하였으므로 적절하지 않다.
④ 2문단에서 고지서에 담긴 개인 정보와 민감 정보는 네이버가 아닌 국민건강보험공단 사이트로 자동 연결된다고 하였으므로 적절하지 않다.
⑤ 4문단에서 국민건강보험공단은 이번 전자고지 서비스를 통해 종이우편물 발송과 후속 업무, 민원 처리 등 행정비용을 대폭 절감할 수 있을 것으로 기대하고 있다고 하였으므로 적절하지 않다.

380

유형 문서이해능력 상 중 하

2문단에서 이용자들은 보안이 강화된 네이버 인증서로 본인 인증 절차를 거친 후에 전자고지서를 열람할 수 있다고 하였으므로 적절하지 않다.

ㅣ**오답풀이**ㅣ
① 2문단에서 네이버 전자문서 서비스는 국민건강보험공단 측에서 고지서를 발송한 시점에 푸시 알림과 이메일을 보내주고, 기한이 정해진 문서는 만료 3시간 전에 한 번 더 알려줘 이용자가 고지서를 제때 확인하도록 돕는다고 하였으므로 적절하다.
② 1문단에서 디지털 안내고란 종이로 송달되던 고지서 및 통지서 대신에 공인전자문서중계자를 통해 모바일 전자고지서를 본인 명의의 스마트폰으로 송달하는 서비스를 말한다고 하였으므로 적절하다.
③ 3문단에서 국민건강보험공단은 2021년 3월 12일부터 네이버 앱 및 MMS를 통해 '건강 검진표 및 안내문', '영유아 건강 검진표', '대사 증후군 안내문', '지역 가입자 자격 변동 안내문' 등 다양한 전자문서를 발송하고 있다고 하였으므로 적절하다.
④ 2문단에서 네이버 전자문서 서비스는 국민건강보험공단 측에서 고지서를 발송한 시점에 푸시 알림과 이메일을 보내준다고 하였으므로 적절하다.

381

정답 ①

유형 문서이해능력 상 중 하

2문단에서 2020년 20대와 30대의 전년 대비 주식 보유 기금 증가율이 각각 121%, 92.6%로 폭증했다고 하였을 뿐, 20대와 30대 중 어떤 연령대의 주식 보유 기금이 많은지는 알 수 없으므로 적절하지 않다.

ㅣ**오답풀이**ㅣ
② 3문단에서 우리나라 2030세대 직장인 3명 중 2명이 조기 은퇴를 준비하는 파이어족을 지향하는 것으로 조사됐다고 하였으며, 4문단에서 이들이 파이어족이 되기 위해 가장 많이 투자하고 있는 것으로는 복수 응답을 포함하여 92.8%가 주식을 꼽았다고 하였으므로 적절하다.
③ 1문단에서 2013년 미국의 한 자산운용사의 조사 결과에 따르면 한국을 비롯한 중국·인도·홍콩 등 투자자들의 재테크 목적 1위는 주택 마련이었으나 최근 코로나19로 인한 경제 위기가 전 세계 젊은 세대들의 경제적 불안감을 키우면서 재테크 목적이 노후 준비와 은퇴 자산 마련으로 옮겨가고 있다고 하였다는 점에서 최근 홍콩의 투자자들이 돈을 모으는 목적에서

은퇴 자산 마련이 차지하는 비중이 높아졌을 것임을 알 수 있으므로 적절하다.

④ 5문단에서 2020년 3월부터 10월까지 국내 주식 시장에서 전체 투자자의 손실 비율이 46%였던 반면 신규 투자자의 62%가 손실을 봤다고 하였다는 점에서 신규 투자자의 손실 비율이 기존 투자자의 손실 비율보다 높았음을 알 수 있으므로 적절하다.

⑤ 1문단에서 MZ세대란 1980년대 이후 출생한 밀레니얼세대와 2000년대 초반 출생한 Z세대를 합친 말로 2030세대를 뜻한다고 하였으며, 3문단에서 우리나라 2030세대 직장인 3명 중 2명은 조기 은퇴를 준비하는 파이어족을 지향하는 것으로 조사됐다고 하였다는 점에서 한국의 MZ세대 중 과반수가 조기 은퇴 후 본인이 원하는 삶을 살고자 하는 경향을 보임을 알 수 있으므로 적절하다.

382

정답 ④

유형 문서이해능력 상-중-하

주어진 글의 필자는 최근 코로나19로 인한 경제 위기로 MZ세대에서 조기 은퇴를 준비하는 파이어족이 늘고 있음을 언급하면서, 이들이 은퇴 자산을 모으기 위한 수단으로 주식 투자와 가상화폐에 많은 투자를 하고 있음을 여러 조사 결과 및 통계 자료를 토대로 설명하고 있다. 이어 주식 투자를 전업으로 해서 성공한 사람은 극히 소수에 해당하며, 단기적인 수익추구는 리스크를 크게 키울 수 있음을 지적하면서 불안정한 투자에서 희망을 찾으려는 2030세대들이 신중해야 할 필요성을 언급하며 글을 마무리하고 있다. 따라서 주어진 글에서 필자가 궁극적으로 전달하고자 하는 내용으로 가장 적절한 것은 ④이다.

| 오답풀이 |

① 은퇴 자산 마련을 위한 효율적인 방법에 대해서는 다루고 있지 않으므로 적절하지 않다.

② 우리나라와 다른 나라의 파이어족 증가율에 대해서는 다루고 있지 않으므로 적절하지 않다.

③ MZ세대의 투자에 대한 언론의 책임에 대해서는 다루고 있지 않으므로 적절하지 않다.

⑤ 2문단에서 한 신용카드 회사에서 18개국 약 1만 5,500명의 2030세대를 대상으로 설문 조사를 실시한 결과에 따르면 응답자의 77%가 가상 자산에 대해 관심이 많아 이와 관련하여 더 많은 것을 배우고 싶다고 답변하기도 했다고 하였으나, MZ세대를 위한 가상 자산 교육에 대해서는 다루고 있지 않으므로 적절하지 않다.

383

정답 ⑤

유형 문서이해능력 상-중-하

제11조 제4항에서 같은 조 제3항에 따라 교육의 내용 등 수중레저교육자 자격에 관하여 필요한 구체적인 사항은 해양수산부령으로 정한다고 하였으므로 적절하지 않다.

| 오답풀이 |

① 제14조 제3항에서 해양수산부장관은 관계 기관과 협의를 거쳐 같은 조 제1항에 따른 수중레저활동 금지구역의 지정을 해제할 수 있다고 하였으므로 적절하다.

② 제12조 제1항에서 출발항 또는 해안선으로부터 10해리 이상 떨어진 곳에서 수중레저활동을 하려는 자는 경찰관서나 해양경찰관서에 신고해야 한다고 하였으므로 적절하다.

③ 제9조 제2항에서 모든 선박은 수중레저활동구역을 운항해서는 안 되지만 군사작전을 수행 중이거나 해상치안 목적으로 수중레저활동구역에서 운항하는 선박은 예외로 한다고 하였으므로 적절하다.

④ 제11조 제1항 제2호에서 수중레저사업자는 안전한 수중레저활동을 위해 수중레저활동구역의 기상·해수면·내수면의 상태 확인의 조치를 해야 한다고 하였으므로 적절하다.

384

정답 ①

유형 문서이해능력 상-중-하

ⓛ 제14조 제1항 제2호에서 유해생물이 출현하는 구역의 경우 해양수산부장관은 수중레저활동의 안전을 위해 관계 지방자치단체의 장의 의견을 들어 수중레저활동 금지구역을 지정할 수 있다고 하였으며, 같은 조 제2항에서 누구든지 제1항에 따라 지정된 금지구역에서 수중레저활동을 해서는 안 된다고 하였다. 따라서 수중레저사업자가 내수면의 상태를 확인하였더라도 유해생물인 해파리가 출현하는 수중레저활동 금지구역에서 수중레저활동을 한 경우는 주어진 법령에 위배된다.

| 오답풀이 |

㉠ 제13조 제1항에서 누구든지 해진 후 30분부터 해뜨기 전 30분까지는 수중레저활동을 해서는 안 되지만, 해양수산부령으로 정하는 바에 따라 야간 안전장비 및 안전관리요원을 갖춘 수중레저기구 등을 이용하는 경우에는 그렇지 않다고 하였으므로 주어진 법령에 위배되지 않는다.

㉢ 제12조 제2항에서 수중레저사업에 종사하는 자 또는 수중레저활동자는 수중레저활동 관련 사고로 사람이 사망하거나 실

종된 경우에는 지체 없이 경찰관서나 소방관서 또는 해양경찰관서 등 관계 행정기관의 장에게 신고해야 한다고 하였다. 따라서 수중레저활동 관련 사고로 사람이 실종되었을 시 수중레저사업자는 경찰관서, 소방관서, 해양경찰관서 중 하나의 관계 행정기관의 장에게만 신고해도 되므로 소방관서의 장에게만 신고하고 해양경찰관서의 장에게는 신고하지 않은 경우는 주어진 법령에 위배되지 않는다.

385

정답 ⑤

유형 문서작성능력 상-중-하

날짜 다음에 괄호를 사용할 경우에는 마침표를 찍지 않으므로 '교육 개요'의 일시를 수정해야 한다는 반응은 적절하지 않다.

| 오답풀이 |

① 본문 내용이 끝난 다음에 '붙임'의 표시를 하고 첨부물의 명칭과 수량을 표시하는데, '붙임' 다음에는 2타(한 글자) 띄어야 한다.

② 공문서는 본문 내용의 마지막 글자에서 2타(한 글자) 띄우고 '끝' 표시를 해야 한다. 첨부물이 있을 경우에는 붙임 표시문 다음에 2타(한 글자) 띄우고 표시한다.

③ 공문서에서 본문의 첫째 항목(1., 2., 3.~)은 왼쪽 처음부터 띄어쓰기 없이 바로 시작하고, 둘째 항목(가., 1), ~)부터는 상위 항목 위치에서 오른쪽으로 2타씩 옮겨 시작해야 한다.

④ 공문서 작성 시 복잡한 내용은 '-다음-' 또는 '-아래-'를 사용하여 항목별로 구분해야 한다.

386

정답 ②

유형 문서작성능력 상-중-하

ⓒ이 있는 문장에서 중국철도단이 철도물류환적시설과 고속철도운영시스템을 살피며 상호 협력을 논의했다고 하였다. 따라서 ⓒ은 어려움을 뚫고 나아가 목적을 기어이 이룬다는 의미의 '관철하며'로 바꾸어 쓸 수 없다.

• 시찰(視察)하다: 두루 돌아다니며 실지의 사정을 살피다

| 오답풀이 |

① 공조(共助): 여러 사람이 함께 도와주거나 서로 도와줌

③ 망라(網羅)하다: 널리 받아들여 모두 포함하다

④ 이끌다: 사람, 단체, 사물, 현상 따위를 인도하여 어떤 방향으로 나가게 하다

⑤ 기여(寄與)하다: 도움이 되도록 이바지하다

387

정답 ②

유형 문서작성능력 상-중-하

ⓒ 날짜는 아라비아 숫자로 표기하되 연, 월, 일을 생략하고 그 자리에 마침표를 찍어 표시해야 한다.

예 2020년 7월 7일(×) → 2020. 7. 7.(○)

ⓒ 시·분은 24시각제에 따라 아라비아 숫자로 표기하되, 시·분의 글자는 생략하고 그 사이에 쌍점(:)을 찍어 구분해야 한다.

예 오전 7시 9분(×) → 07:09(○)

   오후 4시 14분(×) → 16:14(○)

| 오답풀이 |

ⓒ 숫자는 아라비아 숫자로 표기하는 것이 옳다.

ⓒ 금액을 표시할 때는 아라비아 숫자로 쓰며, 숫자 다음에 괄호를 한 뒤 한글로 함께 기재할 수도 있다.

예 금13,560원(금일만삼천오백육십원)

388

정답 ①

유형 문서작성능력 상-중-하

각 선택지를 자립 형태소와 의존 형태소로 분석하면 다음과 같다.

① 하늘(자립)/에(의존)/하얗-(의존)/-ㄴ(의존)/구름(자립)/이(의존)/있-(의존)/-다(의존)

② 혼자(자립)/그늘(자립)/에(의존)/앉-(의존)/-아(의존)/바다(자립)/를(의존)/보-(의존)/-았-(의존)/-다(의존)

③ 짝꿍(자립)/에게(의존)/받-(의존)/-은(의존)/꽃(자립)/이(의존)/마음(자립)/에(의존)/들-(의존)/-ㄴ다(의존)

④ 아버지(자립)/가(의존)/나(자립)/를(의존)/집(자립)/으로(의존)/데리-(의존)/-러(의존)/오-(의존)/-시-(의존)/-었-(의존)/-다(의존)

⑤ 돈(자립)/을(의존)/모으-(의존)/-아(의존)/할머니(자립)/께(의존)/드리-(의존)/-ㄹ(의존)/그림(자립)/을(의존)/사-(의존)/-았-(의존)/-다(의존)

따라서 자립 형태소의 수가 나머지와 다른 문장은 ① 이다.

389 정답 ④

유형 문서작성능력 상-중-하

• 뒤치다꺼리: 뒤에서 일을 보살펴서 도와주는 일
뒤치다꺼리가 맞는 표현이다.

390 정답 ④

유형 경청능력 상-중-하

• 병: 상대방의 발언 내용과 감정에 공감하는 것은 적극
적 경청에 해당한다.
• 정: 적극적 경청을 위해서는 비판적·충고적인 태도
를 버려야 한다. 적극적 경청은 상대방이 무엇을 느끼
고 있는지를 상대방의 입장에서 받아들이는 공감적
이해, 본인이 가지고 있는 고정관념을 버리고 상대방
의 태도를 받아들이는 수용의 정신, 본인의 감정을 솔
직하게 전하고 상대방을 속이지 않는 성실한 태도가
필수적이다.

391 정답 ②

유형 경청능력 상-중-하

제시된 대화에서 B는 A의 문제를 본인이 해결해 주고
자 과도하게 조언하고 있다. 어떤 사람들은 지나치게 다
른 사람의 문제를 본인이 해결해 주고자 하지만, 상대방
은 이야기를 들어주기만 해도 스스로 본인의 생각을 명
료화하고 해결책을 찾을 수 있다. 물론 상대방이 조언을
원할 때도 있으나, 상대방이 공감과 위로를 원하였을 때
조언은 독이 될 수 있다. 이러한 대화가 반복되면 상대
방은 무시당하고 이해받지 못한다고 느끼게 되어 마음
의 문을 닫게 된다.

| 오답풀이 |

① 판단하기: 상대방에 대한 부정적인 선입견을 가지고 있거나,
상대방을 비판하기 위해 상대방의 말을 듣지 않는 것
③ 언쟁하기: 논쟁을 위해서만 상대방의 말에 귀를 기울이는 것
④ 슬쩍 넘어가기: 대화가 너무 사적이거나 위협적이면 주제를
바꾸거나 농담으로 넘기려 하는 것
⑤ 비위 맞추기: 상대방을 위로하거나 비위를 맞추기 위해 너무
빨리 동의하는 것

수리능력 본문 356~386쪽

392	②	393	③	394	②	395	④	396	④
397	④	398	③	399	①	400	②	401	②
402	②	403	③	404	⑤	405	②	406	⑤
407	①	408	②	409	④	410	②	411	⑤
412	①	413	③	414	④	415	②	416	③
417	②	418	③	419	④	420	①	421	②
422	②	423	③	424	①	425	②	426	④
427	⑤	428	②	429	③	430	②	431	③
432	①								

392 정답 ②

유형 기초연산능력 상-중-하

프로젝트 일의 양 전체를 1이라고 하면 P선임이 하루
동안 일하는 양은 $\frac{1}{10}$, L주임이 하루 동안 일하는 양은
$\frac{1}{20}$이다.

P선임이 먼저 4일 동안 한 일의 양은 $\frac{4}{10}$이고, P선임과
L주임이 함께 일한 기간을 x일이라고 하면 두 사람이
함께 한 일의 양은 $\left(\frac{1}{10}+\frac{1}{20}\right)\times x$이므로
$$\frac{4}{10}+\left(\frac{1}{10}+\frac{1}{20}\right)\times x=1 \rightarrow x=4$$
따라서 P선임과 L주임이 함께 일한 기간은 4일이다.

393 정답 ③

유형 기초연산능력 상-중-하

기차의 길이를 xm라고 하면, 기차가 터널을 완전히 통
과할 때의 거리는 터널 길이 420m에 기차 길이를 더한
$(420+x)$m이다. 그리고 기차가 다리를 완전히 통과할
때의 거리는 다리 길이 1,500m에 기차 길이를 더한
$(1,500+x)$m이다.

(속력)$=\dfrac{(거리)}{(시간)}$이고 조건에서 기차의 속도는 일정하다
고 했으므로 $\dfrac{420+x}{18}=\dfrac{1,500+x}{45}$이다. 따라서 방정식
을 풀면 $x=300$이므로 기차의 길이는 300m이다.

394

유형 기초통계능력   상-중-하

기획부, 재무부, 영업부 직원을 각각 a명, b명, c명이라고 하면 근무 만족 점수 총점은 각각 $75a$점, $80b$점, $60c$점이다.

기획부와 재무부 직원의 평균 근무 만족 점수가 76점이므로 $\dfrac{75a+80b}{a+b}=76 \rightarrow 75a+80b=76a+76b \rightarrow a=4b$

즉, 기획부 직원 수는 재무부 직원 수의 4배이다.

재무부와 영업부 직원의 평균 근무 만족 점수는 72점이므로 $\dfrac{80b+60c}{b+c}=72 \rightarrow 80b+60c=72b+72c \rightarrow 8b=12c \rightarrow b=1.5c$

즉, 재무부 직원 수는 영업부 직원 수의 1.5배이다.

이때 $b=1.5c$에서 $4b=6c$이므로 $a=4b=6c$이다.

ⓒ 기획부 직원의 평균 근무 만족 점수가 80점이면 기획부 근무 만족 점수 총점은 $80a$점이므로 기획부와 재무부 직원의 평균 근무 만족 점수는 $\dfrac{80a+80b}{a+b}=$ $\dfrac{80(a+b)}{a+b}=80$, 즉 80점이므로 옳다.

따라서 옳은 설명의 개수는 1개이다.

| 오답풀이 |

ⓐ 직원의 수는 $a=4b=6c$로, 기획부, 재무부, 영업부 순으로 많으므로 옳지 않다.

ⓑ $a=4b=6c$에서 $b=\dfrac{1}{4}a$, $c=\dfrac{1}{6}a$이므로 기획부, 재무부, 영업부 직원은 $a+b+c=a+\dfrac{1}{4}a+\dfrac{1}{6}a=\dfrac{17}{12}a$(명)이고, 근무 만족 점수 총점은 $75a+80b+60c=75a+80\times\dfrac{1}{4}a+60\times\dfrac{1}{6}a$ $=75a+20a+10a=105a$(점)이다. 따라서 이 세 부서의 평균 근무 만족 점수는 $\dfrac{75a+80b+60c}{a+b+c}=\dfrac{105a}{\dfrac{17}{12}a}=\dfrac{1,260a}{17a}$ $≒74.12$(점)이므로 옳지 않다.

ⓓ 재무부와 영업부의 평균 근무 만족 점수가 서로 바뀌면 각각의 근무 만족 점수의 총점은 $60b$점, $80c$점이므로 기획부와 재무부 직원의 평균 근무 만족 점수는 $\dfrac{75a+60b}{a+b}=\dfrac{75\times4b+60b}{4b+b}$ $=\dfrac{360b}{5b}=72$(점), 재무부와 영업부 직원의 평균 근무 만족 점수는 $\dfrac{60b+80c}{b+c}=\dfrac{60\times1.5c+80c}{1.5c+c}=\dfrac{170c}{2.5c}=68$(점)으로 기획부와 재무부 직원의 평균 근무 만족 점수가 더 높으므로 옳지 않다.

⚓ NCS 문제풀이 TIP

x명의 평균이 X점, y명의 평균이 Y점일 경우 $(x+y)$명의 평균 점수를 $\dfrac{X+Y}{2}$로 구하지 않도록 주의한다. $(x+y)$명의 평균 점수는 $\dfrac{xX+yY}{x+y}$로 구해야 한다.

395

유형 기초연산능력   상-중-하

1행의 오른쪽 화살표를 나열해 보면 4, 5, ㉠, 14, 23, 37이므로 앞의 두 숫자를 더하면 다음 숫자가 된다. 그러므로 ㉠은 9이다.

아래쪽 화살표를 나열해 보면 4 → PA, 9 → ZCC, 23 → ZTI이다. 알파벳은 총 26개이고, 이를 순서대로 나열해 보면 P(16), A(1), Z(26), C(3), T(20), I(9)를 의미한다.

$4 \rightarrow 16(P)$, $1(A)=16(P)\times1(A)+0=16$(4의 제곱수)

$9 \rightarrow 26(Z)$, $3(C)$, $3(C)=26(Z)\times3(C)+3(C)=81$(9의 제곱수)

$23 \rightarrow 26(Z)$, $20(T)$, $9(I)=26(Z)\times20(T)+9(I)=529$ (23의 제곱수)

이므로 알파벳 나열은 (첫 번째 알파벳)×(두 번째 알파벳)+(세 번째 알파벳)의 값으로 표현되고, 결과는 제곱수가 되는 것을 알아낼 수 있다.

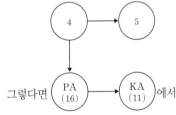

그렇다면   에서

$KA(11)=PA(16)-5$라는 것을 알 수 있으므로 2행 오른쪽 화살표를 지나면 두 수의 차가 된다는 것을 알 수 있다.

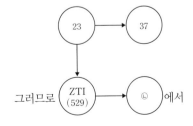

그러므로   에서

ⓛ=529−37=492이고, 492=26×18+24이므로
ZRX이다.(∵ Z=26, R=18, X=24)

396

유형 기초연산능력 상-중-**하**

가능한 한 많은 버스기사에게 손소독제와 마스크를 나
눠 주려면 현재 운수 회사가 가지고 있는 손소독제 개수
와 마스크 개수의 최대공약수를 구해야 한다.
$60=2^2×3×5$, $36=2^2×3^2$이고 최대공약수는 12이므로
손소독제와 마스크를 받을 수 있는 최대 기사 수는 ⓐ
12명이다. 따라서 기사 1명당 손소독제는 ⓑ $60÷12=$
5(개), 마스크는 ⓒ $36÷12=3$(개)씩 받게 된다.

397

정답 ④

유형 기초연산능력 상-중-**하**

○○동물원에 입장할 수 있는 어른의 수를 x명이라고
하면, 입장할 수 있는 어린이의 수는 $(30-x)$명이다.
어른과 어린이의 입장료 금액의 합이 41,000원을 넘으
면 안 되므로 식을 세우면 다음과 같다.
$2,000x+800(30-x)≤41,000 → x≤14.16…$
따라서 ○○동물원에 입장할 수 있는 어른의 최대 인원
수는 14명이다.

398

정답 ③

유형 기초연산능력 상-중-**하**

수열의 규칙성을 물어 보는 문제로, A, B, C, D를 사
전식으로 배열하는 것이 규칙이다.
BACD부터 사전식으로 먼저 등장하는 문자 순서대로
배열하면 다음과 같다.
BACD, BADC, BCAD, BCDA, BDAC, BDCA,
CABD, CADB, CBAD, CBDA, CDAB, CDBA,
DABC, …
이처럼 BACD 이후에는 두 칸을 건너뛰는 규칙을 가진
수열이므로 빈칸에 들어갈 문자는 DABC이다.

399

정답 ①

유형 기초통계능력 **상**-중-하

먼저 사격 선수 3명이 모두 명중시키는 사건은 종속사
건이 아닌 독립사건이다. 따라서 이때의 확률은 각 선수
의 명중률을 곱한 값인 $\frac{3}{4}×\frac{1}{2}×\frac{1}{4}=\frac{3}{32}$이다.
다음으로 사격 선수 3명 중에서 2명만 명중시킬 확률은
A와 B만 명중시키는 경우: $\frac{3}{4}×\frac{1}{2}×\left(1-\frac{1}{4}\right)=\frac{9}{32}$,
B와 C만 명중시키는 경우: $\left(1-\frac{3}{4}\right)×\frac{1}{2}×\frac{1}{4}=\frac{1}{32}$,
A와 C만 명중시키는 경우: $\frac{3}{4}×\left(1-\frac{1}{2}\right)×\frac{1}{4}=\frac{3}{32}$
그리고 이 세 가지 경우는 서로 배반사건이므로 2명만 명
중시킬 확률은 $\frac{9}{32}+\frac{1}{32}+\frac{3}{32}=\frac{13}{32}$이다.
따라서 사격 선수 3명이 모두 명중시킬 확률과 2명만 명
중시킬 확률을 더하면 $\frac{3}{32}+\frac{13}{32}=\frac{16}{32}=\frac{1}{2}$이다.

400

정답 ②

유형 기초연산능력 **상**-중-하

18,000, 300, 450은 모두 3의 배수이고, 1,300은 3의
배수가 아니므로 총 인화 비용인 18,000원에서 1,300
원인 8×10 규격의 사진은 3의 배수로 인화해야 한다.
이때 모든 규격의 사진을 1장 이상 인화해야 하고, 5×7
규격의 사진은 450원이므로 짝수로 인화해야 한다. 이
에 따라 규격별 사진을 최대로 인화하는 경우를 구분하
면 다음과 같다.
[경우1] 4×6 규격 사진을 최대로 인화하는 경우
5×7 규격 사진은 짝수로 인화해야 하므로 2장, 8×10
규격 사진은 3의 배수로 인화해야 하므로 3장 인화하면
$(300×x)+(450×2)+(1,300×3)=18,000$
$→300x=13,200 → x=44$
그러므로 4×6 규격 사진은 최대 44장 인화할 수 있다.
[경우2] 5×7 규격 사진을 최대로 인화하는 경우
4×6 규격 사진은 최소 1장 이상 인화하였으므로 1장,
8×10 규격 사진은 3의 배수로 인화해야 하므로 3장 인
화하면 $(300×1)+(450×x)+(1,300×3)=18,000$
$→450x=13,800 → x=30.666…$
이때 x가 나누어떨어지지 않으며, 5×7 규격 사진은 짝수

로 인화해야 하므로 x를 30장 인화하는 경우로 계산한다. 4×6 규격 사진을 1장, 5×7 규격 사진을 30장, 8×10 규격 사진을 3장 인화할 경우 소요되는 총 인화 비용은 $(300 \times 1) + (450 \times 30) + (1,300 \times 3) = 17,700$(원)이다. A가 사진을 인화하는 데 든 총 비용이 18,000원이라고 하였으므로 4×6 규격 사진을 2장 인화하면 조건에 부합한다. 그러므로 5×7 규격 사진은 최대 30장 인화할 수 있다.

따라서 4×6 규격 사진의 최대 인화 장수와 5×7 규격 사진의 최대 인화 장수의 차이는 $44 - 30 = 14$(장)이다.

401

유형 기초통계능력   상-중-하

인접한 구역은 다른 국가의 음식으로 배치되고, 비어 있는 구역은 없다는 점에 유의하여 경우의 수를 구한다.

A	B	C
F	E	D

와 같이 두고 한국식 두 종류를 기준으로

한국식		한국식

,

한국식		
		한국식

으로 나누어 음식을 배치할 수 있는 각 경우를 따져보자.

첫 번째,

인 경우는

한국식	일본식	한국식
미국식	일본식	미국식

,

한국식	미국식	한국식
일본식	미국식	일본식

으로 2가지이다.

두 번째,

인 경우는

한국식	일본식	미국식
미국식	일본식	한국식

,

한국식	일본식	미국식
일본식	미국식	한국식

,

한국식	미국식	일본식
미국식	일본식	한국식

,

한국식	미국식	일본식
일본식	미국식	한국식

이 있다.

이때,

한국식	일본식	미국식
일본식	미국식	한국식

와

한국식	미국식	일본식
미국식	일본식	한국식

은 180도 회전했을 때 서로 같은 경우의 수이므로

한국식	일본식	미국식
미국식	일본식	한국식

,

한국식	일본식	미국식
일본식	미국식	한국식

,

한국식	미국식	일본식
일본식	미국식	한국식

으로 3가지이다.

이에 따라, 총 경우의 수는 $2 + 3 = 5$(가지)이다.

각 식탁에 음식 종류까지 고려하여 배치하는 경우의 수는 $2! \times 2! \times 2! = 8$(가지)인데, 두 번째의

한국식	일본식	미국식
미국식	일본식	한국식

,

한국식	미국식	일본식
일본식	미국식	한국식

경우는 180도 회전했을 때 일치하므로 총 경우의 수는 $(8 \times 3) + (8 \times 2 \div 2) = 32$(가지)이다.

402

유형 기초연산능력   상-중-하

주어진 숫자들은 특정 시각의 시와 분을 나타내는 규칙을 가지고 있다. 즉, $438 + 613 = 1,051$은 (4시 38분) + (6시 13분) = (10시 51분)이고, $325 + 251 = 616$은 (3시 25분) + (2시 51분) = (5시 76분) = (6시 16분)이고, $553 + 624 = 1,217$은 (5시 53분) + (6시 24분) = (11시 77분) = (12시 17분)이다.

따라서 $645 + 436$은 (6시 45분) + (4시 36분) = (10시 81분) = (11시 21분)이기 때문에 $645 + 436 = 1,121$이므로 빈칸에 들어갈 수는 1,121이다.

403

유형 기초연산능력   상-중-하

대기실에 비치된 긴 의자의 수를 x개라고 하면, 한 의자에 4명씩 앉으면 15명이 남고, 6명씩 앉으면 의자 32개가 남고 마지막 한 의자에는 3명이 앉으므로
$$4x + 15 = 6(x - 33) + 3 \rightarrow x = 105$$
즉, 의자의 개수는 105개이다.

따라서 대기실에 모인 지원자의 수는 $4 \times 105 + 15 = 435$
(명)이다.

404
정답 ⑤

유형 기초연산능력　　　　　　　　　상-중-**하**

A사원이 이용한 국도 구간을 $x$km라고 하면 고속도로
구간은 $(180 - x)$km이다. 회사에서 출발하여 출장지에
도착하는 데 걸린 시간은 2시간 24분, 즉 $\dfrac{12}{5}$시간이므로

$\dfrac{x}{60} + \dfrac{180-x}{100} = \dfrac{12}{5} \rightarrow 5x + 3(180-x) = 720$

$\rightarrow 2x = 180 \rightarrow x = 90$

따라서 A사원이 이용한 국도 구간은 90km이다.

405
정답 ②

유형 기초연산능력　　　　　　　　　상-**중**-하

항목별 가중치를 부여한 복지 시설 A~E의 총 평가점
수는 다음과 같다.

- A: $90 \times 0.3 + 95 \times 0.2 + 95 \times 0.2 + 95 \times 0.1 + 90 \times 0.2$
  $= 92.5$(점)
- B: $90 \times 0.3 + 70 \times 0.2 + 70 \times 0.2 + 70 \times 0.1 + 95 \times 0.2$
  $= 81.0$(점)
- C: $80 \times 0.3 + 65 \times 0.2 + 55 \times 0.2 + 60 \times 0.1 + 50 \times 0.2$
  $= 64.0$(점)
- D: $90 \times 0.3 + 70 \times 0.2 + 80 \times 0.2 + 60 \times 0.1 + 65 \times 0.2$
  $= 76.0$(점)
- E: $95 \times 0.3 + 80 \times 0.2 + 80 \times 0.2 + 60 \times 0.1 + 65 \times 0.2$
  $= 79.5$(점)

따라서 총 평가점수가 두 번째로 높은 복지 시설은 B이다.

406
정답 ⑤

유형 기초통계능력　　　　　　　　　상-중-**하**

세 번째 조건과 네 번째 조건에 따르면 의장석 양옆과
부의장석에는 소속된 부서가 같은 직원들이 앉게 된다.
즉, 조건을 만족하도록 앉을 수 있는 경우는 다음과 같
이 [경우1]과 [경우2]로 나눌 수 있다.

[경우1] 의장이 기획부 소속인 경우

	영업	의장 기획	영업	
부의장 영업		테이블		부의장 영업
	기획	기획	기획	

[경우2] 의장이 영업부 소속인 경우

	기획	의장 영업	기획	
부의장 기획		테이블		부의장 기획
	영업	영업	영업	

이때 다섯 번째 조건에 따라 소속된 부서가 같은 직원끼
리 연달아 앉는 경우 그들의 경력의 합이 16년 이상이어
야 하므로 의장은 기획부 소속 경력 3년인 직원 또는 영
업부 소속 경력인 2년 직원이다.

[경우1]에서 의장이 기획부 소속 경력 3년인 직원이라면
남은 기획부 직원들 3명이 앉는 방법의 수는 $3 \times 2 \times$
$1 = 6$(가지), 영업부 직원들 4명이 앉는 방법의 수는 $4 \times$
$3 \times 2 \times 1 = 24$(가지)이므로 [조건]을 만족하며 앉을 수
있는 경우의 수는 $6 \times 24 = 144$(가지)이다.

[경우2]에서 의장이 영업부 소속 경력 2년인 직원이라면
남은 영업부 직원들 3명이 앉는 방법의 수는 $3 \times 2 \times 1$
$= 6$(가지), 기획부 직원들 4명이 앉는 방법의 수는 4×3
$\times 2 \times 1 = 24$(가지)이므로 [조건]을 만족하며 앉을 수 있
는 경우의 수는 $6 \times 24 = 144$(가지)이다.

따라서 모든 직원이 [조건]을 만족하며 앉을 수 있는 경
우의 수는 $144 + 144 = 288$(가지)이다.

407
정답 ①

유형 기초연산능력　　　　　　　　　상-**중**-하

냉장고와 세탁기를 함께 구매하므로 세탁기를 20% 할
인받을 수 있다. 이에 따라 재겸이가 구매하고자 하는
가전제품의 총 가격은 $80 + (80 \times 0.8) + 66 = 210$(만 원)
이다.

입사 전에 가전제품 구매를 위해 모아둔 돈이 120만 원
이므로 원하는 제품 구매를 위해서는 $210 - 120 = 90$(만
원)이 더 필요하다.

따라서 한 달에 30만 원씩 모으면 $\dfrac{90}{30} = 3$(개월) 후에
가전제품을 살 수 있다.

408

유형 기초통계능력　　　　　　상-중-하

조사 대상의 평균 점수가 모두 다르기 때문에 이는 가중 평균을 이용하여 구할 수 있다. 가중 평균을 구하려면 (각 그룹의 조사 대상 인원)×(평균 점수)의 값을 모두 더한 후 '각 그룹의 조사 대상 인원'의 합으로 나누거나 조사 대상 인원 비율의 가중치를 각 평균 점수에 곱하여 구할 수 있다.

시제품 A의 평균 점수는 $\{(32 \times 8.0) + (48 \times 7.2) + (56 \times 7.5) + (24 \times 7.0)\} \div (32 + 48 + 56 + 24) = 7.435$(점)이고 시제품 B의 평균 점수는 $\{(32 \times 7.0) + (48 \times 7.9) + (56 \times 7.8) + (24 \times 7.2)\} \div (32 + 48 + 56 + 24) = 7.58$(점)이다.

따라서 시제품 A는 평균 점수가 7.5점 미만으로 출시되지 않으며, 시제품 B는 평균 점수가 7.5점 초과로 신제품으로 출시된다.

409

유형 도표분석능력　　　　　　상-중-하

[표1]에 2020년 1인 가구의 비율이 31.7%라고 제시되어 있으므로 $20,927 \times 0.317 = 6,634$(천 가구)이다.

따라서 7,000천 가구 미만이므로 옳지 않다.

| 오답풀이 |

② [표4]에 따르면 유연근무제 실시 비율은 2020년에 36.3%, 2019년에 22.0%로 2020년에 전년 대비 $36.3 - 22.0 = 14.3$(%p) 증가하였으므로 옳다.

③ [표5]에 따르면 2020년 HMR 시장규모는 50,000억 원으로 5년 전 대비 $\frac{50,000 - 17,000}{17,000} \times 100 = 194$(%) 증가하였으므로 옳다.

④ [표2]에 따르면 HMR 구입이 증가할 것이라 응답한 비율은 감소할 것이라 응답한 비율의 $(31.2 + 2.4) \div (0.2 + 1.9) = 16$(배)이므로 옳다.

⑤ [표3]에 따르면 HMR 주 구입처로 중소형 슈퍼마켓과 대형마트를 응답한 비율이 $37.0 + 44.1 = 81.1$(%)로 80% 이상이므로 옳다.

410

유형 도표분석능력　　　　　　상-중-하

㉠ 2009년 커피전문점 매장 수가 4.7만 개이므로 [그래프1]을 통해 2018년 커피전문점 매장 수를 계산하면 $47 + 1.9 + 3.2 + 3.5 + 4.2 + 6.1 + 5.1 + 5.0 + 4.5 + 5.1 = 85.6$(천 개)이다. 이때, 전체 음식점 매장 중 커피전문점이 차지하는 비중이 8%이므로 전체 음식점 매장 수는 $85.6 \div 0.08 = 1,070$(천 개), 즉 107만 개이다.

㉢ [그래프2]에서 제시된 기간 동안 커피전문점 창업률이 가장 높은 해는 창업률이 17.7%인 2014년이고, 가장 낮은 해는 11.7%인 2010년임을 알 수 있다. 따라서 커피전문점 창업률이 가장 높은 해의 창업률은 가장 낮은 해의 창업률의 $17.7 \div 11.7 = 1.51$(배)로 1.5배 이상이다.

| 오답풀이 |

㉡ 2009년 커피전문점 매장 수가 4.7만 개이므로 2014년 말 커피전문점 매장 수는 $4.7 + 0.19 + 0.32 + 0.35 + 0.42 + 0.61 = 6.59$(만 개)이다. 따라서 2014년 말 커피전문점 매장 수의 5년 전 대비 증감률은 $\frac{6.59 - 4.7}{4.7} \times 100 = 40$(%)로 50% 미만이다.

㉣ 2013년 커피전문점 창업률은 $\frac{0.8}{5.56} \times 100 = 14.4$(%)이고, 2014년 커피전문점 창업률은 $\frac{1.06}{5.98} \times 100 = 17.7$(%)이므로 커피전문점 창업률이 처음으로 15%를 넘는 해는 2014년이다.

411

유형 도표분석능력　　　　　　상-중-하

전체에서 생활 상담 건수는 $5,340 \times 0.35 = 1,869$(건)이다.

| 오답풀이 |

① 상담을 1회 받은 학생은 3,826명, 2회 받은 학생은 496명이므로 $\frac{3,826}{496} = 7.7$(배)이다.

② 진로 상담 건수는 학업 상담 건수의 $\frac{45}{20} = 2.25$(배)이다.

③ 전체 상담 건수는 $3,826 + (496 \times 2) + (174 \times 3) = 5,340$(건)이다.

④ 상담을 받은 총 학생 수는 $3,826 + 496 + 174 = 4,496$(명)이다.

412

유형 도표분석능력 　　　　　　　상-중-하

지역별 인구밀도란 각 지역의 인구수를 그 지역의 면적으로 나눈 값이므로 2019년 광주의 면적은 (2019년 광주의 총인구)÷(인구밀도)와 같다. 따라서 2019년 광주의 면적은 $1,494,000 \div 2,980 ≒ 501.3(\text{km}^2)$이므로 옳지 않다.

| 오답풀이 |

② 2018년 대전의 도시철도 승차인원은 대전 총 인구수의 $39,719 \div 1,518 ≒ 26.2$(배)로 25배 이상이므로 옳다.

③ 2016년 전체 수송인원은 $2,663,389 + 330,992 + 163,077 + 122,044 + 18,651 + 39,947 + 18,381 + 13,115 + 9,469 = 3,379,065$(천 명)이다. 따라서 전체 수송인원에서 서울의 수송인원이 차지하는 비중은 $\frac{2,663,389}{3,379,065} \times 100 ≒ 78.8(\%)$이므로 옳다.

④ 2017년부터 2019년까지 의정부의 승차인원은 매년 전년 대비 증가하므로 옳다.

⑤ 2019년 인천의 수송인원 대비 승차인원은 $\frac{115,815}{166,067} \times 100 ≒ 69.74(\%)$로 70% 이하이므로 옳다.

413

유형 도표분석능력 　　　　　　　상-중-하

㉠ 2015년 공공서비스의 전년 대비 물가 상승률은 2014년 공공서비스의 전년 대비 물가 상승률보다 0.5%p 더 높고, $\frac{1.2-0.7}{0.7} \times 100 ≒ 71.4(\%)$ 더 높으므로 옳지 않다.

㉣ 2014년 생활물가의 4년 전 대비 물가 상승률의 비율은 $1.044 \times 1.017 \times 1.007 \times 1.008 ≒ 1.08(\%)$임에 따라 2014년 생활물가의 4년 전 대비 물가 상승률은 8%로 5% 이상이므로 옳지 않다.

| 오답풀이 |

㉡ 2016년 이후 근원물가의 전년 대비 물가 상승률은 1.6%, 1.5%, 1.2%, 0.9%, 0.7%로 매년 감소하고 있으므로 옳다.

㉢ 전체 소비자물가의 전년 대비 물가 상승률이 4.0%로 가장 높은 2011년에 공업제품의 전년 대비 물가 상승률도 4.9%로 가장 높으므로 옳다.

414

유형 도표분석능력 　　　　　　　상-중-하

2019년에 1인 가구는 6,148천 가구이고 1인 가구 중 연립, 다세대에 거주하는 가구는 11.1%이다. 따라서 1인 가구 중 연립, 다세대에 거주하는 가구는 $6,148 \times 0.111 ≒ 682$(천 가구)로 680천 가구 이상이므로 옳다.

| 오답풀이 |

① 2019년 전체 가구의 주거유형 중 비중이 가장 높은 주거유형은 아파트이고, 1인 가구의 주거유형 중 비중이 가장 높은 주거유형은 단독주택이므로 옳지 않다.

② 2017년 전체 가구 대비 1인 가구의 비중은 $\frac{5,619}{19,674} \times 100 ≒ 28.6(\%)$이므로 옳지 않다.

③ 2018년에 3년 전 대비 전체 가구의 증가율은 $\frac{19,979-19,111}{19,111} \times 100 ≒ 4.5(\%)$이므로 옳지 않다.

⑤ 2017년에 전년 대비 1인 가구의 증가량은 $5,619 - 5,398 = 221$(천 가구)이므로 옳지 않다.

415

유형 도표분석능력 　　　　　　　상-중-하

㉠ 2020년 OECD 주요 국가의 여성 국회의원 비율의 평균 수치는 $(51.2 + 48.1 + 46.6 + 41.5 + 39.2 + 36.3 + 31.8 + 29.4 + 28.0 + 21.8 + 19.0 + 16.3 + 13.7 + 9.8) \div 14 ≒ 30.9(\%)$로 OECD 평균 수치인 27.8%보다 높다.

㉢ 2020년 OECD 주요 국가 중 남성 국회의원 비율이 가장 높은 일본과 가장 낮은 스웨덴의 남성 국회의원 비율의 차이는 $(100.0 - 9.8) - (100.0 - 51.2) = 41.4$(%p)이다.

| 오답풀이 |

㉡ 2020년 한국의 여성 국회의원 비율은 19%이고, 여성 국회의원 수는 57명임에 따라 전체 국회의원 수는 $57 \div 0.19 = 300$(명)이다. 따라서 전체 국회의원 중 여성 비례대표 국회의원의 비율은 $\frac{28}{300} \times 100 ≒ 9(\%)$로 10% 미만이다.

㉣ 한국의 지역구 여성 국회의원 수는 2008년 대비 2016년에 $\frac{26-14}{14} \times 100 ≒ 86(\%)$, 즉 90% 미만으로 증가하였다.

416

 유형 도표분석능력 　　　　　상-중-하

2020년 노르웨이의 총 국회의원 수는 169명이고, 여성 국회의원의 비율은 48.1%이므로 여성 국회의원 수는 169×0.481≒81(명)이다. 2020년 영국의 총 국회의원 수는 650명이고, 여성 국회의원의 비율은 29.4%이므로 여성 국회의원 수는 650×0.294≒191(명)이다.

따라서 2020년 영국의 여성 국회의원 수와 노르웨이의 여성 국회의원 수의 차는 191−81=110(명)이다.

417

정답 ④

유형 기초연산능력 　　　　　상-중-하

평일 인천역의 급행열차는 5시 10분에 처음 출발하여 25분마다 출발하므로 네 번째로 출발하는 급행열차는 25+25+25=75(분) 후인 6시 25분에 출발한다. 인천역에서 역곡역까지 급행열차가 정차하는 정거장은 동인천, 제물포, 주안, 동암, 부평, 송내, 부천, 역곡 8개이므로 이동 시간은 3×8=24(분)이다. 그리고 정차하는 정거장 중 환승역은 주안, 부평의 2개이고, 일반역은 5개이므로 소요되는 정차 시간은 (5×0.5)+(2×1)=4.5(분)이다. 따라서 6시 25분에 인천역에서 출발한 급행열차가 역곡역에 도착하는 데 소요되는 시간은 총 24+4.5=28.5(분)이므로 도착 시각은 6시 53분 30초이다.

418

정답 ④

유형 기초연산능력 　　　　　상-중-하

L씨가 근무하는 회사는 독산역에서 도보로 8분 거리에 위치하므로 회사에 도착하는 시각이 8시 55분 이전이 되기 위해서는 독산역에 늦어도 8시 47분까지 도착해야 한다.

ⅰ) 일반열차를 이용하는 경우

동인천역에서 독산역까지 정거장 사이의 구간이 21개이고, 정차하는 정거장 중 환승역은 6개, 일반역은 14개이다. 이에 따라 이동 시간은 2×21=42(분), 정차 시간은 (6×1)+(14×0.5)=13(분)이므로 총 소요 시간은 42+13=55(분)이다. 따라서 L씨가 일반열차를 이용할 경우 동인천역에서 늦어도 7시 52

분에 열차에 탑승하여야 한다. 이때, 평일 일반열차는 인천역에서 5시 정각에 처음 출발하여 4분마다 출발하므로 7시 48분에 인천역에서 출발하여 7시 50분에 동인천역에 도착하는 일반열차를 타야 한다. 이 열차는 동인천역에서 7시 50분 30초에 출발하므로 L씨가 자택에서 출발할 수 있는 가장 늦은 시각은 7시 40분 30초이다.

ⅱ) 급행열차를 이용하는 경우

동인천역에서 독산역까지 정거장 사이의 구간이 11개인데, 급행 구간 내에서 정차하는 정거장이 9개, 일반 구간에서 정차하는 정거장이 2개이다. 그리고 정차하는 정거장 중 환승역은 4개, 일반역은 6개이다. 이에 따라 이동 시간은 (9×3)+(2×2)=31(분), 정차 시간은 (4×1)+(6×0.5)=7(분)이므로 총 소요 시간은 31+7=38(분)이다. 따라서 L씨가 급행열차를 이용할 경우 동인천역에서 늦어도 8시 9분에 열차에 탑승하여야 한다. 이때, 평일 급행열차는 5시 10분에 처음 출발하여 25분마다 출발하므로 8시 5분에 인천역에서 출발하여 동인천역에 8시 8분에 도착하는 급행열차를 타야 한다. 이 열차는 동인천역에서 8시 8분 30초에 출발하므로 L씨가 자택에서 출발할 수 있는 가장 늦은 시각은 7시 58분 30초이다.

그러므로 ⅰ), ⅱ)로부터 L씨가 자택에서 출발할 수 있는 가장 늦은 시각은 급행열차를 이용할 때인 7시 58분 30초이다.

419

정답 ④

 유형 도표분석능력 　　　　　상-중-하

2019년 전체 수출액은 6,161÷1.15≒5,357(억 달러)이고, 10대 합계 수출액은 3,398÷1.198≒2,836(억 달러)이므로 전체 수출액 금액 중 10대 합계 수출액 금액이 차지하는 비중은 2020년에 $\frac{3,398}{6,161} \times 100 ≒ 55(\%)$이고, 2019년에 $\frac{2,836}{5,357} \times 100 ≒ 53(\%)$이다. 따라서 2020년이 2019년보다 크므로 옳다.

| 오답풀이 |

① 제시된 기간 중 고용률이 가장 낮은 달은 59.4%인 4월이고 제조업 취업자 수가 가장 적은 달은 3,890천 명인 2월이므로 옳지 않다.

② 수출액 규모가 두 번째로 큰 품목은 2020년에 572억 달러인

석유제품이고, 2019년에는 $486 \div 1,131 = 430$(억 달러)인 자동차로 서로 동일하지 않다.

③ 제조업 취업자 수는 2020년 3월에 4,150천 명이고, 2월에 3,890천 명이므로 제조업 취업자 중 2020년 3월에 퇴사한 사람이 없었다면, 3월의 신규 취업자 수는 $4,150 - 3,890 = 260$(천 명)이다.

⑤ 2020년 9월 제조업 취업자 수는 1월 대비 $\dfrac{5,060 - 4,000}{4,000}$ $\times 100 = 26.5(\%)$ 증가하였으므로 옳지 않다.

420
정답 ①

유형 도표분석능력   상-중-하

2020년 상반기 월별 취업자 수를 구하면 다음과 같다

구분	1월	2월	3월	4월	5월	6월
연앙인구 (천 명)	27,952	27,991	27,789	27,734	28,209	28,283
고용률(%)	60.0	60.0	59.5	59.4	60.2	60.4
취업자 수 (천 명)	16,771	16,795	16,534	16,474	16,982	17,083

따라서 2020년 상반기 월별 취업자 수의 평균은 $(16,771 + 16,795 + 16,534 + 16,474 + 16,982 + 17,083)$ $\div 6 = 16,773$(천 명)이다.

421
정답 ②

유형 도표분석능력   상-중-하

20×2년 새마을 호 미구입자 수는 3,800명이고, 부정할인자 수는 5,200명이다. 따라서 미구입자 수가 부정할인자 수보다 $5,200 - 3,800 = 1,400$(명) 더 적다.

| 오답풀이 |

① 20×8년 전체 부정승차자 중 무궁화 호 부정승차자가 차지하는 비중은 $\dfrac{58}{131} \times 100 = 44(\%)$로 45% 미만이다.

③ 제시된 기간 동안 전체 부정승차자는 $112 + 114 + 116 + 117$ $+ 121 + 122 + 128 + 131 = 961$(천 명)이고, 자기고발 외 인원은 $82 + 85 + 86 + 91 + 89 + 91 + 89 + 106 = 719$(천 명)으로 자진하여 고발한 부정승차 인원은 총 $961 - 719 = 242$(천 명)이다.

④ 제시된 기간 동안 전체 미구입자 수가 가장 적은 해는 31천 명인 20×6년이고, 무궁화 호 미구입자 수가 가장 적은 해는 12천 명인 20×8년이므로 옳지 않다.

⑤ 20×3년 KTX 부정승차자 중 부정할인자의 비중은 $\dfrac{36}{54}$ $\times 100 = 67(\%)$로 70% 미만이다.

422
정답 ②

유형 도표분석능력   상-중-하

20×8년 전체 자기고발 외 부정승차자 수의 전년 대비 증감률은 $\dfrac{106 - 89}{89} \times 100 = 19.1(\%)$이다.

423
정답 ②

유형 도표분석능력   상-중-하

2021년 하반기 외국인 보유 토지 전체 면적 중 미국인 보유 토지가 차지하는 비중은 $\dfrac{137,904}{259,410} \times 100 = 53(\%)$로 55% 미만이다.

| 오답풀이 |

① 2021년 상반기 외국인 보유 토지 1백 필지당 금액은 서울 지역이 $11,703 \div 380 = 30.8$(십억 원)이고, 경기 지역이 $4,863 \div 476 = 10.2$(십억 원)으로 서울 지역이 경기 지역의 3배 이상이다.

③ 2021년 하반기 중국인 보유 토지 금액은 전반기 대비 $\dfrac{3,284 - 2,963}{2,963} \times 100 = 11(\%)$로 10% 이상 증가하였다.

④ 제시된 국적별 외국인 보유 토지 면적은 모두 2021년 하반기에 전반기 대비 증가하였으므로 옳다.

⑤ 2021년 하반기 제주의 외국인 보유 토지 필지수는 156백 필지로 전반기와 동일하지만 면적은 $21,923 - 21,746 = 177$(천 m²) 증가하였다.

> **NCS 문제풀이 TIP**
>
> ③ 2021년 상반기 중국인 보유 토지 금액의 10%는 $2,963 \times 0.1 = 296$(십억 원)으로 2021년 하반기 중국인 보유 토지 금액이 $2,963 + 296 = 3,259$(십억 원) 이상이므로 10% 이상 증가하였음을 추측할 수 있다.

424

유형 도표분석능력　　　　　　상-중-하

전체 외국인 보유 토지 필지수 중 경기 지역이 차지하는 비중은 2021년 상반기에 $\frac{476}{1,630} \times 100 \fallingdotseq 29.2(\%)$이고, 2021년 하반기에 $\frac{497}{1,678} \times 100 \fallingdotseq 29.6(\%)$로 전반기 대비 증가하였다.

| 오답풀이 |

② 2021년 하반기 외국인 보유 아파트 토지 면적은 전반기 대비 $\frac{2,349-2,319}{2,319} \times 100 \fallingdotseq 1.3(\%)$로 2% 미만 증가하였다.

③ 2021년 상반기 외국인 보유 전체 토지 1백 필지당 금액은 $31,691 \div 1,630 \fallingdotseq 19$(십억 원)이고, 단독주택 토지 1백 필지당 금액은 $1,738 \div 108 \fallingdotseq 16$(십억 원)으로 단독주택 토지 1백 필지당 금액이 더 작다.

④ 2021년 상반기 외국인 보유 전체 토지 금액 중 공장용지 금액이 차지하는 비중은 $\frac{10,134}{31,691} \times 100 \fallingdotseq 32(\%)$로 35% 미만이다.

⑤ 2021년 하반기 외국인 보유 기타용지의 필지수는 레저용지 필지수의 $570 \div 68 \fallingdotseq 8$(배)로 9배 미만이다.

425

유형 도표분석능력　　　　　　상-중-하

ⓒ 2020년에 석탄 에너지 발전량은 가스 에너지 발전량의 $196,333 \div 145,911 \fallingdotseq 1.3$(배)이다. 따라서 1.5배 미만이므로 옳지 않다.

| 오답풀이 |

㉠ 2012년 이후 신재생 에너지 발전량은 매년 증가하고 있으므로 옳다.

ⓛ 2015년에 전체 에너지 발전량 대비 원자력 에너지 발전량의 비중은 $\frac{164,762}{528,091} \times 100 \fallingdotseq 31.2(\%)$이다. 따라서 30% 이상이므로 옳다.

ⓔ 제시된 기간 동안 유류 에너지 발전량이 가장 많은 2013년과 가장 적은 2020년에 유류 에너지 발전량의 차는 $15,832-2,255=13,577$(GWh)이므로 옳다.

426

유형 도표분석능력　　　　　　상-중-하

제시된 기간 동안 원자력 에너지 발전량의 평균은 $(154,723+150,327+138,784+156,407+164,762+161,995+148,427+133,505+145,910+160,184) \div 10 = 1,515,024 \div 10 \fallingdotseq 151,502$(GWh)이다.

427

유형 도표분석능력　　　　　　상-중-하

2020년 임금근로자의 월평균 근로시간이 160시간이므로 연평균 근로시간은 1,920시간(160시간×12개월)이다. 이때, 2020년 대한민국 연평균 근로시간은 1,908시간이고, 임금근로자가 조사 대상자 중 절반을 차지한다면, 나머지 인원 역시 절반이다. 그러므로 나머지 인원의 연평균 근로시간과 임금근로자의 연평균 근로시간의 평균이 전체 연평균 근로시간인 1,908시간이 될 것이다. 즉, 선택지의 1,896시간과 1,920시간의 평균은 $\frac{1,896+1,920}{2}=1,908$(시간)이므로 옳다.

| 오답풀이 |

① 임금근로자 전체의 월평균 근로시간 추세는 감소, 증가, 증가하는 반면, 1일 평균 여가시간 추세는 증가, 증가, 증가이므로 정반대는 아니다.

② 2020년 임금근로자 월평균 근로시간은 160시간이고, 각 연령 집단의 인원이 동일하다 가정하고 평균을 구해보면 $\frac{152.5+155.5+170.4+162.8+160.2+146.6}{6}=158$(시간)이 나온다. 이때, 각 연령 집단 평균(158시간)에 비해 전체 평균(160시간)이 더 크므로, 월평균 근로시간이 160시간 이상인 집단들의 인원이 더 많을 것이므로 160시간 이상인 집단인 30세 이상 59세 이하인 집단은 전체 조사 대상자 수의 50%보다 큰 비중을 차지한다.

③ 2015년 대한민국 연평균 근로시간은 2014년 대비 증가하므로 지속적으로 감소한 것은 아니다.

④ 연도 순서대로 1일 평균 여가시간이 큰 성별은 여성(2018년), 여성(2019년), 여성(2020년), 남성(2021년)이다. 이때, 전체 1일 평균 여가시간과 동일한 성별 역시 여성(2018년), 여성(2019년), 여성(2020년), 남성(2021년)이므로, 2021년을 제외하고 조사 대상자 수는 여성이 남성보다 많았다는 것을 알 수 있다. 즉, 매년 여성이 남성보다 많았던 것은 아니다.

428

유형 도표분석능력　　　　　　(상)-(중)-(하)

[그래프1]에 대한민국 연간 근로시간은 1,915시간이라 나와 있는데 이는 [표1]의 2021년 대한민국 연평균 근로시간과 동일하다. 그러므로 [그래프1]은 2021년을 의미한다.

2021년 OECD 주요국 중 연간 근로시간 하위 4개국은 네덜란드, 룩셈부르크, 덴마크, 독일이다. 이때, 4개국의 시간당 노동생산성 평균은 73.5달러이므로, 4개국의 시간당 노동생산성 합계는 $73.5 \times 4 = 294$(달러)이다. 네덜란드(67.6), 덴마크(75.0), 독일(66.4)의 시간당 노동생산성의 합계는 $67.6 + 75.0 + 66.4 = 209$(달러)이므로 룩셈부르크는 $294 - 209 = 85$(달러)이다.

2021년 한국의 시간당 노동생산성(40.5)이 100일 때, 룩셈부르크는 다음과 같다.

40.5달러 : 100 = 85달러 : x

→ $x = 85 \times 100 \div 40.5 ≒ 210$

🔍 NCS 문제풀이 *TIP*

40.5달러 : 100 = 85달러 : x

→ 85달러 = 81달러 + 4달러 = 40.5달러 × 2 + 4달러
　(40.5달러 = 100)

→ 40.5달러 × 2 + 4달러 = 100 × 2 + 40.5달러 × 대략
　9~10% = 200 + 100 × 대략 9~10%
　(∵ 40.5의 10%는 4.05, 1%는 0.405)

→ x = 200 + 대략 9~10 = 209~210

429

유형 도표분석능력　　　　　　(상)-(중)-(하)

먼저 2018년 20~59세 인구수를 구하기 위해서는 고용률을 이용해야 한다. 이때, 20~59세 취업자 수를 구해야 하고, 20~59세 취업자 중 임금근로자를 제외한 취업자 수가 총 10,173,000명이므로, 20~59세 인구 중 임금근로자 수를 구하면 20~59세 취업자 수를 구할 수 있다.

즉, 20~59세 총 인구수를 구하기 위해서 아래의 단계를 거친다.

2018년 남성 임금근로자 수 → 2018년 여성 임금근로자 수 → 2018년 전체 임금근로자 수 → 2018년 20~59세 임금근로자 수 → 2018년 20~59세 총 취업자 수 →

2018년 20~59세 총 인구수

- 2018년 남성 임금근로자 수 = 1,200만 명
- 2018년 여성 임금근로자 수를 X명이라고 하자.
  2018년 임금근로자 월평균 근로시간은 남성 161.8시간, 여성 149.2시간, 전체 156.4시간이므로 다음과 같은 식이 성립한다.
  (161.8시간×1,200만 명+149.2시간×X명)÷(1,200만 명+X명)=156.4시간
  → X=900만
- 2018년 전체 임금근로자 수 = 2,100만 명
- 2018년 20~59세 임금근로자 수(전체의 80%) = 1,680만 명
- 2018년 20~59세 총 취업자 수=26,973,000명(임금근로자 16,800,000 + 임금근로자가 아닌 취업자 10,173,000)
- 2018년 20~59세 총 인구수=$26,973,000 \div \dfrac{66.6}{100}$ =40,500,000명

그러므로 20~59세 총 인구수는 40,500,000명이다.

🔍 NCS 문제풀이 *TIP*

[가중평균]

- 산술 평균에 가중치를 곱한 값으로, 무게에 가중치를 두는 것
- 시소로 예를 들면 시소의 한 점으로부터 앉는 거리와 무게의 곱이 동일한 곳이 무게 중심이 되고, 이 점이 가중평균을 의미한다.
- 2018년 여성 임금근로자 수는 가중평균을 이용하면 빠르게 구해낼 수 있다.

430

유형 도표분석능력　　　　　　(상)-(중)-(하)

2019년 기타 국내 디자인 출원 건수의 전년 대비 증가율은 $\dfrac{3,402-2,985}{2,985} \times 100 ≒ 14$(%)이다. 따라서 15% 미만이다.

| 오답풀이 |

① 2018년 국내 특허, 상표, 디자인 출원 건수의 총합은 209,992 + 200,341 + 63,680 = 474,013(건)이다.

③ 제시된 기간 동안 국내 디자인 출원 건수는 매년 개인이 대기업보다 25,000건 이상 많으므로 옳다.

④ 제시된 기간 동안 개인의 연평균 국내 특허 출원 건수는

$(41,096+43,130+43,544+41,298) \div 4 = 42,267$(건)이다.

⑤ 2021년 대기업의 국내 상표 출원 건수는 2년 전 대비
$10,516-9,053=1,463$(건) 증가하였다.

431
정답 ③

유형 도표분석능력　　　상-중-**하**

2020년 전체 국내 상표 출원 건수 중 중소벤처기업이
차지하는 비중은 $\frac{83,548}{257,933} \times 100 ≒ 32.4(\%)$이다.

432
정답 ①

유형 도표작성능력　　　상-**중**-하

항목별 국내 특허 출원 건수의 전년 대비 증감률은 다음
과 같다.

구분	2019년	2020년	2021년
중소벤처기업	8.2%	13.8%	9.4%
대기업	11.4%	0.0%	−0.6%
대학/공공연	−1.0%	3.7%	7.4%
개인	4.9%	1.0%	−5.2%
외국인	−0.6%	−2.6%	11.7%
기타	−1.3%	4.8%	5.7%

따라서 [그래프]에 나타나지 않은 항목은 중소벤처기업
이다.

문제해결능력									본문 387~424쪽
433	②	434	④	435	②	436	②	437	①
438	②	439	⑤	440	⑤	441	①	442	③
443	②	444	⑤	445	③	446	⑤	447	④
448	③	449	③	450	④	451	③	452	④
453	③	454	④	455	⑤	456	⑤	457	③
458	①	459	③	460	⑤	461	②	462	④
463	②	464	④	465	④	466	②	467	①
468	③	469	④	470	③	471	②		

433
정답 ②

유형 문제해결능력　　　상-**중**-하

탐색형 문제는 목표를 현재 수준보다 높게 끌어 올림으
로써 의도적으로 만들어 내는 문제로 현재의 상황을 개
선하거나 효율을 높이기 위한 문제이다.

ⓛ E사가 작년의 제품 원가가 제품의 판매가에 비해 너
무 높았던 것을 보완하기 위해 올해는 작년보다 제품
의 원가를 절감한다는 목표를 수립한 것은 목표를 현
재 수준보다 높게 끌어 올림으로써 현재의 상황을 개
선하기 위한 문제이므로 탐색형 문제에 해당한다.

| 오답풀이 |

㉠ 국내 점유율 1위인 J사가 국내를 넘어 베트남에 진출하기 위
한 방법을 모색하기 위해 자사의 제품을 수정. 보완할 필요가
있는지 면밀히 검토하는 것은 지금까지 해 오던 것과 전혀 관
계없이 미래 지향적인 새로운 목표를 설정함에 따라 일어나는
문제이므로 설정형 문제에 해당한다.

㉢ Q사의 제품 불량률은 3% 미만 수준이었으나 지난달 새로운
설비를 도입한 이후 5% 수준의 제품 불량률이 나타나고 있다
는 것은 목표와 현재 상황 사이에서 이미 발생한 문제이므로
발생형 문제에 해당한다.

434
정답 ④

유형 문제해결능력　　　상-**중**-하

주어진 자료에서 ㉠은 발생형 문제, ⓛ은 탐색형 문제,
㉢은 설정형 문제에 해당한다. 잠재 문제, 예측 문제, 발
견 문제의 세 가지 형태로 구분되는 문제는 탐색형 문제
이므로 적절하지 않다.

① 발생형 문제는 우리 눈앞에 발생되어 당장 걱정하고 해결하기 위해 고민하는 문제로, 문제의 원인이 내재되어 있기 때문에 원인 지향적인 문제라고도 하므로 적절하다.

② 탐색형 문제를 방치하면 뒤에 큰 손실이 따르거나 결국 해결할 수 없는 문제로 확대되기도 하므로 적절하다.

③ 탐색형 문제는 잠재 문제, 예측 문제, 발견 문제로 구분되며, 현재는 문제가 아니지만 계속해서 현재 상태로 진행할 경우 일어날 수 있는 문제는 예측 문제이므로 적절하다.

⑤ 설정형 문제는 미래 지향적으로 새로운 과제 또는 목표를 설정함에 따라 일어나는 문제로서 목표 지향적 문제라고 할 수 있기 때문에 문제를 해결하는 데 많은 창조적 노력이 요구되어 창조적 문제라고도 하므로 적절하다.

435

정답 ②

유형 사고력 상-**중**-하

A는 비판적인 시각에서 분명한 제안을, B는 논리적인 사고를 통한 반박을 하고 있다.

적극적으로 분석하고 종합하며 평가하는 사고는 비판적 사고이므로 가장 적절하다.

| 오답풀이 |

① A는 비판적인 사고를, B는 논리적인 사고를 통해 각자의 의견을 제시하고 있다.

③ A는 공공기관의 경영성과를 개선시키고자 하므로 사회의 입장만을 대변한다고 볼 수 없다.

④ 과제를 수행하고 문제를 해결하는 새로운 방법을 제안하는 것은 창의적 사고에 대한 설명이다.

⑤ A와 B의 의견을 각각 부정적, 긍정적인 의견으로 구분하는 것은 적절하지 않다.

436

정답 ②

유형 사고력 상-**중**-하

주어진 대화에서는 내년에 출시될 예정인 자동차 모델 500D에 대하여 판매 방법, 판매 대상 등의 힌트를 통해 사고의 방향을 미리 정하여 발상하는 강제연상법을 사용하고 있다. 강제연상법은 각종 힌트를 토대로 사고의 방향을 미리 정해서 강제로 연결 지어 발상하는 방법이다.

①, ④ 비교발상법에 대한 설명이다.

③, ⑤ 자유연상법에 대한 설명이다.

437

정답 ①

유형 사고력 상-**중**-하

5명 중 2명은 어제 당직 근무를 하였으며, 5명은 모두 진실을 말하고 있으므로 병이 어제 당직 근무를 했다는 말은 거짓이라는 무의 진술에 따라 병은 어제 당직 근무를 하지 않았고, 자신이 어제 당직 근무를 했거나 을이 어제 당직 근무를 했다는 병의 진술에 따라 을은 어제 당직 근무를 했다. 또한, 자신 또는 무 중에 어제 당직 근무를 하지 않은 사람이 있다는 을의 진술에 따라 무는 어제 당직 근무를 하지 않았고, 자신 또는 무 중에 어제 당직 근무를 한 사람이 있다는 갑의 진술에 따라 갑은 어제 당직 근무를 했다.

따라서 어제 당직 근무를 한 사람은 갑과 을이다.

438

정답 ②

유형 사고력 상-**중**-하

네 번째 명제에서 윈드서핑을 좋아하는 모든 직원은 여행을 좋아하므로 윈드서핑을 좋아하는 모든 직원은 여행을 좋아하는 직원에 포함된다. 따라서 '여행을 좋아하는 어떤 직원은 윈드서핑을 좋아한다.'는 항상 참인 명제이다.

| 오답풀이 |

① 세 번째, 네 번째 명제에서 윈드서핑을 좋아하는 직원 중 독서를 좋아하는 직원이 없을 수도 있으므로 항상 참인 명제는 아니다.

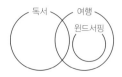

③ 두 번째 명제에서 독서를 좋아하는 어떤 직원은 사진 찍기를

좋아하지만 사진 찍기를 좋아하는 모든 직원이 독서를 좋아하는 것은 아니므로 항상 참인 명제는 아니다.

④ 주어진 네 명제를 종합했을 때 사진 찍기를 좋아하는 직원 중 윈드서핑을 좋아하는 직원이 없을 수도 있으므로 항상 참인 명제는 아니다.

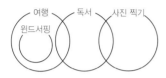

⑤ 두 번째, 세 번째 명제에서 사진 찍기를 좋아하는 직원 중 여행을 좋아하는 직원이 없을 수도 있으므로 항상 참인 명제는 아니다.

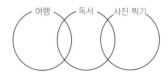

439
정답 ⑤

유형 사고력 · 상-중-하

회계팀과 홍보팀에 배정된 인원의 합이 3명이므로 회계팀과 홍보팀에 배정되는 인원은 각각 (0, 3), (1, 2), (2, 1), (3, 0) 중 하나의 경우에 해당한다. 이때, 회계팀이나 홍보팀에 배정되는 인원이 3명과 0명인 경우, 기획팀에 배정되는 인원이 가장 많다는 조건에 모순되므로 회계팀과 홍보팀에 배정되는 인원은 각각 1명 또는 2명임을 알 수 있다. 아무도 배정되지 않은 부서는 1개 부서이며, 생산팀과 영업팀에 배정되는 인원의 합은 홍보팀에 배정된 인원과 같으므로 각 부서에 배정될 수 있는 인원은 다음과 같다.

(단위: 명)

구분	회계팀	홍보팀	생산팀	영업팀	기획팀
경우1	1	2	0	2	3
경우2	1	2	2	0	3
경우3	2	1	1	0	4
경우4	2	1	0	1	4

따라서 홍보팀에 1명이 배정되었다면, 기획팀에 배정된 인원은 다른 4개 팀에 배정된 인원의 합과 같다.

| 오답풀이 |

① 아무도 배정되지 않은 부서는 생산팀 또는 영업팀이므로 항상 옳은 설명은 아니다.
② 회계팀에 2명이 배정되었다면, 영업팀은 0명 또는 1명이 배정되므로 항상 옳은 설명은 아니다.
③ 기획팀에 배정된 인원은 3명 또는 4명이므로 항상 옳은 설명은 아니다.
④ 홍보팀에 배정되는 인원은 생산팀에 배정되는 인원과 같거나 많으므로 항상 옳은 설명은 아니다.

440
정답 ⑤

유형 사고력 · 상-중-하

첫 번째 그룹은 B, E를 투여하고, 네 번째 그룹은 A, D를 투여하여 효능이 없었으므로 A, B, D, E는 효능이 없다. 세 번째 그룹은 C, D, E를 투여하여 효능이 있었으므로 C는 효능이 있고, 다섯 번째 그룹은 B, D, F를 투여하여 효능이 있었으므로 F도 효능이 있다.
따라서 효능이 있는 약은 C와 F이다.

441
정답 ①

유형 사고력 · 상-중-하

다섯 개의 팀 중에서 예비 아빠 팀의 점수는 23번 이기고, 1번 비기고, 1번 지면 나온다. 따라서 $3 \times 23 + 1 \times (-1) + 1 \times (-3) = 65$(점)이다.

442
정답 ③

유형 사고력 · 상-중-하

교육행정부처에 소속되는 두 명의 부장은 전공이 동일해야 하는데, 경영학과인 A가 홍보부장, 인문학과인 E가 간부 임원이고, 사회복지학과는 서로 다른 부처의 부장이므로 교육행정부처는 경영학과, 인문학과, 사회복지학과가 될 수 없다. 이에 따라 교육행정부처에 소속되는 두 명의 부장의 전공은 교육학과이고, 사회복지학과는 각각 사무부 1명, 인권복지부처 소속의 부장 중 1명이다. 간부 임원 1명과 인권복지부처 소속의 나머지 부장 1명은 B 또는 F이다. 따라서 B가 복지부장이라면 F는 간부 임원이 되어야 하므로 B가 복지부장이라면 F가 사무부장이라는 설명은 항상 옳지 않다.

| 오답풀이 |

① 간부 임원 1명과 인권복지부처 소속의 나머지 부장 1명은 B 또는 F이기 때문에 B가 부중앙집행위원장인 경우 F는 인권복지부처 소속의 부장이 되므로 항상 옳다.

② 사회복지학과는 사무부 1명과 인권복지부처 소속의 부장 중 1명이기 때문에 H가 인권부장인 경우 G는 사무부장이므로 항상 옳다.

④ B와 F는 간부 임원 또는 인권복지부처 소속의 부장이다. 사회복지학과는 사무부장 1명과 인권복지부처 소속의 부장 1명이다. 즉, A는 사회복지학과와 같은 부처이고, 인권복지부처는 경영학과와 사회복지학과 또는 인문학과와 사회복지학과로 구성된다. 따라서 경영학과는 인문학과와 같은 부처의 임원이 아니므로 항상 옳다.

⑤ E가 간부 임원이고, B 또는 F가 간부 임원이다. 따라서 E와 F가 간부 임원인 경우 간부 임원은 같은 학과 출신일 수도 있으므로 항상 옳지 않은 설명은 아니다.

443

정답 ②

| 유형 | 사고력

(상)-(중)-(하)

A는 본인이 연차를 사용했다고 하였으나 D는 A가 연차를 사용하지 않았다고 하였으므로 둘 중 한 명은 거짓을 말하고 있다. 또한 B는 E가 연차를 사용하지 않았다고 하였으나 E는 본인이 연차를 사용했다고 하였으므로 B와 E 둘 중 한 명은 거짓을 말하고 있다. 이때, C도 E가 연차를 사용하지 않았다고 하고 있으므로 만약 E가 연차를 사용했을 경우, B와 C가 모두 거짓을 말한 것이 된다. 이 경우 A와 D 중 한 사람이 이미 거짓을 말하고 있으므로 거짓을 말하는 사람이 세 명이 되어 모순이다. 그러므로 E는 연차를 사용하지 않았고, B와 C는 진실, E는 거짓을 말하고 있음을 알 수 있다. C의 말이 진실이므로 D는 연차를 사용했다.

구분	A	B	C	D	E
연차 사용 여부				○	×
진실/거짓		진실	진실		거짓

다음으로 A와 D 중 만약 A의 말이 거짓이라면 A와 C

는 모두 연차를 사용하지 않은 것이 된다. 이 경우 A, C, E가 모두 연차를 사용하지 않은 것이 되므로 연차를 사용하지 않은 직원이 3명이 되어 모순이다. 그러므로 A의 말은 진실이고 D의 말은 거짓이다. 이를 통해 A와 C는 연차를 사용하였고, 마지막으로 남은 B는 연차를 사용하지 않았음을 알 수 있다.

구분	A	B	C	D	E
연차 사용 여부	○	×	○	○	×
진실/거짓	진실	진실	진실	거짓	거짓

따라서 기획팀 5명의 직원 중 A, C, D가 연차를 사용하였다.

NCS 문제풀이 TIP

특정 의견에 대해 상반되는 의견을 제시한 인원을 찾아 모순되는지를 확인하여야 한다. 해당 문제의 경우 B와 C와 E가 E에 대해 언급하고 있으며, A와 D가 A에 대해 언급하고 있다는 점을 우선적으로 고려하여 문제를 푼다.

444

정답 ⑤

| 유형 | 문제처리능력

(상)-(중)-(하)

• ㉠, ㉡, ㉣: 매출 증대의 하위 수준
• ㉢: 변동비 절감의 하위 수준
• ㉤: 비용절감의 하위 수준으로 고정비 절감과 동등한 수준이다.

445

정답 ③

| 유형 | 문제처리능력

(상)-(중)-(하)

가설은 핵심 이슈를 설정한 후에 자신의 직관, 경험, 지식, 정보 등에 의존하여 이슈에 대한 일시적인 결론을 예측해 보는 것으로 가설이 검증 가능해야 하고 간단명료하게 표현해야 하며, 논리적, 객관적인 특성을 지닌다. 검증 가능해야 하는 것은 옳지만 설정 단계에서 주관적인 경험 등이 배제되어야 하는 것은 틀린 내용이다.

| 오답풀이 |

① 순서도를 보면 원인 분석은 Issue 분석 → Data 분석 → 원인 파악으로 진행되며 세부적으로 핵심 이슈에 대한 가설을 설정하고 Data를 수집 및 분석하여 근본 원인과 결과를 도출

하는 것이므로 옳은 설명이다.

② 핵심 이슈는 현재 수행하고 있는 업무에 가장 크게 영향을 미치는 문제로 선정하며, 사내외 고객 인터뷰 및 설문조사, 관련 자료 등을 활용하여 본질적인 문제점을 파악하는 방법으로 수행되므로 옳은 설명이다.

④ 데이터 수집 시 목적에 따라 전체 자료의 일부인 표본을 추출하는 통계학적 접근과 전체 데이터를 활용한 빅데이터 분석을 구분해야 하므로 옳은 설명이다.

⑤ 원인 파악 시에는 원인과 결과 사이에 패턴이 있는지를 확인하는 것이 필요하며, 원인의 패턴으로는 단순한 인과관계, 닭과 계란의 인과관계, 복잡한 인과관계가 있으므로 옳은 설명이다.

446

정답 ⑤

유형 문제처리능력 　(상)-(중)-(하)

재도시화 단계에는 중심지 인구가 증가하게 되지만 [그림]에 따르면 전체 쇠퇴가 일어나므로 옳지 않다.

| 오답풀이 |

① 탈도시화는 중심지의 인구 감소보다 주변부의 인구 감소가 더 많을 때까지 계속된다고 하였다. 따라서 탈도시화의 초기 단계에는 도시 중심지의 인구 감소가 도시 주변부의 인구 감소보다 더 많을 것임을 추측할 수 있다.

② [그림]에 따르면 도시화 단계에서는 도심지역 뿐만 아니라 도시권에 대한 절대적 집중도 동시에 나타나므로 옳다.

③ 도시의 순인구가 감소하는 탈도시화 단계 후에는 주변부의 인구가 지속적으로 감소하다가 중심지는 인구 성장을 하게 되고, 이러한 중심부의 성장은 도시 전체 권역의 인구 성장을 가져온다고 하였으므로 옳다.

④ [그림]에 따르면 교외화 단계에서는 교외인구가 증가되고, 도시화 단계에서는 중심도시인구가 증가되므로 옳다.

447

정답 ④

유형 문제처리능력 　(상)-(중)-(하)

'3. 지원 내용'에 따르면 신체적, 정신적 치료가 필요한 아동 및 취학 청소년 모두 의료지원을 받을 수 있으므로 옳다.

| 오답풀이 |

① '6. 지원 절차'에 따르면 저소득층인 경우 청소년 상담센터에서 상담을 진행할 필요 없이 구비서류를 갖춘 후 주민자치센터 사회복지담당자를 통하여 신청할 수 있으므로 옳지 않다.

② '1. 사업 개요'에 따르면 2022년부터 취학 청소년까지 지원 범위를 확대할 예정이라고 하였으므로 2022년 이전에는 가 지역에 거주하는 청소년들에 대한 의료지원이 불가하였음을 알 수 있다.

③ '5. 사업 기간'에 따르면 저소득층 자녀 의료지원 사업은 약 10달간 진행되므로 옳지 않다.

⑤ '4. 지원 범위'에 따르면 1인 최대 2회 지원되므로 2022년 4월과 10월에 의료지원을 받은 아동은 추가로 지원받을 수 없다.

448

정답 ③

유형 사고력 　(상)-(중)-(하)

B는 운동을 하고 싶지만 못하는 사례를 들며, 운동이 오히려 건강에 독이 되는 상황이 있을 수 있다는 입장이다. A는 건강을 지키기 위해서 운동을 해야 한다는 입장으로, 운동을 하고 싶지만 못하는 사례는 적거나 없다는 내용으로 B의 주장을 반박해야 논지를 약화할 수 있다. 마음 건강을 지키기 위해서는 심리적 치료가 운동보다 먼저 필요할 때가 있다는 것은 B의 주장을 강화하는 내용이므로 적절하지 않다.

| 오답풀이 |

① 당뇨병 환자도 안전한 범위 내에서는 운동이 권장되고 있다는 것은 B가 운동을 하고 싶지만 못하는 사례로 제시한 경우와 반대되므로 B의 주장을 약화한다.

② 고도비만인 경우에도 관절에 무리가 되지 않는 수영 등의 운동을 찾을 수 있다는 것은 B가 운동을 하고 싶지만 못하는 사례로 제시한 경우와 반대되므로 B의 주장을 약화한다.

④ 아파트 단지나 지방자치단체에서 운영하는 저렴한 운동센터도 이용할 수 있다는 것은 B가 운동을 하고 싶지만 못하는 사례로 제시한 경우와 반대되므로 B의 주장을 약화한다.

⑤ 반복적인 다이어트 실패는 운동을 병행하지 않은 과도한 식이요법이 원인이 되는 경우가 많다는 것은 B가 운동이 독이 되는 사례로 제시한 경우와 반대되므로 B의 주장을 약화한다.

449

정답 ③

유형 문제처리능력 　(상)-(중)-(하)

2문단에 따르면 수평축 풍력 발전기는 자기 시동이 가능하며, 3문단에 따르면 다리우스 풍력 터빈은 자기회전이 불가능한 유일한 수직축 풍력 터빈으로, 회전하기 위해 다른 풍력 발전기나 전기모터가 있어야 한다. 따라서 다리우스형을 제외한 수직축 풍력 발전기와 수평축 풍력 발전기를 설치할 때는 다른 풍력 발전기나 전기모터가 필요하지 않음을 알 수 있다.

| 오답풀이 |

① 1문단에 따르면 풍력 발전은 일반적으로 바람 자원이 풍부한 해상에 많이 설치하지만, 최근 대형 풍력 발전 시설 부지의 부족, 도시의 그린화 추세에 따라 도시형 소규모 풍력 발전이 관심을 받고 있다. 최근 대형 풍력 발전기를 도심에 설치하는 추세인지는 알 수 없으므로 옳지 않다.

② 1문단에 따르면 빌딩 자체를 풍력의 속도를 높일 수 있도록 재구성하는 방식인 건물일체형 풍력 발전은 건물의 설계 등에서 많은 변화를 요구하고 있으므로 옳지 않다.

④ 2문단에 따르면 수평축 풍력 발전기 중 현재 발전용으로 프로펠러형이 가장 많이 사용되고, 수평축 풍력 발전기는 요잉 장치가 필요하며 종속기와 발전기 등을 포함하는 나셀이 타워 상부에 설치되어 점검과 정비가 어려우므로 옳지 않다.

⑤ 3문단에 따르면 다리우스 풍력 터빈은 양력 방식, 사보니우스 풍력 터빈은 항력 방식이다. 두 종류의 터빈 중 효율이 더 높은 양력 방식이 항력 방식보다 더 많이 사용된다고 하였다는 점에서 다리우스형 풍력 발전기가 사보니우스형 풍력 발전기에 비해 더 많이 사용됨을 알 수 있으므로 옳지 않다.

450
정답 ④

유형 문제처리능력 상-**중**-하

리튬이 가볍다는 내용은 Q3의 답을 통해서 옳은 내용임을 알 수 있으나 Q2의 답에서 "리튬은 원소 상태에선 반응이 불안정해 리튬에 산소를 더한 '리튬산화물'을 양극에 사용한다."라는 내용이 있으므로 그 자체로 양극에 사용된다는 내용은 옳지 않은 반응임을 알 수 있다.

| 오답풀이 |

① Q2의 답 중 "여기서 포인트는 어떤 활물질을 사용했느냐에 따라 배터리의 용량과 전압이 결정된다는 것이다."라는 문구에서 옳은 반응임을 알 수 있다.

② Q1의 답을 통해서 1차전지가 시계, 리모컨 등에 사용되는 배터리라고 하였으므로 옳은 반응이다.

③ Q3의 답에서 "일반 전지의 전압은 약 1.32볼트가량인데, 리튬이 포함된 전지의 전압은 3볼트 이상이다."라고 하였으므로 옳은 반응이다.

⑤ Q4의 답 중 "셀, 모듈의 개수는 고객 사양에 따라 달라진다. 즉, 고객 맞춤형으로 여러 조합 형태로 구성이 된다는 의미다."라는 부분을 통해서 옳은 내용임을 알 수 있다.

451
정답 ③

유형 문제처리능력 상-**중**-하

2차 면접 평가 요소 중 직무 경험에 대한 내용은 없으므로 관련 분야의 직무 경험을 부각시킬 수 있는 요소라고 보기 어렵다.

| 오답풀이 |

① 심사 기준 중 면접전형과 서류전형의 평가 등급은 A~E로 동일하나 그 비중은 표기되어 있지 않으므로 알 수 없다.

② 모든 전형에 전공 관련 어학능력 수준을 평가하므로 전공 관련 어학능력이 높은 지원자는 모든 전형에서 유리하다.

④ 응시자가 기재한 서류전형으로 업무적합성을 모두 판단할 수 없으므로 2차 전형을 진행하고 있다.

⑤ 모든 전형에 지원동기를 평가하므로 해외 기술 영업 관련 지원동기가 명확한 지원자는 모든 전형에서 유리하다.

452
정답 ④

유형 문제처리능력 상-**중**-하

주어진 조건에 따라 계산한 A~H의 최종 평가 점수는 다음과 같다.

- A: 신입사원이므로 93점
- B: $90 \times 0.4 + 98 \times 0.6 = 94.8$(점)
- C: $92 \times 0.4 + 94 \times 0.6 = 93.2$(점)
- D: $98 \times 0.4 + 90 \times 0.6 = 93.2$(점)
- E: $88 \times 0.4 + 96 \times 0.6 = 92.8$(점)
- F: $92 \times 0.4 + 92 \times 0.6 = 92.0$(점)
- G: $95 \times 0.4 + 92 \times 0.6 = 93.2$(점)
- H: $94 \times 0.4 + 90 \times 0.6 = 91.6$(점)

수도권 중 여의도를 1지망한 사람은 C, G이다. C와 G의 점수는 93.2점으로 동일하고, 2021년의 평가 점수는 C가 더 높으므로 C가 여의도에 배치된다. 인천공항을 1지망한 사람은 E가 유일하다. 그런데 E는 2020년과 2021년에 수도권에 근무하였으므로 2022년에는 수도권에 근무할 수 없기 때문에 1지망으로 인천공항에 배치되는 사람은 없다. 수원에 1지망한 사람은 A와 H이다. A는 신입사원이므로 최종 평가 점수가 93점으로 H보다 높으므로 A가 수원에 배치된다. 분당에 1지망한 사람은 F가 유일하다. 그런데 F는 2021년에 분당에서 근무하였으므로 2년 연속으로 동일한 지역에 근무할 수 없다는 조건에 위배되어 1지망에 배치되지 않기 때문에

1지망으로 분당에 배치되는 사람은 없다. 그 외 지역 중 해운대에 1지망한 사람은 B, D이다. 그런데 B는 2021년에 해운대에 근무하였으므로 2년 연속으로 동일한 지역에서 근무할 수 없다는 조건에 위배되어 해운대에 배치되지 않고, D가 해운대에 배치된다. 제주공항에 1지망한 사람은 없다. 이에 따라 1지망 결과 여의도에 C, 수원에 A, 해운대에 D가 배치된다.

인천공항에 2지망한 사람은 D와 H인데, D는 해운대에 배치되었으므로 H가 인천공항에 배치된다. 분당에 2지망한 사람은 없다. 그 외 지역에는 지역별로 2명씩 배치하는데, 해운대에 2지망한 사람은 F와 G이고 G의 최종 평가 점수가 더 높으므로 G가 해운대에 배치된다. 제주공항에 2지망한 사람은 B와 C인데, C는 여의도에 배치되었으므로 B가 제주공항에 배치된다. 이에 따라 2지망 결과 인천공항에 H, 해운대에 G, 제주공항에 B가 배치되고, E, F는 배치되지 않았으며 분당에 1명, 제주공항에 1명이 배치되어야 한다. F의 경우 현재 근무지가 분당이므로 분당에 배치될 수 없고, E 또한 2020년과 2021년에 수도권에 근무하였으므로 분당에 배치될 수 없다. 그러므로 E와 F는 어떠한 경우에도 조건을 만족할 수 없으므로 조건에 관계없이 분당 또는 제주공항에 무작위로 배치된다.

따라서 제주공항에 배치된 사원 중 B만 제주공항을 2지망하였으므로 제주공항에 배치된 사원은 모두 제주공항을 2지망하였다는 설명은 항상 옳지 않다.

| 오답풀이 |

① 신입사원 A는 1지망 근무지인 수원에 배치되므로 항상 옳다.

② 인천공항에 배치된 사원은 H로 인천공항을 2지망하였으므로 항상 옳다.

③ 해운대에 배치된 사원은 D와 G로 G가 해운대를 2지망하였으므로 항상 옳다.

⑤ E와 F는 조건에 관계없이 분당과 제주공항에 무작위로 배치된다. 따라서 E가 분당에 배치될 수도 있으므로 항상 옳지 않은 설명은 아니다.

NCS 문제풀이 TIP

최종 평가 점수는 한 지역에 여러 명이 지망했을 때 배정자를 가려내기 위함이므로 미리 계산하지 않아도 된다. 2022년 희망 근무지의 1지망과 2지망을 비교할 때, 최종 평가 점수가 더 높은 사람을 가려내야 하는 경우에만 계산하면 문제 풀이 시간을 단축할 수 있다.

453

정답 ③

유형 문제처리능력   상-중-하

주어진 [그림]을 토대로 판단하였을 때, 통근버스 운행이 가능한 경로는 차고지-A-B-C-D-회사, 차고지-A-D-C-B-회사, 차고지-B-A-C-D-회사, 차고지-B-A-D-C-회사, 차고지-B-C-A-D-회사, 차고지-C-B-A-D-회사, 차고지-C-D-A-B-회사이다. 각 경로의 거리를 계산하면 다음과 같다.

- 차고지-A-B-C-D-회사:
  $10+22+4+7+15=58(km)$
- 차고지-A-D-C-B-회사:
  $10+12+7+4+19=52(km)$
- 차고지-B-A-C-D-회사:
  $14+22+15+7+15=73(km)$
- 차고지-B-A-D-C-회사:
  $14+22+12+7+9=64(km)$
- 차고지-B-C-A-D-회사:
  $14+4+15+12+15=60(km)$
- 차고지-C-B-A-D-회사:
  $20+4+22+12+15=73(km)$
- 차고지-C-D-A-B-회사:
  $20+7+12+22+19=80(km)$

이를 통해 '차고지-A-D-C-B-회사' 경로로 갈 때 52km로 가장 짧음을 알 수 있다. 이때 차고지에서 차가 출발하여 C까지 가는 거리는 $10+12+7=29(km)$이고 평균 속도는 60km/h이므로 운행 시간은 $\frac{29}{60}(시간)=29(분)$이다. 또한 A, D에서 5분씩 정차하였으므로 C에 최종적으로 도착하는 시각은 차고지에서 출발한 지 39분 뒤인 오전 8시 9분이다. C에서도 5분간 정차하므로 C에서 오전 8시 14분에 버스가 출발한다. 따라서 김 씨는 늦어도 오전 8시 14분에는 정류장에 도착해야 한다.

454

정답 ③

유형 문제처리능력   상-중-하

'증빙 서류'에 따르면 증빙 서류는 입사지원서와 증빙 서류의 일치 여부를 확인하며, 학교교육, 직업교육, 경력사항 등에 대한 단순 오기재는 감점 처리하여 면접전형 결과에 반영한다고 하였다. 따라서 입사지원서 내용에 학교교육 사항을 오기재한 경우 면접 점수와 관계없이 최종합격자에서 제외되는 것은 아니므로 옳지 않다.

| 오답풀이 |

① '응시 자격 요건'에 따르면 행정직 6급을의 응시 자격 요건은 최종 학력이 고등학교 졸업인 사람이며, '증빙 서류'의 세 번째 항목 [표] 5번에 따르면 행정직 6급을 지원자 중 대학 중퇴자는 제적증명서를 제출해야 한다고 하였다는 점에서 고등학교 졸업 후 대학에 진학하였으나 중퇴한 사람도 행정직 6급을에 지원할 수 있음을 알 수 있으므로 옳다.

② '응시 자격 요건'에 따르면 행정직 6급갑의 응시 자격 요건은 K공단 청년인턴으로 90일 이상 근무하였거나, K공단의 기관 A, B, C, D 중 한 곳에서 2년 이상 근무한 사람이다. 따라서 K공단 청년인턴 6개월 근무한 사람은 행정직 6급갑에 지원할 수 있으므로 옳다.

④ '응시 자격 요건'에 따르면 행정직 6급갑의 응시 자격 요건은 K공단 청년인턴으로 90일 이상 근무하였거나, K공단의 기관 A, B, C, D 중 한 곳에서 2년 이상 근무한 사람이라는 점에서 행정직 6급갑에 지원한 사람은 경력이 있어야 함을 알 수 있다. 따라서 '증빙 서류'에 따르면 행정직 6급갑에 지원한 사람은 적어도 지원자 전원이 제출해야 하는 '주민등록초본', K공단 경력자를 포함한 경력사항 입력자가 제출해야 하는 '경력증명서'와 '건강보험자격득실확인서 또는 고용보험자격이력내역서'를 제출해야 하므로 옳다. 연번 2, 6, 7은 해당 내용을 입력한 사람, 연번 3, 4, 5는 행정직 6급을 지원자, 연번 9, 10은 해당 대상자들만 제출하면 된다.

⑤ '증빙 서류'에 따르면 학교교육 입력자가 제출해야 하는 학교성적증명서는 발급 기한에 제한이 없으므로 옳다.

455 정답 ⑤

| 유형 | 문제처리능력   (상)-(중)-하

3문단에 따르면 종골절은 뼈의 긴 축과 평행한 방향으로 부러진 형태를 말하므로, F가 종골절에 해당하는 사례이다.

456 정답 ③

| 유형 | 문제처리능력   (상)-(중)-하

3문단에 따르면 강한 직달성 외력으로 인해 생긴 골절

은 횡골절이므로 옳지 않다.

| 오답풀이 |

① 2문단에 따르면 단순골절은 한 개의 골절선에 의해 두 개의 골절편이 생기는 경우이므로 옳다.

② 4문단에 따르면 한 뼈의 골절부 말단이 서로 겹쳐진 형태로 뼈의 길이가 외형적으로 바뀌는 것은 중복전위라고 하였으므로 옳다.

④ 1문단에 따르면 골절은 뼈나 골단판 또는 관절면의 연속성이 완전 혹은 불완전하게 소실된 상태를 말한다고 하였으므로 옳다.

⑤ 4문단에 따르면 전위 골절은 골절에 의해 골절 조각의 위치가 이동하거나 변화된 형태를 말하므로 옳다.

457 정답 ③

| 유형 | 문제처리능력   (상)-중-(하)

미술관을 이용할 경우 비용을 계산하면 다음과 같다.

구분	인원(명)	미술관	
		인당 금액(원)	총금액(원)
임직원	20	20,000	400,000
중학생	4	20,000	80,000
초등학생	12	20,000×0.7=14,000	168,000
미취학 아동	6	20,000×0.5=10,000	60,000
합계(원)			708,000
단체 5% 할인 적용 시 총비용(원)			672,600

박물관 이용 시 비용은 총 $42 \times 18,500 = 777,000$(원)이고, 단체 40인 이상으로 15% 할인 적용할 경우 금액은 $777,000 \times 0.85 = 660,450$(원)이다.

영화관 대관 시 금액이 더 저렴한 A관을 대관할 경우 비용은 650,000원이다.

따라서 비용이 가장 적게 드는 문화활동은 영화관이고, 이때의 비용은 650,000원이다.

458 정답 ①

| 유형 | 문제처리능력   (상)-(중)-(하)

인천 C공항에서 출발하는 항공편은 5가지이다.

i) 2. 20. 03:00에 출발하는 경우

2. 20. 03:00 인천 C공항에서 중국 A공항으로 T항

공을 이용하여 출발하면 2. 20. 06:10에 도착한다. 2. 20. 07:10에서 2. 20. 11:10 사이에 중국 A공항에서 태국 또는 베트남으로 출발하는 항공편은 없다. 따라서 이를 이용할 수 없다.

ii) 2. 20. 14:00에 출발하는 경우

2. 20. 14:00 인천 C공항에서 태국 A공항으로 P항공을 이용하여 출발하면 2. 20. 19:30에 도착한다. 만약 2. 20. 19:30부터 태국에서 휴가를 즐겼다면 2. 22. 19:30 이후에 인천에 돌아와야 한다. 2. 22. 20:00에 베트남으로 출발하는 T항공 항공편을 이용하였다면 2. 22. 22:20에 도착하므로 베트남에서 2. 22. 23:20부터 2. 23. 03:20에 출발하는 비행편이 있어야 한다. 해당하는 비행편이 없으므로 불가능하다. 태국 A공항에서 중국 A공항으로 갔을 때도 가능한 항공편이 없다. 2. 24. 15:00에 태국 A공항에서 출발한 뒤 2. 24. 19:00에 베트남 A공항을 경유하여 인천 C공항으로 돌아올 수 있다. 혹은 2. 25. 07:00에 태국 A공항에서 인천 C공항에 돌아올 수 있다. 2. 20. 21:00에 태국 A공항에서 베트남 A공항으로 출발하는 P항공의 항공편이 있으므로 2. 20. 23:10부터 베트남에서 휴가를 즐길 수 있다. 만약 2. 20. 23:10부터 베트남에서 휴가를 즐겼다면 2. 22. 23:10 이후에 인천에 돌아와야 한다. 이때, 경유하게 되면 600,000원을 초과하므로 베트남에서 경유해서 올 수 없다. 따라서 2. 23. 06:00 항공편, 2. 24. 19:00 항공편을 이용할 수 있다.

iii) 2. 20. 20:00에 출발하는 경우

2. 20. 20:00에 인천 C공항에서 태국 A공항으로 P항공을 이용하여 출발하면 2. 21. 01:40에 도착한다. 이때부터 태국에서 휴가를 즐기면 2. 23. 01:40 이후에 인천에 돌아와야 한다. 2. 24. 15:00에 태국 A공항에서 출발한 뒤 2. 24. 19:00에 베트남 A공항을 경유하여 인천으로 돌아오거나 2. 25. 07:00에 태국에서 인천으로 돌아올 수 있다.

iv) 2. 21. 07:00에 출발하는 경우

2. 21. 07:00에 인천 C공항에서 베트남 A공항으로 T항공을 이용하여 출발하면 2. 21. 12:30에 도착한다. 이때부터 베트남에서 휴가를 즐기면 2. 23. 12:30 이후에 인천에 돌아와야 한다. 따라서 2. 24. 19:00에 출발하는 항공편을 이용하여 돌아올 수 있다.

v) 2. 22. 14:00에 출발하는 경우

2. 22. 14:00에 인천 C공항에서 베트남 A공항으로

T항공을 이용하여 출발하면 2. 22. 19:20에 도착한다. 이때부터 베트남에서 휴가를 즐기면 2. 24. 19:20 이후에 인천에 돌아와야 한다. 가능한 항공편은 없다. 2. 22. 14:00에 인천 C공항에서 베트남 A공항에 간 뒤 2. 22. 21:00에 태국에 갈 수 있다. 이 경우 2. 22. 23:20에 태국에 도착하여 휴가를 즐길 수 있다. 2. 24. 23:20 이후에 태국에서 인천으로 돌아와야 하고, 2. 25. 07:00 항공편이 있으므로 가능하다.

따라서 가능한 항공편을 정리하면 다음과 같다.

출국				입국			
비행편	항공사	소요시간	금액	비행편	항공사	소요시간	금액
인천 C공항 → 태국 A공항	P항공	2. 20. 14:00 ~ 2. 20. 19:30	21만 원	태국 A공항 → 베트남 A공항 → 인천 C공항	P항공	2. 24. 15:00 ~ 2. 24. 16:40, 2. 24. 19:00 ~ 2. 25. 00:40	42 × 0.8 = 33.6 (만 원)
				태국 A공항 → 인천 C공항	P항공	2. 25. 07:00 ~ 2. 25. 12:10	20만 원
인천 C공항 → 태국 A공항 → 베트남 A공항	P항공	2. 20. 14:00 ~ 2. 20. 19:30, 2. 20. 21:00 ~ 2. 20. 23:10	37 × 0.8 = 29.6 (만 원)	베트남 A공항 → 인천 C공항	T항공	2. 23. 06:00 ~ 2. 23. 10:40	22만 원 (마일리지 사용)
					P항공	2. 24. 19:00 ~ 2. 25. 00:40	26만 원
인천 C공항 → 태국 A공항	P항공	2. 20. 20:00 ~ 2. 21. 01:40	23만 원	태국 A공항 → 베트남 A공항 → 인천 C공항	P항공	2. 24. 15:00 ~ 2. 24. 16:40, 2. 24. 19:00 ~ 2. 25. 00:40	42 × 0.8 = 33.6 (만 원)
				태국 A공항 → 인천 C공항	P항공	2. 25. 07:00 ~ 2. 25. 12:10	20만 원

인천 C공항 → 베트남 A공항	T항공	2. 21. 07:00 ~ 2. 21. 12:30	22만 원 (마일리지 사용)	베트남 A공항 → 인천 C공항	P항공	2. 24. 19:00 ~ 2. 25. 00:40	26만 원
인천 C공항 → 베트남 A공항 → 태국 A공항	T항공	2. 22. 14:00 ~ 2. 22. 19:20, 2. 22. 21:00 ~ 2. 22. 23:20	$46 \times 0.9 - 5 = 36.4$ (만 원)	태국 A공항 → 인천 C공항	P항공	2. 25. 07:00 ~ 2. 25. 12:10	20만 원

따라서 여행 시 중국 A공항을 경유할 수 있는 경우는 없으므로 옳지 않다.

| 오답풀이 |

② 가능한 한 빨리 여행지에 도착하려면 2. 20. 14:00에 인천 C공항에서 태국 A공항에 가는 비행편을 탑승해야 하므로 옳다.

③ 2. 20. 14:00 인천 C공항 → 태국 A공항, 2. 20. 14:00 인천 C공항 → 태국 A공항 → 베트남 A공항, 2. 20. 20:00 인천 C공항 → 태국 A공항 세 가지로 옳다.

④ T항공을 이용하여 돌아오는 경우는 2. 23. 06:00 베트남에서 인천으로 돌아오는 경우 밖에 없다. 이때 베트남에 갈 때는 P항공을 이용하므로 옳다.

⑤ 2. 24. 15:00에 태국에서 베트남으로 출발하여 2. 24. 19:00에 베트남에서 인천으로 돌아오는 경우이다. 이때 항공료는 $(16+26) \times 0.8 = 33.6$(만 원)이므로 옳다.

459
정답 ③

유형 문제처리능력 상·중·하

베트남으로 여행을 가는 경우는 2. 20. 14:00에 출발하여 인천 C공항 → 태국 A공항 → 베트남 A공항으로 경유하거나 2. 21. 07:00에 출발하여 인천 C공항에서 바로 베트남 A공항을 가는 경우가 있다.

i) 경유하는 경우

인천 C공항 → 태국 A공항 → 베트남 A공항으로 경유하는 경우 $(21+16) \times 0.8 = 29.6$(만 원)이다. 이때 돌아오는 항공편은 T항공을 이용해서 오거나 P항공을 이용해서 오는 경우이다. T항공을 이용해서 온다면 마일리지 5만 원을 사용할 수 있으므로 22만 원이고, P항공은 26만 원이다. 따라서 T항공을 이용해서 돌아오는 것이 저렴하므로 경유할 때 최소

왕복 항공료는 $29.6+22 = 51.6$(만 원)이다.

ii) 경유하지 않는 경우

인천 C공항에서 베트남 A공항으로 바로 가는 경우 22만 원이고, 돌아올 때 항공료는 26만 원이다. 즉, 경유하지 않을 때 최소 왕복 항공료는 48만 원이다.

따라서 i), ii)에서 왕복 항공료를 가장 저렴하게 하여 베트남으로 여행을 갈 때 지출하는 왕복 항공료는 48만 원이다.

460
정답 ⑤

유형 문제처리능력 상·중·하

1차 접종으로 감염이 예방되는 감염병은 결핵과 수두이므로 옳지 않다.

| 오답풀이 |

① 폴리오 감염병 백신의 3차 접종은 최대 18개월까지 가능하므로 옳다.

② 폐렴구균 고위험군인 경우 24개월 이후 PPSV를 접종하게 되므로 옳다.

③ 생후 2개월 차에 접종하는 백신은 DTaP, IPV, Hib, PCV 총 4종류이므로 옳다.

④ LJEV 백신은 1차 접종 후 12개월 후 2차 접종을 하므로 생후 13개월에 LJEV 1차 접종을 하였다면 생후 25개월에 2차 접종을 해야 한다.

461
정답 ③

유형 문제처리능력 상·중·하

IJEV 백신은 1차 접종 후 7~30일 간격으로 2차 접종을 실시하므로 2022년 9월 9일에 접종할 수 있다.

462
정답 ④

유형 문제처리능력 상·중·하

지역가입자가 피부양자로 자격 전환 시 피부양자 취득일이 1일인 경우 피부양자 신고일이 속한 달부터 지역보험료가 부과되지 않으나, 2일 이후 취득되는 경우 신고일이 속한 달까지는 지역보험료를 납부하여야 한다. 따라서 피부양자 자격 취득일이 6월 10일인 경우 2일

이후이므로 신고일이 속한 달인 6월까지는 지역보험료를 내야 한다.

| 오답풀이 |

① 피부양자 자격 대상이 되기 위해서는 재산과표가 5.4억 원 이하이거나 또는 재산과표가 5.4억 원을 초과하면서 9억 원 이하인 경우는 연간소득 1천만 원 이하여야 한다. 따라서 재산과표상 재산이 1.8억 원인 경우 5.4억 원 이하이므로 피부양자 자격을 취득할 수 있다.

② 직장가입자의 자격 취득일 또는 가입자의 자격 변동일부터 90일을 초과하여 피부양자 자격 취득 신고를 한 경우에는 피부양자 자격 취득 신고서를 제출한 날이 자격 취득일이 되지만, 부득이한 사유가 있었던 경우에는 직장가입자의 자격 취득일 또는 가입자의 자격 변동일이 자격 취득일이 된다.

③ 피부양자 자격 취득 신청에 필요한 서류는 자격 취득 신고서, 가입자와 피부양자의 관계를 증명할 수 있는 서류이다. 즉, 등본상에서 가족관계를 확인할 수 있으면 등본을 준비하면 되고, 등본으로 가입자와 피부양자의 관계를 알 수 없는 경우 가족관계증명서가 필요하다.

⑤ 피부양자 대상으로 보수 또는 소득이 없는 자는 피부양자 자격의 인정기준 중 소득 및 재산 요건을 참조하여 인정될 수 있다.

463 정답 ②

유형 문제처리능력 상-중-하

피부양자 자격 취득 신고 기간은 자격 취득일로부터 14일 이내이다. 하지만 직장가입자의 자격 취득 신고 또는 변동 신고를 한 후에 별도로 피부양자 자격 취득·신고를 한 경우에는 변동일로부터 90일 이내에 신고 시 피부양자가 될 수 있었던 날로 소급 인정이 된다.
2020년 3월 24일에 퇴직하고 6월 1일 공단에 피부양자 자격 취득 신고서를 제출한 A씨는 원래대로라면 6월 1일이 자격 취득일이 된다. 하지만 퇴직한 3월 24일로부터 6월 1일까지 아직 90일이 지나지 않았으므로 직장가입자의 자격 변동 신고일인 3월 24일로 소급 적용하여 3월 24일이 피부양자 자격 취득일이 된다.

464 정답 ②

유형 문제처리능력 상-중-하

'2. 신청내용'의 ②란에서 육아휴직급여는 신청인 본인

의 계좌번호를 적어야 한다고 되어 있으므로, A가 신청할 경우에는 반드시 A 명의의 통장을 적어야 한다.

| 오답풀이 |

① 기간의 경우는 휴직기간 중 급여를 지급받으려는 기간을 적어야 하므로 2024년 1월 1일~2024년 6월 30일로 적어야 한다.

③ B가 다 쓰고 난 후에 A가 사용하는 것이므로 '예'를 체크해야 한다.

④ 부모가 A, B 모두 있으므로 한부모가족지원법과 관련된 체크사항에는 '아니오'를 체크해야 한다.

⑤ 문제에서 이미 B의 경우 1년 전 육아휴직급여를 모두 신청 및 수령하였다고 하였다. 이번에 동시에 사용하는 것은 불가능하므로 '아니오'를 체크해야 한다.

465 정답 ④

유형 문제처리능력 상-중-하

기존 사이버 민원센터의 미지급 환급금 통합조회 및 신청에서 처리되던 본인부담상한액 초과금 신청과 기타징수금 과오납 환급금 신청 서비스를 건강보험공단 통합 홈페이지의 환급금 조회/신청 페이지에서 신청할 수 있으므로 옳다.

| 오답풀이 |

① 사이버 민원센터에서 처리할 수 있었던 인터넷 지로납부는 개편 후 www.giro.or.kr에서 할 수 있다. 따라서 사이버 민원센터에서 처리할 수 있는 항목 중 건강보험공단 통합 홈페이지에서 처리할 수 없는 항목은 인터넷 지로납부 한 가지이므로 옳지 않다.

② 주어진 자료에 따르면 건강보험공단 통합 홈페이지 정책센터에서는 지사별 잔여 보조기기 현황을 알 수 있을 뿐, 보조기기 대여를 신청할 수 있는 것은 아니므로 옳지 않다.

③ 주어진 자료에 따르면 '민원여기요 > 개인민원 > 보험료 조회' 페이지에서는 4대 보험료 계산, 지역 보험료 조회, 직장 보험료 조회, 홈페이지 납부 보험료, 고지내역 조회로 적어도 다섯 개의 민원 서비스를 처리할 수 있으므로 옳지 않다.

⑤ 주어진 자료에 따르면 '민원여기요 > 개인민원 > 증명서 발급·확인'의 하위 항목은 자격확인서, 자격득실확인서, 건강보험증 발급 신청, 차상위본인부담경감증명서, 보험료 납부확인서, 건강보험 본인부담금 확인서, 기타징수금 납부확인서로 적어도 일곱 개이므로 옳지 않다.

466

정답 ②

건강검진 결과 조회는 '건강iN > 나의건강관리 > 건강검진정보 > 건강검진 결과 조회'에서 할 수 있으므로 옳지 않다.

| 오답풀이 |

① '민원여기요 > 개인민원 > 보험료 조회 > 4대 보험료 계산'에서 할 수 있으므로 옳다.

③ '민원여기요 > 개인민원 > 보험료 납부 > 보험료 대납'에서 할 수 있으므로 옳다.

④ '민원여기요 > 개인민원 > 증명서 발급·확인 > 건강보험 본인부담금 확인서'에서 할 수 있으므로 옳다.

⑤ '민원여기요 > 개인민원 > 환급금 조회/신청'에서 할 수 있으므로 옳다.

NCS 문제풀이 *TIP*

일부를 제외하고 모두 민원여기요의 개인민원에서 할 수 있기 때문에 민원여기요의 개인민원에 해당하는 항목을 찾는 것보다 해당하지 않는 항목을 찾는 것이 빠르다.

467

정답 ①

'임신·출산 진료비 온라인 신청, 치석제거 진료정보 조회, 현금급여 지급내역 조회'는 홈페이지 개편 전 사이버민원센터에서 처리하던 민원 서비스다.

| 오답풀이 |

ⓒ, ⑩, ⑭은 홈페이지 개편 전 사회보험 징수포털에서 처리하던 민원 서비스다.

468

정답 ③

'서비스 제공 조건'의 두 번째 항목에 따르면 최초 카드 사용 등록 후 다음 달 말일까지는 매월 지난달 카드 실적 30만 원 미만 시에도 각각 지난달 실적 30만 원 기준으로 혜택을 제공받을 수 있다. 즉, 최초 사용 월을 5월이라고 가정하면 최초 사용 월인 5월과 그 다음 월인 6월은 각각 4월과 5월의 실적이 30만 원 미만이어도 각각 지난달 실적 30만 원 기준으로 혜택을 제공받을 수

있다는 것이다. 따라서 최초 카드 등록한 다음 달의 카드 실적이 30만 원 미만이라면 해당 달의 다음 달 통신요금은 할인받을 수 없으므로 옳지 않다.

| 오답풀이 |

① '공통 유의사항'의 첫 번째 항목에 따르면 K통신사 이용요금을 H카드로 자동이체 시 할인 혜택이 제공되며, H은행 계좌이체와는 관련이 없다. 따라서 K통신사를 이용하면서 H은행 계좌이체로 통신료를 납부하는 경우 자동이체 할인 혜택을 받을 수 없으므로 옳다.

② '할인 금액'에 따르면 K라이트 할부 이용 여부에 관계없이 지난달 이용 금액이 30만 원 미만인 경우 할인 금액이 0원이다. 따라서 K라이트 할부 미이용 고객의 할인 금액과 K라이트 할부 이용 고객의 할인 금액이 0원으로 동일할 수 있으므로 옳다.

④ '할인 금액'에 따르면 전월 이용 실적이 70만 원 이상인 경우 K통신사 이용 고객 중 K라이트 할부 이용 고객은 월 15,000원, K라이트 할부 미이용 고객은 월 5,000원을 할인받을 수 있으므로 옳다.

⑤ '서비스 제공 조건'의 세 번째 항목에 따르면 모바일카드를 포함한 본인 카드와 가족 카드의 이용 금액 및 할인 횟수는 합산하기 때문에 본인 모바일카드로 20만 원, 가족 카드로 20만 원 총 40만 원 이용 시 할인받을 수 있으므로 옳다.

469

정답 ④

'서비스 제공 조건'의 일곱 번째 항목에 따르면 국세, 지방세, 공과금, 상품권, 무이자할부, 대학교등록금, 아파트 관리비, 선불카드 충전, 기프트카드 구매, 아이행복카드 정부지원금, 도시가스 이용 금액은 지난달 실적에서 제외되므로 아파트 관리비, 도시가스, 지방세는 이용 실적에서 제외한다. 따라서 정희의 지난달 H카드 이용 실적은 $6 + 34 + 18 + 7 + 1.2 + 1 + 4 = 71.2$(만 원)이므로 이번 달에 청구할인으로 15,000원을 할인받을 수 있는데, 정희의 통신요금이 12,000원으로 15,000원보다 적은 금액이므로 12,000원이 할인된다.

470

정답 ③

'3. 확진자 발생 시―1)'의 두 번째, 세 번째 항목에 따

르면 내사자 중 확진자 발생 시 전 직원 즉시 귀가 조치
및 재택근무하며, 확진자의 이동 동선 및 사내 접촉 인
원을 확인하여 최근 3일간 2m 이내 밀접접촉자는 14일
자가격리 및 재택근무를 한다. 따라서 내사자 중 확진자
와 최근 3일간 2m 이내 밀접접촉하지 않은 경우 14일
간 자가격리를 하지 않아도 되므로 항상 옳다.

| **오답풀이** |

① '3. 확진자 발생 시-2)'의 첫 번째 항목에 따르면 방문객 중
　확진자와 2m 이내 밀접접촉한 경우 즉시 귀가 조치, 14일 자
　가격리 및 재택근무를 한다. 하지만 '4. 참고사항-1)'에 따르
　면 상기 규정에도 불구하고 코로나19 백신 접종을 완료한 지
　2주 이상이 지난 직원이 2m 이내 밀접접촉자이지만, 증상이
　없을 경우에는 3일 자가격리 및 재택근무를 한다고 하였다. 따
　라서 코로나19 백신 접종을 완료한 시점에 따라 14일 자가격
　리 및 재택근무를 할 수도, 3일 자가격리 및 재택근무를 할 수
　도 있으므로 항상 옳은 설명은 아니다.

② '3. 확진자 발생 시-1)'에 따르면 규정에 따라 연 최대 60일
　병가 사용이 가능하지만 치료 기간이 이를 초과하는 경우 공
　가 처리한다. 단, 이미 병가를 소진하였거나 일부 사용한 경우
　병가와 공가를 합산하여 연 최대 60일 사용 가능하다고 하였
　으므로 항상 옳지 않다.

④ '2. 의심 환자 발생 시-1)'에 따르면 내사자 중 의심 환자 발
　생 시 증상 확인 후 증상이 있을 시 해당 직원이 근무한 사무
　실을 임시 폐쇄 구역으로 설정하는데, 방문지도 임시 폐쇄 구
　역으로 설정해야 하는 것은 아니므로 항상 옳지 않다.

⑤ '3. 확진자 발생 시-1)'에 따르면 확진자는 완치 후 최소 14일
　간 자가격리 및 재택근무를 해야 한다. 따라서 코로나19에 확
　진된 경우 확진이 아닌 완치 후 최소 14일간 자가격리 및 재
　택근무를 해야 하므로 항상 옳지 않다.

471 정답 ②

유형 문제처리능력　　　　　　　　상-**중**-하

'2. 의심 환자 발생 시-2)'에 따르면, 방문객 중 의심
환자 발생 시 증상 확인 후 증상이 있다면 방문객의 이
동 동선 및 사내 접촉 인원을 확인하여 2m 이내 밀접접
촉자는 모든 접촉 인원이 증상 유무와 관계없이 즉시 귀
가 조치 및 재택근무하고 14일 자가격리한다. 2m 이내
밀접접촉은 아니나 사무실, 엘리베이터, 화장실 등 폐쇄
된 공간에 동시간대에 함께 있었던 인원은 증상 확인 후
증상이 있을 시 즉시 귀가 조치 및 재택근무한다. 또한,
방문객이 방문한 사무실과 방문지는 소독/방역을 시행

한다. 하지만 '4. 참고사항-1)'에 따르면, 상기 규정에
도 불구하고 코로나19 백신 접종을 완료한 지 2주 이상
이 지난 직원이 2m 이내 밀접접촉자이지만 증상이 없
을 경우에는 3일 자가격리 및 재택근무를 한다.
따라서 영업부 장 부장은 이 씨와 밀접접촉하지도 폐쇄
된 공간에 동시간대에 함께 있지도 않았으므로 증상이
없는 경우 3일 자가격리 및 재택근무를 하는 것은 옳지
않다.

| **오답풀이** |

① 기획부 김 부장은 이 씨와 2m 이내 밀접접촉을 하였기 때문
　에 코로나19 백신 접종을 완료한 지 2주 이상이 지났지만 증
　상이 있는 경우 즉시 귀가 조치 및 재택근무, 14일 자가격리를
　해야 하므로 옳다.

③ 재무부 백 대리는 코로나19 백신 접종을 완료한 지 2주 이상
　이 지났지만 이 씨와 2m 이내 밀접접촉을 하였기 때문에 증
　상 유무에 관계없이 즉시 귀가 조치를 해야 하므로 옳다.

④ 이 씨가 방문한 기획부 사무실과 1호기, 2호기 엘리베이터는
　소독/방역을 시행해야 하므로 옳다.

⑤ 영업부 강 사원은 코로나19 백신 접종을 완료 후 2주 이상이
　지나지 않았으며, 이 씨와 2m 이내 밀접접촉을 하였기 때문
　에 증상의 유무와 관계없이 14일 자가격리 및 재택근무를 해
　야 하므로 옳다.

472
정답 ⑤

유형 자기개발능력　　　　　　상-**중**-하

한 회사에서만 오래 근무한 O씨는 다른 직업이나 직무, 회사 밖의 기회에 대해 충분히 알지 못하는 '외부 작업 정보 부족'으로 인해 자기개발에 어려움을 겪고 있다.

473
정답 ③

유형 자기관리능력　　　　　　상-중-**하**

다른 사람과 다른 방식으로 일하는 것이 업무수행 성과를 높이기 위한 행동 전략이다. 다른 사람이 발견하지 못한 더 좋은 해결책을 발견하는 경우가 있기 때문이다. 예를 들어 일을 하는 순서를 반대로 해보거나, 다른 사람이 생각하는 순서와 거꾸로 생각해 본다거나, 다른 사람이 하는 일에 '아니오'라고 대답하고 일의 처리 방법을 생각해 본다면 창의적인 방법을 발견할 수도 있으며, 업무의 성과도 높일 수 있기 때문이다.

474
정답 ②

유형 자아인식능력　　　　　　상-**중**-하

4문단에서 '사적영역'은 비밀이나 치부가 드러나 행동의 제약이나 사회적인 책임을 지게 되므로 노출을 꺼리는 부분이지만 이 '사적영역'이 노출된 후 그것이 타인과 관계 속에서 받아들여지면 그와의 신뢰감이나 자신의 존재 가치에 대한 자신감은 상당히 높아진다고 하였으므로 적절하지 않다.

| 오답풀이 |

① 2문단에서 나 자신도 알고 타인도 알고 있는 '공통영역'의 부분이 넓으면 친밀한 관계가 쉽게 형성된다고 하였으므로 적절하다.

③ 6문단에서 상대방의 이야기도 듣지 않고 자신을 내보이지도 않는 아성을 쌓으면 자신의 결점이나 무능을 감추는 데 급급하게 되어 삶의 귀중한 에너지와 시간을 낭비하게 된다고 하였다. 따라서 상대방을 받아들이지도 않고, 자신을 내보이지도

않으면 타인과 긍정적인 관계를 맺기가 힘들다고 볼 수 있으므로 적절하다.

④ 3문단에서 어떤 사람이 타인을 대할 때 자신만의 독특한 특성으로 인해 상대방에게 불쾌감을 주지만, 정작 그 자신은 모르는 경우를 '맹점영역'이라고 한다고 하였다. 자신의 언어 습관이 타인에게 불쾌감을 주는데, 그것을 자신이 모른다면 이는 '맹점영역'에 속하므로 적절하다.

⑤ 6문단에서 '자아의 모습'을 타인에게 노출했을 때 그 모습 그대로 수용되는 경험이 많을수록 공통영역은 넓어지고 타인과 긍정적 관계를 맺을 확률도 높아진다고 하였으므로 적절하다.

475
정답 ③

유형 경력개발능력　　　　　　상-중-**하**

퇴직준비는 경력중기부터 준비하는 것이 바람직하다.

NCS 문제풀이 TIP

- 직업선택
  - 최대한 여러 직업의 정보를 수집, 탐색하여 자신에게 적합한 최초의 직업 선택
  - 관련학과 외부 교육 등 필요한 교육 이수
- 조직입사
  - 원하는 조직에서 일자리 얻음
  - 정확한 정보를 토대로 적성에 맞는 적합한 직무 선택
- 경력초기
  - 조직의 규칙과 규범에 대해 배움
  - 직업과 조직에 적응해 감
  - 역량(지식, 기술, 태도)을 증대시키고 꿈을 추구해 나감
- 경력중기
  - 경력초기를 재평가하고 좀 더 업그레이드된 꿈으로 수정함
  - 성인 중기에 적합한 선택을 하고 지속적으로 열심히 일함
- 경력말기
  - 지속적으로 열심히 일함
  - 자존심 유지
  - 퇴직준비의 자세한 계획(경력중기부터 준비하는 것이 바람직)

476
정답 ⑤

유형 경력개발능력　　　　　　상-중-**하**

과거의 투잡족은 경제적인 이유로 두 개 이상의 직업을 병행하는 경우가 많았으나, 최근에는 불확실한 미래를

대비하기 위한 자기계발·자아실현 투잡족이 증가하고 있으므로 적절하지 않다.

| 오답풀이 |

① 지식과 정보의 폭발적인 증가로 새로운 기술이 지속적으로 개발됨에 따라 직업에서 요구되는 능력도 변화하고 있으므로 적절하다.

② 평생학습 사회에서는 개인이 현재 가지고 있는 능력보다 개인의 학습 능력과 이에 대한 자기개발 노력이 더 중요하게 여겨지므로 적절하다.

③ 독립근로자는 하나의 조직에 소속되어 있거나 계속해서 특정 조직에 고용되는 것이 아니기에 본인의 경력개발에 대한 책임이 온전히 개인에게 주어지므로 적절하다.

④ 퇴직 연한이 짧아져 빠르게 조직에서 나올 수밖에 없는 사람들은 전문성을 갖추기 위해 특정 조직에 고용된 사람들과는 다른 방식으로 경력개발 준비를 해야 하므로 적절하다.

자원관리능력								본문 428~447쪽
477	④	478	②	479	③	480	④	481	④
482	③	483	③	484	④	485	①	486	⑤
487	③	488	④	489	③	490	④	491	③
492	①	493	④	494	⑤	495	④	496	⑤
497	②								

477
정답 ④

유형 자원관리능력

자원은 크게 시간, 예산(돈), 물적자원, 인적자원으로 구분된다. 일기예보를 확인하지 않아 매번 비가 올 때마다 근처 편의점에서 우산을 구입하는 것은 자원 낭비요인 중 '비계획적 행동'에 해당한다.

| 오답풀이 |

①, ②, ③, ⑤는 모두 자원 낭비요인 중 편리성 추구에 해당한다.

478
정답 ②

유형 시간관리능력

시간관리 매트릭스에서 가장 먼저 해야 하는 일은 중요하고 급한 일이다. 마감 기한이 얼마 남지 않은 입찰 자료 준비는 중요하고 긴급한 일에 해당한다.

| 오답풀이 |

① 금주 주간 보고서 작성은 계획과 준비가 다소 필요한 중요하지만, 급하지 않은 일에 해당한다.

③ 마케팅팀에서 요청한 협력 업무는 정례적인 업무들로 급하지만, 중요하지 않은 일에 해당한다.

④ 회사 내의 팀워크 관리는 계획과 준비가 다소 필요한 중요하지만, 급하지 않은 일에 해당한다.

⑤ 금주 주간 회의 준비는 일상적인 회의로 중요하지 않지만, 긴급한 일에 해당한다.

479
정답 ③

유형 시간관리능력

일의 우선순위는 일반적으로 일이 가진 중요성과 긴급성을 바탕으로 구분한다. 다음 시간관리 매트릭스를 통해 중요성과 긴급성을 고려하여 일의 우선순위를 결정할 수 있다.

	긴급함	긴급하지 않음
중요함	Ⅰ 긴급하면서 중요한 일 • 위기 상황 • 급박한 문제 • 기간이 정해진 프로젝트	Ⅱ 긴급하지 않지만 중요한 일 • 예방 생산 능력 활동 • 인간관계 구축, 오락 • 새로운 기회 발굴 • 중장기 계획
중요하지 않음	Ⅲ 긴급하지만 중요하지 않은 일 • 잠깐의 급한 질문 • 일부 보고서 및 회의 • 눈앞의 급박한 상황 • 인기 있는 활동	Ⅳ 긴급하지 않고 중요하지 않은 일 • 하찮은 일 • 우편물, 전화 • 시간 낭비거리 • 즐거운 활동

한 팀장이 해야 할 일 중 오늘 완료해야 하는 과제는 이 사원에게 거래처 목록 업데이트를 요청하는 것과 총무팀에 연구 기자재 사용을 신청하는 것이다. 거래처 목록 업데이트는 급한 건은 아니며 이번 주 금요일까지 완료하면 되는 업무인 반면, 연구 기자재 사용 신청은 실험 결과에 영향을 주며 가능한 한 빨리 신청해야 한다.
따라서 한 팀장은 '연구 기자재 사용 신청'을 가장 우선적으로 처리해야 한다.

480

정답 ④

유형 시간관리능력　　　　상-중-하

조 대리는 오후 12시 30분 미팅 10분 전에 도착해야 하고, 공단에 도착하여 식사(40분)를 하므로 미팅 시작 시각 50분 전에는 ○○공단에 도착해야 한다. 이때, 대기시간이 5분을 넘지 않아야 하므로 11시 35~40분 사이에 조 대리가 ○○공단에 도착해야 한다.
1) 가는 편으로 KTX를 이용하는 경우
부산역에 도착한 후 택시 승강장까지 12분, 버스 정류장까지 7분이 소요되므로 이를 고려해야 한다.

도착시각 (부산역)	교통편	비고
10:42 도착	택시 승강장 10:54(12분), 11:24(30분) 도착	11시 35~40분 전에 도착하고, 대기시간이 5분이 넘으므로 이용 불가
	버스 정류장 10:49(7분), 급행/일반버스 불가능	급행버스는 매시 25분, 55분, 일반버스는 매시 15분, 45분 출발이므로 이용 불가
10:47 도착	택시 승강장 10:59(12분), 11:29(30분) 도착	11시 35~40분 전에 도착하고, 대기시간이 5분이 넘으므로 이용 불가
	버스 정류장 10:54(7분), 10:55 급행버스 출발하여 11:35(40분) 도착	이용 가능
	버스 정류장 10:54(7분), 일반버스는 불가능	일반버스는 매시 15분, 45분 출발이므로 이용 불가
10:50 도착	택시 승강장 11:02(12분), 11:32(30분) 도착	11시 35~40분 전에 도착하고, 대기시간이 5분이 넘으므로 이용 불가
	버스 정류장 10:57(7분), 급행/일반버스 불가능	급행버스는 매시 25분, 55분, 일반버스는 매시 15분, 45분 출발이므로 이용 불가

→ KTX/급행버스만 가능
2) 가는 편으로 비행기를 이용하는 경우
김해공항에 도착한 후 택시 승강장까지 5분, 버스 정류장까지 8분이 소요되므로 이를 고려해야 한다.

도착시각 (김해공항)	교통편	비고
10:08 도착	택시 승강장 10:13(5분), 10:58(45분) 도착	11시 35~40분 전에 도착하고, 대기시간이 5분이 넘으므로 이용 불가
	버스 정류장 10:16(8분), 급행버스는 불가능	급행버스는 매시 5분, 35분 출발이므로 이용 불가
	버스 정류장 10:16(8분), 10:20 일반버스 출발하여 11:35(75분) 도착	이용 가능
10:24 도착	택시 승강장 10:29(5분), 11:14(45분) 도착	11시 35~40분 전에 도착하고, 대기시간이 5분이 넘으므로 이용 불가

	버스 정류장 10:32(8분), 10:35 급행버스 출발하여 11:35(60분) 도착	이용 가능
	버스 정류장 10:32(8분), 일반버스는 불가능	일반버스는 매시 20분, 50분 출발이므로 이용 불가
10:43 도착	택시 승강장 10:48(5분), 11:33(45분) 도착	11시 35~40분 전에 도착하고, 대기시간이 5분이 넘으므로 이용 불가
	버스 정류장 10:51(8분), 급행/일반버스 불가능	급행버스는 매시 5분, 35분, 일반버스는 매시 20분, 50분 출발이므로 이용 불가

→ 비행기/일반버스, 비행기/급행버스 가능

3) 오는 편으로 KTX를 이용하는 경우

미팅은 오후 12시 30분에 시작하여 1시간 30분이 걸리므로 오후 2시(14:00)에 마친다. 택시는 바로 탈 수 있고, 버스의 경우 매시 5분에 출발한다. 또한, 부산역에서 택시 승강장까지 12분, 버스 정류장까지 7분이 소요되는 것도 고려해야 한다.

출발시각 (부산역)	교통편	비고
14:40 출발	택시 이용 시 14:30(30분) 택시 승강장 도착 후 부산역으로 이동 시 14:42(12분)	이용 불가
	버스 이용 시 14:55(50분) 버스 정류장 도착 후 부산역으로 이동 시 15:02(7분)	이용 불가
14:50 출발	택시 이용 시 14:30(30분) 택시 승강장 도착 후 부산역으로 이동 시 14:42(12분)	여유시간이 5분이 넘으므로 이용 불가
	버스 이용 시 14:55(50분) 버스 정류장 도착 후 부산역으로 이동 시 15:02(7분)	이용 불가
15:05 출발	택시 이용 시 14:30(30분) 택시 승강장 도착 후 부산역으로 이동 시 14:42(12분)	여유시간이 5분이 넘으므로 이용 불가
	버스 이용 시 14:55(50분) 버스 정류장 도착 후 부산역으로 이동 시 15:02(7분) 서울역에 17:46 도착한 후 회사로 이동 시 18:01(15분) 도착	오후 6시 넘어서 복귀하므로 이용 불가

→ 가능한 경우가 없음

4) 오는 편으로 비행기를 이용하는 경우

미팅은 오후 12시 30분에 시작하여 1시간 30분이 걸리므로 오후 2시(14:00)에 마친다. 택시는 바로 탈 수 있고, 버스의 경우 매시 5분에 출발한다. 또한, 공항에서 택시 승강장까지 5분, 버스 정류장까지 8분이 소요되는 것도 고려해야 한다.

출발시각 (김해공항)	교통편	비고
14:58 출발	택시 이용 시 14:45(45분) 택시 승강장 도착 후 공항으로 이동 시 14:50(5분)	여유시간이 5분이 넘으므로 이용 불가
	버스 이용 시 15:15(70분) 버스 정류장 도착 후 공항으로 이동 시 15:23(8분)	이용 불가
15:25 출발	택시 이용 시 14:45(45분) 택시 승강장 도착 후 공항으로 이동 시 14:50(5분)	여유시간이 5분이 넘으므로 이용 불가
	버스 이용 시 15:15(70분) 버스 정류장 도착 후 공항으로 이동 시 15:23(8분) 김포공항에 16:36 도착한 후 회사로 이동 시 18:01(1시간 25분) 도착	오후 6시 넘어서 복귀하므로 이용 불가
15:28 출발	택시 이용 시 14:45(45분) 택시 승강장 도착 후 공항으로 이동 시 14:50(5분)	여유시간이 5분이 넘으므로 이용불가
	버스 이용 시 15:15(70분) 버스 정류장 도착 후 공항으로 이동 시 15:23(8분) 김포공항에 16:32 도착한 후 회사로 이동 시 17:57(1시간 25분) 도착	이용 가능

→ 일반버스/비행기만 가능

정리하면 가는 편으로 가능한 교통편은 'KTX/급행버스', '비행기/일반버스', '비행기/급행버스'이고, 오는 편으로 가능한 교통편은 '일반버스/비행기'이다.

그러므로 이 조건을 모두 만족하는 선택지는 ④이다.

오는 편의 경우 택시/일반버스라는 2가지 경우밖에 없으므로 가는 편보다는 오는 편을 먼저 고려하는 것이 더 낫다. 오는 편을 먼저 고려하면, 선택지 ④와 ⑤만이 남으므로 이때 가는 편으로 비행기/급행버스인지 KTX/일반버스인지만 고려하면 된다.

즉, 일반적으로 문제를 풀 때는 경우의 수가 더 적은 경우를 먼저 해보는 것이 합리적이다.

481

정답 ④

유형 예산관리능력 상-**중**-**하**

직접비는 제품 생산 또는 서비스를 창출하기 위해 직접 소비된 비용이고, 간접비는 제품 생산 또는 서비스를 창출하는 데 직접적으로 관련되지 않은 비용을 의미한다. 따라서 ㉣, ㉫, ㉭은 직접비, ㉠, ㉡, ㉢, ㉤, ㉥은 간접비에 해당한다.

• 직접비: 인건비, 재료비, 원료비, 장비비, 시설비, 임대료, 잡비, 퇴직급여, 상여금, 출장비, 여행출장비, 여비교통비 등
• 간접비: 광고비, 통신비, 보험비, 공과금, 세금, 복지후생비, 소모품비, 건물관리비, 수도광열비, 사무용품비, 사무비품비 등

482

정답 ③

유형 예산관리능력 상-**중**-**하**

아동극은 뮤지컬 및 복합에 해당한다. 토요일 오전에는 가산이 붙지 않으므로 소극장 오전 기본비용과 동일하다. 소극장 오전 기본비용은 14만 원이다. 또한 1시간 이내의 철수작업은 별도의 비용을 부과하지 않으므로 총요금은 14만 원이다.

| 오답풀이 |

① 아동극의 대극장 오후 기본 사용료는 60만 원이다.
② 1시간 이내의 철수작업은 별도 비용을 지불하지 않으므로 아동극의 소극장 오후 기본 사용료는 18만 원이다.
④ 아동극의 토요일 야간의 소극장 사용료는 $22 \times 1.2 = 26.4$(만 원)이다. 따라서 연습대관료는 이의 50%인 13.2만 원이다. 아동극의 일요일 오전 대극장 사용료는 $42 \times 1.2 = 50.4$(만 원)이므로 총대관료는 $13.2 + 50.4 = 63.6$(만 원)이다.

⑤ 수요일 오후에 대극장에서 3시간 공연을 한다면 초과 사용료가 100분의 50 가산되므로 $60 \times 1.5 = 90$(만 원)이고, 야간에 철수작업을 한다면 $80 \times 0.5 = 40$(만 원)이 추가되므로 총대관료는 130만 원이다.

483

정답 ③

유형 예산관리능력 상-**중**-**하**

갑동상사의 경우, 세트 판매를 감안할 때 A물품을 210개, B물품을 160개 구매해야 한다. A물품이 개당 13,000원, B물품이 개당 22,000원이므로 할인 전 금액은 $(13,000 \times 210) + (22,000 \times 160) = 2,730,000 + 3,520,000 = 6,250,000$(원)이며, 3%의 할인을 적용하면 최종 금액은 $6,250,000 \times 0.97 = 6,062,500$(원)이 된다.

을동물산의 경우, 개별 구매가 가능하고 A물품이 개당 15,000원, B물품이 개당 25,000원이므로 할인 전 금액은 $(15,000 \times 200) + (25,000 \times 150) = 3,000,000 + 3,750,000 = 6,750,000$(원)이 되며, 10%의 할인을 적용하면 최종 금액은 $6,750,000 \times 0.9 = 6,075,000$(원)이 된다.

㉢ 을동물산의 할인율을 5%p 올리면 15%가 되고, 이때의 최종 금액은 $6,750,000 \times 0.85 = 5,737,500$(원)이 되어 을동물산이 더 저렴해진다.

㉣ 할인 적용 전 두 업체의 금액 차이는 $6,750,000 - 6,250,000 = 500,000$(원)이다.

| 오답풀이 |

㉠ 갑동상사에서 구매하는 것이 더 저렴하다.
㉡ 두 업체의 구매 금액 차이는 $6,075,000 - 6,062,500 = 12,500$(원)이다.

484

정답 ④

유형 자원관리능력 상-**중**-**하**

취미 활동별 순위 및 그에 따른 점수와 합산 점수는 다음과 같다. (↓) 표시가 있는 평가 항목은 낮을수록, (↑) 표시가 있는 평가 항목은 높거나 길수록 순위가 높다.

구분	가격 (↓)	난이도 (↓)	수업 만족도(↑)	교육효과 (↑)	소요시간 (↑)	합산 점수
필라테스	4위 → 2점	4위 → 2점	1위 → 5점	1위 → 5점	4위 → 2점	16점
테니스	3위 → 3점	1위 → 5점	4위 → 2점	3위 → 3점	4위 → 2점	15점
베이킹	5위 → 1점	2위 → 4점	1위 → 5점	4위 → 2점	3위 → 3점	15점
영어	1위 → 5점	2위 → 4점	3위 → 3점	4위 → 2점	1위 → 5점	19점
코딩	2위 → 4점	5위 → 1점	4위 → 2점	1위 → 5점	1위 → 5점	17점

따라서 합산 점수가 19점으로 가장 높은 영어 수업을 듣는다.

485

정답 ①

유형 자원관리능력 상-중-하

취미 활동별 순위 및 그에 따른 점수와 합산 점수는 다음과 같다. (↓) 표시가 있는 평가 항목은 낮을수록, (↑) 표시가 있는 평가 항목은 높거나 길수록 순위가 높다.

구분	가격(↓)	소요시간(↑)	나머지 세 항목 기준 점수 합계	합산점수
필라테스	5위 → 1점	2위 → 4점	12점	17점
테니스	2위 → 4점	4위 → 2점	10점	16점
베이킹	3위 → 3점	4위 → 2점	11점	16점
영어	3위 → 3점	1위 → 5점	9점	17점
코딩	1위 → 5점	2위 → 4점	8점	17점

필라테스와 영어, 코딩 점수가 17점으로 같으므로 수업만족도가 더 높은 필라테스 수업을 듣는다.

486

정답 ⑤

유형 예산관리능력 상-중-하

경형 전기자동차의 경우 경형자동차에도 속하고 전기자동차에도 속한다. 하지만 전기자동차의 경우 충전 시에 주차 요금 감면혜택을 받을 수 있으므로 충전하지 않는

다면 경형자동차 감면혜택이 적용된다. H역 환승 주차장은(노외 주차장) 2급지이므로 5분에 200원이고, 90분(1시간 30분) 주차 시 $200 \times 18 = 3,600$(원)이다. 이때, 경형자동차(50% 할인) 감면혜택 적용 시 1,800원의 주차 요금으로 정산된다.

| 오답풀이 |

① 전통시장 이용자는 최초 2시간 동안 주차 요금 50% 할인을 받을 수 있다. 단, 1급지 소재 주차장은 제외된다. F역 환승 주차장(노외 주차장)은 1급지 주차장이므로 주차 요금 감면혜택이 적용될 수 없다. 그러므로 F역 환승 주차장(노외 주차장)은 5분당 450원이므로 120분(2시간)의 주차 요금은 $450 \times 24 = 10,800$(원)이다.

② A역 공영 주차장(노상 주차장)은 3급지이므로 1일 주차 요금은 최대 25,000원을 넘지 않는다. A역 공영 주차장(노상 주차장)은 5분당 150원이므로 1시간에 $150 \times 12 = 1,800$(원)이고, 14시간은 $1,800 \times 14 = 25,200$(원)이다. 하지만 1일 주차 요금은 최대 25,000원을 넘지 않으므로 주차 요금은 25,000원이다.

③ 지하철 환승 목적의 경우 3/4급지(노외주차장)는 월정기권(주간)을 50% 할인된 가격에 구매할 수 있다. 하지만 C역 공영 주차장은 3급지 노상주차장이므로 할인을 받을 수 없다. 그러므로 월정기권(주간) 구매 시 60,000원을 지불해야 한다.

④ [표1]을 보면 노상 공영 주차장과 노외 공영 주차장 각 급지별 주간과 야간 월정기권 요금은 동일하다.

487

정답 ③

유형 예산관리능력

주차장 리모델링 우선순위 산정 방법은 다음과 같다.
급지(높은 > 낮은) > 형태(노상 > 노외) > 주차 구획수(큰 > 적은)
또한 공영 주차장은 노상 주차장, 환승 주차장은 노외 주차장을 의미한다.
주어진 공영 주차장 세부 현황을 바탕으로 우선순위를 정하면 아래와 같다.

- 1급지: F역 환승 주차장(1,500면)
- 2급지: G역 공영 주차장(700면), H역 환승 주차장(1,200면)
- 3급지: C역 공영 주차장(1,100면), A역 공영 주차장(900면), E역 환승 주차장(1,000면), D역 환승 주차장(930면)
- 4급지: B역 환승 주차장(1,300면)

현재 6번째까지 리모델링이 진행되었으므로 총 8개 주차장 중 후순위인 D역 환승 주차장, B역 환승 주차장은 고려할 필요가 없다.

각 주차장의 시설 이용료를 계산하면 다음과 같다.

구분	월정기권 (주간)	월정기권 (야간)	주차 구획수	시설 이용료(원)
F역 환승 주차장	150,000	100,000	1,500	$1,500 \times (150,000+100,000)$ $\times 30 \div 50 = 225,000,000$
G역 공영 주차장	120,000	60,000	700	$700 \times (120,000+60,000)$ $\times 20 \div 50 = 50,400,000$
H역 환승 주차장	120,000	60,000	1,200	$1,200 \times (120,000+60,000)$ $\times 30 \div 50 = 129,600,000$
C역 공영 주차장	60,000	40,000	1,100	$1,100 \times (60,000+40,000)$ $\times 30 \div 50 = 66,000,000$
A역 공영 주차장	60,000	40,000	900	$900 \times (60,000+40,000)$ $\times 20 \div 50 = 36,000,000$
E역 환승 주차장 (노외 3급지)	60,000	40,000	500	$500 \times (60,000+40,000)$ $\times 30 \div 50 = 30,000,000$
	30,000 (환승 50% 할인)	40,000	500	$500 \times (30,000+40,000)$ $\times 30 \div 50 = 21,000,000$
총금액				558,000,000원

E역의 경우 3/4급지 노외 주차장이므로 전체 주차 구획수 1,000면 중 50%인 500면은 월정기권(주간)에서 50% 할인된 가격으로 계산해야 한다. 또한, 총 1,000면이므로 휴무일수는 30일로 산정하여 계산한다.
그러므로 현재까지 ○○공단의 시설 이용료 수입은 558,000,000원이 줄어들었다.

488
정답 ④

유형 물적자원관리능력 상-중-**하**

물적자원을 적절하게 이용하지 못하는 것은 다양한 원인에 의해 발생할 수 있다. 그중에서 보유하고 있던 물적자원을 적절하게 활용하지 못하게 하는 4가지 방해요인은 보관 장소를 파악하지 못하는 경우, 물품이 훼손된 경우, 물품을 분실한 경우, 분명한 목적 없이 자원을 구입한 경우 등으로 나누어 볼 수 있다.
자원은 얼마나 효과적으로 낭비 없이 사용하는지가 중요한 일이므로, 반드시 비싼 자원을 사용하는 것이 적절한 자원 활용에 방해요인이 된다고 볼 수는 없다.

489
정답 ③

유형 인적자원관리능력 상-중-**하**

개인차원에서의 인적자원관리가 인맥관리를 의미하며, 조직차원에서의 인적자원관리는 기업의 성과를 높이기 위해 인적자원을 효과적으로 관리하는 것을 의미한다.

490
정답 ④

유형 물적자원관리능력 상-중-**하**

10~30대들이 주로 이용하는 장소여야 하므로 B는 제외된다. 다음으로 밀집도가 너무 높으면 행사가 가려질 수도 있다고 하였으므로 밀집도가 가장 높은 F도 제외된다. 대신 접근성이 보통 이상인 곳으로 하자고 하였으므로 D도 제외된다. 비용과 면적은 중요하지 않지만 조건을 만족하는 장소가 여러 곳이면 더 저렴한 곳으로 선택한다고 하였으므로 A, C, E 중 가격이 더 저렴한 C와 E를 선택한다.

491
정답 ③

유형 물적자원관리능력

구별 1인 1일당 폐기물 배출량을 구하면 다음과 같다.

(단위: 톤, 명)

자치구	배출량	재활용량	주민 수	1인 1일당 폐기물 배출량
[1]	860.1	728	154,318	5.6kg
[2]	1,459.80	1,265.60	131,943	11.1kg
[3]	1,137.40	1,008.50	238,300	4.8kg
[4]	2,168.30	1,436.10	294,140	7.4kg
[5]	1,373.20	1,289.30	353,380	3.9kg
[6]	1,357.90	1,232.60	351,626	3.9kg
[7]	1,580.80	1,459.70	393,149	4.0kg
[8]	1,345.40	1,246.20	441,717	3.0kg
[9]	847.5	770.8	304,257	2.8kg

[10]	802.1	623.2	320,711	2.5kg
[11]	1,575.40	1,364.80	517,038	3.0kg
[12]	2,303.70	2,144.90	477,961	4.8kg
[13]	1,587.90	1,489.60	316,415	5.0kg
[14]	1,956.90	1,748.70	379,525	5.2kg
[15]	1,089.90	922.3	452,255	2.4kg
[16]	2,938.20	2,210.50	581,265	5.1kg
[17]	1,324.80	1,109.20	422,361	3.1kg
[18]	1,931.20	1,796.70	244,887	7.9kg
[19]	2,540.70	2,374.60	401,814	6.3kg
[20]	1,503.70	1,408.70	396,122	3.8kg
[21]	1,658.60	1,530.20	501,572	3.3kg
[22]	3,772.10	3,557.70	420,145	9.0kg
[23]	3,667.20	3,055.10	538,075	6.8kg
[24]	2,324.80	2,035.20	664,996	3.5kg
[25]	4,535.30	4,352.80	467,997	9.7kg

따라서 폐기물 배출 등급이 D등급인 지역은 1인 1일당 폐기물 배출량이 $(1,459.80 \times 1,000) \div 131,943 ≒ 11$(kg)인 중구, $(3,772.10 \times 1,000) \div 420,145 ≒ 9$(kg)인 서초구, $(4,535.30 \times 1,000) \div 467,997 ≒ 10$(kg)인 강동구로 총 3개구이다.

[10]	802.1	623.2	320,711	77.7%
[11]	1,575.40	1,364.80	517,038	86.6%
[12]	2,303.70	2,144.90	477,961	93.1%
[13]	1,587.90	1,489.60	316,415	93.8%
[14]	1,956.90	1,748.70	379,525	89.4%
[15]	1,089.90	922.3	452,255	84.6%
[16]	2,938.20	2,210.50	581,265	75.2%
[17]	1,324.80	1,109.20	422,361	83.7%
[18]	1,931.20	1,796.70	244,887	93.0%
[19]	2,540.70	2,374.60	401,814	93.5%
[20]	1,503.70	1,408.70	396,122	93.7%
[21]	1,658.60	1,530.20	501,572	92.3%
[22]	3,772.10	3,557.70	420,145	94.3%
[23]	3,667.20	3,055.10	538,075	83.3%
[24]	2,324.80	2,035.20	664,996	87.5%
[25]	4,535.30	4,352.80	467,997	96.0%

따라서 재활용률이 가장 낮은 지역은 성동구이다.

 NCS 문제풀이 TIP

모든 지역의 재활용률을 구하지 말고, 선택지에 제시된 5개 구에 대하여 확인하면 된다.

492

정답 ①

유형 물적자원관리능력 　상-중-하

구별 재활용률을 구하면 다음과 같다.

(단위: 톤, 명)

자치구	배출량	재활용량	주민 수	재활용률
[1]	860.1	728	154,318	84.6%
[2]	1,459.80	1,265.60	131,943	86.7%
[3]	1,137.40	1,008.50	238,300	88.7%
[4]	2,168.30	1,436.10	294,140	66.2%
[5]	1,373.20	1,289.30	353,380	93.9%
[6]	1,357.90	1,232.60	351,626	90.8%
[7]	1,580.80	1,459.70	393,149	92.3%
[8]	1,345.40	1,246.20	441,717	92.6%
[9]	847.5	770.8	304,257	90.9%

493

정답 ④

유형 물적자원관리능력 　상-중-하

물품을 입고되는 날짜에 따라 보관하는 등 체계 없이 보관하게 되면 필요한 물품을 찾는 것이 어려워질 뿐만 아니라 물품의 훼손이나 분실 우려가 있을 수 있으므로 적절한 과정을 거쳐 물품을 구분하여 보관하고 관리하는 것이 효과적이다.

물품을 보관할 때는 종이류와 유리, 플라스틱 등 개별 물품의 특성을 고려하여 보관 장소를 선정해야 하지만, B사원은 필요한 비품을 빠르게 찾을 수 없는 것에 대해 고민하고 있으므로 쉽게 파손되는 물품을 별도로 보관하는 등 개별 물품의 특성에 맞게 보관 장소를 선정하라는 조언은 가장 적절하지 않다.

| 오답풀이 |

① 동일성의 원칙에 해당하는 설명으로, 동일성의 원칙에 따라

물품을 보관하면 특정 물품의 정확한 위치를 모르더라도 대략의 위치를 파악하게 되어 물품 찾는 시간을 단축할 수 있다.

② 유사성의 원칙에 해당하는 설명으로, 동일성의 원칙과 마찬가지로 유사성의 원칙에 따라 물품을 보관하면 특정 물품의 정확한 위치를 몰라도 대략적인 위치를 파악하게 되어 물품 찾는 시간을 단축할 수 있다.

③ 회전대응 보관의 원칙에 해당하는 설명으로, 물품의 활용 빈도가 상대적으로 높아 입·출하의 빈도가 높은 품목을 가져다 쓰기 쉽도록 출입구 가까운 곳에 보관하면 물품을 활용하는 것이 편리하고 활용한 후 다시 보관하는 것 역시 편리하다.

⑤ 동일성의 원칙과 유사성의 원칙 등 특정 기준을 기반으로 물품을 분류하여 기호를 부여하고 기호화된 물품 목록을 작성함으로써 자신이 현재 보유하고 있는 물품의 종류를 파악할 수 있으며, 기호를 통해 물품의 위치를 쉽게 파악할 수 있다.

494

정답 ⑤

유형 인적자원관리능력   상·중·하

필기 과목별 배점비율을 적용한 필기 점수를 구하면 다음과 같다.

구분	필기점수(점)
갑	$(80 \times 0.2) + (72 \times 0.3) + (80 \times 0.5) = 77.6$
을	$(85 \times 0.2) + (75 \times 0.3) + (70 \times 0.5) = 74.5$
병	$(80 \times 0.2) + (85 \times 0.3) + (94 \times 0.5) = 88.5$
정	$(82 \times 0.2) + (90 \times 0.3) + (75 \times 0.5) = 80.9$
무	$(95 \times 0.2) + (92 \times 0.3) + (65 \times 0.5) = 79.1$

필기 점수와 실기 점수, 면접 점수를 합한 응시자별 최종 점수는 다음과 같다.

(단위: 점)

구분	필기 점수	실기 점수	면접 점수	총점
갑	77.6	80	85	$(77.6 \times 0.25) + (80 \times 0.45)$ $+ (85 \times 0.3) = 80.900$
을	74.5	86	90	$(74.5 \times 0.25) + (86 \times 0.45)$ $+ (90 \times 0.3) = 84.325$
병	88.5	72	95	$(88.5 \times 0.25) + (72 \times 0.45)$ $+ (95 \times 0.3) = 83.025$
정	80.9	86	85	$(80.9 \times 0.25) + (86 \times 0.45)$ $+ (85 \times 0.3) = 84.425$
무	79.1	94	80	$(79.1 \times 0.25) + (94 \times 0.45)$ $+ (80 \times 0.3) = 86.075$

따라서 86.075점인 '무'가 신규 프로젝트에 채용된다.

495

정답 ④

유형 인적자원관리능력   상·중·하

면접 전형에서 하를 받은 B, E는 불합격이다. 필기 전형에서 NCS는 12점, 전공은 20점, 적성은 8점 이상이어야 한다. 이때 D는 전공에서 과락이므로 불합격이다. 나머지 지원자들에 대해 전형별 점수를 계산하면 다음과 같다.

(단위: 점)

구분	서류 전형 (가점 합산 전)	서류 전형 (가점 합산 후)	필기 전형	면접 전형	총점
A	87	88	82	80	82.2
C	84	87	80	75	78.9
F	85	87	82	75	79.5
G	85	85	73	65	—
H	89	89	70	70	73.8
I	94	97	66	75	76.7
J	83	84	67	80	76.9

서류 전형, 필기 전형 총점에서 과락하는 사람은 없고, 면접 전형에서는 G가 과락을 한다. 따라서 G를 제외하고 총점을 구한다.

이때 점수가 높은 순서대로 4명은 A, F, C, J이다. 따라서 A, C, F, J가 합격을 하므로 합격자 중 순위가 가장 낮은 사람은 J이고, 합격자 점수의 평균은 $(82.2 + 79.5 + 78.9 + 76.9) \div 4 = 79.4$(점)이다.

> **NCS 문제풀이 TIP**
>
> 면접 전형에서 '하'를 받은 지원자를 가장 먼저 파악할 수 있다. 따라서 면접 전형에서 '하'를 받은 지원자, 필기 전형에서 항목별 40% 미만인 자를 먼저 제외하고 계산하면 문제를 빠르게 풀 수 있다.

496

정답 ⑤

유형 인적자원관리능력 (상)-(중)-(하)

제5조 제5항에 따르면 당직 근무자는 당직근무 시작시간으로부터 종료시간까지 30분~2시간 간격으로 부정기적인 순찰을 실시해야 하므로 옳지 않다.

| 오답풀이 |

① 제5조 제3항에 따르면 당직 근무자는 당직 근무 시간 동안 당직근무 표찰을 패용해야 하므로 옳다.

② 제8조 제1항에 따르면 사내에 화재가 발생한 경우 당직 근무자는 사내의 화재 경보를 울려야 하므로 옳다.

③ 제2조 제2항에 따르면 숙직 근무자에 대하여는 그 숙직 종료시간이 속하는 날을 휴무일로 하여 휴식을 취하게 하므로 수요일부터 목요일까지 숙직 근무한 사람은 목요일을 휴무일로 한다.

④ 제9조 제1항에 따르면 당직실에는 관계기관의 당직실 전화번호부를 비치해야 하므로 옳다.

497

정답 ②

유형 인적자원관리능력 (상)-(중)-(하)

제3조 제2항에 따르면 당직 명령을 받은 자가 출장·휴가 또는 기타 부득이한 사유로 당직 근무를 할 수 없는 경우에는 지체 없이 당직 명령자로부터 당직 근무일의 변경 승인을 받아야 한다고 하였으므로 적절하다.

| 오답풀이 |

① 제6조 제1항에 따르면 신규 발령 및 전입자는 발령일로부터 14일간만 당직 근무가 유예되므로 적절하지 않다.

③ 제8조 제2항에 따르면 당직 근무자는 외부 침입자 등이 있을 때에는 관할 경찰서에 연락해야 하므로 적절하지 않다.

④ 제7조 제2항에 따르면 부서의 장인 D는 보안점검표를 작성하여 비치하여야 하나, 최종퇴청자가 기록한 점검사항은 당직 근무자가 확인하므로 적절하지 않다.

⑤ 제6조 제2항에 따르면 당직근무 유예대상자는 2주 이상의 장기출장자이므로 적절하지 않다.

대인관계능력							본문 448~450쪽
498	②	499	③	500	①	501	①	502	①

498

정답 ②

유형 리더십능력 (상)-(중)-(하)

임파워먼트 장애요인으로는 개인 차원, 대인 차원, 관리 차원, 조직 차원이 있다. 자신에게 주어진 일을 해내는 역량은 뛰어나나 다른 사람과의 약속을 불이행하는 등 다른 사람과의 성실성이 결여되고, 갈등처리 능력이 부족한 C과장의 사례에 나타나는 임파워먼트 장애요인은 '대인 차원'이 가장 적절하다.

| 오답풀이 |

① 개인 차원: 주어진 일을 해내는 역량의 결여, 동기의 결여, 결의의 부족, 책임감 부족, 의존성

④ 관리 차원: 통제적 리더십 스타일, 효과적 리더십 발휘 능력 결여, 경험 부족, 정책 및 기획의 실행 능력 결여, 비전의 효과적 전달능력 결여

⑤ 조직 차원: 공감대 형성이 없는 구조와 시스템, 제한된 정책과 절차

499

정답 ③

유형 대인관계능력 (상)-(중)-(하)

지배성 차원은 지배와 복종을 각각 분절된 형태로 대인 행동을 평가하는 것이 아니라 지배─복종을 연속선상에 두고 대인행동을 평가한다.

500

정답 ①

유형 갈등관리능력 (상)-(중)-(하)

팀원이 승·패의 경기를 시작하는 것은 갈등이 증폭되는 '적대적 행동'에 해당하여 갈등의 정도가 높아지므로 갈등의 정도가 X1에서 X2로 이동한다.

501

유형 팀워크능력

협력을 장려하는 환경을 조성하기 위한 8가지 방법은
다음과 같다.

- 팀원의 말에 흥미를 가지고 대한다.
- 상식에서 벗어난 아이디어에 대해 비판하지 않는다.
- 모든 아이디어를 기록한다.
- 아이디어를 개발하도록 팀원을 고무시킨다.
- 많은 양의 아이디어를 요구한다.
- 침묵을 지키는 것을 존중한다.
- 관점을 바꿔본다.
- 일상적인 일에서 벗어나 본다.

따라서 침묵을 지키는 팀원의 발언을 유도하라는 선택
지는 잘못되었다.

502

정답 ①

유형 고객서비스능력

①은 1단계 '경청'에 해당하는 내용이다. '정보 파악' 단
계에서는 문제 해결을 위해 꼭 필요한 질문만 하여 정보
를 얻고, 최선의 해결 방법을 찾기 어려우면 고객에게
어떻게 해 주면 만족스러운지를 묻게 된다.

정보능력								본문 451~467쪽	
503	④	504	③	505	①	506	②	507	③
508	③	509	②	510	②	511	⑤	512	④
513	④	514	④	515	①	516	①	517	⑤
518	②	519	②	520	④	521	④	522	③
523	②								

503

정답 ④

유형 정보능력

주어진 글에서 설명하는 개념은 '지식'이다. 따라서 [보
기]에서 지식에 해당하는 사례는 ㉢, ㉤이다.

| 오답풀이 |

㉠, ㉣은 객관적 실제의 반영인 자료, ㉡, ㉥은 자료를 특정한 목
적과 문제해결에 도움이 되도록 가공한 정보에 해당한다.

504

정답 ③

유형 컴퓨터활용능력

IF(조건,인수1,인수2) 함수는 해당 조건이 참이면 인수
1을, 거짓이면 인수2를 결괏값으로 제시하는 함수이다.
A1 셀이 0 이상(크거나 같음)이면 "양"을, 그렇지 않으
면 "음"을 표시해야 하므로 A2 셀에 입력해야 할 함수
식은 '=IF(A1>=0,"양","음")'이다.

505

정답 ①

유형 컴퓨터활용능력

traceroute는 목적하는 서버에 이르기까지 어떤 라우
터를 통해 도착하는지를 조사하는 명령어로 인터넷상에
서 통신할 때 송신지에서 수신지까지 가는 동안에 패킷
이 어떤 라우터를 거쳐서 갔는지 조사할 때 사용한다.
traceroute는 인터넷 제어 메시지 프로토콜(ICMP)을
이용하여, 'ICMP-ECHO'를 송신하고 응답 'IC
MP-ECHOREPLY'를 받을 때까지의 시간도 측정
가능하며, 경유하는 라우터의 IP 주소 외에 응답 시간 길
이를 근거로 회선의 혼잡 상황을 추측할 수도 있다.

140 공기업 NCS 10개 영역 기출 600제

③ tty: 현재 사용하고 있는 단말기 장치의 경로명과 파일명을 출력하는 명령어로 텔넷 등을 이용해 동일한 계정으로 여러 개 로그인한 경우 유용하게 사용할 수 있는 명령어이다.

506

정답 ②

유형 컴퓨터활용능력 　　　　　　 상-**중**-하

박 대리에게 필요한 상황별 소프트웨어는 다음과 같다.

- 웹상에 자료 업로드: 클라우드, 웹하드, SNS, e-mail 등
- 바이러스 차단: V3, 다잡아, 터보백신 등
- 복잡한 수식 활용: MS office 등
- 파일 압축: Al zip, Winzip, 밤톨이 등
- 3D 입체화면: Corel draw, 3D Max 등

507

정답 ③

유형 컴퓨터활용능력 　　　　　　 상-**중**-하

숫자가 입력된 셀의 채우기 핸들을 Ctrl키를 누른 채 아래쪽으로 끌면 숫자가 증가하며 입력된다.

508

정답 ③

유형 컴퓨터활용능력 　　　　　　 상-중-**하**

JAVA는 객체지향적 언어로 이식성이 높은 특징을 가진다.

509

정답 ②

유형 정보능력 　　　　　　 상-중-**하**

Ctrl+N은 새로운 워크북을 열 수 있는 단축키이다.

| 오답풀이 |

① Ctrl + Y: 마지막 작업 다시 실행

③ Ctrl + O: 파일 열기 창 생성

④ F12: 다른 이름으로 저장하기

⑤ Ctrl + W: 현재 워크북 닫기

510

정답 ②

유형 정보능력 　　　　　　 상-**중**-하

Windows10의 Windows 설정에서는 시스템, 장치, 전화, 네트워크 및 인터넷, 개인 설정, 계정, 시간 및 언어, 접근성, 업데이트 및 보안 등의 작업을 할 수 있다. Windows 설정은 Windows키+I를 누르면 열 수 있다.

| 오답풀이 |

① Windows키+E: 파일 탐색기를 여는 단축키

③ Windows키+S: Windows 검색창을 여는 단축키

④ Windows키+Tab키: 작업 보기를 여는 단축키

⑤ Windows키+.(반점): 해당 키를 누르고 있는 동안 바탕화면을 임시로 볼 수 있는 단축키

511

정답 ⑤

유형 컴퓨터활용능력 　　　　　　 상-**중**-하

지정 범위에서 인수의 순위를 구하는 경우 'RANK' 함수를 사용한다. 수식은 '=RANK(인수,범위,결정 방법)'이며, 결정 방법에서 0 또는 생략하면 내림차순, 0 이외의 값은 오름차순으로 표시하게 된다.

따라서 적절한 함수식은 '=RANK(B3,$B$3:$B$7, 0)'이다.

512

정답 ④

유형 컴퓨터활용능력 　　　　　　 상-**중**-하

VLOOKUP은 범위의 첫 열에서 찾을 값에 해당하는 데이터를 찾은 후 찾을 값이 있는 행에서 열 번호 위치에 해당하는 데이터를 구하는 함수이다. 단가를 찾아 연결하기 위해서는 열에 대하여 '항목'을 찾아 단가를 구하게 되므로 VLOOKUP 함수를 사용해야 한다.

찾을 방법은 TRUE(1) 또는 생략할 경우 찾을 값의 아래로 근삿값, FALSE(0)이면 정확한 값을 표시한다. VLOOKUP(B2,$A$8:$B$10,2,0)은 'A8:B10' 영역의 첫 열에서 '식비'에 해당하는 데이터를 찾아 2열에 있는 단가 값인 6500을 선택하게 된다.

따라서 '=C2*VLOOKUP(B2,$A$8:$B$10,2,0)'은 10×6500이 되어 결괏값은 65,000이 되며, 이를 드래

그하면, 각각 129,000, 42,000, 52,000의 사용금액을 결괏값으로 제시하게 된다.

513

정답 ④

유형 컴퓨터활용능력

System Code는 E#이므로 SV가 높은 순으로 Error Code 2개를 선택하면, J와 Q를 선택해야 한다. Error Code J의 FEV는 (94+78)/2＝86이고, SV는 88임에 따라 FV의 기본값인 0에서 −1을 하고, Error Code Q의 FEV는 (87+9)/2＝48이고, SV는 48임에 따라 0을 더한다. 따라서 FV는 −1+0＝−1이다.

| 오답풀이 |
① Error Code는 먼저 발견된 순서대로 먼저 출력되므로 발견된 순서는 U, Q, K, J 순이다.
② System Type이 32#이므로 각 Error Code의 항목 중 최 댓값·최솟값 2개의 평균을 FEV로 지정한다. 이에 따라 Error Code K의 FEV는 (15+91)/2＝53이다.
③ Error Code J의 SV는 88이다.
⑤ FV가 −1이므로 모니터링 요원은 주의의 의미를 가진 Input Code를 입력한다.

514

정답 ④

유형 컴퓨터활용능력

System Code가 C#이므로 발견된 모든 Error Code를 선택한다. System Type이 64#이므로 각 Error Code의 FEV는 다음과 같다.
Error Code of Y: (82+93+86)/3＝87
→ FEV＞SV이므로 FV에 +1
Error Code of H: (55+42+41)/3＝46
→ FEV＞SV이므로 FV에 +1
Error Code of L: (20+77+65)/3＝54
→ FEV＜SV이므로 FV에 −1
Error Code of G: (33+54+39)/3＝42
→ FEV＝SV이므로 FV에 0
FV는 1+1−1+0＝1이므로 Input Code는 Red이다.

515

정답 ①

유형 정보능력

네트워크 혁명은 전 지구적으로 지식과 활동이 연결되면서 나의 지식과 활동이 지구 반대편에 있는 사람에게 미치는 영향이 증대된다는 것이 가장 큰 특징이라 할 수 있다. 이러한 네트워크 혁명을 단적으로 보여주는 3가지 법칙으로 '무어의 법칙', '메트칼피의 법칙', '카오의 법칙'이 있다.

516

정답 ①

유형 정보능력

POS(Point Of Sales) 시스템에 관한 설명이다. POS는 컴퓨터를 사용해 판매 시점에 판매 관련 데이터를 관리하는 시스템을 말한다. 즉 상품 판매 매장에 설치된 POS 단말기와 호스트 컴퓨터를 연결해 바코드가 부착된 상품 등의 판매와 동시에 각 상품별로 발생하는 판매 정보를 입력시킨 후 이 정보를 활용해 상품의 구입과 생산에 반영하거나 판매 관리에 응용하는 시스템이다. POS 단말기에는 상품에 붙어 있는 바코드를 광학문자 인식(Optical Character Recognion/OCR) 펜으로 덧칠하며 읽는 것과 화면 위를 통과시켜 읽어 내는 것이 있으며, 생선이나 식료품 등 가격 변동이 심해 바코드화가 곤란한 상품까지 대형 슈퍼마켓이나 24시간 편의점 등을 중심으로 바코드화가 이루어져 POS 시스템이 보급되었다.

517

정답 ⑤

유형 정보처리능력

'뻔한 비밀번호 사용하지 않기'의 두 번째 항목 내용이 수정되어야 한다. 비밀번호 설정 시 한글, 영어 등의 사전적 단어를 포함한 구성으로 비밀번호를 설정하면 비밀번호를 유추하기 쉬워져 노출 가능성이 높아지므로 한글, 영어 등의 사전적 단어를 포함한 구성으로 비밀번호를 설정하는 것은 지양해야 한다.

518

정답 ②

유형 정보처리능력 　　　　　　　상 **중** 하

'1911K045C20015'에서 알파벳을 제외한 숫자 1개의 위치가 잘못 입력되었다면, 연도를 의미하는 19, 부산 또는 경기를 의미하는 K, 브랜드를 의미하는 45C는 올바르게 쓰인 것임을 알 수 있다. 따라서 K 다음에는 01 또는 02가 쓰여야 하는데 045가 쓰였으며, 45C가 올바른 표기이므로 K 다음에 쓰인 0 바로 다음에 1 또는 2가 다른 위치에 입력되었다고 볼 수 있다. 이것은 마지막 다섯 개의 숫자 중 하나일 것이며, 그중 1 또는 2 모두 K0의 다음에 쓰일 수 있다. 따라서 C브랜드 제품이며, 부산 또는 경기 지역에서 생산된 제품이 확실하다는 점은 알 수 있다.

| 오답풀이 |

㉠ 제조일자 코드가 '1911'로 2019년 11월에 생산된 제품이므로 옳지 않은 설명이다.

㉢ 마지막 다섯 자리 숫자 '20015'에서 '2'의 위치가 잘못된 경우 입고 순서는 15번째이며, '1'의 위치가 잘못된 경우 입고 순서는 2,005번째이므로 항상 옳은 설명은 아니다.

519

정답 ②

유형 정보처리능력 　　　　　　　상 **중** 하

3문단에 따르면 게임을 클라우드에서 돌리게 되면 스마트폰이 별도의 고가 CPU나 저장 장치를 갖출 필요가 없게 된다고 하였으므로 적절하지 않다.

| 오답풀이 |

① 1문단에 따르면 원격 서버에 설치된 게임의 실행 영상이 스트리밍 방식으로 사용자에게 전송되면 사용자의 조작이 다시 서버에 반영되는 식으로 작동된다고 하였으므로 적절하다.

③ 2문단에 따르면 클라우드 서비스를 적용한 게임은 2002년 이미 출시된 바 있다고 하였으므로 옳다.

④ 1문단에 따르면 게임을 클라우드에서 돌리게 되면 사용자는 따로 PC를 소유하고 있지 않아도 된다고 하였으므로 적절하다.

⑤ 3문단에 따르면 수십 기가 바이트(GB) 용량에 달하는 게임이 클라우드에서 작동할 수 있다면, 메가 바이트(MB) 단위의 일반 앱을 클라우드에서 돌리는 건 전혀 문제가 되지 않는다고 하였고, 하드웨어의 영향을 많이 받는 가상현실·증강현실(VR·AR) 서비스의 실현도 한층 가속화가 붙을 전망이라고 하였으므로 클라우드 서비스를 이용하면 게임을 진행하는 데 하드웨어의 영향이 줄어들 것임을 추측할 수 있다.

520

정답 ④

유형 정보처리능력 　　　　　　　상 **중** 하

변경 전 북아메리카 지역은 2순위로 출고하므로 마지막 두 자리가 02가 되어야 한다. 따라서 C220102는 가능하다.

| 오답풀이 |

① 변경 전 유럽 지역은 3순위로 출고하므로 마지막 두 자리가 03이어야 한다.

② 변경 전 수입연월은 연도-월 순으로 부여함에 따라 ④, ⑤에 들어가는 두 자리는 01~12의 수 중 하나여야 한다.

③ 변경 전 아프리카 지역은 4순위로 출고하므로 마지막 두 자리가 04여야 한다.

⑤ 변경 전 수입연월은 연도-월 순으로 부여함에 따라 ④, ⑤에 들어가는 두 자리는 01~12의 수 중 하나여야 한다.

521

정답 ④

유형 정보처리능력 　　　　　　　상 **중** 하

변경 후 코드 부여 방식이 적절하게 적용되어 변경된 물품은 3번 물품, 5번 물품, 6번 물품, 9번 물품, 10번 물품으로 총 5개이다.

522

정답 ③

유형 정보처리능력 　　　　　　　상 **중** 하

순서도에 따르면, 주어진 입력 값의 길이는 10보다 크므로, 순서도에서 좌측으로 분기된다. 이후 입력 값은 do your best가 되고, 이를 명령에 따라 첫 번째에 위치한 문자열을 D로 교체하면 출력되는 값은 Do your best가 된다.

523

정답 ②

유형 정보처리능력 　　　　　　　상 중 하

이 문제는 재귀 구조로 작성된 피보나치 함수를 보고 반복 구조를 작성하거나 빈칸에 들어갈 값을 유추할 수 있어야 한다. n이 0과 1이 아닌 경우 인덱스 i가 2부터 n까지 증가하면서 반복문 내에서 변수들이 변경되고 있

는데, 이때 피보나치 수열의 정의에 의해 cur의 초기 값은 1이어야 한다는 것을 알 수 있다. 또한, 이 다음 값을 계산하기 위해 next＝prev＋cur이 되고, prev는 cur으로, cur은 다음 값인 next로 변경되고 반복문의 i가 증가되면서 다음 step도 수행하게 되는 구조이다.

기술능력

본문 468~476쪽

524	④	525	⑤	526	④	527	①	528	⑤
529	④	530	③	531	③	532	④	533	⑤
534	②								

524
정답 ④

유형 기술능력   상-중-하

정해진 시간이나 장소가 없어 학습자 스스로 학습을 조절하고 통제할 수 있다는 것이 E−Learning을 활용한 기술교육의 장점이므로 적절하지 않다.

525
정답 ⑤

유형 기술능력   상-중-하

'불안전한 상태'를 제거하는 방법으로는 각종 기계·설비 등을 안전성이 보장되도록 제작하고, 항상 양호한 상태로 작동되도록 유지 관리를 철저히 해야 한다. 그리고 기후, 조명, 소음, 환기, 진동 등의 환경 요인을 잘 관리하여 사고 요인을 미리 제거해야 한다.

526
정답 ④

유형 기술능력   상-중-하

크레인을 작동하던 자가 PC슬래브에 체결된 줄걸이가 완전히 해체되지 않은 상태에서 크레인을 상승시켜 H씨가 바닥으로 추락하여 사망하였으므로 '불안전한 행동'으로 인해 산업재해가 발생하였다고 볼 수 있다.

527
정답 ①

유형 기술이해능력   상-중-하

발명한 기술시스템이 경쟁 단계에 이르면 기업가들의 역할이 중요해지며, 기술시스템이 공고해지는 단계에서 자문 엔지니어와 금융 전문가의 역할이 중요해지므로 옳지 않다.

② 기술혁신은 기업의 기존 조직 운영 절차나 제품구성, 생산방식, 나아가 조직의 권력구조 자체에도 새로운 변화를 야기한다.

③ 기술혁신은 조직의 경계를 넘나드는 특성과 상호의존성을 가지고 있다.

④ 기술혁신은 지식 집약적인 활동으로 연구개발에 참가한 연구원과 엔지니어들이 그 기업을 떠나는 경우 기술과 지식의 손실이 크게 발생하여 기술개발을 지속할 수 없는 경우가 종종 발생한다.

⑤ 기술혁신은 기술개발에 대한 기업의 투자가 가시적인 성과로 나타나기까지 비교적 장시간을 필요로 한다.

528

정답 ⑤

유형 기술선택능력　　　　　상-중-**하**

(A)~(D)에는 차례로 '사업전략 수립', '요구기술 분석', '기술전략 수립', '핵심기술 선택'이 들어가야 한다. (B) '요구기술 분석' 단계에서 해야 할 행동으로는 제품 설계나 디자인 기술 분석, 제품 생산공정 분석, 원재료 및 부품 제조기술 분석 등이 있다.

| 오답풀이 |

① (C) 기술전략 수립 단계에 해당하는 행동이다.

② 내부 역량 분석에 해당하는 행동이다.

③ 외부환경 분석에 해당하는 행동이다.

④ (A) 사업전략 수립 단계에 해당하는 행동이다.

529

정답 ④

유형 기술능력　　　　　상-**중**-하

선로 근접 공사 안전기준 점검은 4일 간격으로 실시하므로 4월 한 달간 1일, 5일, 9일, 13일, 17일, 21일, 25일, 29일 총 8번 이루어짐을 알 수 있다.

| 오답풀이 |

② 4월 9일에 점검해야 하는 항목은 11개이고, 4월 25일에 점검해야 하는 항목은 9개이다. 따라서 11-9=2(개) 더 많으므로 옳다.

③ 4월 한 달간 궤도 레일의 대피소 관리 점검은 5일, 9일, 17일, 21일 총 4번 이루어지므로 옳다.

530

정답 ③

유형 기술능력　　　　　상-**중**-하

건널목 설비기준 준수 점검은 4월 9일과 4월 21일에 실시되었으므로 12일마다 실시됨을 알 수 있다. 이에 따라 5월 한 달간 건널목 설비기준 준수 점검은 5월 3일, 5월 15일, 5월 27일 총 3번 실시된다.

531

정답 ③

유형 기술능력　　　　　상-중-**하**

모바일 후불 교통 카드는 W시의 사례와 같이 교통 카드로 사용된다는 점에서 IC카드형 전자 화폐이며, 교통요금의 지급 결제 수단이 된다.

| 오답풀이 |

① 가상 화폐와 같은 네트워크형 전자 화폐가 아니다.

② 전자 화폐의 가장 큰 장점으로 꼽을 수 있는 것이 막대한 현금 화폐 제작 비용을 줄일 수 있다는 점이다.

④ 모바일 후불 교통 카드는 인터넷 네트워크와의 연관성에 의존하지 않는다.

⑤ 모바일 후불 교통 카드는 IC카드형 전자 화폐이므로 인증 절차를 거쳐 IC카드에 화폐가 탑재된다고 설명되어 있다.

532

정답 ④

유형 기술선택능력　　　　　상-중-**하**

"냉풍 운전" 설명 부분을 살펴보면 냉풍 기능 사용 시 기계 내 급격한 온도 차이로 인한 고장을 막기 위해 정상 온도로 돌아오는 최소 1시간 동안 작동을 자제해 줄 것을 요구하고 있다. 따라서 사용 후 종료 시 정상 온도로 돌아오는 동안 작동을 하지 않는 것은 아니며 OFF 버튼이 작동하지 않는 것은 기능 이상이나 고장을 의심해 보아야 한다.

| 오답풀이 |

① 사용 설명서에 따르면 최소한 취침 30분 전에 작동을 하여야 한다고 명시되어 있다. 때문에 전원을 켜고 30분간 온도가 오르지 않는 것은 예열에 소요되는 시간으로 인해 발생하는 증상이다.

② "자동 운전" 설명 부분을 살펴보면 "자동" 버튼을 누른 후 7시간이 지나면 자동으로 정지하며 이후 17시간이 지난 다음

날 버튼을 누른 시간에 다시 가동을 시작한다고 되어 있다. 따라서 기계가 스스로 작동을 시작하는 경우 자동 운전 기능이 켜져 있진 않은지 확인하여야 하며 원하지 않는 경우 운전 모드를 수동으로 전환하면 된다.

③ "자동 운전" 설명의 ④번을 보면 온도가 고정되어 있는 경우 "자동" 기능이 해제되지 않는다고 되어 있다. 때문에 "자동 운전" 모드에서 온도가 고정되어 있는 경우 이를 먼저 해제하여야 한다.

⑤ 조명등을 컨트롤하는 버튼은 OFF 버튼이 아닌 좌측의 스위치이므로 조명을 끄기 위해서는 좌측의 조명 스위치를 컨트롤해야 한다.

533

정답 ⑤

 유형 기술선택능력

상-중-하

해당 제품의 경우 모드를 따로 설정하지 않을 시 전원 스위치 ON 이후 취침 시간 동안 최적의 온도를 자동으로 조절해 준다. 원하는 온도로 조절하고 싶은 경우 "수동 운전" 모드를 사용하여야 하는데 수동 운전 모드 사용 시 "수동" 램프가 점등되어 있는지 확인하여야 하며 점등이 확인되었다면 원하는 온도를 변경하여 사용할 수 있다. 또한 수동 운전 모드에서는 온도가 고정되지 않으므로 온도를 고정하고 싶다면 "자동 운전" 모드를 사용하여야 한다. "자동 운전" 모드 사용의 경우 전원 스위치를 길게 눌러 "자동" 램프 점등을 확인하여야 하며 "자동" 램프가 켜져 있는 상태에서 원하는 온도 설정 후 "고정" 버튼을 누르면 해당 온도로 고정하여 사용할 수 있다. 따라서 해당 문의에 따른 해결안은 수동 운전 모드로 온도를 조절하거나 자동 운전 모드로 온도를 고정하는 방법을 사용하는 것이다.

534

정답 ②

유형 기술적용능력

상-중-하

기술을 효과적으로 평가할 수 있는 능력은 기술관리자가 아닌 기술경영자에게 요구되는 능력이다.

조직이해능력								본문 477~484쪽	
535	④	536	④	537	①	538	⑤	539	⑤
540	③	541	③	542	⑤	543	④	544	③
545	①								

535

정답 ④

 유형 경영이해능력

상-중-하

㉠ 브랜드 전략은 상표를 광고·선전함으로써 경쟁사와 자사의 제품을 차별화하여 경쟁상 유리한 입장에 서려는 마케팅 전략이므로 적절하다.

㉡ 브랜드 전략은 화장품과 같은 기호품, 가전제품과 같은 내구소비재 제품, 스포츠용품과 같은 취미상품에 효과적이므로 적절하다.

| 오답풀이 |

㉢ 브랜드 충성도는 소비자가 브랜드를 사용하며 만족스러운 결과를 얻으면, 지속적으로 그 브랜드를 구매하는 강화. 학습 행태를 보이며 장기간에 걸쳐 형성되므로 적절하지 않다.

536

정답 ④

 유형 체제이해능력

상-중-하

KPI(Key Performance Indicator)와 OKR(Objectives and Key Results)은 모두 조직의 목표 달성과 성과 평가를 위한 도구이다.

그중에서도 KPI는 기업, 개인, 프로그램 등 추적하고자 하는 어떤 대상을 일정 단위의 시간경과에 따른 성과를 기준으로 평가하는 데 사용한다. 때문에 KPI는 매출 증가율, 결함률 등 반드시 측정 가능해야 하며 동원 가능한 자원을 어디에 집중해야 하는지가 명확해야 한다. 반면 OKR은 목표 달성을 추적하기 위해 사용하는 특정 지표로, 공격적인 목표치를 설정하며 목표를 성취하기 위한 중요한 결과를 정량적으로 나타낸다. 또한 OKR은 목표를 명확히 하고 진행 상황을 체계적으로 관리하는 데 도움이 되며, 모든 팀원이 공동의 목표를 공유하므로 팀워크와 협업이 강화된다는 장점이 있다. 즉, KPI는 조직의 현재 상태와 성과를 측정하고 모니터링하기 위해 사용되는 도구이며 OKR은 조직의 장기적인 목표와 성장을 중요시한다. 따라서 ④의 설명은 KPI와 OKR의 설명이 뒤바뀌어 있으므로 옳지 않다.

537

유형 조직이해능력　　　상-중-하

5문단에 따르면 전체론적 관점을 견지한 조직 설계는 대기업이나, 우량기업뿐만 아니라 부실기업에도 필요하다고 하였으므로 적절하지 않다.

| 오답풀이 |

② 6문단에 따르면 현대 기업 환경에 맞추어 조직 설계를 현대화하고, 정립하기 위해서는 장기적인 노력이 필요하지만 결국은 경쟁사가 쉽게 모방할 수 없는 경쟁 우위를 창출하는 성과를 얻게 된다고 하였으므로 적절하다.

③ 2문단에 따르면 대부분의 기업의 리더들은 조직 설계를 전략의 중심부에 두는 것을 간과하여 영속적인 경쟁 우위를 창출하고 적은 비용과 적은 리스크로 높은 수익을 가져올 수 있는 절호의 기회를 놓치고 있다고 하였으므로 적절하다.

④ 4문단에 따르면 대부분의 기업의 조직 체계는 지난 20세기의 산업화 시대에 맞도록 설계되어 있으며, 그 당시는 자본이 희소 자원이었고, 상호작용 비용(interaction cost)은 높아 계층적 권위와 수직적 통합 구조가 효율적 운영의 해법으로 간주되던 시대였다고 하였으므로 적절하다.

⑤ 3문단에 따르면 대체로 많은 CEO들이 회사의 성과를 향상시키기 위해 내부 조직의 이슈를 건드리기보다는 임시방편적인 구조 변경, 대규모 기업 인수, 혹은 경쟁 분야와 경쟁 방법 모색에 몰두하는 경향을 보인다고 하였으므로 적절하다.

538

유형 업무이해능력　　　상-중-하

주어진 [그림]은 업무 효율화 도구 중에 하나인 간트 차트(Gantt chart)이다. 간트 차트는 작업계획과 실제의 작업량을 작업 일정이나 시간으로 견주어서 평행선으로 표시하여 계획과 통제 기능을 동시에 수행할 수 있도록 설계된 막대 도표이다. 간트 차트는 세로 축에는 활동을, 가로 축에는 날짜를 나열하며 활동 기간은 시작일과 종료일에 따라 생성된 가로 막대로 표시한다. 일정을 직관적으로 시각화하여 작업들의 시작일과 종료일, 작업 간의 관계를 명확하게 볼 수 있다는 장점이 있으며 작업 순서와 전반적인 진행 상황을 파악하기에 용이하다. 또한 막대를 통해 각 작업이 다른 작업에 어떻게 연결되는지 '종속성'을 파악할 수 있다.

하지만 만드는 데 시간이 많이 소요되며 상세한 정보를 추가할수록 혼잡해지므로 규모가 크고 복잡한 프로젝트에는 적용하기 어렵다는 단점이 있다. 따라서 ⑤는 간트 차트와 반대되는 설명이므로 옳지 않다.

539

유형 체제이해능력　　　상-중-하

1911년 미국에서 등장한 최소의 노동과 비용으로 최대의 능률을 올릴 수 있는 표준적 작업 절차를 정하고 이에 따라 예정된 작업량을 달성하기 위한 가장 좋은 방법을 발견하려는 합리적인 관리기술은 '과학적 관리론'이다.

540

유형 체제이해능력　　　상-중-하

라인—스태프 조직은 라인조직과 스태프조직이 복합된 경영관리조직의 형태로 라인은 직계조직·계선조직을 의미하며, 상급직원에서 하급직원의 순으로 연결되는 조직이다. 라인조직은 경영에 명확한 책임과 권한을 가지며, 영업부·생산부 등이 여기에 속한다. 스태프는 참모조직으로서 전문적인 지식을 활용해 라인에 조언하는 것을 주요 역할로 하며, 기획실·총무부·인사부 등이 속한다.

541

유형 업무이해능력　　　상-중-하

제시된 표는 간트 차트이다. 간트 차트는 단계별로 업무를 시작해서 끝나는 데 걸리는 시간을 바(bar) 형식으로 표시한 것으로, 전체 일정을 한눈에 볼 수 있고, 단계별로 소요되는 시간과 각 업무활동 사이의 관계를 알 수 있다는 장점이 있다.

| 오답풀이 |

①, ②, ⑤ 워크 플로 시트에 대한 설명이다. 워크 플로 시트는 일의 흐름을 동태적으로 보여 주는 데 효과적이다. 특히 워크 플로 시트에 사용하는 도형을 다르게 표현함으로써 주된 작업과 부차적인 작업, 혼자 처리할 수 있는 일과 다른 사람의 협조를 필요로 하는 일, 주의해야 할 일, 컴퓨터와 같은 도구를 사용해서 할 일 등을 구분해서 표현할 수 있다.

④ 체크리스트에 대한 설명으로, 체크리스트는 업무의 각 단계를 효과적으로 수행했는지를 스스로 점검해 볼 수 있는 도구이다. 체크리스트는 시간의 흐름을 표현하는 데에는 한계가 있지만, 업무를 세부적인 활동들로 나누고 각 활동별로 기대되는 수행수준을 달성했는지를 확인하는 데에는 효과적이다.

542 정답 ⑤

 업무이해능력 　　　　　 상-중-하

업무 프로세스 개선에 대한 업무는 기획처의 업무이므로 업무 프로세스 개선에 대한 보고서 결재는 기획처장 → 대표 이사 순으로 이루어져야 한다.

| 오답풀이 |
① A기관은 안전감사실 1개 실과 경영기획부, 경영지원부, 사업관리부 3개의 부, '부'의 산하 조직인 7개의 처로 구성되어 있다.
② 안전감사실과 각 부는 모두 대표 이사 산하에 서로 독립적으로 존재하는 기관이다.
③ 신문 및 방송 보도 업무는 홍보처의 담당 업무이다.
④ 주차장 사업의 관리와 운영 업무는 제1사업처에서, 예산 편성 업무는 총무처에서 담당하므로 옳다.

543 정답 ④

 체제이해능력 　　　　　 상-중-하

출장비는 소속처장과 총무처장의 결재를 받아야 하므로 제1사업처에서 근무 중인 P대리는 제1사업처장과 총무처장의 결재가 필요하다. 이때, 대표 이사의 결재를 받지 않는 경우에는 마지막 결재를 담당한 사람을 전결권자로 갈음하므로 총무처장의 결재란에는 '전결'을 표시하며 총무처장은 대표 이사의 결재란에 서명해야 한다.

544 정답 ③

 국제감각 　　　　　 상-중-하

베트남의 약속 시간 개념은 모호하며 거절의 의사를 밝힐 때에도 분명히 말하기보다는 에둘러 의사를 전달하는 경향이 있다. 중요한 내용을 확인해야 한다면 구두보다는 문서를 통해 주고 받는 것이 좋다. 따라서 해당 선택지의 설명은 반대의 내용으로 기술되어 있으므로 옳

지 않다.

| 오답풀이 |
① 중국은 첫 인사 때 니하오와 같은 인사말과 동양식 목례를 통해 인사를 주고 받는데 악수를 할 때는 중국 측에서 먼저 손을 내밀 때까지 기다린 뒤 악수하는 것이 예의이다. 또한 명함을 주고 받을 때는 높은 계급의 연장자에게 우선적으로 명함을 교환하며 명함을 주고 받은 후에 바로 넣지 않는 것이 예의이다.
② 미국인은 시간 약속을 매우 중요하게 생각하기 때문에 일찍 도착하는 것이 예의이며, 처음 대면할 때에는 자리에서 일어나 상대방을 맞이하고 악수와 인사를 나눌 때는 눈을 마주치지 않는 것이 예의이다.
④ 독일에서는 공식적인 만남 시 남녀에 상관없이 손을 잡고 눈을 맞추며 인사하는 것이 기본 예의이다. 또한 미팅 중에는 직함을 사용해야 하며 개인적인 이야기는 피하는 것이 좋다. 독일은 대부분 가족과 저녁시간을 보내기 때문에 미팅을 잡는다면 점심시간이 좋다. 또 식사 매너를 중요하게 생각하는데 상대방의 잔을 대신 따라주면 자신을 어린 애 취급한다고 생각하기 때문에 상대방의 잔을 대신 따라주어서는 안 되며, 술이나 음식을 권할 때에도 한 번 권해서 "NO"라는 대답을 들었다면 더 이상 강요해서는 안 된다.
⑤ 일본은 깍듯한 예의가 곧 비즈니스 매너이다. 특히 일본에서는 직위와 서열에 따른 대접이 중요한데, 상대방이 나보다 지위가 높다면 먼저 명함을 내밀고 만약 먼저 받게 된다면 늦게 드려 죄송하다는 사과와 함께 바로 명함을 내밀어야 한다. 또한 명함을 줄 때는 소속과 이름을 밝히고 잘 부탁드린다는 말과 함께 왼손을 오른손으로 가볍게 받치는 것이 중요하다.

545 정답 ①

 국제감각 　　　　　 상-중-하

㉠ 아프리카 사람과 대화할 때 상대방과 시선을 마주보며 대화하는 것은 실례이므로 코끝 정도를 보며 대화해야 한다.
㉣ 서양 요리 레스토랑에서 나오는 빵은 수프를 먹고 난 후부터 디저트 직전까지 먹으며, 칼이나 치아로 자르지 않고 손으로 떼어 먹어야 한다.

| 오답풀이 |
㉡ 미국에서는 이름이나 호칭을 자신의 마음대로 부르지 않고 어떻게 부를지 먼저 물어보는 것이 예의이다.
㉢ 중국인들은 첫 인사 때 악수나 목례를 하거나 허리를 약간 굽힌다.
㉤ 일본은 한국과 음주 문화가 달라서 술을 따를 때 한 손으로 따르거나, 받을 때 한 손으로 받아도 전혀 실례가 되지 않는다.

546

정답 ③

유형 직업윤리

주어진 상황은 이른바 죄수의 딜레마를 의미한다. 죄수의 딜레마는 이기심에 바탕을 둔 인간의 의사결정이 어떻게 이루어지며 그 결과가 어떠한가를 이해하는 데 도움을 준다. 두 범인이 모두 침묵하면 서로에게 유리한 결과를 얻을 수 있는데, 모두 자백하면 불리한 결과를 초래한다. 그렇다고 해서 자기를 배신할 상대방이 잘 되게 하기 위하여 의리를 지키는 것은 자신에게 나쁜 결과를 초래하므로 선택할 수 없게 되는 것이다.

547

정답 ③

유형 공동체윤리

N팀장이 면접 대상자에게 외설적인 노래를 부를 것을 요구하며, 이를 거부할 시 채용에 불이익이 있을 수 있다고 언급한 것은 '조건형 성희롱'에 해당한다.

| 오답풀이 |

① A대리가 휴직을 신청하였으나, 이는 K사의 사업주가 근로조건을 일방적으로 불리하게 한 것은 아니므로 '환경형 성희롱'에 해당한다.

②, ④, ⑤ '환경형 성희롱'에 해당한다.

548

정답 ④

유형 근로윤리

직무 관련성이나 대가성에 상관없이 금품 수수의 한도를 제한하고 있는 것은 '금품 수수 금지'의 내용에 해당하며, 인·허가, 인사 개입 등 14가지 금지 항목을 선정한 것은 '부정 청탁 금지'의 내용을 규정한 것이다. 또한 외부 강의에 대한 시간당 수수료의 상한선을 책정한 것역시 '외부 강의 수수료 제한'으로서 청탁금지법의 세가지 축 중 하나로 볼 수 있다.

549

정답 ②

유형 근로윤리

청탁금지법은 사교육 시장의 병폐를 근절하거나 개선하기 위한 노력의 일환으로 제정된 것이 아니다.

| 오답풀이 |

① 농축수산물을 선물로 제공할 경우의 상한액을 5만 원에서 10만 원으로 인상하였다.

③ 우리 사회의 관습과 원활한 공직 활동 등을 고려하여 완전한 금지가 아닌 상한액을 설정한 것이다.

④ 대가성 여부에 상관없이 일정 금액을 넘는 금품 수수는 모두 위반으로 규정하였으므로 대가성 여부를 중요한 판단 기준으로 고려한 것이 아니다.

⑤ 교원이나 언론기관 등 사회에 파급 영향력이 큰 집단에도 확대하여 적용하였다.

550

정답 ⑤

유형 공동체윤리

제시된 글에서는 책임의식에 대해 언급하고 있다. 고객의 가치를 최우선으로 하는 고객 서비스 개념으로도 설명할 수 있는 개념은 '봉사'를 의미하므로 적절하지 않다.

한 [나]가 와야 한다. 마지막으로 자음동화 중 비음화의 원리를 공명도로 설명하는 [마]가 와야 한다. 따라서 [다]−[라]−[가]−[나]−[마] 순으로 배열하는 것이 적절하다.

NCS 실전모의 50제

본문 492~535쪽

551	③	552	④	553	④	554	③	555	④
556	④	557	④	558	③	559	①	560	②
561	⑤	562	⑤	563	⑤	564	③	565	③
566	①	567	①	568	④	569	④	570	③
571	②	572	③	573	②	574	①	575	②
576	②	577	④	578	②	579	④	580	③
581	②	582	②	583	②	584	②	585	④
586	②	587	③	588	①	589	④	590	④
591	⑤	592	⑤	593	③	594	③	595	⑤
596	④	597	①	598	③	599	④	600	①

551

정답 ③

유형 문서이해능력 상−중−하

주어진 글의 1문단은 글의 핵심 제재인 근대 철학이 비판의 대상이 되었음을 설명하고 있다. 2문단은 근대 철학에 대한 대표적인 비판으로 환경론자들의 주장을 소개하고 있으며, 3문단은 환경론자들이 근대 철학을 비판하기 위해 과학기술주의를 비판했음을 설명하고 있다. 4문단은 이러한 환경론자들의 비판에 철학적 토대를 제공한 하이데거의 철학을 설명하고, 5문단은 하이데거의 의의를 밝히고 있다. 이를 종합하여 볼 때 주어진 글의 중심 내용으로 가장 적절한 것은 '근대 철학에 대한 환경론자들의 비판'이다.

552

정답 ④

유형 문서이해능력 상−중−하

주어진 글은 공명성을 통한 국어의 비음화를 설명하고 있다. 따라서 가장 먼저 와야 하는 것은 공명성이 무엇인지 밝히고 있는 [다]이다. 그 다음에는 음운 중에서 모음이 자음보다 공명성이 더 크다는 내용의 [라]가 와야 한다. 그리고 나서 구체적인 음절을 예로 들고 있는 [가]가 오고 이 공명성 때문에 자음동화가 일어난 예를 설명

553

정답 ④

유형 문서이해능력 상−중−하

주어진 글은 코로나19로 인해 디지털 경제의 가속화가 진행되었고, 그중에서도 공간적 제약과 출퇴근 시간이라는 시간적 제약에서 벗어나 근무하는 스마트워크가 빠르게 확산되고 있다는 내용이다. 특히 7문단의 '해외 선진국의 스마트워크 활용률이 50% 이상인 데 비해 우리나라의 스마트워크 활용률은 25% 내외를 보이고 있다'를 통해 선진국과 비교하여 우리나라는 스마트워크의 도입이 더디다는 것을 알 수 있는데, 그 원인에 대해서는 제시하고 있지 않으므로 적절하지 않은 설명이다.

| 오답풀이 |

① 1, 2문단과 마지막 문단을 통해 알 수 있다.

② 3문단의 '유럽과 미국 등의 선진국에서 스마트워크가 빠르게 도입된 것은 저출산, 고령화 등의 인구구조 변화에 대응하기 위함이지만 근본적으로는 IT 기반 기술이 뒷받침되었기 때문에 가능한 것이었다'를 통해 알 수 있다.

③ 4문단의 '유럽의 경우는 저출산 문제로 1980년대 이후 법제화를 통한 스마트워크가 시작되었고, 미국은 IT 기술의 발전으로 1990년대부터 스마트워크가 시작되었다. 일본은 크게 발전하지 못하다가 2011년 동일본 대지진을 겪으면서 스마트워크의 필요성이 부각되기 시작했다'를 통해 알 수 있다.

⑤ 2문단을 통해 알 수 있다.

554

정답 ③

유형 문서이해능력 상−중−하

'적정 기술'은 슈마허가 제안한 '중간 기술', 즉 '빈곤국의 필요에 적합한, 값싸고 소박한 기술' 정도로 정의되었는데 이러한 '적정 기술'의 외연을 바커가 '인간이 기본적인 생활을 영위하는 데 필요한 모든 기술'로 확대하였다.

| 오답풀이 |

① '적정 기술'이라는 용어는 1960년대 중반 이후 영국의 경제학

자 슈마허가 제안한 '중간 기술'을 표현하는 다른 단어임을 알 수 있으나, 이 용어가 21세기에 생겨난 용어인지는 알 수 없다.
② 슈마허가 제안한 '중간 기술'이 오늘날 적정 기술 운동의 기초가 된 것은 맞지만 슈마허가 '적정 기술'이라는 용어를 최초로 사용했는지는 알 수 없다.
④ 사람들의 기술에 대한 의존도를 높이는 것은 최첨단 기술이다. 적정 기술은 기술에 대한 의존도를 줄이고 자립적 생존을 도모하는 기술이다.
⑤ 위기에 취약한 최첨단 기술을 보완할 수 있는 기술로서 적정 기술의 유용성이 주목을 받게 된 것이지 최첨단 기술의 약점을 보완하기 위해 적정 기술을 개발한 것은 아니다.

555

정답 ④

유형 문서이해능력 　　　　　　　　 상·**중**·하

주어진 글은 도시재생과 관련된 내용이다. 빈칸에 들어갈 내용을 알아내려면 빈칸 앞뒤의 내용을 면밀하게 읽어야 한다. 빈칸 앞에서는 청년 도시재생에 대하여 살고 있는 지역에서 새로운 라이프스타일을 만들어 가는 것으로 소개하고 있다. 빈칸 뒤에서는 도시재생 뉴딜을 언급하고, 도심의 활력 부여를 위해서 젊은 층의 사업 참여가 핵심이라고 언급하며 일자리를 창출해야 한다고 강조한다. 이러한 도시재생을 통해 단순한 일자리 창출을 넘어 삶을 풍요롭게 하는 자연 환경이나 지역사회가 공유하는 역사·문화 경험들을 활용해 지역에 특화된 콘텐츠를 만들어 낼 수 있다고 언급하고 있으므로 도시재생 뉴딜이 원도심의 사회·경제·문화적 종합재생을 추진하는 사업이라고 개념을 제시하는 것이 적절하다.

| 오답풀이 |
① 빈칸 뒤의 내용을 보면 원도심의 사회·경제·문화적 종합재생에 대한 언급이 있는 것이 더욱 적절하다.
② 도시재생 뉴딜에 대한 언급이 있어야 하며 도시의 종합재생에 대한 내용도 포함되어야 한다.
③ 도시재생 뉴딜의 개념이 제시된 후에 이를 구체화하는 내용으로 서술되는 편이 더욱 자연스러우며, 빈칸 뒤의 내용을 살펴보면 다양한 활동가들에 대한 부분도 맥락상 이어지지 않는다.
⑤ 2문단보다는 3문단과 관련이 깊은 내용이다.

556

정답 ④

유형 문서이해능력 　　　　　　　　 상·중·**하**

3문단에서 자기부상열차를 선로에서 띄우는 방식은 두 가지로, 반발식 자기부상과 흡인식 자기부상이 대표적임을 알 수 있다.

| 오답풀이 |
① 2문단에서 강한 자석을 만들려면 쇠막대를 코일로 감아서 높은 전류를 흘려보내야 함을 알 수 있다.
② 4문단에서 흡인식 자기부상열차는 레일 쪽으로 흡인력이 발생하여 부상하는 방식임을 알 수 있다.
③ 3문단에서 반발식 자기부상은 자석의 같은 극끼리 서로 밀어내는 힘을 이용해서 열차를 띄우는 방식임을 알 수 있다.
⑤ 1문단에서 자기부상열차가 움직이기 위해서는 열차를 선로로부터 띄우는 힘과 열차를 원하는 방향으로 진행시키는 두 가지 힘이 필요함을 알 수 있으므로 같은 방향의 두 가지 힘이 필요한 것이 아니다.

557

정답 ④

유형 문서이해능력 　　　　　　　　 상·**중**·하

4문단에서 자석의 다른 극끼리 끌어당기는 힘을 이용하는 방식은 흡인식 자기부상임을 알 수 있고, 항상 부상 제어를 해야 하는 단점이 있지만 속도에 상관없이 부상할 수 있음을 알 수 있다. 흡인식 자기부상은 전자기 유도원리가 아니라 흡인력에 의해 부상하는 것이므로 적절하지 않다.

| 오답풀이 |
① 2문단에서 높은 전류를 흘려보내면 코일이 모두 녹아 버리는데 초전도 자석으로 그 문제를 해결할 수 있음을 알 수 있다. 따라서 자기부상열차는 초전도 자석 기술력이 필요함을 알 수 있다.
② 2문단에서 열차가 선로 위를 뜬 채로 움직이면 마찰이 없어 매우 고속으로 달릴 수 있음을 알 수 있다. 따라서 열차의 속도는 선로와 열차의 마찰에 영향을 받음을 알 수 있다.
③ 4문단에서 흡인식 자기부상은 전자석에 흐르는 흡인력이 줄어들면 열차 무게 때문에 아래 방향으로 내려감을 알 수 있다. 따라서 전자석에 흐르는 흡인력이 줄어들면 열차와 레일의 간격이 줄어들게 됨을 알 수 있다.
⑤ 3문단에서 반발식 자기부상은 열차가 앞으로 가는 동안 전자석의 전류방향을 반대로 하여 열차의 부상을 유지함을 알 수 있다.

558

정답 ③

 유형 문서이해능력 상-중-하

주어진 글은 애착형성의 중요성에 대한 글이다. 특히 아기의 발달 단계에서 부모의 행동에 따른 아기의 인지발달에 대해 구체적으로 제시하고 있는데, 4문단에서 12개월 이내의 아기가 엄마와 분리불안을 나타내고 낯선 사람을 무서워하는 것은 정상발달 단계라고 언급이 되어 있을 뿐, 이것이 애착형성이 잘되었다는 증거라고 언급하고 있지는 않다. 글에서는 이 시기가 지나 애착이 확립되면 이런 모습은 자연스럽게 줄어든다고 표현되어 있다.

| 오답풀이 |

① 1, 2문단을 통해 추론할 수 있다.
② 3문단을 통해 추론할 수 있다.
④ 5문단을 통해 추론할 수 있다.
⑤ 6문단을 통해 추론할 수 있다.

559

정답 ①

 유형 문서작성능력 상-중-하

㉠ 최종 자금수요자에게 자금이 공급되는 것이므로 '자금이나 물자 따위를 대어 줌'이라는 의미의 '조달'이 들어가야 한다.
㉡ 금융자산의 만기라는 기준에 따라 자금시장과 자본시장을 나누었으므로 '일정한 기준에 따라 전체를 몇 개로 갈라 나눔'이라는 의미의 '구분'이 들어가야 한다.
㉢ 외환파생상품 위주로 좋은 상태로 나아갔으므로 '더 낫고 좋은 상태나 더 높은 단계로 나아감'이라는 의미의 '발전'이 들어가야 한다.

| 오답풀이 |

• 공급: 요구나 필요에 따라 물품 따위를 제공함
• 확보: 확실히 보증하거나 가지고 있음
• 구별: 성질이나 종류에 따라 차이가 남. 또는 성질이나 종류에 따라 갈라놓음
• 분류: 종류에 따라서 가름
• 발현: 속에 있거나 숨은 것이 밖으로 나타나거나 그렇게 나타나게 함. 또는 그런 결과

560

정답 ②

 유형 문서작성능력 상-중-하

㉠ 1문단은 세계 각국의 보안검색활동을, 2문단은 우리나라 보안검색활동의 차이점을 언급하고 있다. 따라서 내용이 전환되는 의미의 접속부사인 '그러나' 혹은 '하지만'이 적절하다.
㉡ 2문단에서 검색체제의 한계에 대해 언급하고, 3문단은 예방할 수 있는 방법과 대안을 제시하고 있으므로 '따라서'가 적절하다.
㉢ 앞서 해결할 수 있는 노력에 대해 언급하고, 이와 화제가 전환되는 내용이 등장하므로 '한편'이 적절하다.

561

정답 ⑤

 유형 문서이해능력 상-중-하

2문단에서 충청권 광역철도는 기존 대전 도시철도와 환승이 가능함을 알 수 있고, 1문단에서 일반철도의 활용도를 제고하는 효과가 있음을 알 수 있다.

| 오답풀이 |

① 2문단에서 협약에 따라 국가는 광역철도를 건설하고 지자체는 차량소유 및 운영손실금 등을 부담하며 철도공사는 열차를 운행하는 등 기관별 역할을 수행할 예정임을 알 수 있다.
② 4문단에서 대전광역시 트램도시광역본부장은 충청권 광역철도 1단계가 충청권 메가시티 구상 실현을 앞당기고 하나의 광역생활권으로서 지역 상생 및 균형발전의 토대가 될 것으로 기대함을 알 수 있다.
③ 3문단에서 국토교통부 철도국장은 충청권 광역철도가 충청권 광역 경제권·생활권 형성 등 지역 균형발전에 크게 기여할 것으로 기대하고 있음을 알 수 있다.
④ 1문단에서 충청권 광역철도는 일반철도 노선을 개량하기 때문에 새로 노선을 건설하는 신설형 사업에 비해 사업비를 대폭 절감할 수 있음을 알 수 있다.

562

정답 ⑤

 유형 경청능력 상-중-하

⑤는 경청의 의미를 왜곡되게 파악하는 설명이며, 경청 과정에서 '왜?'라는 질문은 피해야 한다. 먼저 경청은 단순히 '듣는다'는 의미를 넘어, 상대방의 말을 귀로 들

으면서 눈으로는 상대방이 표현하고자 하는 모든 신체적, 비언어적 표현을 함께 받아들여 상대방이 전달하는 메시지를 충분히 받아들이겠다는 노력의 과정으로 파악해야 한다. 또한 '왜?'라는 질문은 보통 진술을 가장한 부정적·추궁적·강압적인 표현이므로 사용하지 않는 것이 좋다.

563 정답 ⑤

유형 도표분석능력 상-중-하

5개 산업의 부가가치율을 계산해 보면 다음과 같다.

- 출판: $\frac{8,815}{20,766} \times 100 ≒ 42.4(\%)$

- 만화: $\frac{393}{976} \times 100 ≒ 40.3(\%)$

- 음악: $\frac{1,913}{5,308} \times 100 ≒ 36.0(\%)$

- 게임: $\frac{4,848}{10,895} \times 100 ≒ 44.5(\%)$

- 영화: $\frac{1,780}{5,256} \times 100 ≒ 33.9(\%)$

따라서 5개 산업 중 부가가치율이 두 번째로 높은 산업은 출판 산업이고, 출판 산업의 부가가치율은 약 42.4%로 43% 미만이다.

| 오답풀이 |
① 5개 산업 중 부가가치율이 가장 높은 산업은 약 44.5%의 게임 산업이다.
② 출판 산업의 부가가치율은 약 42.4%, 영화 산업의 부가가치율은 약 33.9%이다. 따라서 출판 산업의 부가가치율은 영화 산업의 부가가치율보다 높다.
③ 게임 산업의 부가가치율은 약 44.5%, 만화 산업의 부가가치율은 약 40.3%이다. 따라서 두 산업의 부가가치율의 차는 44.5-40.3=4.2(%p)로 4%p 이상이다.
④ 5개 산업 중 부가가치율이 두 번째로 낮은 산업은 약 36.0%의 음악 산업이다.

564 정답 ③

유형 도표분석능력 상-중-하

'세대당 승용차 보유대수= $\frac{승용차 등록대수}{세대수}$'이므로,
'승용차 등록대수=세대수×세대당 승용차 보유대수'

이다. 2017~2020년 동안 세대당 승용차 보유대수는 증가하였고, 전년 대비 세대수 증가율은 양수이므로 세대수도 증가하였다. 따라서 승용차 등록대수는 2017~2020년 동안 매년 증가하였다.

| 오답풀이 |
① 2019년의 전년 대비 인구 증가율은 음수(-), 전년 대비 세대수 증가율은 양수(+)이므로, 2019년 인구는 전년 대비 감소하였고, 세대수는 전년 대비 증가하였다.
② 2020년의 전년 대비 인구 증가율은 음수(-), 전년 대비 세대수 증가율은 양수(+)이므로, 2020년 인구는 전년 대비 감소하였고, 세대수는 전년 대비 증가하였다.
④ 2019년의 세대수는 1,056,627÷1.0246≒1,031,258(세대)이므로, 2019년의 승용차 등록대수는 1,031,258×0.96≒990,008(대)이다. 따라서 2019년 승용차 등록대수는 2020년 승용차 등록대수보다 적다.
(③의 해설에 따라 계산 없이도 옳지 않은 선택지임을 알 수 있다.)
⑤ 2019년의 세대수는 1,031,258세대이고, 승용차 등록대수는 990,008대이므로 2020년의 전년 대비 세대수 증가량은 1,056,627-1,031,258=25,369(세대), 승용차 등록대수 증가량은 1,027,075-990,008=37,067(대)로 두 증가량은 같지 않다.

565 정답 ③

유형 도표분석능력 상-중-하

ⓛ [그래프2]에서 전국적으로 5.5~11.5℃(평년 약 3.3~10.3℃) 내외의 분포를 보이며 평년보다 높았음을 알 수 있다.
ⓒ [그래프2]에서 제주도(11.5℃), 경남(9.4℃), 전남(8.9℃) 등 전국 모든 지역의 평균기온이 평년보다 높았음을 알 수 있다.

| 오답풀이 |
㉠ [그래프1]에서 2021년 3월 기온 분포와 평균기온은 2022년 3월보다 높음을 알 수 있다.
㉣ [그래프3]에서 제주도의 강수량(115.6mm)은 평년(88.9~133.6mm)과 비슷했음을 알 수 있다.

566 정답 ①

유형 도표분석능력 상-중-하

연령대 중 1월에 응급실을 이용한 인원이 14,000명을

초과하는 연령대만 구체적인 수치를 계산해 보면 다음과 같다.

- 1~9세: 8,237＋6,068＝14,305(명)
- 20~29세: 5,898＋8,628＝14,526(명)
- 50~59세: 7,719＋7,782＝15,501(명)
- 60~69세: 7,852＋7,226＝15,078(명)

따라서 1월 중 응급실을 가장 많이 이용한 연령대는 50대이다.

| 오답풀이 |

② 2021년 상반기에 응급실을 가장 많이 이용한 연령대는 1~9세로, 55,650＋42,528＝98,178(명)이 응급실을 이용하였다. 50대는 45,634＋46,347＝91,981(명)이 응급실을 이용하였다.

③ 2021년 50대의 응급실 이용자 수는 1월에 7,719＋7,782＝15,501(명), 2월에 7,356＋7,601＝14,957(명)이다. 따라서 $\frac{15,501-14,957}{15,501} \times 100 \fallingdotseq 3.5(\%)$ 감소하였다.

④ 2021년 상반기 20대의 응급실 이용자 수는 35,400＋50,764＝86,164(명)이다. 따라서 4월 이용자가 차지하는 비율은 $\frac{5,887+8,532}{86,164} \times 100 \fallingdotseq 16.7(\%)$이므로 16% 이상이다.

⑤ 2021년 1월 30대 남자의 응급실 이용자 수는 6,017명이고, 6월 30대 남자의 응급실 이용자 수는 6,049명이다. 6월 이용자 수가 더 많으므로 계산해보지 않아도 그 비율 또한 6월 이용자가 높다는 것을 알 수 있다.

567 정답 ①

유형 도표분석능력 상-중-하

[그래프1]에 따르면, 2018년 맞춤대출서비스 이용자 수는 23,476명으로 24,000명 미만이다.

| 오답풀이 |

② [그래프2]에 따르면, 2018년 맞춤대출서비스 지원금액은 4,878억 원으로 5,400억 원 미만이다.

③ 서민금융진흥원에서 제공하는 맞춤대출의 비대면 서비스 비중은 2019년 73.8%로 전년 대비 10.3%p 증가하였으므로 2018년에는 73.8－10.3＝63.5(%)였다. 즉, 65% 미만이다.

④ 서민금융진흥원의 맞춤대출 비대면 서비스에서 개인정보 제공 동의 시간의 감소율은 $\frac{90-10}{90} \times 100 \fallingdotseq 88.9(\%)$이므로 90% 미만이다.

⑤ 서민금융진흥원은 맞춤대출서비스를 통해 가장 낮은 금리의 상품을 추천한다. 이때, 모집인 등보다 최대 1.5%p까지 금리를 인하해주는 것이지, 평균금리인 11.7%보다 1.5%p 낮은 금리의 상품을 추천하는 것이 아니다.

568 정답 ④

유형 도표분석능력 상-중-하

2018년 맞춤대출서비스 이용자 수는 23,476명이고, 지원금액은 4,878억 원이다. 따라서 2020년과 비교하면 2년 전 대비 이용자 수는 107,181－23,476＝83,705(명) 증가한 것이고, 지원금액은 10,418－4,878＝5,540(억 원) 증가한 것이다.

569 정답 ④

유형 도표분석능력 상-중-하

주어진 [그래프]의 수치에 [표]의 가중치를 적용하여 업체별 종합점수를 구하면 다음과 같다.

(단위: 점)

구분	성능	내구성	불량률	가격	종합점수
업체 A	60×0.4＝24	30×0.2＝6	70×0.3＝21	60×0.1＝6	57
업체 B	80×0.4＝32	50×0.2＝10	50×0.3＝15	50×0.1＝5	62
업체 C	60×0.4＝24	70×0.2＝14	80×0.3＝24	20×0.1＝2	64
업체 D	70×0.4＝28	90×0.2＝18	60×0.3＝18	40×0.1＝4	68
업체 E	50×0.4＝20	80×0.2＝16	90×0.3＝27	30×0.1＝3	66

따라서 종합점수가 가장 높은 업체 D를 선택할 것이다.

570 정답 ③

유형 도표분석능력 상-중-하

ⓛ 2014년에는 사망자 수와 부상자 수가 각각 31명, 295명으로 총 31＋295＝326(명)의 인명 피해가 발생하였다.

ⓒ 2010년부터 2013년까지는 전체 인명 피해자 중 사망자가 차지하는 비율이 매년 10% 이상이었으나, 2014년에는 $\frac{31}{31+295} \times 100 \fallingdotseq 9.5(\%)$로 10% 미만이었다.

| 오답풀이 |

ⓐ 2013년 대비 2014년에 총화재 건수는 40,932건에서 42,135건으로 증가하였으나, 전기 화재 건수는 8,889건에서 8,287건으로 8,889－8,287＝602(건) 감소하였다.

ⓔ 인구 백만 명당 감전 사망자 수는 우리나라가 0.75명(2014년), 호주, 일본, 영국이 각각 1.14명(2010년), 0.12명(2014년), 0.03명(2014년)으로 호주보다 적지만 일본, 영국보다는 많다.

571

유형 도표분석능력 상-중-하

2019년 LP가스사고에서 부탄 LP가스사고가 차지하는 비중은 $\frac{6}{47+6} \times 100 ≒ 11.3(\%)$이다.

| 오답풀이 |

① 2018년 LP가스사고와 고압가스사고는 총 $43+3+10+7+5+1+1=70$(건)이다.

③ 프로판 LP가스사고의 2018~2021년 연평균 건수는 $\frac{43+47+39+31}{4}=40$(건)이다.

④ 수소 고압가스사고와 탄산가스 고압가스사고의 건수는 2019년에 1건, 2021년에 1건으로 2개 연도에서 같다.

⑤ 연도별 고압가스사고 건수는 다음과 같다.
- 2018년: $10+7+5+1+1=24$(건)
- 2019년: $3+2+2+1+1=9$(건)
- 2020년: $3+3+3+1+0=10$(건)
- 2021년: $3+2+2+1+1=9$(건)

따라서 2018~2021년 동안 매년 프로판 LP가스사고 건수는 고압가스사고 건수보다 많다.

572
정답 ③

유형 도표작성능력 상-중-하

㉠ 연도별 전년 대비 전체 흡연자 수의 증감을 계산해 보면 다음과 같다.
- 2017년: $12,208-12,314=-106$(백 명)
- 2018년: $13,290-12,208=1,082$(백 명)
- 2019년: $13,304-13,290=14$(백 명)
- 2020년: $14,051-13,304=747$(백 명)
- 2021년: $14,232-14,051=181$(백 명)

따라서 바르게 작성한 그래프이다.

㉣ 연도별 30~40대 흡연자 수를 계산해 보면 다음과 같다.

- 2016년: $12,314-(1,918+2,205+1,251)$
  $=6,940$(백 명)
- 2017년: $12,208-(2,015+2,141+1,203)$
  $=6,849$(백 명)
- 2018년: $13,290-(2,003+1,965+1,346)$
  $=7,976$(백 명)
- 2019년: $13,304-(1,957+2,259+1,320)$
  $=7,768$(백 명)
- 2020년: $14,051-(2,108+2,350+1,298)$
  $=8,295$(백 명)
- 2021년: $14,232-(2,015+2,103+1,467)$
  $=8,647$(백 명)

따라서 바르게 작성한 그래프이다.

| 오답풀이 |

㉡ 2019년 30~40대 흡연자 수는 7,768백 명이므로 연령대별 비율은 다음과 같다.
- 20대: $\frac{1,957}{13,304} \times 100 ≒ 14.7(\%)$
- 30~40대: $\frac{7,768}{13,304} \times 100 ≒ 58.4(\%)$
- 50대: $\frac{2,259}{13,304} \times 100 ≒ 17.0(\%)$
- 60대 이상: $\frac{1,320}{13,304} \times 100 ≒ 9.9(\%)$

따라서 30~40대의 수치가 옳지 않다.

㉢ 2021년을 제외한 모든 연도의 수치가 옳지 않다.

NCS 문제풀이 TIP

실제 시험에서 문제를 해결할 때, [해설]에서 제시하는 바와 같이 일일이 모든 항목을 계산하여 답을 찾기는 어려울 수 있다. 따라서 눈으로 확인할 수 있는 것을 먼저 찾는 것도 하나의 방법이다. 예를 들어 ㉡의 원그래프에 제시된 수치를 모두 더하면 $14.7+56.4+17.0+9.9=98(\%)$이다. 즉, 100%가 되지 않으므로 옳지 않은 그래프임을 쉽게 알 수 있다.

573
정답 ②

유형 사고력 상-중-하

가은, 나은, 다은, 라은이는 각각 2개의 놀이기구를 탔고, 3명 이상이 탄 놀이기구는 없으므로 각 놀이기구는 2명씩 탔다. 나은이는 롤러코스터를 탔고, 다은이는 회전목마를 탔으며, 가은이는 롤러코스터와 회전목마를 타지 않았으므로 이를 정리하면 다음과 같다.

PART Ⅳ NCS 실전모의 50제 155

구분	가은	나은	다은	라은
바이킹	○			
롤러코스터	×	○		
범퍼카	○			
회전목마	×		○	

이때 가은이와 다은이가 탄 놀이기구는 1개만 같으므로 겹친 놀이기구가 바이킹인 경우와 범퍼카인 경우로 나눌 수 있다.

ⅰ) 가은이와 다은이가 바이킹을 탄 경우

구분	가은	나은	다은	라은
바이킹	○	×	○	×
롤러코스터	×	○	×	○
범퍼카	○	○/×	×	×/○
회전목마	×	×/○	○	○/×

ⅱ) 가은이와 다은이가 범퍼카를 탄 경우

구분	가은	나은	다은	라은
바이킹	○	○/×	×	×/○
롤러코스터	×	○	×	○
범퍼카	○	×	○	×
회전목마	×	×/○	○	○/×

따라서 모든 경우에서 라은이는 롤러코스터를 탔다.

| 오답풀이 |

① 가능한 경우의 수는 4가지이다.
③ 나은이는 회전목마를 탔을 수도 있다.
④ 다은이는 바이킹을 타지 않았을 수도 있다.
⑤ 나은이와 라은이가 탄 놀이기구는 롤러코스터 1개만 같다.

574 정답 ①

유형 사고력   상-중-하

ⓒ을 통해 B카페와 C카페 중 하나가 맨 끝에 위치하고 다른 하나는 반대쪽의 끝에서 두 번째에 위치한다는 것을 알 수 있다.
ⓔ을 통해 왼쪽에서 두 번째에 B카페나 C카페가 위치할 수 없다는 것을 알 수 있으므로 이 두 카페는 맨 왼쪽과 오른쪽 끝에서 두 번째에 나누어 위치해야 한다.
ⓜ을 통해 맨 왼쪽은 B카페가 아닌 C카페가 위치함을

알 수 있다. 동시에, 오른쪽 끝에는 D카페, 그 옆은 B카페가 위치함을 알 수 있다.
ⓒ을 통해 E카페는 왼쪽에서 세 번째에 위치함을 알 수 있다.
이를 종합하면 왼쪽에서부터 C-F-E-A-B-D의 순으로 위치해 있음을 알 수 있다. 따라서 왼쪽에서 네 번째에 위치한 카페는 A카페이다.

575 정답 ③

유형 사고력   상-중-하

첫 번째 명제의 대우명제인 '흥미롭지 않은 영화는 액션영화가 아니다'와 두 번째 명제를 연결하면 '흥미롭지 않은 영화는 모두 외국영화이다'의 결론을 얻을 수 있다.

576 정답 ②

유형 사고력   상-중-하

주어진 명제들과 같이 여러 개의 대등한 구조의 명제가 병렬식으로 나열되어 있을 경우, 주어진 명제들과 대우명제들과의 삼단 논법을 통한 연결 고리를 빠르게 찾아내야 한다. 이를 위해 명제들을 도식화하여 대우명제를 정리하면 다음과 같다.
㉠ 미국 → 영국
　(대우) ~영국 → ~미국
㉡ 미국 → 독일
　(대우) ~독일 → ~미국
㉢ 프랑스 → 독일
　(대우) ~독일 → ~프랑스
㉣ 호주 → 영국
　(대우) ~영국 → ~호주
㉤ ~프랑스 → ~영국
　(대우) 영국 → 프랑스
따라서 ②의 명제는 미국과 호주의 상호 연결 고리를 찾을 수 없으므로 반드시 참이라고 할 수 없다.

| 오답풀이 |

① ㉠과 ㉤의 대우명제를 통하여 참이라는 것을 알 수 있다.
③ ㉢과 ㉣의 대우명제를 통하여 참이라는 것을 알 수 있다.
④ ㉡의 대우명제와 ㉤을 통하여 참이라는 것을 알 수 있다.
⑤ ㉢의 대우명제를 통하여 참이라는 것을 알 수 있다.

577

정답 ④

상-중-하

연번 6은 시행령 제18조의8 제1항 제8호에 해당하므로, 이를 위반하였을 경우 [표]의 나목에 따라 과태료 10만 원이 부과된다.

| 오답풀이 |

① 연번 1은 법 제11조의2 제8항에 해당하므로, 이를 위반하였을 경우 [표]의 가목에 따라 과태료 10만 원이 부과된다.

② 연번 2는 법 제11조의2 제7항에 해당하므로, 이를 위반하였을 경우 [표]의 가목에 따라 과태료 10만 원이 부과된다.

③ 연번 4는 시행령 제18조의8 제1항 제6호에 해당하므로, 이를 위반하였을 경우 [표]의 나목에 따라 과태료 10만 원이 부과된다.

⑤ 연번 8은 시행령 제18조의8 제1항 제5호에 해당하므로, 이를 위반하였을 경우 [표]의 다목에 따라 과태료 20만 원이 부과된다.

NCS 문제풀이 *TIP*

[표]에 따르면 과태료 20만 원이 부과되는 항목은 시행령 제18조의8 제1항 제4호 또는 제5호에 따른 충전 방해행위를 한 경우 두 가지이다. 그런데 안내문에는 20만 원이 세 가지로 나와 있으므로 셋 중 하나가 잘못되었을 가능성이 높다고 추측할 수 있다.

578

정답 ③

상-중-하

당좌수표의 경우 금액에 관계없이 한국은행총재 또는 관할 세관장의 허가가 필요하다.

| 오답풀이 |

① 미화 1만 불 이상인 경우에 신고를 해야 하므로, 미화 5천 불에 해당하는 현금을 여행경비로 가져가는 경우 신고가 필요하지 않다.

② 일반여행자가 미화 1만 불 이상의 자기앞수표를 여행경비로 가져가는 경우 관할세관장에게 신고해야 한다.

④ 카지노 수입의 경우 증명서가 필요하다.

⑤ 물품대급이 목적인 경우에는 세관신고와 별개로 신고, 허가가 필요하다.

NCS 문제풀이 *TIP*

출국 시 외환신고의 조건은 미화로 얼마인지, 지급수단이 무엇인지, 대상자가 누구인지, 목적이 무엇인지에 따라 나뉜다. 따라서 해당 조건을 모두 확인해야 한다.

579

정답 ④

상-중-하

기내에 들고 탑승하지 못한 짐(기탁화물)은 지정된 컨베이어 벨트에서 찾아야 하며 이때 "세관검사안내표시"가 부착된 수하물이 있는 경우 정밀 검사를 받아야 한다.

| 오답풀이 |

① 일시입국하는 여행자가 여행 중 사용하고 재반출할 물품을 세관에 신고하고, 최초 출국 시 이를 세관에 신고하지 않으면 출국은 가능하나 확인서상의 주소로 세금을 부과한다.

② 일시입국하는 여행자가 통관이 불가능한 물품을 소지한 경우 반송 제도를 통해 출국 시 일정한 절차에 의해 물건을 찾아갈 수 있다.

③ 국내 지정 외국인 관광객 면세점에서 물품을 구입한 경우에만 세금을 돌려받을 수 있다.

⑤ 여행자 휴대품신고서는 기내에서도 작성 가능하나 입국현장에서도 작성할 수 있다.

NCS 문제풀이 *TIP*

선택지에서 키워드를 찾아 해당 내용만 확인한다. ①은 물품 재반출, ②는 통관 불가능한 물품, ③은 면세, ④는 세관검사 안내표시, ⑤는 여행자 휴대품신고서라는 키워드를 찾아 확인한다.

580

정답 ③

상-중-하

제17조 제1항 제3호에 따르면, 할당대상 업체가 정당한 사유 없이 시설 가동 예정일이 3개월이 지나도록 시설을 가동하지 않은 경우에 무상으로 할당된 배출권의 전부 또는 일부를 취소할 수 있다고 하였으므로 시설 가동 예정일로부터 3일이 지난 뒤에 시설을 가동하였다고 무상으로 할당된 배출권 일부가 취소되는 것은 아니다.

| 오답풀이 |

① 제13조 제1항에 따르면, 신규 진입업체를 제외한 할당대상 업체는 매 계획 기간이 시작되기 4개월 전까지 배출권 할당신청서를 작성하여 주무관청에 제출해야 한다.

② 제12조 제3항에 따르면, 무상으로 할당하는 배출권의 비율은 국내 산업의 국제경쟁력에 미치는 영향, 기후변화 관련 국제협상 등 국제적 동향, 물가 등 국민경제에 미치는 영향 및 직전 계획 기간에 대한 평가 등을 고려하여 대통령령으로 정한다고 하였다.

④ 제18조에 따르면, 주무관청은 신규 진입자에 대한 배출권 할당을 위해 총배출권의 일정 비율을 배출권 예비분으로 보유해야 한다.

⑤ 제12조 제1항에 따르면, 신규 진입자의 경우 해당 업체가 할당대상 업체로 지정, 고시된 해부터 남은 계획 기간에 대하여 배출권을 할당받는다.

581
정답 ②

유형 문제처리능력   상-중-**하**

박 과장의 3월 알뜰주유카드 사용실적은 105만 원으로 100만 원 이상이므로 알뜰주유소에서 1L당 120원을 할인받고, 일반주유소에서 1L당 60원을 할인받으며, 자동차 보험료를 10% 할인받는다. 이에 따라 박 과장의 4월 알뜰주유카드 사용 내역별 할인 금액은 다음과 같다.

(단위: 원)

구분	사용 내용	사용 금액	할인 금액
A알뜰주유소	22L 주유	43,750	$22 \times 120 = 2,640$
B일반주유소	15L 주유	30,650	$15 \times 60 = 900$
A알뜰주유소	18L 주유	35,800	$18 \times 120 = 2,160$
B일반주유소	10L 주유	20,450	$10 \times 60 = 600$
C보험회사	자동차 보험료	98,700	$98,700 \times 0.1 = 9,870$

따라서 박 과장이 4월에 할인받는 금액은 $2,640 + 900 + 2,160 + 600 + 9,870 = 16,170$(원)이다.

NCS 문제풀이 TIP

알뜰주유소와 일반주유소에서 사용한 금액은 1L당 할인되므로 한 번에 계산한다. A알뜰주유소에서 주유한 양은 $22 + 18 = 40$(L)이고, B일반주유소에서 주유한 양은 $15 + 10 = 25$(L)이므로 A알뜰주유소에서 할인받는 금액은 $40 \times 120 = 4,800$(원)이고, B일반주유소에서 할인받는 금액은 $25 \times 60 = 1,500$(원)임을 알 수 있다.

582
정답 ②

유형 문제처리능력   상-중-**하**

구입 인원수가 20명 이상인 여행 상품만 실제 여행 상품의 판매가 진행되었고, 구입 인원수가 50명 이상인 여행 상품은 1인당 상품 금액에 할인율 5%를 적용하였으므로 국내 크루즈 여행 상품은 판매가 진행되지 않았고, 강원도 스키 여행은 5% 할인이 적용되었다. 이에 따라 L여행사의 여행 상품별 판매 금액은 다음과 같다.

구분	판매 금액
남도 투어 여행	$986,000 \times 46 = 45,356,000$(원)
럭셔리 제주도 여행	$958,000 \times 43 = 41,194,000$(원)
강원도 스키 여행	$595,000 \times 75 \times 0.95 = 42,393,750$(원)

따라서 직전 분기 판매한 여행 상품의 총판매 금액은 $45,356,000 + 41,194,000 + 42,393,750 = 128,943,750$(원)이다.

583
정답 ②

유형 문제처리능력   상-중-**하**

[표]에 따르면 오백원화의 질량은 7.70g이고, 오십원화의 질량은 4.16g이며, 오백원화의 소재는 백동으로 구리가 75% 함유되어 있고, 오십원화의 소재는 양백으로 구리가 70% 함유되어 있다. 이에 따라 오백원화에 포함된 구리 질량은 $7.70 \times 0.75 = 5.775$(g)이고, 오십원화에 포함된 구리 질량은 $4.16 \times 0.7 = 2.912$(g)이다.

따라서 오백원화에 포함된 구리 질량과 오십원화에 포함된 구리 질량의 차는 $5.775 - 2.912 = 2.863$(g)이다.

584
정답 ②

유형 문제처리능력   상-중-**하**

외과 질환으로 K병원에서 진료를 받은 뒤 입원을 하게 된 진수가 일반 2인실로 입원해 지불해야 하는 입원 병실 비용은 1일당 189,730원이고, 간호 서비스가 제공되는 통합서비스 병동 5인실로 입원해 지불해야 하는 입원 병실 비용은 1일당 205,450원이다. 진수는 일반 2인실에서 2일, 간호 서비스가 제공되는 통합서비스 병동 5인실에서 3일 입원하였으므로 지불해야 하는 입원 병실 비용은 총 $(189,730 \times 2) + (205,450 \times 3) = 995,810$(원)이다.

585

유형 자기개발능력 　　　　　　　상-중-하

A는 자기개발에 대한 계획 수립 시 영역을 광범위하게 설정하고 추상적으로 목표를 정하고 있는데, 이처럼 애매모호한 방법으로 계획을 세우면 어떻게 해야 하는지 명확하게 알 수가 없어서 중간에 적당히 하게 되거나 효율적이지 못해 노력을 낭비하게 된다. 자신이 수행해야 할 자기개발 방법을 명확하고 구체적으로 수립하면 집중적이고 효율성 있게 노력할 수 있고, 이에 대한 진행 과정도 쉽게 파악할 수 있다. 예를 들어 '영어 공부하기'라는 추상적인 방법보다 '1시간 일찍 출근해서 매일 영어 공부하기'처럼 구체적인 방법으로 계획하는 게 좋다. 따라서 A에게 할 수 있는 조언으로 가장 적절한 것은 ④이다.

| 오답풀이 |

① 자신을 브랜드화하는 방법은 단순히 자신을 알리는 것을 넘어 자신을 다른 사람과 차별화하는 특징을 밝혀내고 이를 부각시키기 위해 지속적으로 자기개발을 하며 알리는 것을 의미하는데, A에게 할 수 있는 조언으로는 적절하지 않다.

② 사람은 많은 인간관계를 맺고 살아가고 있기 때문에 인간관계를 고려하지 않고 자기개발 계획을 수립하면 계획을 실행하는 데 어려움을 겪게 된다. 다른 사람과의 관계를 발전시키는 것도 하나의 자기개발 목표가 될 수 있지만, A에게 할 수 있는 조언으로는 적절하지 않다.

③ 직업인이라면 현재의 직무와 관계된 일을 계속하든 전혀 새로운 일을 탐색하여 수행하든 현재의 직무상황과 이에 대한 만족도가 자기개발 계획을 수립하는 데 중요한 역할을 담당하게 되지만, A에게 할 수 있는 조언으로는 적절하지 않다.

⑤ A는 자기개발에 대한 계획을 수립하는 데 영역을 광범위하게 설정하고 큰 그림을 그리듯이 추상적으로 목표를 정하여 코앞에 닥친 일을 처리하는 데 대부분의 시간과 노력을 쏟고 있기 때문에 지금보다 다양한 활동을 병행할 경우 자기개발이 더욱 힘들어질 것이므로 A에게 할 수 있는 조언으로는 적절하지 않다.

586

유형 자기개발능력 　　　　　　　상-중-하

• 을: 자기개발을 학교 단계에서 이루어지는 교육이라고 생각하거나 어떤 특정한 사건이나 요구가 있을 때 일시적으로 이루어지는 과정이라고 생각하는 경우도 있으나, 자기개발은 평생에 걸쳐서 지속적으로 이루어지는 과정이므로 적절하지 않다.

• 병: 자기개발에서 개발의 주체와 객체는 모두 자기 자신이므로 적절하지 않다. 개발의 주체와 객체가 모두 자기 자신이라는 측면에서 자기개발은 자신의 능력, 적성, 특성 등을 이해하고, 목표성취를 위해 스스로를 관리하며 개발하는 것으로 이해될 수 있다.

| 오답풀이 |

• 갑: 직업생활에서의 자기개발은 효과적으로 업무를 처리하기 위해, 즉 업무의 성과를 향상시키기 위해 이루어지므로 적절하다.

• 정: 자기개발에 있어서 자기관리는 매우 중요한 요소로, 자신의 내면과 시간, 생산성을 관리하는 등의 자기관리는 좋은 인간관계의 형성과 유지의 기반이 되기도 하므로 적절하다.

• 무: 자기개발은 개별적인 과정으로서 사람마다 자기개발을 통해 지향하는 바와 선호하는 방법 등이 다르기 때문에 개인은 자신에 대한 이해를 바탕으로 자신에게 알맞은 자기개발 전략이나 방법을 선정해야 하므로 적절하다.

587

유형 시간관리능력 　　　　　　　상-중-하

가능한 이동경로로는 회사−A−E−B−D−C−회사(회사−C−D−B−E−A−회사), 회사−B−E−A−D−C−회사(회사−C−D−A−E−B−회사), 회사−C−D−A−B−E−회사(회사−E−B−A−D−C−회사), 회사−C−D−B−A−E−회사(회사−E−A−B−D−C−회사)가 있다.

• 회사−A−E−B−D−C−회사(회사−C−D−B−E−A−회사)의 경우
평균시속 60km로 이동하는 경로는 회사−A, B−D−C로 8+8+10=26(km)이고, 소요시간은 26(km)÷60(km/h)×60(분/h)=26(분)이다. 평균시속 25km로 이동하는 경로는 A−E−B, C−회사로 15+9+14=38(km)이고, 소요시간은 38(km)÷25(km/h)×60(분/h)=91.2(분)이다. 따라서 총 소요시간은 26+91.2=117.2(분)이다.

• 회사−B−E−A−D−C−회사(회사−C−D−A−E−B−회사)의 경우
평균시속 60km로 이동하는 경로는 회사−B, A−D−C로 10+18+10=38(km)이고, 소요시간은 38(km)÷60(km/h)×60(분/h)=38(분)이다. 평

균시속 25km로 이동하는 경로는 B−E−A, C−회사로 9+15+14=38(km)이고, 소요시간은 38(km)÷25(km/h)×60(분/h)=91.2(분)이다. 따라서 총소요시간은 38+91.2=129.2(분)이다.

• 회사−C−D−A−B−E−회사(회사−E−B−A−D−C−회사)의 경우

평균시속 60km로 이동하는 경로는 C−D−A, E−회사로 10+18+20=48(km)이고, 소요시간은 48(km)÷60(km/h)×60(분/h)=48(분)이다. 평균시속 25km로 이동하는 경로는 회사−C, A−B−E로 14+7+9=30(km)이고, 소요시간은 30(km)÷25(km/h)×60(분/h)=72(분)이다. 따라서 총소요시간은 48+72=120(분)이다.

• 회사−C−D−B−A−E−회사(회사−E−A−B−D−C−회사)의 경우

평균시속 60km로 이동하는 경로는 C−D−B, E−회사로 10+8+20=38(km)이고, 소요시간은 38(km)÷60(km/h)×60(분/h)=38(분)이다. 평균시속 25km로 이동하는 경로는 회사−C, B−A−E로 14+7+15=36(km)이고, 소요시간은 36(km)÷25(km/h)×60(분/h)=86.4(분)이다. 따라서 총소요시간은 38+86.4=124.4(분)이다.

총소요시간이 가장 적은 경우는 회사−A−E−B−D−C−회사(회사−C−D−B−E−A−회사)로 117.2분이고, 각 지점에서 20분간 머무르므로 총 20×5=100(분)을 머무른다. 따라서 회사에서 출발한 지 117.2+100=217.2(분), 즉 약 3시간 37분 뒤에 돌아오므로 오후 12시 37분에 회사로 돌아온다.

588

정답 ①

유형 예산관리능력 상-중-하

팀별 총지출 비용을 구하면 다음과 같다.
• 홍보팀: 30÷0.55≒54.5(만 원)
• 기술팀: 45÷0.35≒128.6(만 원)
• 인사팀: 40÷0.4=100(만 원)
• 기획팀: 55÷0.4=137.5(만 원)

주어진 지출 비용 항목 중 직접비는 출장비뿐이므로 나머지는 모두 간접비이다. 따라서 간접비의 지출 총액은 다음과 같이 구할 수 있다.

• 홍보팀: $54.5 \times \frac{10+55+10}{100} ≒ 40.9$(만 원)

• 기술팀: $128.6 \times \frac{20+35+15}{100} ≒ 90$(만 원)

• 인사팀: $100 \times \frac{28+40+12}{100} = 80$(만 원)

• 기획팀: $137.5 \times \frac{39+40+6}{100} ≒ 116.9$(만 원)

따라서 간접비의 지출 총액이 가장 큰 팀부터 순서대로 나열하면 기획팀 − 기술팀 − 인사팀 − 홍보팀이다.

589

정답 ④

유형 물적자원관리능력 상-중-하

평가대상 기관 A의 내진성능평가 지수와 내진보강공사 지수는 다음과 같이 산출할 수 있다.

• 내진성능평가 지수= $\frac{88}{100} \times 100 = 88$

• 내진보강공사 지수= $\frac{87}{100} \times 100 = 87$

이와 같은 방식으로 5개 기관에 대한 두 수치를 계산하여 정리하면 다음 표와 같다.

구분	A	B	C	D	E
내진성능평가 지수	88	86	91	90	83
내진보강공사 지수	87	96	93	89	95
내진성능평가 점수(점)	3	2	5	4	1
내진보강공사 점수(점)	1	5	3	2	4
합산 점수(점)	4	7	8	6	5
최종 순위	5	2	1	3	4

따라서 최종 순위 최상위 기관은 C, 최하위 기관은 A이다.

590

정답 ④

유형 인적자원관리능력 상-중-하

효율적이고 합리적인 인사관리를 하기 위해 필요한 원칙은 다음과 같다.

• 적재적소 배치의 원리: 해당 직무 수행에 가장 적합한 인재를 배치해야 한다.

- 공정 보상의 원칙: 근로자의 인권을 존중하고 공헌도에 따라 대가를 공정하게 지급해야 한다.
- 공정 인사의 원칙: 직무 배당, 승진, 상벌, 근무 성적의 평가, 임금 등을 공정하게 처리해야 한다.
- 종업원 안정의 원칙: 직장에서 신분이 보장되고 계속해서 근무할 수 있다는 믿음을 갖게 하여 근로자가 안정적으로 회사 생활을 할 수 있도록 해야 한다.
- 창의력 계발의 원칙: 근로자가 창의력을 발휘할 수 있도록 새로운 제안, 건의 등의 기회를 마련하고, 적절한 보상으로 인센티브를 제공해야 한다.
- 단결의 원칙: 직장 내에서 구성원들이 소외감을 갖지 않도록 배려하고, 서로 유대감을 가지고 협동, 단결하는 체제를 이루도록 한다.

따라서 ㉠에는 공정 보상의 원칙, ㉡에는 공정 인사의 원칙이 들어가야 한다.

591

정답 ⑤

유형 물적자원관리능력   상-중-**하**

바코드는 정보를 한 방향으로 배열한 1차원 바코드로, 이 경우는 숫자 정보로 제조업체와 상품명 정도만 표시할 수 있어 제한적인 면이 있다. 이에 보다 다양한 정보를 담을 수 있도록 가로, 세로 두 방향으로 정보를 배열한 2차원 바코드가 등장했다. 2차원 바코드 중 대표적인 것이 QR코드로, QR(Quick Response)이라는 용어가 말하고 있듯이 빠른 응답을 얻을 수 있다. QR코드에는 3개의 위치 찾기 심벌이 있어서 거꾸로 촬영해도 정보를 읽을 수 있고 오류 복원 기능도 있다. 또한 QR코드를 개발한 덴소 웨이브가 특허권을 행사하지 않아 누구라도 간편하게 제작하여 사용할 수 있는 것도 장점으로 꼽힌다.

따라서 ㉡, ㉣은 바코드, ㉠, ㉢은 QR코드 방식의 특징이다.

592

정답 ⑤

유형 예산관리능력   상-**중**-하

조 상무, 오 팀장, 박 대리 3인의 출장비를 정리하면 다음과 같다.

(단위: 원)

구분	조 상무	오 팀장	박 대리
교통비	$820 \times 1,500 \div 12$ $+20,000=122,500$	$58,000 \times 2=116,000$ (1등급 왕복)	$52,000 \times 2=104,000$ (2등급 왕복)
일비	$30,000 \times 3=90,000$	$20,000 \times 3=60,000$	$20,000 \times 3=60,000$
숙박비	$(70,000+5,000 \times 0.2)$ $\times 2=142,000$	$(70,000+2,000 \times 0.2)$ $\times 2=140,800$	$65,000 \times 2=130,000$
식비	$45,000 \times 3=135,000$	$30,000 \times 3=90,000$	$30,000 \times 3=90,000$
합계	489,500	406,800	384,000

따라서 $489,500+406,800+384,000=1,280,300$(원)이다.

593

정답 ④

유형 시간관리능력   상-**중**-하

'울산행 항공편(10:50 출발) → 렌터카'를 이용하였을 때 울산 회의 장소에 가장 빨리 도착할 수 있지만, 이 경우는 선택지에 제시되어 있지 않으므로 주어진 선택지 중 가장 빠른 도착 시각을 골라야 한다. 선택지별 회의 장소 도착 시각을 구하면 다음과 같다.

① 항공편 출발 20분 전에 공항에 도착해야 하는데 제주 지사에서 제주공항까지 30분이 소요되므로 10:30에 공항에 도착한 박 대리는 10:40에 출발하는 김해행 항공편을 이용할 수 없다.

② 11:00~11:50 제주에서 김해로 항공 이동, 11:50~12:50 렌터카 이동을 하면 12:50에 회의 장소에 도착한다.

③ 11:10~12:00 제주에서 김해로 항공 이동, 12:00~13:20 택시 이동을 하면 13:20에 회의 장소에 도착한다.

④ 10:50~11:50 제주에서 울산으로 항공 이동, 11:50~12:40 공항버스 이동을 하면 12:40에 회의 장소에 도착한다.

⑤ 11:40~12:40 제주에서 울산으로 항공 이동, 12:40~13:00 택시 이동을 하면 13:00에 회의 장소에 도착한다.

따라서 울산 회의 장소 도착 시각이 가장 빠른 경우는 ④이다.

594

유형 리더십능력 　　　　　　　　상·중·하

변혁적 유형의 리더는 칭찬을 아끼지 않음으로 인해 구성원들로 하여금 한 가지 일에 대한 성공이 미래의 여러 도전을 극복할 수 있는 자극제가 될 수 있다는 것을 깨닫게 한다.

| 오답풀이 |

① 민주주의에 근접한 유형의 리더들이 비록 민주주의적이긴 하지만 최종 결정권은 리더에게만 있다.

② 리더와 집단 구성원 사이에 명확한 구분이 있는 것이 독재자 유형과 민주주의에 근접한 유형의 특징이며, 파트너십 유형의 리더하에서는 그러한 구분이 희미하고, 리더가 조직에서 한 구성원이 되기도 한다.

④ 독재자 유형은 특히 집단이 통제가 없이 방만한 상태에 있을 때 혹은 가시적인 성과물이 보이지 않을 때 사용한다면 효과적일 수 있다.

⑤ 파트너십 유형의 리더는 자신이 조직 구성원들 중 한 명일 뿐이며, 리더는 다른 조직 구성원들보다 경험이 더 풍부하겠지만 다른 구성원들보다 더 비중 있게 대우받아서는 안 된다고 여긴다. 변혁적 유형의 리더는 개개인과 팀이 유지해 온 이제까지의 업무수행 상태를 뛰어넘고자 비전을 제시하고 그것을 구성원들에게 전달할 수 있는 능력을 갖추고 있다.

595

정답 ⑤

유형 정보처리능력 　　　　　　　　상·중·하

2019년 8월에 출간되었으므로 생산 연월 코드는 1908이며, 경상 지역의 원일 출판사에서 출간된 도서이므로 출간지 코드는 4J이다. 스포츠 분야 자전거 관련 도서이므로 입고품 코드는 04012이며, 25번째 입고도서이므로 입고 수량 코드는 00025이다.

따라서 해당 도서의 재고물품 코드는 1908 − 4J − 04012 − 00025이다.

596

정답 ④

유형 정보처리능력 　　　　　　　　상·중·하

'여성' 분야 도서 담당자는 코드 체계의 알파벳 다음에 오는 숫자가 02여야 한다. 따라서 알파벳 다음에

02003, 02004, 02005, 02006의 코드 번호를 가진 담당자가 모두 해당된다.

윤 대리는 알파벳 다음에 오는 숫자가 03009이므로 새로운 도서 관리 규정을 안내받을 담당자가 아니다.

597

정답 ③

유형 기술이해능력 　　　　　　　　상·중·하

기술혁신은 기업의 기존 조직 운영 절차나 제품구성, 생산방식, 나아가 조직의 권력구조 자체에도 새로운 변화를 야기할 수 있으며, 혁신 과정의 불확실성과 모호함은 기업 내에서 많은 논쟁과 갈등을 유발할 수 있다는 특성이 있다. 주어진 사례는 무인 탑승수속 시행이라는 기술혁신 과정에서 B항공사 기존 근로자들의 반발이라는 갈등 상황이 발생할 수 있다고 하였으므로 ③과 같은 특성을 보여 주는 사례로 볼 수 있다.

598

정답 ③

유형 체제이해능력 　　　　　　　　상·중·하

D사의 조직 구조는 사업별 조직구조에서 기능적 조직구조로 바뀔 것으로 볼 수 있다.

조직의 환경이 안정적이거나 일상적인 기술과 조직의 내부 효율성을 중요시하며 기업의 규모가 작을 경우에는, 업무의 내용이 유사하고 관련성이 있는 것들을 결합해서 변경 후와 같은 기능적 조직구조 형태를 갖는 것이 일반적이다. 반면, 급변하는 환경변화에 효과적으로 대응하고 제품, 지역, 고객별 차이에 신속하게 적응하기 위해서는 변경 전과 같이 분권화된 의사결정이 가능한 사업별 조직구조 형태를 가질 필요가 있다. 사업별 조직구조는 개별 제품, 서비스, 제품그룹, 주요 프로젝트나 프로그램 등에 따라 조직화된다. 즉, 제품에 따라 조직이 구성되고 각 사업별 구조 아래 생산, 판매, 회계 등의 역할이 이루어지게 되는 것이다.

따라서 각 아이템별로 나뉘어 각 사업을 지원하는 지원조직이 여러 개 존재하던 것은 변경 전의 조직 구조에 더 어울린다고 할 수 있다.

599

유형 직업윤리　　　　　　　상-**중**-하

직업이 갖고 있는 속성으로는 계속성, 경제성, 윤리성, 사회성, 자발성 등을 들 수 있다.

계속 행해지며, 현재 하고 있는 일을 계속할 의지와 가능성이 있어야 한다는 것은 계속성, 경제적 거래 관계가 성립되는 활동이어야 한다는 것은 경제성, 비윤리적인 영리 행위나 반사회적인 활동을 통한 경제적 이윤추구는 직업 활동으로 인정되지 않는다는 것은 윤리성, 사회 공동체적 맥락에서 의미 있는 활동이어야 한다는 것은 사회성, 자발적으로 행하는 일이어야 한다는 것은 자발성을 의미한다.

성장성은 맡은 일이나 조직의 규모 등이 계속 성장하고 발전되어야 한다는 의미이므로 직업을 개념 짓는 속성으로는 적절하지 않다.

600

유형 직업윤리　　　　　　　상-**중**-하

모든 사람은 다양한 직업 환경에서 직업의 성격에 따라 각각 다른 직업윤리를 가지지만 모든 직업에 공통으로 요구되는 윤리원칙이 존재하며 이는 다음과 같이 정리할 수 있다.

- 객관성의 원칙: 업무의 공공성을 바탕으로 공사구분을 명확히 하고, 모든 것을 숨김없이 투명하게 처리하는 원칙
- 고객중심의 원칙: 고객에 대한 봉사를 최우선으로 생각하고 현장중심과 실천중심으로 일하는 원칙
- 전문성의 원칙: 자기업무에 전문가로서의 능력과 의식을 가지고 책임을 다하며, 능력을 연마하는 원칙
- 정직과 신용의 원칙: 업무와 관련된 모든 것을 숨김없이 정직하게 수행하고, 본분과 약속을 지켜 신뢰를 유지하는 원칙
- 공정경쟁의 원칙: 법규를 준수하고, 경쟁원리에 따라 공정하게 행동하는 원칙

[보기]에서는 직업 환경에서 투명성, 공평성, 공정성을 지켜야 함을 강조하고 있으므로 가장 강조하고 있는 윤리원칙은 객관성의 원칙이다.

MEMO

정답과 해설

최신판

에듀윌
공기업
NCS 10개 영역
기출 600제

고객의 꿈, 직원의 꿈, 지역사회의 꿈을 실현한다

에듀윌 도서몰
book.eduwill.net

• 부가학습자료 및 정오표: 에듀윌 도서몰 > 도서자료실
• 교재 문의: 에듀윌 도서몰 > 문의하기 > 교재(내용, 출간) / 주문 및 배송